三联·哈佛燕京学术丛书
学术委员会

季羡林　李学勤　李慎之　苏国勋　厉以宁
（主任）

　陈　来　刘世德　赵一凡　王　蒙
　　　　　　　　　（常务）

邓小南　侯旭东　丁　耘　刘　宁　张志强

渠敬东　李　猛　魏　斌　谢　湜　张泰苏
（常务）　（常务）

三联·哈佛燕京学术丛书

李文杰 著

中国近代外交官群体的形成

（1861—1911）

修订版

The Emergence of the Modern Chinese Diplomats

Officials in the Zongli Yamen, Waiwu Bu and Legations, 1861-1911

(Revised Edition)

生活·讀書·新知 三联书店

Copyright © 2025 by SDX Joint Publishing Company.
All Rights Reserved.
本作品版权由生活·读书·新知三联书店所有。
未经许可，不得翻印。

图书在版编目（CIP）数据

中国近代外交官群体的形成：1861—1911 / 李文杰著. -- 修订版. -- 北京：生活·读书·新知三联书店，2025.8. -- (三联·哈佛燕京学术丛书).
ISBN 978-7-108-08132-2

Ⅰ．K827=52

中国国家版本馆 CIP 数据核字第 2025M2S922 号

特约编辑	王梓璇　孙晓林
责任编辑	钟　韵
装帧设计	蔡立国　薛　宇
责任印制	卢　岳
出版发行	生活·讀書·新知 三联书店
	（北京市东城区美术馆东街 22 号　100010）
网　　址	www.sdxjpc.com
经　　销	新华书店
印　　刷	北京隆昌伟业印刷有限公司
版　　次	2025 年 8 月北京第 1 版
	2025 年 8 月北京第 1 次印刷
开　　本	880 毫米 × 1230 毫米　1/32　印张 18.5
字　　数	446 千字
印　　数	0,001－3,000 册
定　　价	98.00 元

（印装查询：01064002715；邮购查询：01084010542）

本丛书系人文与社会科学研究丛书，
面向海内外学界，
专诚征集中国中青年学人的
优秀学术专著（含海外留学生）。

·

本丛书意在推动中华人文科学与
社会科学的发展进步，
奖掖新进人才，鼓励刻苦治学，
倡导基础扎实而又适合国情的
学术创新精神，
以弘扬光大我民族知识传统，
迎接中华文明新的腾飞。

·

本丛书由哈佛大学哈佛－燕京学社
（Harvard-Yenching Institute）
和生活·读书·新知三联书店共同负担出版资金，
保障作者版权权益。

·

本丛书邀请国内资深教授和研究员
在北京组成丛书学术委员会，
并依照严格的专业标准
按年度评审遴选，
决出每辑书目，保证学术品质，
力求建立有益的学术规范与评奖制度。

目　录

再版序言 ·· i
    从外交官到外交史 ··· i
    外交制度研究的脉络 ··· iii
    本书的"剩义" ·· vii
    外交史的新趋势 ··· xii

导　言 ·· 001
    一　问题的提出 ·· 003
    二　先行研究的回顾与评述 ·· 005
    三　本书的侧重与史料说明 ·· 014
    四　关于行文的一些说明 ··· 020

上编　总理衙门时期（1861—1901）

第1章　制度的渊源 ·· 027
    一　礼部与理藩院 ·· 027
    二　总督、巡抚与海关道 ··· 035
    三　总理衙门 ·· 040
    四　驻外使馆 ·· 051

第2章　总理衙门大臣 ··· 068
    一　权责与局限 ··· 068

二　职　能 ……………………………………………… *075*
　　三　选任途径 …………………………………………… *082*
　　四　任职缘由 …………………………………………… *091*
　　五　日常运作与权力更迭 ……………………………… *096*
　　六　任期与离署 ………………………………………… *109*

第3章　总理衙门章京 ……………………………………… *118*
　　一　权责与职能 ………………………………………… *120*
　　二　考试与选拔 ………………………………………… *136*
　　三　仕途、生计与保奖 ………………………………… *152*
　　四　升迁与去向 ………………………………………… *164*
　　五　任期与身份背景 …………………………………… *170*
　　六　章京个案研究：杨宜治的故事 …………………… *172*

第4章　总理衙门翻译官与吏员 …………………………… *204*
　　一　总理衙门的翻译官 ………………………………… *205*
　　二　总理衙门的吏员 …………………………………… *217*
　　附　总理衙门翻译官题名考 …………………………… *224*

第5章　驻外公使（上）…………………………………… *227*
　　一　庚子前的使才保举与公使选任 …………………… *228*
　　二　保举之后各方权力的影响 ………………………… *247*
　　三　各国使差的内在特点 ……………………………… *255*
　　四　庚子之前使臣的群体分析 ………………………… *262*
　　五　升迁与去向 ………………………………………… *268*

第6章　驻外外交人员（上）……………………………… *274*
　　一　参赞（上）………………………………………… *276*

附　参赞题名考（上） ………………………… *302*
　二　领事官（上） …………………………………… *314*
　三　翻译官 …………………………………………… *331*
　四　随员、供事与学生 ……………………………… *349*

下编　外务部时期（1901—1911）

第7章　外务部设置与外交改革 …………………… *363*
　一　改革之议 ………………………………………… *364*
　二　外务部的成立与制度改革 ……………………… *374*
　三　外务部制度的完善 ……………………………… *387*
　四　1907年驻外使馆的改革 ………………………… *400*

第8章　外务部官员 …………………………………… *421*
　一　外务部大臣 ……………………………………… *421*
　二　丞与参议 ………………………………………… *423*
　三　司员的来源 ……………………………………… *432*
　四　司员的去向 ……………………………………… *446*

第9章　驻外公使（下） ……………………………… *454*
　一　庚子后的保举与选任 …………………………… *454*
　二　保举之外的人为因素 …………………………… *460*
　三　庚子后使臣群体分析 …………………………… *463*
　四　公使成长的个案：以汪大燮为例 ……………… *468*

第10章　驻外外交人员（下） ……………………… *477*
　一　参赞（下） ……………………………………… *477*
　　附　参赞题名考（下） ………………………… *486*

二　领事官（下） ·· 497
　　三　通译官 ·· 502
　　四　书记官 ·· 505

结　论 ·· 513
　　一　两类外交人员群体的分与合 ························ 514
　　二　外交界的传统与近代因素 ··························· 518
　　三　制度建设下的缓进改革 ······························ 520
　　四　外交制度的延续 ······································ 521

征引文献 ··· 524
人名索引 ··· 539
后　记 ·· 549
出版后记 ··· 553

The Emergence of the Modern Chinese Diplomats: Officials in the Zongli Yamen, Waiwu Bu and Legations (Revised Edition)
(1861—1911)

Contents

Preface to the Revised Edition: From Diplomats to Diplomatic History

Introduction
    1. Research Questions
    2. Literature Review
    3. Focus of the Study and Explanation of Source Materials
    4. Notes for the Reader

Part 1   The Era of the Zongli Yamen (1861—1901)

Chapter 1   The Birth of China's Modern Diplomatic System
    1. The Predecessors of the Zongli Yamen: The Libu and the Lifanyuan
    2. Governors General, Provincial Governors and Circuit Intendants of the Maritime Customs
    3. The Zongli Yamen
    4. Legations

Chapter 2   Ministers of the Zongli Yamen
    1. Rights and Responsibilities
    2. Their Role in the Zongli Yamen
    3. Different Paths to Becoming a Minister
    4. Selection Criteria

    5. Everyday Operation and the Transition of Power

    6. Their Terms of Office and Departure from Their Post

Chapter 3   Secretaries of the Zongli Yamen

    1. Their Role in the Zongli Yamen

    2. Examinations and Selection

    3. Their Careers, Livelihood and Rewards

    4. Promotion and Destinations after the Zongli Yamen

    5. Terms of Office and Personal Backgrounds

    6. A Case Study: The Story of Yang Yizhi

Chapter 4   Translators and Minor Officials of the Zongli Yamen

    1. Translators

    2. Minor Officials

    Names and Data List of the Translators

Chapter 5   Chinese Envoys Abroad in the Era of the Zongli Yamen

    1. Recommendations and Selection before 1900

    2. The Influences of Different Factors on the Final Selections of Envoys

    3. Specific Characteristics of Envoys to Different Countries

    4. Analysis of the Personal Backgrounds of Envoys before 1900

    5. Promotions and Destinations after Their Terms of Office

Chapter 6   Other Officials in Legations

    1. Counsellors

    Names and Data List of Counsellors

    2. Consuls

    3. Translators in Legations

    4. Attachés, Copyists and Trainees

Part 2　The Era of The Waiwu Bu (1901—1911)

Chapter 7　The Foundation of the Waiwu Bu and the Reform of Chinese Diplomatic System

　1. Court Discussions about the Reform of Chinese Diplomatic System

　2. The Foundation of the Waiwu Bu and the Reform of the System of Chinese Diplomacy

　3. Improving the System of Diplomacy

　4. The 1907 Reform of Legations

Chapter 8　Officials of the Waiwu Bu

　1. Ministers of the Waiwu Bu

　2. Councilors and Junior Councilors

　3. The Backgrounds of the Secretaries of the Four Bureaus

　4. Destinations of the Secretaries after Leaving Office

Chapter 9　Chinese Envoys Abroad in the Era of the Waiwu Bu

　1. Recommendations and Selection after 1901

　2. Other Factors Influencing Selections

　3. Analysis of the Personal Backgrounds of Envoys after 1901

　4. A Case Study: The Story of Wang Daxie

Chapter 10　Other Officials in the Legations Abroad in the Era of the Waiwu Bu

　1. Counsellors

　　Names and Data List of Counsellors

　2. Consuls

　3. Translators

　4. Clerks

Conclusion

    1. The Separation and Combination of Two Types of Diplomats

    2. Traditional and Modern Elements of Modern Chinese Diplomats

    3. Gradual Reform under the Institutional Construction

    4. Continuation from Late Qing Period to Republican China

Bibliography

Index

Postscript

Afterwords

图表目录

图示 1-1　总理衙门分股办事制度演进图 …………… *044*
图示 1-2　晚清外交体制示意图 …………………………… *067*

表 1-1　清代历朝会典所载礼部主客清吏司职事 …………… *030*
表 1-2　总理衙门各股职事表 …………………………… *044*
表 1-3　军机大臣、军机章京的职与差 …………………… *048*
表 1-4　清朝关于派遣常驻使节的历次讨论 ………………… *053*
表 1-5　驻外使团成员类别与薪俸标准（1876） …………… *063*
表 1-6　晚清驻外使馆表 …………………………………… *066*
表 2-1　总理衙门大臣的来源 ……………………………… *083*
表 2-2　总理衙门大臣题名表 ……………………………… *113*
表 3-1　总理衙门章京考试情况一览表 …………………… *138*
表 3-2　总理衙门历届章京考试考题 ……………………… *140*
表 3-3　清代六部司员补缺规则（汉缺） ………………… *154*
表 3-4　清代京官年俸 ……………………………………… *159*
表 3-5　总理衙门章京的籍贯 ……………………………… *171*
表 3-6　总理衙门章京题名表 ……………………………… *188*
表 4-1　总理衙门翻译官情况表 …………………………… *208*
表 5-1　外务部成立前的使才保举与公使选任 ……………… *244*
表 5-2　庚子前驻外公使资料一览表 ……………………… *263*
表 5-3　杨儒、许景澄驻外差、职对照表 ………………… *267*

表 6-1	驻新加坡领事表（1877—1901）	321
表 6-2	驻古巴总领事表（1879—1901）	324
表 6-3	同文馆系统出身的驻外翻译官	336
表 7-1	外务部丞参与额内司员（1901年底）	385
表 7-2	驻外外交官品级与薪俸（1907年后）	418
表 8-1	外务部丞参的来源、任职与去向	425
表 8-2	来自总理衙门章京的外务部司员	433
表 8-3	来自驻外使馆的外务部司员	435
表 8-4	来自同文馆与译学馆的外务部司员	437
表 8-5	来自留学生的外务部司员	440
表 8-6	来自举贡考试的外务部司员	443
表 8-7	外务部司员的来源比例	444
表 8-8	1911年底外务部实缺官员的来源	445
表 8-9	1913年6月中华民国外交总长、次长、参事、司长、科长来源	452
表 9-1	外务部成立后的使才保举与公使选任	459
表 9-2	庚子后驻外公使资料一览表	464
表 10-1	驻新加坡总领事表（1901—1911）	498
表 10-2	驻古巴总领事表（1901—1911）	499

再版序言

从外交官到外交史

在历史学之下众多的专门史领域,外交史应该是最为"保守"甚至"反动"的那一类。史家傅斯年曾说"历史学不是著史,著史每多多少少带点古世中世的意味,且每取伦理家的手段,作文章家的本事"。[1] 外交史正好有一种"伦理家"的倾向,且伦理意味极强——不但评判外交政策的"好"与"坏",并且以本国利益得失作为评判依据。这种标准如果被片面强调,就有可能成为孟子所批评的"以邻为壑"。20 世纪之后,秘密外交的手段逐渐为人们所厌弃,人民主权说深入实践,这使得外交的授权程序被日渐重视。进入 21 世纪,历史学更是倡导打破国别界限,尝试跨国界、跨区域的文化思考。但是,外交史的研究单位仍是界限分明的民族国家,研究内容仍不离交涉、谈判、条约这些充满着勾心斗角和秘密交易的过程,研究目的仍是从本国立场出发,检讨政府外交政策、外交谈判的利弊得失。

---

[1] 傅斯年:《历史语言研究所工作之旨趣》,《历史语言研究所集刊》第一本,1928 年,第 3 页。

与外交史一样，政治制度史也有相似的属性。政治制度原本属于"经世学问"，是科举最后一关的殿试题中最常见的考察内容。张之洞在科举改制之时，建议改变几百年首重《四书》的倾向，将"史论及本朝政法"放在首场，就是看重本朝史事和制度的经世属性。❶ 不过，在现代学术体制中，这种经世属性同样受到质疑。1932 年，钱穆计划在北京大学史学系开设中国政治制度史。有人认为，"中国秦以下政治，只是君主专制。今改民国，以前政治制度可勿再究"。❷ 该课程虽然得以开设，但两年之后便停开。现代史学界对于检讨政治制度进而为今所用的经世倾向并不表赞同，或至少不希望予以彰显。

本书涉及的外交制度正好是上述两类专门史的交叉，它们被现代史学质疑或被否定的那些属性，在今天仍有存在的必要。19 世纪中国外交延续下来的遗产，无论在双边关系、多边国际关系和地缘政治方面，它所产生的后果、遗留的难题、提出的挑战和形塑的思维，都在影响着现实。只要这些问题依然存在，只要民族国家还是国际社会的基本单元，外交史、政治制度史作为经世之学就仍有存在的必要。只不过，这些问题的思考并不是也不可能是直接开出方案，它是在翔实的、尽量减少偏倚地处理史料的基础上，进行数据和问题分析。在学术研究的范围内，进行缜密的推断并尽可能得出一些稳妥的结论，为思考现实提供一种视角与素材。

《中国近代外交官群体的形成（1861—1911）》就是本着上述写作目的而作。它的思路比较简单，指向很明确：关注近代的外交人事及其效果，从制度与结构角度检讨外交人事发挥的功能。书中的

---

❶ 赵尔巽等撰：《清史稿》第 41 册，北京：中华书局，1977 年，第 12379 页。
❷ 钱穆：《师友杂忆》，北京：九州出版社，2012 年，第 155 页。

重点有两个，一是机构的设计，一是人员的结构。具体而言，机构设计包括总理衙门、外务部与驻外使馆的建制；人员结构包括诸多机构官员的教育背景、来源、考核、升迁、去向。这些要素综合作用于外交人事，决定了外交官的整体特征，并且直接影响了19世纪以来对外交涉的效果与结局。

外交制度研究的脉络

中国的迅速崛起是21世纪初引起全球瞩目的大事。随着经济的快速成长，中国不但在全球经济中的分量日重，在国际事务和全球秩序上也发挥着日渐重要的作用。在此背景下，日本学者开始重拾几十年前的中国外交史研究，希望从更长远的历史演进来思考中国的对外关系和国际角色。为此，他们在2003年成立了中国外交（史）研究会。这些学者包括川岛真、冈本隆司等人，关注时段集中于晚清民国时期。研究会成员围绕着近代中国的驻外使团、出使日记、公使与领事对外交涉的个案，展开了扎实的研究。

传统的中国外交史习惯进行价值评判，基本思路是"结果导向"。学者们对近代外交总体上持有批判态度——往往将事件结果定性为"丧权辱国"，将作为外交主体的清朝政府定性为"洋人的朝廷"。不过，无论是当年的一线外交官还是今天的学者，尤其是处于对手地位的外方，却往往能看到上世纪以来中国外交近代化和日渐进步的表现，他们会从个案中发现中国外交官的狡黠难缠，甚至让他们"吃亏"的诸多细节。如果向前追溯，这些外交官多源自1875年清朝开始陆续派遣的驻外公使、领事。故而考察晚清以来的驻外使领,成为海外中国外交史研究的重要议题。

早期的日本学者坂野正高提出过科举制度下中国近代外交官诞生的问题。近年来,箱田惠子《外交官的诞生——近代中国对外态势的变迁与驻外使馆》❶,考察了清朝驻外使馆的建立、人才培养、人事改革,驻外公使保护海外华人、增设领事馆、进行边界谈判等诸多问题。她认为,清朝驻外使馆有着不同于总理衙门消极作为的政策,早于国内机构接受了当时的外交与国际关系。清朝的对外体制虽未改变,但驻外使馆却追求新的外交模式,且因为交涉而造就了一批有外交经验的人才,他们依次递升,甲午战争之前形成规模,在保护华人、界务和外交制度建设上,有积极的作为。辛丑之后,驻外使馆有了正规官制,建立了专业化的制度。

在台湾地区,接受扎实的英国外交史传统训练、长期致力于研读外交档案的唐启华,也对台湾学界中因受"党国史观"影响而被贬低的北洋外交,进行了重新思考。他围绕洪宪帝制、巴黎和会前后、1920年代的中俄关系和修约外交展开讨论,重建了弱国状态下中国外交官争取国权的史实,肯定了北洋外交的一些成绩。北洋时期外交官的群体表现,正是源自于晚清外交的培养和训练。

上述学术脉络的梳理,应能有助于安放本书的立意。中国近代外交官的形成,源自晚清时期。学者们在讨论晚清外交官的情况时,似遗漏了一个庞大的人群——总理衙门与外务部官员。这些人包括两类:总理衙门大臣、外务部大臣这些部长级官员,总理衙门章京、外务部丞、参议与普通司员。后一群人的数量庞大,约有三百多位,且来源相似,结构上相对固定。他们在外交体制、在外

---

❶ 箱田惠子:《外交官の誕生——近代中国の対外態勢の変容と在外公館》,名古屋大学出版会,2012年。

交政策的形成过程、在日常的交涉中，都发挥着重要作用。

在鸦片战争之后的通商大臣体系下，外国公使的交涉对象是由两广或两江总督兼任的钦差大臣。1861年，为应对《天津条约》之后公使驻京的新形势与新挑战，清朝成立总理各国事务衙门。外国公使交涉的对象转移到总理衙门，与总理衙门交涉，提出诉求，涉及在华的商务、铁路、矿务、借款、界务、教务、觐见君主等各类事务，可以说涵盖中外交涉的大部分内容（此外还有北洋、南洋大臣以及各省督抚参与的部分）。总理衙门有作为中枢机构的特征，其上奏能迅速转变为政策执行，更便利地应对列强的诉求。所以晚清外交的重心，并不在"中国驻外公使—各国外交部"一面，而在于"总理衙门/外务部—各国驻华公使"一面。这是由近代中国的特殊性所决定，即列强用条约要求通商、传教、划界，在中国提出诸多诉求，成为其国家利益的组成部分。在近代中外交涉的实践中，列强对在华利益强调的分量，远高于清朝对自身海外利益的关注；发生在中国境内的交涉，远多于中国外交官在海外的交涉。这种特殊性使得被称为中国外交史的内容，通常是在内不在外，即绝大部分都发生在国门之内。

这就造成了一个连带的逻辑：在谈及中国外交官的时候，必须首先考察总理衙门与外务部官员。由于"天高皇帝远"，信息交流不畅，晚清驻外使领馆在政策执行上可能存在某种程度的自主性和发挥空间，但是从制度运作上来说，稍微重要的决策，都必须商之于总理衙门，或由驻外公使写成奏摺上呈皇帝，再交总理衙门议奏，拿出对策。在决策程序中，晚清驻外公使联络最多、积极进行问策的对象，是总理衙门的总办章京；日常接待各国驻京公使、与之进行交涉的是总理衙门大臣、章京；起草奏摺这一建策文书，起草往来照会、信函等交涉文书的，都是总理衙门章京。

与此同时，总理衙门与驻外使领在人事上有着逐渐紧密的关系：驻大国公使通常在回国后进入总理衙门，如甲午之前的曾纪泽、陈兰彬、张荫桓、洪钧；总理衙门总办章京会出任特使或公使，如与蒲安臣一同出使的志刚和孙家穀、出使俄国的邵友濂、驻德公使吕海寰，部分普通章京还会担任驻外参赞。经过1901年外务部改革，这种"内外互用"的情况更加普遍，直到1907年改革之后，外务部与驻外使领馆互相转任，成为通行惯例。驻外使团成员的任命权，也从公使手中逐渐转移到外务部。

从这个发展线索我们可以清晰地发现，总理衙门及此后改组而成的外务部，是外交的中枢，其官员在交涉事务中的重要性，远在驻外使领之上。他们不但应对当时绝大部分的交涉事务，通过文书制定外交政策，也影响着驻外使团的人事制度和关系，还会提出外交制度改革并付诸实施。这些为此前研究注意不够的人群，正是本书要重点论述的对象。

本书在很大程度上也是回应科举制度下中国外交官如何形成的问题，将总理衙门、外务部与驻外使馆看作是养成外交官的三个机构，并且将侧重点放在前两者上。根据制度设计，外交官员与科举制度有着更为直接的关联。就当时的社会地位、重要性而言，总理衙门与外务部堂、司两级官员以正途出身者居多，尤其是数量多达一百多位的总理衙门汉章京，皆来自科举正途（进士、举人、拔贡），完全排斥捐纳人员。❶这是恭亲王奕䜣等人出于办事慎重和保密的考虑，因为在当时的社会，正途出身者在品行上远比杂途受到信任。这种用人特点，与驻外使团的参赞、随员不拘出身，由公使

---

❶《总理衙门未尽事宜拟章程十条呈览摺》（咸丰十年十二月二十四日），贾桢等修：《筹办夷务始末（咸丰朝）》第8册，北京：中华书局，第2716页。

本人"自辟僚属"的局面，形成鲜明的对比。中国国内外交机构的官员，不但在权力和作用上，而且也在身份和社会地位上，都高于驻外使馆。只是到了外务部后期，前者才逐渐与后者合流。科举正途的出身，赋予了总理衙门与外务部官员包括知识结构、行为方式在内的多种群体特征。

研究思路上，我努力从晚清奏摺、日记、书札、各式题名录中，寻找所有任职于总理衙门、外务部、驻外使馆的人员资料，并为此编制了比较详实的职官表，以此探究上述官员的考选、升迁、去向，在外交体制中的具体工作和发挥的作用，并思考其群体演进过程和结构特征。在详细掌握外交系统每一个个体资料的基础上，对机构建制、官员选用进行分析，从"实事"（用证据充实需要论证的议题）进而尝试"求是"（谨慎推导结论），避免跳过论证、仅凭想象进行宏大叙事。❶

本书的"剩义"

全书得出的结论比较清晰，已经在书中呈现，这里仅就结论未及之处做一些展开说明。

首先是总理衙门、外务部、驻外使馆的制度影响和意义。晚清以来，中国社会受欧风美雨的持续冲击是一个不争之论。但中国制度变迁所走的路径，不同于日本或者其他亚洲国家。中国制度有着悠久的本土传统，官僚制的整体架构从秦汉以来不断发展并得以完

---

❶ "实事求是"一词，来自《汉书·河间献王传》："修学好古，实事求是。"本意是讲对待古之学问的态度：以充足的证据论述字句，求得相对真解。实事、求是，是两个并列的动宾短语。

再版序言

善。其设计除了满足实际的政治需要，在理念上则是融汇了儒家的理想型模式，特别是吸收了《周礼》的设计，形成了六部制度。在遭遇西潮冲击之时，中国制度并非另辟一径，建立新制，而是利用颇具弹性的旧制来适应新的需要。总理衙门、驻外使馆的设置在当时颇有些"创新"的意味，但实际上都只是旧制中的顺势生长，并未对既存体制造成大的冲击。

具体而言，晚清外交制度的变革，并非在既有的架构之外做加法，增添新的机构和人员，而是利用了"使职差遣"的便利。清朝仿行军机处的兼差模式设立总理衙门，使用的关防名为"钦命总理各国事务衙门"，从亲王、大学士、尚书、侍郎中挑选官员兼任大臣，另外从内阁、六部、理藩院挑选司员兼任章京。前者三至十人，后者四十八人。入值总理衙门的大臣和章京，各带原部院的本职、品级与俸禄。与此同时，驻外使团也采用使职差遣模式，作为使团负责人的驻外公使，关防名称是"钦命出使大臣"，他们各带三、四品京堂至六部侍郎不等的本职头衔。驻外公使之下的使团参赞、随员、翻译，则各带候补府州县与佐杂官头衔。这样一来，在交涉一线的所有官员——总理衙门堂、司两级，驻外公使及其下属，都在旧的官僚体制占有一席之地。这两个被冠以"钦命"的制度体系，都属于临时的皇命性质，差满即可销差。"钦命"的差使，意味着可以选择最合适的官员，而无需对应固定的品级。这使得外交官员在一定程度上可以不拘资历被量才任用，同时又不会冲击既存的官僚体制。在财务上，总理衙门经费主要来自洋关三成船钞，驻外使馆经费来自洋关六成洋税，这些都是新的海关税项。它们伴随着通商口岸的开放而来，并未冲击既有的财政结构。

如此看来，旧体制可以根据新产生的需要进行调适，发挥新的功能。不过，这并不代表它没有进一步变革的可能。总理衙门运转数十年，其负面效应饱受质疑。兼差的制度，让官员在时间和精力上无法专精。19世纪末，出现大量改革总理衙门的声音，建议仿照各国惯例，建立"外部"。这项改革由中国士大夫提出，最后借助被迫签订的《辛丑条约》得以落地。

按照《辛丑条约》第十二款规定，总理衙门按"诸大国"意见进行改革。各国驻华公使要求将总理衙门改组为责有攸归的中央部门，由宗支亲王一人管理，另派两人为会办：其一为军机大臣，其一为新部门的尚书，另外需有一位熟悉泰西语言的大臣担任侍郎。与此同时，总理衙门章京改为专任，经过重新甄选，转为外务部司员。一些总理衙门的制度特征也被连带传递给外务部：总理衙门"有官无吏"，不用胥吏而采用司员办事。总理衙门章京转为外务部司员，开去原部院职务专办外交，同样排斥胥吏办事。后续新设中央各部，也以外务部为蓝本。这样，就有可能在体制中逐渐破除胥吏办事的模式。

另一方面，在总理衙门司员办事的模式之下，章京通过日常事务积累经验，专业知识从无到有、从单薄到丰富，他们成为处理外交事务的主力，负责与各国驻华使馆人员交涉，处理本部门交涉文书，也逐渐成为有着一门专才的外交人员。但在原有的使职差遣体系内，总理衙门章京的升迁依赖于他们在部院衙门的本职，多数人都是六品主事到五品郎中不等。再往上，就需要离京外任道府官员，或者升任在京三四品京堂。无论哪一种，他们都很难升任一般由一二品官员担任的总理衙门大臣，而只能离开此地，另寻发展。因此，原有的在章京任上积累的经验和专才就无法传承。改革后的外务部为了安置总理衙门四位总办章京，特意设置了三品的左右丞、四品的左右参议职位，如此一来，五品郎中就可在本部门实现内部升迁，而无需离署、离京去迁就仕途。这一设置有利于外交官职业化的形成。而这个经验，同样传递给此后新成立的中央各部，促成各部门官员的专业化。

最初，驻外使馆方面同样采用使职差遣制度，公使出洋时各带本职。这些本职多为三、四品京堂，即那些无需常川到署办事、被看作是"冗官"的职位。公使三年一任，对使团参赞、随员、翻译等外交人员有奏调任用之权。这些使团成员同样属于"使职差遣"，各带有府州县候补官的头衔。使团有三年一次的保奖，用以奖励成员在外的劳绩，帮助他们仕途的升迁。无论是公使还是参赞、随员，他们进入使团的主要考量，都是借助资历谋求本职晋升。所以驻外使团虽已具备外在的形式，但并不能培养比肩英日等国的外交官。外务部时期的改革，首先将驻外使团各类外交人员变为实职，给予品级，同时让他们与外务部丞、参、司员相互调用，一方面，打通并共享了国内外外交系统的专才及其交涉经验，另一方面，外交改革让内外的外交人员在体系内都有对应的品级和地位，无需借助外官便能完成升迁。这使得外交系统率先实现专业化。

从总理衙门、外务部和驻外使馆发展的整个过程可以看出，它们借助清朝固有制度中的使职差遣而宣告成立，利用劳绩保奖的旧制度吸引人才。因实践中遭遇各式问题，清朝对外交制度进行改革，借条约落地建立新的机构，使专业人才久于其任，实现专业化。在清朝最后五十年的发展过程中，不但出现了一批经过外交训练的近代外交官，而且因总理衙门、外务部身处外交一线，汇总各类外来知识、技术、方法，也培育出一些具有强烈问题意识的法律人才与西北史地学者。

中国制度原本有内在的逻辑与弹性，可以借此衍生新机构，并承载新的功能。试想一下，如果1860年"庚申之变"后清政府直接模仿欧美，设立平行于六部的外务部，是否能被舆论接受，是否具有可行性?

六部制度当时已存续一千多年，其设置不但反映了传统社会对政府功能的期待，更有着儒家经典的"加持"——它源自寄托儒家理想的《周礼》的设计，吏、户、礼、兵、刑、工与天、地、春、夏、秋、冬的周礼六官契合对应，不容随意更改。"庚申之变"所激发的华夷对立，更是让士人无法因"寇仇"的原因，轻率变更"先王"的设计。就政府机构的人员编制及其连带的财政支出而言，"原额主义"与轻徭薄赋的理想，也不允许清政府增加大额开支，建立平行于六部的其他中央机构。只有当清朝在交涉实践中逐渐暴露深层次问题，士人深入检讨总理衙门的弊端，从根本上意识到设置新的外交机构的必要性之时，外务部的出现、驻外公使内外互用、原有的使职差遣制度被抛弃，才水到渠成。

这个过程似乎也是近代制度变革的普遍路径：以既存制度为基础，就地取材，利用旧制度的弹性来适应新的功能和需要，先融汇中西制度，再适时进行调整，最终走向更深入的改革。因旧制度存在惯性，故而难允突然间新起炉灶；但旧制度又具有弹性，提供了在既存框架中求变的可能，且能因点滴累积而最终达到质变。近代的制度变革虽讲中体西用，最后却是西用日涨而中体日销。这是一个无法跳跃而去走捷径的过程。

专业化外交官群体的形成、外交体制的形成，并非一朝一夕可以完事，而是需要经过长期的熔铸、积累、裁汰，最后通过行之有效的制度进行确认和加强。新的外交官群体熟稔职业规则，忠实于国家利益，他们的前后传承，突破了政权嬗替的局限。

外交史的新趋势

综上所述,《中国近代外交官群体的形成(1861—1911)》重点补充了外交官形成过程中极为重要的一块——总理衙门与外务部官员的成长与演进,大致完成了外交官研究的拼图,但是尚有若干值得深入探讨的相关议题。我们不妨从1949年之后外交史的脉络来观察,以便对该书相关议题的研究,做更为全面的把握。

作为专有名词,外交(diplomacy)一词与西方近代国际关系发展密切相关。狭义地讲,它指主权国家之间通过谈判方式解决争端、实现利益的行为。具体包括遣使、谈判、同盟关系、国际组织、条约与国际法等内容。它是国家达成自身利益的方式,是军事之外的另一手段。在1949年之后三十多年的时间里,外交史的上述内容更多地以"帝国主义侵华史"及与之对应的"中国人民反侵略史"的形式呈现。

帝国主义侵华史所展示的,主要是"外国侵略者与中国之间的政治关系"。它在学术上针对的是1949年之前"为帝国主义的侵略政策作辩护,力图掩饰帝国主义对中国实行侵略的实质"的历史著作,如中国海关洋员马士所著的《中华帝国对外关系史》。其写作的现实目的,则是帮助"我国人民了解祖国过去被帝国主义奴役和压迫的惨痛历史",促进"激发社会主义革命和社会主义建设的热情"。❶ 在该体系之下,有若干双边关系的历史研究,主要是美、英、日、法等国的侵华史。其中,美国并非19世纪中国最重要的

---

❶ 丁名楠等著:《帝国主义侵华史》第1卷,北京:人民出版社,1961年,第1—2页。

交涉对象，但因为20世纪中美关系的总体走向，美国侵华史成为最早写成的国别侵华史。而日本侵华史的议题则集中于甲午战争之后的五十年，尤其是两次中日战争与一系列不平等条约的交涉。到了1960年代中苏论战之后，沙俄侵华史又成为帝国主义侵华史中最重要的内容。中国社科院近代史研究所和多所高校都专门策划该议题的写作，编写了多卷本的沙俄侵华史。

1980年代之后，随着国内改革与对外开放，帝国主义侵华史的研究逐渐向中外关系史转变。相对于此前研究强调侵略与反抗，中外关系史对于中外交往的关注增加，外交、军事的内容依然明显，但更多地加入了经济、文化关系的内容，且更倾向于呈现近代中国进入国际大家庭、接受和利用国际规则的全过程。

2000年之后，近代外交史研究显示出更加深入和多元的特点。在史料利用上，多语种的外交档案得到大规模挖掘。如果说此前的外交史研究较多依赖中文史料和部分被纳入侵华史主题之下的外文档案，包括官方奏摺、大员文集、日记、笔记、中外照会、议会文书以及包含上述类型的各种专题史料集，此时则是大规模利用解密的外交档案。这原本应该是外交史研究的当然之义，但直到21世纪之后才成为被广泛接受的做法。台北"中研院近史所"网站开放了大量晚清总理衙门、外务部以及北洋时期外交部档案，对外交史的发展贡献良多。这一时期的外交史研究，较多回归到历史学的范畴之内，聚焦于一系列与近代中国有密切关系的议题，如历次战争前后的交涉、条约签订与修改、条约文本，条约涉及的口岸开放、领事裁判权、关税协定权、裁厘加税、中国海关税务司、租界与租借地、边界事务、教案与涉外司法、华人华侨事务。这些议题，或者为近代中外交涉的内容，或者是交涉和条约的衍生事务。对它们的发掘和深入研究，是史料积累和学科内部成长综合作用的结果。

伴随对外交史理解的深入，外交史研究也不再局限在狭义的主权国家间的交涉、谈判、战争，而是将与之相关的民间力量、社会舆论、文化交流等都纳入视野。这种更广义层面的理解，与20世纪以来外交与政治实践的变化和发展是相吻合的，即人民主权说被广泛接受，使得作为权力来源的人民在外交实践中有着越来越重的分量，在研究内容上也从秘密外交扩大到大众心理与舆论，从外交精英的谈判、签约交涉延伸为人民的认可与授权，从关注重要政治外交人物到重视普通和具体的人的价值。外交史原有的双边谈判、条约交涉的研究议题，早已逐渐扩大到国际组织、国际会议、民间外交、经济关系、社会文化、思想变革以及它们之间的相互作用。这其中，既有对重要人物、关键时刻的重新反思，也有对普通人、日常时刻的多加关注。此外，除了原有的注重单一国别的中外交涉史，学界进一步关注背景更为多元、互动更为复杂的多边关系与国际关系史；除了原有的侧重利益博弈的外交史，人们也更多关注含有复杂元素和变量的全球史。可以说，狭义的以民族国家为单位、以双边交涉为主要内容的外交史的藩篱正在被拆除。

与此同时，国内外交史的发展也与近二十年来中国的迅速崛起及融入世界的时代背景密切相关。人们越来越有兴趣从历史的视角，重新审视19世纪以降全球背景下中国的对外因应、制度转型与经济和社会变迁，外交史研究不再仅仅作为侵略与反侵略史的附属。如随着中国在地区事务中角色日重，学者们会更有兴趣挖掘周边国家史料，对读中外文的宗藩文书，重建传统宗藩关系的相关史实，进而对宗藩关系作宏观的重新思考。在帝国主义侵华史的重点——作为清政府交涉对象的驻华使领系统、因通商租地形成的租界这一特殊城市形态以及被帝国主义直接占领的租借地——之外，外国企业与在华商人、作为中国政府组成部分的外籍海关税务司、除教案之外教会的其他活动等更广义的"帝国主义在华存在",也都是近年研究的热点。有关中外条约的诸多讨论,将条约文本与翻译理论、国际法实践、不同文明间交流结合起来,显示出不同于既往的研究视角。可以说,近二十年来中国发展的大环境,促使人们重新思考中国与周边关系、中国在大国博弈中的过往及中国在未来可能发挥的国际影响。以往中国外交史侧重揭露侵略、记录国耻的功用得以大幅拓展。

再回到与本书相关的议题。本书补充了外交官成长的另一半(即与驻外使馆相对应的国内的外交人员),因主题所限,未能对总理衙门与外务部的日常运作进行个案研究。就书中提及的各方面线索而言,至少有以下议题可作进一步讨论。

首先是海关道台与交涉使、交涉员的问题。外交活动是一国主权的重要内容,主权不可分割,故而从严格意义上来说,有政出多门意味的"地方外交"是不成立的。但在鸦片战争后的通商大臣制度之下,兼任通商大臣的两广总督或两江总督以钦差的身份,代表清帝与外人交涉。《中英天津条约》签订之后,根据条约规定,通商口岸领事官可与当地道台同品交涉,而道台作为督抚属官,受督抚节制,自然有本省利益的立场,于是产生了"地方外交"。当重要督抚兼任内阁大学士、协办大学士或者"总理各国事务大臣"之名时,"地方外交"问题便更加突出。在清末新政期间,清朝在改制的东三省设立奉天、吉林交涉使司,随后推广至其他各省。交涉使主持一省外交事务,与布政使、提学使、提法使并列,受督抚节制并受外务部领导。民国后改为交涉员署,直至南京国民政府建立,才陆续收回该派出机构,"道台—交涉使—交涉员"这一系列特殊的外交机构方告结束。这种前后延续约七十年的"地方外交"体系,涉及外交事务中的中央与地方关系、具体的制度运作、在外交事务上发挥的实际作用，这些问题尚有继续深入探究的必要。

总理衙门分国别股办事，各股涉及业务，更适合被称为"洋务"而非"外交"。举凡传统的吏、户、礼、兵、刑、工这六政之中涉及外洋的内容，都进入总理衙门的管理范围，如公使与海关道的选任、海关税收、外债、涉外司法、船舰、铁路、矿务、新式教育。经办这些事务的官员，在各省有督抚、洋务局、通商口岸道台，在京则由总理衙门统筹，因而产生一些衍生机构，如船政大臣、路矿大臣、学务大臣，他们多由总理衙门大臣兼任或举荐。到外务部时期，相关洋务机构相继单列，首先是外务部，而后有商部、学部、巡警部、邮传部各部。各类洋务从总理衙门剥离出来，外务部逐渐转变为专司外交的机构。与此同时，负责通商口岸交涉事务的，也从海关道台、督抚之下的洋务局变为由外务部掌握人事的省交涉使司。我们或可说，"洋务时代"至此过渡到了"外交时代"。这其中的因革历程，外交是如何通过洋务改变人们的认知，改革传统的制度，推动社会的变迁，仍可作进一步探讨。

除了洋务之外，总理衙门因办理界务问题，搜寻并汇总边疆史地信息，推动了一批总理衙门章京或驻外公使、参赞专研边疆史地，提供了展开新学问的资源，一定程度上重新"激活"了嘉道年间的西北史地，并赋予其新的问题、方法与内涵。因此，近代建制化的机构与学术发展的关系，也是一个值得探讨的问题。

此外，外交文书的产生、流转也值得注意。在宗藩体系之下，中外行文多使用等级秩序森严的敕谕—表文模式，周边君主行文边疆督抚，则使用平行咨文。《中英南京条约》规定中英交往使用平行照会，此后随着交涉的深入，外交文书体系日渐完善，中西元首之间使用国书，其他平行往来用照会，新体系逐渐覆盖原有的宗藩文书体系。外交文书是双边与多边交涉的载体，记录、承载着诸多中外交涉与制度转型的信息。近年来，学界陆续发掘各国档案馆所藏涉华外交照会、国书、备忘录、国际组织档案，一些双边与多边交涉的史料得以被深入利用。文书所揭示的礼仪及其背后的外交体制转型、重大历史事件细节，都有希望借此得到进一步解释。

以上是借本书重版所说的一些未尽的杂语。此次重版，主要是删除了初版中较为冗余拉杂的内容，增加了部分新出的史料，纠正了初版以来热心读者和同行朋友们指出的诸多讹误。本书涉及的群体庞大，文中的论述，只能采用部分列举和归纳论述的方式，更为详尽的外交官年表，有待在进一步完善后呈现给大家。

李文杰
2025 年 4 月 28 日于樱桃河畔

导　言

1925年，"五卅运动"爆发。国内反帝废约之声空前高涨，南方高呼"废除不平等条约"，以联苏为基础筹备北伐，试图以实力为后盾，推动废约；北方则在此之前，就一直致力于旧约的修正。1926年初，北京政府外交委员会委员长汪大燮成立专门小组，将1842年以来中外不平等条约的各项条款，按类别进行编辑，希望爱国人士借以研究参考，以便在修约问题上，为舆论作先声、替政府作后盾。在该书的序言中，汪大燮用简略的语言概述近百年中国外交史，称言：

> 中外互市，由来久矣，往往于怀柔之中，隐寓防闲之意。清道光间，兵衅既开，海禁渐弛，名为自我开港，实已由彼要约。降及咸同，国势益弱，门户洞开。其时我国当局订约议款，不谙外情。凡属外人事项，强半诿诸外人处理。外人得乘此时会，威胁利诱，扩张特殊势力，于是种种不平等条约遂以发生。光绪甲午庚子之变，迫于城下之盟，所订诸约以视前约，更变本加厉。无互换之利益，负片面之义务，我国于国际地位竟成万劫不复之势。❶

---

❶ 汪大燮主编：《分类编辑不平等条约》，序言，1926年铅印本。汪大燮（转下页）

汪大燮发迹于总理衙门,历任清驻英公使、外务部侍郎、中华民国外交总长、署理国务总理,亲身参与或见证了自甲午之后中国多项重要的外交决策。与一百年来我们听到、看到的论述不同,汪大燮未将众多不平等条约的签订之责诿诸列强,与此相反,他将国权的损失,归因于政府轻易以权授人。作为外交当局的一员,汪氏"不谙外情""乘此时会"八字,实饱含深刻的自省与检讨之意。当"兵衅既开,海禁渐弛"之时,接受要盟尚属可原;但咸同以降,清朝建立起办理交涉的总理衙门,并向国外派驻常任使节,中国外交官由此出现,何以数十年间仍不谙外情,予外人以可乘之机?孔孟有言,"君子求诸己",又说"国必自伐而后人伐之",当日深悉外交内情之人,多有此痛彻心扉的自省。❶本书的问题亦从此产生。

(接上页)(1859—1929),字伯唐,浙江钱塘人,光绪十五年(1889)举人,应会试不第,捐纳内阁中书,光绪二十二年(1896)考取总理衙门章京,两年后传补入署,曾在总理衙门大臣张荫桓家教读。外务部成立后,历任该部员外郎、留日学生监督、外务部右参议、驻英公使、外务部右侍郎、驻日公使。入民国后,先后任北京政府教育总长、平政院院长、外交总长、署理国务总理、外交委员会委员长。晚年创办北京平民大学,致力于教育、慈善事业。

❶ 外交界类似汪氏的反省较多,例如,多年跟随顾维钧在外任职、后任国民政府外交部代理次长的金问泗(1892—1968,号纯孺,浙江嘉兴人)在编辑顾氏外交文牍时,曾于编者序言中,检讨近代中国外交,称言:"中外不平等条约之订立自前清道光二十二年始,溯自是年江宁立约,讫于民国八年巴黎和会,七十余年之间,遇有交涉事件,几无一非丧权辱国之事。举凡割地、偿款、法权之剥削、税权之束缚、租借地租界之开辟、势力范围之划分以及其他种种不平等条款,皆于此七十余年中演成之。当是时,政治失修,国势零替,并值历次战败之余,列强乘隙而入。凡有要挟,几无不蹟躇满志以去,斯固由于政治之腐败与夫武备之废弛,而其时负外交之责者,不明世界大势,不谙国际公法,眼光浅近,手腕迟钝,实为外交失败之总原因。"(金问泗:《编者序言》,《顾维钧外交文牍选存》,上海:Kelly and Walsh Co.,1931年,第1页)

一　问题的提出

传统中国有着自己的天下观和四夷观，遵循自有的方式与秩序，处理与周边国家的关系。晚清自五口通商，海禁大开，传统中国天下观以及与他国交往的模式遭受冲击。到第二次鸦片战争爆发，清朝被迫接受了包含着完整近代国际秩序内容的《天津条约》，中国开始进入"国际大家庭"。❶ 这其中，最具标志性的事件，就是在 1861 年清朝成立"专办外国事务"的总理各国事务衙门（以下简称"总理衙门"），以及在 1875 年之后，陆续向海外派出常驻公使。总理衙门曾被当时欧美外交官称为中国的外交部（Foreign Office），在中外人士心中，它与中国传统国家机构大不相同，人们对它即将发挥的作用充满期待；总理衙门成立后，为因应邻国崛起对国家安全构成的威胁以及保护海外侨民的现实需要，清朝积极筹备向海外派遣常驻使节，并在 1875 年将该计划付诸实施，驻外使节开始承担搜集情报、保护侨民、购置机械、学习洋务的使命。

就中国外交史而言，晚清至中华民国北京政府时期是近代中国外交产生及发展的时期。第二次鸦片战争之后成立的总理衙门，在最初几年对外交涉中，运作相对高效且处事适宜，但随着时间推移，教案频繁发生，边疆危机不断，国家安全无法保障，而面对这一切，总理衙门常处置失当，驻外公使则庸碌不为，在交涉中越来越显出无力，清朝外交亦每况愈下。首先是马嘉理事件后被迫接

---

❶ Immanuel C. Y. Hsü, *China's Entrance into the Family of Nations: The Diplomatic Phase, 1858–1880*, Cambridge, Mass.: Harvard University Press, 1960.

受《烟台条约》；之后又无法阻止中法战争、中日战争的发生，战争失利后，国家利权接连丧失；到后来，更酿成庚子事变，清朝被迫接受极端损害国权的《辛丑条约》。这些事件的发生，自然不能全然归因于清朝外交官员，而与当时世界局势和清朝的政经环境相关，但正如当事者所检讨的那样，总理衙门、驻外公使在此期间的无作为以及清朝外交的失败是不能否认的。与此形成反差的是，在中华民国成立之后，通过外交官的努力，外交局面有了很大改观。尽管当时政局动荡、国力微弱，北京政府的外交官却周旋于大国之间，活跃于外交舞台，尽可能地避免国家利益受损，甚至适时利用机会，挽回国权。❶有意思的现象是，中华民国继承晚清的政治遗产，民国初年最为活跃的职业外交官，如我们熟悉的胡惟德、陆徵祥、刘式训、陈贻范、施肇基等人，便都是来自前清。

对晚清及民初外交进行检讨，似须首先回答如下问题，即近代中国外交官从何而来？进一步追问，可细化为系列问题：在推崇"君子不器"、淡化专业技能和职业分类的科举制度下，在传统的官僚系统之中，外交官是如何被选拔出来的，这种选拔方式对外交实践有怎样的影响？外交官群体是如何产生，他们的实际权力与功能如何，又有怎样的出路？科举制度停废之后，国家如何选拔外交官？

本书就是为解答上述疑问而进行的尝试。基本思路是：将晚清总理衙门及由其改组而成的外务部官员，以及驻外使团成员这一庞大的外交人员群体作为考察对象，通过发掘、搜寻、整理总理衙门

---

❶ 对这一时期中国外交的表现，中外学界已有相当丰富的研究成果。参见川岛真：《中国近代外交的形成》，名古屋大学出版会，2004年（中译本见田建国译：《中国近代外交的形成》，北京大学出版社，2012年）；唐启华：《被"废除不平等条约"遮蔽的北洋修约史（1912—1928）》，北京：社会科学文献出版社，2010年。

大臣、章京，驻外公使、参赞、随员、翻译官，外务部大臣、丞、参议、司员的众多履历及生平史料，探究他们的来源、选任、迁擢、群体演进等诸多问题，描绘近代外交官出现和初期成长的经过，经由人的角度，进入制度研究，尽可能地使停留于纸面上的制度具象、流动起来。

二 先行研究的回顾与评述

中外学界对近代中国外交和外交制度有着较多的关注和讨论，这里简要评述与近代外交制度，特别是与外交官相关的研究，以说明前人成绩，并彰显本书的侧重。

（一）总理衙门与外务部

在民国初年，就有概述总理衙门与中国外交制度的专书。1913年，民国草创，外交部官员吴成章依当时所存部内文书，写成《外交部沿革纪略》一书。吴留学日本，清季进入外务部，故该书也加入吴的亲身观察与经历。该书重在叙述中华民国外交部的组织，为考证其缘起，也大幅介绍晚清总理衙门、外务部的职司、组织与演进。作者自云其不足之处，在于写作时仅取"无关秘密而可记录"的材料，且"时短日促"，因此局限较为明显。然作者以局中人写局中事，尽管只作制度的概述，然文字简赅明了，内容大体可靠，纲举目张，为后人考察晚清外交机构提供了考镜之据。❶ 此后，周子亚等学者在有关政治学、国际法、外交学的专著和论文中，也曾

---

❶ 吴成章：《外交部沿革纪略》，北京：外交部印刷处，1914年。

对总理衙门、外务部机构有过介绍，其内容、性质皆类似于吴著。❶

在晚清外交制度的研究上，真正作问题考察的著述，出现时间要稍晚一些。1949年，中国学者蒙思明以《总理衙门：组织与功能》为题，完成在哈佛大学的博士论文。这是当时对总理衙门最为全面的研究，作者重点利用已公开的咸丰与同治两朝《筹办夷务始末》《清季外交史料》、光绪朝中法中日交涉史料、《清实录》《清会典》《清会典事例》，辅以李鸿章、张之洞等晚清大员的奏稿，以及薛福成、许景澄、张荫桓等外交官的出使日记、文集，依次论述清代传统外交结构，总理衙门的成立经过、内部结构与人员构成，制度上及实际中发挥的作用、在推进近代化过程中所起作用等论题，最后检讨其缺陷。❷ 全文文字紧凑、篇幅短小，取材较为丰赡，虽然只有约四万字，却已涉及与该机构相关的各种重大论题。不过，受制于篇幅及有限的材料（当时并无可资利用的军机处与外交部门档案），文中各论题往往点到为止，未及深论。由于该著作完成于特殊时期，又以英文发表，虽长期被研究中国近代史的海外学者参考、引用，国内学者对此却未有反响。

日本学者坂野正高的论著《中国与西方（1858—1860）：总理衙门的起源》一书，从第二次鸦片战争中英法提出遣使驻京要求开始说起，论述中外围绕新的外交体制的建立而产生的纠葛，乃至最后成立总理衙门的全过程。该书最早利用中英文外交档案研究总理衙门，其内容则仅限于该机构成立之前，只在结尾章提及总理衙门

---

❶ 周子亚：《外交政策与外交行政》，重庆：中央政治学校研究部、新政治月刊社，1940年；陈体强：《中国外交行政》，重庆：商务印书馆，1945年。

❷ S. M. Meng, *The Tsungli Yamen: Its Organization and Functions,* Cambridge, Mass.: East Asian Research Center, Harvard University, 1962.

的组织及其在1861年之后的运作。❶

同一时期,学者钱实甫最早综论清代外交机构。其论著《清代的外交机关》,以主要篇幅论述鸦片战争之后,清朝与西方国家不同阶段的关系与交涉形式,详细介绍总理衙门及与之关联的南北洋大臣、同文馆、海关总税务司、驻外使团的组织与功能,将之置于帝国主义侵华史的线索之中,论证其"半殖民地化"与"封建主义"的属性。其史料来源,限于《筹办夷务始末》《清会典》《清会典事例》及《清实录》。❷ 此后,台湾学者刘光华也有题为《晚清总理衙门组织及其地位之研究》的学位论文,史料来源及考察问题与蒙思明、钱实甫近似,而研究对象集中于总理衙门机构本身,受意识形态干扰不大,持论较为平和。❸

在1980年代之后,中国大陆地区近代史研究的政治说教色彩渐淡,慢慢走上常轨,对于近代制度、事件、人物开始有新的评价。出版于1995年的《清季总理衙门研究》一书,是中国大陆以总理衙门为题的主要论著。作者吴福环除利用《筹办夷务始末》《清会典》一类官书之外,还尝试发掘档案、私人文集等材料,全面介绍总理衙门的组织结构、运作方式,并将其置于洋务运动的时代背景之中,肯定总理衙门以新形式办理外交的做法,赞扬其顺应时代潮流,对中国近代化的倡导及主持之力。该书的主要创新乃在

---

❶ Banno Masataka, *China and the West, 1858–1861: The Origins of the Tsungli Yamen*, Cambridge, Mass.: Harvard University Press, 1964.
❷ 钱实甫:《清代的外交机关》,北京:生活·读书·新知三联书店,1959年。
❸ 刘光华:《晚清总理衙门组织及其地位之研究》,台湾政治大学公共行政研究所硕士论文,1973年。类似论著还有张忠绂:《清廷办理外交之机构与手续》、周子亚:《我国外交机构沿革考》、刘心显:《中国外交机构的沿革》、刘熊祥:《总理各国事务衙门及其海防建设》,皆收入包遵彭、李定一、吴相湘编:《中国近代史论丛》第1辑第5册,台北:正中书局,1973年。

于从帝国主义侵华史、革命史的视角之外重新评价总理衙门,然史料范围较此前并无太大突破,对于晚清政治史、制度史应主要依赖的档案材料发掘不够。❶

同一时期出版的王立诚的论著《中国近代外交制度史》与钱实甫处理的对象相同,而跨度更长——从清朝中期到国民政府时期,其重点仍在晚清一段,即近代条约制度之下建立的外交机构与采用的外交形式。该书全面介绍"洋务体制"之下,总理衙门、地方督抚、外籍税务司、驻外使馆在外交上发挥的作用,另也论证洋务体制之后晚清外交制度的改革及外交官职业化的趋势。全书较完整地概述了此一时期中国外交制度的建立与沿革的诸多面相,有提纲挈领的优点。❷

美国学者 Richard Horowitz、陆德芙(Jennifer Rudolph)的著作,是英语世界中重新考察晚清总理衙门的代表论著。他们的研究,有其独特的问题意识。前者题为《中央权力与国家政权建设:总理衙门与晚清自强运动(1860—1880)》。❸ 该书借用美国社会学家 Charles Tilly 近代国家政权建设(state making)的概念,将其定义为国家动员、分配资源能力增强的过程。❹ 作者认为,晚清洋务

---

❶ 吴福环:《清季总理衙门研究》,乌鲁木齐:新疆大学出版社,1995年。

❷ 王立诚:《中国近代外交制度史》,兰州:甘肃人民出版社,1992年。其他研究在总理衙门设置、组织和功能的论述上,大同小异。如陈思齐:《总理衙门设立背景暨其角色之研究》,台湾政治大学外交研究所硕士论文,1985年;林玉如:《清季总理衙门设置及其政治地位之研究》,台湾成功大学硕士论文,2002年。中国大陆近年来一些研究论文、论著从问题到材料上,较以前均无大的突破,多有重复,在此不作细的述评。川岛真的专著《中国近代外交的形成》重在讨论中华民国前期的外交,第一章以短小的篇幅概述了晚清外交的组织和人事制度,其内容亦不出上述论著的范围与深度。

❸ Richard Steven Horowitz, *Central Power and State Making: The Zongli Yamen and Self-Strengthening in China(1860-1880)*, Ph.D. Dissertation, Harvard University, 1998.

❹ State making 似尚未找出最合适的译法,作者在书中特别将这一概念与 State building(国家构建)作了区分。(Richard Steven Horowitz, *Central Power and State Making: The Zongli Yamen and Self-Strengthening in China (1860—1880)*, p. 6.)

运动发挥着类似的作用，而其中总理衙门又有着特殊作用。因此，作者以专题研究的形式，依次探讨总理衙门的出现，其在军事、政治改革，在海关、财政事务，在外交事务与新知引进诸多方面所做的努力与实际作用，由此论证总理衙门与晚清国家政权建设的关系。陆德芙的著作《协商的权力：晚清总理衙门与政治改革》，受美国新清史研究影响较大。与学界将总理衙门的表现置于"冲击—反应"说之下对其做出失败评判不同的是，该著作将总理衙门的产生与演进放在清朝的制度传统之中，将总理衙门与军机处进行比较，叙述清朝建立总理衙门以适应变局，以及总理衙门调整结构、聚集权力的经过。与 Horowitz 一书近似的是，陆德芙的著作对于总理衙门在中央与地方关系上的主动作为，用力较多，论述总理衙门经由通商大臣、督抚、海关道彰显其权力的诸多例证。其处理论题及视角皆较新颖，然而尽管作者强调注重清朝传统，但对中国制度史却显得较为隔膜；同时，其著作试图以个别案例推翻陈说而成一家之言，显有过分发挥之嫌，结论超出史料支撑范围之外。[1]

相对于总理衙门而言，由其改制而成的外务部所受关注就要少得多。上述吴成章所著《外交部沿革纪略》对外务部内部结构、人员构成有过大致介绍。高超群利用晚清官书论述外务部成立经过、组织结构、历史作用，然主要内容未超过吴著范围与深度。[2] 相较之下，蔡振丰的论文论题相同，然其所用史料更为丰赡，细节论证

---

[1] Jennifer M. Rudolph, *Negotiated Power in Late Imperial China: The Zongli Yamen and the Politics of Reform*, Ithaca, N.Y.: East Asia Program, Cornell University, 2008. 有关总理衙门的权力特征及其在清朝体制中的地位，本书第一章将有详细论述。

[2] 高超群：《论清末外务部》，北京大学硕士论文，1995 年；高超群：《外务部的设立及清末制度改革》，收入王晓秋、尚小明编：《戊戌维新与清末新政》，北京大学出版社，1998 年。

也具体许多。❶ 而川岛真的论文综合利用中文、日文、英文多方档案，详细论述外务部成立过程中，各方主张以及落实的情况，使得人们对外务部的成立经过有一全面的认知。❷

在制度研究之外，也有一些论著涉及重要人物。

钱实甫从篇幅庞大的《清实录》中，整理出总理衙门大臣、外务部大臣与外务部左右丞、左右参议的任免记录，并制作年表。❸ 吴福环著作以附录形式罗列总理衙门大臣的基本资料，包括其出身、任职经历及其经办的重大事件，使人们对该群体有一个大概的了解。此外，亦有若干人物研究的论文、著作，考察奕䜣、许景澄、袁昶、袁世凯、邹嘉来等重要的总理衙门大臣及外务部大臣。

（二）驻外使团

对于清朝另一部分办理外交的官员，即驻外公使及其使团成员，早期研究有严和平《清季驻外使馆的建立》。该书主要处理各驻外使馆的建立过程，涉及清朝遣使的背景、讨论经过、各国首任使臣的派出、使馆的基本组织、经费以及早期驻外制度的特点，其论题涵括驻外使馆的诸方面。在史料上，除利用《筹办夷务始末》《清季外交史料》及众多出使日记之外，还尝试利用了部分总理衙门的外交档案。❹ 箱田惠子的论文《清朝驻外使馆的设立》，论题相同，更注重考察这一过程中李鸿章、总理衙门、赫德三者的关系、

---

❶ 蔡振丰：《晚清外务部之研究》，台湾中兴大学历史学系硕士论文，2005年。
❷ 〔日〕川岛真著，薛轶群译：《晚清外务的形成——外务部的成立过程》，《中山大学学报（社会科学版）》2011年第1期，第87—97页。川岛真：《外務の形成——外務部の成立過程》，岡本隆司、川島真編：《中国近代外交の胎動》，東京：東京大学出版会，2009年。
❸ 钱实甫：《清代职官年表》第1册、第4册，北京：中华书局，1980年。
❹ 严和平：《清季驻外使馆的建立》，台北：东吴大学中国学术著作奖助委员会，1975年。

角色与作用。❶更多关于晚清驻外使馆的论著则侧重某一专题，如考察某一使馆、领事馆的建立，❷考察驻外使馆的经费问题，❸或考论重要督抚例如李鸿章与驻外公使的关系。❹

近年来，近代出使人员作为特定群体，越来越多地受到研究者的关注。在这些研究中，外交制度逐渐独立成为具备自身发展和演进理路的专史。

戴东阳、任天豪考察了近代驻外使臣的籍贯、出身、知识结构和选派经过。❺王宝平对清朝驻日使馆前期的人员组成、功能与活动有详细的论述。❻梁碧莹依据出使日记及部分外交档案，逐一研

---

❶ 《清朝驻外使馆的设立——以考虑清朝决策派遣驻外使节的过程及其目的为中心》，《台湾师大历史学报》第33期（2005年6月）；箱田惠子：《外交官の誕生：近代中国の対外態勢の変容と在外公館》，名古屋大学出版会，2012年，第14—40页。

❷ 王曾才：《中国驻英使馆的建设》，中华文化复兴运动委员会主编：《中国近现代史论集》第7编，台北：台湾商务印书馆，1985年。驻美使馆的相关研究可参见梁碧莹：《艰难的外交：晚清中国驻美公使研究》，天津古籍出版社，2004年。驻日使馆的相关研究可参见王宝平：《清代中日学术交流の研究》，东京：汲古书院，2005年。关于中国驻外领事馆的研究，数量较多，较早的研究有李庆平：《清末保侨政策与驻外领事之设置》，台湾政治大学外交研究所硕士论文，1972年；余定邦：《清朝政府在新加坡设置领事的过程及其华侨政策的转变》，《中山大学学报》1988年第2期；较近的研究有箱田惠子：《清末领事派遣論——一八六〇、一八七〇年代を中心に》，《東洋史研究》第60卷第4号（2002年）；青山治世：《晚清关于增设驻南洋领事的争论》，王建朗、栾景河主编：《近代中国、东亚与世界》下卷，北京：社会科学文献出版社，2008年。东南亚华人学者对晚清领事制度的研究更为丰富。

❸ 陈文进：《清季出使各国使领经费》，《中国近代经济史研究集刊》第1卷第2期（1933年5月）。

❹ 张富强：《李鸿章与清末遣使驻外》，《广东社会科学》1991年第2期；戴东阳：《晚清驻外使臣与政治派系》，《史林》2004年第6期。

❺ 戴东阳：《关于晚清驻外使臣出身的地域分布问题》，《中国社会科学院近代史研究所青年学术论坛2001年卷》，北京：社会科学文献出版社，2002年；戴东阳：《晚清驻外使臣与不平等条约体系》第一章，"功名学衔与知识结构"，北京大学2000年博士论文；任天豪：《清季使臣群体的变迁及其历史意义》，王建朗、栾景河主编：《近代中国、东亚与世界》下卷。

❻ 王宝平：《清代中日学术交流の研究》，东京：汲古书院，2005年。

究历届驻美公使，尤重陈兰彬与梁诚二人。❶日本学者冈本隆司、青山治世对晚清出使日记有详细的调查、介绍和解读，箱田惠子主要依据出使日记，详细整理出甲午战争之前，中国驻外使团人员的详细衔名。❷这其中，以箱田惠子对驻外使馆制度的研究最为系统和深入。除了上文提及的晚清驻外使馆、领事馆设立经过之外，她将注意力集中于近代中国外交官的"诞生"过程上，论述使馆在培养外交人才方面的作用以及清末驻外制度改革的过程、效果，试图探寻新式外交官群体的出现与传统"科举社会"的关系。在若干重大专题研究上，取得较大的成绩。❸

（三）简单述评与可供努力的方向

纵观现有的相关研究，有若干薄弱之处可求改进。

首先，国内学者在探讨总理衙门、外务部与驻外使馆制度时，过多依赖现有已刊的官书政典，这些资料主要是官修《清会典》《清会典事例》，清官方涉及洋务的奏议、上谕之汇编——《筹办夷务始末》和以官修资料作为底本的《清季外交史料》。这些资料当然有其重要性，然一则编选有其侧重（例如《筹办夷务始末》侧重事件），可能删去若干重要的内容（例如《清会典》关于总理衙门

---

❶ 梁碧莹：《陈兰彬与晚清外交》，广州：广东人民出版社，2011年；《梁诚与近代中国》，广州：中山大学出版社，2011年。
❷ 以上研究见冈本隆司主持：《中国近代外交史の基礎的研究——19世纪後半期における出使日記の精查を中心として》，研究課題番号：17520478，京都府立大学，2007年。
❸ 主要论文包括《清末外交人才的培养——以外务部的改革为中心》，外交档案的典藏与利用研讨会，2008年2月；《晚清外交人才的培养——以从设立驻外公馆至甲午战争时期为中心》，收入王建朗、栾景河编：《近代中国、东亚与世界》下卷；《中英「ビルマ・チベット協定」（一八八六年）の背景——清末中国外交の性格をめぐる一考察》，〔日〕《史林》第88卷第2号（2005年）。以上论述内容多收入其新著：《外交官の誕生：近代中国の対外態勢の変容と在外公館》一书中。

的篇幅有限，其日常运作、官员的考选方式、人员流动等问题无法备载）；二则如吴成章所言，《清会典》一类的典制文籍，在修纂时多选"无关秘密者"，因此只能言其大概，不得其详，多断语而少论证，忽略或隐藏了事涉关键的细节。

其次，相较而言，美国学者的研究能尝试利用中英文档案史料，立论新颖，不囿于前说，常能予人以反思和启示，但往往受欧美学界同时代理论和问题导向之影响，有时难免剪辑材料以强合其说，而显出对中国制度史的隔膜。与他们不同的是，日本学者所论各专题，尽管稍显零散，然尽可能深掘材料，细致分析，在具体论题上更有参考与利用的价值。

第三，既往研究中一个最大的遗憾，是关于人物的，尤其是外交人物群体的研究。例如，我们从诸多论著中看到有关总理衙门、外务部的组织结构、内部分工的介绍，也看到不少总理衙门与督抚相互关系的论述，然而，总理衙门除大臣外，其内部的组成人员还有多少，来自何处，他们各自的日常工作是什么？与督抚、与海关道在人事、业务上有怎样的纠缠和往来？其往来的动机是否真是有意强化支配？这些细节如果能一一解决，我们对相关问题的理解将进一步深入。

有关出使人员群体的研究，情况稍好，然现在也仅限于甲午战争之前简单年表的整理，更具体的考察仍待继续。一些较为重要的问题，须在广泛搜集人物资料的基础上开展，例如晚清的驻外公使来自何处？他们的选任有着怎样的程序、标准和规则？公使之下的参赞、翻译、领事官、随员，他们的出身和教育情况是怎样的？他们与公使之间是什么关系？在科举时代，"去父母之邦"，远涉重洋，在外供差，其所思所想为何？晚清变局之下，外交制度是否有所改革？有什么具体主张，又是否落到实处，对此后历史有何影响？外交官群体结构在晚清四十年里是否有所变化？这些问题，不但是新论题的开拓，同时也可为旧问题的重新思考提供视角与材料，而这也正是本书努力尝试的方向。与以往研究常据官书之言而多"定性"结论不同的是，本书希望借庞大的晚清外交官员的履历库来垒筑论述的基础，作"量"的分析，由"量"的积累进而形成对"质"的说明。

三　本书的侧重与史料说明

（一）本书侧重

现有的关于外交官群体的研究，较为宏观，即研究对象多集中于上层的少数"政务官"——总理衙门、外务部大臣，对于更大多数的、长期任职总理衙门的"事务官"——总理衙门章京、外务部司员则少有关注；对国内外交机构考察详细，而驻外使馆公使、参赞、领事、随员群体则相对较弱。上文提出的诸多问题，可从弥补和完善现有研究开始，以众多具体细微的个案资料作为依据，尝试解决。

与此前研究相比，本书侧重在以下几个方面。

首先，补充和丰富我们对总理衙门和外务部司员群体的认识。总理衙门大臣位处上层，从部院大臣中任命，缺乏相应的外事经验，而中层的司员（即章京）虽然也来自各部院，并保留原衙门的职缺，但一般能较长时间供差于总理衙门，不随政局动荡而变更，他们富有外事经验，某种程度上是"隐持"清朝外交的官员群体。外务部成立之后，司员的作用与此类似。司员之下的吏员群体，地位虽低，但有机会接近清朝外交文书和见证重大事件，这一群体的来源和作用也应得到适当的关注。

同理,本书在考察数十位驻外公使的同时,也会关注驻外使团的其他成员。

第二,对总理衙门、外务部、驻外使馆这三个机构及其组成人员进行综合考察,探寻它们之间的相互关系及关系的演变,揭示外交制度演进的"内在理路"。在今天通行的外交官制度中,国内外岗位轮换互用是一项基本规则。那么,晚清的外交人事是否如此?国内外外交人员的组织结构对交涉效果又有什么影响?这些须在细部研究的基础上综合考察,而后得出结论。❶

第三,近代中国外交官群体是在西潮冲击之下出现的,然作为清朝的官员群体,却是在传统官僚制度的土壤中逐渐生成的。传统制度的脉络,包括选官方式、正途异途的分野、差遣制度等内容,科举制度的衰微与终结,与此关联的世风及学术取向的转变,皆极大影响到外交人员的前后结构及外交官群体的形成。

(二)史料说明

此前晚清外交制度的研究之所以只能依据政书作简略介绍与定性判断,人物研究之所以只能局限于上层官员,很重要的一个原因就在于史料的限制。

清代在京官员的任免上谕,自二品以上,备载于《清实录》中,总理衙门大臣地位类似,多从上述人员中产生,因此可依据实

---

❶ 论者已经注意到,总理衙门时期的外交官的选用有着双重标准:总理衙门大臣、章京、驻外公使,出身科举;随员、翻译等,则出身同文馆或其他途径。(王立诚:《外交家的诞生:顾维钧与近代中国外交官文化的变迁》,金光耀主编:《顾维钧与中国外交》,上海古籍出版社,2001年,第345页)这仅是一个大体判断,具体情形以及这一情形在晚清是否有变,仍需具体细微的研究。

录制作总理衙门大臣年表；而大臣之下的章京，来源于六部郎中、员外郎、主事等，数量较大，依序升补，官书中不予记载。在驻外使馆中，除作为馆长的公使由上谕任命，载在实录，其他人员则由公使自行奏调，在官书中也难寻其迹。因此，与他们相关的史料，须从一手的档案中寻找。

以往的档案条件限制了相关论题的深入与拓展，而现有的档案开放则提供给本研究最优的便利。下文分几个大类逐一介绍本书利用的史料及其各自的特点。

1. 档案 总理衙门章京的任用，首先是在经历考试选拔之后，形成记名名单。每当有人员缺出，皆由总理衙门上奏说明，并依据名单递补新人。这些奏摺、奏片的正本，藏于《宫中档朱批奏摺》之中，散失严重；而其副本，则由军机处抄录，归入《军机处录副奏摺》之中，大体完整。上述两类档案，分别藏于北京的中国第一历史档案馆与台北的"故宫博物院"。此外，总理衙门有两年一届的"劳绩保奖"，每次开列半数章京的头衔、名单，对他们进行奖叙，共形成约 21 次保奖清单，现保存于北京、台北两处的《军机处录副奏摺》和国史馆抄录的《月摺档》之中。依据上述档案，大致可弄清总理衙门章京群体的名单、来源、升迁与去向。❶

驻外使馆人员虽由公使自行选用，但须开列详细名单上奏。在外期间，驻外人员离开或调入，照例也须开单奏报。除此之外，驻外使馆每届任期三年，期满进行"劳绩保奖"，由公使开列下属名

---

❶ 北京中国第一历史档案馆所藏《宫中档朱批奏摺》的光绪朝部分已影印出版，该馆所藏《军机处录副奏摺》中与外交制度相关者，主要是内政类职官项；台北所藏军机处录副题名为《军机处档摺件》，未分类。北京所藏汉文录副奏摺约 72 万件，台北为 19 万件，两处档案内容互补，依靠一处往往有所缺失。除宫中档朱批原摺和军机处录副奏摺外，清国史馆抄录、现存台北"故宫博物院"的《月摺档》也多涉及人事内容，可补朱批和录副奏摺之缺失。

单及奖叙的名目。这些奏摺、清单,也保存于上述《宫中档朱批奏摺》与《军机处录副奏摺》之中。依据这些资料,大致可拼接出驻外人员的名单、上升路径及其去向。

除上述宫中档与军机处档案之外,晚清总理衙门、外务部尚有自己的部门档案,分为《总理衙门与外务部原档》及主题缮抄本《清档》。原档主要包括往来公文的稿本、原件,呈送给总理衙门大臣的奏底,总理衙门、外务部密启簿、问答录等。这些档案除弥补《宫中档朱批奏摺》和《军机处录副奏摺》的不足,还能展示总理衙门、外务部、驻外使馆内部运作的流程,反映总理衙门、外务部堂司官员之间的关系,以及驻外公使与使团成员的关系。除原档外,总理衙门、外务部清档也记录有相似内容。驻外使馆的人事变动,在该部门档案中也有备案。由此,总理衙门与外务部档案可对宫中档及军机处档起补充作用。该档案主要保存于北京第一历史档案馆、台北"中研院"近代史研究所档案馆。后者已开放阅览,前者虽未对外开放,然近年来,也依据国别,将其部分内容陆续编订出版,计有清代中国与新加坡、菲律宾、韩国、西班牙、葡萄牙、英国关系史料。❶

另外,清朝在选任及考察官员的过程中,形成了数量庞大的履

---

❶《总署奏底汇订》全3册,北京:全国图书馆文献缩微复制中心,2005年;中国第一历史档案馆编:《清代中国与东南亚各国关系档案史料汇编》新加坡卷、菲律宾卷,北京:国际文化出版公司,1998年、2004年;中国第一历史档案馆等编:《清代外务部中外关系档案史料丛编:中英关系卷》第1—5册,北京:中华书局,2006—2009年。此外尚有中西关系卷、中葡关系卷、《外务部中奥关系档案选编》等内容,但与外交制度关系不大,因此不再列出。国家图书馆藏外交档案主要包括《国家图书馆藏清代孤本外交档案》全52册,北京:全国图书馆文献缩微复制中心,2003年;《国家图书馆藏清代孤本外交档案续编》全20册,2005年;《晚清外交会晤并外务密启档案汇编》全9册,2008年;《稀见清咸同光三朝档册》,2005年。

历引见摺、履历单、履历片，合称为《履历档》。❶因总理衙门章京、外务部司员、驻外人员属于中下层官员，可以获得京察一等或保奖并任地方官，引见机会多，故履历档有大量关于他们出身、经历的记录。履历档系交皇帝御览，可信度较高，是研究上述人群的重要资料。

举凡有关总理衙门、外务部、驻外使馆制度设计、人事变动、劳绩保奖、日常运作的内容，在以上几种档案中皆能找到线索。它们是本书主要依据的史料。

2. 日记 清朝向外派出常驻使节后不久，总理衙门上奏，建议命出使大臣将各国风土人情、对外交涉经过逐日登记，定期咨报总理衙门，供其外交参考之用。使臣在日记中详细记载了各自的出使经过、奏带随员的情况、在外经历以及相应的感受与建言，可补档案内容的缺漏。❷除出使日记之外，总理衙门、外务部官员及同时代的日记，例如杨宜治《惩斋日记》、邹嘉来《仪若日记》、《郑孝胥日记》、《翁同龢日记》、《张荫桓日记》、《那桐日记》，都有一些关于外交制度及外交人员的记录。

与档案相比，出使日记有几点缺陷。首先是出使日记并未形成严格制度，有心记录或有意让日记流传后世者，对记日记兴趣较

---

❶ 秦国经主编：《清代官员履历档案全编》，上海：华东师范大学出版社，1997年。
❷ 光绪三年（1877）十一月初一日，总理衙门上奏，建议公使定期提交出使日记，奏片称言："出使一事，凡有关系交涉事件及各国风土人情，该使臣当详细记载，随时咨报。数年以后，各国事机中国人员可以洞悉。即办理一切，似不至漫无把握。臣等查外洋各国，虚实一切，惟出使者亲历其地，始能笔之于书。况日记并无一定体裁，办理此等事件，自当尽心竭力，以期有益于国。倘一概隐而不宣，窃恐中外情形永远隔阂，而出使之职亦同虚设。可否饬下东西洋出使各国大臣，务将大小事件逐日详细登记，仍按月汇成一册咨送臣衙门备案查核，即翻译外洋书籍、新闻纸等件内有关系交涉事宜者，亦即一并随时咨送，以资考证。"该建议当天得到批准。全文见《申报》1879年1月3日，第5版。另在《随手登记档》光绪三年十一月初一日条有存目。

大；很多公使则无暇或无心记录。其次，出使日记中的人员任免、去留记录不一定完整和准确，是否记载、记载多少，凭公使个人的取舍喜好。再次，由于驻外公使、参赞皆为临时差使，长期任事者不多。前后任之间，事先既少交流，外出则感受相似。故而不同出使日记侧重记录的内容，往往近似，多为他们在外所见的奇闻奇事，或表面所见的政教风俗。

3. **书信** 某种程度上，这一部分内容比档案和日记更可靠、更具真实性。与晚清外交相关的私人书信主要有《汪康年师友书札》。汪康年圈中友人张元济、沈曾植及其族兄汪大燮皆为总理衙门、外务部官员，在他们写给汪康年的书信中，多有关于机构运作的内幕信息。❶ 由于汪康年身处新闻界，报道外事较多，因此同许多驻外公使、随员、领事都有通信，其中较多地透露出驻外使馆实际运作的情况。另外，缪祐孙、沈曾植等曾任总理衙门章京的官员写给亲友的信札，也多有晚清外交制度的细节。新版《李鸿章全集》所收信函，有一些关于总理衙门和驻外使馆人事颇具价值的信息。❷

4. **笔记、回忆录与其他资料** 这些资料多不是当时所记，故其中细节与实际情况有一定差距。但一些任职总理衙门、外务部官员在笔记、回忆录中所记载的细节有时也能提供丰富的信息，只要结合前后语境及史料仔细加以辨析，亦可成为较有价值的资料。❸

---

❶ 上海图书馆编：《汪康年师友书札》，上海古籍出版社，1986—1989年。
❷ 顾廷龙、戴逸主编：《李鸿章全集》，第29—36册，合肥：安徽教育出版社，2008年。
❸ 例如曾任总理衙门章京的陈夔龙在笔记中提及一些章京升迁以及章京与总理衙门大臣关系的细节，庚子年总理衙门总办章京舒文在议和中的作用，等等，都值得注意。参见陈夔龙：《梦蕉亭杂记》，北京：北京古籍出版社，1983年。

四　关于行文的一些说明

（一）论述范围的界定

今天我们提及的外交（diplomacy）与外交官（diplomat）本为近代西来的概念。中国古代国家之间有朝、觐、聘、问等交往活动，其中，朝、觐系诸侯、外族对天子、中原王朝所行之礼；聘、问（交聘）则为诸侯国或兄弟国之间的交往活动。《周礼》又载有"行人"之义，其中，大行人"掌大宾之礼及大客之仪，以亲诸侯"；小行人"掌邦国宾客之礼籍，以待四方之使者"。❶后世遂将使节称作行人。"朝觐""交聘""行人"的概念与近代外交及外交官有近似之处，但内涵上却存在重大的差异。

"朝觐""交聘"在儒家文化体系下，隶属于六礼之一的"宾礼"，其主要目的是在礼制的规范下，维持天子与诸侯、中原与外族之间的一种等差平衡的秩序。❷而欧洲中世纪晚期以来形成的近代外交，则指适当的代表，根据一系列公认的规则，用谈判的方式处理主权国家间相互关系的活动，其目的是使用非暴力的竞争方式，寻求最大的国家利益。与此相对应，承担朝觐、交聘活动的"行人"与承担近代外交活动的外交官，其职责、技能、知识结构亦有重大的区别。

---

❶《周礼注疏》卷37，"大行人""小行人"，《十三经注疏》上册，北京：中华书局，1980年，第890、893页。
❷《周礼·春官·大宗伯》："以宾礼亲邦国。春见曰朝，夏见曰宗，秋见曰觐，冬见曰遇，时见曰会，殷见曰同，时聘曰问，殷眺曰视。"《周礼注疏》卷18，"大宗伯之职"，《十三经注疏》上册，第759—760页。宾礼本为诸侯朝觐周天子之礼，后世的礼部主客司设官分职，取法于此。具体内涵已有不同，但等级秩序的理念未变。

晚清民国之际，中国外交官对自身身份就有明确的认知。1909年，清外务部机要股官员颜惠庆在《美国国际法杂志》上发表题为《中国如何管理其外交》的专文，向全世界介绍当时中国的外交制度。该文将清朝外交系统分为外务部与驻外使馆两个系统，将两类机构中的官吏作为中国的外交人员。❶1913年，吴成章在《外交部沿革纪略》一书中指出，清朝总理衙门、外务部与民国外交部一脉相承，中国在1861年总理衙门成立之后，方有"外交专官"。其论外交人员沿革，亦以上述机构的官员为断。❷

依据今人的看法，外交官可分为外交部组成人员及驻外人员。❸在近代中国，有完全西方式的驻外公使、领事、参赞；外交部组成人员则大致等同于总理衙门、外务部官员。民国初年的中国外交官对自身所属群体已有这一认知。本书论述，即依据当时外交官自身的身份认知以及今人的一般定义，将研究对象限定为总理衙门、外务部、驻外使馆三机构的人员。清朝体制中具备"行人"性质的礼部、鸿胪寺、理藩院官员，则不纳入考察范围。此外，因传统政治分工以及因应晚清新形势而担负部分外交任务的官员，还包括南北

---

❶ "How China Administrates Her Foreign Affairs," *The American Journal of International Law*, Vol.3, No.3 (July, 1909), pp. 537—546.

❷ 吴成章：《外交部沿革纪略》，"凡例"。

❸ 英国外交官萨道义（Ernest Mason Satow）认为："但是，'外交官'这个名词的意思应该理解为包括所有从事外交工作的工作人员，不论是在其国内外交部或是在国外的大使馆、公使馆或其他外交机构中服务。严格地说，外交部部长也是外交官，因为作为一个负责的政治家，他的职责是处理他本国和其他国家之间的关系。"（"'Diplomatist' ought, however, to be understood as including all the public servants employed in diplomatic affairs, whether serving at home in the department of foreign affairs, or abroad at embassies, legations or diplomatic agencies. Strictly speaking, the head of the foreign department is also a diplomatist, as regards his function of responsible statesman conducting the relations of his country with other states."）Ernest Satow, *A Guide to Diplomatic Practice*, Vol.1, London: Longman, Green and Co., 1922, p. 4.

洋大臣、各省督抚、通商口岸海关道以及零星派出担负特殊使命的临时使团，他们也不在本书的探讨范围之内。

不过，尽管晚清民国职业外交官已认同总理衙门官员为"外交专官"，但总理衙门官员毕竟属"兼差"的性质，与后来的职业外交官尚存差异。因此，本书所论对象，并不是已成形的外交官群体及其静态特征，而是近代外交官群体从萌芽、出现到逐渐成长、成形的经过，题名为"中国近代外交官群体的形成"，原因也正在于此。

（二）章节设计的说明

晚清外交机构的演进，从总理衙门到外务部，有先后因果的关系，因此对两机构人员的区分探讨，就暗示依据时间先后作纵向论述的结构安排。而驻外使馆的运作跨越总理衙门与外务部两个时期，它与后两者之间是横向联系，如果根据总理衙门、外务部、驻外使馆三机构来安排章节，前后文就显得较为混乱。本书采用的是以时间为轴，作纵向论述的方式，分为上编总理衙门时期（1861—1901），与下编外务部时期（1901—1911）。先论总理衙门，再论同时期的驻外使馆，然后论及1901年外交改革（主要是总理衙门改组为外务部，部分涉及驻外使馆制度）、外务部成立，最后再论改革之后的驻外使馆。

在各章篇幅和内容的安排上，本书对此前学界论述较少、史料发掘极为有限的总理衙门章京、驻外参赞、领事、翻译官群体论述较多，相关论题也更为广泛，旨在全面揭示与上述群体相关的、未曾被学界深入研究的论题；而对于总理衙门大臣与驻外公使，由于此前已多有专题研究，本书不拟对其进行全景式的重复介绍，而是选择此前学者忽略、用力不够或误解的系列论题，作深入论述。这些论题包括总理衙门的实际权力、大臣权力分配与演变,驻外公使的选任程序与影响因素等等,旨在修正、补充前说。故各章节的篇幅与论题设计并非整齐划一。

(三) 几个重要的概念

为努力与所论对象"处于同一境界"(陈寅恪语),理解其行为及所想所思,本书会频繁提及当时人经常谈及的几个重要概念,这里须提醒读者注意:

1. 本职与差使 总理衙门大臣、总理衙门章京、驻外公使成员(1907年之前)皆属"差使",他们各有其"本职"。京中内阁、六部、院、寺等机构官员,外省将军、督、抚、道、府、州、县官员,皆属"职缺"。差使没有品级,而职缺则各有品级,因此,总理衙门与驻外使馆人员的上升,必须落实为本职的提升。但这并不意味着,本职是他们的主要工作,很多时候,本职不过扮演进身之阶的角色。❶

2. 劳绩保奖 由于差使独立于本职之外,因此供差者,可以得到相应的奖叙。奖叙按其大小可分为"寻常劳绩"与"异常劳绩",总理衙门章京、供事与驻外使馆公使以下人员,皆可按期得到"异常劳绩"的保奖,保奖内容是给予他们升职升衔,也就是便利他们本职品级和地位的上升。清朝后期中下层官员拥挤太甚,这使得官场极看重所谓的劳绩保奖。

---

❶ 例如,驻外公使可能带有大理寺卿、太常寺卿、都察院左副都御史的头衔,但这并不表示他们需要躬亲赴任。公使担任那些职务,不过借其品级,以便升迁而已。另外,有学者将候补官员作为一个"群体",因发现驻外使馆的参赞、领事、随员一般带有候补州县官的头衔,遂认为候补官的功能之一就是担任驻外人员。这是倒因为果的说法。

3. 正途与异途 大体而言，在传统科举制度下，经历科考而授官者为正途，捐纳、军功等出身则为异途。两者不但在社会身份、自我认同上相差巨大，官场对他们的开放度，以及给他们任职、升迁所设置的限制，也大不相同。这一区隔极大地影响到总理衙门与驻外使馆人员群体的分野。

（四）写作凡例的几点说明

1. 表格与题名考。本书涉及外交人员的数量较大，一些论题的描述显得繁琐，为直观展示史料与表达论点，配合及补充文中论述，为研究者提供有价值的材料与线索，文中较多地使用了表格，部分地方也使用了"题名考"。

2. 书中一部分人物的生年，系依据《履历档》所书年龄推算而来，推算过程已考虑到传统的年龄计算方式为周岁加一的习惯。又因传统纪年与公元纪年在时间上有部分错动（传统纪年年尾的一个月左右为公元纪年第二年年初），在使用公元纪年标示人物生年时，可能出现不准确之处。祈读者引用时细察之。为使信息清晰明了，书中人物的年龄均按周岁计算。

3. 由于书中所引证的档案文献多使用清代纪年，而报刊等材料则采用公元纪年者居多，因此，本书以清代纪年为主，必要处在其后标注公元年月，以减少可能出现的混乱。

上编

总理衙门时期（1861—1901）

第 1 章

制度的渊源

若从源头考究，清朝办理外事的机构可分为三类，其一是作为清朝传统制度组成部分的礼部、理藩院；其二是鸦片战争之后出现的五口通商大臣及后来的南北洋大臣、各通商口岸的海关道台；其三是总理各国事务衙门及由其改组而成的外务部、常驻外国使团。三类机构所产生的环境、用作指导的理念、办理外事的规则与目的都不尽相同，由此出现三类不同的外事官员。

一　礼部与理藩院

（一）礼部

在鸦片战争之前，清朝的对外事务，主要由礼部和理藩院管理。其中体制，既循中国传统政治的脉络，也有清朝历史的独特之处。

在论及中国近代外交时，我们首先必须明确的概念是，今天惯用的"外交（diplomacy）"一词，属于舶来品，它伴随近代欧洲民族国家的兴起而产生，与主权国家的概念相适应，具体是指对等的主权单位的代表以谈判方式谋取国家利益的手段及其经过。❶中国

---

❶ 这里仅针对外交的经典概念而言。可参见 Lord Gore-Booth, ed., *Satow's*（转下页）

并无与西方世界对应的历史过程,在处理国家之间关系时,另有自己的侧重和目的。

在作为传统治国根基的儒家政治伦理中,"礼"的重要性远非"礼仪"一词所能涵盖,而是政治与文化的核心概念。礼有表里,其表,即礼的外化形式,是一套繁琐的礼仪、程序与规则;其里,则为家、国、天下的尊卑、等级与秩序。里由表而传达,表因里而厚重。❶先秦时期的礼,落实到天子与诸侯国关系上,隶属于所谓"宾礼"之中,其内容包括朝觐、交聘各项仪式,构筑出天子与四方藩国的君臣名分与尊卑秩序,其中也包含双方应有的权利与义务。

在后世历史发展过程中,天子与藩国、中国与周边关系较先秦大不相同,宾礼的施用对象,历朝历代也各有损益。中原王朝与周边民族之间的相处规范,被纳入宾礼范围。北宋政和年间(1111—1118),详定五礼,其中之三,即为宾礼。除包括朝会仪等皇帝与臣下相见之礼外,也规定外国君长来朝、遣使朝贡之仪。❷在明代,宾礼是"待蕃国之君长与其使者"的准则,详细规定蕃国使臣入贡、使臣接待以及明王朝遣使蕃国所应遵循的具体步骤与细节规范。❸宾礼中的这些条目,不仅是中原王朝与周边民族及外国交往

(接上页) *Guide to Diplomatic Practice*. London: Longman, 1979, pp. 1–8; Rene Albrecht-Carrie, *A Diplomatic History of Europe Since the Congress of Vienna*, New York: Harper and Row, 1973, p. 1.

❶ 《大戴礼记·朝事》言:"古者圣王明义,以别贵贱,以序尊卑,以体上下,然后民知顺尊君敬上,而忠顺之行备矣。"参见王聘珍:《大戴礼记解诂》,北京:中华书局,1983年,第225页。

❷ 脱脱等撰:《宋史》第9册,北京:中华书局,1977年,第2781—2792、2795—2814页。

❸ 张廷玉等撰:《明史》第5册,北京:中华书局,1974年,第1421—1427页。

的准绳，同时也是它们之间相互关系的主要内容。❶

正因为如此，中外关系被纳入到礼部的管理范围之中。

形成于隋唐时期的三省六部制之下设有礼部，其职司之一，就是管理中外交往之事。明代的礼部下设仪制、祠祭、主客、精膳四个清吏司。其中，主客清吏司"分掌诸蕃朝贡接待给赐之事"，即负责宾礼的具体实施。❷主客清吏司所管辖事务，既包括"诸蕃"——外国或境外部落的朝贡、接待、赏赐，也包括境内土官的朝贡事宜。

清承明制，在入关前即设置六部，礼部仍分仪制、祠祭、主客、精膳四司，主客司主管"四裔职贡封贲之事"，职司与明朝礼部相同。清朝对外体制中，中外关系的重要内容表现为宾礼，而宾礼则具体为朝贡、给赐、贸易等一整套繁琐的细节规范。顺治元年（1644），清朝规定，外国朝贡，以表文、方物为凭。❸又将与之交往的周边各国，一一纳入"四裔朝贡之国"的范围之内。在官方文书中，礼部主客清吏司所辖各国事务，仅为"朝贡关系"。主要内容包括：各国进献表文、方物，在边境与行商、在京会同馆进行贸易，清朝向各国给赐、册封颁印（西洋各国无）。

---

❶《清史稿》所载宾礼，仍将中国与外国交往礼仪的内容纳入其中，然而，中外交往的内容与性质，在晚清已发生根本变化，它是"平等国"之间进行的活动，宾礼不再是通过礼仪去构筑充满尊卑、等差的天下秩序的手段，也不再是对外关系的主要内容。《清史稿·礼志》"宾礼"条称："西洋诸国，始亦属于藩部，逮咸、同以降，欧风亚雨，咄咄逼人，觐聘往来，缔结齐等，而于礼则又为敌。夫《诗》歌'有客'，《传》载'交邻'，无论属国、与国，要之，来者皆宾也。我为主人，凡所以将事，皆宾礼也。"（赵尔巽等撰：《清史稿》第10册，北京：中华书局，1976年，第2673—2674页）在中外"敌体"、中国日益被纳入世界体系的过程中，宾礼降格为单纯的礼数。清代宾礼的演变经过，详见尤淑君：《从宾礼到宾礼：外使觐见与晚清涉外体制的变化》，台湾政治大学历史学系研究部博士论文，2011年7月。

❷ 张廷玉等撰：《明史》第6册，第1749页。

❸ 伊桑阿等纂：《大清会典（康熙朝）》卷72，台北：文海出版社，1993年，第1页。

随着对外交往情况逐渐复杂，历朝政书所定义的"朝贡之国"屡有变化。至嘉庆时，清朝官方文书在"朝贡国"之外，单列出"通互市之国"，清朝与这些国家的交往内容，主要是互通贸易（详见下表）。

表1-1 清代历朝会典所载礼部主客清吏司职事

	朝贡之国	外事内容	通互市之国	外事内容
康熙朝	朝鲜、吐鲁番、琉球、荷兰、安南、暹罗、西洋、西番各寺（乌斯藏、洮岷番寺、河州番寺、西宁番寺、西纳番寺、金川寺番僧）	各国进献表文、方物，清朝给赐、册封、颁印（荷兰、西洋无）、在京会同馆贸易	无	无
雍正朝	朝鲜、琉球、荷兰、安南、暹罗、西洋诸国（西洋国、意达里亚、博尔都噶尔）、苏禄国、吐鲁番、西番各寺（乌斯藏、陕西边地番寺、四川边地番寺）	各国进献表文、方物，清朝给赐、册封、颁印（西洋诸国、苏禄、吐鲁番无）、在京会同馆贸易	无	无
乾隆朝	朝鲜、琉球、苏禄、安南、暹罗、西洋、缅甸、南掌	各国进献表文、方物，清朝给赐、册封、颁印（朝鲜、琉球、安南）、在边境与行商或在京会同馆贸易	无	无

续表

	朝贡之国	外事内容	通互市之国	外事内容
嘉庆朝	朝鲜、越南、南掌、暹罗、苏禄、缅甸、西洋（博尔都嘉利亚、意达里亚、博尔都噶尔、英吉利）	各国进献表文、方物，清朝给赐、册封、颁印、在边境与行商或在京会同馆贸易	日本、港口国、柬埔寨（真腊国）、尹代吗、宋脶膀（暹罗属国）、㻌仔、六崑、大呢、柔佛、丁机奴、单咀、彭亨、亚齐国（旧为苏门答腊国）、吕宋国、莽均达老国、噶喇吧国（爪哇故土）、千丝腊国、法兰西、瑞国、连国	通市贸易

资料来源：四朝会典所载礼部主客清吏司职事分别参见《大清会典（康熙朝）》卷72"礼部三十三"，第1—12页；允禄等纂：《大清会典（雍正朝）》，台北：文海出版社，1995年，卷104，第1—39页，卷105，第1—15页；允裪等编：《大清会典（乾隆朝）》，收入《景印文渊阁四库全书》第619册，台北：台湾商务印书馆，1983年，卷56，第1页；托津等纂：《大清会典（嘉庆朝）》，台北：文海出版社，1991年，卷31"礼部主客清吏司"，第1—4页。

说明：《大清会典（雍正朝）》所谓"西洋国""博尔都噶尔"都是葡萄牙。《大清会典（嘉庆朝）》中的"博尔都噶尔"与"博尔都嘉利亚"都是葡萄牙，且混淆葡萄牙与法国，将法兰西误作明代佛郎机（《明史》中实指葡萄牙），并称其吞并吕宋（即菲律宾，又称小吕宋），在明末入广东香山之澳门。

在各国向清朝进献表文、方物，以及清朝给赐、册封、颁印这些外事活动中，涉及诸多外事官员。依照上述活动的次序，主要有以下官吏参与其间。

1. 边疆省份督抚 依照制度，督抚接受外国投文，开阅原文，查照其中内容及进贡方物，确定无碍之后，可具题入贡。平时外国

奏疏，也交督抚转奏。督抚不得擅自向外国移文。❶

2. 礼部堂官与司官 贡使在依指定路线入京之后，由礼部安排接待、觐见事宜。以朝鲜使臣为例，朝鲜使臣来访，由礼部奏准移文守边官迎接。到京之后，礼部官具奏朝见。在行礼之后，由礼部堂官率领来使至礼部筵宴。礼部主客清吏司郎中、员外郎、主事分掌接待给赐之事，并负责挑选译者，向使团申明禁令。❷

3. 会同四译馆主管官员（稽查大臣与提督） 礼部所属会同四译馆，设稽查大臣二人、提督会同四译馆兼鸿胪寺少卿一人。❸外国来使所贡方物，由会同馆呈报礼部，提督官查验，并派员役管领，然后由礼部上奏。❹在外国贡使行礼时，提督官还须负引导之责。❺

4. 会同四译馆低级官吏 除主管官员外，会同四译馆还设立大使、序班、译字生、朝鲜通事。其中，朝鲜通事八人，分别从内务府佐领、凤凰城通事内选取，学习并负责翻译朝鲜语。译字生八人，由礼部行文顺天府，从童生内考选，分别学习西域文字（察合台文）及百夷文字（傣文）。序班二人，从译字生内考充，负责教读译字生。大使一人，从序班内升用，在外国贡使到馆后，负责将应办事宜随时呈明监督，交付礼部主客司办理。❻

---

❶ 伊桑阿等纂：《大清会典（康熙朝）》卷72，第3页。朝贡之国来华，分别由不同督抚具题入贡：琉球由闽浙总督具题，越南由两广总督、广西巡抚具题，南掌、缅甸由云贵总督、云南巡抚具题，暹罗、荷兰、西洋诸国由两广总督、广东巡抚具题，苏禄由福建巡抚具题。朝鲜每年四贡，较为规律，由礼部具题。见托津等纂：《大清会典（嘉庆朝）》，第5页。

❷ 伊桑阿等纂：《大清会典（康熙朝）》卷72，第4页、第1页。

❸ 设稽查大臣二人，在六部、都察院、通政司、大理寺之满洲堂官内，由部奏请派任。设提督会同四译馆兼鸿胪寺少卿一人，在礼部郎中内拣选。见托津等纂：《大清会典（嘉庆朝）》卷31，第16—17页。

❹ 伊桑阿等纂：《大清会典（康熙朝）》卷72，第2页。

❺ 托津等纂：《大清会典（嘉庆朝）》卷31，第17页。

❻ 同上书，第18页。

5. 派往各国正副使　遇册封外国之时，由皇帝临时特简正使、副使前往。派往各国的正副使，因国家不同而有所差异。朝鲜正使，用内大臣、散秩大臣、一等侍卫职名，副使则用内阁满洲学士、翰林院满洲掌院学士、吏部满洲侍郎职名。琉球、越南正副使，从内阁典籍、中书，翰林院侍读、修撰、编修、检讨，六科给事中、礼部司官中简任。❶

此外，鸿胪寺一些官员在外国贡使觐见时，也负责一定的辅助工作。

在传统的外事活动中，承担此类职事的官员主要包括礼部尚书、侍郎；主客清吏司郎中、员外郎、主事；会同四译馆官员、鸿胪寺官员，及皇帝从内阁、翰林院、礼部等处临时简任的正副使臣。❷

这类外事活动在传统政治生活中所占比重较小，对本国政治影响有限。随着西方列强及日本势力对清朝朝贡国的蚕食与侵吞，清朝与朝贡国的关系脱离原有秩序，原属礼部的外事活动日趋减少，负责外事的官员也逐渐淡出历史舞台。

（二）理藩院

理藩院管理部分外国事务，与清朝自身的历史有关。

清朝源出东北地区，在入关之前，被俘虏的及陆续归附的蒙古人同汉人一样，最先皆编入八旗之中；后满洲势力进一步扩张，与地处其西侧的漠南蒙古诸部结成同盟，以此为基础问鼎中原，取代明朝而统治中国。为管理内蒙古诸部的事务，处理与蒙古的关系，

---

❶ 托津等纂：《大清会典（嘉庆朝）》卷31，第13—14页。
❷ 昆冈等修：《钦定大清会典（光绪朝）》，《续修四库全书》第794册，上海古籍出版社，1995年，第371—377页。

清在入关前即设立蒙古衙门,旋改称理藩院,下设录勋、宾客、王会、柔远、理刑五清吏司(后改为王会、典属、旗籍、柔远、理刑、徕远六清吏司),管理内蒙古诸部的爵位授予、朝会、刑例各项事务。入关之后,清朝在对蒙古准噶尔部的战争中,陆续将漠北喀尔喀蒙古诸部、漠西厄鲁特蒙古诸部、与蒙古政教风俗相近的西藏地区、原在蒙古统治之下的回疆各部纳入版图,和上述地区相关的事务,皆归入理藩院处置。除此之外,与蒙古、回疆接壤的诸多部落,包括布鲁特、哈萨克、霍罕、博罗尔、巴达克山、塔什罕的朝贡事宜,也归理藩院管辖。❶

理藩院产生于清朝特有的历史进程中,不过,若就其机构设置与办理外事的理念而言,仍不脱礼部的思路。例如,管理"外裔朝贡"的徕远清吏司,其名称源自《论语》所言"远人不服,修文德以来之",传递出强烈的儒家理念。

清朝通过管辖力度及成文礼制,将中原地区、西北地区和与两地区接壤的众多属国、部落区隔开来,形成一个等差有序的、在关系上逐层淡化和模糊的中央与周边的秩序。如果说礼部事务涉及的朝鲜、琉球以及西南各属国,是从明朝继承、由六部治理的以汉文化为主的中原地区之"化外",那么理藩院事务涉及的布鲁特、哈萨克、霍罕等部落,就是清朝开拓、由理藩院治理的以游牧文化为主的西北地区之"化外"。前者事务主要由礼部主客清吏司执掌,后者则归于理藩院徕远清吏司所辖。

较为特殊的,是与俄罗斯的关系。清朝在恰克图地区设市与俄罗斯贸易,由理藩院派司官管理。俄罗斯与清朝有"互市"关系,但交往频率、关系程度却远超出礼部所辖诸多互市国。为此,清

---

❶ 托津等纂:《大清会典(嘉庆朝)》卷53,第18—19页。

朝"置设库伦办事大臣以司俄罗斯边务",授权办事大臣在东北地区会同黑龙江将军、呼伦贝尔副都统,在西北地区会同定边左副将军、科布多参赞大臣处理边疆的对俄事务。❶此外,在《恰克图界约》签订之后,俄罗斯向北京派出常设的教士团,居住于俄罗斯馆。该馆安排俄罗斯教士、学生学习(实则经常从事间谍活动),受理藩院监督,并由理藩院典属清吏司负责馆内的供给。❷由此,在礼部之外,理藩院官员、库伦办事大臣部分承担起与外国交涉的职司。❸

在此后历史发展过程中,俄国一面蚕食西北地区与蒙古、新疆接壤的诸多部落,另一方面则与英法等国一道,由海上东来叩关。清朝的对俄事务与对英法各国事务一样,逐渐转移到新成立的总理各国事务衙门手中。

二 总督、巡抚与海关道

与近代单一制国家外交权属中央的惯例不同,清朝的各省总督、巡抚,乃至其下的海关道台,享有较多处理外事的权力。这种权力结构,既与传统政治制度一脉相承,也与晚清新出现的条约体系有关。

在清代,省一级最高军政长官为总督或巡抚。其中,总督的辖

---

❶ 托津等纂:《大清会典(嘉庆朝)》卷53,第23—24页。
❷ 蔡鸿生:《俄罗斯馆纪事》,北京:中华书局,2002年,第19—23页。
❸ 赵云田点校:《乾隆朝内府抄本〈理藩院则例〉》,北京:中国藏学出版社,2006年,第114—116、176、366—367页。

区从一省至三省不等，❶其职责是"厘治军民，综制文武，察举官吏，修饬封疆"。在不设总督或非总督驻扎之省，最高长官为巡抚，其职责在于"宣布德意，抚安齐民，修明政刑，兴革利弊，考核群吏，会总督以诏废置"。❷督抚虽然是疆吏，然他们与皇帝的关系不可与今日"地方与中央"的关系等量观之。从源头来看，明代总督与巡抚都是京中都察院的外派之差，负责节制、协调各省各镇，或一省之内都司、布政、按察三司的关系。❸也就是说，督抚之权是皇权在地方的具体运用。清代督抚尽管已经成为地方常设官职，但上述性质仍未改变。京中都察院的右都御史、右副都御史，兵部尚书、侍郎，成为预留给督抚们的加衔；地方权力中最为重要的财政，在明清时代，都须由京中统一调度，经由皇帝的授意，决定税收的"起运"或"存留"。从制度设计上看，京中官员与各省督抚，只存在内外之别，而无中央和地方的分割。光绪七年（1881），翰林院侍讲张楷在一份奏摺中说：

> 窃惟国家设官分职，各部院堂官视督抚，三品以下京堂视藩臬，五品各官视道府，朝廷察其才具，互相升调，无偏重亦无分途，所为内外相维者，法至善也。❹

---

❶ 这里的总督，仅指地方总督，漕运、河道两种专务总督不在讨论范围。乾隆以后，全国常设八处总督，分别是直隶（驻保定）、两江（辖江苏、江西、安徽，驻南京）、陕甘（辖陕西、甘肃，驻西安）、四川（驻成都）、闽浙（辖福建、浙江，驻福州）、湖广（辖湖北、湖南，驻武昌）、两广（辖广东、广西，驻广州）、云贵（辖云南、贵州，驻昆明）。
❷ 赵尔巽撰：《清史稿》第12册，第3336页。
❸ 王天有：《明代国家机构研究》，北京大学出版社，1992年，第165—169页；张廷玉等撰：《明史》第6册，第1772—1780页。
❹ 日讲起居注官、翰林院侍讲张楷：《请将京堂甄简外任疏》（光绪七年），王云五主持：《道咸同光四朝奏议》第10册，台北：台湾商务印书馆，1970年，第4385页。

可见，中央与省级权力，实际并无本质区别，只不过是皇权在不同功能上的授命和运用而已。财政、司法如此，外交同样是这样。后人所看到的清末民初的地方外交，其根源并不一定在于太平天国之后形成的地方权重，而在于它从一开始，就是被作为皇权的部分授权而被运用的。

清朝入关后，在督抚的对外职权上，陆续形成一系列规定，主要有以下内容。首先，外国进贡，以贡表方物为凭，这些须经由使节入口省份的督抚查照确实，才能具题入奏。其次，外国呈递奏疏，不能直接带往京城，须派差官交由督抚转奏。第三，在外国使臣投文督抚后，督抚须开阅原文，再上报皇帝。第四，外国人不得赠送督抚礼物，督抚提督也不得移文外国。第五，外国使臣往返京城，督抚须照料口粮。❶督抚以及其下属与礼部、鸿胪寺一样，在对外交往上，他们只是有着不同的分工，但都没有完整的交往之权。

鸦片战争之后，清朝与英、美、法等国签订一系列条约。谈判过程以及随后签订的条约，逐渐形成了双方交往的新模式。中外交往，由授给"钦差"之名的督抚，代表中方与外国交涉。1844年，在中美谈判之前，道光帝调两江总督耆英任两广总督，主持谈判，上谕称："各省通商善后事宜均交该督办理，并准其用钦差大臣关防，遇有办理各省海口通商文移事件，均着其钤用。"❷授给两广督抚以"钦差大臣"名义与外人交涉这一模式，逐渐成为中外交往的惯例。"管理通商事务大臣"（五口通商大臣），也由此成为两广总督的兼衔。

---

❶ 允禄等纂：《大清会典（雍正朝）》卷104，第1—3页。
❷ 中国第一历史档案馆编：《鸦片战争档案史料》第7册，天津古籍出版社，1992年，第424页。

此时，中西交往的新模式逐渐从形式和内容上突破原有的宗藩体制。就清朝内部而言，五口通商大臣的权力较之前《大清会典》所载沿海督抚的外事职权已有了很大的扩张，然其限度也较为明显。

1854年之后，英、法、美使节向两广总督、五口通商大臣叶名琛提出"修约"的要求。因有此前屡次沟通无果的经历，他们转而北上，试图通过两江总督或直隶总督与清朝沟通。这一要求经由地方官上达之后，遭到咸丰帝拒绝。当时，前长芦盐政崇纶奉命与前来天津的英美公使进行交涉。他给咸丰帝奏摺中的一段话，清晰地反映出当时交涉体制的特点。崇纶称，英美公使希望清朝派"重权"大臣来津，以便将详细的条约交出进行谈判，崇纶自行反驳道：

> 我国凡为臣下者，不敢专擅，均候君命而行，从无"重权"名目。今汝众国恳求事件，若彼此有益，或于外国有益，中国无碍，均尚可商，俟奏明办理。如与中国事多窒碍，本大臣若率行代奏，我皇上必治以冒渎之罪。究竟有何事件，无妨交出，看后再行据理斟酌。❶

由此可以看出，从督抚到奉命交涉的下属，其职其权，与会典中的记载、与他们的历届前任，毫无二致。

依照条约规定，英、法、美国公使，依旧只能回到广东同叶名

---

❶《前长芦盐政崇纶等奏接见美英公使询出来意并酌办情形摺》（咸丰四年九月十四日），中国史学会主编、齐思和等编：《中国近代史资料丛刊·第二次鸦片战争》第3册，上海人民出版社，1978年，第44页。

琛交涉。但从崇纶的描述中可以看出，以两广总督的权责，根本无法应对各国的修约要求。事实上，咸丰帝也曾下达廷寄谕旨给叶名琛，只能就英美提出的修约条件中有限的三项进行商量；同时，咸丰帝又希望各国公使止步于广东。所以叶名琛接受的，是一个无法完成的差使。❶ 在随后爆发的第二次鸦片战争中，叶名琛被俘。钦差大臣、五口通商大臣头衔，改由两江总督兼任。又一个督抚被授予交涉权。

伴随第二次鸦片战争中《天津条约》《北京条约》的签订，沿海沿江各口岸陆续开放，五口通商大臣改称南洋通商大臣，其理论上所辖口岸，亦从沿海五口扩大为南方的沿江、沿海各通商口岸。在华北地区，因《天津条约》开放北方三口，清朝专门设立"三口通商大臣"管理通商事宜。该职在1870年"天津教案"发生后改为"北洋通商大臣"，由直隶总督兼任。南北洋大臣得以部分承袭原五口通商大臣的交涉职能。

中外条约给予外国人内地传教及游历之权，并允许其享有领事裁判权，导致地方中外人民纷争迭出；与此同时，在通商口岸对本国人享有司法管辖权的外国领事官，因政治、经济、法律的诸多关联，须时常与中国地方官交涉。守土一方的总督、巡抚们自然又被牵涉其中，行使原本就授权给他们的部分外交权。这是促成督抚分享外交权的现实因素。

南北洋大臣由总督兼任，职分地位崇高，根据中外条约中官

---

❶ 〔澳〕黄宇和：《两广总督叶名琛》，上海书店出版社，2004年，第165—174页；茅海建：《入城与修约：论叶名琛的外交》，《近代的尺度：两次鸦片战争军事与外交》，北京：生活·读书·新知三联书店，2011年，第145—153页。

员平等往来的规定,他们自不便与各国领事官直接交涉。❶于是,在现实操作中,通商口岸所在地的道台(多兼任海关道),便承担起与领事官交涉的职能。❷由此,在礼部、理藩院之外,南北洋大臣及其所属通商口岸的海关道台也成为体制中授权办理交涉的官员。

无论是兼任五口通商大臣的两广总督,还是兼任南洋大臣的两江总督,以及兼任北洋大臣的直隶总督,他们的主要职司皆在内政,对外交涉不过是其兼职。"地方官"办理外交,既是清朝传统体制衍生出来的现象,也是清朝借旧制有意为之所致。这与同时代的西方国家迥异。鉴于以上考虑,本书未将他们纳入近代外交官群体形成的论题范围之内。

三 总理衙门

在鸦片战争结束之后,两广总督通过钦差大臣、五口通商大臣的头衔,出面与西方使节进行交涉。其手中的外交职权,类似于旧有的朝贡体制下的地方督抚,实际上无法与授给"全权"的西方公使进行交涉,更无法讨论他们屡次提出的修约要求。这种旧的交往模式,最终以第二次鸦片战争的爆发而告终结。

---

❶《中英天津条约》第七款:"大英君主酌看通商各口之要,设立领事官,与中国官员于相待诸国领事官最优者,英国亦一律无异。领事官、署领事官与道台同品;副领事官、署副领事官及翻译官与知府同品。视公务应需,衙署相见,会晤文移,均用平礼。"(王铁崖编:《中外旧约章汇编》第1册,北京:生活·读书·新知三联书店,1957年,第97页)

❷ 梁元生著,陈同译:《上海道台研究——转变社会中之联系人物,1843—1890》,上海古籍出版社,2003年,第70页。

（一）设置经过与内部结构

1858年，中英签订《天津条约》，英方特意在其中加入"公使驻京"的条款，用以规范中外间的交往模式，称言："大英钦差各等大员及各眷属可在京师，或长行居住，或能随时往来，总候奉本国谕旨遵行"，"大清皇上特简内阁大学士尚书中一员，与大英钦差大臣文移、会晤各等事务，商办仪式皆照平仪相待"。[1]该条款不但正式确认了五口通商时代交往模式的终结，同时也在礼部、理藩院主导外事管理的传统模式之外，建立起新的规范。因众多条约确定"一体均沾"的原则，享有片面最惠国待遇，上述两项条款被自然推及清朝与其他国家的交往模式上。这两项条款给清朝体制出了不小的难题：公使常驻北京，交往必然频繁；同时，交往要求对等，皇帝将不得不指定重臣或相关机构专司此事。而这些，绝非尚处在传统宾礼框架之下的礼部或理藩院所能担当。

正因为如此，咸丰帝不愿接受《天津条约》。此后，战事再起，英法联军进逼北京，咸丰帝北逃，留其弟恭亲王奕䜣在京办理"抚局"。最终，奕䜣与英、法签订《北京条约》，确认履行《天津条约》的各项条款。

条约签订之后，恭亲王奕䜣与留京办理抚局的大学士桂良、户部左侍郎文祥于咸丰十年十二月初一日（1861年1月11日）联衔上奏，分析清朝所处的内外环境，提出因应之策。关于对外策略，奏摺称："若就目前之计，按照条约，不使稍有侵越，外敦信睦，而隐示羁縻，数年间，即系偶有要求，尚不遽为大害。"为达此目的，奏摺提出章程六条，首条是，在京"设立总理各国事务衙门，

---

[1] 王铁崖编：《中外旧约章汇编》第1册，第96、97页。

以专责成"。之所以如此，原因在于，"各国事件，向由外省督抚奏报，汇总于军机处。近年各路军报络绎，外国事务头绪纷繁"，外国公使驻京之后，"若不悉心经理，专一其事，必至办理延缓，未能悉协机宜"。❶

根据这一表述，奕䜣等人设想的总理各国事务衙门，是分理军机处"外国事务"的机构。他们为这一机构设立的人事制度是：一切仿军机处规制办理，由王大臣领之，军机大臣兼管其事；另从内阁、部院、军机处中挑选司员、章京满汉各八人，轮值办事。等到军务肃清、外国事务较简之时，即行裁撤。❷ 咸丰帝于初十日（1月20日）批准上述建议，下令在京师设立"总理各国通商事务衙门"，派奕䜣、桂良、文祥三人管理；司员照奏摺建议，从内阁、部院、军机处司员、章京中选取满汉各八人，作为定额，轮班办事。❸ 咸丰帝所称的"总理各国通商事务衙门"与五口通商时期"通商事务大臣"（五口通商大臣）名称类似，从名称上看，前者不过是将后者从一个人变作一个机构，且将该机构设置在京中。然而，奕䜣等人早已看到，英法等国的交涉要求实已逾越各口通商的内容，他们随后上摺称，为避免各国轻视，应去掉"通商"二字。❹ 从此，承担中外交涉任务的总理各国事务衙门（简称"总理衙门""总署""译署"）正式成立。

从上述总理衙门设置的经过可以看出，总理衙门在成立之初，

---

❶ 贾桢等修：《筹办夷务始末（咸丰朝）》第8册，北京：中华书局，1979年，第2675页。
❷ 中国史学会主编、齐思和等编：《中国近代史资料丛刊·第二次鸦片战争》第5册，上海人民出版社，1978年，第341—342页。
❸ 贾桢等修：《筹办夷务始末（咸丰朝）》第8册，第2692—2693页。
❹ 中国史学会主编、齐思和等编：《中国近代史资料丛刊·第二次鸦片战争》第5册，第358页。咸丰帝在奕䜣请求更名的奏摺上朱批"依议"，然并未追回前道上谕。故在此之后，很多人依然有意或无意间将总理衙门称作"通商衙门"。

是一临时机构；其官员分为堂（大臣）、司（司员，后称章京）两级，都是兼差。总理衙门成立之后，清朝将英、法、美、俄各国的外交部译作该国"总理各国事务衙门"，将各国外交首长译作该国"总理各国事务大臣"；各国亦将清朝的总理衙门译作"Foreign Office"。❶ 在当时西方各国的认知中，总理衙门已大致等同于近代外交部，在此后发展中，它逐渐接受源自西方的交往模式与交涉规则，成为20世纪西式外务部、外交部的起源。❷ 正因为如此，总理衙门官员亦可看作近代外交官的源头之一。

按照总理衙门最初设计，它是分理军机处"外国事务"的机构，由军机大臣兼领，人事完全仿军机处，可看作军机处分支。因此，其内部分工是依据办差者的原职来确定的。例如派军机大臣兼领，主要考虑他们承书谕旨；选择户部司员入署，是安排他们管理关税事务；内阁官员负责机密要件；兵部则管理驿递事项。在总理衙门业务繁多、逐渐由"秘书机构"变为一"专务机构"之后，这种以官员原职划分内部业务的做法被摒弃，取而代之的，是以地区事务划分为主的分股办事制度。

总理衙门的分股办事，大致等同于六部分司办事。它的内部最先分三股：英国股、法国股、俄国股，另有收掌处。后来业务渐增，最终发展为英国、法国、俄国、美国、海防五股，另加司务厅与清档房。五股除办理与各自名称对应的国家间交涉事务之外，另按惯例及历史关系，各自分派关税、保护华工、陆路交通与划界等专门事务。受人员设置之所限，股的数量也相应较少，不过这种划分在当时条件下是较为合理的。

---

❶ S. M. Meng, *The Tsungli Yamen: Its Organization and Functions*, pp. 21-23.
❷ 北洋时期及国民政府时期的中国外交部，皆以总理衙门为源头。

第1章 制度的渊源 *043*

图示 1-1　总理衙门分股办事制度演进图

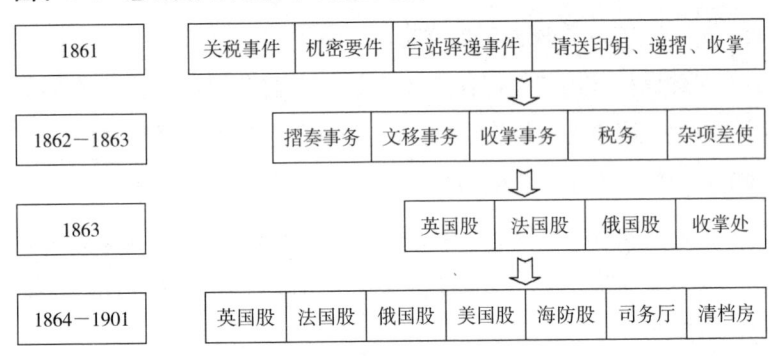

| 1861 | 关税事件 | 机密要件 | 台站驿递事件 | 请送印钥、递摺、收掌 |

⇩

| 1862—1863 | 摺奏事务 | 文移事务 | 收掌事务 | 税务 | 杂项差使 |

⇩

| 1863 | 英国股 | 法国股 | 俄国股 | 收掌处 |

⇩

| 1864—1901 | 英国股 | 法国股 | 俄国股 | 美国股 | 海防股 | 司务厅 | 清档房 |

资料来源：贾桢等修：《筹办夷务始末（咸丰朝）》第8册，第2716页；吴成章：《外交部沿革纪略》，北京：外交部印刷处，1913年，第19—30页；《军机处录副》03-4606-031；宝鋆等修：《筹办夷务始末（同治朝）》第3册，北京：中华书局，2008年，第1215—1216页；《军机处录副》03-5092-026。

说明：海防股建立于1884年，甲午战争之后似裁撤。

表1-2　总理衙门各股职事表

英国股	英国、奥匈帝国事务[1]，通商口岸新关关税事务
法国股	法国、荷兰、西班牙、巴西事务，保护传教、招募华工事务
俄国股	俄国、日本事务，陆路通商、边防与疆界事务
美国股	美国、德意志、秘鲁、意大利、瑞典、挪威、比利时、丹麦、葡萄牙事务，设埠保护华工事务
海防股	南北洋海防、长江水师、沿海炮台、船厂事务，购制轮船、枪炮、弹药，创造机器、电线、铁路及各省矿务
司务厅	请送印钥、递摺、收掌文书、收发电报
清档房	修辑、校对《总理各国事务衙门清档》

资料来源：昆冈等修：《钦定大清会典（光绪朝）》，《续修四库全书》第794册，第920—926页。

---

[1] 当时清朝官方文书称"奥斯马加"，即奥匈帝国的匈牙利文音译。在更多的时候，也简称"奥国"。

（二）总理衙门的机构特征

总理衙门的建立，是晚清政治制度变革的重要一页。这一机构的诸多特点，影响着它自身职能、作用的发挥，对晚清的制度改革也有促进。

总理衙门糅合了旧制度中两种性质的国家机构的一些特征。从设置意图上看，它是军机处的分理处；从人事制度上来看，总理衙门与军机处无异。但是，就主管事务而言，总理衙门又与六部相似。军机处类似皇帝的秘书机构，六部则为专务部门。前者协助皇帝处理奏摺，负责办理上谕文书，它最大的特点是事务慎密，要求任事者诚实可靠；而专务部门专办一类政务，强调办事人员有专业技能。由于科举制度下所选拔的官员长于阐释经典，专务部门的日常事务实际由官员之下熟悉则例、富有经验的书吏承担。在士人眼中，书吏未经历科举选拔、未受过圣人训诲，往往重利轻义。❶

很显然，上述两类机构在人事制度上存有对立：如要事机慎密，就必须排斥书吏，不让他们染手政事；而如要办理专务，则须依赖书吏，利用他们的文书经验以及对则例的熟悉，来处理财政、刑名之类的政务。总理衙门既为专务机构，同时又强调办事慎密，排斥书吏，依军机处模式设岗分工，这在客观上造成一个结果，即要求该机构的官员俯下身段去了解专业，也就是去做书吏要做的

---

❶ 这一观点在当时人言论中经常出现。例如曾任同治朝军机大臣的李棠阶在日记中说："各衙门书役盘踞，舞文弄权、纳贿，毫无纪极。"又说："惟积习相沿，多历岁年，骤闻言不用书吏，骇人听闻，吏、户、兵、刑诸部事例繁杂，司官不能谙悉。若不用若辈，伊必将稿案尽行藏匿，以致无所稽核，碍难办理。"（李棠阶著，穆易点校：《李文清公日记》，长沙：岳麓书社，2010年，第1112页）

第 1 章 制度的渊源 045

事。由此促成总理衙门摈弃书吏，由官员直接理事这一重大制度特征。这一特征在1901年被外务部继承，成为清末新设各部的基本规范之一，改变了清朝传统制度中由书吏垄断专门事务的局面，推动政治制度向前大步迈进。

从最初制度设计上可以看出，总理衙门由军机大臣兼领，分理军机处的"外国事务"，待事务稍减，则将其裁撤，一切事务仍归军机处汇总办理。按此，总理衙门为军机处的分支。上文已述，在清代制度中，军机处备顾问、助决策、承写上谕，是皇帝的秘书机构。通过奏摺运作的国家政务，由皇帝批示意见后，借军机处之手发出。按照"分支"的框架，总理衙门的意见能够顺利借助军机处发出，它实际上凌驾于中央各部与各省督抚之上。而在后来的历史过程中，总理衙门的事务日渐繁杂，由设计中的秘书机构完全变为专务机构，同时，因重要的军机大臣并非一直兼领、管理总理衙门，总理衙门逐渐下降为等同六部的专务机构。

在这一新的框架中，总理衙门与中央各部一样，同各省督抚处于平级地位，它与南北洋大臣、各省督抚所享有的外交职权，一个按专业划分，一个则由地域划分，只存在分工方式不同，而无上下级的差异。曾任京师同文馆总教习的美国人丁韪良（William Martin）对此大感不解，他在回忆录中记载：

> 从前，守疆大臣常常拒绝承认总理衙门颁发的在西藏旅行的护照。我曾见到一个匈牙利伯爵因此写给恭亲王的德文申诉书。伯爵向陕甘总督左宗棠将军出示了护照，后者正在平定喀什噶尔叛乱。老将军无视总理衙门的命令，对之公然进行反抗。他的回答是："这里由我做主，本辖区跟总理衙门毫不

相干。"❶

此事发生在 1875 年前后,当时总理衙门的主管仍为恭亲王奕䜣,但他经多次的政治打击,权势大不如前;兼领总理衙门的军机大臣文祥病危,总理衙门远不能如设计或初期运作中那样,让自己的主张和意志经皇帝批准后借军机处发出。这种权力结构极大限制了总理衙门成为完全意义上近代外交部的可能性。

总理衙门另一个重要特征在于官员的性质。其堂与司两级官员,皆属于"差使"。与军机处一样,总理衙门大臣由大学士、六部堂官等兼任;章京(司员)则由内阁中书、六部司员兼任。"差使"在清代制度中有着特殊意味,差使的属性深刻影响总理衙门官员的性质及该机构实际运作的效果,此处略作申论。

清代京师、外省设置有完备的国家机构,各机构的长官及属官,都设有定额,并且各带品级,称为"职缺"。其执掌、地位、选任、升迁的各项规则,详载于《大清会典》及《吏部铨选则例》。与此同时,官僚系统中另有一套不带品级且多不记载于《会典》,亦无须吏部铨选的职务,称为"差使",满语叫作"乌布",由带有正式或候补职务的官员兼任。这与唐宋"使职差遣"类似,但不如前朝那样明显和突出。差使通常意味着临时性,例如办理军务、河工、皇帝生日庆典、皇陵工程事务、乡试正副主考("试差")等一类差使;同时,也有常设的,例如京中各部司一级所设的掌印、主稿、总办,三年外派一次的各省学政("学差")以及军机大臣、军机章京。与职缺相比,差使具有几个显著的特点。

---

❶ 〔美〕丁韪良著,沈弘等译:《花甲忆记——一位美国传教士眼中的晚清帝国》,桂林:广西师范大学出版社,2004 年,第 229 页。

首先，差本身是没有品级的，承担各种差使的官员，其品级随其原有的职缺升降。不过，差的分派却经常以官员职缺的高低作为依据。❶其次，由于差使常具临时性，比较孤立，且无品级，因此官员不能在差的系统中进行迁转，只能在职缺体系下寻求上升。以清代最为重要的差使——军机大臣、军机章京为例，上述两种特点可用图示表达如下：

表1-3 军机大臣、军机章京的职与差

品级	总称	职	差	
正一品	部院堂官	内阁大学士	军机大臣	军机章京
从一品		协办大学士 部院尚书 左都御史		
正二品		部院侍郎		
从二品		内阁学士 翰林院掌院学士		
正三品	三四品京堂	左副都御史 宗人府丞 通政使 大理寺、太常寺卿		
从三品		光禄寺、太仆寺卿		
正四品		太仆寺、大理寺、太常寺少卿 鸿胪寺卿 通政使司副使		
从四品		内阁侍读学士		
正五品	部院司官	部院郎中		
从五品		部院员外郎		
正六品		部院主事 内阁侍读		
从六品				
正七品		内阁典籍		
从七品		内阁中书		

从常识判断，官职要循资逐渐上升；差使重在事务，只借重才识，可不拘资历，授予官职。只重资历，可能埋没有才识的人；只

---

❶ 例如军机大臣主要从大学士、六部尚书、侍郎中进行选派；军机章京则从六部司官中进行选派；六部各司的掌印、主稿、总办一般从该部实缺的郎中、员外郎、主事中进行选派。（梁章钜辑，朱智补：《枢垣记略》，北京：中华书局，1984年，第132页；崇彝：《道咸以来朝野杂记》，北京古籍出版社，1982年，第4页）

重才识，让官员躐等而进，则会牺牲资深者的积极性。两者结合，才能互补。

第三，尽管职缺比差正式，官员只能依本职升迁，差亦须依附职，但在实际政治运作中，差经常会比本职重要，也更能发挥实际的政治作用。❶第四，官员的薪俸、地位依据职缺而定，京察、大计亦针对职缺进行；但官员完成兼差，则可获更多且更实在的好处。第一种主要是经济利益，例如，各省学政、乡试正副主考，可名正言顺地收取众多门生的孝敬银两；❷另一种好处则落实在仕途升迁上。例如，在京察大典中，六部司官里有限的京察一等名额，往往留给各司掌印、主稿、总办；办理军务、河工、皇帝生日庆典、皇陵工程、充当军机章京，都能获得定期或不定期的"保奖"。京察一等或劳绩保奖，都会在不同程度上有助于官员本职的上升。❸

由此我们可以看出，清朝政治体制中的差使，尽管在很多时候不具备正式的地位，但无论从发挥的实际作用还是办差者的收益来看，都不容忽视；同时，由于差的地位具有非正式性和依附性，办差的收益须落实到本职的升迁上，才能显出其实际的意义。差与缺的关系，关涉官员政治、经济两方面的收益，故为他们所看重。

为了对此进行说明，我们不妨以晚清军机大臣、总理衙门大臣

---

❶ 例如，军机章京的本职为六部司官，但他们更加看重在军机处的工作；又如，六部各司虽然设有较多的司官，但实权只掌握在掌印、主稿、总办这些担任要差的司官手中。掌印、主稿、总办负责该差所在司的事务，而对于本职所在的司，很可能不负主要责任。（李慈铭：《越缦堂日记》第6册，扬州：广陵书社，2004年，第3754—3755页）

❷ 晚清京官胡思敬后来称："承平时，京官最称清苦。翰林仰首望差，阅三年得一试差，可供十年之用；得一学差，俭约者终身用之不尽。"（胡思敬：《国闻备乘》，北京：中华书局，2007年，第14页）

❸ 崇彝：《道咸以来朝野杂记》，第37页。

许庚身的仕途作为实例。

许庚身（1825—1893），字星叔，号吉珊，浙江仁和人。咸丰二年（1852）中式举人，随后考取内阁中书。因办事干练，在内阁典籍（正七品）任内充军机章京。此后，利用军机处三年一届的劳绩保奖，累迁内阁侍读（正六品）、鸿胪寺少卿（从五品）、内阁侍读学士（从四品）、光禄寺卿（从三品）、太常寺卿（正三品）、大理寺卿（正三品），最后擢升礼部右侍郎（正二品），以章京身份退出军机处（"甲申易枢"后，以军机大臣身份入军机处）。在二十多年时间内，许庚身尽管有过众多的职缺，但他一直兼任军机章京。由于军机处是国家政务的中枢，军机章京的差使实际上成为许庚身最主要的事业，众多本职反成副业。然而，尽管本职的众多头衔可能与他的日常工作完全无关，但他的仕途上升却必须落实到这些职缺上，进而从一个正七品的小官逐级晋升至二品大员。❶职与差的关系导致了这样一个结果：由于差使缺乏独立性，没有自成系统的上升规则，于是官员们只将其作为登进之阶；又由于差具有临时性，职的升迁才是仕途登进的实在收益，在职务升迁与继续任差之间出现冲突时，官员们会选择前者，这样，差使也就难以成为久于其任的职业。

总理衙门堂司两级官员都是兼差，因此自不可避免地具备以上特点，而总理衙门章京尤其如此。一方面总理衙门摈斥书吏，官员直接办事，锻炼行政技能并积累外事经验，另一方面则拘于差使的性质，依附、迁就其本职。这在很大程度上影响到总理衙门官员的群体流动与日常运作。

---

❶ 许庚身履历见《清国史馆传包》702002763号，台北"故宫博物院"图书文献处藏。

四　驻外使馆

近代外交中，一国派出外交使团常驻在接受国，承担对外交涉、搜集情报、保护侨民的各种使命，是一种较为普遍的做法。外交使团通常由全权大使或公使担任首长，下属包括参赞、随员等外交职员。

清朝传统制度中，有遣往周边国家完成册封、颁赏使命的使节。他们由皇帝临时任命，完成任务后随即返回，没有常驻他国的先例。清朝驻外使馆的建立，得益于西方各国的示范效应；同时，也源于对遣使驻外必要性认知的不断加深。

第二次鸦片战争中，为突破五口通商大臣交涉体制的局限，英法等国要求其公使常驻北京，直接与清朝中央进行交涉，并将互派公使的条款写入《天津条约》中。当时，咸丰帝及朝中大臣将公使驻京以及对方所坚持的西式觐见礼仪，视作统治根基的动摇，避之惟恐不及，当然也无自己派遣使臣常驻外国的意识和准备。[1]《北京条约》签订之后，西方各国陆续向中国派出常驻使团，清朝君臣此前担心的"萧墙祸伏""听其侵占"等种种担忧并未发生。[2]

（一）遣使讨论

现有研究一般认为，晚清驻外公使的派遣，起因于中英"马

---

[1] 茅海建：《公使驻京本末》，《近代的尺度：两次鸦片战争军事与外交》，第188—189页。
[2] "萧墙祸伏""听其侵占"是此前朝中大臣在讨论公使驻京要求时表达的担忧。见贾桢等修：《筹办夷务始末（咸丰朝）》第3册，第956—959页。

嘉理案"这一偶然事件。❶这一观点忽视了清朝上层在遣使问题上的主动性和此前所做的诸多准备。从同治五年（1866）到光绪元年（1875）清朝正式决定派遣公使驻扎英国、美国、日本，清朝上层对遣使问题进行过四次大的讨论。在此期间，赞同向外派遣常驻使节的重臣逐渐占据多数，主张遣使的呼声一次高过一次，实施方案也日趋具体。

清朝关于遣使问题的讨论，源于英国外交官威妥玛（Thomas Wade）向总理衙门递送的改革条陈。同治六年正月（1867年2月），英国公使阿礼国（Rutherford Alcock）向总理衙门代递参赞威妥玛所著《新议略论》，其中建议，清朝应派遣使节常驻国外。条陈称言："派委代国大臣驻扎各国京都一节，英国渎告非止一次。或问外国有何裨益？实无其益。若问中国有无益处？益实多焉。"

"代国大臣"，意为代表一国常驻他国的大使、公使。为打消清朝对遣使的疑虑，威妥玛反复陈说遣使对清朝的实际好处，称言："遇设若某国大臣所定，中国之意不同，中国既无大臣驻扎伊国，止由该大臣自向本国辩驳，何人在彼能代设辩？然则中国肯派大臣驻于外国，此于外国住华大臣更有何益？"❷威妥玛认为，遣使后，中国公使可就涉及本国利益之事直接向各国政府力争，故此举的受益者，完全是清朝方面。总理衙门奏请将此意见发下各省讨论议

---

❶ 马嘉理（Augustus Raymond Margary, 1846—1875）本为英国驻华使馆翻译官。1874年，英国为向中国西南扩张势力，派军官柏郎（Horace A. Browne）率队自缅甸出发，探索由缅甸前往云南的路径。英国公使威妥玛派马嘉理赴云南接应。次年2月，马嘉理在云南边境被当地土人杀死，威妥玛认为此事系云南官方指使，于是要求总理衙门彻查此案，严惩云南巡抚、署理云贵总督岑毓英，然交涉未得要领。威妥玛遂改与直隶总督、北洋大臣李鸿章进行交涉。在武力威胁之下，清朝被迫接受《中英烟台条约》，除给予英国通商、交涉等各种便利之外，同时应允派遣使臣前往英国道歉。
❷《英参赞威妥玛新议略论》（同治五年二月），宝鋆等修：《筹办夷务始末（同治朝）》第4册，第1678页。

覆。此后，总理衙门分别在《天津条约》修约之前、天津教案议结并日本要求通商之时以及日本侵台事件发生之后，上奏要求各省督抚将军就自强御侮提出应对之策，其中一条，即派遣常驻使节的问题。下表详述历次讨论中，封疆大吏在该问题上的态度和意见。

表1-4　清朝关于派遣常驻使节的历次讨论

	讨论由来	参与者	意见、理由与方案
第一次（1866.4-11）	英国参赞威妥玛递交《新议略论》改革条陈，其中建议清朝派"代国大臣"（公使）驻外，总理衙门奏请发下各省议覆。（〔4〕1663—1664、1678—1680）	三口通商大臣崇厚	**预备**。遣使一事，中国向无此事，但各国必将"固请"，因此不妨先期预筹遣使之道，及与各国君主相见礼节。（〔5〕1709）
		江西巡抚刘坤一	**担忧**。"分遣使臣往驻各国，不得任其所指，以柱石重臣弃之绝域，令得挟以为质"。（〔5〕1723）
		浙江巡抚马新贻	**反对**。向各国派"代国大臣"，得"秉政"虚名，却予对方以借口，使其"代国大臣"能借口秉中国之政。（〔5〕1925）❶
第二次（1867.10-12）	《天津条约》修约期近，总理衙门撰写关于修约事务《条说六条》，奏请发下各省讨论。条说之二题为"议遣使"，先论未遣使之弊："十余年来，彼于我之虚实无不洞悉，我于彼之情伪一概茫然"，"且遇有该国使臣偏强任性不合情理之处，惟有正言折之，而不能向其本国一加诘责，此尤隔阂之大者"。	陕甘总督左宗棠	**赞成**。遣使可"诇各国之情伪，而戢公使之专横"。可责成督抚及船政大臣，访择沿海曾赴海国、通晓各国语言者出使，五年一任。（〔6〕2154—2155）
		山东巡抚丁宝桢	**赞成**。遣使后，"将来各国情事，我既可以详加体察，而因此投闲抵隙，能潜使各国自为离异者，权衡即在其中"，"可饬中、外各举所知，必操守清洁、胆识兼优者，方得入选，送归总理衙门拣派"。（〔6〕2187）

---

❶ 威妥玛所说的"代国大臣"，意指作为国家代表的驻外使节，马新贻将其理解为"秉政大臣"，是因为他对条原原文断句有误。威妥玛《新议略论》称："即如泰西各国京都代国大臣，前来住京，每得入朝，秉政各官，无不交接往来。"马新贻连读为"前来住京，每得入朝秉政"。

续表

	讨论由来	参与者	意见、理由与方案
第二次（1867.10-12）	同时指出遣使难处：一，"远涉重洋，人多畏阻，水路跋涉，寓馆用度，费尤不赀"；二，"语言文字尚未通晓，仍须倚恃翻译，未免为难"，若不得其人，则贻害将来。（[5]2119－2125）	署湖广总督江苏巡抚李瀚章	**赞成**。遣使"一则借以觇其虚实，察其动静；一则考究外臣在中国苛求诘责之事是否出自该国主之意"，可轮流遣使，赴泰西各国聘问，择读书明理、有操守又通外国语言者，由总理衙门察看才具，给予虚衔，充当此任。（[6]2191－2192）
		两江总督曾国藩	**赞成**。"中外既已通好，彼此往来，亦属常事"，"似应令中外大臣，留心物色可使绝国人员，储以待用，不论官阶，不定年限，有人则遣，无人则不遣"。（[6]2227）
		福州将军英桂	**赞成**。"中国于外国情形，茫无闻见"，"就时论事，遣使之举，亦所应行"，"应请饬各省督抚臣留心延揽通晓外国语言文字为守兼优者，保送总理衙门考察，以备任使，酌定正副员数，不必假以事权，亦毋须令其专驻"。（[6]2230－2231）
		闽浙总督吴棠	**赞成**。遣使能洞悉对方情伪，遇有公使倔强，可向其诘责。惟有遴选得人，再为议及。（[6]2253）
		湖广总督李鸿章	**赞成**。遣使后可直接向该国君主、执政争辩疑难之事；同时学习各国兵制、船政、军火、器械，为我所用。待蒲安臣出使归来后，另筹久远章程，不宜令外人充当公使。（[6]2260）

续表

讨论由来	参与者	意见、理由与方案
第二次（1867.10-12）	福建巡抚李福泰	**赞成**。遣使可"查探彼国之虚实，宣布我国之事理，中外之气不隔，于通商大局必有裨益"，"不妨照伊犁、西藏之例，酌量派员前往，先近后远"。（[6]2276、2273）
	署江苏巡抚湖北巡抚郭柏荫	**赞成**。互相遣使，所以通彼此之情。"宜明定期限，以几年为一任，选年少力壮，才能专对之四五品以上人员，予以二品虚衔，遣其出使，任满考察，从优录用"。（[6]2279—2280）
	两广总督瑞麟	**暂缓**。遣使驻外，当以是否能得其人为决策依据，现未得合适人选，暂难照行。（[6]2181）
	江西巡抚刘坤一	**暂缓**。遣使"事属虚名，姑约缓期，洋人当不固执"。（[6]2234）
	江西巡抚沈葆桢	**两可**。根据"养晦遵时"之义，答应遣使请求，于国体无伤。若"可拒则拒之，否则暂出权宜可也"。（[6]2198）
	三口通商大臣兵部左侍郎崇厚	**暂缓**。宜允遣使之请，"事虽不可缓置，然亦难以仓卒行"，当预储人才，待数年后度支稍裕再行。（[6]2238—2239）
	浙江巡抚马新贻	**反对**。向各国派出"代国大臣"，得"秉政"之虚名，却予对方以借口，使各国"代国大臣"能借口秉中国之政。（[6]2270—2271）
	署直隶总督官文	**反对**。遣使外国，并无应办事宜，且费用不赀，无通晓语言之才，不得已，可派游历使。（[6]2292）

续表

	讨论由来	参与者	意见、理由与方案
第三次（1870.12—1871.3）	天津教案议结之后，安徽巡抚英翰上奏，陈述隐忧并提出因应之策三条：一，在天津设海防水路提督，以重防务；二，宜严备畿辅及各省沿江沿海之防；三，外国（日本）请求通商，宜杜窥伺之萌，以防后患。上谕命李鸿章、曾国藩议覆。（〔8〕3180—3184、3187—3188）	直隶总督北洋大臣李鸿章	**遣使日本**。已允与日本议约在先，断难拒绝于后。"中外既定和约，均宜各派官员，往驻该国，庶消息易通，势力均敌"，"华人往西国者绝少，中国暂未便派员久驻。日本近在肘腋，永为中土之患"，"将来与之定议后，似宜由南洋通商大臣就近遴委妥员，带同江浙熟习东洋情形之人，往驻该国京师，或长崎岛，管束我国商民，借以侦探彼族动静，而设法联络牵制之"。（〔8〕3214）
		两江总督南洋大臣曾国藩	**遣使日本**。日本议约通商，"其理甚顺，其意无他"，不宜拒之太甚，立约以后，双方人员多有往来，华人大量赴日，"须仿照领事之例，中国派员驻扎日本，约束内地商民，并设立会讯局，办华洋争讼案件"。（〔8〕3234—3235）
第四次（1874.11-12）	日本侵台事件议结后，总理衙门上奏，总结事件教训，批评朝中对练兵、裕饷、机器、轮船事业的掣肘，并请饬令南北洋大臣及沿海沿江各省督抚将军未雨绸缪，就应办事宜进行讨论、奏复，然后由京中王大臣会议细谋。（〔10〕3951—3953）	直隶总督北洋大臣李鸿章	**速遣使日本与各大国**。若有使臣在日，当能预阻日本侵台。拟请敕令总理衙门，"遴选熟习洋情、明练边事之三、四品京堂大员，请旨赏给崇衔，派往驻扎日本公使，外托邻邦聘问之礼，内答华民望泽之诚。倘彼别有诡谋，无难侦得其情，相机控制。该国横滨、长崎、箱馆各处，中国商民约近万人，既经立约，本不可置之度外。俟公使到彼，应再酌设总事官，分驻口岸，自理讼赋，以维国体。不特也，即泰西诸大邦，亦当特简大臣轮往兼驻，重其禄赏而定以年限，以宣威信、通情款"。（〔10〕4002）

续表

讨论由来	参与者	意见、理由与方案
第四次（1874.11-12）	福建巡抚王凯泰	**遣使各国**。遣使以知外国之情。"拟请每国饬派正副二员，不拘内外臣工，择精力强固、有智谋胆略者任之，假以崇衔，予以厚禄，驻扎彼国。实任者不开本缺，两年一换，专理和好事宜。各国如何情形，随时驰报，庶几耳目较灵，不致中外隔阂。"（[10]4014）
	两江总督李宗羲	**遣使各国**。中国于彼国情形，皆未深悉。"通商各国，宜选有才略而明洋务之人，随时遣使，遇有交涉之件，可辩论者与之辩论，可豫防者密为设防。其于彼国有用之人才，新造之精器，均可随时采访，以为招致购买之地。"（[10]4031－4032）

资料来源：宝鋆等修：《筹办夷务始末（同治朝）》第4、5、6、8、10册。表格中各条后标明该条出处册数与页码。

在讨论是否遣使常驻国外的同时，清朝先后三次派员短期出使，这三次出使分别为斌椿赴欧游历，志刚、孙家毂、蒲安臣出使欧美，崇厚出使法国。

同治五年（1866），总税务司赫德在请假回国时，向总理衙门提出，可派人随往英国，观察欧洲风土人情。恭亲王奕䜣允由斌椿带领同文馆学生前往。斌椿本为前任山西知县，当时是赫德的文案，品级较低，令其赴欧游历，不致引发争议。❶ 次年，即将任满回国的美国驻华公使蒲安臣（Anson Burlingame）在前往总理衙

---

❶《奕䜣等奏派同文馆学生三名随赫德前往英国游览摺》(同治五年正月初六日)，宝鋆等修：《筹办夷务始末（同治朝）》第4册，第1621—1622页。

门辞行时，称此后若中国遇不平之事，他愿十分出力。总理衙门大臣随即大胆提出，让其作为"客卿"，授"办理中外交涉使臣"的头衔，同时，授给总理衙门总办章京志刚、帮办章京孙家穀"办理中外交涉事务大臣"的头衔，由三人代表中国出使欧美，为即将进行的修约做些准备。在外交涉过程中，小事由蒲安臣与志刚、孙家穀妥商定夺，并知会总理衙门；大事则由三人咨文总理衙门候议。❶

同治九年（1870）天津教案发生后，中法关系紧张，总理衙门联络各国驻京公使，希望他们从中调解。各国公使提出："若赶紧奏请大皇帝特简大员，亲赍国书，驰赴法国，先尽中国友谊道理，设伊提督等遽欲逞强，则各国自可从旁代为理阻，否则爱莫能助。"❷清朝接受建议，派三口通商大臣、兵部左侍郎崇厚充任"出使大法国钦差大臣"，赴法致歉。在这三次遣使事件中，总署与使臣顺利地解决了经费筹措、属员遴选的问题。尽管三次出使都带有临时性，但为后来派遣常驻使节积累了经验。

从表格所示内容来看，真正使总理衙门将遣使问题提上议事日程的，是邻国日本的刺激。曾国藩、李鸿章这两位在外主导洋务走向的封疆大吏一致强调遣使赴日的必要，首先在于管理华人，其次则为刺探情报，知己知彼。

（二）遣使决策

在第四次大讨论终结之时，总理衙门奏请将所有封疆大吏的奏

---

❶ 《奕䜣等奏请派志刚孙家穀同蒲安臣办理中外交涉摺（附条规八条）》（同治六年十一月初一日），宝鋆等修：《筹办夷务始末（同治朝）》第6册，第2165—2168页。
❷ 《奕䜣等又奏天津教案请派大臣赍国书往法办理摺》（同治九年五月三十日），宝鋆等修：《筹办夷务始末（同治朝）》第8册，第2920—2921页。

摺，交京城王公、大学士、六部九卿共同讨论，定期议覆。光绪元年二月二十七日（1875年4月3日），由礼亲王世铎领衔，在京王公、大学士及六部九卿上奏，陈述海防意见。关于遣使一节，奏摺称："丁宝桢等所议防俄之法及李鸿章等所议遣使驻扎日本及泰西各国，均属可行，应请饬下总理衙门酌度情形奏明办理。"❶四月二十六日（5月30日），总理衙门拿出遣使的具体方案，称言：

> 查现在情形，若日本，若俄、美、英、法、德等国，或有怀衅之心，或有应联之谊，遣使一层，恐有难再缓之势，而洋学特科尚非仓促所能举行，必应先议现在办法，相应请旨饬下南北洋大臣及沈葆桢等不拘资格，各举所知，将各该员才质堪胜任使之处，切实保举。此外各督抚暨在廷诸臣中，如有所知，亦可据实保奏，以备简派而资治理。❷

总理衙门认为，向海外遣使，已经刻不容缓；使臣人选，可由南北洋大臣保举。不过，南北洋大臣在接到上谕后，一时未能提出合适的备选人员。❸

五月十四日（6月17日），总理衙门借议覆直隶州知州薛福成

---

❶《礼亲王世铎等奏为遵旨会议筹办海防等情事》（光绪元年二月二十七日），《军机处录副》03-9381-015，中国第一历史档案馆藏。书中《军机处录副》皆出自该处，以下不再标注出处。

❷《呈本衙门原奏未及诸奏所及择要分条拟议清单》（光绪元年四月二十六日），《宫中档朱批奏摺》04-01-02-0152-005，中国第一历史档案馆藏。书中《宫中档朱批奏摺》皆出自该处，以下不再标注出处。

❸ 接到上谕后，李鸿章在给丁日昌信中称："遣使更无其人矣。"见《李鸿章复丁雨生中丞》（光绪元年五月初四日夜），顾廷龙、戴逸主编：《李鸿章全集》第31册，第238页。

条陈之机，自行保举"使才"九人，备驻外使节之选。❶ 由此完成了清朝遣使的最后一道准备程序。❷ 总理衙门不等外省保举，而改由自行推荐出使人选，正说明他们对派遣常驻使节一事，不愿再作延迟。

就在清朝讨论遣使问题、设法与各大国周旋，并直面日益崛起的日本之时，美洲华工恶劣的生存境遇也引发清朝上层的关注。

19世纪前中期，受长期以来黑奴反抗及道德谴责的双重压力，国际黑奴贸易与奴隶制度渐停，新独立的美洲国家废止奴隶贸易，广大待开垦的美洲土地亟需廉价劳动力，而人口过剩的中国遂成为美洲劳动力的主要来源地。❸ 1860年之后，各国来华招工，华工遭受拐骗、出洋为奴的案件时有发生。于是，总理衙门与英法两国公使议定招工章程，照会各国推广办理。但是，华工在西班牙殖民地古巴及南美等地受虐的消息，仍时常被外国报刊披露。驻福建的美国领事遂联合各国领事，照会福建兴泉永道（驻厦门），说明此意。

---

❶ 光绪帝登基后曾有明发上谕，勉励内外大臣共济时艰，并可就用人行政一切事宜，各抒所见。薛福成读到该上谕后，托交山东巡抚丁宝桢上递自己所拟"治平六策""另议十条"两件长篇条陈，提出对当时内政外交的各项因应之策。薛在条陈中提出"储才宜豫"的建议，具体做法是，仿照汉武帝"诏举茂才"的做法，专设一科，从新科进士、大挑举人、优拔两贡中挑选洞达洋务的人才，加以历练录用。胆识兼优、才辩锋生者，可派遣出使。四月二十六日，上谕命总理衙门讨论议覆薛福成条陈。参见中国第一历史档案馆编：《咸丰同治两朝上谕档》第24册，桂林：广西师范大学出版社，1998年，第432页；《山东巡抚丁宝桢为代奏直隶州知州薛福成拟治平六策等条陈事》（光绪元年四月初三日），《军机处录副》03-5097-111；《直隶州知州薛福成奏为密陈筹海防十条事》（光绪元年三月二十二日），《军机处录副》03-7423-028。

❷ 此九人为刑部主事陈兰彬、候选员外郎李凤苞、翰林院编修何如璋、候选知县徐建寅、直隶候补道许钤身、候选光禄寺典簿叶源濬、翰林院编修许景澄、工部主事区谔良、候选通判徐同善。见《总理衙门呈出使及办理中外义务陈兰彬等员履历单》（光绪元年五月十四日），《军机处录副》03-5098-060。

❸〔澳〕颜清湟著，粟明鲜、贺跃夫译：《出国华工与清朝官员——晚清时期中国对海外华人的保护（1851—1911）》，北京：中国友谊出版公司，1990年，第35—80页。

总理衙门得知古巴华工的详情之后，要求西班牙停招工人，两广总督亦阻止西班牙商人在辖区内招工。于是，西班牙公使指责清方不遵守条约，并要求赔偿商人损失。为此，总理衙门请各国公使主持公道。各国公使建议，应首先派人前往美洲，详查华工受虐之事。

当时，广东籍刑部主事陈兰彬恰在美国主持"出洋肄业局"事务，管理留美幼童，故总理衙门将这一使命交给陈兰彬。同治十三年底（1875年初），陈兰彬完成调查，回国销差。他将自己所撰的说明材料，连同在外搜集的华工呈词18册一并上交。❶与此同时，李鸿章亦派陈在出洋肄业局的副手容闳前往秘鲁，调查当地华工处境。❷据陈、容二人的报告，美洲华工的种种遭遇令人怵目惊心，可谓深处水火之中。李鸿章为此上奏，建议在秘鲁、古巴等地遣使设官，拯救华民。上谕令总理衙门与李鸿章、沈葆桢、刘坤一妥议可行之法。❸

此时，清朝已下决心，迅速向日本、美洲派驻使臣，并积极展开筹备工作。

（三）正式遣使与章程规范

光绪元年前后，与讨论、筹备遣使同时进行的，还有"马嘉理案"的交涉。英国公使威妥玛除要求彻查此事、惩治主使官员外，另要求"派一钦差大臣赴英国，与英国衙门说明云南之事朝廷实觉

---

❶ 《总理衙门摺》（同治十三年十二月二十二日），《军机处档摺件》18574，台北"故宫博物院"图书文献处藏。书中《军机处档摺件》皆出自该处，以下不再注明出处。

❷ 《致总署论派员查办秘鲁华工》（同治十三年五月二十二日），顾廷龙、戴逸主编：《李鸿章全集》第31册，第60—61页。

❸ 《请遣使赴秘鲁片·严防诱拐华民片（附上谕）》（光绪元年七月初八日、初十日），顾廷龙、戴逸主编：《李鸿章全集》第6册，第342—344页。

过意不去"，且使臣"须一二品实任大员方有体面"。❶光绪元年七月二十八日（1875年8月28日），总理衙门上奏，答应"先期允办"威妥玛的要求，简派大臣出使英国。❷候补侍郎郭嵩焘、直隶候补道许钤身分别被任命为正副使。❸十一月，总理衙门奏请向美国派出常驻使节，兼驻古巴、秘鲁。❹陈兰彬、容闳成为正副使的人选。次年，许钤身、翰林院编修何如璋奉命充任驻日正副使节。❺至此，清朝完成遣使常驻海外的初步计划。

次年，在赴英使团赴任前夕，总理衙门制定章程二种，确定驻外使团的人员构成、薪俸标准、此后遣使的程序及使团的运作规范，规定从海关六成洋税中划拨出使经费，使团成员的往返车船费、公馆租赁费、寄信费、公会公宴等各项公费可随时酌核，作正开销。使团成员的种类、级别与薪俸标准如下。❻

---

❶《致总署述威使要求六事》（光绪元年七月初九日），顾廷龙、戴逸主编：《李鸿章全集》第31册，第283页；《照译威使送来洋文节略》（光绪元年七月十一日），顾廷龙、戴逸主编：《李鸿章全集》第31册，第288页。

❷《总理衙门片》（光绪元年七月二十八日），王彦威纂辑、王亮编：《清季外交史料》第1册，北京：书目文献出版社，1987年，第61页。该片在《清季外交史料》中拟题为"总署奏请派驻英国公使片"，该标题应为后来的编者所拟。同日，上谕命候补侍郎郭嵩焘为正使，另选总理衙门此前所保举的直隶候补道许钤身为副使，一同前往英国。

❸尽管总理衙门在奏摺中未明确表述郭嵩焘赴英属常驻使节性质，但因恰逢清朝筹备大规模遣使海外之时，总理衙门似亦有意将郭嵩焘作为常驻使节看待，故次年都临行前，已被称作"公使"。参见箱田惠子：《清朝驻外使馆的设立——以考虑清朝决策派遣驻外使节的过程及其目的为中心》，《台湾师大历史学报》第33期，第190页。

❹《总理衙门摺》（光绪元年十一月十四日），王彦威纂辑、王亮编：《清季外交史料》第1册，第77页。

❺由于出使英国的正副使臣郭嵩焘、许钤身出现激烈争执，总理衙门为迁就郭嵩焘，主动让郭推荐的刘锡鸿替换许钤身驻英副使，改派许充任驻日正使。

❻奏摺及清单目录见《随手登记档》，光绪二年八月十三日条，中国第一历史档案馆藏。本书所引的《随手登记档》皆出自该处，下文不再逐一标明。奏摺原文见《申报》1879年1月2日，第4—5版。

表1-5 驻外使团成员类别与薪俸标准（1876）

公使				领事		参赞			翻译			随员、医官	武弁、供事、学生
头等，一二品官充	二等，一二三品官员充	三四等，三四品官员充	署理公使	总领事	副领事、署理领事	头等	二等	三等	头等	二等翻译、领事处翻译	三等		
1400	1200	1000 800	600	500	400	500	400	300	400	300	200	200	100 内

单位：库平银两/月。

资料来源：《申报》1879年1月2日，第4—5版。

另有出使章程十二条，对出使大臣及使团其他人员的任命方式、使臣任期、薪俸等重要内容进行规范。章程全文如下：

总理各国事务衙门奏拟出使章程十二条

一、拟由礼部铸造铜关防，颁发出使各国大臣各一颗，以昭信守，其文曰："大清钦差出使大臣关防。"其未颁发以前，先刊木质关防行用。

二、出使各国大臣拟自到某国之日起，以三年为期，期满之前由臣衙门豫请简派大臣接办，各国副使亦一律办理。

三、出使各国大臣分头、二、三等名目，此次办理伊始，所有现在业经派出各国大臣拟请均暂作为二等。

四、出使各国大臣所带参赞、领事、翻译等员，应由该大臣酌定人数，开列姓名等项知照臣衙门查核，各该员亦随同出使大臣以三年为期，年满奏奖。如有堪留用者，应由接办大臣酌留，倘不能得力，亦即随时撤回。

五、出使各国大臣到各国后,除紧要事件随时陈奏外,其寻常事件,函咨臣衙门转为入奏。

六、出使各国大臣有兼摄数国事务者,应如何分驻之处,由该大臣酌定,知照臣衙门查核。

七、出使各国大臣月给俸薪请照现在实职官阶支给,惟原拟二、三品充二等钦差者,月给俸薪一千二百两,三、四品充三等钦差者,三品一千两、四品八百两,其四品充二等者,未经议及。今酌中定拟,月给一千两。至各国副使俸薪月给银七百两。

八、出使各国大臣有兼摄数国事务者,月给俸薪毋庸另加,各国副使亦一律办理。

九、出使各国大臣及副使以下各员,月给俸薪自到某国之日起,各按应得银数支给,扣足三年为期,期满停支薪俸。如接办大臣尚未能到,期满大臣尚未交卸,应按照在任日期算给,俟接办大臣到后住支。副使以下各员亦一律办理,其参赞、领事、翻译等员,如经接办大臣留用者,俸薪即从年满日期接算支给。

十、出使各国大臣及副使以下各员,由中国起程及由差次回华行装归装,均需整顿,所有往返两项整装,拟各按照三个月俸薪银数支给,均由臣衙门前拨各关六成洋税内动支。

十一、出使各国大臣每年俸薪及往返盘费,驻扎各国一切经费等项,由该大臣按年分晰造报臣衙门查核。

十二、出使各国大臣等俸薪及往返盘费,驻扎各国一切经费等项,由江海关汇齐,按年汇寄。应如何分别汇寄之处,由臣衙门札知总税务司遵照办理。❶

---

❶《总理衙门拟出使章程十二条清单》(光绪二年九月十二日),《军机处录副》,03-9444-030。《清实录》对该章程内容有摘录,但并不完整。

上述出使章程是晚清驻外公使制度运作的依据所在，这里有必要对其中重要条目逐一解释。（1）晚清驻外公使的全称为"大清钦差出使大臣"。因各国驻华使馆首长皆为"公使"，故清朝出使大臣也被称作公使。这与其他冠以"大臣"的差使类似。但与西方各国不同的是，他们所派公使为"特命全权公使"（Envoy Extraordinary and Minister Plenipotentiary），而清朝并无"全权"的概念，更不可能授使节以"全权"。❶在外一切事宜，须与总理衙门协商，请旨办理。（2）出使大臣从现任大臣中选授，以三年为期，期满回国。这一规定，明确了出使大臣"差使"的性质，与总理衙门官员类似。（3）出使大臣多兼摄数国事务，这种设计，可能是因经费不足所致。使臣须定期巡察兼驻各处，使得他们本就有限的三年任期更显短暂。（4）同时向一国派遣正、副使，这一安排可能来自朝贡旧例——清朝册封使节皆分正副；当然，也有让使臣相互制约的考虑。❷（5）使臣自行选拔、招募使团人员。使团成员属于"差使"的系列，他们是公使的僚属，这与清朝地方政府类似。使臣自行奏调使团人员的做法，源自传统习惯。（6）使团成员在三年期满时，可得到劳绩保奖，这可助他们本职的上升。（7）使臣遇要事可直接上奏，但一般事件则由总理衙门转奏。

---

❶ 根据1815年3月19日维也纳会议的约定，各国外交人员分为以下等级：Ambassador（大使），Envoy Extraordinary and Minister Plenipotentiary（特命全权公使），Chargé d'affaires（代办）。在1818年举行的亚琛会议中，五大国又同意在特命全权公使和代办之间增加一级 Ministers Resident（常驻公使）。(L. Oppenheim, *International Law, a Treatise*, New York: Longmans, Green and Co, 1920—1921, pp. 546—547) 作为使馆馆长，清朝出使大臣的地位等同特命全权公使，然并未被上谕授予"特命全权"之名。

❷ 总理衙门所拟章程中派遣正、副使臣的建议，当部分来自王凯泰的建议。（参见表1-4相关内容）而王的这一建议，则是受清朝与周边国家关系的启发。据《大清会典》记载，清朝册封琉球、安南，照例派出正副使各一员，主持册封典礼。王凯泰时任福建巡抚，负责处理涉及琉球的事务，对中国向琉球派遣正副使的做法，应非常熟悉。

对照历次大讨论细节可以发现，上述章程的内容，有的源自大讨论中督抚的建议，有的则是总理衙门自己的主张。

清朝向海外派遣常驻使节的活动自此发端，并按照章程全面展开。至1911年，清朝已在当时主要的独立国家建立起驻外使馆，向各大国派出常驻使节。

表1-6 晚清驻外使馆表

国别	开馆时间	备注
英国	1877年1月	1877年4月，裁副使
美国	1878年9月	1881年6月，裁副使
日本	1877年12月	1880年11月，裁副使
俄国	1878年12月	1880年2月，驻英公使兼；1887年6月，改专任
法国	1878年2月	驻英公使兼；1884年4月，驻德公使兼；1887年6月，驻英公使兼；1895年改专任
德国	1877年4月	1887年6月，驻俄公使兼；1896年12月，改专任
意大利	1881年4月	驻德公使兼；1887年，驻英公使兼；1897年6月，驻德公使兼；1902年5月，改专任
奥匈帝国	1881年4月	驻德公使兼；1887年5月，驻俄公使兼；1902年5月，改专任
荷兰	1881年4月	驻德公使兼；1887年，驻俄公使兼；1897年6月，驻德公使兼；1905年11月，改专任
西班牙	1878年9月	驻美公使兼；1903年11月，驻法公使兼
比利时	1885年7月	驻德公使兼；1887年5月，驻英公使兼；1902年5月，改专任
葡萄牙	1905年9月	驻法公使兼
秘鲁	1878年9月	驻美公使兼
墨西哥	1903年11月	驻美公使兼
古巴	1902年8月	驻美公使兼
韩国	1899年1月	1905年12月撤回，次年改为总领事

资料来源：中国第一历史档案馆、福建师范大学历史系编：《清季中外使领年表》，北京：中华书局，1985年，第1—30页。

在19世纪中期之后，清朝以往坚持的国际关系秩序，在西来舰船的隆隆炮声中逐渐瓦解，直至消散殆尽。就各自特点而言，传统秩序强调等级，注重礼仪，以此为基础谋求地区与天下的秩序。近代国际秩序则标榜平等，注重实利，使用以强权作为支撑的公理来构筑国际秩序。清朝先是被迫接受，后在列强示范下，变而为主动要求。传统礼部、理藩院的外事职能式微，逐渐淡出中外关系领域。走上前台的，是总理衙门与驻外使馆。

从全局来看，自五口通商，尤其是第二次鸦片战争之后，清朝对外关系的结构可分为三个层面：一为应对各国驻华公使的总理衙门；二是与各国政府外交部交涉的驻外使馆；三则为因应沿海沿江各地外国领事的海关道及督抚。清朝后期的外交，就是在这种制度构架下运行的。

图示1-2　晚清外交体制示意图

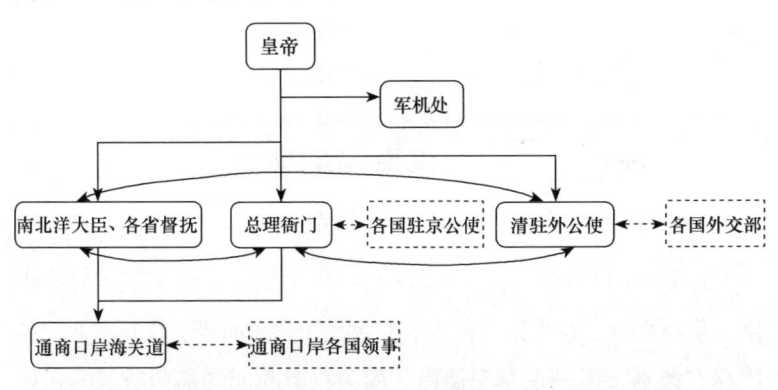

说明：单箭头表示指挥关系，双箭头表示协商关系，虚线双箭头表示交涉关系。

总理衙门、由总理衙门改组而成的外务部、晚清驻外使馆，是近代中国外交机构的最初式样，其组成人员是后来中国外交官的前身和初期形态。本书接下来将对三机构的人员进行逐一考察。

第 2 章

总理衙门大臣

前文已述,总理衙门仿照军机处模式建立,同时又专管一类事务,故兼具秘书机构与专务机构的双重特征。在人事上,该部门一方面仿军机处,大臣从内阁大学士、六部堂官中选任,另由王公领衔,被总称为"总理衙门王、大臣";另一方面,该机构与同为专务部门的六部平行,总理衙门王大臣等同于六部尚书、侍郎,被称作总理衙门堂官。他们对当时中国的外交事务,负有限的集体责任。

一 权责与局限

总理衙门堂官有各种不同的名目,例如、管理大臣、襄办大臣、帮办大臣、在大臣上行走、在大臣上学习行走。❶ 其本职之品级存在差别,但是在总理衙门,同为权责相同的部门首长。民国时期,国际法学家周子亚在回溯这一制度时,曾检讨说:"此种复数首长制的外交组织,在各国均无先例可寻,清庭〔廷〕外交之

---

❶ 钱实甫编:《清代职官年表》第 4 册,第 3018—3026 页。

所以败坏国事,此种□异组织,未始不是重大原因。"❶ 这是在参照国际通行规则之后做出的反思,若要考究这种"复数首长制"的由来,明了其所以然,进而思索其得失,还须从传统政治制度入手。

今人在论及传统政治制度时,常习惯用我们今天熟知的政治结构进行比附,例如将清代部院尚书比作内阁部会首长,将侍郎比作各部会次长。这是对传统政治制度的误读。

以现代内阁制为例。内阁成员,即总理、行政部会首长,属于政务官序列,负责大政方针、部会事务的决策,对议会负责,受其监督,随政党轮替而进退;各部会自常务次长之下,则属于事务官序列,负责方案制定、政策执行,行政上中立,不因政党轮替而更换。部会首长负实际行政之责,权责明晰,保证执政党所承诺的施政方针能顺利贯彻;事务官则具有专业行政技能与经验,保证施政的专业性和连续性。

清代政治理念与此迥异,由此衍生和设计的政治结构与现代文官制度大相径庭。

根据清代制度,中央六部各设堂官六人,包括满汉尚书各一,从一品;满汉左右侍郎各一,正二品。有时还包括被分派管部的大学士。管部大学士、尚书、侍郎虽有品级之差,但无权责之别。在日常政务运作中,负同等责任。

清代中后期的国家政务处理,主要围绕奏摺来进行。中央及地方大员将所办事务或处理意见具摺上达御前,皇帝在军机处协助下批答、下旨,形成决策并付诸执行。具体到中央各部所管事务的办

---

❶ 周子亚:《外交政策与外交行政》,重庆:中央政治学校研究部、新政治月刊社,1940年,第10—11页。

理,一般程序如下:当各部遇有施政建议或交议事件时,须由六名或七名堂官共同讨论,将意见写入奏摺,并逐一署名,才能最终上递。一旦有人对奏摺内容表示反对(尽管这种情况较少发生),不论其品级高低如何,奏摺将难以上递,其中的意见也就不能成为最终的政府决策。同样,如果某部施政出现失误,必须由全体堂官承担责任。对此我们较熟悉的,是发生在戊戌变法期间的一则事例。当时,礼部未能遵旨代递主事王照的条陈,导致光绪帝追究全体堂官之责,将满汉尚书、侍郎六人一同罢免,造成政坛动荡,成为戊戌政变的导因之一。❶ 这一事件说明了部院堂官的集体责任制,同时也显示,施政失误造成的集体惩戒极为少见。

这种制度设计所带来的后果是显见的:为保证施政建议能得到堂官的一致同意,必然向各方妥协,牺牲建议质量,宁可守旧,不愿开新;为避免施政失误造成自己受惩,同僚牵累,各堂官宁可因循,不愿开拓。任何改变成法的创举,不但可能遭到同僚反对,更可能给他人的仕途带来祸患。因此,各部行政,只能把安静无为当作信条。不过,这种制度也有其"好处",那就是首长权力分散,皇权不会受到威胁。

与六部一样,总理衙门王大臣权责相同,尽管其本职各有差别。对于该部门所办的事务,各大臣责任相当,一损俱损。光绪十年(1884),一位名叫孔宪彀的给事中参奏总理衙门大臣张荫桓私自寄函上海道,总理衙门在奉旨调查后回奏说,张与上海道通信,讨论的都是要求共同商办之事。但慈禧太后仍然以张函措辞不当为

---

❶ 中国第一历史档案馆编:《光绪宣统两朝上谕档》第24册,桂林:广西师范大学出版社,1996年,第343页。

由，对总理衙门全体大臣进行惩戒。❶

与总理衙门事务相关的最重要的政务文书——奏摺，包括一般的事务奏摺、新政策的建议奏摺、交议事务的议覆奏摺等，都须由总理衙门全体大臣签押，方能上递批复，付诸实施。曾有大臣认为联衔上奏牵制太多，故尝试单独行动。此等有违官规、有专权倾向的行为带来的后果就是上奏官员受到申饬甚至严谴。❷

尽管从制度上言，总理衙门大臣权力对等，但在实际中，由于官员个人能力、担当精神、受最高统治者信任的程度各异，他们在总理衙门运作过程中所发挥的作用不尽相同，实际事权也非绝对的平等。

按照设计，总理衙门专办"外国事务"，但这并不意味着清朝外交事务责成总理衙门办理。上节已述，各直省督抚与京中部院在业务上，并非从属和上下级关系，日常政务，由督抚具陈上奏，皇

---

❶ 光绪十年七月十一日（1884年8月31日），明发上谕称："前据给事中孔宪毂奏，太常寺少卿张荫桓有私行函致上海道情事，当天上谕命总理衙门大臣明白回奏。兹据奏称：所覆上海道电信，皆系公同商办等语。查阅所寄电信内间有措辞未当，除彼时阎敬铭、徐用仪因病请假，锡珍、廖寿恒出差外，奕劻、福锟、昆冈、许庚身、周德润、陈兰彬、周家楣、吴廷芬、张荫桓均着交该衙门议处。总理各国事务衙门从前办事，每有不能详慎之处，嗣后该大臣等务当加意慎重，不得仍蹈前辙，致干重咎。"总理衙门的失误，会被匀摊到每位大臣身上。（中国第一历史档案馆编：《光绪宣统两朝上谕档》第10册，第217页）

❷ 总理衙门大臣周德润原出身翰林，喜上书言事，入署后不改旧习，结果先遭申饬，后被撤差。光绪十年闰五月二十七日上谕称："内阁学士周德润奏《敬陈紧要八条》一摺，条陈各节不无可采，惟该学士现在总理衙门行走，所奏半系该衙门应办之件，既有所见，何不与诸大臣等会商办理？辄即单衔具奏，究属非是，周德润着传旨申饬。"（《清实录》第54册，北京：中华书局，1987年，第605页）同年七月十四日上谕称："总理各国事务衙门大臣办理中外交涉事件，必须体用兼备、能持大体之员方足胜任。周家楣、吴廷芬在该衙门行走年久，办理未能合宜；昆冈于洋务未能讲求；周德润于应行公商事件，辄单衔陈奏，其为不能和衷，已可概见；张荫桓屡经参奏，众望不孚；陈兰彬年力渐衰，难胜繁剧。均着毋庸在总理各国事务衙门行走。"（中国第一历史档案馆编：《光绪宣统两朝上谕档》第10册，第219页）

帝批准或交部院议奏后批准，故政令出自圣裁，而非出自各部院。奕䜣等人上奏成立总理衙门之时，也请求设置南北洋大臣，办理沿海各省交涉事务。各地在遇有"外国事件"时，南北洋大臣、相关督抚将军只需相互"知照"，并"咨报"总理衙门。❶各地有外交事件须做出决定时，由南北洋大臣、督抚将军上奏，报请皇帝批准，或交总理衙门议覆后交皇帝批准，以此显示国家权力出自一元。在这种框架之下，总理衙门与近代各国外交部性质迥异，它无法代表国家行使完整的外交权，各省督抚甚至可以理直气壮地拒绝执行总理衙门所发公文。这一特点，在异体制下的外国公使看得尤其真切。美国公使田贝（Charles Denby）曾在一道致总理衙门的照会中，详述他个人对这一问题的看法，称言：

> 在各国设立外部，奉命专办交涉。凡外部所定各事，其国均必照其所定者办理，而中国则不然。以贵署饬行之事，竟可不遵，几似贵署为无权，又似有权而不愿径施其权者，以致贵署所定办法，各省大员直以为无足轻重。往往各国所请于贵署之交涉等事，贵署不过照转各省。及至复各国时，亦不过按各省所复之意见照复，几如传命者，无所是否于其间。甚至有极重交涉之事，各省不必商之贵署，径行入奏，即可奉旨准行。而贵署行饬各省之件，有时全不遵行，有时稍有所违，仍不尽行照办。贵王大臣须知此等办法，不惟于各事多所棘手，且与各国之交涉甚为有碍。从前中国与各国交涉之事，系由各省督抚商办，嗣经中国欲设总署，付以专司交涉事件之权，不复由各省督抚办理，各国均已照允。乃中国虽付总署以专司其事之

---

❶ 贾桢等修：《筹办夷务始末（咸丰朝）》第 8 册，第 2678—2679 页。

权,而贵衙门于各国之交涉,竟至时常延搁。本大臣兹有一言,请谅其直。中国若照此办法,嗣后恐不免更行多事也。❶

不仅如此,甚至连总理衙门大臣也认可这种权力的分割。翁同龢在日记中,曾记载一段发生在总理衙门有关中英间赔偿事件的争论,日记称言:

> (窦纳乐)但云:"此理已屡次向王大臣说到尽处,王大臣既允,而粤督抗违。"余曰:"粤督亦大臣,岂能违理偿钱哉?"时张公入座,遂曰:"此语非公法。公法,外吏受政府节度也。"余曰:"予不谙公法,但知公理。"❷

窦纳乐(Claude Maxwell MacDonald)是英国驻华公使,张公即翁的同事张荫桓,曾任驻美公使,较通外情。在外人看来,总理衙门代表中央政府行使外交权,其首长的承诺代表国家行为,有义务保证执行;但翁同龢则并不认可这一观念,结果遭到张荫桓反驳。

正因为总理衙门并非近代意义上中央政府的外交部,遇交涉只能与地方"会同办理",19世纪末期,随着列强势力的渗透,其活动范围由沿海沿江扩展到几乎所有的内陆省份,交涉对象也从南北洋大臣扩大为各省将军、督抚。于是,在既有观念的指导下,清朝于光绪二十四年发布了一份特殊的上谕,命所有督抚均兼"总理各

---

❶《总署收美使田贝照会》(光绪十三年十二月十三日),"中研院"近代史研究所编:《中美关系史料(光绪朝)》第2册,台北:"中研院"近代史研究所,1988年,第1258页。

❷ 陈义杰整理:《翁同龢日记》第5册,北京:中华书局,2006年,第2915页。

国事务大臣"。当年十一月二十二日（1899年1月2日），明发上谕称：

> 向来沿江沿海通商省分，交涉事务本繁，即内地各省，亦时有教案应行核办。各直省将军督抚，往往因事隶总理衙门，不免意存诿卸，总理衙门亦以事难悬断，未便径行，以致往还转折，不无延误。嗣后各直省将军督抚，均着兼总理各国事务大臣，仍随时与总理衙门王大臣和衷商办，以期中、外一气相生，遇事悉臻妥善。❶

翻译成今天的话，就是任命各省的行政首长全体兼任外交部首长，授地方政府以外交之权！这种政令在现在看来显得荒诞，但在当时人的观念中，却合情合理：各省皆有洋务，督抚将军代天巡狩，有地方兵权、察举权，当然也就有权代理地方洋务。他们原本各加兵部尚书、兵部侍郎和都御史衔，现再加总理各国事务大臣衔，也不为过。这一谕令，不过是南北洋大臣体制的延伸，不过是将授给督抚的外交权力明确和扩大而已。❷ 然而，在这一框架下，地方长官

---

❶ 中国第一历史档案馆编：《光绪宣统两朝上谕档》第24册，第578页。
❷ 此前，也曾有地方大员被委任为"总理各国事务大臣"的先例。同治十三年四月十四日，上谕令沈葆桢"着授为钦差办理台湾等处海防兼理各国事务大臣"。（中国第一历史档案馆编：《咸丰同治两朝上谕档》第24册，第91页）光绪五年闰三月，上谕令前福建巡抚丁日昌赏加总督衔，派令专驻南洋，会同沈葆桢及各督抚筹办海防事宜，并兼充"总理各国事务大臣"。(《清实录》第53册，北京：中华书局，1987年，第380、382页）须辨明的是，这里的"总理各国事务大臣"，与后来各省督抚将军所兼之衔相同，但他们并非总理衙门堂官，不在"总理衙门王大臣"之列，这从当时各类公文署名可以清晰看出。现有工具书将他们列入"总署大臣"之列，有误。参见钱实甫编：《清代职官年表》第4册，第3021页，"丁日昌"条；第3025页，"瑞洵"条。中国第一历史档案馆、福建师范大学历史系编：《清季中外使领年表》，第212—214页，"沈葆桢"条、"丁日昌"条。

对外事的态度和处置，都构成两国政府间的外交行为，徒增外交纠纷与矛盾，故外务部成立之后，这道上谕被宣布废止。❶

由此可总结出总理衙门大臣权责特点之所在：一为大臣集体负责；二为京、外协同办理。落实到个体的总理衙门大臣，其权力、责任都极为有限。

二　职　能

与明代国家政务围绕题奏本章运转不同的是，清朝自雍正帝之后，逐渐形成以奏摺为中心的政务处理体制。如上文所述，在这一体制中，奏摺流转体现国家权力的运作。具体而言，清朝的国家政务大致循以下程序处理：各省将军、督抚将本省，各部院堂官将本部事务具摺上奏，请旨施行；奏摺经宫中奏事处呈送，经皇帝审阅，一般外省的事务通报，循例批"知道了""该部知道"；须给出处置意见的，经皇帝审阅，直接批复，或朱批"该部议奏"，即交职能部院讨论。待职能部院递交议覆奏摺后，再由皇帝批准，或经军机处拟旨发下施行。在整个过程中，皇帝会征询军机处及相关大臣的意见。❷ 在京衙门奏摺的处理，与此近似。

在这一运作过程中，主要表现三方的权力：首先是皇帝，他是奏摺的处理者和政策最后决定者；其次是上奏人，他所陈奏的事务及建议能上达天听，交付讨论；再次是相关部院，他们是相关奏摺

---

❶ 中国第一历史档案馆编：《光绪宣统两朝上谕档》第27册，第125—126页。

❷ 梁章钜辑，朱智补：《枢垣记略》，第135—138页；傅宗懋：《清代军机处组织及执掌之研究》，台北：嘉新水泥公司文化基金会，1967年，第238—242页；茅海建：《戊戌变法史事考》，北京：生活·读书·新知三联书店，2005年，第222—224页。

的指定议覆人,如能说理充分,或得皇帝信任,其建策、建议被采纳,其处理意见和建策能以皇帝"依议"的方式,变为国家意志贯彻实施。部院同时也可作为主动上奏人,就本机构所办事务提出建策。他们的权力也就由此得以施展。

光绪七年(1881),李鸿章曾在致张佩纶函中称:"向语沈文定曰:疆臣条奏必交部议,部臣必覆以'应毋庸议',吾不畏朝廷,实畏各堂官,皆吾上司耳。"❶沈文定,即沈桂芬,曾任兵部尚书、军机大臣、总理衙门大臣。李鸿章此语是说,各省督抚将军在奏摺中所提事务,皇帝照例交给对应的各职能部门议覆。各部的议覆结果,将决定皇帝的最终决策。从这个意义上讲,各部堂官(部臣)皆为督抚将军的上司。因总理衙门与六部平行,这里的部臣若换作总理衙门大臣,也同样适用。与对外交涉及各类新式事业相关的奏摺,例交总理衙门议覆,因此,总理衙门大臣的态度决定上述事项的成败。

关于总理衙门大臣所辖事务,《大清会典》有如下记载:

> 总理各国事务亲郡王、贝勒、大臣、大臣上行走,掌各国盟约,昭布朝廷德信。凡水陆出入之赋,舟车互市之制,书币聘飨之宜,中外疆域之限,文译传达之事,民教交涉之端,王大臣率属定议,大事上之,小事则行。每日集公廨以治庶务,奏事日则直朝房以待召见。凡电旨,则迅译以行。遇电奏到,则迅译以递军机处,进呈御览。咨、札、照会,下其属钤用关防。凡各国使臣入觐,先奏请觐所,定期皇帝御殿阁,则导其

---

❶ 《致张佩纶》(光绪七年五月初八日),顾廷龙、戴逸主编:《李鸿章全集》第33册,第34页。

使臣入。使臣行礼，如见其国君。使臣呈递国书，代陈御案。使臣陈词，皇帝宣慰毕，则率以退。凡各国使臣以事期会，则集公廨，接以宾礼，纪问答，要事则录备进呈，往会亦如之。凡使臣来贺元旦、令节，于岁首约期，部院堂官咸集，接以宾礼，往贺亦如之。课章京之绩，岁再易，则举其勤能者以闻而叙焉。❶

由于总理衙门的事务已逸出传统六部的管辖范围，且多为西潮冲击后的产物，既无旧例可循，又无则例可依，上文所述奏摺运转体制实际赋予总理衙门大臣更多施政的灵活性与主动权。相比六部堂官而言，总理衙门大臣的权力更为突出。戊戌变法期间，刑部郎中沈瑞琳曾略述总理衙门职司，这些内容与总理衙门大臣的职能大致重合。沈瑞琳奏摺称：

> 然则该衙门（总理衙门）之设也，臣尝顾名思义，知不仅为各国交涉而已，凡策我国之富强者，要皆于该衙门为总汇之地，而事较繁于六部者也。夫铨叙之政，吏部主之。今则出洋大臣期满，专由该衙门请旨。海关道记名，专保该衙门章京，而吏部仅司注册而已。出纳之令，户部掌之。今则指拨海关税项、存储出洋公费，悉由该衙门主持，而户部仅司销核而已。互市以来，各国公使联翩驻京，租借约章之议，燕劳赉赐之繁，皆该衙门任之，而礼部主客之仪如虚设矣。海防事起，力求振作，采购战舰军械，创设电报邮政，皆该衙门专之，而兵部武库车驾之制，可裁并矣。法律本掌于刑部，自各国以公法

---

❶ 昆冈等修：《钦定大清会典（光绪朝）》，《续修四库全书》第794册，第918—919页。

相持,凡交涉词讼之曲直,悉凭律师以为断,甚或教案一出,教士多方袒护,畸轻畸重,皆向该衙门理论,而刑部初未与闻也。制造本隶乎工部,自各国船坚械利,耀武海滨,势不得不修船政铁政,以资防御。迄今开办铁路,工作益繁,该衙门已设有铁路矿务总局矣,而工部未遑兼顾也。是则总理衙门之事,固不独繁于六部,而实兼综乎六部矣。❶

以前属六部职权之内的主管事项,凡是涉及外人、运用西艺者,到此时皆归总理衙门管辖。结合史籍,并综合沈瑞琳条陈中所列各条,总理衙门大臣的权力主要有以下几项:

1. 对外交涉权 晚清政府在处理对外事务时,多由总理衙门奉命与对手交涉。❷ 尽管谈判过程、谈判条件须以奏摺形式上陈请旨,谈判结果(一般为条约)仍须皇帝最后批准,然而,总理衙门大臣在对外交涉时,有相当的主动权,最后的条约签署,不过是循例行之。

此外,每逢西历1月,总理衙门须组织京中部院堂官到各国使馆进行团拜;自光绪二十年(1894)开始,西方各国与日本使节每

---

❶ 《刑部郎中沈瑞琳摺》(光绪二十四年七月二十八日),国家档案局明清档案馆编:《戊戌变法档案史料》,北京:中华书局,1958年,第179—180页。又,文廷式也称:"以电奏归总理各国事务衙门代奏,而总署之权过于明之通政使矣。通政使之权,止于压阁一二日,而总署则竟不可不奏也。以兵事归总理衙门电寄,而总署之权,过于明之本兵矣。明之本兵,不过制名军之进退,而总署之权,则兼其驳之放否,船之行否,而亦制之,且能与闻其饷事也。而且总署之用财,非户部所能知(兼海军言)。总署之保案,非吏部所能核,紊职分而败国家,究亦未得一真通涉之才以可叹也。"见文廷式:《纯常子枝语》卷9,赵铁寒编:《文芸阁(廷式)先生全集》第6册,台北:文海出版社,1975年,第482页。
❷ 1874年之后,直隶总督、北洋大臣李鸿章奉旨参与中外交涉较多。尽管外人常重北洋,但李鸿章曾对总理衙门章京陈夔龙坦言:"若以邦交而论,北洋交涉虽多,岂能多于总署?"(陈夔龙:《梦蕉亭杂记》,第9页)

年定期觐见清帝，皆由总理衙门负责安排、带领；农历正月，总理衙门大臣还须在署宴请各国公使。❶ 礼部、理藩院所司"宾礼"，被总理衙门的新式礼仪所取代。

2. 人事建议权 1875年之后，清朝向外派驻公使，负责保护华侨、搜集情报、购买船舰各项任务。公使任命循一定的程序：先由南北洋大臣、各省督抚、总理衙门大臣在平时上摺保举"使才"，即推荐通达洋务、谙熟交涉之员交军机处存记，当有驻外公使任满离职，或因事回国时，由总理衙门将存记之员开单递呈，交皇帝圈出任命。在此任命过程中，总理衙门大臣有人事建议之权。❷

对于晚清时另一重要职位——各通商口岸海关道，总理衙门也有建议任命权。上文已述，第二次鸦片战争之后，各沿海、沿江口岸陆续开放，并建立起为清朝征收关税但由西人控制的海关税务司。列强为保证其商务利益，在各口岸相继派驻领事官。与上述两类人群及其事务对应的是，清朝命各口岸原有道台兼任海关监督，负责管理已征收的关税，并与各国领事官对等交涉。❸ 因总理衙门

---

❶ 同治十二年六月（1873年6月），各国公使曾首次觐见同治帝，此后直到光绪二十年十月十五日，各国公使才再一次觐见清帝。从光绪二十二年开始，公使觐见时间一般安排在农历正月。参见陈义杰整理：《翁同龢日记》第5册，第2750、2881页；第6册，第2977、3093页。同治帝接见各国公使的地点，安排在中南海紫光阁，即用来招待外藩及蒙古王公之处。光绪帝接见各国公使，则改在紫禁城内文华殿进行。
❷ 李文杰：《晚清驻外公使的保举与选任》，台湾《清华学报》新43卷第1期（2013年3月），第171—215页。本书第五章有详论。
❸ 除福建闽海关以福州将军、广东粤海关多由皇帝简用内务府人员、云南思茅关以当地同知、金陵海关以江南盐巡道担任海关监督外，各新开口岸皆以辖区分巡、分守道兼任海关监督，故海关道在一定程度上可称海关监督。只有津海关在1870年建立起独立的津海关道，与原有的天津兵备道两不相涉。参见梁元生：《清末的天津道与津海关道》，《"中研院"近代史研究所集刊》第25期（1996年6月），第117—140页；任智勇：《晚清海关再研究——以二元体制为中心》，北京：中国人民大学出版社，2012年，第115—116页。

章京在署办理中外交涉，熟知外事，故总理衙门大臣奏请在章京中选派海关道。总理衙门控制部分海关道的人事任命，这在后来几乎成为常例。❶

3. 重大信息传递　总理衙门在光绪九年（1883）成立电报房，添置专员发送和翻译电报，成为中央电报的转运之所。因电报费用昂贵，故能使用电报的官员，仅限于各省督抚、驻外公使等少数人；使用电报传递的信息，多为当时看来不可延宕的内政外交之要务。按理，总理衙门在收到电报后，当按期如实上报，但实际情况并非如此。文廷式曾透露："凡督、抚条陈电达总署者，总署或奏，或不奏，或改易字句而后奏，悉由王大臣一、二人主之，余虽同事，不敢过问也。"❷又称："近时各处电报，凡与总署王大臣意见不合者，辄搁压不复呈上阅。此总署章京人人悉能言之，亦可谓公为欺蔽也。"❸因此，他感叹说"总署之权过于明之通政使"。因为通政使压题本，不过一两天而已，而总理衙门可干脆不奏。❹曾任总理衙门章京的张元济也曾见证过类似的事情，他在回忆中称："有一天，我到总理衙门事务厅（即收发处）去，发现公文堆里有一堆电报，签名的是俄皇尼古拉第二。电报是给光绪的，我觉得很奇怪，为什么不由公使转呢？照例这样的电报应该立刻送给光绪的，但我一看已经在事务厅里搁了二天。"❺总理衙门代为收发电报，总

---

❶ 宝鋆等修：《筹办夷务始末（同治朝）》第3册，第1077页。关于总理衙门与海关道人事任命，参见本书第三章第四节。

❷ 汪叔子编：《文廷式集》下册，北京：中华书局，1993年，第726页。

❸ 文廷式：《知过轩谭屑》，陈绛主编：《近代中国》第18辑，上海社会科学院出版社，2008年，第456页。

❹ 文廷式：《纯常子枝语》第6册，第482页。

❺《张元济全集》第5卷，北京：商务印书馆，2008年，第234页。事务厅当为司务厅之误，张元济当时传补总理衙门章京，照例在司务厅收发文书，翻译电报。

理衙门大臣负责转递，若不忠实履行职责，就不免耽误或扭曲重要信息。

4. 海关税收的协调与分配　清代并无现代中央与地方财政的区分。各省财政收入，由户部根据情况，决定存留、起运额数。在此调拨过程中，实现对全国财政的管理。总理衙门成立后，因许多钱款，尤其是海关税款的征收、调拨、使用较多涉及"外国事务"，故总理衙门权力由此渗透到财政领域。具体而言，总理衙门上奏调拨、动用的款项包括如下几种：

首先是出使经费。按照总理衙门奏定的出使经费章程，出使经费从六成洋税中动支。❶ 此后，总理衙门奏请将六成洋税中的10%专门存储，作为出使经费之用。光绪六年（1880）之后，该比例加增至15%。❷ 总理衙门调拨的海关收入还有三成船钞。船钞又称吨钞，本是根据船舶吨数征收的税金。总理衙门创设同文馆之后，与户部奏请将船钞分为三成和七成，前者由海关转给总理衙门，专门用于同文馆的运作。❸ 此外，由于晚清战争赔款数额巨大，超出常年财政承受的范围，清朝采取借用外债的方式支付赔款。因清朝缺乏成熟的金融机构，多由政府出面，向外国银行交涉借款，这其中，总理衙门起到关键作用，故也能对款源有所安排和调度。

除上述内容之外，19世纪中国各项新式事务，例如铁路修筑、矿山开采、电线架设等，因涉及外国势力介入和外国资本的利用，一般交由总理衙门大臣经手。

---

❶ 将海关税收进行四六分成的做法，始于第二次鸦片战争后的战争赔款。根据《北京条约》的规定，英法两国赔款，除已缴数额之外，其余从通商各关的海关税收中各扣二成支给。参见王铁崖编：《中外旧约章汇编》第1册，第145、147页；任智勇：《晚清海关与财政——以海关监督为中心》，北京大学博士论文，2007年，第157—158页。
❷ 任智勇：《晚清海关与财政——以海关监督为中心》，第162—164页。
❸ 同上书，第252—253页。

就形式而言，总理衙门大臣的权力体现在如下两个流程中：

一为参与相关事务讨论，指导或亲自办理本署奏稿、文书，形成最终决策。总理衙门的政务文书，由富有办事经验的章京依总理衙门大臣之意起草，然后交总理衙门大臣添改、签押。❶督抚或其他大臣递交的、与交涉及洋务有关的奏摺，循惯例应交总理衙门议奏，在总理衙门以奏摺形式议覆后，即形成正式的决策发下实施。这是最能体现总理衙门大臣权力运作的程序。

二为入内奏对，在御前陈述意见。由于晚清国家大事多牵涉外交事务或新式事业，由总理衙门管辖，且重要的总理衙门大臣一般兼任军机大臣，因此，总理衙门大臣须随时入内，较多接受皇帝咨询，面陈意见，以备决策。总理衙门大臣在其间的作用，视各自能力、受信任的程度及所处理事件的重要性而定，个体之间存在较大差异。

三 选任途径

总理衙门大臣的来源与选任途径可分为以下几类。

1. 办理抚局人员 第二次鸦片战争中，恭亲王奕䜣留京办理交

---

❶ 章京办稿过程详后。总理衙门大臣核稿、签押公文是其日常事务，略举二例。《曾纪泽日记》光绪十三年八月廿八日条："申初三刻往译署，与总办一谈，核稿，俄翻译柏百福来久谈，复核稿。"（刘志惠点校：《曾纪泽日记》下册，长沙：岳麓书社，1998年，第1621页）核稿，即核改总理衙门总办章京所拟之稿。汪大燮曾致函汪康年称："兄在署颇蒙徐、许另眼，缘署中无通达事理之人，每遇一稍要用心机之事，四股人所拟稿，尽不可用，而颇赏兄文能达，免堂官削改费心。"（上海图书馆编：《汪康年师友书札》第1册，上海古籍出版社，1986年，第806页）徐、许为总署大臣徐用仪、许景澄。他们只需将大意传知章京，文稿拟好后修改签署即可。

涉，其岳父大学士桂良与户部左侍郎、军机大臣文祥同时留京，协助办理抚局。在《北京条约》签订之后，咸丰帝批准以办理抚局人员为班底，组建总理衙门。奕䜣在议和过程中，另得恒祺、崇纶辅佐，二人也在随后进入总理衙门。其中，恒祺曾任粤海关监督，被认为是满人中熟悉外情者，与英法议约过程中，对奕䜣帮助较大；❶崇纶在此之前曾任长芦盐政、仓场侍郎，赴津交涉，随奕䜣办理抚局。

2. 部院堂官、军机大臣 总理衙门章程本拟以王大臣主持该机构，同时由军机大臣兼管，即成为分担军机处职能的秘书机构。❷但在当时，除文祥之外，军机大臣皆随咸丰帝在承德，因此，总理衙门大臣班底与军机处两分。"辛酉政变"之后，奕䜣任首席军机，多位军机大臣开始进入总署，两处人事多有重叠。

由于总理衙门人事制度仿照军机处，总署大臣与军机大臣也有着近似的选用标准，即从京中各部院尚书、侍郎中简任。部院堂官、军机大臣成为总理衙门大臣最主要的来源。下表逐年统计来自部院堂官的总理衙门大臣人数，可对此作一直观说明。

表2-1 总理衙门大臣的来源

时间	大学士	军机大臣	吏部	户部	礼部	兵部	刑部	工部	理藩院	都察院
1861	1	4		2				1		
1862	1	4		4		1	3		1	1
1863	1	3		2	1		2			
1864		3		3			3			
1865		3		3		1	3			1
1866		3	1	3		1	3			1

❶ 崇彝：《道咸以来朝野杂记》，第18页。
❷ 贾桢等修：《筹办夷务始末（咸丰朝）》第8册，第2676页。

续表

时间	大学士	军机大臣	吏部	户部	礼部	兵部	刑部	工部	理藩院	都察院
1867		3	1	3		1	1			1
1868		3	1	2		1	1		1	
1869		4	1	2		1	1	1	1	1
1870		4	1	2		1	1	1	1	1
1871		4	1	2		1		2	1	
1872	1	4	3	2		2		2		
1873	1	4	2	1		2	1	1		
1874	2	4	2	1		3		1	1	
1875	2	4	1	1		3		2		
1876	3	6	1	1		2		2		1
1877	2	5	1	1		1		3		1
1878	2	5	2	2	1	1		2		
1879	2	5	2	3	1	1				
1880	2	6	1	3	1	1				1
1881	4	7		3	1	2	1		1	1
1882	2	4	1	3		2	1		1	1
1883	2	4	2	1		1		1		1
1884	3	6	1	1		1	2	3	1	2
1885	2	3		1		1	2	3		
1886	2	3	1	1		2	1	2		
1887	2	2	2	2	1	2	1	2		
1888	2	2	2	2	1	2		2		
1889	1	2	2	3	2	2	1	1		
1890	1	2		5	1	2	1			
1891	1	2		5		2				1
1892	1	2	2	5		2	1			1
1893	1	3	2	2		3	1			
1894	1	3	2	2		2		1	1	

续表

时间	大学士	军机大臣	吏部	户部	礼部	兵部	刑部	工部	理藩院	都察院
1895	1	5	3	3	1	4		1		
1896	2	3	1	3	1	2				
1897	4	3	2	3	1	1	1			2
1898	3	6	1	4	3	1	3			
1899	1	4	1	2	2	1	2	1		1
1900	3	5	1	4	4	1	2	1	1	1
1901	3	2		3				1		
合计（人次·年）	59	154	47	101	22	58	26	51	13	20

资料来源：钱实甫编：《清代职官年表》第 4 册，第 3018—3026 页。

清代部院堂官迁调、署任情况较为频繁，且往往依照职官品级及六部排序进行迁转，并不强调各自专业，故上述统计方式并不能合理地说明六部与总理衙门的关系，不过，各部院堂官兼任总理衙门大臣的情形，存在太过明显的差异，这也确能说明某些问题。

首先，军机大臣兼职总署的情况最为突出，这再次说明总理衙门有作为秘书机构，分割军机处职能的一面。在六部、理藩院、都察院中，户部堂官兼任总理衙门大臣的情形最为常见，每年皆有，且未曾中断；礼部、理藩院、都察院则最少，在四十一年的历史中，三部门皆有过半数年份无人兼任总署大臣的情况，与户部形成强烈反差。这种现象可作如下解释。

户部所辖，本来是传统的财政项目。自从各口岸城市陆续对外开放，洋关税收成为可供清朝支配的大宗财源。从制度设计上来看，总理衙门掌管洋关，在关税的管理、调拨上，有较大发言权，遇到支配关税问题之时,须与户部"会同"办理。由户部堂官兼任总理衙门大臣,便于对财政问题进行及时协商、有效解决。礼部、理藩院两机构,本就职司中外交往以及外国、外藩使臣的接待,按理应有堂官在总署兼职。然而,正是因为清朝此时所面对的中外交往的模式、内容及所遵循的仪礼,已与此前性质迥异,而礼部、理藩院在礼仪问题上又遵循传统、较为保守,若有堂官兼任总署,反而会增加冲突,致遇事难以达成共识,延宕事机,故礼部、理藩院堂官兼职总署的例子较少。都察院督责各部,都御史不入总署,一方面是为了避免造成总理衙门内部的频繁龃龉,另一方面也是为了让都察院以独立姿态更好地对其进行牵制。

3. 沿海督抚召京 在清朝体制中,沿海督抚、南北洋大臣的辖区涉及洋务,都可受命办理对外交涉。因此相对而言,这些官员对外情比较熟悉,任用他们为总理衙门大臣,正是看重这一点。以沿海督抚入直的总理衙门官员主要有薛焕、徐继畬、谭廷襄、崇厚、李鸿章。这五人中,薛焕、崇厚都曾专任通商大臣,薛办理南方五口通商事宜,因与沿海督抚权力重合,请求裁撤该职,随后入京任总理衙门大臣;❶崇厚管理北方三口通商事宜,在天津教案善后期间出使法国。因三口通商大臣一职被裁,相关事务交直隶总督兼管,故回京后进入总理衙门。❷徐继畬曾任福建巡抚,并著有《瀛环志略》,在当时人的观感中,不但通晓外情,并且"老成望重、

---

❶《薛焕奏南洋通商专设大臣鞭长莫及请即裁撤摺》(同治元年五月十七日收),宝鋆等修:《筹办夷务始末(同治朝)》第1册,第246—248页;中国第一历史档案馆编:《咸丰同治两朝上谕档》第12册,第736—737页。

❷《奕䜣等奏遵议毛昶熙请撤三口通商大臣摺》(同治九年十月二十日),宝鋆等修:《筹办夷务始末(同治朝)》第8册,第3160—3162页;中国第一历史档案馆编:《咸丰同治两朝上谕档》第22册,第14页。

品学兼优，足为士林矜式"。❶谭廷襄曾于第二次鸦片战争时任直隶总督，参与同各国的交涉。李鸿章久任北洋大臣、直隶总督，甲午战争之后失势，但因熟悉外情，故入京以大学士本职兼任总理衙门大臣。此外，四川总督裕禄于光绪二十四年（1898）入京，任总理衙门大臣。他曾出任福州将军并兼船政大臣。

4. 内地将军督抚召京　与洋务并无太多关联的内地各省将军督抚，最先并不在总理衙门大臣的候选范围之内。但因权力运作和政治斗争的需要，也有内地将军督抚进入总理衙门的情况，例如王文韶两次入直及荣禄入直总署。❷

西安将军荣禄在光绪二十年（1894）入京，正值中日战争爆发，恭亲王奕䜣再次主持军机处及总理衙门，有意让荣禄出任步军统领。荣禄称，十多年前受宝鋆、沈桂芬排挤，被开去工部尚书，现在须任尚书，才能兼任步军统领。因当时并无尚书缺出，奕䜣只能向荣禄提供与尚书地位敌体的总理衙门大臣头衔。❸王文韶于光绪四年（1878）在湖南巡抚任内召京，先入军机，不久兼总理衙门大臣，据李鸿章称："夔石奉旨入觐，似由吴江密保帮手。"即王入总署，很可能是沈桂芬援引。❹后来王于光绪二十四年第二次进入总署，其背景是军机大臣、总理衙门大臣翁同龢遭开缺处分，王入总署，正是填补这一空白。四川总督裕禄与王同时入直，背景与此有类似之处。可见，内地将军督抚召京任总理衙门大臣，并不是常

---

❶ 中国科学院近代史研究所史料编辑室、中央档案馆明清档案部编辑组编：《中国近代史资料丛刊·洋务运动》第2册，上海人民出版社，1961年，第27—28页。
❷ 此外，王文韶（第一次入直）、景廉、左宗棠等也是由内地将军督抚召京任总理衙门大臣，但是他们入直总署之前，已任军机大臣，故在此将他们置于第二类任命之中。
❸ 陈夔龙：《梦蕉亭杂记》，第49页。
❹《复郭筠仙星使》（光绪四年正月二十六日），顾廷龙、戴逸主编：《李鸿章全集》第32册，第233页。

态，多因紧张的时局所促成。

5. 总理衙门章京升任 总理衙门章京为该部门的司官，在清朝中央各部之中，由司官直接升任堂官，仅总理衙门有此可能，这是一种突破旧有制度的、带有职业化倾向的尝试。

在清代六部中，各部司官最高为郎中，列正五品，堂官最低为侍郎，列正二品。郎中升迁，须离开本部，或考送御史，或外放任道、府，或在京以三四五品京堂（通政使司参议、正副使，太常寺、大理寺、光禄寺、太仆寺堂官或内阁侍读学士等职位）迁转。因六部部务实际由书吏办理，司官、堂官出身科甲，不强调专业取向，故而上述迁转模式不会太多地妨碍到六部的运作。而总理衙门与此不同。

总理衙门排斥书吏办事，日常事务须由司官亲理，因此，他们会练就较强的职业能力。为了让办事得力的官员安于其位，保持该机构运作的延续性，同治三年（1864），经总理衙门大臣奏请，本职为郎中的资深章京在升迁时，可授给京堂，继续在总署任差。❶ 他们若继续升迁，品级渐高时，还可进一步升任总理衙门大臣。章京以京堂留任，属于制度规定，但章京升任大臣，逸出制度规定之外，必须由总理衙门大臣力荐。❷ 在总理衙门历史中，循此途径升任大臣者仅有四人：成林，同治八年（1869）以光禄寺卿升任总理衙门大臣；夏家镐，同治十一年（1872）年以太常寺少卿升任大臣；周家楣，光绪四年（1878）以顺天府府尹升任大臣；吴廷芬，

---

❶ 宝鋆等修：《筹办夷务始末（同治朝）》第 3 册，第 1077 页。详见第三章第四节。
❷ 以成林为例，时人称："（成林）当庚申英法联军焚圆明园之时，成颇奔走传达之事，恭王甚重其人，盖精明干练，兼有文笔者。"（崇彝：《道咸以来朝野杂记》，第 17 页）成林以章京擢任大臣，得奕䜣的大力提拔。

光绪九年（1883）以宗人府府丞升任大臣。❶

6. 公使卸任后入直 在一个职业外交官体制中，由驻外大使、公使任职外交部门首长的例子较为常见。总理衙门的外交尽管还未生出职业化的概念，但出于办理交涉需要，也有一部分驻外公使在卸任后，回任总理衙门大臣：陈兰彬，光绪八年（1882）卸任驻美国、西班牙、秘鲁公使入直；曾纪泽，光绪十二年（1886）卸任驻英国、俄国公使入直；张荫桓，光绪十六年（1890）卸任驻美国、西班牙、秘鲁公使入直；洪钧，光绪十七年（1891）卸任驻俄国、德国、奥匈帝国、荷兰公使入直；许景澄，光绪二十四年（1898），卸任驻德国、俄国、奥匈帝国、荷兰公使入直；❷裕庚，光绪二十四年（1898）卸任驻日本公使入直。

由驻外公使出任总理衙门大臣的人数之所以并不多，在于这一途径并无成文的制度保障，公使入总理衙门，除他们的个人能力外，多由当时特殊背景所致。❸

7. 外官赏京堂入直 总理衙门大臣在地位上与京中部院堂官敌体，与外省督抚平行，可由部院堂官兼任，或从外省督抚中调任。

---

❶ 除此之外，总办章京袁昶在外放任职后，回京在总理衙门任大臣。许庚身、徐用仪、续昌、桂春四人以军机章京充总理衙门兼行章京，后亦被任命为总理衙门大臣。兼行章京主要负责传递关涉军机处与总理衙门两处的重要文件。

❷ 许景澄，字竹筼，浙江嘉兴人，同治七年（1868）进士，改翰林院庶吉士，散馆后授编修。先后经总理衙门和驻英公使郭嵩焘保举使才。光绪六年（1880）任驻日公使，旋因丁忧未任。光绪十年（1884）任驻法、德兼义、和、奥公使，十三年丁忧回国。光绪十六年任驻俄公使，兼驻德、和、奥等国。

❸ 这六人中，曾纪泽、张荫桓、许景澄能力较出色，曾纪泽在改订中俄条约和中法战争中有所表现，受慈禧太后信任；张荫桓出使前曾任总理衙门大臣；许景澄入直前，总署大臣翁同龢、李鸿章、张荫桓相继退出，需人主持，且当时总署尤需通晓中俄交涉的人才。洪钧入直前，正值中俄就帕米尔问题交涉，洪钧因在俄期间著有《中俄交界图》，被认为留心边事，是难得的交涉人才。陈兰彬入直，很可能与总署大臣毛昶熙病故，留下空缺有关。详见第五章。

但也有品级稍低的外官，因能力突出或逢特殊事件，奉命开去原缺入京，以京堂任总理衙门大臣。循此途径进入总署的官员有四人：张荫桓，光绪十年（1884）以安徽徽宁池太广道赏三品京堂进入总署学习行走；袁昶、桂春、联元，光绪二十四年分别以直隶布政使、甘肃按察使、安徽按察使赏三品京堂入直。

其中，张荫桓以捐纳出身，由其舅父李宗岱荐至山东巡抚阎敬铭处，佐阎办理文牍、教案，获阎嘉许。中法战争期间，以奕䜣为首的军机班底遭到罢免，兼任总署大臣者亦全部退出总署。随后，阎敬铭任总理衙门大臣，张荫桓奉命入京奏对，在总理衙门学习行走。❶袁昶曾长期担任总理衙门总办章京，光绪十九年（1893）外放安徽徽宁池太广道。戊戌变法期间，经安徽巡抚邓华熙专摺保荐，获光绪帝重视。❷在此后几个月内，袁先擢为陕西按察使，不久迁江宁布政使、改直隶布政使并进入总理衙门。袁获此任命，主要因为戊戌政变后总署缺人，而袁昶曾久任总理衙门总办章京，熟悉交涉事务及总署的各项制度。桂春曾以军机处领班章京充总理衙门兼行章京，后外任山东督粮道，戊戌变法期间经山东巡抚张汝梅保

---

❶ 祁景颐：《斶谷亭随笔》，《〈青鹤〉笔记九种》，北京：中华书局，2007年，第163—164页。赫德在给金登干的信中称："昨天，芜湖道台（即张荫桓）被召见，太后问他中国究竟应该做什么？他回答称，向外国人学习。召见毕，他的朋友们认为他是个没有希望的人，竟敢在宫中说这样的话。一小时后，下达了一道谕旨，把他提升并到衙门中任职。"（陈霞飞主编：《中国海关密档——赫德、金登干函电汇编》第3册，北京：中华书局，1992年，第559页）

❷ 袁昶，字爽秋，浙江桐庐人，光绪二年进士。九年以户部候补主事充补总理衙门章京，因办事得力，于光绪十四年升总办章京，十九年二月外放安徽徽宁池太广道（芜湖关监督）。（秦国经主编：《清代官员履历档案全编》第5册，第446—447页）光绪二十四年六月二十日，光绪帝发下袁昶关于内政外交的条陈，交军机大臣、总理衙门大臣议奏。七月二十九日，军机处及总理衙门议覆袁昶条陈，采纳条陈中的大部分意见。见《安徽巡抚邓华熙摺》（光绪二十四年三月二十八日），《军机处录副》03-5358-056；《军机处摺》（光绪二十四年七月二十九日），《军机处录副》03-5616-040。

荐人才，引见后奉旨以使才存记，不久获任总理衙门大臣。❶联元本为广东惠潮嘉道，在任时曾有与英国领事成功交涉的经验，光绪二十四年被任命为安徽按察使，在进京陛见时，奉旨留京任总理衙门大臣。❷桂春、联元获得任命的背景与袁昶类似，即填补政变后总理衙门的权力真空。

四　任职缘由

就总理衙门成立之初的宗旨而言，通达外情、擅长交涉应为总署大臣甄选标准。在最初几年，这一标准尚能贯彻。当时担任总理衙门大臣的官员，或为办理抚局人员，或为相关部院堂官，或为沿海省份将军督抚。但伴随总理衙门所办事务的扩展，京中政治斗争的展开，大臣的任命亦逐渐远离这一标准。中枢推荐总理衙门大臣，并非为国举贤，挑选通达外情之人；被任命为总理衙门大臣的官员，也多不实心办事。其选用和任职缘由可略分为如下几类。

1. 总署大臣引清流以担责　总理衙门在西潮冲击下产生，本就为理学名臣、清流人物所侧目。随着总理衙门所办各项新式事务的展开，传统六部的职司被该机构侵夺。当它的事务触及士大夫安身立命的科举与教育时，总理衙门与清议的冲突终于激化。同治五年（1866）十一月，总理衙门奏请在同文馆设立天文算学馆，招取

---

❶《山东巡抚张汝梅摺》（光绪二十四年七月十三日），《宫中档朱批奏摺》04-01-12-0585-019；《谕旨》（光绪二十四年九月初八日），《军机处录副》03-5369-093。

❷ 龙顾山人著，卞孝萱、姚松点校：《十朝诗乘》，福州：福建人民出版社，2000年，第967页；赵尔巽撰：《清史稿》第42册，北京：中华书局，1977年，第12763页。《十朝诗乘》所记细节稍有误。

正途出身的学生入馆学习。此举遭御史张盛藻、大学士倭仁激烈反对，倭仁两次上奏驳斥。为了让倭仁体会办理洋务的艰难，更为减轻总理衙门所面对的舆论压力，奕䜣奏请"另设一馆，由倭仁督饬，以观厥成"，遭其推辞。❶ 随后，倭仁被任命为总理衙门大臣。翁同龢在日记中记载："是日倭相请面对，即日召见，恭邸带起，以语挤之。倭相无辞，遂受命而出。"❷ "带起"即奕䜣带倭仁见起。结合后文倭仁的"无辞"与"受命"，"以语挤之"应该是奕䜣以不愿担当为词，指责、挤兑倭仁。据此可知，倭仁的任命，出自奕䜣的主张。

继倭仁之后，奕䜣又对毛昶熙、沈桂芬使用同一策略。据同文馆总教习丁韪良称，长期担任总办章京、后升任总署大臣的成林曾向他解释总署的用人策略，成林说：

> 你知道，由于外来反对，总理衙门的筹划有时搁浅。聪明的御史或有势力的总督向皇帝进谗言，从而破坏了我们最明智的计划。这种情况下，恭亲王虽感应对困难，但仍自有办法。他奏请皇帝给他的反对者在衙门中安排位置。亲王知道，反对者一旦入了衙门，不久就会发现，亲王的政策才是应对外国的唯一可行办法。毛昶熙和沈桂芬正是这样进入衙门的。❸

奕䜣在甲午战争后再次管理总理衙门，又对南派清流首领翁同龢使

---

❶ 中国科学院近代史研究所史料编辑室、中央档案馆明清档案部编辑编：《中国近代史资料丛刊·洋务运动》第2册，第22—38页；陈义杰整理：《翁同龢日记》第1册，第529页。
❷ 陈义杰整理：《翁同龢日记》第1册，第529页。
❸〔美〕丁韪良：《花甲忆记》，第230—231页。

用了这一策略。光绪二十一年（1895）六月初十日，翁在日记中记载此事称："恭邸屡在上前奏请，欲余至总署，余力辞。今日乃责余畏难。余与辩论，不觉其词之激。仲华亦与邸相首尾，余并斥之。"十四日记载："见起三刻，恭邸以译署事有所举荐，恐吾侪不免矣。"两天后，翁同龢、李鸿藻同被任命为总理衙门大臣。❶ 仲华，即荣禄。这里翁同龢所说奕䜣"责余畏难"，与三十年前奕䜣对倭仁"以语挤之"可谓同出一辙。据此可知，引清流入署担责，是奕䜣一贯的策略。❷

除奕䜣主持总理衙门时常引清流，尤其是清流领袖进入总理衙门外，慈禧太后及总理衙门后来的主事者似也懂得运用这一手段。张佩纶、周德润、邓承修的任命当属此类。

总理衙门大臣对本署事务负集体之责，有关公务的奏摺须联衔上陈。将喜好上书言事的清流引入总署，可从制度上削减他们独自上摺的机会和权力。光绪九年（1883）中法战争期间，张佩纶屡次上书言法越之事，当年十一月，张在外查办事件后回京不久，即被任命为总理衙门大臣。张在致李鸿章信中称"圣恩过骤，不敢言辞"，他察觉法越之事很难收拾，若一有差错，"则怨家得以指摘非议，不为晁家令之诛，亦作李忠定之贬，使后人目为书生，果不任事"。❸ 明显可见，他已不能像从前那样无所顾忌地表达意见，当初

---

❶ 陈义杰整理：《翁同龢日记》第5册，第2821—2823页。亦可参见茅海建：《从甲午到戊戌：康有为〈我史〉鉴注》，北京：生活·读书·新知三联书店，2009年，第164页。

❷ 除上述倭仁、毛昶熙、沈桂芬、翁同龢入署，可确定为奕䜣主张外，李鸿藻（光绪二年、光绪二十一年两次）、景廉（光绪二年）入署，可能也是奕䜣引清流担责这一策略的运用。

❸ 张佩纶：《涧于集·书牍》卷三，1918年刻本，第14页。晁家令，即晁错，汉初大臣，景帝时力主削藩，藩王叛乱后遭景帝诛杀；李忠定，李纲，北宋末南宋初年大臣，力主抗金，后遭政敌排斥。

的激越和亢奋已大为减退。顺天府尹周德润也喜好上书，他在"甲申易枢"之后第四天被任命为总理衙门大臣。入署之后，上书言事的爱好未变，常单衔上奏，陈述国策意见，结果先遭申饬，不久奉旨退出总署，自此锐气大减。同年八月，与张佩纶齐名的清流邓承修也进入总理衙门。此后，言事奏摺较之前减少很多，但仍因"博直谏之名"的罪状交部议处。此后，除交办公事外，邓再无言事之摺。❶ 引清流进入总理衙门，确实能挫其锐气，对于在上主持国事的统治者而言，不失为一种成功息谤与减少反对力量的策略。

然而，这种不问能力与经验，只求达到息谤、分责目的的做法，也加剧了总理衙门人事的复杂程度，使得大臣之间意见歧出，更难保证外交政策的合理性。

2. 增添成员以息外国之怨 总理衙门最先由奕䜣、桂良、文祥三人主持，后多有增加，人数规模与同时代军机处相仿。其后总理衙门人数经两次增加后，扩充至十人。在恭亲王奕䜣任议政王大臣期间，总理衙门因与军机处同为奕䜣领导，主动权较大，总署大臣也多因自身能力而被挑选入署。此后，总理衙门与清流之间歧见日增，而奕䜣也因政争两次遭到严谴，总理衙门的地位大不如前，用人宗旨也有所改变。

根据《中英天津条约》第五款的规定，清朝承诺"特简内阁大学士、尚书中一员，与大英钦差大臣文移、会晤各等事务，商办仪

---

❶ 光绪十年十二月十六日上谕称："邓承修于本年春间奏参徐延旭庸妄等情，已在该革员偾事之后。成败论人，并无远见。此类章奏，往往有之，从未稍加申饬，正是优容言官，不存苛责。该京卿自负敢言，竟以言出祸随等语，登诸奏牍，纯臣忠爱之心，必不出此。是直故激朝廷之怒，以博直谏之名，此等伎俩，难逃洞鉴。着将原摺掷还，并交部议处。"（中国第一历史档案馆编：《光绪宣统两朝上谕档》第10册，第446页）

式皆照平仪相待"。❶ 条约严格规定了清朝交涉官员的等级和地位。每当外国公使埋怨总理衙门办事疲软,提醒清朝注意履行《天津条约》第五款规定时,清朝就会增派高级官员进入总理衙门,满足他们的要求。❷

这方面较为典型的例子发生在光绪十年(1884)"甲申易枢"之后。当时,奕䜣领导的军机班底退出总理衙门,新的总署大臣随即联衔上奏,请求仍派军机大臣兼任总理衙门差使,以免外人轻视。奏摺称,各国公使"遇有交涉事件,臣等辩驳不决,则必求见军机大臣、大学士"。❸ 奏摺本是希望慈禧太后恢复总理衙门的旧例,当然无法获准,但总理衙门须由品级较崇的大臣兼任这一点,却被慈禧太后接受。随后,她任命工部尚书福锟、理藩院尚书昆冈、刑部尚书锡珍为总理衙门大臣。这些人毫无交涉经验和相关知识,之所以能进入总署,很大程度上是慈禧太后为了塞外人之口,供他们发泄怨气。

在这种用人动机之下选任的官员,自然不可能热心外交事业,更有一些被引入的清流领袖,有意回避总理衙门事务。薛福成曾言:"或又有一二清流,如李高阳、阎朝邑两相国,皆自谢为不知

---

❶ 英文本与此稍异:His Majesty the Emperor of China agrees to nominate one of the Secretaries of State, or a President of one of the Boards, as the high officer with whom the ambassador, minister, or other diplomatic agent of Her Majesty the Queen shall transact business, either personally or in writing, on a footing of perfect equality.

❷ 英国公使格维纳(Thomas Grosvenor)在1883年就曾认识到这一点,他向英国外交部表示,如果提醒中方注意履行《天津条约》第五条,结果将会是多一两个像麟书一样的人物进入总理衙门。(〔英〕季南著,许步曾译:《英国对华外交》,北京:商务印书馆,1984年,第25页)麟书时以理藩院尚书兼总理衙门大臣,旋改工部尚书。

❸ 《总理衙门摺》(光绪十年三月十八日),中国第一历史档案馆编:《光绪朝朱批奏摺》第1辑,北京:中华书局,1995年,第74—78页。

洋务，以终年不一至衙门为高。"❶ 李高阳，即李鸿藻；阎朝邑，即阎敬铭。因此，外国公使有事须与总署大臣商量时，经常只能见到总理衙门章京。在光绪八年（1882）军机大臣王文韶退出总理衙门后，公使们发现，总理衙门日常事务仅由陈兰彬、周家楣这两位品级较低的大臣主持。统治者增添总理衙门大臣的成员，本是为息外人之怒，但这种不合理的用人动机，却正好导致相反的结果。

3. **政治平衡与牵制**　有一类官员被任命为总理衙门大臣，主要是最高统治者出于维持不同派系之间势力平衡或顾及舆情的考虑。例如，王文韶在光绪四年（1878）入总署，由沈桂芬援引，经慈禧太后首肯。这一任命事涉以沈为首的南派与李鸿藻领导的北派在军机处、总理衙门的争斗与平衡。❷ 奕劻在"甲申易枢"后管理总署，奕䜣在甲午战争中再次进入总署，裕禄、王文韶在翁同龢被罢后进入总署，都属于这类任命。

五　日常运作与权力更迭

总理衙门有亲郡王管理，由全体大臣负责，但在实际上，许多官员并无足够能力，同时也不太愿意承担相应的职责。得过且过、虚与委蛇是其常态。在这种情况下，一些习惯任事、获高层信任或办事较为得力的大臣就主动承担起主持之责，由此也使得总理衙门的制度设计尽管并不合理，但又能不失效率地运转。

从制度设计上来看，六部堂官在处理本部事务时权责对等，在

---

❶ 蔡少卿整理：《薛福成日记》下册，长春：吉林文史出版社，2004年，第733页。
❷ 祁景颐：《䜍谷亭随笔》，《〈青鹤〉笔记九种》，第159—162页。

实际操作中，各人所发挥的作用、所显示的权力并不相同。《凌霄一士随笔》记载户部堂官实际事权之一例：

> 敬信与翁同龢同为户部尚书时，同龢实操部权，敬信伴食而已。同龢主眷正隆，敬信则久不召见，黑尚书也。张荫桓官侍郎，以敏干为同龢所重，引参要务，声势非他堂所及。部稿率由同龢画定，敬信等始循例画之。敬信偶先画某稿，荫桓见之，即援笔抹去，怒其不候同龢而遽先画也。并谓此稿关系重大，令部中发通知，请各堂明日齐集会议。敬信旋至，司官白其事。敬信微笑曰："你把这个交给我罢！"因取原稿置靴筒中，略无愠色。人颇服其有涵养。盖自知势力不逮翁、张，不得不出以容忍耳。❶

敬信、翁同龢、张荫桓同在户部，应是光绪二十一年（1895）下半年之后的事情。❷敬信、翁同龢为户部满、汉尚书，张荫桓为户部左侍郎。翁同龢为帝师，常受召见备咨询；张荫桓为光绪帝信任之臣，二人权势煊赫，使得满尚书敬信形同摆设。对于关涉部务的奏稿及其他公文，尽管六位堂官权责相同，然皆须等候翁同龢首先签署，以此给出指令，其他人才能"循例"签押。故张荫桓对敬信先行签字表示不满，要求收回文稿并召集全体堂官开会讨论。这其中原因，也许并非笔记所称的权力争夺，而确是稿件有不合理之处，

---

❶ 徐凌霄、徐一士：《凌霄一士随笔》第4册，太原：山西古籍出版社，1997年，第1272—1273页。

❷ 该年六月二十一日，敬信由兵部尚书改户部尚书，此前他已进入总理衙门；之前六月十六日，翁同龢以军机大臣、户部尚书入直总理衙门。（钱实甫：《清代职官年表》第4册，第3024页）

但可以肯定的是，此三人对户部事务的实际事权，显有高下之别。在同一时期，三人也担任总理衙门大臣，因此，将这一权力运作推及总理衙门，也是可以成立的。

在日常的政治运作中，总理衙门某些大臣的事权不但高于品级和地位对等的同僚，有时甚至盖过管理该机构的亲王。《翁同龢日记》光绪二十二年（1896）八月二十九日条：

> 未正收卷毕，樵野欲一人专人，余不自量，看六十本，而樵仍复阅，伊加圈颇滥，余笑领之而已。恭邸托一人，余曰某已摈之矣。❶

这一段记载的是总理衙门章京考试的阅卷和录取过程。张荫桓排斥总理衙门其他大臣，欲自己一人操持录取，翁同龢对此不甘，也希望插足进去。"恭邸托一人"，即有人找恭亲王奕訢打通关节，希望奕訢在录取过程中能说句话，但最后居然被拒绝。总署大臣实际事权的差别，由此可见一斑。

以上是总理衙门大臣倚仗"圣眷"揽权任事的例子。更多的时候，事权落在少数官员手中，是因为其他大臣能力不济或不愿办事。文廷式曾记总理衙门大臣集体会见外国使臣的情形，称言："旧例，凡译署大臣毕集，酬对者不过一二人，余默然。"❷

在总理衙门四十年历史中，主持其事、掌握实际事权者屡有更易。总理衙门大臣的权力嬗替，若以大的时段而论，大致可分为三段，每一阶段又有若干小的时段，分别由不同官员主持实际政务。

---

❶ 陈义杰整理：《翁同龢日记》第5册，第2939页。张荫桓，号樵野。
❷ 汪叔子编：《文廷式集》下册，第763页。

以下分别论之。

1. 光绪十年（1884）之前　光绪八年，总理衙门大臣周家楣在给山东巡抚任道镕信中称：

> 恭邸谓，从前赖文文忠，后赖沈文定，今得赓虞用心任事，而外间议论不孚，务望一意任事，勿以官位大小、宪纲先后为拘。❶

文祥，谥文忠；沈桂芬，谥文定；王文韶，号赓虞。当时，周家楣由总办章京升任大臣，地位较低，同僚皆为昔日的上司；总理衙门大臣沈桂芬病故之后，王文韶不孚人望，故恭亲王奕訢勉励周家楣要勇于担当。这段话也讲述了此前总理衙门实权大臣的先后次第：在咸丰十一年（1861）至光绪八年间，办事最为得力，也最具实权的大臣，先后有文祥、沈桂芬、王文韶。

1869年之前，文祥是总理衙门实际主事的官员。据英国公使威妥玛观察，在总理衙门大臣中，"恭亲王聪明绝顶，实挽回中国大局"；文祥"公忠体国，亦不愧一代人物"，只是当时风气未开，因此不免有固执之处；董恂的学问好，著作可观，但是胆太怯，不是办事之人；王文韶"聪明过人，亦为难得"；在论及毛昶熙、谭廷襄时，威妥玛说："此中国之好人。"对恒祺、崇纶、景廉、崇厚等人，威妥玛评价较低，认为他们不过是循分当差，毫无称道之处。❷威妥玛曾长期与总理衙门打交道，他的观感在外国公使中有一定的代表性。与总理衙门大臣熟稔的赫德也有类似评价。赫德每次前往

---

❶ 周家楣：《致筱沅中丞书》，《期不负斋全集》政书二，光绪二十一年刻本，第44页。
❷ 蔡少卿整理：《薛福成日记》下册，第730—731页。

总理衙门商办事件，往往选择文祥为会谈对象。与文祥的商谈，更具实质性意义。❶

在同治八年（1869）十月，当文祥突发重病不能进署办事以后，奕䜣引沈桂芬、毛昶熙进入总理衙门。沈桂芬不久就成为总理衙门任事的实权官员。威妥玛后来论及沈桂芬时，曾表达极度不满。薛福成在日记对此有生动记载，称言：

> （威妥玛）及论至沈中堂，则瞠目面发赤曰："此公亦办洋务，真不可解，余实在看不惯！"又大声以申之曰："看不惯！"余谓文定精细谨慎，不愧名臣；然办理洋务，实不相宜，即余所谓多疑寡断，适与洋俗相反者也。是以乙亥丙子间，与威妥玛议办滇案，几至决裂云。❷

威妥玛的评论，可能针对1875年前后"马嘉理案"的交涉而发；他论及沈桂芬时表现的失态，恰衬托出沈在总理衙门交涉中所发挥的作用。

光绪四年（1878），沈桂芬引其门生、时任湖南巡抚的王文韶进入军机处，次年再引入总理衙门。在沈病故后，王文韶成为总理衙门最具实权的官员。威妥玛在1882年曾经称言，王文韶是总理衙门真正的政治领袖。王在不久后因受北派清流排挤而乞养离职，威妥玛的继任者参赞格维纳给英国外交部发回一篇长文，称王文韶离职时，所有外国人都引为遗憾。恭亲王的同僚宝鋆以年纪太大不到衙门，总理衙门日常公事交由品级和资望较低的

---

❶ 〔美〕司马富、费正清等编，陈绛译：《赫德与中国早期现代化——赫德日记（1863—1866）》，北京：中国海关出版社，2005年，第385、386页。

❷ 蔡少卿整理：《薛福成日记》下册，第730—731页。

陈兰彬、周家楣负责。格维纳认为，总理衙门自此再难有一个值得与之常谈的人。❶

陈兰彬为卸任驻美公使，周家楣则由总办章京升任大臣。在当时的总理衙门中，他们相对了解外部世界，具有一定的交涉能力。但陈兰彬之为政，以胆小怕事、畏惧担责而出名；❷周家楣声望不够，❸加之二人本职原就较低，总理衙门公务交由他们负责，其效能大大减弱。❹光绪八年底，李鸿章在给张佩纶信中议论说："译署乏人，高阳隐为主持，情势恐易隔膜，新参皆非其选，殊为焦虑。"❺高阳为李鸿藻，作为清流领袖，以不到署办公为荣。此时，总理衙门缺乏主持和办事之人，这也正是中法越南交涉及一年后"甲申易枢"的背景。不久，张佩纶被引入总理衙门。尽管张为清流中坚，但在入署之后，却颇有担当精神，他在给李鸿章的信中称，获任不久，即"下榻署中，钩稽积牍"，专心在总理衙门办差。❻李在一封写给张佩纶的复函中称："初九、十二日两缄计早达到，旋接总署十三公函，惶惶大文，非大手笔莫办，钦慰无已。"可见，此时重

---

❶〔英〕季南：《英国对华外交》，第33—34页。
❷ 陈兰彬出使的举荐者之一李鸿章评论他"拘谨畏事"，光绪七年（1881）留美幼童撤回事件，很大程度上是由于时任公使的陈兰彬畏惧担责。见《复总署》（光绪七年二月三十日），顾廷龙、戴逸主编：《李鸿章全集》第33册，第16页。
❸ 光绪九年，邓承修参劾周家楣摺片称："臣闻周家楣在总署行走多年，居心巧诈，嗜好甚重，同列皆知，久为洋人所鄙笑。官员吸食鸦片，屡奉严旨饬儆。凡在臣工，有嗜好者自应痛改前非，而该员玩视如故。诚如圣谕所云：阳奉阴违，不知悔惧者也。总署为外人交涉之地，任剧事繁，似此贪庸，岂堪尸位？其如何严惩之处，伏候圣裁。"见《邓承修片》（光绪九年），《军机处录副》03-5187-027。
❹ 周家楣的本职为顺天府尹，陈兰彬为左副都御史，出使美国前本职为刑部主事。相比总理衙门其他官员的资历、品级而言，周、陈二人的地位明显偏低。
❺《李鸿章致张佩纶》（光绪八年十二月初七日），顾廷龙、戴逸主编：《李鸿章全集》第33册，第199页。
❻ 张佩纶：《涧于集·书牍》卷三，第14页。

要文稿多出自张佩纶之手。❶

光绪十年（1884）三月，慈禧太后全班罢黜恭亲王奕䜣的军机班底，奕䜣、李鸿藻等人同时退出总理衙门；七月，慈禧太后对总理衙门进行第二次人事调整，陈兰彬、周家楣等人因办事庸碌而被撤差，张佩纶亦被发往福建军前。❷总理衙门的人事与权力结构发生重大改变。

2. 光绪十年至光绪二十年 "甲申易枢"发生后，伴随军机处人事的巨大动荡，总理衙门也先后几次进行人事调整，逐渐形成以庆郡王奕劻领衔管理，阎敬铭、许庚身、孙毓汶三位军机大臣辅助，福锟、锡珍、徐用仪、廖寿恒等人参与的人事格局。总理衙门在清朝政治体制中的地位下降，权力结构也出现新的特点。

"甲申易枢"是慈禧太后借清流参劾之机，扳倒以奕䜣为首的军机班底的政治事件。当年三月十四日（1884年4月9日）恭亲王班底倒台后，总理衙门无人主持。应总理衙门其他大臣的要求，慈禧太后于十七日命郡王衔贝勒奕劻入署。但奕劻资望、能力远不能与奕䜣相比。总理衙门大臣张佩纶于十八日上奏，再次请求由枢臣兼领总署，实际是希望由恭亲王重新执掌军机、总署两机构，但奏摺未得到回应；❸二十四日，总理衙门大臣集体上奏，详述军机大

---

❶《李鸿章致张佩纶》（光绪十年正月十七日），顾廷龙、戴逸主编：《李鸿章全集》第33册，第359页。

❷ 光绪十年七月十四日上谕称："周家楣、吴廷芬在该衙门行走年久，办理未能合宜；昆冈于洋务未能讲求；周德润于应行公商事件辄单衔陈奏，其为不能和衷已可概见；张荫桓屡经参奏，众望不孚；陈兰彬年力渐衰，难胜繁剧，均着毋庸在总理各国事务衙门行走。"（中国第一历史档案馆编：《光绪宣统两朝上谕档》第10册，第218—219页）

❸ 张佩纶：《涧于集·奏议》卷三，第66—67页；《随手登记档》，光绪十年三月十八日条。

臣不能兼领总理衙门的六点缺陷，意思仍是希望重新起用恭亲王。❶慈禧太后虽不喜该摺内容，并对总理衙门大臣进行了集体申饬，然不得不略作妥协，安排阎敬铭、许庚身两位军机大臣入署。自此，总理衙门结束了由领班军机大臣管理的历史，兼任军机、总署两机构的官员也锐减为两人。

此时，在总理衙门最具实权的官员，当属大学士、军机大臣阎敬铭，但此人长于理财，交涉则非其所能，且他与李鸿藻一样，常不到总理衙门办事。❷与阎同时进入总署的许庚身，曾长期担任军机处领班章京，并充总理衙门兼行章京。"甲申易枢"后，由于军机处缺少熟悉办事程序的官员，故被引入军机，不久又进入总署。❸许庚身因办事明练，此后遂成为军机处主要的办事大臣。不过，由于他兼职过多，也就无法专心办理总署事务。❹这一时期较多地承担总理衙门事务，同时也能发挥实际作用的官员，包括军机大臣孙毓汶，先后迁转各部侍郎的徐用仪，卸任公使曾纪泽、张荫桓、洪钧。

曾纪泽在光绪十二年（1886）底回国后奉命进入总理衙门。他有过改订对俄条约的交涉经验，且略通英文，在当时总理衙门大臣中，最通外情。他在入署之后，急于任事，锋芒毕露。对于诸多公

---

❶ 中国第一历史档案馆编：《光绪朝朱批奏摺》第1辑，第74—78页。
❷ 蔡少卿整理：《薛福成日记》下册，第733页。
❸ 何刚德：《春明梦录》，北京古籍出版社，1995年，第78页。
❹ 曾署理美国驻华公使的何天爵（Chester Holcombe）曾详细询问过清朝一位军机大臣兼总署大臣的日常工作情况，对方经常向他抱怨工作负担过重，心力交瘁。根据何天爵的各种描述，可推断此人为许庚身。（〔美〕何天爵著，鞠方安译：《真正的中国佬》，北京：中华书局，2006年，第75—76页）

务,例如会晤公使、审定函稿等日常工作,他都主动操持、处理。❶ 正因为揽事过于积极,在不久之后就遭到其他大臣的牵制和猜忌。自此,亦无法办事得力。❷ 在曾纪泽病故后,总理衙门的事务多由孙毓汶、徐用仪、洪钧主持,张荫桓帮办。当时,驻英公使薛福成接总办章京袁昶来信,其中谈到总署的日常运作,称言:"总理衙门自曾侯薨逝后,一切日行公事均徐筱云侍郎秉笔,张樵野太仆参酌其间。"❸

上述引文大体是指公文处理,而对于会晤外使、御前召对等事务,军机大臣孙毓汶所起的作用可能更大一些。光绪十七年(1891),甫任总理衙门章京的缪祐孙在给其兄长缪荃孙的信中谈及总理衙门办事情形,称言:"德使巴兰德(Max von Brandt)屡纠英、法、美、意诸使来署辩诘,诸多要挟,即前奏请旨谕各督抚晓谕百姓一节,皆从所请,似此实太阿倒持之渐。在廷诸老专事敷

---

❶ 赫德在给金登干信中称,他在前往总理衙门讨论澳门问题时,正逢曾纪泽入署任职。曾不顾在场其他大臣的身份,抢着与他争辩。赫德评论说:"这次会议延长了三个钟头,有六位总理衙门大臣和同等数目的章京在座,大臣中有两位中堂、两位军机。曾侯就一直这样大声说下去,粗暴地斥责别人,把一切都抓在自己手里。他的口吻仿佛是:'现在有我在这里,这件事应当由我来办。我懂,你不懂。我来办,不许你办。'"见《赫德致金登干》(1886 年 12 月 22 日),陈霞飞主编:《中国海关密档》第 4 册,第 438—439 页。
❷ 赫德通过首次与曾纪泽会晤后议论说:"他本来可以大有作为,并且有可能升得很高,但是一开头就用错了方法,三个月后他会一事无成。如果他肯谦虚安静三年,他或许会真正取得进展。"(陈霞飞主编:《中国海关密档》第 4 册,第 438—439 页)关于曾纪泽受总署同僚排挤,同文馆总教习丁韪良曾举过一个例子:光绪十五年(1889)二月,曾纪泽本来被任命为管理同文馆大臣,结果第二天总理衙门上摺,请求在大臣中选择两人任管学大臣,最后曾纪泽与徐用仪同获任命,曾的权力受到削弱。(〔美〕丁韪良:《花甲忆记》,第 248 页)丁韪良所举例子,细节上或有错误,但大致符合事实。在光绪帝大婚亲政后一段时间内,曾纪泽常受召见,被询问同文馆、海军、各国语言文字等各种事项。(刘志惠点校:《曾纪泽日记》下册,第 1776—1777 页)
❸ 蔡少卿整理:《薛福成日记》下册,第 566 页。

衍，但求苟且了事耳。济宁师喜任事，到为难之时，众皆诿之，名为推重，实则谢责。日前见师须发多白，亦忧惶之所致也。"❶ 济宁，以孙毓汶原籍代指孙。可见，孙毓汶是这一时段内总理衙门事务的重要主持者。

另据李鸿章在光绪十八年（1892）给李经方私信中称："莱山病足甚剧，恐难复出。总署则徐、洪、张参议，张与徐、洪不协，固同而不和耳。"❷ 莱山，孙毓汶字。这里是说，在孙毓汶患病之后，总理衙门事务由徐用仪、洪钧、张荫桓三人主持，三人又分成不同的党派。文廷式对这一时期总理衙门总办章京袁昶有一评价，称："爽秋论事甚明，然在译署则附和徐、洪之甚，所以保全官职，无足深论。"❸ 从以上材料可大致推测，该时期总理衙门的实权大臣以徐用仪、洪钧为一派，张荫桓为另一派。此后不久，洪钧在任内病故，总理衙门似有意引卸任驻英公使薛福成入署。❹ 但不幸的是，薛在回国途中因病去世。

另据光绪十九年底《申报》称："总理衙门事务本由徐少云、廖仲山两少宰，张樵野少司农三人办理。现在徐少宰在军机大臣上行走，则译署中之事务势难兼顾，故论者皆谓钱子密少宗伯不远当进译署云。"❺ 其中徐少云、廖仲山分别为吏部侍郎徐用仪、廖寿恒，钱子密即军机大臣钱应溥。这说明，洪钧死后，廖寿恒很可能

---

❶《致缪荃孙》(光绪十七年)，《艺风堂友朋书札》上册，上海古籍出版社，1980年，第252页。
❷《致李经方》，(光绪十八年五月十六日)，顾廷龙、戴逸主编：《李鸿章全集》第35册，第362页。
❸ 文廷式：《知过轩谭屑》，《近代中国》第18辑，第437页。
❹《复钦差出使英法义比国大臣薛》(光绪十九年八月二十七日)，顾廷龙、戴逸主编：《李鸿章全集》第35册，第556页。
❺《译署传闻》，《申报》1894年1月30日，第2版。

也是总署大臣中任事较多之人。

3. 光绪二十年之后 自光绪二十年（1894）恭亲王奕䜣复出至光绪二十四年（1898）戊戌政变之前，主持总理衙门事务的官员主要是张荫桓、李鸿章、翁同龢。其中，又以前两人较为得力。

光绪二十年，中日甲午战争爆发。在战争进行过程中，经礼部侍郎李文田建议，军机处奏请重新起用恭亲王奕䜣。九月初一日（10月8日），奕䜣重新任领班军机，同时管理总署。总理衙门大臣孙毓汶原以醇亲王奕𫍽为靠山，在军机、总署行走已满十年，恭亲王复出后，孙毓汶自行退出军机处与总理衙门，他的政治同伴徐用仪因受到弹劾，随后亦相继退出。不久，奕䜣引帝师、军机大臣翁同龢进入总理衙门，李鸿藻亦一同入署。李鸿章自甲午战争后，不再担任直隶总督兼北洋大臣，入京专任大学士，曾先后前往日本、俄国，订《马关条约》《中俄密约》。光绪二十二年（1896）回国后，因其长期参与对外交涉而被任命为总理衙门大臣。

光绪二十三年三月，李鸿章在给张佩纶信中称："今日时局，译署兼政府亦算冷官。乐道浮光掠影，毫不用心。翁则依违其间，专讲小过节，不问大事，两宫惟命是从，拱默而已，李迂腐更甚。"❶乐道堂为恭亲王奕䜣书房，"乐道"代指奕䜣。该句是讲光绪二十三年前后政局：各派都不热心国家大事，即便军机大臣兼总理衙门大臣，也不过是"冷官"，即地位不高、事务不繁的官员。恭亲王虚与委蛇，翁同龢则拘泥小节，在大局上毫无主张与作为；慈禧太后、光绪帝全依翁的意见办事；另一重臣李鸿藻，则迂腐不堪。李接着介绍说："余若停数日不到署，应画稿件、应发文

---

❶《致张佩纶》（光绪二十三年二月二十二日），顾廷龙、戴逸主编：《李鸿章全集》第36册，第138页。

电,无人过问。樵野在此当杂差,今出使更无应差者矣,高阳数月一晤。"樵野,即张荫桓;高阳,即李鸿藻。审查文牍、阅画稿件,都是总理衙门大臣的分内工作。根据李鸿章的描述,总理衙门当时虽有翁同龢等人任差,但是他们都没能有效地主持工作,署中事情,全赖张荫桓、李鸿章二人料理。由于张当时正要往英国访问,故重担落在李鸿章一人肩上。李本是乐于任事之人,因此在八月份给其女儿的信中称:"朝政泄沓日甚,译署事繁,张樵野冬初回,吾可稍暇,然未可言退也。"❶

即便在光绪二十四年(1898)戊戌变法前夕,总理衙门上述状态仍无多大改变,李鸿章在当年闰三月私信中称:"总署各堂无管事者,余日进署料理,借以消遣岁月而已。"❷李鸿章所描述的状态,在总理衙门章京顾肇新那里也可得到印证。在当年九月致其兄顾肇熙信中,总办章京顾肇新回忆此前总理衙门的办事情形:"总署事益繁剧。南海、合肥颇称知己。近日局面较前不同,弟但苦烦恼,并无留恋,更无希冀之心,实逼处此处,非所愿也。"❸南海、合肥,即张荫桓、李鸿章。他二人主持总署日常事务,与章京接触最多,关系也较为融洽,因此被顾肇新引为知己。

戊戌政变之后,总理衙门大臣仅剩奕劻、廖寿恒、崇礼、王文韶数人。前三人能力不济,王文韶虽然早年曾入总署,但屡经起伏,为人极圆滑,不能任事。此时总理衙门急缺具有见识、能担当交涉的官员。八月十一日(9月26日),徐用仪重新出任总理衙

---

❶《致李经璹》(光绪二十三年八月二十日),顾廷龙、戴逸主编:《李鸿章全集》第36册,第157页。

❷《致李经方》(光绪二十四年闰三月初十日),顾廷龙、戴逸主编:《李鸿章全集》第36册,第177页。

❸《致顾肇熙》(光绪二十四年九月二十四日),《顾豫斋致其兄函》,中国社科院近代史研究所藏。

门大臣；随后，袁昶、许景澄、联元亦先后进入总署。此后，袁、徐、许三人成为总理衙门实际主事的官员。

袁昶、徐用仪、许景澄主持总署这一局面的形成，与他们此前的经历有关。袁昶曾长期担任总理衙门总办章京，熟悉总署事务。许景澄长期担任驻外公使，视野较为开阔，有着丰富的交涉经验。徐用仪在此前长期任总署大臣，复出后对公事也多有担当。另外，徐、许二人为同乡，两人在此前就曾相互援引，此时更意气相投。❶ 光绪二十五年（1899），新入总署的汪大燮在给汪康年信中称："兄在署颇蒙徐、许另眼，缘署中无通达事理之人，每遇一稍要用心机之事，四股人所拟稿，尽不可用，而颇赏兄文能达，免堂官削改费心。"❷ 此亦可作为徐用仪、许景澄主持总理衙门事务的旁证。而徐用仪亦曾在给驻外使臣的信函中，屡次提及这一事实。他在给驻德公使吕海寰信中称："枢廷之不兼总署者，又不深悉此中情形，未免隔阂。犹庆邸尚可据情上达，弟滥竽其间，无能为役，而又不便告退，赖有许竹篔偏劳一切，将来得阁下回京相助，则更妙矣。"❸

在义和团运动兴起之后，新储君溥儁的生父、主张利用义和团的载漪进入总理衙门，启秀、溥兴、那桐等人同时入署，总理衙门的权力结构再次发生变化，排外风气迅速占据上风，发言权亦转移到载漪等人手中，但主动任事的官员，仍与此前类似。

---

❶ 光绪十六年（1890），许景澄托李鸿章推荐自己任驻日公使，李鸿章在给其子李经方信中提及："筱云与伊同乡至好"。筱云，徐用仪，李此言是说许景澄出任公使，得到其同乡徐用仪的大力支持。见《致李经方》（光绪十六年六月初二日午），顾廷龙、戴逸主编：《李鸿章全集》第35册，第84页。
❷ 《汪康年致汪大燮》（光绪二十五年四月初七日），上海图书馆编：《汪康年师友书札》第1册，第806页。
❸ 《徐用仪致吕海寰》（约光绪二十五年），《庚子浙中三忠手札（稿本）》，北京大学图书馆藏。其中手札的收件人皆为吕海寰。徐用仪另在光绪二十五年二月初六日致吕海寰信中称："署中同事虽多，而能任事者，独推竹篔可资相助。"

六　任期与离署

从现有资料看，总理衙门大臣 61 人，有 58 人可大致确定初次进署时的年龄，经简单测算，其入署任差的平均年龄为 52.91 岁。❶ 与军机大臣、部院堂官一样，总理衙门大臣没有规定的任差期限，也没有法定退休年龄，他们的在任时间，有较大的个体差异，也能体现明显的时段性。

在众多总理衙门大臣中，在任时间最长的是宝鋆，超过 22 年，奕䜣、董恂、文祥、崇纶、沈桂芬、夏家镐在任超过 10 年，他们大多从总理衙门成立伊始，即进署办事，是恭亲王奕䜣的班底并随其势力的衰落，而逐渐退出总理衙门。此后在任超过 10 年的，有奕劻、廖寿恒、徐用仪、福锟、孙毓汶。他们在"甲申易枢"后代替奕䜣班底执掌总理衙门，直至甲午战争结束。此后的总理衙门大臣，其任期与当时政局同样不稳。很多人在任时间不超过 1 年。

从总体上看，总理衙门大臣的任期显示出两极化特征，即长者较长，短者尤其短。如果细究他们离署的原因，大致可分为如下几类。

1. 政治斗争　这种类型包括政争失势被罢、政争被杀、受政敌排挤而辞职。这些官员包括王文韶、奕䜣（第一次离署）、宝鋆、李鸿藻（第一次离署）、景廉、吴廷芬（第一次离署）、张荫桓（第一次、第二次离署）、孙毓汶、徐用仪（第一次、第二次离署）、廖

---

❶ 本节分析数据来自本章结尾表 2-2 "总理衙门大臣题名表"。下文分析离署原因未标明出处者，可参见钱实甫编：《清代职官年表》第 4 册，第 3018—3026 页。

寿恒（第一次、第二次离署）、汪鸣銮、翁同龢、许应骙、敬信、李鸿章、袁昶、许景澄、联元、赵舒翘、启秀、载漪。

总理衙门职司重要，伴随清朝上层政治变动，总理衙门大臣形成了几次集中离署潮，分别发生在1884年甲申易枢之后、1895年甲午战争前后、1898年戊戌变法前后、1900年义和团运动期间。

这其中，王文韶与其老师沈桂芬为南派领袖，长期与李鸿藻领导的北派相争。沈于光绪七年（1881）病故，导致王文韶势孤，于次年乞养离署。奕䜣、宝鋆、李鸿藻、景廉在光绪十年（1884）退出总署，是"甲申易枢"的附带结果。张荫桓在光绪十年退出总署是因锋芒太露，受同僚排挤。❶在光绪二十四年（1898）退出总署则是因戊戌政变的发生；孙毓汶、徐用仪、廖寿恒在光绪二十一年（1895）退出总署，是因为恭亲王再次秉政；徐用仪在戊戌政变后再入总署，后因反对义和团，与袁昶、许景澄、联元遭保守派杀害。廖寿恒于光绪二十五年（1899）第二次退出总署，是因为受保守派排挤。汪鸣銮于光绪二十一年退出总署，是因其帝党身份与言论激怒了慈禧太后。❷翁同龢于光绪二十四年开缺很可能是因为他权力过重，为慈禧太后所忌，同时又失去光绪帝的信任。❸许应骙退出总署是因拒绝代递礼部司官的条陈，导致本职被罢。敬信、李鸿章退出总署，可能与张荫桓有关。❹载漪、赵舒翘、启秀则因支

---

❶ 祁景颐：《翛谷亭随笔》，第162页。

❷ 同上书，第158页。

❸ 参见茅海建：《从甲午到戊戌：康有为〈我史〉鉴注》，第417—419页。

❹ 茅海建：《从甲午到戊戌：康有为〈我史〉鉴注》，第744页。李鸿章后来在给李经方信中称："二十二日忽奉明诏，毋庸在总署行走，莫测由来，或谓樵野揽权蒙蔽所致。"（顾廷龙、戴逸主编：《李鸿章全集》第36册，第193页）据总署章京陈夔龙回忆，张荫桓在戊戌政变后遭到遣戍，李对陈说："不料张樵野也有今日！我月前出总署，几遭不测，闻系彼从中作祟，此人若不遭严谴，是无天理。"（陈夔龙：《梦蕉亭杂记》，第13—14页）

持义和团，被列强要求严惩，或被杀，或被褫职、发配。

2. 年龄、健康原因 包括因病离署、在任病故、年老致休。因这些缘故离开总署的官员包括桂良、文祥、崇纶、恒祺、徐继畬、谭廷襄、毛昶熙、沈桂芬、成林、夏家镐、麟书、续昌、曾纪泽、阎敬铭、许庚身、福锟、锡珍、洪钧、李鸿藻（第二次离署）、奕䜣（第二次离署）、吴廷芬（第三次离署）。

3. 本职变换 包括因出京外任离署或本职事繁离署。这些官员有崇厚、郭嵩焘、左宗棠、沈秉成、崇礼（第二次离署）、张佩纶、裕禄、荣禄、胡燏棻、裕庚。

4. 庸碌无为 董恂、吴廷芬（第一次离署）、周家楣、陈兰彬、昆冈。❶

5. 主动请辞 薛焕、倭仁、邓承修、吴廷芬（第二次离署）。❷

6. 施政过失 因该缘由出署者有崇礼（第一次离署）、周德润。

7. 总理衙门改组 《辛丑条约》签订后，总理衙门改组为外务部，设总理大臣一人、会办大臣一人、尚书一人、侍郎二人，

---

❶ 光绪八年正月十四日，翰林院侍讲张佩纶参劾万青藜、董恂"年老恋位，请循例赐休"。二十四日，董恂以"年力就衰"奉旨开缺。见《随手登记档》，光绪八年正月十四日条；中国第一历史档案馆编：《光绪宣统两朝上谕档》第8册，第17页。其他几人离开总署的上谕，见中国第一历史档案馆编：《光绪宣统两朝上谕档》第10册，第219页。

❷ 邓承修亦可算政争离署。《十朝诗乘》记邓承修事言："邓铁香京卿承修初居台谏，著称敢言，屡抨劾贵要……后迁鸿胪卿，出为桂边画界大臣，侃直争持，狡谋为戢。事竣还朝，慈圣慰谕之曰：'汝此行辛苦。'铁香益感奋。寻拜命直译署，与同列孙文恪、徐小云论事多忤。尝过梁栖凤楼宅语梁曰：'吾时与小云争论，不胜愤激，奈何？'梁曰：'君不能和一徐侍郎，更何能制异族耶？'既又忤许文恪，乃决引疾，朝旨犹予假慰留，盖慈眷尚渥。而铁香迄不安于位，假满复乞休，遂归。"（龙顾山人：《十朝诗乘》，第899页）其中细节有误，但政争事迹当无差。邓承修系在总署大臣任上赴桂勘界，差满仍回总署，非差满后任命。文中梁指梁鼎芬，孙文恪、徐小云分别为孙毓汶、徐用仪；许文恪有误，当作许恭慎，即许庚身，文恪为其叔父许乃普谥号。

原总理衙门成员自然免职。这些免职官员有崇礼、桂春、溥兴、那桐。

上述分类是仅就总理衙门官员离署的最主要缘故而言,大臣离署,很可能同时存在两种或两种以上的原因。❶ 总结这些离署原因可以发现,在总理衙门历史上,只有极少数大臣因庸碌无为、施政过失而被免差。多数大臣离署,或归因于政争失势,或归因于年龄、健康这些无法控制的自然因素。换句话说,总理衙门大臣一经任命,即为终身职。如果不在政治斗争中失势,或因年老体衰以至无法坚持工作,他们尽可一直留任。

这种现象应部分归因于正常退出机制以及合理问责制度的缺失,而问责制度的缺失则可追溯至前文所述总理衙门制度上的特点:权力有限,集体负责。任何施政建议和议覆奏摺若要全体一致,只能以"安静无为"为至上原则。在此种情形下,施政过失与创新开拓一样难以出现,即便偶尔出现过失,也只能以轻微的集体申饬处之——毕竟不能将久在总署、尚能与外人对话的总理衙门大臣全部罢免。体制的弊端也由此显见:由于缺少任期与退休的规定,使得总理衙门越来越成为一群老年人聚集之处,缺乏生机;❷ 问责与奖惩制度的缺失,又使得总理衙门大臣习惯敷衍塞责,在对

---

❶ 例如,许应骙在礼部堂官任内未能代递主事王照的条陈,与其他五位堂官一起被光绪帝撤职,其离署可归入"施政过失"一类,但光绪帝此举,是戊戌变法中在涉及人事权上少有的自主、激烈的行为,因此,许应骙离署亦可归入"政治斗争"一类。载漪、赵舒翘因支持义和团,在列强压力下被慈禧太后下令流放或处死,亦可归入"施政过失"一类。
❷ 曾有外人观察说,总理衙门的官员"全部是老头子,而模样和举动则完全像老太婆"。(〔英〕季南:《英国对华外交》,第28页)

外交涉时,往往不得要领。❶

总理衙门仿照军机处建立,但因有着专门职司,其作用与权力等同六部。在外交事务上,总理衙门的权力主要通过议覆京中、外省建策奏摺或自行上递建策奏摺的形式进行表达。与军机处和六部相同,总理衙门由多位大臣同时管理,共同议事、共同担责,由此导致总理衙门大臣遇事倾向沉稳、保守。

总理衙门负责交涉事务,在其成立之初,大臣或来自办理抚局人员,或从富有交涉经验的沿海沿江督抚中调用,但后来的任命则更多出于政治斗争的需要:或引清流以减少办事阻力,或引敌体派系以维持权力平衡,或单纯增加人数以息外人之怨。这一系列的任命动因,与总理衙门办理交涉的宗旨大相径庭,加剧了该机构上层意见的分歧,也削弱了它初期的进取精神和办事效力。

表2-2 总理衙门大臣题名表

	姓名	生—卒年	入署年龄	在署时间	在任时间	离任原因
1	奕䜣	1833—1898(577)	28	1861.1—1884.4	23年3月	政争
				1894.9—1898.5	3年8月	病故
2	桂良	1785—1862(611)	76	1861.1—1862.7	1年6月	病故
3	文祥	1818—1876(78)	43	1861.1—1876.5	15年4月	病故

---

❶ 当时外人记载前往总理衙门交涉的场景:"在这里,一长列的全权公使坐在又硬又脏的座位上,被主人强劝吃他们不愿吃的糕点,为了谈话不着边际而焦急,普遍地耗损了精力。这是中国人的一种报复。"(《英国对华外交》,第28页)英国公使巴夏礼(Harry Smith Parkes)曾描述,总理衙门大臣不是大讲鼻烟和面点,就是一齐无礼地口若悬河,滔滔而谈,要言不烦自然不是他们的本领。(〔英〕季南:《英国对华外交》,第28、29页)文廷式记载,英国公使前往总理衙门议论长江厘卡之事,"是时,敬信、崇礼辈并在座,方各出所携烟壶品评之。英使厉声曰:今日所议之事,中国有人心者,皆当泪下;此非玩鼻烟壶之时也!愿诸君暂辍玩物,听公事何如? 舌人传译,乃愧起"。(汪叔子编:《文廷式集》下册,第763页)

第2章 总理衙门大臣

续表

	姓名	生一卒年	入署年龄	在署时间	在任时间	离任原因
4	崇纶	1792－1875（724）	69	1861.4－1875.10	14年6月	病故
5	恒祺	不详		1861.4－1867.2	5年10月	病故
6	宝鋆	1807－1891（529）	54	1861.11－1884.4	22年5月	政争
7	董恂	1807－1892（747）	54	1861.11－1880.7	18年8月	年老罢直
8	薛焕	1815－1880（835）	48	1863.5－1866.6	3年1月	
9	徐继畬	1795－1873（653）	70	1865.11－1869.3	3年4月	年老致仕
10	谭廷襄	不详－1870		1865.12－1870.5	3年9月	病故
11	倭仁	1804－1871（636）	63	1867.4－1867.7	0年4月	因病罢直
12	沈桂芬	1818－1881（366）	51	1869.11－1881.1	11年2月	病故
13	毛昶熙	1817－1882（75）	52	1869.11－1878.6	8年6月	丁忧
				1880.11－1882.3	1年4月	病故
14	成林	1838－1879	31	1869.11－1879.9	9年10月	病故
15	崇厚	1826－1893（724）	46	1872.3－1876.12	4年9月	外任盛京将军
16	夏家镐	1818－1885（617）	54	1872.3－1882.10	10年7月	因眼病辞职
17	郭嵩焘	1818－1891（673）	57	1875.12－1876.11	0年11月	外任驻英公使
18	李鸿藻	1820－1897（293）	56	1876.12－1877.10	0年10月	丁忧
				1880.2－1884.4	4年2月	政争
				1895.8－1897.7	1年11月	病故
19	景廉	1823－1885（764）	53	1876.12－1884.4	7年4月	政争
20	王文韶	1830－1908（38）	48	1878.8－1882.12	4年4月	政争
				1898.6－1901.7	3年1月	改外务部会办
21	周家楣	1834－1886（515）	44	1878.8－1879.5	0年9月	丁忧
				1881.12－1884.9	2年9月	政争

续表

	姓名	生—卒年	入署年龄	在署时间	在任时间	离任原因
22	麟书	1829－1898（850）	50	1879.11－1884.6	4年7月	
23	崇礼	1834－1907	45	1879.11－1882.6	2年7月	本职降调
				1891.12－1894.9	2年9月	外任热河都统
				1897.3－1901.7	4年4月	总署改组
24	左宗棠	1812－1885（99）	69	1881.2－1881.10	0年8月	外任两江总督
25	陈兰彬	1816－1895（443）	66	1882.4－1884.9	2年5月	政争
26	吴廷芬	1833－不详（313）	50	1883.2－1884.9	1年7月	政争
				1895.11－1897.9	1年10月	休假罢直
				1899.6－1900.10	1年4月	因病免职
27	张佩纶	1848－1903（403）	35	1883.12－1884.5	0年6月	外差（政争）
28	奕劻	1838－1917（577）	46	1884.4－1901.7	17年3月	改管理外务部
29	周德润	1832－1892	52	1884.4－1884.9	0年5月	政争
30	阎敬铭	1817－1892（731）	67	1884.4－1888.8	4年4月	政争
31	许庚身	1825－1894（211）	59	1884.4－1894.1	9年9月	病故
32	张荫桓	1837－1900（405）	47	1884.6－1884.9	0年3月	政争
				1890.3－1898.9	8年6月	政争
33	福锟	1834－1896（806）	50	1884.6－1895.6	11年0月	政争
34	昆冈	1836－1907（486）	48	1884.6－1884.9	0年3月	政争
35	锡珍	1847－1889（801）	37	1884.6－1889.10	5年3月	病故
36	徐用仪	1826－1900（645）	58	1884.6－1895.8	11年2月	政争
				1898.9－1900.8	1年11月	反对排外被杀

续表

	姓名	生一卒年	入署年龄	在署时间	在任时间	离任原因
37	廖寿恒	1839—1903（816）	45	1884.6—1895.7	11年1月	
				1897.8—1900.6	2年10月	政争遭排挤
38	邓承修	1841—1892（92）	43	1884.9—1885.8	0年11月	政争遭排挤
39	孙毓汶	1833—1899（229）	52	1885.7—1895.7	10年0月	政争本职被革
40	沈秉成	1823—1895（363）	62	1885.7—1887.9	2年2月	任广西巡抚
41	续昌	不详—1892.5		1885.7—1892.4	6年9月	病免旋病故
42	曾纪泽	1839—1890（784）	47	1886.12—1890.4	3年4月	病故
43	洪钧	1840—1893（584）	51	1891.12—1893.10	1年10月	病故
44	敬信	1832—1907（751）	62	1894.8—1898.9	4年1月	
45	汪鸣銮	1839—1907（352）	55	1894.8—1895.12	1年4月	本职被革
46	荣禄	1843—1903（550）	51	1894.12—1898.6	3年6月	外任直隶总督
47	翁同龢	1830—1904（658）	65	1895.8—1898.6	2年10月	本职被革
48	李鸿章	1823—1901（293）	73	1896.10—1898.9	1年11月	政争
49	许应骙	1832—1906	65	1897.3—1898.9	1年6月	本职被革
50	裕禄	1844—1900	54	1898.9—1898.9	1月	外任直隶总督
51	袁昶	1846—1900（604）	52	1898.10—1900.7	1年9月	反对排外被杀
52	许景澄	1845—1900（213）	53	1898.11—1900.7	1年8月	反对排外被杀
53	胡燏棻	1841—1906（562）	57	1898.11—1898.11	0年1月	
54	桂春	1857—不详	41	1898.12—1901.7	1年7月	总署改组

续表

	姓名	生一卒年	入署年龄	在署时间	在任时间	离任原因
55	赵舒翘	1848—1901（547）	50	1898.12—1900.9	1年9月	排外被革
56	联元	1838—1900（745）	60	1898.12—1900.8	1年8月	反排外被杀
57	裕庚	1839—不详	60	1899.1—1899.6	0年5月	外任驻法公使
58	载漪	1856—1922（604）	44	1900.6—1900.9	0年3月	排外被革
59	启秀	1839—1901（375）	61	1900.6—1901.2	0年8月	排外被革
60	溥兴	1857—不详	43	1900.6—1901.7	1年1月	总署改组
61	那桐	1856—1925	44	1900.6—1901.7	1年1月	总署改组

资料来源：（1）生卒年部分。成林生年据李慈铭《越缦堂日记》第12册，扬州：广陵书社，2004年，第8453页。崇礼生卒年据《清国史馆传包》702003421，台北"故宫博物院"图书文献处藏。周德润生卒年据《清国史馆传包》702003141。裕禄生卒年据高文德编：《中国民族史人物辞典》，北京：中国社会科学出版社，许应骙生卒年据谭群玉、曹天忠编《岑春煊集》第5册，广州：广东人民出版社，2009年，第88页，桂春、裕庚、溥兴生年据秦国经主编《清代官员履历档案全编》第6册，第211—212、109—110页；第5册，第663页。夏家镐卒年据《申报》1885年4月25日，第3版。那桐生卒年据中国人民政治协商会议天津市委员会文史资料研究委员会编：《天津史志丛刊·天津近代人物录》，天津市地方志编修委员会总编辑室出版，1987年，第116页。生卒年除上述特别注明者外，来源皆为江庆柏编：《清代人物生卒年表》，北京：人民文学出版社，2005年，表格中"生一卒年"后括号内数字为页码出处。（2）在署时间部分。据钱实甫编：《清季职官年表》第4册，第3018—3026页。

说明：恭亲王奕䜣曾于1865年4月短暂撤去差使，谭廷襄于1867年1月至8月，短暂署理湖广总督。钱实甫《清代职官年表》中所示丁日昌、瑞洵等人（第3021、3025页），虽有"总理各国事务大臣"名号，然皆为外官，非总理衙门大臣，故未收入；《清代职官年表》所示光绪十年周德润、张荫桓、昆冈等人入署时间有误（第3022页），上表据《上谕档》径改；《清代职官年表》所示荣禄在光绪二十四年后回任军机兼总署大臣，有误（第3025页），实际仅为军机大臣，上表已更正。

第 3 章

总理衙门章京

清代文献常将军机处和总理衙门并提,冠以"枢译两署"之名。在人事设置上,总理衙门仿照军机处,官员分为大臣、章京两级,皆属差使而非职缺。❶ 军机章京,原称军机处司员,俗称"小军机",主要从内阁、六部司员(郎中、员外郎、主事)中选充,负责缮写谕旨、记载档案、查核奏议,他们是军机大臣的助手,某种意义上言,他们也是皇帝的秘书。朱维铮曾大胆提出,军机处在嘉庆朝"强化秘书专政",之后实际上"已形成章京们的实际专政",❷ 此说对于军机章京所起作用强调太过,❸ 但对于总理衙门而

---

❶ 所谓章京,本为汉语"将军"的满文对译(拉丁文转写作 janggin),初为武将,例如清入关前所设置的八旗昂邦章京、梅勒章京、甲喇章京,分别对应明朝的总兵、副将、参将游击。文官章京则类似秘书,以军机章京最为人所熟知,总理衙门章京意义近之。
❷ 朱维铮:《重读近代史》,上海文艺出版社,2008 年,第 304 页。
❸ 军机大臣每天入内承旨,而后授军机章京书之。即章京主要根据军机大臣的转述,草拟上谕,形成政务决策。(梁章钜辑,朱智补:《枢垣记略》,第 135—136 页)因此,军机章京不可能脱离军机大臣,独自承担秘书功能,形成"专政"。不过,军机章京的作用也并非限于被动拟旨,略举一例。晚清军机章京继昌称:"军机章京每日住班二人,有老班公、小班公之目,老班公专掌交发事件,小班公掌登写《随手记载》暨接递谕旨等事。次早堂上阅看摺件时,其已奉朱批及拟请批者,小班公掌之。有当入对请旨者,曰'见面摺',则掌诸老班公,开具略节送堂,以备遗忘,谓之'面单'。"(继昌:《行素斋杂记》卷下,上海书店,1984 年,第 2 页)老班公即资深章京,他们"开具略节",即把见面摺的主要内容及应对方略写好,供军机大臣应答。

言，一定程度上却是适用的。原因在于，军机处是秘书部门，总理衙门则为专务机构，前者办事之要在于"慎密"，官员的选充较易，后者则要求专业能力，寻找替代者相对困难。

同六部之类的专务机构相比，总理衙门章京虽也被称为"司员"，但却与六部司员有着本质差异。在办理实际政务的过程中，他们的角色迥异。

清朝六部、理藩院通过各司分理政务，由于司员多半出身科甲，缺乏职业知识和技能的训练，在业务上远不如书吏熟悉，日常政务多由书吏处理。❶ 书吏操持实权，容易造成机密外泄。在总理衙门成立时，奕䜣等人考虑到六部书吏操持实权、泄露机密的缺点，试图通过制度设计来避免这一弊端。总理衙门的章程称言："查各衙门办理文稿，均由堂吏送稿，司员酌定，呈堂标画，既易延误，又虞传播。此次总理衙门所有应办寻常奏稿、文移照会等件，均饬令司员自行办稿，供事只供缮写，不准假手办理。"❷ 摒除书吏，改由司员办稿，既是为了提高效率，也是出于办理外事严格保密的需要。这一设计，使得总理衙门与军机处成为清朝两大"有官无吏"的中枢机构。因此，与六部司员不同，总理衙门章京从一开始就直接负责办稿，有机会得到相对较为职业化的训练。总理衙门这种迥异于其他部院的做法，成为其政治的一大特色，也为晚清制度变革带来一些新的气象。

---

❶ 光绪元年（1875），李鸿章在给山西巡抚鲍源深的信中称："阁下久参部务，深悉底蕴，堂司主稿者岂皆明澈条理？操天下政权仍在书吏，非外臣所能力争也。"见《复鲍华谭中丞》（光绪元年二月初十日），顾廷龙、戴逸主编：《李鸿章全集》第31册，合肥：安徽教育出版社，2008年，第181页。所谓堂司主稿，就是堂官和各司长官，他们多半出身科甲，毫无职业知识和技能的训练，在业务上远不如书吏熟悉，于是，干脆将文书草拟、庶务办理之类事务交给书吏办理。

❷ 贾桢等修：《筹办夷务始末（咸丰朝）》第8册，第2718页。

一 权责与职能

总理衙门章京按入署后经历的阶段和地位，约分为如下几类：

1. 司务厅清档房章京 第一章已经交代，总理衙门章京最先只从内阁、户部、礼部、兵部、理藩院选取，后来扩大到其他各部。其主要任务是"办理摺奏照会文移等事"，并根据他们所在部院进行分派：内阁中书负责缮写；户部司员负责关税；礼部、理藩院负责文移往来；兵部司员负责台站驿递。❶同治三年（1864）之后，总理衙门改革内部设置，实行按国别分股办事的制度。最先设立英国、法国、俄国三股，后来增设美国股、司务厅、清档房。光绪九年（1883）添设海防股。章京在进入总署后，首先被分配到司务厅，负责文件收发、电报翻译；或被分配到清档房，负责档案编订，借以熟悉本署事务。这些章京进署时间短，称为"司务厅、清档房章京"。这是新章京入署后必经的阶段。❷

2. 管股章京 当章京在司务厅、清档房经过一段时间的历练，能熟悉本署事务和办事程序以后，可分配到英国、法国、俄国、美国、海防各股办事，称为"管股章京"。分派上股办事，除须积累一定的经验和资历之外，还要等待有管股章京出差、丁忧或其他原因离署而留出空额。章京新传进署，须历练一到两年，才能分股办事。在总理衙门急缺人才之时，也有章京能在入署不久，就直接分

---

❶ 贾桢等修：《筹办夷务始末（咸丰朝）》第8册，第2709、2716页。
❷ 吕海寰称，新传到的章京，汉员一般在司务厅任收掌差使，满员在清档房修档，或送钥匙。（李文杰整理：《吕海寰资料两种》，中国社会科学院近代史研究所近代史资料编辑组编：《近代史资料》总123号，北京：中国社会科学出版社，2011年，第138—139页）

股办事。❶

3. 总办章京与帮办章京　总理衙门大臣多兼任军机大臣、内阁大学士、各部院堂官，平日事务繁忙，他们一般在清晨和上午入宫内召对，并前往所在部院办事，中午来到总理衙门。如果本部事务繁忙，有时也不到总理衙门。这样，总理衙门如要正常运转，就必须每天有人在署，总揽日常事务，管理全署章京与书吏，并将本署事务随时禀报给总理衙门大臣。承担这一重担者，就是所谓"总办章京"。❷ 其副手，称为"帮办章京"。

总理衙门的章京员额，最初设计为二十人，在同治三年增加为三十六人。经过光绪九年（1883）、十年（1884）、二十年（1894）陆续添设，最后增至四十八人，满汉各半。在这四十八人中，例设总办章京满汉各二人；帮办各一人；各股、司务厅、清档房员额不定，视办事需要而定，一般各处四到五人不等。❸

4. 军机处兼行章京　总理衙门除有上述编制内的章京之外，另有"军机处兼行章京"八人。按照奕䜣等人的设计，总理衙门因职司外交，时常有外人前来会晤，故机密文件不能留在署内，须由军

---

❶ 李文杰整理：《吕海寰资料两种》，第138—140页。
❷ 清朝六部各司长官，名目各异，一般如果是满员，就被称为"掌印"；如果是汉员，在吏、礼二部则"汉掌印"，在户、刑二部则"主稿"，兵部则称"总办"。（崇彝：《道咸以来朝野杂记》，第4页）总理衙门总办章京比附部院各司长官而设立。其得名，很可能源自这里。
❸ 《大清会典》对总理衙门章京的分类非常混乱：总办章京四人；帮办章京二人；额内章京二十人；额外章京十六人；司务厅章京（除去兼任领办的总办章京）八人；清档房章京十七人。这些名目非为并列关系，他们之间多有重合。额内、额外章京仅因添设时间不同（第一次奏请设立二十人，后来几次增添人员时，为示区别，即名为"额外"），并无实质意义。吴成章的《外交部沿革纪略》将分股办事的总理衙门章京分为十二类：即总办、帮办、俄股司员、英股司员、法股司员、美股司员、司务厅值日员、清档房提调、清档房督修官承修官校对官、电报处、银库、递摺章京，与《大清会典》类似。参见吴成章：《外交部沿革纪略》，第28—29页。

机处集中收存。另外，总理衙门办理交涉，亦须不时查核藏于军机处的机密档案以备参考。按照清朝制度，非军机大臣、章京不得靠近军机直房。为方便随时传递和检查相关文件，奕䜣等奏请在军机章京内挑选满汉各四人，作为总理衙门兼行章京。此八人平时仍以办理军机处事务为主，无须每天前往总理衙门，军机处领班、帮领班章京四人，是这八人中的固定成员。❶兼行章京属军机处，与总理衙门并无特别紧密的联系，因此，并不被总署大臣、章京看作同僚，对总署的日常事务作用有限，故本书对他们不作专门论述。不过，兼行章京有查核交涉文书的丰富经验，他们中也有一些人在后来被任命为总理衙门大臣。❷

总理衙门章京实行轮流值日的办公方式。除总办章京外，其余章京平均分作两班，以两天为单位，轮班值日。也就是说，每位章京大概每四天值日一次。各班在晚间须留一人值宿，与总办章京一起，在第二天凌晨，入内呈递本署奏摺，并将各股应行应存的各项文件，呈交总理衙门大臣阅览商议或签署。❸

若按章京所处不同阶段而论，其具体职责又各有差异。

（一）司务厅与清档房章京

章京传补入署，先进司务厅、清档房，以熟悉公务程序，便于

---

❶ 贾桢等修：《筹办夷务始末（咸丰朝）》第8册，第2720页。龙顾山人（郭则沄）：《南屋述闻》，北京：中华书局，2007年，第125页。

❷ 徐用仪、许庚身在军机章京任内，曾兼行总理衙门、军机处行走。后来，两人都担任过总理衙门大臣。

❸ 总理衙门轮班办事规则参见宝鋆等修：《筹办夷务始末（同治朝）》第3册，第1216页；昆冈等修：《钦定大清会典（光绪朝）》，《续修四库全书》第794册，第919页；《总署分班单》，翁万戈辑：《翁同龢文献丛编之三：内政·宫廷》，台北：艺文印书馆，1998年，第703—708页。

分派上股办事。司务厅、清档房章京的主要职责包括以下几种。

1. 收发文书，请送印钥 这是司务厅章京最基本的职责。总理衙门各种文书，由司务厅收发。司务厅收到文书后，由总办章京按照国别、事别分类，交由各股分开办理（办理过程详后）。文书办妥之后，各股产生相应的复函、照会等文件，这些经由管股章京、总办章京、大臣三级签押后，交司务厅发出。❶

而总理衙门印钥，例由管理该机构的王大臣佩带。❷ 但管理总理衙门大臣并非每天在署，因此，请送印钥，也由司务厅章京承担。一般文书收掌，挑选汉章京负责；而请送印钥，则由满章京完成。

2. 承修清档 总理衙门各股在登记、处理所收发文书后，每月十五日须将所收文件交给清档房，由清档房编订档案。其具体过程如下：从新传进署的总理衙门章京中挑选数人管理档案编修，这些章京按照英、法、美、俄各股分组，每组有承修官、校对官各一人（后又增加覆校官一人，覆校官一般由管股章京兼任）。承修官负责将总理衙门所收发的该股档案，随案依性质分类，然后按专题编订目录。目录力求完整，不得遗漏。在目录编订完毕后，将其交给供事，由供事依目录进行缮抄。校对官负责档案校正工作，力求使清档与原档一致，保证清档不得有过多的错字。因此，清档虽然为原件之抄本，但它几乎与原档同时形成，且按照规定，纂修过程严密，在一定程度上价值可与原文件等同。❸

---

❶ 公文处理过程据中研院近代史研究所档案馆所藏总理衙门原档记录推测。
❷ 例如，光绪十年三月十三日，奕䜣等人退出总理衙门，工部尚书麟书奉旨"暂行佩带总理各国事务衙门印钥"，亦即管理总理衙门。
❸《总理各国事务衙门酌拟章程五条》（同治三年八月），宝鋆等修：《筹办夷务始末（同治朝）》第3册，第1215页。

3. 翻译电报 在光绪九年（1883）中法战争期间，总理衙门添设电报房，从此成为清朝中枢电报的收发处。新入总理衙门的章京，或被派办上述差使，或被派令翻译电报。例如，光绪二十四年底，新传入署的章京汪大燮派在司务厅办事，他在给汪康年信中透露："日记亦拟作之，欲作一表式，并记译署来往电事。所司只电，只得见此。"❶ 正因司务厅章京收发总理衙门与各处往来文件，故多能知晓政情内幕。

（二）管股章京

当司务厅清档房章京收发文书、翻译电报、编修档案到了一定时限，具备一定的办事经验之后，即由总理衙门总办章京推荐，经大臣批准后，可分派上股办事，成为管股章京。其职责主要为以下内容。

1. 办稿 这是总理衙门管股章京最主要的职责。前节已述，清代国家政务的运作，主要依赖文书，尤其是奏摺的流转而进行。总理衙门产生的公务文件，例如建策奏摺、议覆奏摺、与督抚及驻外使臣的往来信函、与外国驻京公使的往来照会，都交由章京起草。

曾任总理衙门章京的方濬师在回忆总署日常运作时称："总理各国事务衙门之设也，正值军书旁午，洋务镠辐。长乐初将军为领班章京，实终始其事。维时各务创始，文移笺奏，均各章京分任之。供事数人，抄胥而已。两班诸君子趋事日久，艰难困苦，相与共尝，盖不独同僚亲若弟昆，即堂官，亦视诸章京如左右手也。"❷

---

❶《汪大燮致汪康年》（光绪二十四年十二月初四日），上海图书馆编：《汪康年师友书札》第1册，第794页。
❷ 方濬师：《蕉轩随录》，北京：中华书局，1995年，第115页。

长乐初即长善，镶红旗满洲人，总理衙门首任总办章京之一，后任广州将军、杭州将军等职。总理衙门创始之初，办事无先例可循，大小事务均按设计章程摸索办理。"文移笺奏，均各章京分任之。供事数人，抄胥而已"，即是指章京承担了总理衙门最重要的办稿职能，作为书吏的供事，仅仅负责缮抄稿件。堂官视章京如左右手，亦主要对此而言。

管股章京的成绩，也主要凭办稿质量和效率而定。光绪二十五年（1899），汪大燮在入总署半年后给汪康年信中称："兄在署颇蒙徐、许另眼，缘署中无通达事理之人，每遇一稍要用心机之事，四股人所拟稿，尽不可用，而颇赏兄文能达，免堂官削改费心。然署事毕后，往往尚需携家握管为之，故亦甚累。如蚕务乃商务，即英股事，而属兄且击赏。英股人方忌之，非不知趋避，以关系重大，不忍听之也。"❶ 四股，即总理衙门英、法、俄、美四股，汪大燮当时还在司务厅任章京，尚未正式分股办事，但因四股的管股章京办事不力，故总署大臣选派汪大燮承担起办稿之责。汪以司务厅章京身份办稿，侵越了管股章京的权限，因此引来他人的嫉妒。

管股章京分股办稿，在文稿起草完毕后，交由总办章京酌定，再由总办交大臣画稿签押，最后交供事缮抄、发出。故每一稿件，须由相应各股的值班章京署名。

2. 会晤与记录 管股章京另一职责在于陪同总理衙门大臣接见外国使臣，或陪同前往各国使馆会谈，随同笔录会谈纪要。会谈纪要称为"问答录"，装订后称为"问答簿"。章京在完成问答录后，交由主持会见的大臣改定、画稿，然后由大臣签押存档，成为会晤

---

❶《汪大燮致汪康年》（光绪二十五年四月初七日），上海图书馆编：《汪康年师友书札》第1册，第806页。

的重要记录，作为此后交涉的参考。❶

陈夒龙在追忆他担任章京时随同会晤与记录的情形，称言：

> 会英公使函请会晤，余随文忠接见，并录记两方问答。文忠年纪高，不耐久坐。而英使又哓哓不已，日将夕始辞去。未去一钟以前，侍郎亦入坐。文忠送英使返，即索观问答簿。余即呈上，约二千余字，叙要案甚多。文忠笑曰："何其速也。然稍迟我亦不能候矣。"略看一过，书"阅定"二字，交供事缮正，赶于夜半交进内章京，呈请邸枢各堂阅看，以免隔阂。文忠去后，余亦疲惫，匆匆下班，偶忘于问答簿内添注"某钟某刻，张侍郎续入坐"字样，本一时之疏忽，未始不可谅也。讵侍郎调簿重阅，见无声叙"入坐"字样，登时怫然，谓："此等问答连我衔名已忘，其余英使所说之事，更不可靠。"❷

文忠即李鸿章，侍郎即张荫桓。陈夒龙任英国股章京，随同李鸿章接见英国公使，并记录谈话内容。会谈过程中，张荫桓加入。陈办事干练，及时记录会谈内容，得李鸿章赞赏，李对问答录未作修改，即定稿并交供事缮写；但是张荫桓看过问答录，以其中没有声明张入座为由，认定其内容不可靠。这段是在讲陈夒龙与张荫桓之间的过节，章京在随同会晤、记录时的权责也可借此窥见大概。由于《问答簿》会成为此后交涉的参考和依据，章京记录的重要性，就可从中得到展现。

---

❶ 总理衙门《问答簿》档册有部分收藏于中国国家图书馆，从中可见章京陪同会晤、记录问答的过程。参见全国图书馆文献微缩复制中心编：《晚清外交会晤并外务密启档案汇编》第1—7册，北京：全国图书馆文献微缩复制中心，2008年。

❷ 陈夒龙：《梦蕉亭杂记》，第12—13页。

3. 入内办事 清朝京中、外省所上奏摺，在每天凌晨交内奏事处呈递御前、经皇帝处理后，形成朱批意见或上谕。总理衙门奏摺的呈递和接摺，由总办带领管股章京入内承担。同时，他们还须携本署文件入内，呈大臣阅览，并接收其指令办事。❶

（三）总办与帮办章京

管股章京若办事干练、能力突出，则可能被选作帮办章京，由帮办章京升任总办章京。总办章京、帮办章京的职责可分为以下几类。

1. 指导章京办稿 一般总理衙门在收到文书后，由司务厅交总办章京，总办章京对各项文书给出处理意见，分派管股章京办理。在管股章京办稿之后，由总办修改酌定，然后呈堂，即递呈总理衙门大臣最后修订并签署。对于涉及重要事件的公文，总理衙门大臣一般会交代办理意见，由总办章京会意后，亲自办理。

方濬师曾作诗回忆与长善在总理衙门共事的经历，称言："经权常变间，未容稍拘泥。忆我竽滥吹，蘼芜伴兰蕙。公不嗤愚顽，握管商巨细。挑灯草共起，批牍嫌不避。"❷ 前两句是说总理衙门所办外国事务毫无先例可循，全赖章京灵活权变。这是一桩颇能锻炼能力的差使，绝非部院司员只管简单画稿可比。"忆我竽滥吹，蘼

---

❶ 杨宜治：《惩斋日记》，《北京大学图书馆馆藏稿本丛书》第17册，天津古籍出版社，1991年，第623页。

❷ 方濬师：《己巳七夕前三日偶成里言一百韵邮寄乐初将军》，载长善：《芝隐室诗存》，同治十年季秋广州将军节署刻本，第4册。长善，咸丰十年（1860）八月由云南参将调办抚局，十一年三月被奕䜣奏改京职，留在总理衙门，之后担任总办章京一职。后官至广州将军、杭州将军。长善侄子志钧、志锐，侄女他他拉氏（后封珍妃）长期随他生活在广州。方濬师，字子岩，安徽定远人，咸丰五年（1855）举人，同治元年（1862）二月由内阁中书充补总理衙门章京，后任总办章京，出署后，官广东肇罗道。以上诗作写于方濬师广东道员任内，长善时任广州将军。

芜伴兰蕙"虽有自谦成分，也是总办章京和管股章京分工和关系的实写。"公不嗤愚顽，握管商巨细"，是说总办章京指导修改章京草拟的公文。

对于重要文书，则由总办章京亲手办理。方濬师《退一步斋文集》收录一件同治六年（1867）写给总理衙门大臣文祥的信函，函称："奉手谕，谨悉。出使章程今晚可脱稿。濬师所以一手经理者，议论多则胸无主宰。或顾虑游移，反致疏漏。非敢以此见长也。"❶当时，清朝正欲派人同卸任的美国驻华公使蒲安臣出使欧美，总理衙门负责出使章程的拟定及出使人员的甄选，方濬师时任总办章京。按照总理衙门的制度，文书拟定，本为管股章京分内之职，总办章京要做的仅是修改、酌定而已，因此，方濬师在信中明言，对于起草文稿，"非敢以此见长"。然出使一事，廷议汹汹，朝野不同意见很多。他担心管股章京起草章程，易受外界干扰，因此主动承揽了此事。❷

当然，总办章京在总理衙门日常事务中发挥的作用与总署大臣的性格、能力有关，同时也与总办章京自身的状态有关。光绪二十四年（1898）七月，总办章京顾肇新在给他兄长的信函中透露说：

---

❶ 方濬师：《覆文博川尚书书》（同治六年），《退一步斋文集》，台北：文海出版社，1968年，第470页。

❷ 方濬师后来回忆称："同治丁卯冬，以洋人换约期近，选可以使外国者，得旨遣记名海关道志刚、礼部郎中孙家毂为辨〔办〕理中外交涉事务大臣，加二品冠服前往各国，宣布德意，所以云联络而兼可观采风谣也。濬师时充总理各国事务衙门领班章京，一切章程体制，与夏奉常家镐、毛户曹鸿图手自核定，呈堂分别奏咨而行。"（方濬师：《蕉轩随录》，第339—340页）方濬师、夏家镐、毛鸿图是当时总理衙门的三位总办章京。

>近来总办专司传递语言，不甚推敲公事，以致各堂之待总办，亦无异寻常散走之人。弟总拟力矫其弊，将各股收发文牍一一过目，遇有紧要拟稿，先与酌改，再行呈堂。总办改稿系向章也，但近来总署案牍较前不啻倍蓰，弟自认学植浅薄，性情迟钝，时以不克胜任为惧。❶

这是说当时总办对于酌改文稿等重要公事不太上心，只去承担消息传递一类的简单差使。总办章京的这种状态直接影响了公事办理的质量，同时也削弱了体制本身赋予他们的地位和作用。

2. **总揽日常事务**　总理衙门大臣一般身兼数职，或内阁部院堂官，或军机大臣，这些不是实缺要职，就是极重要的兼差。对于一般大臣而言，前往总理衙门办事，都被排列在每天日程的后面。公务繁忙时，也可以不用去总理衙门。这样，总办章京就承担起维持总理衙门日常运转、安排事务办理、协调大臣意见的重任。

这里先举张荫桓光绪二十年（1894）信函中的一段话为例："今早商催赫德借款，迟公亦甚着意，当告总办章京往询之。乃退直至南厅，阅悉总办所呈早片，赫德已详复，无待促之矣。惜此两函，枢堂径发，总办携去，未能在枢中一阅，遂烦笔谈。"❷迟公，孙毓汶（号迟盦）。这是当年九月，总理衙门大臣、户部左侍郎张荫桓给户部尚书翁同龢的信函。当时，中日战争正在进行，清朝筹划向汇丰银行借款银1000万两。从这段话可看出总办章京所办的

---

❶《顾肇新致顾肇熙》（光绪二十四年七月初三日）,《顾豫斋致其兄函》，中国社科院近代史研究所藏。顾肇新，字康民，江苏吴县人，光绪二年（1876）举人，光绪十二年由刑部候补主事充补总理衙门章京，光绪二十四年派充总办。

❷《张荫桓致翁同龢》（光绪二十年九月十三日），中国社会科学院近代史研究所近代史资料编辑组编：《近代史资料》总28号，北京：中华书局，1962年，第76页。

三件事：一为承总理衙门大臣张荫桓、孙毓汶之命，向赫德商量、询问借款细节（后未行）；二为将当天总理衙门所办文件带进宫中，交总理衙门大臣过目、核定；三为携回枢堂（兼任军机、总署两处事务的恭亲王奕䜣或孙毓汶）所发的信函。此外，因总理衙门大臣平日并不在署，总办章京有责任根据需要，安排总理衙门大臣与外国公使的礼节性会晤。❶

总理衙门大臣倚赖总办章京办理署中事务，沟通大臣之间的关系，总办在一定程度上就成了大臣的秘书。蒙思明在《总理衙门：组织和职能》一书中提到总办对总理衙门大臣的辅助作用。他注意到，周家楣文集收录了文祥晚年病重时上递给皇帝的密摺。❷ 周家楣时任总办章京，是总理衙门大臣文祥奏稿的执笔者。需要指出的是，密摺并非总署大臣联衔，而是以文祥的名义单独上递的。因此，总办章京的秘书角色有时也会转换成大臣幕僚的角色。

3. 参议决策 如果大臣能力不够，则对总办的依赖就会增加。总办的经验和能力，对总理衙门运作和国家决策，也会发挥更大的作用。光绪二十四年六月，张元济致沈曾植书札透露出这方面的一些内幕："嘉定则甚劳，缘署中诸事，上常切实考问，每日总办进内，必为备抄夹带也。"❸ 张元济时任司务厅章京，沈曾植同为总理

---

❶ 《惩斋日记》光绪十四年十二月初三日（1889年1月4日）条："闻十日上班，有署中同人误，未发会晤函，致总办已禀请邸堂各堂到署久候，而外国公使比国维利用未至。"见杨宜治：《惩斋日记》，《北京大学图书馆馆藏稿本丛书》第17册，第539页。杨宜治，字虞裳，四川成都人，同治六年（1867）举人，光绪十年（1884）由内阁中书充补总理衙门章京，后任总办。

❷ S. M. Meng, *The Tsungli Yamen: Its Organization and Functions*, p. 37.

❸ 《张元济致沈曾植》（光绪二十四年六月十八日），《张元济全集》第2卷，北京：商务印书馆，2007年，第227页。张元济，字筱斋，号菊生，浙江海盐人，光绪十八年（1892）进士，光绪二十三年以刑部候补主事传补总理衙门章京。沈曾植，字子培，浙江嘉兴县人，光绪六年进士，光绪十九年以刑部主事传补总理衙门章京。

衙门章京，因前一年丁忧而离署。嘉定为军机大臣、总理衙门大臣廖寿恒。当时，原任军机大臣、总理衙门大臣翁同龢开缺回籍，廖寿恒常受光绪帝召见，询问交涉及新政事宜，但廖的知识、经验和能力不足，因此，他吩咐总办章京每天为他准备纸条，帮助他应对光绪帝的问答。这些夹带入内的纸条，提供的是当时国内外最新消息和关于各项政务的对策。这样，总办章京的知识、经验和处理外国事务的意见，就通过廖寿恒传达到光绪帝那里，成为影响光绪帝思考和决策的重要因素。

4. 干预政务 总办章京对政务的影响除了文书处理外，还包括在某些重要时刻利用自身地位和所掌握的信息，直接干预政务决策。

光绪五年（1879）八月，总理衙门大臣、曾任总办章京的成林卒于任上。李慈铭在日记中论其"贪竞猥鄙，士林羞伍。其语言猥亵，京师多传之以为笑柄"。文廷式在其后加一按语："其猥鄙诚然，然长乐初将军长善他塔喇氏尝言：田兴恕之狱，祸几不测，时成林为总理衙门章京领班，具稿力争，且率同列共争，乃得从宽典，则亦一事可取者矣。"❶

文廷式在笔记中所说"田兴恕案"及围绕田兴恕而起的"贵阳教案"是晚清中外关系中的大案，其始末及影响，相关档案汇编同治朝《筹办夷务始末》《教务教案档》及《清末教案》有翔实资料，学界也有所关注。❷ 田兴恕纵容、主使下属残杀法国教士，法国公

---

❶ 文廷式：《纯常子枝语》卷10，赵铁寒编：《文芸阁（廷式）先生全集》，台北：文海出版社，1975年，第6册，第526—527页。成林，字竹坪，镶白旗满洲人，咸丰五年（1855）举人，咸丰十年由恭亲王奕䜣调办抚局，随后留为总理衙门总办章京，同治八年（1869）擢升总理衙门大臣。

❷ 关于"田兴恕案"，具有代表性的研究论文为张朋园：《理性与傲慢：清季贵州"田兴恕教案"试释》，《"中研院"近代史研究所集刊》第17期上（1988年6月），第41—51页。

使哥士耆（Michel Alexandre Kleczkowski）向总理衙门提出严惩凶手、处死田兴恕的要求。清朝未能应允。双方交涉往还，最后田兴恕被判发配新疆。关于清朝对田兴恕的处分，论者多注意到办案大臣崇实、劳崇光、骆秉章及总理衙门王大臣在其中的作用。当时办案大臣主张严惩田兴恕，而总理衙门设立不久，对教案处理全无经验，奕訢对"田兴恕案"的态度在依违之间：一则有意严惩，二则又担心照法国要求办理，有碍朝廷颜面。总理衙门最终决定抵制法国的强大压力，仅对田兴恕处以流放。其中原因，通过档案难以查考。文廷式曾长期客居长善府上，而长善又曾与成林同为总办章京，他提供的这一细节当属实情。这条记录很好地补充了档案文献的不足，也让我们看到了总理衙门总办章京在处理外事中的直接作用和影响。

在遇到棘手事件，总办章京认为有必要对大臣进行郑重提醒时，他们或聚集章京联署条陈，或干脆以个人名义，向总理衙门大臣阐述自己的看法。周家楣政书、方濬师文集都保存有他们担任总办时，写给总理衙门大臣的建议信。这些意见，对清朝外交决策有着一定程度的影响。在甲午战争期间，总理衙门总办章京因提前知晓马关谈判的内容，曾联合全署章京上递条陈，要求拒约。❶

5. 对等交涉　晚清中外交涉，重视体制，讲究地位对等。各国使馆除公使之外，尚有参赞、翻译等各类外交官。他们来总理衙门会晤、辩论，例由总办章京接待会谈。总理衙门下属——总税务司赫德来署商谈一般事务，也由总办章京接待。如果须与各国使馆或总税务司署进行繁琐的交涉及辩论，总理衙门也多指派总办章京承

---

❶ 茅海建：《史料的主观解读与史家的价值判断——复房德邻先生兼答贾小叶先生》，《近代史研究》2007年第5期，第92—94页。

担。中外在签署约章时，若对方身份与总理衙门大臣并不对等，有时会以总办章京的名义签约。❶ 总理衙门与国内官员往来时，亦讲究体制及地位对等。例如，总理衙门与南北洋大臣、各省督抚通信，皆用总理衙门大臣的名义；而总理衙门与海关道、驻外公使通信，则由总办章京出面。

正因为总办章京承担与各方对等沟通的职责，在一些重要时刻，往往发挥他人无法代替的作用。陈夔龙《梦蕉亭杂记》载庚子年一则事例：

> 偶思译署总办舒君文，在署资格最深，与总税务司赫德颇有交谊，所居东四牌楼九条胡同，与余宅望衡相对，中仅隔于甬道，爰命仆向彼探问各方消息。维时敬尚书信、裕尚书德、那侍郎桐均在彼处（后均升任大学士），苦不知余之住址。闻余尚在京，均各欣然约余速往，会商要事。缘舒与赫德已经浃洽数次，又得日兵驻宅保护，隐然成为办事机关。❷

当时慈禧太后与光绪帝已在数天前逃离北京，因清朝与列国宣战，关系僵化，留在北京的大臣敬信、那桐无法直接与各国沟通，不得已，只能利用总理衙门总办章京舒文与总税务司赫德的关系，托其居间调停。陈夔龙此前署理顺天府尹，尚在北京。与敬信、那桐等人一样，在交涉事宜上，他首先想到了舒文。当他打听到舒文消息

---

❶ 光绪二十一年正月，为支付甲午战争中庞大的军费开支，总理衙门会同户部向英国汇丰银行借款300万镑，英方签押者为汇丰银行，中方则为总理衙门总办章京、户部郎中舒文。(《汇丰银行英金三百万镑借款合同》，王铁崖编：《中外旧约章汇编》第1册，第606页)
❷ 陈夔龙：《梦蕉亭杂记》，第30—31页。陈夔龙，字筱石，号庸庵，贵州贵阳人，光绪十二年（1886）进士，光绪二十年底以兵部候补主事充补总理衙门章京。

时，发现敬信、那桐早已利用舒文与赫德的关系建立起与各国对话的渠道。此后，那桐等人即利用舒文私宅为办公之地，商量时局和对策，庚子辛丑议和亦由此开始。❶

6. 督责、管理章京 同治三年（1864），总理衙门设立司务厅、清档房。司务厅由原有收掌股改组而来，负责办理请送印钥、收掌文书之事，共派多位章京管理，另选总办章京两人，督率工作；修档事宜原本由各股自行办理，此时专设清档房，也派多位章京管理，同时，从总办、帮办章京中选两人，任清档房提调官，监督修档事务。❷

司务厅、清档房章京分派各股办事，也由总办章京安排。张元济光绪二十四年（1898）六月致沈曾植函："前有一人销假到署，南海即令济开电报，上股办事，竟为总办所持，济于此事颇愿守旧，亦力持资格之说，然论资今亦当开电报矣。"❸ 文中南海为张荫桓。张元济在光绪二十三年（1897）传补章京后，进入司务厅。此时，有章京销假回署，到司务厅办事，张荫桓即安排司务厅章京张元济上股。结果总办以资历不够为由，拦下此事。可见，总办章京在署中人事安排上，有很大的发言权。

7. 协调大臣关系 总办章京从各股章京中挑选，属于章京序列，与他们交往频繁；同时，又随时报送各种文件，听取总理衙门大臣的意见和指示，因此，能够对各方达成理解，起到沟通上下、协调大臣间意见、化解署内纠纷的作用。例如同治六年（1867）三月，一向敌视总理衙门事务的大学士倭仁被任命为总理衙门大臣，

---

❶ 北京市档案馆编：《那桐日记》上册，北京：新华出版社，2006年，第350—351页。那桐，字琴轩，叶赫那拉氏，内务府镶黄旗满洲人，时为总理衙门大臣。
❷ 宝鋆等修：《筹办夷务始末（同治朝）》第3册，第1215—1216页。
❸ 《致沈曾植》（光绪二十四年六月十八日），《张元济全集》第2卷，第227页。

总办章京方濬师当即写信给文祥,劝他注意处理好与倭仁之间的关系,同时建议他,就此事训示全署章京,信中说:"今日由军机处交出谕旨,令倭相国行走总署矣,在公虚怀若谷,断不存成见于胸中。第公事繁多,章京等无所秉承,必致动行窒碍。乞公与恭邸亲赴署中面谕各章京,遇有章奏文移,务当和衷商榷。相国甫莅,所不知者,须详细回明。庶公等同舟共济,休戚相关,而各章京朝夕参谋,定免丛脞。"❶ 总办章京方濬师在这里协调上下之间、同僚之间的关系,俨然充当起总理衙门管家的作用。

8. 管理同文馆 京师同文馆是总理衙门的附属机构,开办于同治元年(1862)。按照总理衙门的设计,同文馆聘请教习,负责授课、训练;选任提调,管理督课、奖叙等一切事务。❷ 提调从总办章京中挑选,满汉各一人。到后来,另设帮提调满汉各一人,从帮办及资深章京中选派。因总办章京忙于总理衙门事务,故管理同文馆之责,大多落在帮提调身上。提调、帮提调负责同文馆的以下事务:(1)帮提调轮班在馆住宿,核实学生签到情况;(2)帮提调会同提调,办理同文馆一切文稿并承修同文馆清档;(3)接收总教习、教习、学生呈禀的条陈,递送总理衙门大臣;(4)帮提调稽查同文馆汉教习馆课;(5)帮提调管理发放学生膏火银及其他经费;(6)帮提调经理同文馆内印书处;(7)帮提调根据训练、大考情况酌核汉教习、各馆学生的保奖。❸

具体来说,帮提调(帮办章京)的主要职责包括:维持秩序、督课赏罚、调停教习与学生关系、管理厨房后勤等。曾任总理衙门帮提调的吕海寰回忆其任职情况时称:"(同文馆)唯学生品类甚

---

❶ 方濬师:《覆文博川尚书书》(同治六年),《退一步斋文集》,第474—476页。
❷ 宝鋆等修:《筹办夷务始末(同治朝)》第1册,第344—345页。
❸ 《增定同文馆章程》,光绪年间铅印本,第1—6页。

杂，满汉错处，时有龃龉，颇费调停焉。余朝夕不离，处之以公，守之以廉，遇事亦能化解也。"❶ 又据吕海寰胞侄称，吕海寰"在总署任同文馆帮提调时，整顿学规，颇多造就，总署厨役向来待学生亵慢，家叔为之严立章程，朝夕开饭时，必亲往检点。每夕亲自巡查，以防出外游荡。每逢大考、季考，如洋教习不公，必为之争论。故同文馆之学生出身者人材蔚起，待幼年学生尤为勤恳，体恤周挚，如同子侄，故被家叔提拔者，均有师弟之谊也"。❷ 因此，由总办、帮办章京所担任的同文馆提调、帮提调，实际上充当了常务校长的角色。

二　考试与选拔

（一）一般程序

与军机章京的选拔方式相同，总理衙门也通过考试选拔章京。另辅以奏调、特简两种非常用的方式。关于章京的来源和选用，章程规定：

> 总理衙门司员甚少，未可滥竽充数，各衙门保送满员，则于郎中、员外郎、主事、内阁侍读、中书，汉员则择拔贡、举人、进士出身之郎中、员外郎、主事、内阁侍读、中书充补。无论候补、实缺人员均准保送，惟须老成谨饬、公事明白、品

---

❶ 李文杰整理：《吕海寰资料两种》，《近代史资料》总123号，第139—140页。一般以帮办章京任帮提调，吕海寰任帮提调时，仅为管股章京，但3个月后，他即得任帮办章京，后又任总办，同时升为同文馆提调。

❷ 李文杰整理：《吕海寰资料两种》，《近代史资料》总123号，第163页。

行醇正者，出具考语咨送，由臣等考试文理字迹是否优长，公事是否明白，分别去取。不得以捐纳及未经奏留、资格较浅之员充数。❶

总理衙门对章京来源限制较严，除了要求他们已获部院成功奏留之外，更限定汉章京必须出身正途。这些针对章京的严格限制以及经由考试选取章京的方式，都是对军机处旧例的仿效。❷ 之所以如此规定，是为了做到总理衙门事务"办理慎密"。按照传统社会的眼光，正途出身的士人深具"廉耻之心"，品行端正，办事牢靠，不似那些耍伎俩的书吏，利诱之下，无所不为。同治元年（1862），总理衙门另依军机处之例，规定现任大员及科道子弟不得参加章京之选，以避免出现私通消息、泄露机密之类的事故。❸

　　章京选拔程序可分为保送、考试、记名、传补几个步骤。所谓保送，就是在考试之前，总理衙门咨会内阁、部院，由它们从报名司员中甄选条件合格者，开单送交总理衙门与考。完成保送程序后，总理衙门择日举行考试。由于报名人数逐次递增，到了后来，

---

❶《总理衙门未尽事宜拟章程十条呈览摺》（咸丰十年十二月二十四日），贾桢等修：《筹办夷务始末（咸丰朝）》第8册，第2716页。

❷ 清制，军机处满章京以内阁中书，六部、理藩院郎中、主事、笔帖式兼充，汉章京以内阁中书，六部郎中、员外郎、主事、七品小京官中进士、举人出身者兼充。从嘉庆十年（1805）开始，军机处开始通过考试选拔章京，当年考题为"勤政殿疏"。参见梁章钜撰，朱智补：《枢垣记略》，第132页；刘绍春：《军机章京考选制度述略》，《史学月刊》1992年第2期，第89—90页；傅宗懋：《清代军机处组织及执掌之研究》，第290—291页。

❸ 昆冈等修：《清会典事例（光绪朝）》卷1220，"总理各国事务衙门·官制"，北京：中华书局，1991年，第1124页。军机处相应的规定见梁章钜撰，朱智补：《枢垣记略》，第133页。

为保证公平，各衙门一般自行进行初试，以决定保送人选。❶内阁部院初试、总理衙门复试的做法，在此后一直延续。

在章京考选过程中，总理衙门大臣根据报考司员的考试成绩决定是否录取，录取者由总理衙门大臣带领引见，经皇帝圈出后获得记名。等到总署中有章京因出差、丁忧或升迁而离开时，记名章京按照排名依次传补。当前次考试记名的章京即将传完时，再由总理衙门咨会内阁、部院，重复上述考选过程。因此，章京考试并无一定日期，何时举行，取决于前次记名章京传补的速度。现有资料显示，自咸丰十一年（1861）总理衙门筹备成立到光绪二十七年（1901）总理衙门改组为外务部，章京考试共进行了八次：

表3-1 总理衙门章京考试情况一览表

	时间	选拔对象	记名数	资料来源
1	咸丰十一年（1861）二月	满汉章京	27	《筹办夷务始末（咸丰朝）》第8册，第2825页
2	同治元年（1862）八月	满汉章京	28	董恂：《还我读书室老人手订年谱》，第85页
3	同治三年（1864）十一月	满汉章京	40	董恂：《还我读书室老人手订年谱》，第98—99页
4	同治十一年（1872）十月	满汉章京	56	董恂：《还我读书室老人手订年谱》，第146页
5	光绪九年（1883）三月	汉章京	28	李慈铭：《越缦堂日记》第13册，第9812页
6	光绪十二年（1886）六月	满章京	25	方恭钊：《方勉夫日记不分卷》（稿本）

---

❶ 这种由初试、复试组成的选拔程序，其实施不晚于光绪九年。参见陈义杰整理：《翁同龢日记》第4册，第1725页。

续表

	时间	选拔对象	记名数	资料来源
7	光绪十六年（1890）十二月	汉章京	22	许全胜：《沈曾植年谱长编》，第133页
8	光绪二十二年（1896）八月	满汉章京	89	《翁同龢日记》第5册，第2939、2948页
合计			315	

（二）主要内容

总理衙门要求内阁部院按照"老成谨饬、公事明白、品行醇正"的标准选送章京。同时，章京考试也旨在考察报考者"文理字迹是否优长，公事是否明白"。❶这一标准，在近四十年后仍为总理衙门所认可。光绪二十四年（1898）六月，户部候补主事唐文治传补总理衙门章京，他向总办章京顾肇新讨教办事要诀，顾告诉他说："公牍之要，纵使千条万绪，不过叙述明晰，无他道也。"❷总理衙门所需要的章京，主要在于明白事理、办事干练、条理清晰，因此，总理衙门大臣也循此思路拟定考题。

总理衙门章京分满汉员额，他们各有不同的考题。满人重在考试满汉翻译，汉员则考试作文。根据总理衙门章京董俊翰在日记中的记载，章京考试时，满员、汉军有不少人自愿考试汉作文题。❸

---

❶ 《总理衙门未尽事宜拟章程十条呈览摺》（咸丰十年十二月二十四日），《筹办夷务始末（咸丰朝）》第8册，第2716页。

❷ 唐文治：《茹经先生自订年谱正续编》，台北：文海出版社，1986年，第27页。唐文治，字颖侯，号蔚芝，江苏太仓人，光绪十八年（1892）进士，光绪二十二年以户部候补主事考取总理衙门章京。后任外务部员外郎、商部侍郎。

❸ 董俊翰日记同治十一年（1872）十月十八日条记载："此次总署考试，各衙门所送司员除临时不到，及有事故并保举分发不赴考外，实到满员七十四人，汉员六十五人；内满员作汉员试题者二十二人，汉军作满翻译题者一人，满员兼作满汉题文者一人，汉员卷雷同者二人。"《董俊翰日记不分卷》（稿本），同治十一年十月十八日条。

光绪十二年，总理衙门在举行满章京考试前，咨文内阁、部院称言："本衙门此次考试满汉章京，专考汉文，不考翻译。"❶ 此后，满汉章京考试皆用汉语作文。下表是总理衙门历届章京考试的考题：

表3-2 总理衙门历届章京考试考题

	时间	考题	考题文段出处
1	咸丰十一年（1861）二月	"言忠信，行笃敬论"	《论语·卫灵公》
2	同治元年（1862）八月	不详	不详
3	同治三年（1864）十一月	"淑人君子其仪不忒论"（内阁、吏部、户部）	《诗经·曹风·鸤鸠》
		"仲冬大阅论"（礼部、兵部、刑部）	《周礼·大司马》
		"出纳必委士类论"（工部、理藩院）	《资治通鉴·唐纪》
4	同治十一年（1872）十月	"智圆行方论"（内阁）	《淮南子·主术训》
		"学然后知不足论"（吏部、户部）	《礼记·学记》
		"政如农功论"（礼部、兵部、刑部）	《左传·襄公二十五年》
		"甄陶在和论"（工部、步军统领衙门、理藩院）	杨雄《法言·先知》
5	光绪九年（1883）三月	"惟断乃成论"	韩愈《平淮西碑》
6	光绪十二年（1886）六月	"有备无患论"	先秦典籍常见
7	光绪十六年（1890）十二月	"楑迁有无，万国作乂论"	《汉书·食货志》

---

❶ 昆冈等修：《清会典事例（光绪朝）》卷1220，第1124页。

续表

	时间	考题	考题文段出处
8	光绪二十二年（1896）八月	"策问：中俄英法陆路边界设防险要"	策问

资料来源：李慈铭：《越缦堂日记》第3册，第1707页；《董俊翰日记不分卷》（稿本），同治三年十一月廿六日至廿九日条、同治十一年十月十五日至十七日条，中国科学院图书馆藏缩微胶卷；李文杰整理：《吕海寰资料两种》，第138页；方恭钊：《方勉夫日记不分卷》（稿本），光绪十二年六月十二日条，中国科学院图书馆藏缩微胶卷；邹嘉来：《遗盦行年录》（稿本），光绪十六年条，日本东洋文库图书部藏；吴天任编：《何翔高先生年谱》，台北：文海出版社，1972年，第17页。

以上考题内容，多来自十三经与传统史籍。因重在考察与考者的文字表达能力，所以多与总理衙门业务的关系不大，但考题中仍不乏可圈点者。例如首次考题"言忠信，行笃敬"一语，原文出自《论语·卫灵公》："子曰：'言忠信，行笃敬，虽蛮貊之邦行矣；言不忠信，行不笃敬，虽州里行乎哉？'"❶《论语》原文中的"蛮貊之邦"，很自然地让人联想到当时与清朝打交道的英法美俄各国。这一考题的拟定，当与总理衙门力图维持和局、信守条约的努力有关。咸丰十年十一月（1861年1月），奕䜣等人在给咸丰帝的奏摺中曾经提到："自换约以后，该夷退回天津，纷纷南驶，而所请尚执条约为据。是该夷并不利我土地人民，犹可以信义笼络，驯服其性，自图振兴，似与前代之事稍异。"❷这段话大概可以为"言忠信，行笃敬"的考题作一注解。

---

❶《论语注疏》卷15，"卫灵公第十五"，《十三经注疏》下册，北京：中华书局，1980年，第2517页。
❷《奕䜣等摺》（咸丰十年十一月初三日），贾桢等修：《筹办夷务始末（咸丰朝）》第8册，第2674页。

同治三年（1864）考题"出纳必委士类"，典出《通鉴》，言唐代刘晏事："（刘晏）常以为，办集众务，在于得人，故必择通敏、精悍、廉勤之士而用之。至于句检簿书、出纳钱谷，（事虽至细，）必委之士类；吏惟书符牒，不得轻出一言。常言：'士陷赃贿，则沦弃于时，名重于利，故士多清修；吏虽洁廉，终无显荣，利重于名，故吏多贪污。'然惟晏能行之，他人效者终莫能逮。"❶ 刘晏将检查账簿、出纳钱谷之事委托给士人办理，以防胥吏贪渎，这与总理衙门由章京处理政务，吏员负责缮抄的事实异曲同工，总理衙门大臣出题，当取自该层意思。

光绪十六年（1890）考题中"楙迁有无"，取自《尚书》，而"楙迁有无，万国作乂"则语出《汉书·食货志》，颜师古注："言劝勉天下，迁易有无，使之交足，则万国皆治。"❷ 虽为古意，但用在总理衙门章京考试中，明显意在测试与考者对当时中外商务的理解，对贸易在促进中外关系上所起作用的看法。商务贸易、对外关系，正属于总理衙门的职责范围。

光绪二十二年（1896）考试，更是直接采用策问，论述内容全属总理衙门的业务范围。那一年的考试，已不再像此前那样重视文字表达，而是开始注重专业知识。相比源自经史的考题，时代感极强的策问更为贴近总理衙门的实际事务，也更能按实际需要选拔出合格的人才。

（三）考试现场

关于答题形式与考试时间，李慈铭通过参加光绪九年（1883）

---

❶ 司马光等编：《资治通鉴》第 16 册，北京：中华书局，1956 年，第 7285 页。
❷ 班固撰：《汉书》，北京：中华书局，1962 年，第 1117 页。

考试的袁昶得知:"自来试军机及此衙门皆限时四刻,以写字十三行为入格(行十二字)。其文绝不成理。爽秋两论皆至五百余字,经史纷纶,盖绝无仅有者也。"❶袁昶,字爽秋,时任户部候补主事,所谓"两论"即袁昶参加户部初试及总理衙门复试所作的两论。吕海寰在自编年谱中也有类似记载:"总署考试作论,连题目只白摺一开零两行,计二百六十字,限四刻交卷,既不能畅所欲言,亦不准错落添改,均每窘于格式。"❷可见,当时章京考试在字数和时间上皆有限制。

不过,章京考选似远不如考御史、考试差之类的考试严格。在篇幅和时间上,都有较大的变动余地。例如,光绪二十二年(1896),户部初试的考试时间规定为八刻,但翁同龢记载,考生答卷,快者六刻,慢者十三刻,考生随时缴卷,堂官随时批阅。总理衙门的复试,也限定八刻之内,但实际上,"迟者过十二刻亦不论也"。关于作文篇幅,据参加过光绪二十二年考试的何藻翔回忆称言:"振笔疾书,三刻钟成二千言。"❸所述可能有所夸张,但可以肯定的是,他的作文已远超过规定字数,似也未认定为违规。

下文是一张章京考卷,从《董俊翰日记》中检出。董俊翰,字新甫,浙江归安人,咸丰二年(1852)举人,同治三年(1864),由户部主事考选总理衙门章京。他在初取的30名汉章京中排名第11位。借董俊翰之考卷,我们可观察并体会当时报考者的答题情况以及总理衙门的取舍标准:

---

❶ 李慈铭:《越缦堂日记》第13册,第9812页。
❷ 李文杰整理:《吕海寰资料两种》,《近代史资料》总123号,第139页。
❸ 吴天任编:《何翔高先生年谱》,台北:文海出版社,1972年,第17页。

淑人君子其仪不忒论

尝思帝王之治，立爱与立敬同功；君子之修，有威与有仪并重。《书》有“温恭允塞”之文，《易》详“敬慎不败”之义，《礼》著“居处不庄”之训，《诗》陈“执事有恪”之辞。盖未有威仪不著而能正四国者也。《曹风·鸤鸠》之篇曰：“淑人君子，其仪不忒”，所以美君子之用心均平专一也。窃尝论之：夫旦明屋漏，各有指视之严；承祭见宾，懔于事为之際。古之人令仪可式，修仪是亟，诚恐动容之稍忽，遂不免陨越以贻羞也。所以二五事貌言视听，先之以恭作书，十七铭盘盂户牖，无非以敬为文。仪可象而兆民咸仰，亦仪既立而四国交钦，其感召有自来矣。惟君子本其心之如结，而见为仪之不忒，用是不衍不忘，旧章懔也；无恶无射，教化行也。圣人在上，共球集于万邦，玉帛登乎万国，非本此以为治乎？[1]

另据光绪九年（1883）考取第一名的吕海寰称，之所以能得第一，主要因为文章结尾句比较精彩：“此蔡功固以能断而成矣，然晋武以独断而胜，苻坚又以独断而败，亦未可概论也。要在审其机而相乎势而已。”[2]从上述两例可以看出，章京考试提供的发挥余地较小，章京的选取，也具有较大的偶然性。

（四）录取与记名

在考试结束后，由总理衙门大臣一二名批阅试卷，根据定额选

---

[1]《董俊翰日记不分卷》（稿本），同治三年十二月十二日条。其他一些考卷，可参考李文杰：《日暮乾清门：近代的世运与人物》，上海：上海人民出版社，2020年，第117—123页。

[2] 李文杰整理：《吕海寰资料两种》，《近代史资料》总123号，第139页。

出一定的人数，排列名次，然后交由管理总理衙门的王大臣批准。光绪二十二年八月二十八日（1896年10月4日），总理衙门考选满章京，《翁同龢日记》当天记载："樵野阅卷，余收卷点数而已，四十年老于典据，当此一笑。二邸先去，余复阅一过，前十本颇可，余凑数而已。凡取四十五本，封好交总办，明日俟二邸定。酉初归，疲极。"次日考选汉章京，《翁同龢日记》记载："未正收卷毕，樵野欲一人专人，余不自量，看六十本，而樵仍复阅，伊加圈颇滥，余笑颔之而已。恭邸托一人，余曰某已摈之矣。樵云甚好，余不觉力斥其妄，不欢而罢。比通校一过，则樵既加圈（即卷后标识，满卷未加，今日吴君用章京言始加），不能不尽前，大为所苦。取五十五卷，吴君欲添，余不从也。酉正始归，明日将已取未取卷带内，请邸定。"❶这里是讲翁同龢、张荫桓、吴廷芬在总理衙门章京考选中的操持，阅卷与录取经过也尽在其中。第一天张荫桓初选满章京45人，第二天翁同龢初选汉章京55人。经奕䜣确定后，由总理衙门带领引见，翁同龢十月初三日（11月7日）记载："晴，暖。总署带新考章京十三排，满四十四，记三十四，汉五十五，记四十五。"❷所谓"记"，即由光绪帝圈出记名。经总理衙门考试而录取的章京，只有在得到记名后，方具有正式传补的资格。

当然，录取过程并不全依考试成绩。参加光绪十六年（1890）考试的陈浏，其身后行状透露：章京考试，"用舍之柄，实操诸亲王大臣，非有气力通关节，常屏不得录"。陈浏本人，就是因为通

---

❶ 陈义杰整理：《翁同龢日记》第5册，第2939页。
❷ 同上书，第2948页。

政使黄体芳的大力推荐，才能以排名第3的成绩入选。❶上引翁二十九日日记中"恭邸托一人"，即有人找奕䜣通关节，但最后居然遭拒，可见运作的效果仍取决于署中的权力角逐。❷戊戌变法期间，贵州举人胡东昌的一份条陈更是直言："其考试军机、总理衙门章京也，专以条子之多寡为去取。"条子自然通过贿赂、关系而取得。❸若说全部章京录取都是"专以条子之多寡为去取"，未免有些言过其实，但某些"王公大臣"对录取程序的过度干预，确是实际存在的。

（五）世风转移与章京来源

在科举制度中，获得进士出身是举业的顶峰，也是正途的正宗。进士可在仕途上得到最好的发展机会。然而，在晚清社会变局之下，因遭遇捐纳、劳绩保举的冲击，同时由于会试次数增多、录取人数骤增，进士出身的京官，其仕途不再像过去那样通畅。在漫长的等待中，士气日渐消磨。本来，在第二次鸦片战争之后，洋务遭人侧目，总理衙门经常是"清流"群起攻讦的对象。在时人看来，章京办事不过是谄媚洋人，因此，他们也被称作"鬼奴"。张之洞日后在《劝学篇》中曾说："曲谨自好者，相戒不入同文馆，

---

❶ 钟广生：《清授资政大夫福建盐法道陈公行状》，《陈浏集》，哈尔滨：黑龙江人民出版社，2001年，第9—10页。陈浏，字亮伯，江苏江浦人，光绪十一年（1885）拔贡，以七品小京官用，光绪十六年以刑部额外主事考取总理衙门章京。后任外务部郎中。

❷ 陈义杰整理：《翁同龢日记》第5册，第2948页；《考取满汉员司》（光绪二十二年十月初四日），《外交档案》01-34-003-08-004，台北"中研院"近代史研究所档案馆藏。该馆所藏《外交档案》，实包括总理衙门原档、清档，外务部原档、清档。下文所引《外交档案》，皆出自该处，不再一一注明。

❸ 国家档案局明清档案馆：《戊戌变法档案史料》上册，北京：中华书局，1958年，第199—200页。

不考总署章京",原因是"劫于迂陋群儒之谬说也"。❶在这种舆论环境中,总理衙门章京自然不会被视作优差,报名参加考试的司员也较为有限。

前文已述,总理衙门章京与军机章京一样,属于差使,可以得到优厚的保奖,获得有助于仕途升迁的实际好处,因此,京官们顾不得"奔竞"的讥消,设法请托营求,报考总理衙门章京,使得这一差使从遭受鄙视的对象逐渐变成一般京官艳羡和争取的美差。光绪九年(1883)总理衙门传考汉章京之后,李慈铭曾评论说:"总理衙门试者五十余人,取廿八人,爽秋第三,其余殊非佳士,惜哉!"❷另据参加这次考试的吕海寰透露,对于该次考试的考题"惟断乃成论","通场均不知出处,唯余与爽秋同年知之,故获首列"。❸可见,报考者的知识面较窄,素质欠佳。不过在此之后,因风气渐开,洋务话题不再成为禁忌,而官场壅塞更甚,京官们不再忌讳考入总署,更将入署作为帮助升迁的捷径,报考者因之大幅增加。甄选范围的扩大,也促使总理衙门章京的素质有较大提高。

光绪十四年(1888),签分刑部学习的刘光第往见其乡试座师、时任工部侍郎的乌拉布。因有师生之谊,刘本人办事勤慎,加之赠送土仪甚厚,乌拉布言谈中对刘寄予厚望。他勉励刘光第多看书,"多讲求时务急用之学",在三年学习期满获奏留之后,"军机、总署各衙门差使,均宜得一二处,始易补缺升转"。刘光第认为此言

---

❶ 张之洞:《劝学篇》,上海书店出版社,2002年,第49页。
❷ 李慈铭:《越缦堂日记》第13册,第9812页。
❸ 李文杰整理:《吕海寰资料两种》,《近代史资料》总123号,第138—139页。

颇"切实"。❶部院堂官对其看好的学生面授机宜，鼓励其考选总理衙门章京，足见人们对这一差使已抱一种正常的心态。而光绪十二年进士，后签分户部学习的缪祐孙，则对考选章京更显期待。为获保奖，他先是报名参加出洋游历，在光绪十五年回国后，经常"习白摺"，即模拟总理衙门章京考试，俾早日考中得差。❷

光绪十六年（1890），任职刑部的沈家本注意到该部当年报名参加章京考试的情形："与试者四十一人，取八人。"在与前次考试进行对比后，沈家本感叹说："上次考者止十三人，此次竟有四十一人，可见官途之日隘矣。"❸他同时赞赏参加初试的刑部官员说："本部此次考送总署章京所取之卷，尚为公道。第一名写二开二行，点题甚详尽，余皆知出处。未取之卷，有写得甚好者，因不知题解被黜，未为枉也。"❹在当年报考者中，不乏在科举考试中获得优异成绩、学识渊博的名士。

刑部候补主事沈曾植参加了这次考试，并留有诗作："倦鸟投林岂识枝？请从成相为弦诗。顷身一饱谈何易？作调千年事可知。濠上故人劳响沫，琅琊书训说伶痴。天涯俭岁烦相报，未是贫儿择禄时。"❺沈曾植，字子培，浙江嘉兴县人，光绪六年（1880）进士，朝考后签分刑部学习，期满奏留，任候补主事，到光绪十六年，仍未补上实缺。上引诗中"倦鸟投林岂识枝"，说明报考总署

---

❶《刘光第致刘举臣》（光绪十四年六月十五日），《刘光第集》，北京：中华书局，1986年，第195页。
❷《缪祐孙致缪荃孙》（光绪十五年十一月初十日），顾廷龙校：《艺风堂友朋书札》上册，第248页。
❸《沈家本日记》，韩延龙、刘海年、沈厚铎等整理：《沈家本未刻书集纂补编》，北京：中国社会科学出版社，2006年，第1252页。
❹《沈家本日记》，《沈家本未刻书集纂补编》，第1252页。
❺沈曾植：《应译署试日作》，许全胜编：《沈曾植年谱长编》，北京：中华书局，2007年，第129页。

章京实属无奈之举。"顷身一饱谈何易""濠上故人劳响沫"两句，意为沈曾植俸廉微薄，并可能接受别人资助，谋生不易。诗作中最后两句："天涯俭岁烦相报，未是贫儿择禄时"，意思很明白，即沈因长期处于候补主事的位置，生活拮据窘迫，某些名士也许看不上考选章京这一条进身之途，但对于沈而言，已经不能再挑挑拣拣了。由此说明，报考人数增加后，随着选拔范围的扩大，考后排名在前者多为素质较优的京官。

正因为部分素质较优的京官能通过考试渠道进入总理衙门，使得该机构能在此后成为晚清国家机构中人才荟萃之地，许多司员不仅活跃于晚清政治舞台，对于民国初年的政治、外交，也发挥着重要影响。

除考试以外，总理衙门也有少数章京是通过奏调或特简入署。其中，奏调入署者有长善、成林、秀雯、惠麟、阿昌阿、保恒。长善、成林、秀雯三人，因在第二次鸦片战争中，曾随同奕䜣办理"抚局"，积累有较多的夷务经验，因此等到总理衙门成立之时，能经奕䜣奏调，直接任差。惠麟则为理藩院主事，因第一次考试章京时，理藩院保送的司员，都不能擅长满、汉文字，也不通俄罗斯馆事务，故奕䜣只能勉强奏调时任俄罗斯馆监督的惠麟入署当差。❶ 阿昌阿本为理藩院郎中，也因较为熟悉俄国情形，入署任差，遇有与俄国相关事件时，派其襄办。❷ 保恒本为兵部主事，曾随庆亲王奕劻办理万寿庆典差使。庚子年，奕劻奉命与列强议和，因总理衙门章京多不在京城，故奏派其在总理衙门章京上行走，随同办理和

---

❶ 《考取司员名单呈览又长善等四员留署办公片》（咸丰十一年三月十六日），贾桢等修：《筹办夷务始末（咸丰朝）》第8册，第2824—2826页。

❷ 《总理衙门片》（同治元年二月二十六日），《军机处录副》03-4596-199。

约。❶另，同治五年（1866），卸任山西襄陵知县斌椿因随赫德赴欧游历，被冠以总理衙门副总办的名义，回国后也曾一度任英国股章京。❷

如果说考试是章京选拔的主要方式，奏调是考试的补充，那么由皇帝特简，则可看作体制上的突破。通过特简入署的总理衙门章京，包括康有为、刘庆汾、江标、郑孝胥、杨枢、李毓森六人。

光绪二十四年（1898），光绪帝颁布定国是诏，宣布变法，翰林院侍读学士徐致靖随即于四月二十五日（6月13日）上奏，保举康有为、黄遵宪、谭嗣同、张元济、梁启超五人。奏摺建议，康、张二位京曹（即六部司官）如能奏对称旨，可对他们"不次擢用"。光绪帝随后召见康、张二人，详细询问变法新政事宜，并命康有为在总理衙门章京上行走；❸张元济因之前已考选、传补总理衙门章京，故光绪帝未对张另作安排。相对于其他机构而言，总理衙门长期办理洋务，此时可算推行变法最可依靠的机构。徐致靖所谓"不次擢用"，即大胆突破用人成规，对康、张进行提拔，按照当时人事制度而言，似不可能办到。尽管如此，光绪帝任命未经考试的康任总理衙门章京，也已经属于"格外施恩"。

因光绪帝在当年下诏，命在京、外省官员保举人才，此后陆续有被保举者来京，接受召见。其中，江苏候补知府刘庆汾经江苏巡抚奎俊保举，入京后被任命为总理衙门章京；❹江苏候补同知郑孝胥经湖广总督张之洞保举，七月二十四日被任命为总理衙门章京；

---

❶ 秦国经主编：《清代官员履历档案全编》第8册，第468—469页。
❷ 《奕䜣等奏派同文馆学生三名随赫德前往英国游览摺》（同治五年正月初六日），宝鋆等修：《筹办夷务始末（同治朝）》第4册，第1622页。
❸ 茅海建：《从甲午到戊戌——康有为〈我史〉鉴注》，第439—441页。
❹ 秦国经主编：《清代官员履历档案全编》第8册，第372—374页。

与郑同时获得任命的，还有翰林院编修江标。❶刘庆汾曾任驻日使馆东文学生、使馆参赞，回国后随刘坤一、张之洞办理交涉；郑孝胥以举人出身，考取内阁中书，经驻日公使李经方奏调赴日，任理事官（领事），回国后由盛宣怀奏调，协助办理铁路事务；❷江标为编修，后外任湖南学政，积极提倡新学。

戊戌变法期间，经保举记名的官员数量甚多，因清朝并无主持变法的新机构，而章京差使，专办洋务且不拘品级，光绪帝陆续将上述几人任命为总理衙门章京，是希望利用总理衙门灵活的人事制度，将合适的人才留下，储备待用。另外，广东候补道杨枢经湖南巡抚陈宝箴保荐，于当年九月初八日召见，随后被任命为总理衙门章京。杨出身广东同文馆，后送京师同文馆肄业，并任驻日本使馆翻译。杨接受召见及获得任命时，政变已经发生，因此任命是循此前几人的旧例而行。❸

变法被迫终止后，光绪帝利用总理衙门章京差使储备人才的方式不再有实质意义。除康有为因政变逃离、江标被革职外，另外三人无法安于其位，也以各种理由先后离署。❹此外，经特旨被任命为总理衙门章京的，还有李毓森。李曾随左宗棠办理新疆军务，后在北洋办理电报，并曾勘办印度西藏边界事务。光绪二十六年（1900），先后经署两江总督鹿传霖、浙江学政文治奏保熟悉边情，

---

❶ 中国第一历史档案馆编：《光绪宣统两朝上谕档》第24册，第369页。
❷ 秦国经主编：《清代官员履历档案全编》第8册，第715页。
❸ 中国第一历史档案馆编：《光绪宣统两朝上谕档》第24册，第473页。
❹ 其中，刘庆汾被任命为总理衙门章京后，随即回江苏料理经手未完事件；次年二月再次到京供职，但六月即奉旨发往四川差遣委用。（秦国经主编：《清代官员履历档案全编》第7册，第147—148页）郑孝胥在九月初七日照刘庆汾例，请假离京，仍回湖北办事；（劳祖德整理：《郑孝胥日记》第2册，北京：中华书局，1993年，第691页）杨枢在光绪二十五年六月经总理衙门以广东洋务需人，奏请发回广东候补。（秦国经主编：《清代官员履历档案全编》第8册，第290页）

奉旨在总理衙门章京上行走。后随奕劻等回京，与各国谈判和约事宜。❶

三 仕途、生计与保奖

清人陈康祺在论及晚清京官补缺情形时曾说，同治、光绪年间，京官冗杂，内阁、六部经常有人是通过捐纳得官，连翰林也因点用较宽，人数倍增。结果是"翰林之望开坊，部曹、中书之望补缺，非别有差使保举者，几乎难于河清"，由此导致一些便于迁擢的美差被众多京官追逐。这些美差，概括起来有四项："帝师、王佐、鬼使、神差。"所谓帝师，即奉旨为皇帝授读的翰林；王佐，是军机与总署章京，称"王佐"是因两处都为亲王管理；鬼使，出使外国差使；神差，神机营差使。❷

军机章京、总理衙门章京的差使与仕途上升有何关系？这种关系对于两处官员的选取又有怎样的影响？要回答这些问题，我们首先须弄清差使与劳绩保奖的关系及时代的背景。

（一）差使、保奖与升迁

清朝对官员进行定期甄核，在京有"京察"，在外有"大计"。在京察大计中，官员根据其才能和表现，或劾或奖。前者降调、致休，后者则得记名、引见、候升。京察、大计，每三年举行一次，考察官员是否称其职，针对的是官员的职缺。而对于"差使"，由

---

❶ 秦国经主编：《清代官员履历档案全编》第6册，第574页。
❷ 陈康祺：《郎潜纪闻二笔》，北京：中华书局，1984年，第485页。

于属于官员们的额外出力，所以会伴随相应的经济收益或仕途升迁的好处。后者落实在制度中，即所谓的"劳绩保奖"。

一般而言，官员完成各项差使，即可获得程度不同的奖叙。在众多差使中，有五种被称为"异常劳绩"，分别是军功，河工，襄办大婚、万寿、大丧典礼，军机处保奖，皇陵工程。与"异常劳绩"对应的保奖，称作"大保案"，内容较优。其余差使，属于"寻常劳绩"，只能得到赏加虚衔一类的一般保奖。总理衙门仿照军机处，对司员的甄劾有着制度规定，其主要内容是：

> 拟所有司员旷误庸劣及才具平常者，随时参劾，或咨回本衙门当差，不必限定年分；若有当差勤慎，才具优长者，于二年后，量予应升之阶"无论题选咨留"升补，次者交部优叙。其郎中保道员，员外郎保知府，只准保至双单月分发补用，不得照京察大典保请记名，以示限制。❶

总理衙门保奖，可推动任差京官的升迁。在晚清官场特殊的形势下，这种作用十分显见。

清朝官员任用及升迁，主要依据正途即科甲一途，士人通过层层考试，获得授官资格。官员中被称作正途出身者，除去举人、拔贡之外，都是进士出身。他们在朝考后，根据考试成绩，或入翰林院，或签分六部学习、任额外主事，或以知县分发。其中，又以签分六部学习者人数为多。他们在各部学习三年后，经考核合格，可由该部堂官奏请留任，成为候补主事，待到实缺司员出缺时，候补者依次补缺。此外，拔贡、举人也可通过一定途径成为部院候补

---

❶ 贾桢等修：《筹办夷务始末（咸丰朝）》第8册，第2718页。

第3章 总理衙门章京

主事，只不过他们的升迁机会，比进士出身的同僚少很多。另一方面，清朝部院司官的额缺数相对固定。每一缺额，除有民族的限定，例如，兵部员外郎汉缺，为两题一选，还有所谓题缺、选缺之分。题缺、选缺，主要限制补缺官员的出身。题缺员外郎，多从庶吉士散馆改部、会试进士升部、拔贡小京官一类正途出身的主事中荐升；而选缺员外郎，则可部分给与捐纳、荫生出身的主事。❶ 也就是说，缺额对于出身进士的京官，最为开放，举人、拔贡的补缺和升迁机会少一些，捐纳官员则最少。这是就一般情况而言。可是如果加入"劳绩保奖"的因素，补缺规则就会发生大的变化。清代《吏部铨选则例》给我们提供了这方面的细节，不妨以六部汉缺为例，考察保奖与升迁的关系：

表3–3 清代六部司员补缺规则（汉缺）

题缺	先补保奖中获"无论题选咨留"一人（专补选缺人员在本衙门行走满十年）		再遇缺出，郎中、员外郎缺拣选升补一人，主事缺则将资深候补得补题缺之员补用一人，与前保奖"无论题选咨留"者相间轮补；保奖"无论题选遇缺即补""无论题选尽先补用"者亦可由堂官酌量补用此项题缺	
选缺（五缺为一周）	一留补	先补"无论题选咨留"一人		
		劳绩班	先用保奖中"遇缺即补"人员	此三班轮用
			无前者，用"尽先补用"人员	
			无前者，则以保奖升阶补用升用及应升之缺升用人员补用	

---

❶《大学士管理兵部事务阮元等摺》（道光十六年六月二十九日），《军机处档摺件》071581。

续表

选缺（五缺为一周）	一留补	先补"无论题选咨留"一人	资深先班	捐纳分部人员续中进士以本衙门员缺即补者	此三班轮用
			资深班	即捐纳、荫生及其他到部之员，按资序补	
	二留题	先补"无论题选咨留"一人（专补选缺人员满十年）	再遇缺出，郎中、员外郎以现任人员题升；主事缺出则以应补题缺之正途资深人员题补，均不得酌补劳绩人员		
	三留补	先补"无论题选咨留"一人	劳绩班	先用保奖中"遇缺即补"人员	此三班轮用
				无前者，用"尽先补用"人员	
				无前者，则以保奖升阶补用升用及应补之缺升用人员补用	
			资深先班	即捐纳分部人员续中进士以本衙门员缺即补者	
			资深班	即捐纳、荫生及其他到部之员，按资序补	
	四留题	先补"无论题选咨留"一人（专补选缺人员满十年）	再遇缺出，郎中、员外郎以现任人员题升；主事缺出则以应补题缺之正途资深人员题补，均不得酌补劳绩人员		
	五咨选	先补保奖中获"无论题选咨留"一人；无前者，则用"无论咨留"者	次出之缺咨送吏部铨选一人		

资料来源：锡珍等撰：《钦定吏部铨选则例》，收入《续修四库全书》第750册，第461—465页。

说明：司员补缺，根据缺额是题缺、选缺，各自进行序补。所谓"选缺"的"五缺为一周"，是指遇到选缺缺出时，按照留补、留题、留补、留题、咨选依次轮流进行补缺。所谓"劳绩班""资深班""资深先班"，这些名目对应表格中的内容，例如，"劳绩班"针对办理赈务、军务等获得劳绩保奖者；"资深班"针对捐纳等一些非科举出身、但积累较深资历者。如果他们后续又考中了进士，就成了"资深先班"。各项不积缺人员，如京察一等部无论题、选缺出即行奏补人员，在各题、选缺出时可尽先补用，仍优先于保举在前人员。

上表所谓"无论题选咨留""无论咨留""遇缺即补""尽先补用"都是劳绩保奖的"花样",即具体名目。六部铨选规则清晰表明,官员升迁由于受出身的制约,正途官员比捐纳、荫生入仕者有着更多的上升机会。但是,在劳绩保奖面前,出身好不代表压倒性优势,先天不足可得到弥补,特别是异途人员如能在保奖中获得"无论题选咨留"的花样,补缺时比出身进士的同僚更能显出优势。正因为如此,作为"异常劳绩"的"大保案","无论题选咨留"的员额不能超过三个。❶ 除此之外,劳绩保奖还能帮助京官奏保记名道府等外任官。例如,一般本职为郎中、员外郎者,可保送道员或繁缺知府;主事则可保送直隶州知州。在清朝中前期的众多劳绩保奖中,属于"异常劳绩"的军功、河工、襄办典礼、皇陵工程,都是临时性的,可遇不可求。在总理衙门成立之前,仅有军机处劳绩保奖行之有常。

(二)官场的壅滞与官员生计

清朝官员任用及升迁,在科甲之外,尚有捐纳、军功保举等授官和升官的异途。不过,捐纳作为一种非常的财政手段,并不经常使用;军功劳绩在承平时代也不多见。因此,这两者在咸丰之前,对清朝的官员铨选并没有造成太大的冲击。但是,太平天国运动兴起之后,清朝为筹集军饷,维持巨大的军费开支,大开捐纳之门。另一方面,在镇压太平天国运动的过程中,一大批统兵将帅的势力崛兴。他们拥有众多的幕僚和部属,每逢战事告一段落,要求对这些幕僚部属进行军功保奖的奏摺络绎不绝,获保人员越来越多。

---

❶ 崇彝:《道咸以来朝野杂记》,第37—39页。实际上,军机章京保奖"无论题选咨留"者经常超过这一数目,一般为四到五个。

按制度，各省道、府、州、县的补缺方式是，以辖区繁、难、冲、疲作为衡量标准，将缺额分为繁简不同的各种类型，遇以上缺出时，符合条件的官员，或由吏部铨选，或由督抚题补调补，或请旨简放。但捐纳者可捐"尽先""遇缺"各种名目，外省缺出时，捐纳上述名目者可排在正途应升、应选者之前。军功、洋务保奖，也与此类似。经督抚操作，这些人可通过署任或实任方式占据大量的额缺。❶ 咸丰十年（1860），前顺天府尹蒋琦龄路过保定，见当地正途出身的即用人员不但补缺无望，并且连委署之期也基本没有，生活困苦，"至有追悔不应会试中式者"，蒋评论说："此诚骇人听闻，为从来所未有也。"❷

本来，清朝三年一次的会试、殿试，约取进士三百多名，这些进士在朝考后除少数被授予庶吉士外，多数以主事分部学习或以知县外用。分部学习主事，得到观政、历练和在部院中升迁的机会，之后或升为更高级别的司官，然后或升任京卿，或外放为道府。只要各省州县道府能持续向京官开放，内外互用的途径畅通，京中的司官能在有限时间内获得迁转，他们的总量就能维持在一个较合理的水平上，源源不断地进入官僚系统的进士就不至于滞留，整个官僚机构就能在这种动态中维持相对稳定。但咸同之后外省捐纳人员增多，军功、洋务保案层出不穷，本就数量有限的地方缺额被异途人员占据，内外互用的途径不再畅通。在京中，捐纳保奖者挤占部曹，使得部院中候补、额外司员陡增，极大延长了正途官员序补的时间，减缓了迁擢的速度。与此同时，在同光之际，科举考试频率

---

❶ 曾协均：《敬陈管见疏》（同治元年），王云五主持：《道咸同光四朝奏议》第4册，第1455页。
❷ 蒋琦龄：《中兴十二策疏》（同治元年），王云五主持：《道咸同光四朝奏议》第4册，第1419页。

与录取人数较此前大增，每科考试后，都有大量新进士进入仕途，等待补缺。根据户部司官王清穆的分析，同治光绪两朝在三十多年时间内，屡开恩科，比正常会试多出四科；且每科人数较前代增加百余人，造成进士人数猛增，加剧了官场的拥挤。❶

官场壅滞，造成了许多京官补缺、迁擢的困难。这里以我们熟知的刘光第（1859—1898）、陈夔龙（1857—1948）为例。刘光第，字裴村，四川富顺人。光绪八年（1882）举人，次年中进士，以主事签分刑部学习，学习期满，任候补主事。尽管他出身正途、办事勤快，但因没有总理衙门和军机处保奖，亦无其他神通，直到光绪二十四年（1898）死前，仍为刑部候补主事，连正式主事都未补上。❷ 曾任总理衙门章京，后来官至直隶总督的陈夔龙，也有类似经历。陈字筱石，号庸庵，贵州贵筑人，光绪元年（1875）举人，十二年（1886）中进士，签分兵部学习主事，期满候补。1896年，他随荣禄赴天津办事，谈到自己的仕途，荣禄问他，年纪几何，何时补上主事？陈夔龙回答说："行年已四十，到部亦十年，叙补名次第八。即每年出缺一次，亦须八年始能叙补。恐此生以冯唐老矣。"❸

在这种形势下，我们再看上文所列铨选规则，就能明了劳绩保奖对京官的仕途，有非比寻常的意义。

对于一般京官而言，除须面对壅塞的官场之外，还须忍受经济窘迫的折磨。夏仁虎回忆晚清京官生活时称："在昔京朝官最清苦，五品实缺官，岁俸不足百金，两季米十石余耳。正途候补者减半支

---

❶ 王清穆：《知耻斋日记》甲午年八月二十一日条，上海图书馆历史文献研究所编：《历史文献》第12辑，上海古籍出版社，2008年，第372—373页。
❷ 参见茅海建：《从甲午到戊戌——康有为〈我史〉鉴注》，第94页。
❸ 陈夔龙：《梦蕉亭杂记》，北京古籍出版社，1985年，第3页。

给,捐纳并半,俸无之。"❶ 清代档案记载制度中所定京官年俸,可与夏仁虎的回忆印证:

表3-4 清代京官年俸

正从一品	180	正从八品	40
正从二品	155	正九品	33.114
正从三品	130	从九品、未入流	31.52
正从四品	105	宗人府宗室笔帖式	45
正从五品	80	部院七品笔帖式	33
正从六品	60	部院八品笔帖式	28
正从七品	45	部院九品笔帖式	21.114
以上银一两,给米一斛			

单位:库平银两。
资料来源:孟昭墉辑:《史馆档·食货志·京官俸银》,台北"故宫博物院"图书文献处藏。

京官的收入少,那么开支又如何呢?夏仁虎在回忆1890年前后京官开销时称:"昔日赁屋无过四金者,宴客一席亦无过四五金,车马喂养无过十金,仆媪工资只数百文,碾仓米为炊,数口可饱。"❷ 也就是房租每月4两,宴会一席4—5两;车马费一月10两。夏仁虎意在将写作时的消费水平与1890年进行比较,说明此前消费之低,因此,这些数据不太可能夸张。对于人数众多的六部司员而言,拿着可怜的俸禄,支付昂贵的开销,日子自然拮据。他们只

---

❶ 夏仁虎:《旧京琐记》,北京古籍出版社,1986年,第50页。夏仁虎(1874—1963),字蔚如,江苏江宁人,光绪二十三年(1897)拔贡,次年朝考后以七品小京官分发刑部,历任刑部、商部、邮传部司员。清制,拔贡为正途,经朝考后,亦可签分六部学习,但只能以"七品小京官"身份分部。七品小京官在经过大概六年学习后,经考核可转为额外主事,然后等待补授实缺,循主事、员外郎、郎中上升。

❷ 夏仁虎:《旧京琐记》,第50页。

能依赖印结与借贷。❶借贷之后，则指望早日升迁，或外放各省道府州县，因为外省同品官员，有着比京官高出许多的俸禄及养廉银。例如，地处西部的陕西省，道员（正四品）薪俸每年99.393两，养廉银每年2000两；知府（从四品）薪俸每年99.393两，养廉银每年2000两；直隶州知州（正五品）薪俸每年66.75两，养廉银根据地区不同分600、1000两种标准；知县（正七品）薪俸每年36两，养廉银每年600两。❷除此之外，他们还有着数目不清的灰色收入。

  正因为如此，京官们经常不安其位，设法指望外放，由此也导致士风日下。蒋琦龄在同治元年（1862）就不无激愤地说："今之外重内轻，则自来所未有。夫翰詹科道为清要之官，部曹亦政务总汇之司，何遽不若道府？盖缘京官俸入太微，不能自给，于是垂涎外用，日久成为风气，朝廷亦遂就其欲恶，以为激劝之权，上考记名以道府用。"更有甚者，一些京官不惜"以侍从郎官之贵，伛偻于外吏之庭，奔走于粗官武夫之麾下"。❸江苏巡抚丁日昌亦为京官不平，他在奏摺中质问"京外官同系努力从公，何以京官俸廉不及外官十分之一"？他认为，这一制度弊端，必导致"外重内轻"，如果要收拾人心、澄清吏治，必须为官员增加俸禄。❹

---

❶ 举人参加会试、捐纳人员捐官，皆须同乡京官出具印结，同时向他们缴纳一定的费用，称为"印结费"。夏仁虎称，京官"生活之需多仰给于外官之冰炭敬与别敬，而大宗收入为印结费。凡捐纳人员须由同乡京官为之出结，省立一印结局，输结费始得赴引。质言之，则国家开捐例而京官分其余润为生活而已，此亦失政体之一端"。（夏仁虎：《旧京琐记》，第50页）

❷ 孟昭埔辑：《史馆档·食货志·外官俸银》《史馆档·食货志·外官养廉》，台北"故宫博物院"图书文献处藏。

❸ 蒋琦龄：《中兴十二策疏》（同治元年），王云五主持：《道咸同光四朝奏议》第4册，第1429—1430页。

❹ 丁日昌：《条陈力戒因循疏》（同治八年），王云五主持：《道咸同光四朝奏议》第5册，第2186页。

不过，京官待遇并未因一些官员的疾呼而改善。中下级的京官们仍盼望有机会"记名以道府用"。光绪十七年（1891），总理衙门总办章京吕海寰向同僚发一函，号召大家为该署已故章京李国琇捐钱。信函称：

> 国琇从公二十余年，品学并优，清廉自矢，夙为同人所推重。而宦囊艰窘，负累久深，本年五月甫选闽省建宁府太守，方冀到任有期，借资弥补，讵料尚未引见，遽作仙游。身后萧条，几已无以为殓，加以幼儿黄口，扶榇未能，嫠妇香灯，啼饥甚迫，居乏立锥之地，炊无越宿之粮。弟等因睹情形，心殷轸恤，惟是为贫而仕，同病相怜，长安本不易居，何补医疮于剜肉？将□急需借助，庶几集腋以成裘。❶

李国琇本职为兵部郎中，在北京为官多年，欠下大量债务，好不容易借总理衙门保奖外放知府，本指望借此攒钱还债，结果还未上任，就在京病故，家中连丧葬费都无法支付。

李国琇的例子毕竟特殊，一般京官若有幸外放，经济上的窘境自然大大改善。而外放道府，除通过京察一等获取之外，同样需要借助劳绩保奖，以争取记名。

在官场壅滞的背景下，京官们如要向上流动，绝对不能仅循常规，而只能求助于各式"劳绩保奖"。军机处与总理衙门章京差使之所以被晚清京官看好，原因就在这两处有促成京官"补缺升转"的保奖制度。

---

❶ 吕海寰：《吕海寰杂抄奏稿》，《北京大学图书馆馆藏稿本丛书》第12册，天津古籍出版社，1987年，第2397页。

（三）总理衙门的保奖

总理衙门的保奖制度，系模仿军机处而来，因此亦属于"异常劳绩"。但与军机处保奖三年一次不同的是，总理衙门两年一保，且保奖幅度几乎覆盖全体章京。本来，军机章京被人称作"小军机"，享有各种优遇，属于时人心中的"华选"❶。然而，当总理衙门两年一度的保奖出现之后，军机章京的优遇亦相形失色。

前文已述，军机处保奖，有着众多"花样"，其中条件最优者为"无论题选咨留"这一花样，获此花样者，在题缺和选缺一周中，可以排列在前，优先序补。保奖中的其他一些花样，例如"无论咨留""遇缺即补""尽先即补"等，则仅适用选缺一周中某个或某几个缺分的优先序补。因此，所谓"无论题选咨留"花样的数量，被各式保奖案严格限制，一般只在军功、河工、襄办典礼、军机处办差、皇陵工程中使用，且各"大保案""无论题选咨留"的保奖员额一般不能超过3个。❷ 但总理衙门号称"自与他衙门不同"，在同治元年（1862）第一次保奖时就给出6个"无论题选咨留"的名额，同治三年第二次保奖给出7个，到同治五年第三次保奖居然给出了14个！

另外，军机章京保奖，一般多给予上述花样，因此章京获保后，只能在京官上迁转；但总理衙门保奖不同，除了上述花样外，章京还能获得候选直隶州知州、知府、道员之类外任官的保举，甚至能够记名海关道。这些保奖名目对于度日艰难，甚至负债累累的京官而言，显然更具吸引力。

---

❶ 梁章钜辑，朱智补：《枢垣记略》，第332页。
❷ 崇彝：《道咸以来朝野杂记》，第37—39页。实际上，军机章京保奖"无论题选咨留"者经常超过这一数目，一般为4—5个。

总理衙门一反保奖案限制严格的旧例，扰乱了清朝原有的保奖制度，引起朝中很多大臣的不满，他们担心总署过于优厚的保奖挑起京官的"奔竞"之风；总署优厚的保奖，对于一般部院司员工作的积极性，也是一种打击。因此，朝中屡有限制总署保奖之声。在大臣们的屡次要求下，总理衙门对此进行限定：每次"无论题选咨留"名额不得超过 6 人；保奖总人数，严格控制在 21 人，即章京总数的一半。❶ 尽管如此，总理衙门保奖之优，仍远超过军机处。同治十年（1871），都察院左副都御史胡家玉上奏称：

> 夫部属保举，以"无论题选咨留"为最优。从前惟军机处有之，而三年一保，满汉不过八员，占缺无多，尚无流弊。今则总理各国事务衙门亦踵行之，二年一保，每保辄十八员；且有保外任者，年分较少，员数较多，不独各衙门按资序补者得缺难期，即军机处所保之章京，亦往往有名无实，如户部员外郎李廷箫、兵部员外郎萧庭滋保升郎中，五六年迄未得缺，可为明证。❷

在平常时期，正途出身的官员，迁转本就不易，异途人员则更难，但因保案很少，迁转尚能循资而上；在晚清大变局下，因外省缺额被军功、洋务人员挤占，京官外放不易，部院司官缺出更缓。在这种情况下，京官若能因总理衙门"异常劳绩"而获保奖各式花样，尤其能获"无论题选咨留"花样，便能不拘出身与资格，在沉

---

❶ 此处数字据总理衙门后来的追述。21 人包括 18 名专任章京及 3 名任同文馆提调、帮提调的章京。见《总理衙门摺》（光绪十八年三月初六日），《军机处录副》03-5290-016。

❷ 胡家玉：《请疏通部院正途人员疏》（同治十年），王云五主持：《道咸同光四朝奏议》第 6 册，第 2501—2502 页。

滞的官场脱颖而出。总理衙门章京也就成为晚清京官登进的一条捷径。

四 升迁与去向

上文已述，总理衙门对章京除有两年一次的保奖之外，还有不定期的甄劾。而对于"旷误庸劣及才具平常者，则随时参劾，或咨回本衙门当差"。❶事实上，章京遭到参劾的几率极低。40年间，仅福蠡、文英在光绪二年（1876）因办事不力，被退回原部行走。❷其他才能平庸的章京，只要不犯大错，都可留在总理衙门，受两年一次保奖的优遇。也正因为如此，总理衙门章京有着比其他京官更多、更好的升迁机会。总理衙门章京去向有以下几种：

1. **升迁海关道** 在总理衙门各种保举外任官的名目中，条件最优的当属海关道。自五口通商，《天津条约》陆续开放沿海、沿江口岸之后，各海关新关渐次成立，各关形成外籍税务司及海关监督并立的局面。这些海关监督多由当地道台兼任，称为海关道。海关道负责处理通商口岸与外国领事交涉事宜、海关税收管理事宜等等。❸同治三年（1864），总理衙门上摺，提出海关洋税、与领事交涉，一般道台难以胜任。总理衙门章京因在京中处理中外交涉事件，熟悉情形，因此建议，总理衙门章京如有干练者能获三次保

---

❶ 贾桢等修：《筹办夷务始末（咸丰朝）》第8册，第2718页。
❷ 《总理衙门片》（光绪二年八月十三日），《军机处录副》03-5112-058；《总理衙门片》（光绪二年九月十二日），《军机处录副》03-5113-042。
❸ 关于晚清海关监督制度，参见任智勇：《晚清海关监督制度初探》，《历史档案》2004年第4期，第83—92页。

奖，则交军机处以海关道记名，遇有海关道缺出，各省又无合适人选，则"与京察一等记名简放人员一体开单请旨"。❶

一般来说，清朝各省官员俸廉比京官要高出很多，海关道比同品级京官的经济收入优厚。加之海关道负责管理由税务司征收的关税，并负责征稽洋药税等大额税收，因此，尤其被人视作有利可图的肥缺。自总理衙门保奖多了记名海关道一项之后，海关道马上成为总理衙门大臣酬劳资深章京、笼络和招徕部院司员的重要方式。而资深章京，特别是总办，尤其以外放海关道相期许。陈夔龙在晚年笔记中曾称言：

功名迟速，原有一定。即服官内外，亦丝毫不能勉强。余在部当差，积资劳，充职方司总办，亲友均以道府相期许。迨兼总署行走，又以记名海关道相推重。余均一笑置之。每日惟勤慎趋公，他非所计。总署大臣张侍郎荫桓，由佐杂起家，向在山东，为丁文诚公所卵翼。后趋附北洋李文忠公，荐升今职。侍郎颇自负才望，亦雅重人才，欲余入彼彀中。余自维拘谨，难酬所望。侍郎不怿，扬言于众曰："陈章京不愿作海关道乎？何对我落寞如此！"❷

在六部各司充掌印、主稿、总办之差，最优待遇是经由京察一等获道府记名。陈夔龙任兵部职方司总办，故亲友以道府相期许，后来又任总理衙门章京，更是提高了人们的期望。在当时人看来，由于有记名海关道的优遇，总理衙门保奖不但优于六部的京察，也优于

---

❶《总理衙门摺》（同治三年四月二十四日），《军机处档摺件》095953。
❷ 陈夔龙：《梦蕉亭杂记》，第12页。

其他各种"异常劳绩"。张荫桓最后的反问,亦可证明保奖海关道对章京的激励作用。

正因为海关道缺分较优,故其人选的酌定程序也与保案中其他名目不同。据陈夔龙回忆:"定例,记名海关拟保几员及应保何员,由堂上酌定。其余保举升阶升衔,事属寻常,均由章京自行酌拟,呈堂汇保。"❶ 记名海关道的决定权,由总理衙门大臣掌握。总理衙门在历次保奖中,有大量章京获得记名海关道,并且最后成功外任。以下对章京任海关道的情况,作一简要汇总:❷

(1) 天津津海关道:陈钦

(2) 江苏常镇通海道(镇江关):沈敦兰、蔡世俊、李常华、陈钦铭、吕海寰、长恒

(3) 湖北荆宜施道(宜昌关):孙家榖、董俊翰、方恭钊、俞钟颖、吴品珩

(4) 湖北汉黄德道(江汉关):孔庆辅

(5) 江西广饶九南道(九江关):毛鸿图、文惠、洪绪、保恒

(6) 山东登莱青道(东海关):方汝翼、锡桐

(7) 浙江宁绍台道(浙海关):瑞璋

(8) 江苏苏松太道(江海关):邵友濂

(9) 甘肃安肃道(嘉峪关):张其潧、叶毓桐、沈铉

(10) 安徽徽宁池太广道(芜湖关):梁钦辰、双福、成章、袁昶、吴景祺、童德璋

(11) 浙江温处道(瓯海关):苑棻池

2. 升任京堂 京中六部司员一般在升迁至一定级别如郎中一级

---

❶ 陈夔龙:《梦蕉亭杂记》,第13页。
❷ 据后节"总理衙门章京题名表"。

时，如需继续上升，则会以道府外放。但总理衙门因所办事务较为专业，章京的知识和经验对该机构日常事务非常重要。因此，同治三年（1864），总理衙门大臣奏请仿照军机处例，让少数资深章京在保奖时，能直接从部院郎中升为四五品京堂，即在京中通政司、太常寺一类机构任职，以便继续留在署中办差，奏摺称：

> 臣衙门办事章京均由各部院咨取兼行，无论在臣衙门、各本衙门得奖叙一等者，向多以道府升用，其间保送京堂者较少。臣衙门与洋人交涉事件，多无例案，所有若均保外用，一时更易生手，势难骤致得力。拟请嗣后保奖之年，如郎中等员有堪胜表率者，准保四五品京堂，奉旨后咨行吏部与各衙门保送京堂之例一体办理，不积各衙门保送之缺，仍照军机处之例，随时酌核奏留。臣衙门办事如无员可保，亦不滥竽充数，其各衙门遇有应保京堂之时，仍准照常保送。❶

在清代官僚制度中，六部、理藩院的司官与堂官品级差距极大：理事司官中最高者郎中一般正五品，而各衙门堂官最低者侍郎则为正二品。司官通常在外放为道府后，或继续擢升外省臬、藩甚至巡抚、总督，才会被召进京，或升为高一级的京堂，或成为部院堂官。也有一些司官则以郎中、员外郎考选御史，经由都察院系统外任或在京擢升。还有少数司员，可以从郎中升为四五品京堂，进而升三品京堂，最后主持部院。总理衙门章京保奖中加上"准保四五品京堂"一条，无疑使部分章京可以免走一般京官必经外放而后迁

---

❶《总理各国事务衙门摺》（同治三年四月二十四日），《军机处档摺件》095953。《筹办夷务始末（同治朝）》中收有该奏摺，字句有细微差别。

擢高级京官的路径，让他们能一直留在总理衙门，由郎中、京堂最后迁为部院堂官，由章京进而为总理衙门大臣。这条路径在某种程度上比外放海关道更优，但是在总理衙门四十年历史中，有幸在章京任内获任京堂者，相对较少。以下对章京任京堂的情况，略作汇总：

（1）光禄寺卿：成林

（2）鸿胪寺少卿：文硕

（3）太常寺少卿：夏家镐、葛宝华、杨宜治

（4）内阁侍读学士：舒文、陈夔龙

（5）顺天府尹：周家楣

（6）宗人府丞：吴廷芬、陈名侃

（7）通政使司副使：良培、丰烈

（8）詹事府左右庶子：崇宽、景禠、那桂

（9）内阁学士：绍昌

（10）新设各部丞、参议（不含外务部）❶：唐文治、王清穆

在这些人员中，多数在担任京堂后不久，继续升迁，离开总理衙门，不再担任章京差使。只有成林、夏家镐、周家楣、吴廷芬四人，最后本职的品级逐级升高，其差使也终由总理衙门章京升为大臣。

3. 高级职位 总理衙门的两百多位章京，大多能借助两年一度的劳绩保奖在较短时间内顺利补上正式缺额，由此脱离数量庞大的候补司员群体，顺利迈出仕途中最为基础、也最为艰难的一步。此后，除部分章京得到保送京堂或外放海关道的优遇，其他章京的出路主要包括循例升迁、考选御史、外放各省的道、府官员。

---

❶ 与外务部丞参相关的问题，参见第八章。

由于有一个好的起步，又有朝中重臣的赏识和照应，许多章京在此后官运亨通。为叙述清晰，以下对章京所任高级职官略作统计：

（1）驻防将军、大臣：长善（广州将军、杭州将军）、文硕（驻藏大臣）、志刚（库伦办事大臣）、恭镗（杭州将军）、瑞璋（科布多帮办大臣）、朴寿（福州将军）

（2）总督：成孚（河东河道）、松寿（闽浙）、升允（陕甘）、陈夔龙（直隶）、松椿（漕运）

（3）巡抚：邵友濂（台湾）、瑞良（江西）

（4）布政使：方汝翼（江西）、王思沂（陕西）、善联（湖北）、文光（甘肃新疆）、俞钟颖（河南）、吴品珩（安徽）、郑孝胥（湖南）

（5）按察使/提法使：孙家穀（浙江）、锡桐（陕西）、周儒臣（湖南）、王清穆（直隶）、陈钦铭（江苏）

（6）提学使：沈曾植（安徽）

（7）交涉使：汪嘉棠（江苏）、李清芬（广东）

（8）部院尚书：夏家镐（左都御史）、吴廷芬（左都御史）、良培（左都御史）、吕海寰（外务部）、绍昌（法部）、邹嘉来（外务部）、葛宝华（刑部）

（9）部院侍郎：成林（吏部）、周家楣（左副都御史）、成章（左副都御史）、丰烈（工部）、陈名侃（左副都御史）、汪大燮（外务部）、唐文治（商部）、崇宽（盛京礼部）

此外，尚有多人担任过驻外公使：如邵友濂（署理驻俄）、陈钦铭（驻英，未到任）、杨枢（驻日本、驻比利时）、吕海寰（驻德）、汪大燮（驻英）。

除去重复任职者，总理衙门章京担任过京官侍郎以上、外官藩臬以上高级职位的人数，一共是43位，占章京总数的20%以上。如果我们将此前统计的担任海关道、京堂的人数加入，则以总理衙门章京而位至高官、身居要缺者，在数量、比例上皆可谓惊人。

与此形成反差的是，19世纪最后40年，可称清朝官场最为拥挤的时段。

五　任期与身份背景

总理衙门章京属中层的京官，收集其个案材料，较为困难。本章《总理衙门章京题名表》从现有档案文书中，检出223名总理衙门章京的名单，已接近完整的章京总数。下文即以此为基础，对章京的任期、身份背景问题作一统计和讨论。

在223位章京中，有近20%的任差时间在2年之内，他们多为最早一批进署的章京，一般在获得保奖、得到外任或升迁机会后，就离开总署。任职时间在7至13年间者，占据章京总人数的一半。任职最长的章京是舒文，他在同治元年（1862）入署，1901年外务部成立后退出。章京平均任差时间是9年。上文已述，总理衙门的甄劾较为松懈，章京因办事不力被斥退的情况较少发生。除在任病故或自愿告退者之外，其他人都是因为有了外任官职，或较高的京官升迁机会才会离署。也就是说，他们中的多数人，从一介未补实缺的京官到获得外任官，或者升任京堂，平均需要9年时间。

根据章京名单，结合《履历档》《清代朱卷集成》等资料，可查核149位章京的生年（可能较实际略偏小），并由此推算他们进入总理衙门的平均年龄为37.7岁，平均离署年龄为46岁。

在身份限制上，总理衙门章京满汉各半，汉章京从正途出身的各部司官中选任,按理,其籍贯分布应与晚清正途士人的籍贯分布一致,但实际情况却并非如此。下表统计并开列章京的籍贯分布,并与同时期进士的情况作一对比:

表3-5 总理衙门章京的籍贯

籍贯	人数	百分比	同光进士比例	籍贯	人数	百分比	同光进士比例
八旗	98	43.9%	5.30%	吉林	1	0.448%	0.07%(辽东)
安徽	11	4.93%	3.84%	江苏	29	13.00%	10.47%
福建	7	3.14%	5.39%	江西	3	1.35%	7.01%
广东	5	2.24%	3.94%	山东	8	3.59%	8.19%
广西	1	0.45%	2.37%	陕甘	2	0.90%	5.41%
贵州	5	2.24%	2.40%	四川	7	3.14%	3.05%
河南	5	2.24%	6.17%	云南	1	0.45%	2.74%
湖北	5	2.24%	4.54%	浙江	22	9.87%	10.05%
湖南	1	0.45%	2.92%	直隶	12	5.38%	9.72%

资料来源:章京籍贯见后节"总理衙门章京题名表",同光间各省进士比例据李润强《清代进士的时空分布研究》中统计数据算出,参见《西北师大学报(社会科学版)》2005年第1期,第65页。

总理衙门章程规定,章京满汉各半,实际上汉章京人数略多于满章京,这说明汉章京保奖、升迁、出署的比例更大,流转也就快一些。这是因为汉章京在署办事较为得力,得到堂官承认,其获保奖几率相对较高。❶

---

❶ 光绪十二年(1886),总理衙门章京双福外任安徽徽宁池太广道后,张荫桓在日记中称:"总署自恭声云后,满员久未得缺,亦无以示鼓励。"参见任青、马忠文整理:《张荫桓日记》,上海书店出版社,2004年,第33页。恭声云即章京恭镗,也曾任徽宁池太广道。光绪二十六年(1900),总理衙门满章京世善对其同事唐文治言:"汉人勤于职守若此,国家事焉有不举者!吾满人赖有口粮,遂懈惰成性,可奈何!"亦说明总理衙门平时办事,更依赖于汉章京。参见唐文治:《茹经堂文集二编》,台北:文海出版社,1974年,第896页。

由于满员占据近半数的章京比例，而在同一时期进士出身的士人中，满人比例仅为 5.3%，在正常情况下，各省汉章京的比例应为进士比例的半数左右，很多省份的情况也符合这一判断，不过江苏、浙江两省例外。籍属江浙两省的章京为 51 人，占总数的近 1/4，除去满员数，可以说，江浙籍人士占据汉章京半数左右，远高于两省进士在全国的比重。这大概是因同籍京官相互影响、相互援引所致。❶ 可能正是这种联系，强化了外交界江浙籍人士的纽带，促成了后来外交官的系谱与格局。

六　章京个案研究：杨宜治的故事

前文根据官方档案、政书及私人信札、日记，勾画出总理衙门制度的框架。本节则试图通过对一位总理衙门章京仕宦生涯的描写，让框架之中的内容变得丰富和鲜活起来。本节将要描述的对象，名杨宜治（约 1845—1898），字虞裳，四川渠县人。同治十三年（1874）七月，以举人身份考取内阁中书。光绪九年（1883）考选总理衙门章京，并成功获得记名。次年，他依序传补入署，此后一直担任总理衙门章京，直至光绪二十四年（1898）因病去世。杨宜治生后留下三部日记，分别是《交轺随笔》《惩斋日记》《俄程日记》。❷ 其中，前、后两种日记为外出办差的工作记录，起自光绪

---

❶ 例如，浙籍章京袁昶、沈曾植进署前交往较密；总办章京邹嘉来是顾肇新的"表叔"；陈名侃与袁昶为儿女姻亲。

❷ 稿本《惩斋日记》《俄程日记》，共两册，藏北京大学图书馆，已影印出版，收入北京大学图书馆藏稿本丛书编委会编：《北京大学图书馆藏稿本丛书》第 17 册，天津古籍出版社，1991 年。《交轺随笔》一函两册，藏清华大学图书馆。《俄程日记》记载杨宜治随王之春赴俄访问见闻，《交轺随笔》记载杨宜治随邓承修前往中越边境勘界的细节。

十三年、迄于光绪十五年的《惩斋日记》，则完全记载章京任内的京官生活。本节将主要利用这一私人性质的稿本日记，结合清代档案，通过具体细节的讨论，还原总理衙门章京的来源、升迁、经济来源、日常生活、仕途发展及其所想所思，经由诸多细小问题的论证，构筑大的日常生活全景，进而探讨上述因素对晚清政治外交运作的影响。

在晚清史上，杨宜治是一位名不见经传的人物，既非以高爵而致显，也未通过文章而扬名。他只不过是一介普普通通的总理衙门官员，一个在转型时代中，生存于旧体制和新事业之间受其牵累的人物。他在总理衙门前后14年，从普通章京做到总办章京，默默无闻，政治上少有建树，这些与大部分章京相似，他的日常生活、所思所想，正好代表了那个时代多数人的状态。

（一）早年生涯与进入仕途

杨宜治出生于四川渠县，这是一个位于四川盆地东部的小县城。他出生那年，鸦片战争结束不久，清朝被迫开放沿海五口。这一切，还来不及对远在千里之外的四川构成影响。杨宜治4岁时，母亲病故，他随父亲杨龙伯住在成都，艰难度日。杨宜治7岁那年，洪秀全在广西起事，建号"太平天国"。兵锋所指处，清军望风披靡，中国最为富庶的长江中下游地区，多落入其控制之中。杨龙伯因"夙娴兵略"，往投苏松太总兵王钟华，寻找建功立业之机。杨宜治依伯母婶母生活，苦读诗书，中秀才，先后为附生、补廪膳生，娶妻洪氏。同治六年（1867）应四川乡试，中举人。次年，洪氏卒，杨前往东南淮泗等地，打听其父下落，得知其父早在与太平军作战过程中，阵亡于镇江前线，葬在丹徒，杨宜治于是扶柩回川。这一过程，前后耗时3年。待其回乡之时，已经贫困潦倒，幸好得到同乡张家赏识，聘张氏女，并得资助为生。

同治十二年冬（约 1873 年底），杨宜治得到其县学师王宫午资助，赴京参加会试，未能取中，于是以举人身份报考内阁中书，并随后到内阁行走。内阁中书是从七品官，可以由进士在朝考之后授给，地位低于六部主事，同时也可由举人考充。杨宜治属于后者，他的正式头衔为额外中书。清代政务围绕奏摺处理来进行，由军机处协助皇帝办理，故处理题本的内阁，其地位早已虚化。内阁中书的撰拟、缮写职能，也并不那么重要。因妻族家庭的原因，杨也常回四川，在渠江书院讲学。❶未能获得实缺中书，且常往来北京、四川之间，可以想象，杨宜治在经济上应该较为困窘。此时对他而言，当务之急是获得从七品的中书实缺，进而争取分发六部，从候补主事开始，在仕途上逐级攀升。

然而，要补实缺，要继续升迁，谈何容易。此时，清朝官场因咸同之后军功保奖过滥和捐纳之门大开，异途人员占据大量京官及外省缺额，使得京官升迁、外任之途不畅，由此导致新入官场的进士们，前途严重受阻。杨宜治仅出身举人，仕途发展显得更加艰难。到光绪九年（1883），杨宜治年近 40，担任额外中书也已 10 年，仍未补缺。如果按部就班地走下去，补中书缺、升六部主事、员外郎、郎中，很可能再等十多年也无法出头。不过，如果能依靠办差获得保举，他的仕途或许有所改观。

清朝制度内，可供内阁中书、侍读、六部司官承担的差使，就办差后获得的好处而言，可分"寻常劳绩""异常劳绩"两种。前

---

❶ 杨宜治履历及生平可参见《列传志二·杨宜治列传》，收入杨维中等修：《渠县志》卷10，台北：成文出版社有限公司据 1932 年排印本影印，1976 年，第 946—949 页；秦国经主编：《清代官员履历档案全编》第 5 册，第 332—333 页；杨宜治：《惩斋日记》，《北京大学图书馆藏稿本丛书》第 17 册，第 497—498 页。

者多为虚衔奖叙，后者则帮助京官缩短补缺、升迁年限，有助于跳级跃升。这类差使主要有办理皇帝大婚礼、万寿庆典、皇陵工程、军机章京办差等，后来则增加了总理衙门章京一差，其保举的优厚程度，高于此前各种差使，甚至盖过军机章京。这份差使对于杨宜治而言，无疑充满诱惑。也就在光绪九年春，杨宜治报名参加总理衙门章京考试并顺利进入复试。这年考试，题为"惟断乃成论"，语出韩愈名篇《平淮西碑》："始议伐蔡，卿士莫随。既伐四年，小大并疑。不赦不疑，由天子明。凡此蔡功，惟断乃成。"意在颂扬决策者临大事果敢决绝，强调重要时刻决断的重要性。考试要求不高。与考者共50人，包括杨宜治在内的绝大多数京官，连典故出处都没能说明，但仍然获得章京记名。其中，杨宜治排名14。

　　章京考试成功之后，杨宜治似乎时来运转。首先，当年九月，他正式补上中书实缺。次年，总理衙门在中法战争中新设海防股，为了因应战时需要，奏请扩大章京编制。杨宜治得以在光绪十年（1884）七月提前传补章京，正式进入总理衙门，在司务厅办事。

　　十二月，入总署不久的杨宜治因忧心战事，向总理衙门大臣递上条陈。针对法军封锁台湾北部港口、攻击基隆，清军依靠主要兵力扼守淡水、基隆的形势，杨宜治分析台湾地理，认为南部、东部有天然屏障，自不足虑。他建议总理衙门奏派军队防守宜兰、苏澳一带，以防法军利用苏澳平坦地势登陆，使清军腹背受敌。他认为，只要苏澳防守能与淡水遥相呼应，基隆法军将不战自退。❶尽管其分析、预测不一定恰当，但足以说明杨宜治在进署初期，对时

---

❶《总理衙门章京杨宜治陈述基隆苏澳形势》(光绪十年十二月十二日)，《外交档案》01-24-015-02-023。

务比较上心。

（二）章京日常生活

光绪十一年二月，杨宜治由内阁中书升补起居注主事，这是设在翰林院之下的起居注馆中与六部主事类似的职位。当年八月，杨又由总理衙门大臣邓承修奏带，出差南下，赴两广地区勘测中越边界。两年后返京，因办理勘界有功，杨获保奖，以员外郎升用，签分刑部。同时，兼任总理衙门英国股章京。

杨宜治是刑部候补员外郎，无须每天前往刑部；即便前往，所办事务也仅限于在书吏草拟好的文件上签字画押。相对而言，总理衙门的日常事务，更像是他必须处理的主要工作。由于章京能比较方便地看到各种交涉文书并参与会见公使，因此能了解中外谈判的内幕。除了为英国股例行草拟公文之外，杨宜治还时常寻找机会，向总理衙门大臣进言，干预交涉。❶

相比刑部的本职而言，杨宜治对他在总理衙门的差使办得更为投入，也显得更加专业，不过他自我定位似不在此。首先，工作日他在两机构办公的时间，一般不超过 2 个时辰。与当时京中"优游岁月"的京官一样，他最感兴趣的事业，在于碑帖、书法、诗词、作文；他投入最多时间和精力的活动，是京官之间的社交。从现存跨度近两年的《惩斋日记》来看，杨宜治"招饮"频繁，某些月份每天不断，有时他一天甚至在数处参加招饮。京官聚会、招饮的理由很多，有的是叙年谊、叙乡谊，也有的是为了贺升迁、贺婚娶、贺迁居、贺生辰，有的是因地方官进京，宴酬所在籍的京官，有的是京官外出，宴请所前往地区的官员同僚。更多的时候，他们甚至

---

❶ 杨宜治，《惩斋日记》，《北京大学图书馆藏稿本丛书》第 17 册，第 636 页。

说不清招饮的目的。京官招饮，作为此时清朝的官场文化，用以维系他们赖以生存的人际圈，已经成为一种习惯，化为京官们日常生活及政治文化中不可或缺的一部分。

除宴请、招饮之外，杨宜治的主要社会活动还包括向其众多老师祝贺三节、送行、贺寿、吊丧、贺婚娶、访碑帖、论书法等一系列活动。这其中，首先不可逃避的是涉及杨宜治师长和上司家的婚丧嫁娶。与一帮同年、同乡、同事不定期进行的招饮和聚会活动也无法推脱。为了维持和扩大交际圈、与外省官员及时沟通，中下级京官须应对为数众多的社会活动，若要腾出时间专做某事，则必须将此类活动多半推开。由于总理衙门章京当时已达到48人的规模，且事务众多，与六部相比，进署较为频繁，杨宜治与这些同事间的交往，较刑部同僚更多，由此也形成了他更为繁复的社交与应酬。在日常时间分配上，杨宜治的非公务活动远比公务要多，❶每天的绝大部分时间、精力和兴趣都用在了这些事情上，而对于他的本业，即刑部和总署的公务，除了在当值期间的少许记载，似乎再也看不到更多的痕迹。日记中多有同事互相拜访的记录，也多有同事聚会的记载，但在这些过程中，他们更关心的是谁又购进了难得的版本，谁又得到了精美的碑帖，谁得升迁，谁家婚娶。无论从时间、精力的分配还是从兴趣而言，杨宜治在公务之外的投入远超总署和刑部的公务，他的本职事务似不能算主要业务，反成了业余。

与频繁的酬酢、丰富的社交活动相关的是，杨宜治的日常开支

---

❶ 除招饮外，杨宜治生活中还有其他非公务性的活动，这些活动也非常多。例如光绪十四年四月初二日（1888年5月12日），杨宜治在一天之内完成钱行、赏花、访碑帖等数项活动。光绪十五年十月初一日（1889年10月24日），杨宜治先给其前上司，吏部尚书、总署大臣锡珍送殡，然后于正午前往刑部衙门办公，下午两点即下班，往另一位上司刑部侍郎薛允升拿拜寿，拜寿结束，他又前往同事家里访碑帖拓本。办公时间仅2小时而已。这就是杨宜治日常生活中常见的时间分配。

随之剧增,加上不善理财、生财无路,在经济上陷入窘境,不得不赖借贷为生。光绪十五年底(1890年初),就在新年来临之际,杨宜治在日记中说:"诸债麇集一岁,入不敷出甚巨。亡内在日,不知此味数年,令人思良佐不置。"❶ 杨宜治是刑部司官,根据清代制度,他本职的年薪不会超过每年库平银80两。而总理衙门因官员都是兼差,从一开始就没有安排薪俸,只能得到少量的桌饭银。❷ 不过,总理衙门与外省督抚,特别是海关道有着频繁的业务往来,每逢年、节,外官会向总理衙门赠送一定数额的银两。分到每位章京手中的,在光绪十七年(1891)前后约为银170两左右,后又增至数百两。❸ 在清朝固定化财政系统中,总理衙门章京收入的变动表明,他们每年"分润"的钱财,并非制度内的开销。

但即便每年可领一百多两的钱财,对于每月都有宴会,甚至一日三宴的杨宜治而言,也远不足维持日常开支。杨在日记中未对日常收支细目作详细记载,但我们可以通过他的同乡、刑部同事刘光第的情形,推知其大概收支。刘光第在光绪九年(1883)中进士后分发刑部学习,期满后任候补主事。京官开销巨大,因此刘的族叔、四川富顺盐商刘举臣出而资助在京的刘光第,刘光第在给刘举臣的私信中透露,留京有家眷,每年开支至少需银600两。刘每年的俸银为银50两(外加米数百斤),印结大概100两,他因获刘举臣每年资助200两,每年另外还有200两的缺口。他准备通过县邑

---

❶ 杨宜治,《惩斋日记》,《北京大学图书馆馆藏稿本丛书》第17册,第670—671页。
❷ 关于总理衙门的收支情况,参见陈文进:《清代之总理衙门及其经费》,《中国近代经济史研究集刊》,第1卷第1期(1932年11月),第49—59页。
❸ 《缪祐孙致缪荃孙》(光绪十七年),顾廷龙校:《艺风堂友朋书札》上册,第252页;郑孝胥在光绪二十四年奉旨任总理衙门章京,戊戌政变后请假出京。年末,有人劝他回京复入总署,"可于岁暮分总署数百金",但甲午后银价有较大跌幅,购买力远不如前。劳祖德整理:《郑孝胥日记》第2册,第701页。

的学田进行补充。而他的开销主要分为如下部分：（1）公钱。每逢座师、房师、同年等外放学政、主考，须凑钱公钱；（2）送礼给座师、房师。每逢春节、端午、中秋及老师生辰时，都须送礼；（3）车费。北京街市卫生极差，臭气熏蒸，灰土呛人，雨天泥泞，无法行走，出于健康考虑，出门须雇车。如选择每次乘车外出，一年需银90两；（4）房租。若携眷居住，房屋须稍宽敞，大概每月需银5两。❶另据夏仁虎回忆，在1890年代北京物价未大涨之前，每月房租大概银4两，好一点的宴会为银4—5两，车马费每月10两。❷可见，宴会及车费花销不菲。

上述用项，杨宜治都需要支付。因身兼刑部和总理衙门公务，杨的交往圈比刘光第要大出许多，公钱、私宴更加频繁；关于车费一项，由于刑部、总理衙门相距较远，杨平时须处理两署公事，与刘相比，他的出行次数更多，行程更远。因此，杨宜治每年的开支也远多于刘光第。杨宜治在日记中对他的收入渠道记载不多，只是数次提到替人润笔而获得一些额外收入。生财无方的他到后来只能依靠借贷维持生计。

（三）保奖和升迁

经济的窘迫，加剧了京官们精神与物质生活的紧张，也让他们提高了仕途升迁心理期许。及时的擢升，或者有机会外放实缺道府州县官员，尤其是海关道，方能抵消做穷京官时积累的债务，增加积蓄。这使得附加有劳绩保奖的总理衙门章京，成为京官争抢的差使。不过，若成功得到这一差使，又不能如期获得相应酬报，则难

---

❶ 《刘光第致刘举臣函》（光绪十四年八月）、《刘光第致刘庆堂函》（光绪十九年三月初九日），《刘光第集》，第196、241页。

❷ 夏仁虎：《旧京琐记》，第50页。

免造成更大的心理落差。杨宜治在光绪十五年二月份日记中,连续记载因贫病交加而早逝的总署同事,有一则称:"闻董仲默前辈病故。仲默丙午直隶举人,由中书考补总署章京又廿年矣。总办记名海关,而无所得,郁郁以殁,悲夫!"次日又记遭遇相似的同事余烈:"闻余子静前辈同年病故。子静丁卯浙江举人,戊辰进士中书,亦总署同人,无所得而贫病以终,何署中之多故也?"❶

董世延,字仲默,顺天人,约生于1830年,道光二十六年(1846)中举,少年得志,但会试却屡试不中,后捐内阁中书。科举仕宦之途的巨大起伏,加以捐纳后改为异途,促使董世延在同治十一年(1872)寻求充任总理衙门章京这一助他升迁的差使,约在光绪九年,他被派充总办章京。❷然此后,由于遭遇丁忧,董连续错过两次保奖,本有望获选海关道的他,因年龄太大而与这一差使失之交臂。看着本可到手的升迁机会悄悄溜走,看着比自己年轻的同事纷纷外放,看着自己一生即将在官场中消磨殆尽,他的心情如何平复?杨宜治说董"总办记名海关道,而无所得,郁郁以殁",道尽了董世延心中的酸楚。

而浙江京官余烈的命运就更惨淡一些。余烈,号子骏、子静,1831年生,浙江金华县人。同治六年(1867)中举人,次年又中进士。❸光绪五年(1879),以刑部候补主事充总理衙门章京。如果发展顺利,余烈可望在10年内由刑部主事迁至员外郎、郎中,或外放繁缺知府、海关道,或升为四五品京堂。可偏偏事与愿违,总理

---

❶ 杨宜治:《惩斋日记》,《北京大学图书馆馆藏稿本丛书》第17册,第583页。
❷ 董世延履历见:《总理衙门片行军机处将记名海关道员用之刑部郎中董世延等三人履历开送查照由》(光绪十年七月二十三日),《军机处档摺件》129169。
❸ 余烈生平,参见顾廷龙主编:《清代朱卷集成》第30册,台北:成文出版社有限公司,1992年,第189—196页。

衙门章京的保奖,其覆盖面为总数的一半,外放海关道、知府,名额较少,按例留给总办章京、资深章京。其他京官则得到"无论题选咨留""遇缺即补"之类可助升迁的"花样"。"无论题选咨留"对于升迁时的排名尤其重要,一般也只留给异常出力的章京。表现平平的余烈,并未得到上述好处。他在总理衙门10年之久,也获得多次保奖,从刑部候补主事补上主事实缺后,仕途再未能向上升迁一步。与众多出身远不如他、升迁却远快过他的同事相比,他的心情又怎么会好?尤其是身居京官,债务缠身,外放或升迁无望,他的未来又在哪里?杨宜治感叹余烈"无所得而贫病以终",说董世延"无所得,郁郁以殁",他们的心病,都在于无法落实一个"得"字。

相比同事余烈,杨宜治在总理衙门的保奖中就非常幸运,官运也节节高升。他在勘界回京后第一次保奖中,就得到了"无论题选咨留"的花样。因此,于光绪十四年(1888)八月就补上刑部江西司员外郎实缺。❶ 光绪十八年初,又补上刑部河南司郎中。以一介举人,杨宜治能在不到10年时间内,先补内阁中书实缺,而后升迁至刑部郎中,固然因为他自身表现良好,而屡获保奖,另外也与他的乡试考官孙毓汶有关。孙担任刑部尚书并兼任军机与总理衙门大臣,恰恰是杨所在两部门的首长。杨宜治补上郎中后,不久再次获得总理衙门保奖,名目是"拟请俟补御史作为历俸期满并俟截取知府得缺后以道员补用"。❷

原来,杨宜治除担任总理衙门章京之外,还曾考选御史。❸ 清朝都察院各道的监察御史,可由翰林院编修、检讨,六部郎中、员

---

❶ 杨宜治:《惩斋日记》,《北京大学图书馆藏稿本丛书》第17册,第470、517页。
❷《总理衙门章京请奖清单》(光绪十八年三月初六日),《军机处录副》,03-5290-017。
❸ 杨宜治:《惩斋日记》,《北京大学图书馆藏稿本丛书》第17册,第659—660页。

外郎、内阁侍读考选,可升内阁侍读学士、鸿胪寺少卿,或各省知府。❶ 因为进入这条道途之后,竞争者要少很多,京官也将此作为仕途上升的另一条理想途径。杨宜治就是其中之一。不过,御史属于言官,担任御史的京官,必须开去军机章京、总理衙门章京之类的差使,这是制度上便于更好地行使监察权的一种设计。

光绪十九年(1893)三月,杨宜治按照次序传补御史,依例,必须离开总理衙门。如果他的运势像董世延、余烈一样坎坷,做一名御史、换一种上升途径,当然是更好的选择,但他情况不同。此时,杨宜治已获总理衙门大臣的器重,屡次获得实质保奖,不久就有望出任总办章京,然后迅速迁为四五品的京堂,或者保举外放海关道。不但高居四品,而且会得到大笔的浮收。可若是选择御史,最能指望的,不过是积攒一定年限的资历后,"截取知府"而已。这种选择附带的收益,比继续担任总理衙门章京要低许多。

于是,杨宜治去找总理衙门大臣帮忙,请求"扣传御史",也就是放弃做御史的机会,留下来继续当差,但一方面,杨在总理衙门,并非不可或缺的角色;另一方面,御史是言官,关系朝廷风宪,岂能想做就做,不愿做就走?总理衙门大臣对杨扣传御史一事,有不同态度。最终,在孙毓汶的力争之下,杨宜治成功留任。❷

不久,中日甲午战争爆发,清朝中枢出现大的人事变动:杨的恩师孙毓汶下台,恭亲王奕䜣重新管理总理衙门,杨宜治的处境开始不妙。奕䜣在进署当天,公开向同僚说:"章京杨宜治其人大要不得。"❸ 而总理衙门另一重臣张荫桓,与杨的关系也不太融洽。

光绪二十年(1894),杨宜治随王之春前往俄国访问。次年销

---

❶ 锡珍等撰:《钦定吏部铨选则例》,第 249—250 页。
❷ 任青、马忠文整理:《张荫桓日记》,第 550—551 页。
❸ 同上书,第 551 页。

差后，由王之春保奏，以五品京堂补用，仍留总理衙门章京一职。❶至光绪二十二年（1896）初，杨已开始署理帮办章京，并获得保奖，名目是"拟请开去郎中底缺，俟补五品京堂后，以四品京堂开列在前"。❷次年，杨宜治正式成为总办章京，并补上正五品的通政使司参议一职，同时署理太常寺少卿，获得上奏之权。此时，他52岁。

仕途的顺利使得杨宜治希望有所担当。担任参议不久，他就详奏家乡川东地区出现的水灾，请求采取赈灾措施并请停每年派给四川的赈捐；❸另外，他大胆奏请铸造全国统一的银币金币并准备进一步发行纸币，以挽回因国际市场银价下跌对中国造成的损失。他的这一意见得到了奕䜣和户部尚书翁同龢的首肯，但最后被户部以阻碍太多为理由拒绝。❹

（四）仕途受阻与病重弃世

光绪二十四年（1898），杨宜治实授太常寺少卿，仍兼任总理衙门总办章京。当时，德国借口教案占据并强租胶州湾，俄、法两国也分别向清朝要求租借旅大及广州湾。正当总理衙门为列强无理要求筋疲力尽之时，杨宜治主动向翁同龢献策。他认为，在当时德、俄、法威逼的形势下，既然无法回绝三国，不如满足其要求，

---

❶ 任青、马忠文整理：《张荫桓日记》，第551页；《王之春摺》（光绪二十一年九月十三日），《军机处录副》03-5330-043。

❷ 《总理衙门章京请奖清单》（光绪二十二年四月二十五日），《军机处录副》03-5350-030。

❸ 《通政使司参议杨宜治摺、片》（光绪二十三年三月十八日），《军机处档摺件》138092、138093。

❹ 杨维中等修：《渠县志》，第948页；《张元济致汪康年》（光绪二十三年八月），上海图书馆编：《汪康年师友书札》第2册，第1708页。原摺见《通政使司参议杨宜治摺》（光绪二十三年八月初一日），《军机处档摺件》140955。

第3章 总理衙门章京

同时请求俄国出面联合德、法、中签订密约，以防英、日接踵而至。这是朝中较流行的"以夷制夷"的策略，不过屡试屡败，总理衙门大臣多怀疑其可行性。按照此前中俄交涉的经验，这一建言如果付诸实施，恐怕不但无法阻止英、日等国的"贪谋"，还将给俄、德、法三国勒索讹诈清朝提供条约的依据。❶

杨宜治昧于形势的外交见解，并无损他总办章京的地位。因参与会典纂修，杨在该年三月获保三品京堂花翎。按正常轨迹，太常寺少卿为正四品，杨有望进一步升三品京堂，甚至有希望一跃成为总理衙门大臣。但杨的仕进是否能如他所愿，制度又是否能给他晋升的空间呢？我们不妨再来回顾清朝本职、差使的关系以及总理衙门的制度设计。

按照军机处与总理衙门的制度，大臣的本职多数为六部侍郎以上（正二品），章京则多为各部院司官（正五品以下），差距甚远。失去了本职品级的衔接，章京一般无法直接晋升大臣。尽管还有一些人的本职位于中间，也就是三四五品京堂，但是从惯例来看，大臣与章京，被看作分属堂官与司官；司官未经外放或出署就直接擢升堂官，很难被接受。与杨宜治同时代的军机章京沈源深，本为吏部司官，后通过四五品京堂一路升至大理寺卿、兵部侍郎，有意由章京升任军机大臣。结果遭军机大臣排挤，外任学政，不久郁郁而

---

❶ 陈义杰整理：《翁同龢日记》，第6册，第3104页。德国强占胶州湾后，俄国欲染指旅顺、大连，遂以中俄密约所立两国同盟为由，声称赴华对抗德国，要求清朝允其军舰停泊旅顺，李鸿章对此表示同意。不料俄、德暗中交易，相互支持对方的占领行为；俄国并对外声称，其军舰停泊旅顺一事，得到了中国政府的支持。另外，尽管英、俄是全球竞争的对手，但在对华问题上，往往私下讨价还价，以损害中国利益换取相互之间的利益承认。清朝在答应俄国租借旅顺、大连后，英国仅表面上有所反对，但却与俄国私相谅解，换取俄国对其占据威海卫的承认。同时，俄国也通过承认日本在朝鲜的特殊地位，换取日本对其占据旅大一事的同意。参见茅海建：《从甲午到戊戌——康有为〈我史〉鉴注》，第241—246、308—325页。

终。❶ 从品级上来说，京官逐级升迁有法可循，现实中，也确实有少数军机章京直升军机大臣的例子，且有专门名称"上堂"，然而"国朝由是迁擢，有一二人"，须皇帝特别下旨，属于笔记小说也会记录的异数。❷ 总理衙门40年历史上，也仅是在奕䜣管理的前十多年，擢升过成林、夏家镐、周家楣、吴廷芬4人。他们"上堂"或因与奕䜣的特殊关系，或因其他总署大臣缺少外事经验。在绝大多数时期，朝中接受的潜规则是：堂司之间的界限不可逾越。

杨宜治正处于这种尴尬境地之中。他在前一年，还只是正五品的通政使司参议，虽在次年补授太常寺少卿，并通过会典保案获得三品京堂的保奖，但是在严格讲求资历的清朝官场，如此迅速的升擢对杨而言并非好事。光绪二十四年闰三月二十九日（1898年5月19日），光绪帝召见杨宜治，翁同龢对张荫桓说，杨宜治"行将上堂办事矣"。❸ 我们无法确定他话中的心理，但杨因此招其上司之忌，则是肯定的。张荫桓认为，杨宜治之所以能因会典保案获得超擢，是因为他多次起草弹劾张的奏摺，受到政敌徐桐等人的嘉许。❹

不巧的是，与杨关系稍好一些的翁同龢随后开缺回籍，而杨宜治在这关键时刻，又突然病倒，这注定他的仕途遭遇重大挫败。

在此后两月时间内，通政使司副使、太常寺卿、宗人府丞几个职缺空出，本来杨宜治有望出任，但因受累于病情，只能眼看着这些机会从身边溜走。失去本职晋级的基础，想在总理衙门完成

---

❶ 刘声木：《苌楚斋随笔·续笔·三笔·四笔·五笔》，北京：中华书局，1998年，第788页。刘声木所述，细节有误，但其事则大体属实。

❷ 刘声木：《苌楚斋随笔·续笔·三笔·四笔·五笔》，第788页。

❸ 任青、马忠文整理：《张荫桓日记》，第532页。

❹ 张荫桓日记："今年徐桐、王鹏运、胡孚宸之劾，或谓悉出虞裳所为。徐性最刻，会典保案虞裳保三品京堂花翎，以此相形，无足怪耳。"任青、马忠文整理：《张荫桓日记》，第552页。

从司官到堂官的擢升，更加困难。六月十八日（8月5日），杨的同事张元济在给丁忧章京沈曾植的信中，不无同情地提及杨宜治，说"虞裳恐难如愿，现病甚剧"。❶ 张荫桓更在事后追忆说，迁擢之事，让杨宜治"病愈不能解"。这一切加深了对杨的刺激，七月下旬，杨宜治在病后不到三月内亡故。❷ 杨曾说董世延"无所得郁郁而殁"，余烈"无所得而终"，他自己的病症，也终于受累在一个"得"字上。

　　杨宜治死了，身后萧索。不论其主要病因是什么，仕途顿挫的打击肯定是加剧他身故的重要原因。这是他个人的悲剧，也是制度的不幸。如果说资深的军机章京不得已外放，对于军机处和国家政务的运作而言，影响可能并不大。因为秘书机构不过要求官员勤能、慎密、文笔好，在科举制度和传统文官制度之下，这些人并不难再寻。然而，对于所办事务已专业化的总理衙门而言，这种规则意味着，长期从事外交的中级官员积攒的经验和办事能力，都会随着他们离开而流失。

　　从杨宜治那里，我们看到的仍然是一个传统科举出身的京官。他们追逐的涵养，不过是书法、碑帖、诗词，当然，此时也部分包括边疆史地。他们从事饮宴叙谊、吟诗作文、访碑临帖似都无可厚非，甚至仍会被外人看作笃好文雅。但身当要职、事务繁重的总理衙门章京，似有必要用更多的时间去做更属分内之事。特别是在此时，南方边患甫平，来自西部的英印势力和来自日本的威胁日益逼近，矛盾随时都会激化，而清朝中枢决策层级的外部知识仍然奇缺。作为文人，版本碑帖可以是他们的专长；但对于外交官，如果

---

❶ 《张元济致沈曾植》（光绪二十四年六月十八日），《张元济全集》第2卷，第227页。
❷ 民初纂修的《渠县志》解释为"外交益亟，宜治竟以忧愤国事不起"。（杨维中等修：《渠县志》，第948页）

仍以此为主业，则并不适宜。我们从清人日记中看到的总理衙门章京，似乎不曾意识到这一点。他们还停留在传统士大夫的身份认知上，尽管他们当值的机构是专门与西方外交官打交道的地方，那里需要的是精通外文及国际事务的近代外交官。

作为庞大的京官群体中的一部分，总理衙门章京与所有其他部院司员一样，最关心的莫过于他们的仕途，他们考选章京，承担总署章京这一既无当差薪俸，又遭清流白眼，同时公务繁难的差使，就是为了在壅滞的官场为自己谋得较顺遂的发展。总理衙门的优厚保奖的确给了他们希望，不过仅仅是有限的希望。保奖最优的章京，或升京堂，或放关道，前者得官，后者获利。仅从个人仕途发展来看，总理衙门章京一定程度受益于该机构的特殊制度，若从全局看，传统的政治制度很难允许中层京官从司员直接上升为堂官，对专业要求甚高的总理衙门也不例外，它并不具备培养职业外交官员的机制。在这种体制下，有条件的章京寻找着他们期许的，但实际中却较难得到的位置，他们变得不安其位。若想突破成例获得"超擢"，则必须承担各种压力，并准备承受得失之间的心理落差。然而，希望后又失望的打击往往比没有希望更加沉重。杨宜治的经历，正是上述制度最生动的注脚。

与六部不同，总理衙门并无一群熟悉则例、包揽政务的胥吏，司员（章京）亲自办事，是该机构与六部衙门在政务程序上最大的不同之处。章京主要从六部司员中选任，尽管属于兼差，然因六部事务多有胥吏承办，无须司员多费心力，总理衙门事务反成章京的主业。由于总理衙门大臣多身兼要职，日常事务皆赖章京处理，章京的来源、教育背景和实际能力，对于总理衙门的运作、对于国家的外交决策，有着较大的影响力。

晚清时期，由于捐纳泛滥、军功洋务等各式保奖层出不穷，同时科举录取数较前有较大增加，导致士人在科考及第后，多拥挤在京师官场之上；加之俸禄微薄，多数京官维持生计十分困难。总理衙门仿军机处之例，施行章京保奖制度，两年例保一次，每次覆盖半数以上，获得保奖的章京，可得到层次不等的优待，或外任海关道，或在京中本职上迁擢，或外放知府与直隶州知州。这是当时体制中条件最为优越的保奖，在某种程度上，京官们可借此超越官场的拥挤，或者得到丰厚的经济收益，他们的仕途由此得到改观。

总理衙门章京从正途出身的京中各部院司员中选拔，缺乏实际的行政技能与经验，但由于总理衙门摈斥胥吏，实行章京办事的制度，他们本有希望在实际历练中逐渐成长为经验丰富的交涉人才，然而京官们营求章京之差，不过是为了获得保奖，让自己在拥挤的官场上脱颖而出，改善自身的政治地位与经济窘境。他们无心久蛰于此，制度的设计也未打算让他们久居总理衙门。

总理衙门优厚的保奖制度使得章京一差成为官员仕途上升的捷径，一批批京官满怀期望地进，又如愿以偿地出，仕途风光，乐得其所。然而，清朝的外交专家却并不因此而增多，交涉局面也并未因此而改观。

表3-6　总理衙门章京题名表

	姓名	籍贯	生年	出身	在署时间	入署年龄	离差时本职	后任主要官职
1	长善	镶红旗满洲	约1828	贡生	1861—1863	33	镶黄旗蒙副都统	杭州将军
2	成林	镶白旗满洲	约1828	举人	1861—1879	33	光禄寺卿总署大臣	吏部左侍郎
3	秀雯	镶红旗满洲			1861—1862		甘肃凉庄通判	甘肃候补知府

188

续表

	姓名	籍贯	生年	出身	在署时间	入署年龄	离差时本职	后任主要官职
4	惠麟	镶蓝旗蒙古			1861			
5	瑞璋	正红旗满洲	约1839		1861—1875	22	浙江宁绍台道	科布多帮办大臣
6	联奎	镶蓝旗满洲			1861—1889		任内病故	
7	锦成	镶蓝旗满洲		监生	1861—1867		广西平乐知府	
8	庆云	正蓝旗满洲	约1840	生员	1861—1868	21	御史	四川保宁知府
9	叶守矩	江苏上元	约1814	举人	1861—1864	47	任内病故	
10	梁承光	广西临桂	约1834	举人	1861—1862	27	山西同知知州	
11	沈敦兰	顺天大兴	1826	举人	1861—1874	35	御史、常镇通海道	
12	陈钦	山东历城		举人	1861—1870		首任津海关道	
13	文硕	正蓝旗满洲			1861—1863		鸿胪寺少卿	驻藏大臣
14	夏家镐	江苏江宁	约1822	进士	1861—1872	39	太常少卿总署大臣	刑部右侍郎
15	蔡世俊	浙江仁和	约1833	举人	1861—1867	28	常镇通海道	
16	志刚	镶蓝旗满洲	约1818		1861—1871	43	署乌里雅苏台参赞	库伦办事大臣
17	延恕	正红旗满洲			1861			
18	黎兆棠	广东顺德	约1827	进士	1861—1863	34	江西南安知府	直隶按察使

第3章 总理衙门章京

续表

	姓名	籍贯	生年	出身	在署时间	入署年龄	离差时本职	后任主要官职
19	王作孚	贵州绥阳	约1825	进士	1861－1862	36	江西瑞安知府	山东盐运使署理布政使
20	齐克慎	正蓝旗满洲	约1828	进士	1861－1868	33	四川候补知府	
21	李常华	河南郑州	1824	举人	1861－1871	37	江苏常镇通海道	
22	孙家毂	安徽寿州	约1823	举人	1861－1871	38	湖北荆宜施道	浙江按察使
23	阿昌阿	正白旗蒙古		生员	1862			
24	方濬师	安徽定远	约1831	举人	1862－1868	31	广东雷琼遗缺道	直隶永定河道
25	长恒	正红旗满洲	约1843	生员	1862－1897	19	常镇通海道	
26	叶百川	江苏青浦		拔贡	1862－1868		以同知分省	
27	舒文	镶黄旗汉军			1862－1901		内阁侍读学士	
28	恩霖	镶蓝旗蒙古			1862－1890		因病离任	
29	李衢亨	顺天通州	约1829	举人	1862－1874	33	江西督粮道	
30	李汝弼	直隶任丘	1839	进士	1862－1869	23	御史	
31	王堃	顺天宛平		进士	1863		礼部差繁离署	
32	毛鸿图	四川大竹	约1830	进士	1863－1872	33	江西广饶九南道	

续表

	姓名	籍贯	生年	出身	在署时间	入署年龄	离差时本职	后任主要官职
33	成孚	正红旗满洲	1834	监生	1863－1869	29	河南开归陈许道	河东河道总督
34	洪绪	江苏溧阳	约1826	进士	1863－1879	37	江西广饶九南道	
35	文惠	镶白旗满洲	约1835	生员	1863－1881	28	江西广饶九南道	
36	佘培轩	江苏赣榆	约1831	进士	1864－1869	33	御史	广东琼州知府
37	长福	正红旗满洲			1864－1901		吏部郎中	
38	恩霖	镶红旗满洲	约1845		1864－1873	19	甘肃巩昌知府	广东盐运使
39	叶毓桐	四川华阳	约1824	进士	1864－1883	40	甘肃安肃道	
40	桂明	正白旗满洲			1864－1871		自请退出	
41	定保	正蓝旗满洲	约1816	进士	1864－1868	48	台湾遗缺道	福建兴泉永道
42	戴霖祥	江西大庾		拔贡	1864－1881		广西庆远知府	
43	恩纶	正红旗满洲	约1824	举人	1864－1871	40	甘肃镇迪道	
44	周家楣	江苏宜兴	1835	进士	1864－1884	29	顺天府尹总署大臣	左副都御史
45	谭金诏	山东历城		举人	1864－1890		兵部郎中	
46	方汝翼	直隶清苑	约1828	举人	1864－1877	36	山东登莱青道	江西布政使
47	王思沂	浙江归安	1824	进士	1864－1868	40	安徽安庐道	陕西布政使

续表

	姓名	籍贯	生年	出身	在署时间	入署年龄	离差时本职	后任主要官职
48	恭镗	正黄旗满洲			1864－1874		江西道监察御史	徽宁池太广道
49	裕昆	镶白旗满洲	约1831	生员	1864－1881	33	直隶霸昌道	江西盐法道
50	张霞	浙江萧山		举人	1865－1869		因病离署	
51	黄元善	湖北钟祥	约1829	进士	1865－1878	36	御史	贵州储粮道
52	斌椿	正白旗汉军	1804		1866－1867	62		
53	张其濬	直隶蠡县	约1837	举人	1866－1887	29	甘肃安肃道	
54	蔡世保	浙江仁和	约1841	举人	1866－1871	25	江苏即选道	
55	瑛彬	正白旗满洲	约1829	进士	1866－1870	37	因病出署	
56	奎训	镶蓝旗满洲	约1834		1866－1883		直隶热河道	奉天道员
57	恭镗	正黄旗满洲	1837		1866－1867	29	湖北荆宜施道	杭州将军
58	蔡嵩年	江苏丹徒	约1821	举人	1867－1872	46	江西候补知府	
59	崇晖	正白旗满洲			1868－1872		广东知府	
60	恽祖贻	江苏阳湖	约1833	举人	1867－1871	34	道员分发浙江	浙江杭嘉湖道
61	潘观保	江苏吴县	约1828	举人	1868－1872	40	分省道员	
62	成善	正黄旗汉军	1819	进士	1868－1875	49	安徽凤阳知府	

续表

	姓名	籍贯	生年	出身	在署时间	入署年龄	离差时本职	后任主要官职
63	全霖	正白旗满洲		进士	1868－1884		因病离署	
64	丁士彬	河南固始	约1828	举人	1869－1875	41	安徽凤阳知府	陕西督粮道
65	达嵩阿	镶白旗满洲	约1833	进士	1869－1875	36	工部郎中在任病故	
66	王福保	湖北黄陂	约1825	进士	1869－1873	44	四川遗缺知府	江苏盐法道
67	英卓	正蓝旗满洲		进士	1870－1875		因病出缺	
68	吴廷芬	安徽休宁	约1833	进士	1870－1884	37	宗人府丞总署大臣	左都御史
69	钟珂	正蓝旗蒙古			1870－1875		江西吉安府知府	
70	董俊翰	浙江归安		举人	1870－1877		山西道监察御史	湖北荆宜施道
71	吴达亨	湖北云梦		举人	1869		御史	
72	桂联	镶红旗满洲		举人	1872－1881		在任病故	
73	叶荫昉	河南正阳	1820	进士	1872－1879	52	御史	湖北盐法道
74	陈钦铭	福建长乐	1835	进士	1872－1883	37	江苏常镇通海道	江苏按察使 驻英公使（未任）
75	松椿	镶蓝旗满洲	1835		1872－1876	37	江安粮道	漕运总督
76	沈铉	浙江乌程		举人	1872－1877		御史旋任重庆知府	甘肃安肃道

第3章 总理衙门章京 193

续表

	姓名	籍贯	生年	出身	在署时间	入署年龄	离差时本职	后任主要官职
77	杜正诗	河南孟县	约1832	进士	1872－1878	40	在任病故	
78	庆锡纶	安徽含山	1821	进士	1872－1876	51	山西雁平道	
79	尚俭泰	正蓝旗满洲			1873－1889		因病离署	
80	方骙	浙江西安		进士	1873－1875		在任病故	
81	梁钦辰	福建闽县	约1833	举人	1874－1884	41	徽宁池太广道	
82	文英	正黄旗满洲			1874－1876		办事不力被退回	
83	邵友濂	浙江余姚	约1837	举人	1874－1882	37	江苏苏松太道	台湾巡抚
84	善联	镶红旗满洲		监生	1874－1879		陕西督粮道	署福州将军
85	苑棻池	山东诸城	约1832	进士	1874－1885	42	浙江温处道	
86	张赓飏	江西鄱阳	约1849	进士	1872－1883	23	被张佩纶弹劾退出	
87	福矗	正蓝旗满洲	1820	举人	1875－1876	55	办事不力咨退	
88	继良	镶蓝旗蒙古	约1848		1875－1883	27	甘肃宁夏知府	
89	文光	镶黄旗满洲	约1832	进士	1875－1884	43	陕西潼商道	甘新布政使
90	塔奇魁	镶白旗满洲	约1828	举人	1875－1885	47	永定河道	
91	董世延	顺天武清	约1830	举人	1875－1889	45	刑部郎中在任病故	

续表

	姓名	籍贯	生年	出身	在署时间	入署时年龄	离差时本职	后任主要官职
92	双福	正黄旗满洲	约1846	进士	1875－1886	29	安徽徽宁池太广道	
93	成章	正黄旗汉军	约1839	生员	1876－1889	37	安徽徽宁池太广道	左副都御史 正白旗汉军都统
94	李华	湖北兴山		举人	1876－1878		卒于任	
95	恒龄	正红旗满洲	约1832	进士	1876－1883	44	重庆府知府	
96	忠斌	内务府正黄旗		进士	1876－1879		在任病故	
97	张元普	浙江仁和	1836	举人	1877－1884	41	御史	四川盐茶道
98	冯芳缉	江苏吴县	1833	进士	1877－1886	44	在任病故	
99	达斌	镶黄旗蒙古		廪生	1877－1887		在任病故	
100	关朝宗	广东开平	1829	进士	1877－1885	48	在任病故	
101	李国琇	顺天大兴	1837	进士	1878－1891	41	福建建宁知府	未到任即病故
102	陈诚	福建古田		举人	1878－1893		户部郎中 在任病故	
103	李萃吉	山东宁海	约1833	进士	1878－1887	45	丁忧离署	
104	清平	镶红旗满洲			1879－1884		奏报离署	
105	任朝栋	江苏江宁	约1832	进士	1879－1880	47	因病离署	

续表

	姓名	籍贯	生年	出身	在署时间	入署年龄	离差时本职	后任主要官职
106	双寿	正红旗满洲	约1851		1879—1898	28	御史	浙江处州知府
107	良培	镶红旗满洲			1879—1889		通政使司副使	左都御史
108	余烈	浙江金华	1831	进士	1879—1889	48	任内病故	
109	方恭钊	浙江仁和	约1834	举人	1879—1888	45	湖北荆宜施道	直隶天津道
110	丰烈	镶白旗满洲			1880—1892		通政使司副使	工部侍郎
111	沈泳肜	福建侯官		进士	1880—1882		因病出署	
112	玉宽	镶黄旗满洲		生员	1881—1897		因病离署	
113	嵩耀	正白旗蒙古		生员	1881—1896		奏报离署	
114	徐宝谦	浙江石门	1817	进士	1882—1891	65	以知府分发安徽	
115	黄灿章	贵州遵义	1842	进士	1882—1883	40	因病离署	
116	高梧	江西新建	约1833	进士	1883—1884	50	事繁开去总署差	
117	孔庆辅	山东曲阜	约1837	举人	1883—1890	36	湖北汉黄德道	
118	吕海寰	山东掖县	1842	举人	1883—1894	41	江苏常镇通海道	驻德公使
119	何兆熊	四川南充	约1844	进士	1883—1906	39	外务部郎中卒于任	
120	袁昶	浙江桐庐	1846	进士	1883—1893	36	安徽徽宁池太广道	总署大臣

续表

	姓名	籍贯	生年	出身	在署时间	入署年龄	离差时本职	后任主要官职
121	延惠	镶白旗满洲			1884—1891		因病出署	
122	叶庆增	浙江慈溪	约1839	举人	1884—1893	45	御史	江西南康知府
123	俞钟颖	江苏昭文	约1849	拔贡	1884—1896	35	湖北荆宜施道	河南布政使
124	刘宇泰	四川丰都	约1847	拔贡	1884—1901	37	内阁侍读学士	
125	童德璋	四川江北	约1846	举人	1884—1902	38	安徽徽宁池太广道	
126	松寿	正白旗满洲	1849		1884—1890	35	陕西督粮道	闽浙总督
127	梁有常	浙江钱塘		举人	1884—1890		因病离署	
128	魏晋桢	吉林伊通	约1846	进士	1884—1898	38	道员分省	
129	吴景祺	浙江余姚		拔贡	1884—1898		安徽徽宁池太广道	
130	锡桐	正黄旗汉军	约1847		1884—1896	37	山东登莱青道	陕西提法使
131	陈名侃	江苏江阴	1848	举人	1884—1906	36	宗人府府丞	左副都御史
132	曾丙熙	湖南邵阳	约1845	举人	1884—1891	39	以道员发往江南	
133	杨宜治	四川渠县	约1846	举人	1884—1898	38	太常寺少卿卒于任	
134	沈维诚	顺天宛平	约1849	进士	1884—1896	35	广西桂林遗缺知府	
135	宋承庠	江苏华亭	1852	举人	1884—1895	32	御史	

续表

	姓名	籍贯	生年	出身	在署时间	入署年龄	离差时本职	后任主要官职
136	松年	正蓝旗满洲	约1846	廪生	1884—1903	38	外务部郎中	
137	存祥	正红旗蒙古			1885—1887		因病辞差	
138	恒寿	正红旗满洲			1886—1895		在任病故	
139	常明	正黄旗满洲	约1843	生员	1886—1901	43	刑部员外郎	
140	徐家鼎	安徽太湖	1841	进士	1886—1889	45	御史	
141	顾肇新	江苏吴县	1853	举人	1886—1903	33	商部右侍郎	
142	张兆兰	江苏仪征	1842	举人	1887—1896	45	御史	
143	文溥	镶蓝旗满洲			1887		在任病故	
144	升允	镶黄旗蒙古	1858	举人	1887—1895	29	陕西试用知府	陕甘总督
145	瑞良	正黄旗满洲	约1863	监生	1887—1903	24	河南布政使	署绥远城将军
146	崇宽	镶蓝旗满洲	1842	进士	1887—1893	35	詹事府右庶子	盛京礼部侍郎
147	关以镛	广东开平	1853	举人	1889—1903	36	江西南昌遗缺知府	
148	那桂	镶黄旗满洲	约1846	进士	1889—1899	43	詹事府左庶子	
149	贵镛	正黄旗满洲		举人	1889—1898		因病离署	
150	葛宝华	浙江山阴	1844	进士	1889—1896	45	太常寺少卿	刑部尚书

续表

	姓名	籍贯	生年	出身	在署时间	入署年龄	离差时本职	后任主要官职
151	定成	正黄旗满洲	约1853	进士	1890—1898	37	山东沂州府知府	大理寺卿
152	景枢	正红旗满洲			1890—1901		外务部成立后退出	
153	长晖	正白旗满洲			1890—1911		外务部额外郎中	
154	王鑫	江苏江都		举人	1890—1895		在任病故	
155	承玉	镶黄旗满洲			1891—1895		事繁辞差	
156	朱有基	浙江萧山	约1857	举人	1891—1907	34	江西建昌知府	
157	缪祐孙	江苏江阴	1851	进士	1891—1894	40	任内病故	
158	刘奉璋	江苏宝应	1854	进士	1891—1908	37	外务部员外郎	
159	吴品珩	浙江东阳	1859	进士	1893—1908	34	湖北荆宜施道	安徽布政使
160	陈鸿绶	江苏丹徒		进士	1893—1894		在任病故	
161	沈曾植	浙江嘉兴	1850	进士	1893—1903	43	江西广信知府	安徽提学使
162	周儒臣	安徽宿州	约1863	拔贡	1893—1903	30	湖南岳州知府	湖南按察使
163	绍昌	正白旗满洲	约1857	举人	1893—1905	36	内阁学士	法部尚书
164	文瑞	镶白旗满洲			1893—1901		外务部成立后退出	
165	傅嘉年	福建建安	约1849	进士	1893—1906	44	湖北襄郧荆道	

续表

姓名	籍贯	生年	出身	在署时间	入署年龄	离差时本职	后任主要官职
166 方孝杰	安徽定远	1856	拔贡	1894－1896	38	因涉嫌撞骗撤差	
167 存善	镶红旗满洲	约1852	附贡	1894－1903	42	外务部员外郎	
168 徐承焜	正蓝旗汉军	约1855	拔贡	1894－1907	39	浙江衢州知府	
169 朱樑济	顺天大兴	1845	举人	1894－1899	49	奉天道员	
170 景礽	镶蓝旗满洲			1894－1897			
171 锡恩	镶黄旗满洲	1856	进士	1894－1901	38	外务部成立后退出	
172 杨保彝	山东聊城	1852		1894－1901	42	外务部成立后退出	
173 陈浏	江苏江浦	1863	拔贡	1894－1908	31	外务部郎中	福建盐法道
174 赵以煃	贵州贵阳	1860	进士	1895－1897	35	在任病故	
175 长曜	旗人			1895－1897		在任病故	
176 陈夔龙	贵州贵筑	1855	进士	1895－1998	40	内阁侍读学士	直隶总督
177 王昌年	山东长山		举人	1895－1903		外务部主事	
178 凌万铭	四川宜宾		举人	1895－1903		外务部员外郎	
179 霍翔	安徽庐江		举人	1895－1908		外务部郎中	
180 王荣先	湖北枣阳	1859	进士	1895－1906	36	外务部员外郎	
181 汪嘉棠	安徽歙县	约1856	拔贡	1895－1898	39	江苏道员	江苏交涉使

续表

	姓名	籍贯	生年	出身	在署时间	入署年龄	离差时本职	后任主要官职
182	灵厓	正蓝旗满洲		举人	1895—1911		外务部额外郎中	
183	景清	正红旗满洲	1862	生员	1895—1901	33	外务部成立后退出	
184	延照	正白旗满洲		举人	1895—1896			
185	齐普松武	正白旗满洲	1857	进士	1896—1901	39	外务部成立后退出	
186	存格	正红旗满洲			1896—1911		外务部员外郎	
187	吴荫培	安徽歙县		举人	1896—1911		外务部郎中	
188	李岳瑞	陕西咸阳	1852	进士	1896—1898	44	戊戌政变后革职	
189	邹嘉来	江苏吴县	1853	进士	1896—1909	43	外务部侍郎	外务部尚书
190	阿克敦	正红旗满洲		生员	1896—1909		外务部庶务司主事	
191	雷补同	江苏华亭	1860	举人	1896—1908	36	外务部右丞	驻奥公使
192	陈本仁	云南昆明		进士	1896—1906		汉城总领事	
193	李清芬	直隶宁津	约1860	举人	1896—1909	36	安徽皖南道	广东交涉使
194	朴寿	镶黄旗满洲	1856		1897—1903	41	山西归绥道	福州将军
195	张元济	浙江海盐	1867	进士	1897—1898	30	戊戌政变后革职	
196	景禩	镶蓝旗满洲	约1864	进士	1897—1901	33	詹事府右庶子	弼德院参议

续表

	姓名	籍贯	生年	出身	在署时间	入署年龄	离差时本职	后任主要官职
197	恒文	正白旗满洲	约1868		1898－1911	30	外务部丞参上行走	
198	康有为	广东南海	1858	进士				
199	唐文治	江苏太仓	1865	进士	1898－1903	33	商部左丞	署农工商部尚书
200	郑孝胥	福建闽县	1860	举人	1898	28	请假离京	湖南布政使
201	江标	江苏元和	1860	进士				
202	李审之	江苏静海		进士	1898－1906		外务部主事	
203	杨枢	正红旗汉军	1844	生员	1898－1899	54	广东候补道	驻日、驻比公使
204	世善	镶黄旗满洲	约1858		1898－1900	40	浙江衢州知府	安徽按察使
205	刘显曾	江苏仪征	1851	进士	1898－1901	47	外务部成立后退出	
206	王清穆	江苏崇明	1860	进士	1898－1903	38	商部右参议	直隶按察使
207	汪大燮	浙江钱塘	1859	举人	1898－1906	39	驻英公使	民国国务总理
208	陈懋鼎	福建闽县	1870	进士	1898－1911	28	外务部右参议	
209	贵诚	正白旗满洲	约1862	进士	1898－1900	36	在任病故	
210	江庆瑞	安徽桐城	约1867	进士	1899－1911	32	外务部员外郎	
211	刘庆汾	贵州遵义	约1861	附生	1899	38	江苏候补知府	福建兴泉永道

续表

	姓名	籍贯	生年	出身	在署时间	入署年龄	离差时本职	后任主要官职
212	善佺	镶白旗满洲			1899—1901		外务部成立后退出	法部左丞
213	绪儒	镶红旗满洲	约1864	进士	1900—1911	36	外务部郎中	
214	周暻	直隶滦州	约1847	举人	1900—1901	53	外务部成立后退出	
215	李毓森	甘肃甘泉	约1847	监生	1900—1901	53	云南粮储道	福建汀漳龙道
216	何藻翔	广东顺德	1865	进士	1900—1901	35	外务部员外郎	
217	曾述棨	河南固始	1867	进士	1900—1911	33	外务部右丞	
218	延龄	镶白旗蒙古		生员	1900—1901		外务部成立后退出	
219	奎佑	正黄旗满洲		生员	1900—1911		外务部员外郎	
220	章士荃	江苏娄县	1865	进士	1900—1901	35	外务部主事	
221	联昌	正蓝旗蒙古		举人	1901—1910		外务部额外郎中	
222	全龄	正黄旗满洲		生员	1901—1911		外务部员外郎	
223	保恒	镶黄旗汉军	约1865		1901—1910	36	江西广饶九南道	

资料来源:《钦命总理各国事务衙门同官录》,光绪年刻本;秦国经主编:《清代官员履历档案全编》;《宫中档朱批奏摺》《军机处录副》《军机处档摺件》人事类;冯立昇主编,清华大学图书馆、科技史暨古文献研究所编:《清代缙绅录集成》,第51—95册,郑州:大象出版社,2008年,"总理各国事务衙门""外务部"部分;江庆柏编:《清代人物生卒年表》。

第4章

总理衙门翻译官与吏员

除正式的堂、司两级官员之外,总理衙门另设身份给官与吏之间的翻译官,以及承担单纯缮写任务的吏员——供事。供事地位较低,缮写档案、文书,对于政事及交涉内幕有所了解,有时能显示其影响。因仿照军机处模式,总理衙门供事的设置与章京同时,而近代外交所需的最基本人才——精通外语的翻译官,却迟至1888年,也就是总理衙门成立近三十年后,方逐渐设置。❶

总理衙门对培养翻译人才缺乏重视,导致该职位在设置后长期未能满员。充任该职的翻译人员,也并不能根据需要,履行交涉传译之职。❷

---

❶ 总理衙门在光绪十四年(1888)上奏请求设立翻译官职位。此前,总理衙门曾于同治元年(1862)制定同文馆章程之时,规定同文馆学生三年大考一次,优者授为七、八、九品官。但这些"七、八、九品翻译官"是同文馆学生的加衔,其职责、地位与额设翻译官不同。本节仅讨论额设翻译官情况。

❷ 总理衙门翻译官从卸任的驻外使馆翻译官中甄选,关于晚清驻外使馆翻译官的史实,将放在第六章第三节详述。本节内容,亦与第六章第三节互补。

一　总理衙门的翻译官

（一）动议与设置

　　因"夷夏大防"观念的阻隔，在近代中国，"习夷语"是士人们耻于为之的事情。清朝在两次鸦片战争中的战败，触动了士人们敏感的神经，更使得他们不可能主动学习"寇仇"语言。通外语的中国人，多为广州、上海等口岸城市的"通事"。清朝上层官僚中，除一二开明者外，少有主动学习外国语言的动机与远见。由此导致中外官方交涉，一直由对方主导翻译。第二次鸦片战争期间，郭嵩焘在给咸丰帝奏摺中称，尽管中西交兵议款二十年，但是"始终无一人通知夷情，熟悉其语言文字"。他认为，外人之所以能通中国情势，是因为他们在通商各口培养了一批通西文又能为其所用的中国人；中国要通夷情，则要从沿海及西北网罗通晓英、俄语言之人进京，命理藩院发给薪米，使其"转相传习"，"推考诸夷嗜好忌讳"，以便对诸夷"施控制之略"。然而，该摺没有得到咸丰帝的任何回应。❶

　　总理衙门成立后，即奏请设立京师同文馆，选八旗中聪慧子弟，入馆学习各国语言。然因师资有限，训练不足，课程、考试不甚合理，虽经多年努力，该馆所培养的人才外语能力非常有限：即使优秀者也仅能洋译汉，且方式限于笔译，听说口译则无法运用自如。光绪元年（1875）之后，清朝陆续向英、美、日本等国派遣驻

---

❶ 《郭嵩焘摺》（咸丰九年正月二十四日），《外交档案》01-02-007-01-040；《随手登记档》，咸丰九年正月二十四日条。

外使臣，其所奏带翻译，从京师同文馆及曾入上海、广东同文馆人员中选取。然而这些翻译人员远不能担负其责，各使馆在交涉时，只能依赖洋员传话。❶ 从档案记录来看，在北京的总理衙门，每逢与外国公使、教士会谈，也多依赖对方所带翻译。❷ 因此，总理衙门对于培养自己的翻译官也缺乏紧迫感。

中法战争之后，随着风气渐开，通洋务、习洋语不再为士人所耻，总理衙门也将延揽翻译人才提上议事日程。光绪十四年六月二十二日（1888年7月30日），总理衙门以对外交涉日益繁多，奏请正式添设英、法、俄、德翻译人员，摺片称：

> 臣衙门同文馆奏定章程遴选学生内通晓洋文者作为七八九品翻译官，原以资谙习各国语言文字，储为舌人之选。比年该翻译等学有成效者，颇不乏人，或调往边界，或奏带出洋，均能奉差无误，俾疆吏、使臣各收指臂之益。至臣衙门办理交涉事务甚繁，翻译尤为紧要，必须于外洋情形阅历较深者，方资得力。臣等公同商酌，拟添设英、法、俄、布文翻译官正副各一员，于曾经出洋充当参赞、翻译差满回京者拣选派充。如人数不敷拣选，任缺无滥。此项翻译官，遇有各国使臣到署会晤时，即令随同传宣问答之词，兼充翻订华洋文字之职，如无贻误，仍照向章每届三年给予奖励一次，至该翻译等逐日趋公，

---

❶ 例如，英国公使馆长期依赖马格里，德国使馆长期依赖金楷理。详见第六章第三节。
❷ 国家图书馆编：《晚清外交会晤并外务密启档案汇编》第1—7册，北京：全国图书馆文献缩微复制中心，2008年。在总理衙门中，有一类档案名为"问答簿"，详细记载总理衙门、外务部官员在每次与外人会晤时交涉的各项细节，包括会晤时间、会谈地点、出席人物、双方问答内容，记录人则为随同会晤的总理衙门章京。记录完成后，交总理衙门大臣修改、画稿、存档。上述档册汇编即国家图书馆所藏晚清散佚的总理衙门问答簿。

亦应量给俸薪，再由臣衙门随时酌核定数发给。❶

该摺动议迅速获得批准。大概深知同文馆培养的外语人才因缺少相应的学习环境，口语能力较差，总理衙门只将翻译官人选限制在曾经出洋充当参赞、翻译，且差满回京的人员中，而非直接从同文馆招人。晚清公使奏带参赞、随员、翻译常驻国外，以三年为期。参、随、翻译，若不得后任使臣奏留，期满须回国销差。因此，回国人员在外至少已三年，有着相对丰富的交涉经验和练习外语的机会。奏摺对翻译官职责的规定是到署会晤时，充当传译，同时翻译、修订中外译文。奏摺也规定对翻译官进行三年一届的保奖，并酌量发给薪俸，作为对他们的酬劳与鼓励。

这里尤需注意的是，总理衙门堂司两级官员，即大臣、章京都是差使，而非专缺，他们在内阁、六部、理藩院各有本职；驻外使馆的翻译、随员、参赞、公使同样也是差使，他们在京中或外省各有本职，如参赞、随员、翻译多为县丞、知县、知府，公使则多为开缺道台、三四品京堂。这些本职，多与外交全无关系。在科举主导的官僚体制中，并无外交专途，上述本职的升迁，才是总理衙门官员、驻外使馆馆员仕进的方向。总理衙门翻译官同样如此，该职虽由总理衙门奏请专设，但仍是差而非缺。

依据奏摺，总理衙门对翻译官的甄选原则为"任缺勿滥"，员额则限定为英、法、俄、德正副各一位，共八位。迟至光绪十六年

---

❶ 《总理衙门片》（光绪十四年六月二十二日），《军机处录副》03-9434-034。"布"即"布鲁斯"（普鲁士），因总理衙门成立之初，德国尚未统一，故有此称。后来交涉，仍时常沿用此名。

底（1891年初），第一批翻译人员三位派遣到任。❶他们分别是：英文正翻译官张德彝、副翻译官沈铎；德文正翻译官恩光。以下逐一考证档案中散见的总理衙门翻译官及其任期，以明该群体的来源、语言训练及实际作用。

从现有史料中，检出总理衙门翻译官十七人，为论述便利，将其大致情况列表如下：❷

表4-1 总理衙门翻译官情况表

	姓名	语种	籍贯	受教育地点（开始时间）	任差前经历	任差时间
1	张德彝	英	镶黄旗汉军	京师同文馆（1862）	驻英、俄翻译官	1891—1897
2	沈铎	英		京师同文馆	驻日使馆翻译官	1891—1896
3	马廷亮	英		京师同文馆（1890）	同文馆英文副教习	1896—1901
4	文祐	英		京师同文馆	同文馆英文副教习	1896—？
5	斌衡	英	镶蓝旗蒙古	京师同文馆（不迟于1881）	西藏测绘委员	1896—1898
6	恩光	德	正蓝旗满洲	京师同文馆（1871，举人）	驻德使馆翻译官	1891—1893
7	治格	德		京师同文馆	赴德学习学生	1898—？
8	程遵尧	德	安徽潜山	京师同文馆（1887）	德文副教习、官书局德文翻译委员	1900—？

---

❶《总理衙门片》（光绪十九年十二月十七日），《宫中档朱批奏摺》04-01-12-0560-142，中国第一历史档案馆藏。

❷ 表格据本章附"总理衙门翻译官题名考"编成。

续表

	姓名	语种	籍贯	受教育地点（开始时间）	任差前经历	任差时间
9	塔克什讷	俄		京师同文馆	驻俄使馆翻译官	1892
10	巴克他讷	俄		京师同文馆	驻俄使馆翻译官	1896
11	庆全	俄		京师同文馆	驻俄使馆候补翻译	1896－1897
12	萨荫图	俄	镶黄旗蒙古	京师同文馆	户部候补员外郎	1897－?
13	瑞安	俄	镶蓝旗汉军	京师同文馆（1874）	游历俄国翻译官	1895
14	联湧	法	镶白旗汉军	京师同文馆		约1892－1893
15	世增	法	正白旗汉军	京师同文馆（1880）	驻法使馆翻译官	约1894－1896
16	唐家桢	日		驻日使馆东文学堂（1887）	驻箱馆副理事署学习翻译	1895－?
17	陶大均	日		驻日使馆东文学堂（1885）	驻日使馆翻译官	约1900－?

总理衙门额设翻译官数量较少，在1891年至1901年十年间，总数未超过二十人。英、法、德、俄翻译官所受教育，出自京师同文馆；日文翻译官则出自驻日使馆东文学堂。他们充当总理衙门翻译官之前，多已接受超过十年的外语教育，且有驻外使馆的任差经历。此时体制中产生的翻译人才较少，他们经常被调外出，在署任差时间并不长。

（二）训练、职司与效果

从以上翻译官的简单经历可知，他们以有着驻外经历的同文馆学生居多，我们可从同文馆、驻外使馆两处的语言训练情况来考察翻译官所接受的训练及其实际效果。

总理衙门于光绪二年（1876）为京师同文馆颁布的课程表将受业学生分为两种：一类学生为通洋文，同时以洋文为基础，兼习其他新式学科；另一类学生则可不通洋文，仅借汉译本以通各类新式学科。这两类学生中，只有前者涉及外语训练，时限八年，课程安排分别是：首年认字写字、浅解辞句、讲解浅书；二年讲解浅书、练习句法、翻译条子；三年讲各国地图、读各国史略、翻译选编；四年数理启蒙、代数学、翻译公文；五年讲求格致、几何原本、平三角弧三角、练习译书；六年讲求机器、微分积分、航海测算，练习译书；七年讲求化学、天文测算、万国公法、练习译书；八年天文测算、地理金石、富国策、练习译书。❶其内容庞杂，安排不尽合理。为检测学生的学业，同文馆三年举行一次大考。关于语言方面，主要是洋文照会、条子译汉，考试时间并无限制；且在很长时间内，考试内容并不包括口语测试。❷同文馆虽有学习时限，但并无经考试或其他测试而使学生结业、毕业的程序。学生在完成学业后，得不到相应的出身，其去向在章程中也无明确规定。在科举垄断正途选官的时代，同文馆上述制度有着极大的弊端：学生们既缺乏精通外语的动力，也没有清晰的努力方向和奋斗目标。

这种环境实难培养合格的翻译人才。齐如山曾在同文馆学习，他在回忆录中讲过一则故事：在1883年前后，因西北科布多对俄交涉的需要，军机处咨文总理衙门，要求其所辖同文馆提供俄文翻译人员。总理衙门挑选七个俄文学生送往军机处考试，其中一人学习俄文超过十三年之久，其余都学习七年，但考试时，仅一人能把

---

❶《同文馆题名录（第七次）》，光绪二十四年刊本，"课程表"，第3—4页。
❷《同文馆题名录（第五次）》，光绪十九年刊本，"大考榜单"；《同文馆题名录（第六次）》，光绪二十二年刊本，"大考榜单"；《同文馆题名录（第七次）》，"大考榜单"。

俄文字母念出来，其余最好的，也只能认识一半的字母。军机处大怒，咨文总理衙门，称同文馆学生受教育十多年，连字母都认不全，"殊属不成事体"。齐如山接着说，不但俄文馆如此，其他英法文馆也是如此。❶

这个故事或许有夸张成分，但同文馆学生回忆本校旧事，应非杜撰。同文馆语言训练既然不到位，那么该馆学生在历经出使数年后，情况是否能有改变？《同文馆题名录》光绪十九年刊本曾刊登前一年大考榜单，其中"英文照会译汉"一科，马廷亮与周自齐名列一二名，属馆中英文翻译的佼佼者。马后来充总理衙门翻译官，周自齐则任同文馆记名英文副教习。光绪二十二年（1896），周由伍廷芳奏调赴美，任翻译、参赞。❷ 十年后，驻英公使汪大燮路经美国，了解到清朝驻美使馆运作的许多内情，他在给汪康年信中言："周自齐在美亦多年，然仅能洋译汉，实不能汉译洋，洋文亦竟不能动手也。"又称："兄闻之周子仪云：渠在中国自以为极优矣，到美后始知不足，至今竟不敢动手，不过看得懂而已。"❸

另有一例，可与周自齐事相互参照。同文馆学生陈贻范早年曾在上海广方言馆学习英文，因成绩优异，光绪十六年由南洋大臣咨送京师同文馆，经总理衙门保奏为七品翻译官。五年后，总理衙门意识到同文馆语言训练效果有限，请将该馆优异学生派驻英、法、俄、德四国学习语言，每处四人，陈贻范即入其选，他在次年赴英，入林肯法学院学习。后经罗丰禄、张德彝派为使馆翻译官。❹

---

❶ 齐如山：《齐如山回忆录》，沈阳：辽宁教育出版社，2005年，第35—36页。
❷ 《同文馆题名录（第五次）》，第6页；《同文馆题名录（第六次）》，第5、32页。
❸ 《汪大燮致汪康年》（光绪三十二年九月初九日到），上海图书馆编：《汪康年师友书札》第1册，第884—886页。
❹ 秦国经主编：《清代官员履历档案全编》第8册，第650页。

经过多年历练，其英文水平在同侪中已为最上等。汪大燮上任后称："使馆所能传话不至贻笑者，惟陈安生（陈贻范字）一人。"在此之前，"英馆数十年来之使者，大率专靠洋员马格里一人"。汪大燮于1906年继任驻英公使之时，马格里正从使馆退休，汪称，当时"如系一能语二文字之人，尚可支持"，但事与愿违，实在找不到合适人选，因此"危惧之心，几于夜不成寐"。但陈贻范外交公文写作能力并不到位，因此汪在发送英文请柬之前，只能先寄至苏格兰马格里家改正后，方能送出。实际上，陈贻范在驻外使馆翻译官中已属上等，不过如果涉及外交辩论等场合，仍然难以依恃。❶

汪大燮的前任为张德彝，是同文馆最早的学生，多次驻外任差，又充总理衙门翻译官多年，然遇交涉公事只能依赖马格里，其英文水准及办事能力之差，可见一斑；周自齐为同文馆优等学生，又在美国历练多年，其能力仅止于英文译汉；陈贻范经同文馆考选，赴英学习法律多年，尚不能应对某些常用的外交公文与外交辩论，可见清朝翻译官在国外接受语言训练的效果，也不能过高估计。

如此一来，总理衙门最先的设计"遇有各国使臣到署会晤时，即令（翻译官）随同传宣问答之词"根本无法施行。现有总理衙门问答录不见有翻译官随同接见外使、传宣问答的情形。各国公使来署会晤，一般自备翻译。到光绪二十一年（1895）闰五月，总理衙门大臣下达"堂谕"："嗣后各国会晤，应派熟悉该国语言之同文馆翻译官及学生等一二人在旁静听，以免洋员翻译参差。"❷也就是说，总理衙门在此时才指派翻译官参与会晤，但主要工作是负责旁听，

---

❶ 《汪大燮致汪康年》（光绪三十二年九月初九日），上海图书馆编：《汪康年师友书札》第1册，第883—884页。

❷ 《增定同文馆章程》，第30页。

以防各国洋员翻译产生讹误。其任务由预设中的"传宣问答"变成了现实中的"在旁静听"。

光绪帝也曾有意学习英文，故命总理衙门传新任翻译官张德彝、沈铎入内讲习。❶张德彝长期在英任差，然其英文水平实际并不高明；沈铎虽学英文，但主要在日本任职，也无太多的实践训练。同文馆总教习丁韪良回忆说，所有的英文对话实际是先交他审定，然后由翻译官教授给光绪帝，让光绪帝照抄一遍。另外，张、沈不合格的英语导致光绪帝口语极差。他们不仅无法独立进行英语教学，还在光绪帝面前相互拆台，指责对方能力不济。❷

正因翻译官的听力、口语以及汉洋笔译的能力存在巨大缺陷，故其主要任务，仍如之前同文馆学生那样，限于外文译汉的工作。❸

因人手有限，而翻译官事务较多，总理衙门在收到紧急外文电报或公文时，只能派同文馆优秀学生代为翻译。学生水准更为逊色，因此"遇有此等情事，率行推却"，以至总理衙门大臣怒斥"实属滑懒性成，强分畛域"，警告说，如分派应译文件，再有推诿者，"立即革除，决不宽贷，勿谓言之不预也"。❹

（三）待遇与出路

总理衙门在设立翻译官专职后，即给予相应的薪酬。其薪水数

---

❶《同文馆章程（第六次）》，"进内备差"条。"光绪十七年十一月初一日奉署王大臣面奉谕旨，传翻译官张德彝、沈铎进内备差，每员间日恭讲英文。"见《同文馆章程（第六次）》，第82页。

❷〔美〕丁韪良：《花甲忆记》，第214—215页。

❸ 例如，戊戌变法时总理衙门曾令翻译官将洋文新报上有关风俗政令的相关消息，逐日详译后酌抄进呈。（《增定同文馆章程》，第51页）

❹ 朱有瓛：《中国近代学制史料》第1辑上册，上海：华东师范大学出版社，1983年，第149页。

目,现有材料中可检出三条,总理衙门光绪十六年(1890)收支经费四柱清单称:"翻译官张德彝、沈铎、恩光薪水银五十八两";十八年清档称:"翻译官张德彝、沈铎、恩光、塔克什讷薪水共银九百六十四两;又张德彝、沈铎津贴共银五百六十两";二十三年清档称:"翻译官张德彝、斌衡、世增、塔克什讷、瑞安、巴克他讷、庆全、马廷亮、文祐九员薪水共银一千九十四两。"❶

张德彝、沈铎、恩光于光绪十六年十二月任职,故可大概推测,翻译官薪水为每月银20两。其后两次清单的数字可印证该推论。光绪十八年,张、沈二人额外津贴当为入内进讲所得。翻译官银20两的月薪略高于同文馆副教习,❷高于京中正途出身的部院司员,但后者有薪俸之外的印结、馈赠等大笔收入,因此其实际所得当仍比翻译官高出一截。❸

在科举时代,士人经层层科考,或入翰林,或分部院主事,或外任知县,这些方为仕进的坦途。近代以来,中外交涉逐渐繁难,国家亟需精外语、通外交的人才,但外交和翻译却并未单列一途:不但总理衙门堂、司两级官员都为兼差,常驻外国的使臣也是兼差,三年一任,期满回国,总理衙门翻译官多数出自同文馆学生,并无时人公认的功名头衔。

根据同文馆章程,学生在三年大考中如获优等,则可保为

---

❶《总理衙门呈光绪十六年份收支三成船钞及船牌银数四柱清单》(光绪十七年),《军机处录副》03-6629-100;《总理衙门呈光绪十八年份收支三成船钞及船牌银数清单》(光绪十九年九月二十四日),《军机处录副》03-9435-036;《总理衙门呈光绪二十三年年份收支三成船钞及船牌银数清单》(光绪二十四年十月初二日),《军机处录副》03-6647-128。
❷"同文馆后馆肄习洋文学生若甄别留馆,学堪早就,则月给膏火银三两;俟学有成效,选拔前馆,月给膏火银六两;数年后如课业大有长进,则增至十两;其优长者如充副教习,则月给薪水十五两。"参见《同文馆章程(第六次)》,第57页。
❸京中部院主事、郎中、员外郎年薪为银60至80两不等。

七八九品官；七品官如再经三年大考获得优等，则可保为各部主事。❶当总理衙门在光绪十四年奏设翻译官时，也奏请"仍照向章每届三年给予奖励一次"。所谓的"向章"，即上述同文馆学生的保奖章程。本来，翻译官为差而非缺，外交并非专途，但翻译官若能借助保奖，经七八九品官升任主事，其仕途即可与正途京官相衔接。这样一来，争取晋升主事、员外郎、郎中，或外放道府州县就成了翻译官仕途的"正道"。在甲午战争之前，同文馆学生、翻译官如能保升实缺主事、员外郎、郎中，一般不愿留任翻译官。例如德文翻译官恩光，是同文馆少有的获举人出身的学生，曾在外任差多年，光绪十八年经许景澄奏请保奖，作为候选郎中遇缺即选，次年奉旨补授泰陵工部郎中，随即开去翻译官，专任郎中一职。❷

甲午之后，风气大开，外交一途早已不再遭人轻视，翻译官尤成为紧缺人才，但上述矛盾并未消失，充任翻译官往往沦为争取三年保奖、促成本职升迁的工具。这一矛盾直到外务部成立后，才基本得到解决。上述各翻译官中，沈铎病故于任内，联溁死于命案，恩光补授泰陵工部郎中离署，斌衡离任后专任理藩院笔帖式，并外任知县，❸俄文翻译巴克他讷、庆全资料不详，其他人则多留在外交界效力。

英文翻译官张德彝在翻译官任内出任驻英参赞，后任驻英公使；马廷亮经袁世凯奏调，在外省办理洋务，后被驻日公使奏带，任使馆参赞，光绪三十二年（1906）初，清朝撤回驻韩国公使，改

---

❶ 《总理衙门摺》（同治元年七月），宝鋆等修：《筹办夷务始末（同治朝）》第1册，第345页。
❷ 《载信等摺》（光绪二十二年十月二十六日），《宫中档朱批奏摺》04-01-12-0576-034。
❸ 《吏部带领京察一等笔帖式斌衡等员引见之名单》（光绪二十九年二月十二日），《军机处档摺件》154120；《山西巡抚恩寿摺》（光绪三十二年十二月初四日），《军机处录副》03-5471-086。

派总领事常驻该国，马廷亮即就任该职；❶文祐则一直任外务部翻译官。❷德文翻译官程遵尧此后一直留在外务部任翻译官；治格曾任驻德使馆翻译官，回国后，一度署理京师外城警察厅丞，因五大臣出洋时发生车站爆炸案而辞职。❸俄文翻译官塔克什讷后任外务部翻译官，并记名副都统，在实任副都统后离职；❹萨荫图则在此后一直担任外务部翻译官，并外放湖南岳常澧道、哈尔滨关道，后担任驻俄公使、科布多参赞大臣；❺瑞安则在黑龙江总理俄文学务，培养俄文学生。法文翻译官世增在光绪二十三年（1897）经驻俄公使杨儒调俄，历充翻译、参赞，回国后，总理浙江洋务局，升宁绍台道，之后历任外务部丞参上行走、山东兖沂曹济道、云南按察使、交涉使、布政使、甘肃布政使，丧生于辛亥革命期间的云南新军起义。❻日文翻译官唐家桢此后仍任外务部翻译官；❼陶大均入外务部后任日文翻译官，因能力较强，升奉天交涉使、署理外务部左丞、江西按察使。❽

总理衙门的翻译官多由同文馆学生出身，早年接受的是同文馆无严格学制、无合理考核、无毕业规定但内容却颇新的学科训练；

---

❶《外务部摺》（光绪三十二年正月），《外交档案》02-19-005-03-003。
❷《外务部摺》（光绪三十年十二月二十三日），《军机处录副》03-5434-040。
❸《同文馆题名录（第七次）》，第33页。崇彝：《道咸以来朝野杂记》，第97页；《外务部摺》（光绪三十三年十二月二十四日），《军机处录副》03-5495-082；《外务部摺》（光绪三十年十二月二十三日），《军机处录副》03-5434-040。
❹《清实录》第58册，北京：中华书局，1987年，第550、607页。
❺秦国经主编：《清代官员履历档案全编》第7册，第526—527页；《清实录》第59册，第574、648页；第60册，第1049页。
❻秦国经主编：《清代官员履历档案全编》第8册，第137—138页；第60册，第318、767、1019、1290页。
❼档案中有唐家桢在外务部任内所递呈文：《翻译官唐家桢呈酌拟学生出洋章程》（光绪二十八年七月），《外交档案》02-14-014-02-015。
❽《清实录》第59册，第733页；第60册，第317、343页。

后来尽管多数被奏调驻外，有更理想的实践和学习机会，但清朝驻外使馆的语言训练似并未达到良好的效果。总理衙门本希望翻译官在中外交涉时传递语言、订正中外文字。就实施效果来看，历经多年同文馆学习、担任驻外参赞或随员后回国任职的翻译官，无力承担此类职责。从上文分析可知，直至总理衙门改组为外务部，该机构中能胜任翻译官职事者，寥寥无几。

二　总理衙门的吏员

在论及清代京师部院及外省各级行政机构时，胥吏（书吏）群体是不容忽视的内容。前章已有论及，清代通过科举取士，以科考成绩作为授官依据。无论在京各部，还是外省道府州县，各级官僚都缺乏专门技能与行政经验，须赖熟读律条及则例的书吏办事。书吏的专业技能往往传自家族上辈，书吏行业可算作具有较强垄断性质的营生。

在这其中也有例外，清朝六部之外宗人府、内阁、翰林院、詹事府，因多须抄缮文件，故专门设置一类吏员——供事，在这些机构中，供事的职责仅止于抄缮，行政事务仍归科举选拔的官员办理。供事人数视各机构办事繁简而定，嘉庆年间吏部奏定的供事考取章程规定，各部门供事人数分别为：宗人府14名，内阁62名，翰林院16名，詹事府10名。当修撰官书各馆（如军机处方略馆），需人抄缮稿件时，例从各处考取供事中咨取。❶总理衙门供事，正是取法于此。

---

❶《大学士保宁等奏》（嘉庆十一年四月初十日），《军机处录副》03-2167-008。

（一）供事的设置与分类

总理衙门文书档案较多，需专门供事抄缮。奕䜣等人在筹备成立总理衙门时，对设置供事差役有所权衡与设计："查各衙门书吏，习惯作弊，稽查难周，茶房皂役，传递消息，百弊丛生。惟各馆供事，均系由京官出结考取有来历之人，平日职在缮写，亦无胥吏习气。"因此"拟于国史馆、方略馆挑取供事十六名，办理文案"。❶后因人手不够，总理衙门又于同治三年（1864）将该机构供事总数增至44人。❷在海防股成立之后，又另增供事4人，总计48人。❸供事之弊固然比书吏稍轻，但他们任差门槛较低，容易朋比援引，互通声气，在当时人的观感中，他们品行较为低劣。

总理衙门供事仅司抄缮，不能插手具体事务，这是该机构重要特征之一。具体而言，可根据供事的分类略述其职能。供事根据其负责抄缮文书的不同，划分为两类：

1. 文案科房供事。该类供事共24人，平均分为两班，其中每班领班1人，承发2人，散班9人。散班9人中，4人抄稿，登记《堂标簿》《书启簿》，4人专抄行文写摺及照会书信，另派1人专门抄缮杂项内容。

2. 清档科房供事。该类供事计20人，也平均分作两班，其中每班领班1人，承发1人，散班8人。在散班8人中，4人专门

---

❶ 贾桢等修：《筹办夷务始末（咸丰朝）》第8册，第2717页。
❷ 宝鋆等修：《筹办夷务始末（同治朝）》第3册，第1217页。
❸ 王会厘纂辑：《皇朝职官志》卷11，"总理各国事务衙门"，台北"故宫博物院"图书文献处藏，第27页。该《职官志》记载，总理衙门供事48人，每月工食银4两；又据光绪十七年（1891）总理衙门三成船钞收支经费单，该年海防股供事共支银192两，可推断，海防股供事为4人，每人工食银48两。《呈光绪十七年份收支经费银数四柱清单》（光绪十八年十二月二十日），《军机处录副》03-6631-139。

抄写英美清档，4人专门抄写法俄清档。领班、承发负责发写清档、文书归号。❶ 清档房档案目录编订、校对，本属于清档房章京的职责，按规定，每册清档首页应开列该档册承修官、校对官姓名（后来增加覆校官），以便稽核，❷ 但从现有清档档册来看，自光绪二十一年（1895）之后，各档册首页不再有承修、校对章京的姓名，光绪二十三年之后产生的档册，每册页后都有校对者钤印，这些校对者不再是此前那些负责承修、校对、覆校清档的章京，而是清档房供事。因此，自光绪二十一年起，清档科房供事即承担起原属清档房章京的部分事务。

除文案科房、清档科房供事外，总理衙门海防股也设有供事。❸ 其职责当与文案科房、清档科房供事类似，即抄缮该股文书、档案。

（二）供事的选拔

照清朝规章，总理衙门供事最先是从方略馆、国史馆考取，后上述两馆缺少足够保送的人员，总理衙门奏请从内阁、翰林院、詹事府等设有供事之处，一体咨传考取。故若要详知总理衙门供事的来源，须从内阁、翰林院、詹事府各馆供事的源头来考察。

内阁、翰林院、詹事府等机构考取供事，由它们自行发布招考告示，向民间公开招考。投考者无出身要求，但须由五品以下、七品以上的同乡京官出具印结，保证身家清白，且系亲身赴考。考试

---

❶ 宝鋆等修：《筹办夷务始末（同治朝）》第3册，第1217页。
❷ 宝鋆等修：《筹办夷务始末（同治朝）》第3册，第1215页。
❸ 现存光绪十六年、十七年总理衙门三成船钞收支清单，将海防股供事与文案科房、清档科房供事分开单列。《呈光绪十六年份收支经费银数四柱清单》(光绪十七年)，《军机处录副》03-6629-100；《呈光绪十七年份收支经费银数四柱清单》(光绪十八年十二月二十日)，《军机处录副》03-6631-139。

重在挑选字画端正人员，不重义理、文采。阅卷也不甚严格。录取时，按额设两倍选取，以备旧员离开后，新供事能及时传补，同时也备修书各馆随时咨取。❶

供事与一般的书吏不同，他们不问政务，无法像书吏那样，借助职差的便利，大肆捞取灰色收入。他们投考供事，多因差役告一段落时，可例得各衙门保奖，由此获得仕途上的便利。当时人称，考取供事"实为汉人中科甲副贡之外，登进之一阶"。❷正因如此，清朝考取供事，多有胥吏呼朋引类、投考者设法冒名顶替的事情。投考者人员杂芜，弊端丛生，考选制度却一直没有变更。❸

总理衙门供事从上述机构供事中咨取考试，选任标准仍是要求"字画端楷，人尚明白"。正因为总理衙门供事比其他各处供事多了一层考试筛选，质量也略高一些。

（三）升迁与出路

和章京保奖一样，总理衙门对供事也进行定期保奖。供事保奖的规则，仿照方略馆进行，但两年一次的保奖却比方略馆、国史馆优越。❹

---

❶《大学士保宁等奏》（嘉庆十一年四月初十日），《军机处录副》03-2167-008。
❷《詹事府詹事奎昌摺》（道光二年三月二十七日），《宫中档朱批奏摺》04-01-12-0359-006。
❸ 道光二年，詹事府詹事奎昌曾奏请由吏部统一考选供事，当各衙门需员之时，依次咨取。道光帝认为此举"事涉纷扰，断不可行"。考选方式一仍其旧。（《清实录》第33册，第563页）
❹"其供事奖励，拟照方略馆之例办理。以上各员，无论在总理衙门及各本衙门，遇有应行甄劾，视在何处贻误公事，即由何处参劾，不得以两处行走，稍涉宽假；至保荐一节，如同系一事，已在总理衙门保奏者，本衙门即不必再保，若本衙门已保者，总理衙门亦不必再保。总ީ保举只准一处，参劾则两不相妨，庶不至此勤彼惰，以昭核实。"参见贾桢等修：《筹办夷务始末（咸丰朝）》第8册，第2718—2719页。

从现有保奖单中可看到，供事在保奖中，一般能得到自从九品到正六品不等的外省升阶，这些升阶内容包括保升通判、巡检（从九品）、县主簿（正九品）、县丞（正八品）、府经历（正八品）、盐大使（正八品）、盐运司经历（从七品）、州判（从七品）、按察司经历（正七品）、州同（从六品）、布政司经历（从六品）、知县（正七品）、盐运司运副（从五品）、同知（正五品）、直隶州知州（正五品）。供事本是一些不具备功名的普通民人，在经由总理衙门保奖后，却有望成为州县正印官，其待遇甚至比正途出身的官员更好，不能不说是一项优差。❶

清朝在向外派驻公使之后，规定使团组成人员包括有"供事"，职责为抄缮文书。由于总理衙门与驻外公使关系密切，部分总理衙门供事往往能通过各种途径进入驻外使团，享受较高的薪俸，同时获取三年一度的"异常劳绩"保奖。

（四）经济收入与政治影响

从总理衙门每年收支清单来看，章京除桌饭银之外，并无其他收入；但供事却不同，他们从一开始就有"工食银两"。自同治三年（1864），在总理衙门供事人数较为固定，功能和类别都较为明确后，工食银两就大致确定了下来。根据供事分类的不同，他们的工食银来自两处：文案科房供事工食银由户部拨给经费支付；清档

---

❶ 《清稗类钞》中有军机处供事保奖道员，外放后转居于章京之上的例子，因军机处与总理衙门供事保奖类似，故可备作参考："军机处、国史、会典、方略、玉牒各馆之吏称供事，无俸，所觊觎者，保举也。军机处保举尤优，效力三年，保异常劳绩，有历三次而保至道员者。司官或得原察外放，转为之属，而曾为供事之上官，于司官之初至也，辄具旧属刺投之，不敢受也。光绪时，长芦盐运使陆嘉縠固曾充军机处供事者，而军机章京番禺凌福彭时方守天津，须堂参，陆乃先以旧属礼谒之是也。"（徐珂：《清稗类钞》第11册，北京：中华书局，1984年，第5253页）

科房供事（后来又有海防股供事）工食银则由海关三成船钞项下支付。这部分总开支在每年约银2200两，供事每人大概可获薪金收益银48两。此外，逢年节时，某些供事还可得到一些小的赏银。❶

清朝各衙门供事多无薪水，有的供事会利用接触公文的便利，将公文抄缮售卖，获取利益。❷总理衙门供事虽有薪水，但一则数量不多，不敷开销，二则身居要地，手中情报价值较大，需索者多，他们也会通过售卖公文而获利。光绪二十三年（1897），汪大钧致汪康年函称：

> 报馆之要，大致不过访事、主笔、翻译、售报、告白及购机、择地数大端。访事以京城军机、总署为主。弟同归之尚信斋，本总署供事，情形最熟，与军机处亦多联络，作为托其延订，利重则必乐为。但向来系每月若干，或要事逐渐酌增，或发电加费等类，须略有成法，弟即可作函相托，供事胜于章京，以其利害之见轻，而朋比蝉联不虞更调也。南北洋、川、鄂等省亦须各有妥人，广东则弟可自探之，如弟在申则另托人亦易。主笔如作论等，万不能假手于人，兄与弟可分任之。❸

汪大钧，字颂虞，经汪大燮推荐，于光绪二十三年随驻美公使伍廷芳前往美国，任使馆参赞。他与伍不能相处融洽，半年后即离美回国，同汪康年筹办《时务日报》，函中所述，即为筹备开办报纸的打算。汪大钧认为，办报首重"访事"，即访求各种政情内幕。军

---

❶ 王会厘纂辑：《皇朝职官志》卷11，"总理各国事务衙门"，第27页。
❷ 乾隆年间曾有内阁供事暗地抄缮各省塘报私下售卖而获罪的例子，见《奏呈内阁供事陈受益等抄送奏章底本索贿供单》(乾隆年)，《军机处录副》03-0329-009。
❸ 上海图书馆编：《汪康年师友书札》第1册，第599—600页。

机处为皇帝秘书处，总汇全国政务；总理衙门办理交涉及各项新式事业，因此，如能得到军机、总署传出的最新消息，即可得"访事"之要。尚信斋，名希曾，至晚于光绪十二年（1886）就在总理衙门充任供事，光绪十八年（1892）经驻美公使杨儒奏调，任驻美使馆供事，差满后与汪大钧同时回国。❶总理衙门供事抄缮各类文书，能借以了解内幕，加之许多供事原本即从军机处所属的方略馆咨取，熟悉两处人脉，通晓两处情形，故通过尚希曾联系到总署供事，"访事"即可不愁。在汪大钧及当时人眼中，供事在提供政情内幕上胜于章京，原因在于这群人本属胥吏，地位低下，不担心失去差使，廉耻之心甚轻，只要诱之以利，不愁他们不为报馆所用。

（五）其他吏员

除了供事之外，总理衙门吏员尚包括武弁、苏拉、马甲、皂役、巡更等人。

武弁是低级武官，在总理衙门吏员中，地位稍高，其主要任务包括递送文书、完成总理衙门交代的护送任务。❷与章京、供事一样，武弁也能得到两年一次的保奖，保奖内容为帮助武弁由额外外委、经制外委、把总、千总、守备、都司这些本职向上升迁，或仅加给虚衔。❸武弁收入每月为口粮银4两，每年可得银48两。❹

苏拉、马甲、皂役、巡更是总理衙门中地位更低的小吏，负责打扫、开关门、听差、递送文书和其他简单杂役，每月可得口分银

---

❶ 尚希曾之名见《总理衙门供事保奖清单》（光绪十二年），《月摺档》光绪十二年四月下，台北"故宫博物院"图书文献处藏。
❷ 《总理衙门致直隶总督函》（同治元年十二月），《外交档案》01-12-094-03-054。
❸ 额外外委、经制外委、把总（武职正七品）、千总（武职正六品）、守备（武职正五品）、都司（武职正四品）都是绿营低级武官。
❹ 王会厘纂辑：《皇朝职官志》卷11，"总理各国事务衙门"，第27页。

2两5钱。❶

　　在总理衙门这一重要机构任差，各式小吏能利用差役之便，替他人刺探消息，以此换取利益。到总理衙门参加过会谈的外国官员曾发现，常有仆役、下人隔窗偷看会谈情况。❷曾任翻译官、参加过各式交涉的张德彝，在光绪十九年（1893）曾给奕劻上一条陈，请将总理衙门花厅改建成楼房，目的是"遇有要件会晤交谈，以免苏拉、厨役窃听于窗外阶边也"。❸由此可见，苏拉仆役偷听总理衙门谈话，是当时非常普遍的事情。

　　供事、武弁以及其他小吏，地位低微，因身处总理衙门，有机会接触重要文件、靠近交涉场合并向外传递消息，因此也有可能影响到中外交涉。

附　总理衙门翻译官题名考

　　1. 张德彝　英文翻译官，原名德明，字在初，镶黄旗汉军人。早年入京师同文馆学习英文，曾任驻英使馆、驻俄使馆翻译官。光绪十六年底，派充总理衙门翻译官。二十三年四月，赴英任使馆翻译官。二十七年，任驻英公使。❹

　　2. 沈铎　英文翻译官，同文馆英文学生。光绪八年（1882）起

---

❶ 贾桢等修：《筹办夷务始末（咸丰朝）》第8册，第2717页；王会厘纂辑：《皇朝职官志》卷11，"总理各国事务衙门"，第27页。

❷〔英〕季南：《英国对华外交》，第27页。

❸ 张德彝：《再上庆邸书》（光绪十九年），《醒目清心录》第13册，北京：全国图书馆文献缩微中心，2004年，第149页。

❹ 由于本节考证人物生平，涉及资料繁复，主要来自《同文馆题名录》《宫中档朱批奏摺》《军机处录副》《军机处档摺件》《清代官员履历档案全编》。

224

任驻日本使馆英文翻译官，十六年底，充总理衙门英文副翻译官。二十二年，奏报病故。

3. **马廷亮** 英文翻译官，光绪二十二年四月任翻译官，二十七年（1901）经袁世凯奏调，留山东办理洋务。后任驻韩国总领事。

4. **文祐** 英文翻译官，同文馆英文馆副教习。光绪二十二年五月后任总理衙门翻译官。

5. **斌衡** 英文翻译官，镶蓝旗蒙古人，光绪十九年（1893）前后以起居注笔帖式任西藏测绘委员，至迟于光绪二十二年（1896）任总理衙门翻译官。

6. **恩光** 德文翻译官，正蓝旗满洲人，曾任驻德使馆翻译官。光绪十六年十一月，充总理衙门翻译官。十九年二月，补授泰陵工部郎中。

7. **治格** 德文翻译官。光绪二十二年，以同文馆学生赴驻德使馆学习德文。二十四年（1898）后，任总理衙门德文翻译官。

8. **程遵尧** 德文翻译官，安徽人，同文馆德文学生、德文副教习、官书局德文翻译委员。光绪二十六年后，充总理衙门翻译官，后任外务部翻译官。

9. **塔克什讷** 俄文翻译官，曾任驻俄使馆翻译官。光绪十八年二月，充总理衙门俄文翻译官。

10. **巴克他讷** 俄文翻译官，同文馆俄文学生、俄文副教习。曾任驻俄使馆翻译官。光绪二十二年四月，充总理衙门俄文翻译官。

11. **庆全** 俄文翻译官，同文馆俄文学生，曾任驻俄使馆翻译官、同文馆俄文副教习。光绪二十二年四月，任总理衙门俄文翻译官。其任期为光绪二十二年四月至二十三年。

12. **萨荫图** 俄文翻译官，镶黄旗蒙古人，同文馆俄文学生。光绪二十三年充总理衙门俄文翻译官。外务部成立后，兼户部司员与外务部翻译官。

13. 瑞安　俄文翻译官，镶蓝旗汉军人，同文馆俄文副教习。光绪二十一年五月，充总理衙门翻译官，同年赴黑龙江办理交涉，并留办该省俄文事务。

14. 联湧　法文翻译官，镶白旗汉军人，同文馆学生。可能在光绪十八年任总理衙门翻译官。十九年，赴驻法使馆任翻译官。

15. 世增　法文翻译官，正白旗汉军人，同文馆学生。曾任驻法、驻俄使馆翻译官充翻译官，差满回国。其任期可能在光绪二十年至二十三年间。

16. 唐家桢　驻日公使东文学堂学生，曾任驻箱馆副理事署学习翻译。光绪二十一年六月，任总理衙门翻译官。后任同文馆东文教习、外务部翻译官。

17. 陶大均　日文翻译官，驻日使馆东文学堂学生，曾任驻日使馆翻译官。可能于光绪二十六年三月任总理衙门翻译官。此后留在外务部任翻译官。

第 5 章

驻外公使（上）

在西方外交体制中，建交国互派使节，代表本国元首或政府常驻对方首都，承担相应的外交任务，属应有之义。清朝在第二次鸦片战争之前，把列强计划派出的驻京公使看作史书中"监守"或"质子"一类的角色，拒绝予以接受。战争之后，清朝在英法武力压迫下，接受了各国遣使驻京的要求，新成立的总理衙门承担起与公使进行日常交涉的任务。双方接触的深入使得总理衙门纠正此前观念的偏差；各国外交官在交涉过程中，也提出由清朝派出公使常驻该国的建议。此外，邻国日本的崛起，海外华工的境遇，促使清朝认真考虑遣使海外一事。在外部环境的促动下，总理衙门与各省督抚就出使一事进行了三次大的讨论，最终在光绪元年（1875），促成政府遣使常驻"有约各国"。

第一章已述，与西方各国常驻大使或公使不同，清朝的驻外使节，并无"特命全权公使"的头衔，其正式名称是"钦命出使大臣"，简称"公使"。作为常驻各国使团的首长，驻外公使负行政上的全责。在光绪三十三年（1907）外务部施行改革之前，驻外公使更享有选调、黜革全体使团成员（包括所属领事官）的权力。因此，驻外公使的来源、选任，决定清朝使领事务的效果。下文拟对该群体进行讨论，探究其演进过程与特点。又由于在一定程度上，总理衙门与外务部是驻外使馆的设计、指导机构，其变革对后者有深刻影响，为论述明晰，本书以外务部成立为界，将驻外使馆成员分作上下两部分进行讨论。

一　庚子前的使才保举与公使选任

在近代西方，各国选任使节的方式，根据传统不同而各有差异，但对使节的出身、素质却有着大致相似的规范，也有着近似的选任程序。清朝对驻外使节的选任，异于同时代的日本及西方各国，它采行的是一种独特的保举制。此前研究者已经注意到，清朝驻外使臣的派遣，有着很浓厚的派系特征，甲午战争前派出的多数使节，都与李鸿章有着密切关系。这种看法大致不差，但却有可能忽略制度赋予皇帝、总理衙门及其他督抚的权力——尤其前两者在遣使过程中扮演着重要角色。

前章已述，总理衙门在光绪元年四月二十六日（1875年5月30日）议覆礼亲王、醇亲王等人会奏的海防条陈时，提出驻外公使的选拔方式，即首先由南北洋大臣、兼理各国事务大臣沈葆桢及其他督抚、大臣，各自举荐堪胜出使之才，据实保奏。❶ 当天，军机处向各省督抚密寄长篇上谕，关于遣使方式，上谕称："出使各国及通晓洋务人才，着李鸿章、沈葆桢随时切实保奏。此外，各省督抚等如有所知，亦着据实保奏，余均着照所议。"❷ 由此，驻外公使选任的基本方式——保举制，得到正式确认。

---

❶《呈本衙门原奏未及诸奏所及择要分条拟议清单》（光绪元年四月二十六日），《宫中档朱批奏摺》04-01-02-0152-005。

❷ 中国第一历史档案馆编：《光绪宣统两朝上谕档》第1册，第108页。

李鸿章此时任直隶总督、北洋大臣，沈葆桢任两江总督兼充办理通商事务大臣。❶这两个职务管理着中国主要的通商口岸，同时经办海防、轮船、机器、新式教育等当时所有的洋务。总理衙门在议事受阻或因应乏术之时，多奏请将问题交南北洋大臣议覆。此时，提出由南北洋大臣领衔保举使才，其考虑不外乎两层：一则为借重督抚，减少办事阻力；二则南北洋办理洋务，有着大量的新式人才。这种设计一经批准，即成为此后数十年间遣使的基本方式，南北洋大臣也由此被赋予保举使臣的特权。

在首批驻外公使得到任命后，总理衙门随即上递出使章程十二条，关于使臣选任，章程称言："出使各国大臣拟自到某国之日起，以三年为期，期满之前由臣衙门豫请简派大臣接办，各国副使亦一律办理。"❷

从这时起，清朝驻外使臣的选任程序正式确定。其经过是：首先，由"内外大臣"保举使才，这些使才多会奉旨存记；当驻外公使期满须任命新人时，由总理衙门奏请简派，并将上述被保举并奉旨存记各员开列清单，作为奏摺附件一起进呈。在奏摺、清单上递后，皇帝咨询军机处和总理衙门意见，从清单中圈定合适的公使人选。

总理衙门附呈的保举各员清单，经由皇帝阅览，与军机处抄录的奏摺副本（《军机处档录副奏摺》）一并"归籖"，现散存于北京、台北两处。每一清单除开列使才的官衔、姓名外，其下还附有保举人的官衔、姓名及保举时间。我们可借此为线索，从档案、文集中一一回溯晚清大员保举使才的绝大部分奏摺，从而了解使才保举的

---

❶ 中国第一历史档案馆编：《光绪宣统两朝上谕档》第1册，第110页。
❷ 《总理衙门拟出使章程十二条清单》（光绪二年九月十二日），《军机处录副》03-9444-030。

标准、公使选任的方式及其派系关系。外务部成立之前，使才保举大约有如下三十八次（也可参见文后表5-1）：

1. 光绪元年（1876），总理衙门保举九人：陈兰彬、李凤苞、何如璋、徐建寅、许钤身、叶源濬、许景澄、区谔良、徐同善。其中，陈兰彬在当年被任命为出使美国正使；许钤身被任命为出使英国副使，次年改任出使日本正使。❶

2. 光绪元年，两江总督、船政大臣沈葆桢在船工出力案内保举二人：候选同知张斯桂、候选通判张斯枸，上谕命总理衙门考察。次年总理衙门奏称，"该二员通晓洋务，均堪酌量任用"，并请将他们归入出使人员名单之内备选。❷ 同年，张斯桂被任命为出使日本副使。

3. 光绪元年，山东巡抚丁宝桢保举使才二人：知府衔直隶候补同知直隶州知州薛福成、江苏候补直隶州知州黎庶昌。丁宝桢称，薛福成"学堪致用，识略闳深"，黎庶昌"志节坚毅，抱负甚伟"，并请将薛、黎饬下总理衙门存记，遇事酌量奏请简用。❸ 此后，黎庶昌在光绪七年被任命为出使日本大臣。

4. 光绪二年，出使英国大臣郭嵩焘保举使才六人：翰林院编修何如璋、许景澄、候选同知薛福成、刑部主事黄贻楫、兵部主事潘骏德、候选知府杨昉。郭嵩焘称，何如璋、许景澄"皆以词臣致通显，而不惮出洋之行，所见诚有过人者"；薛福成"博学多通，于西洋地势、制度条举缕分，精习无遗，而性情纯朴笃实，一无虚饰"；黄贻楫"高才远识，遇事考求，并为有用之才"，他们皆可充公使之选。潘骏德、杨昉"于西洋制造机器及化学之理皆能研习"，

---

❶《总理衙门呈出使及办理中外事务陈兰彬等员履历单》（光绪元年五月十四日），《军机处录副》03-5098-060。
❷《总理衙门摺》（光绪二年八月十五日），《军机处录副》03-5112-061。
❸《山东巡抚丁宝桢片》（光绪元年八月初二日），《军机处录副》03-5099-140。

可备出洋之选。❶在此六人中，何如璋此前已由总理衙门保举，并被任命为出使日本副使，不久后改为正使。

5. 光绪二年，总理衙门保举使才二人：侍读衔翰林院编修吴嘉善、员外郎刘锡鸿。❷吴嘉善随后被任命为出洋肄业局总办，赴美监督学生，而刘锡鸿则被任命为出使英国副使。

6. 光绪三年，两江总督、南洋大臣沈葆桢保举"讲求条约人员"七名：江苏遇缺即补知府褚兰生、遇缺尽先选用知府郑藻如、江苏海州直隶州知州林达泉、候补知县孙文川、江苏试用通判蔡汇沧、江苏候补知县胡裕燕、候选通判张志均。❸沈葆桢称言，褚兰生"关务商务娴熟，胸中遇事不激不随，务期物理人情委曲详尽"；郑藻如"不矜才，不使气，精神内敛，实事求是，聆其议论，使人躁进之意自消，而综核又非流辈所及"；林达泉"于洋务能见其大，沉毅有为，堪膺疆寄"；孙文川"淡于名利，以金石自娱，于中外交涉事宜，缕析条分，洞见症结，久在两江幕府，历任南洋大臣胥倚赖之"；蔡汇沧"通晓英文英语"；胡裕燕"于中外交涉事件，可许者许之，不可许者当时据约力争，绝不作模糊影响语，故往往能伸其说"；张志均"通晓法文法语，器局端重，守正不阿"。沈请求将上述七人存记，量才录用。在此七人中，郑藻如在光绪七年被任命为出使美、日、秘国大臣。

7. 光绪五年，直隶总督、北洋大臣李鸿章保举五人：直隶候补道许钤身、直隶候补道盛宣怀、直隶候补知府薛福成、直隶候补

---

❶《钦差大臣、署礼部侍郎郭嵩焘片》（光绪二年十月二十七日），《军机处录副》03-9378-003。亦可见王彦威纂辑、王亮编：《清季外交史料》第1册，第157页。
❷ 原摺未见，此据《随手登记档》，光绪二年八月十五日条。
❸《总署收南洋大臣沈葆桢文》（光绪三年七月十三日），"中研院"近代史研究所编：《保荐人才、西学、练兵》，台北："中研院"近代史研究所，1991年，第3—5页。

刘含芳、山东候补道张荫桓。李鸿章称,许钤身"才识通敏,熟谙洋情";盛宣怀"敏赡精明,志趣不苟,历办招商开矿诸务,多与洋人交接,情伪尽知,深得体要";薛福成"学识淹雅,志节醇粹,历在曾国藩及臣幕中襄办洋务文案,究心中外政治得失之原,胸有经纬,动中机宜";刘含芳"笃实明敏,才堪应变,经理军械多年,于西洋制造器物,博而能精,临事亦有干略";张荫桓"轩豁机警,才辩明晰,前署东海关道,驾驭得法,不激不随"。李称以上五人"可胜关道之任,年历均尚壮盛,内亦有堪备出使之选者"。❶此五人中,薛福成此前已先后经丁宝桢、郭嵩焘保举,在光绪十五年被任命为出使英、法、义、比大臣;张荫桓于光绪十年经阎敬铭保荐,在安徽徽宁池太广道任内召京,被任命为总理衙门大臣,次年又被任命为出使美、日、秘国大臣。

8. 光绪六年,江苏巡抚吴元炳保举二人:告病四川按察使沈秉成、江海关道刘瑞芬。吴称沈秉成"识量宏通,力持大体,历任镇江、江海关道,办理洋务,刚柔相济,措置裕如";刘瑞芬"精核沉毅,定见不摇,未任关道以前,在沪任差多年,于各国情伪,靡不周知,凡饬交筹议各件,极意研求,悉衷至当。间与领事辩论,皆能自伸其说,而彼族无以难之"。❷此后,刘瑞芬于光绪十一年(1885)在江苏布政使任内被命为出使英、俄大臣,后改出使英、法、义、比大臣;而沈秉成则在同一天被任命为总理衙门大臣。

9. 光绪六年,陕西巡抚冯誉骥保举使才二人:布政使衔安徽候补道刘传桢、布政使衔江苏候补道张富年。冯称刘传桢"明察有

---

❶《直隶总督李鸿章片》(光绪五年十二月初十日),顾廷龙、戴逸主编:《李鸿章全集》第8册,第555—556页。
❷《江苏巡抚吴元炳摺》(光绪六年二月二十五日),《军机处录副》03-5148-041。

识，机警异常，平昔于中外疆域交错处，其山川道路详细讲求，虽未著有专书，而已能敷陈大概"；张富年"明敏辩通，有胆有识"，"前经两江总督曾国藩委办洋务局，于中外交涉事件，悉心研究，能得要领"，此二人"似可备出使之选"。❶

10. 光绪六年，直隶总督、北洋大臣李鸿章保举候选道马建忠，称其通晓法国语言，出洋三年，勤学好问，"华学既有根柢，西学又有心得"，因此请求将其交军机处、总理衙门存记，备充出使各国之用。❷

11. 光绪七年，出使大臣曾纪泽保举三人：花翎二品衔道员、驻俄头等参赞、署理公使邵友濂，驻英二等参赞、道衔候选郎中陈远济，驻法二等参赞、盐运使衔道员用分发补用知府刘翰清。❸

12. 光绪十年，署工部左侍郎、宗人府丞吴廷芬保举人才二人：前光禄寺卿黎兆棠、詹事府左中允崔国因。其中，崔国因被保举为使才。吴廷芬称崔国因"朴俭耐劳，澹于荣利，咸丰年间集乡团以御发贼，屡战拒敌，不受保荐，考究夷务本末，尤能得其要领"，因此"可备出使外洋之选"。❹

13. 光绪十年，大学士、军机大臣左宗棠保举人才多员，其中称言，驻法二等参赞、四川候补道刘麒祥"在英、俄、德、法各国

---

❶《陕西巡抚冯誉骥摺》(光绪六年五月十一日)，《军机处录副》03-5150-139。除保举使才二员外，冯誉骥该摺还保举将才、吏才多员。

❷《李鸿章片》(光绪六年六月初三日)，顾廷龙、戴逸主编：《李鸿章全集》第9册，第110—111页。

❸《随手登记档》，光绪七年四月初十日条。曾纪泽该摺上于光绪七年正月二十一日，未能从档案、文集中检出。名单据《总理衙门呈中外奏保使才单》(光绪七年)，《军机处档摺件》119976。

❹《署工部左侍郎宗人府丞吴廷芬摺》(光绪十年闰五月十七日)，《军机处档摺件》127612；《随手登记档》，光绪十年闰五月十七日条。

时逾三载，于中外交涉事宜均称谙习"。❶

14. 光绪十年，鸿胪寺卿邓承修保举候选知府、前驻日本参赞、驻旧金山领事黄遵宪为使才，称其"学识恢远，留心时务，于欧洲亚洲各国情势尤极了然"。❷

15. 光绪十三年，直隶总督、北洋大臣李鸿章密保使才四人：礼部侍郎衔内阁学士洪钧、翰林院侍读学士李文田、前詹事府中允崔国因、直隶候补道李兴锐。李鸿章称言，洪钧"才识明敏，志趣远大，究心洋务，深谙体要"；李文田"学识兼长，坚忍诚悫，生长粤东，熟谙洋情"；崔国因"博通时务，才能应变，于西国近事探讨颇久"；李兴锐"朴实坚卓，介而能通，前办沪局，现勘越界，具有条理"。奏摺称此四人"年力正强，体用俱备，若以之充出使之选，借资历练，将来承办洋务，可收得人之效"。❸当年五月，洪钧被任命为出使俄、德大臣；李兴锐被任命为出使日本大臣，但因故未行；李文田本于光绪十五年（1889）被定为出使美、日、秘国大臣人选，但他不愿就任，于是改派崔国因赴美。❹

16. 光绪十五年，出使俄德大臣洪钧密保使才一人：驻德二等参赞、五品衔翰林院编修汪凤藻，洪称其"才长心细，智圆行方，熟悉外洋交际情形，以论使才，实堪胜任，而兼通英、法两国语言

---

❶ 《左宗棠摺》（光绪十年闰五月十九日），《军机处档摺件》127643。左宗棠该摺保举七人，非专保使才，刘麒祥被认为谙习中外事务，因此交军机处、总理衙门存记。
❷ 《随手登记档》，光绪十年九月初五日条；奏摺见邓承修：《语冰阁奏议》，台北：文海出版社，1967年，第328页。
❸ 《直隶总督北洋大臣李鸿章片》（光绪十三年四月三十日），顾廷龙、戴逸主编：《李鸿章全集》第12册，第113页。
❹ 《复钦差出使日本国大臣黎》（光绪十五年三月二十三日），顾廷龙、戴逸主编：《李鸿章全集》第34册，第525页。

文字，尤为廷臣中不可多得之才"。❶光绪十七年（1891），驻日公使李经方丁忧回国，汪凤藻被任命为署理公使，后实授。

17. 光绪十六年，卸任驻美公使、太仆寺卿张荫桓保举使才二人：江苏候补道、前出使英国参赞李经方，候选道、前出使美国参赞徐寿朋。❷李在当年七月，被任命为出使日本大臣。

18. 光绪十七年，署两江总督兼署南洋大臣、安徽巡抚沈秉成保举使才三人：江苏候补道杨兆鋆，候选道、前驻德参赞徐建寅，江苏候补道莫绳孙。沈秉成称杨兆鋆"练达时务，深知大体，前在总理各国事务衙门同文馆肄业，学有所成，咨送南洋委办洋务、关务，深悉机宜，旋调出洋，周历法德义和奥英等国，研精西学，洞悉洋情，到省后屡试以事，措置裕如，著有成效"；徐建寅"熟谙西法，能任大事，精于泰西制造诸法，历办上海、山东、金陵机器局务，适用于时，考究通商约章，灼知奥窍，总理衙门暨前山东抚臣丁宝桢先后保荐堪充出使大臣，旋赴德国充当参赞，并奉差英俄等国，练习益精，查办镇江愚民在租界滋事巨案，妥速议结，中外允服"；莫绳孙"笃实明敏，留心时事，久在江南，迭著劳绩，平日讲求条约，通彻原委，旋经调赴西洋，派充参赞，在于俄法等国，躬亲涉历，遇事操纵得宜，及回江南屡经明试，悉中肯綮"，此三人"熟悉华洋情势，其才具缜密坚卓，堪备使臣

---

❶《随手登记档》，光绪十五年十一月十七日条；奏摺原文见吴琴整理：《洪钧使欧奏稿》，中国社会科学院近代史研究所近代史资料编辑组编：《近代史资料》总68号，北京：中国社会科学出版社，1988年，第17—18页。
❷《随手登记档》，光绪十六年五月二十八日条；《总署收军机处交片》（光绪十六年五月二十九日），"中研院"近代史研究所编印：《中美关系史料（光绪朝）》第2册，第1453页。原摺未检出。

之选"。❶

19. 光绪十八年，直隶总督、北洋大臣李鸿章密保使才四人：詹事府詹事志锐，翰林院编修、前驻德参赞、署理驻日本公使汪凤藻，候选道前驻美参赞徐寿朋，江苏候补道杨兆鋆。李在奏摺中称，志锐"年富才明，器识深稳，平日留心经世之学，于洋务尤为讲求，该员满洲世族，历官翰詹，耻于坐致通显，时欲因事自效，志趣不凡，堪资历练"；汪凤藻"精通英语，出洋后兼习法文，品端才敏，于办理交涉各事尤能细心研究"；徐寿朋"稳练明慎，曾充驻美参赞，前后八年，为历任使臣郑藻如、张荫桓所倚重"，"自天津初设海关道即襄理文件，回华后复经臣奏调北洋差遣，于历届交涉成案见闻殚洽，洞悉源流，亦能通晓外国语言文字"；杨兆鋆"究心西学，才具优长，由诸生保送总理衙门考验，屡列高等，旋充出使随员"，后两次受命押送铁甲舰回华，能耐劳苦，"委办水师学堂及随同办理交涉事件，均极得力，历任督臣并称其才"。李鸿章认为上述四人"皆于洋务已有阅历，而不为习气所囿，堪备出使之选"。❷ 此四人中，志锐本被看好，备驻美、驻英公使之选，后因故未能就任；❸ 杨兆鋆此前曾由沈秉成向李鸿章力荐，请求帮助保举；❹ 汪凤藻此前曾由洪钧向李鸿章力荐，请求帮助保

---

❶《署两江总督沈秉成摺》（光绪十七年三月十五日），《宫中档朱批奏摺》04-01-16-0234-067。

❷《直隶总督北洋大臣李鸿章片》（光绪十八年五月十六日），顾廷龙、戴逸主编：《李鸿章全集》第14册，第416—417页。

❸《复詹事府正堂志》（光绪十八年十一月十四日），顾廷龙、戴逸主编：《李鸿章全集》第35册，第452页。

❹《复皖抚沈》（光绪十九年五月初七日），顾廷龙、戴逸主编：《李鸿章全集》第35册，第523页。

举。❶ 经李保举，汪继李经方之后，成功出任驻日公使。

20. 光绪十九年（1893），两江总督、南洋大臣刘坤一专摺保举江苏候补道蔡钧，称蔡钧历办江南、广东、福建交涉事件，均能措置裕如，又随同出使美、日、秘等国，为洋务出色之员，请求将蔡"或备出使之选，或仍交军机处存记，遇有洋务省分道员缺出，请旨简放"。❷

21. 光绪二十年（1894），前任驻英公使、都察院左副都御史薛福成专摺保荐使才三人，此三人同为翰林院编修：曾广钧、江标、王同愈。薛福成称曾国藩之孙、曾纪泽胞侄曾广钧"才华卓越，博览多识，经世筹略，尤所饫闻，方其年未弱冠，前大学士左宗棠与谈洋务，竦然惊异，推奖甚至"；江标"研究群书，好学不倦，留心时事，志趣卓然"；王同愈"谙晓舆图，兼涉西学，周历边塞，能耐劳苦"，建议将他们"敕下总理衙门存记，酌备出使之选"。❸

22. 光绪二十一年（1895），署理两江总督、南洋大臣张之洞保举使才二人：前驻日公使、四川川东道黎庶昌，湖南候补道陈允颐。张称黎庶昌"老练持重，两次出使东洋，熟习情形"，"学问素

---

❶ 缪祐孙在光绪十五年九月致缪荃孙信中称："晤晦若、逊之诸人，极其关切。乃知洪曾有长函致李，痛诋游历，李亦不然之。又乞李保汪芝房堪胜英美大邦之公使，日本小国不足尽其才，推崇太过。晦若诸君皆极恶其为人也。"见《缪祐孙致缪荃孙》（光绪十五年九月十四日），顾廷龙校：《艺风堂友朋书札》上册，第242页。汪芝房即汪凤藻；晦若，于式枚；逊之当为张孝谦。于式枚是李鸿章的幕僚，为李起草许多信函、奏稿，故所言为实。洪钧致李鸿章信未能找到，李的回信现已收入新版《李鸿章全集》中，该函称："汪太史才器并佳，西学尤专门独擅，定推异日辎轩之选。执事以乡里之知，得参佐之益，宜有荐贤之美。"见《复钦差出使俄德奥和国大臣洪》（光绪十五年七月初八日），顾廷龙、戴逸主编：《李鸿章全集》第34册，第581页。汪凤藻出自翰林，故称"太史"。

❷ 《两江总督南洋大臣刘坤一摺》（光绪十九年六月十一日朱批），《军机处录副》3-5307-35。

❸ 《薛福成摺》（光绪二十年二月三十日），《宫中档朱批奏摺》04-01-12-0562-064。

优，日本文人从游奉为师范者甚多，因此该国大臣亦加敬礼"，他建议由黎任驻日公使，借其旧日声望，避免为对方所侮；另称陈允颐"曾以随员、理事等官到过西洋、东洋、朝鲜各国，明习洋情，才具通达无滞，尚能斟酌轻重，亦可备使才之选"。这次保举发生在《马关条约》签订之后，当时中日恢复邦交，光绪帝主动令张之洞保举使才，因张并无保举使才的经验，身边亦无合适人选，故仔细征询其幕僚郑孝胥的意见。郑随即向张推荐了黎庶昌。❶

23. 光绪二十一年，署理两江总督、南洋大臣张之洞保举使才一人：江苏候补道刘麒祥。刘在随后被内定为驻法公使人选，但因表示不愿出使，最后光绪帝只能另易他人。❷ 此前，刘麒祥还曾由左宗棠保举使才。

24. 光绪二十二年（1896），即将卸任的驻英公使龚照瑗保举使才一人：道员黄遵宪。称其办理交涉、保护商民均能措置裕如、力持大体，请求将黄送部引见。❸ 黄遵宪随即被光绪帝内定为出使英国大臣；后遇波折，改任出使德国大臣，但因德方拒绝，最终未能成行。

25. 光绪二十二年，访俄归来的李鸿章保举使才一人：记名海

---

❶《致总署》（光绪二十一年闰五月十二日辰刻发），苑书义等编：《张之洞全集》第3册，石家庄：河北教育出版社，1998年，第2074页；劳祖德整理：《郑孝胥日记》第1册，第501页。

❷ 张之洞保举刘麒祥原摺未检出，此处据汪大燮信函所述细节。见《汪大燮致汪康年、汪诒年》（光绪二十一年八月十九日），上海图书馆编：《汪康年师友书札》第1册，第709页。另外，在光绪十八年，刘坤一曾保刘麒祥堪胜海关道之选，刘麒祥因此得以海关道记名。见《刘坤一摺》（光绪十八年八月二十七日），《保荐人才、西学、练兵》，第48—49页。

❸ 龚照瑗原摺片未检出，此处据军机处当日《随手登记档》及《清实录》。《随手登记档》，光绪二十二年八月二十九日条。《清实录》第57册，北京：中华书局，1987年，第149页。

关道罗丰禄。李称其"学有本原，淹贯经术，议论纯正，通达事体""精熟泰西语言文字"，请求有出使要差时，可加擢用。❶罗随后被定为出使德国大臣，不久改为出使英国大臣。

26. 光绪二十二年，总理衙门大臣、户部左侍郎张荫桓保举使才一人：候选道伍廷芳。张称其"筹虑深远，夷险一致，折冲樽俎，不激不随，堪胜使臣"。❷伍廷芳随即被任命为出使美、日、秘国大臣。此后不久，驻日公使裕庚在写给卸任驻美公使杨儒的密函中称言，伍廷芳向张荫桓行重贿，才得此保举，并最终成功得到该职。❸

27. 光绪二十四年，即将卸任的驻俄公使许景澄保举使才三人：江苏候补道杨兆鋆、降调内阁学士陈宝琛、分发北洋存记道梁诚。❹其中，杨兆鋆曾由安徽巡抚沈秉成、直隶总督、北洋大臣李鸿章保举使才。光绪二十八年，杨被任命为驻比利时公使。梁诚则被任命为驻美公使。

28. 光绪二十四年五月，直隶总督、北洋大臣王文韶保举使才二人：北洋道员傅云龙、孙宝琦。❺这一保举奏摺是对当年四月二十三日光绪帝上谕的因应。在当天，光绪帝除下令变法维新外，

---

❶ 《大学士李鸿章片》(光绪二十二年九月二十五日收)，《军机处录副》03-5351-004；《随手登记档》，光绪二十二年九月二十五日条。

❷ 《侍郎张荫桓单》(光绪二十二年九月二十五日)，《军机处录副》03-5614-026。

❸ 该函称："今邦交之政，真坏于闾、献矣，而又加以常熟之奸且愚，真有沦胥之叹……一则广东帮以贿得差，献受重略，故力为之谋。""闾""献""常熟"分别指李鸿章(以李闾王代)、张荫桓(以张献忠代)、翁同龢(常熟人)，此三人是此时总理衙门最实权的官员。章士钊以"献"为张之洞，有误。广东帮得差，即伍廷芳得驻美公使。书信及章文见章士钊：《清末旗人三外交大员杂识》，章含之、白吉庵主编：《章士钊全集》第8册，上海：文汇出版社，2000年，第332—338页。

❹ 《随手登记档》，光绪二十四年闰三月初五日条。原摺片未找到，名单据《总理衙门单》(光绪二十六年三月十五日)，《军机处录副》03-5388-081。

❺ 《随手登记档》，光绪二十四年五月初四日条。原摺未找到。名单据《随手登记档》。

另下旨要求督抚保举使才，上谕称："方今各国交通，使才为当务之急。着各直省督抚于平日所知品学端正、通达时务、不染习气者，无论官职大小，酌保数员，交总理各国事务衙门考验带领引见，以备朝廷任使。"此后，多位督抚上摺保举使才。❶在王文韶保举的二人之中，孙宝琦于光绪二十八年被任命为驻法公使。

29. 光绪二十四年五月，浙江巡抚廖寿丰保举使才四人：江宁布政使袁昶、翰林院侍讲黄绍箕、翰林院编修张亨嘉、翰林院庶吉士寿富。❷其中，袁昶还先后经由多人保举人才，并于戊戌政变后出任总理衙门大臣；张亨嘉在当年六月被任命为驻朝鲜公使，但因事辞差。❸

30. 光绪二十四年五月，江苏巡抚奎俊保举使才二人：江苏补用道志钧、盐运使衔改留江苏补用知府刘庆汾。奏摺称志钧"由编修改捐道员指发江苏，历办商务等局，均能破除情面，措置裕如"，其人"志虑忠纯，识见闳远，平日尤能留心时务，于外洋各国强弱利钝情形，均能得其奥窍"；刘庆汾"光绪初年随使日本，充当翻译、参赞，在洋十余年，凡东洋语言文字、政治风俗，皆考求精确，洞达渊源，于各国形势政教亦素留心考察"。❹刘庆汾不久被任

---

❶ 中国第一历史档案馆编：《光绪宣统两朝上谕档》第24册，第178页。戊戌前后，光绪帝曾数次下令朝中大臣及各省督抚保举军事、政治、外交人才。详情参见茅海建：《戊戌变法期间的保举》，《历史研究》2006年第6期，第70—102页。本书将戊戌前后的使才保举纳入长期以来使才保举的制度线索中进行考察。

❷《随手登记档》，光绪二十四年五月三十日条。廖寿丰原摺未见，此四人名单见于总理衙门在当年六月为选任驻外公使所开列的使才清单上。见《总理衙门摺》（光绪二十四年六月二十三日），《外交档案》01-25-050-02-001。

❸ 朝鲜自1897年之后，改称"大韩帝国"。光绪二十四年（1898）六月，张亨嘉被任命为公使时，上谕仍称"驻扎朝鲜国四等公使"；张辞差后，经改派的公使徐寿朋称"驻扎朝鲜国钦差大臣"。光绪二十七年，徐寿朋后任许台身方改称"出使韩国大臣"。《清实录》第57册，第535页；第58册，第388页。

❹《江苏巡抚奎俊摺》（光绪二十四年五月十五日），《军机处录副》03-5362-001。

命为总理衙门章京。

31. 光绪二十四年六月，直隶总督、北洋大臣荣禄保举使才三人：太仆寺少卿裕庚、江苏苏松太道蔡钧、湖南盐法长宝道黄遵宪。奏摺称裕庚"精明干练，夙著勤能，历办交涉事务，出使外洋，操纵合宜，诸臻妥协"；蔡钧"心地明白，才略优长，历在南洋办理洋务，不激不随，洞中窾要，能使外人折服"；湖南盐法长宝道黄遵宪"气度沉凝，学有根柢，考求外洋法制，言皆有物，不事浮夸"，以上三人"于外交事务确有心得，如蒙出使大邦，或令在译署行走，值此多事之秋，必能有所裨益"。荣禄还保举江南道监察御史李盛铎"志趣向上，博识多闻，通达中外学问，讲求时务"。❶ 以上几人中，裕庚正任驻日公使，回国后出任总理衙门大臣；蔡钧在光绪二十七年五月被任命为出使日本大臣，此前在光绪十九年，蔡还经由刘坤一保举使才；而李盛铎则在光绪二十四年出任驻日公使。

32. 光绪二十四年六月，湖广总督张之洞保举使才五人：降调内阁学士陈宝琛、湖南盐法长宝道黄遵宪、直隶候补道傅云龙、奏调湖北差委三品衔分省补用知府钱恂、江苏候补同知郑孝胥。张之洞称陈宝琛"向来讲求洋务，于兵轮商务工作等事并皆熟悉，中外大局均属了然，能见其大，不同侈谈西学皮毛者"；黄遵宪"学富才长，思虑精细，任事勇往，深悉外洋各国情形，著有成书，于中外约法、西国政事均能透彻"；直隶候补道傅云龙"学问优长，治事精核，考求洋务，曾经游历各国，著有成书"；钱恂"中学淹通，西学切实，识力既臻坚卓，才智尤为开敏"，曾随出使大臣前往各

---

❶ 《直隶总督、北洋大臣荣禄摺》(光绪二十四年五月二十九日)，《军机处录副》03-5362-005。

国,"为今日讲求洋务最为出色有用之才";郑孝胥"才识坚定,学问湛深,办事沉挚有力,于东西洋形势政术均能得其要领,确有见地"。❶其中,黄遵宪此前曾经邓承修、龚照瑗、荣禄保举使才,在当月被任命为驻日公使,后因患病及政变而未能及时成行,改由李盛铎赴日。

33. 光绪二十四年六月,湖南巡抚陈宝箴保举人才多名,其中使才一人,即广东候补道杨枢。陈宝箴称,杨枢"操履端谨,才猷练达,由同文馆学生派充出使日本翻译、参赞、领事多年,洞悉中外交涉情形,办理洋务,随机因应,洞中肯綮,洵为今日难得之才"。❷九月初八日,杨枢在召见后奉旨以使才存记,并在总理衙门章京上行走。❸光绪二十九年(1903),杨枢被任命为出使日本大臣。

34. 光绪二十四年七月,湖北巡抚谭继洵保举使才二人:翰林院检讨宋育仁、盐运使衔湖北候补知府洪超。奏摺称,四川富顺人宋育仁"操履端方,学问优裕,曾充驻英参赞,于内政外交精心研究,以周官经世之术,取证于外国富强之效,采风问俗,洞见本原,为讲求时务不可多得之员";安徽祁门举人洪超"才具干练,器识闳通,曾充出使日本国随员,于洋务素所究心,其言行以忠信笃敬为本,委办各事,诚实不欺"。并请求将他们交由总理衙门调取考验。❹

35. 光绪二十四年七月,山西巡抚胡聘之保举使才二人:候选道许珏、江苏试用同知郑孝胥。奏摺称许珏"品行端谨,学识闳

---

❶《湖广总督张之洞摺、单》(光绪二十四年六月初一日),《军机处录副》03-5362-004、03-5369-020。
❷《湖南巡抚陈宝箴单》(光绪二十四年六月十八日),《军机处录副》03-9448-014。
❸《光绪宣统两朝上谕档》第24册,第473页。
❹《湖北巡抚谭继洵摺》(光绪二十四年七月十三日),《军机处录副》03-5617-011。

通，曾随出使大臣张荫桓、薛福成、杨儒前后出洋三次，派充驻美驻英参赞，于美国驱逐华佣一事，曾建重订约章废除苛例之议"，"赞画亦合机宜"；郑孝胥"器识闳深，志趣纯正，于中西各学俱能洞见本原，曾经出使大臣李经方调赴日本派充神户领事，约束严明，办事公允，中外悦服"，另评价上述二人"学粹品端，毫无习气，于中外交涉情形，尤为熟悉，堪备使才之选"。❶ 其中，许珏在光绪二十八年（1902）被任命为驻意大利公使。

36. 光绪二十四年七月，两江总督、南洋大臣刘坤一专摺保举使才六人。奏摺称，江苏补用道钱德培，屡充出使日本德国各署随员、参赞；特用道阮祖棠、记名道罗嘉杰先后随使日本，派充横滨正理事官；试用道陶森甲，经出使俄德奥和各国大臣奏调派驻柏林办事；候补道沈敦和，以出洋肄业学生历办上海租界会审及各处翻译；安徽候补道张佩绪，清厘教案甚多，于洋人善于抚驭。❷

37. 光绪二十四年七月，山东巡抚张汝梅保举人才二员：督粮道桂春"整饬漕务，厘剔弊端，不遗余力"，终使"漕政肃然"；武定府知府尚其亨"勇于任事，办理赈灾，安辑灾黎，均身亲其事，井井有条"。❸ 光绪帝在收到该摺后命桂春、尚其亨来京预备召见。本来，桂春、尚其亨只是张汝梅保举的一般人才，而并非使才，但九月初八日他二人在接受召见后，被命以使才存记。桂春更在不久之后，被任命为总理衙门大臣；❹ 光绪二十六年（1900），又被任命

---

❶《山西巡抚胡聘之片》（光绪二十四年七月二十六日），《宫中档朱批奏摺》04-01-13-0390-002。

❷《两江总督南洋大臣刘坤一摺》（光绪二十四年七月十三日），《宫中档朱批奏摺》04-01-12-0585-018。

❸《山东巡抚张汝梅摺》（光绪二十四年七月十三日），《宫中档朱批奏摺》04-01-12-0585-019。

❹《光绪宣统两朝上谕档》第24册，第473页。

为驻俄公使,但因庚子事变而未能成行。

38. 光绪二十四年八月,贵州巡抚王毓藻保举使才一人,即翰林院编修、前贵州学政严修。王毓藻称其"朴诚廉正,品学兼优,时务留心,与俗异趣",请求将其交总理衙门考验,以备任使。❶

根据上述材料,可将外务部成立之前历次使才保举与公使选任的情况作一汇总,列表如下:

表5-1 外务部成立前的使才保举与公使选任

	保举人（时间）	被保举人		保举人	被保举人
1	总理衙门（1875）	陈兰彬、李凤苞、何如璋、徐建寅、许钤身、叶源溥、许景澄、区谔良、徐同善	20	刘坤一（1893）	蔡钧
2	沈葆桢（1875）	张斯桂、张斯枸	21	薛福成（1894）	曾广钧、江标、王同愈
3	丁宝桢（1875）	薛福成、黎庶昌	22	张之洞（1895）	黎庶昌、陈允颐
4	郭嵩焘（1876）	何如璋、许景澄、薛福成、黄贻楫、潘骏德、杨昉	23	张之洞（1895）	刘麒祥
5	总理衙门（1876）	吴嘉善、刘锡鸿	24	龚照瑗（1896）	黄遵宪
6	沈葆桢（1877）	褚兰生、郑藻如、林达泉、孙文川、蔡汇沧、胡裕燕、张志均	25	李鸿章（1896）	罗丰禄
7	李鸿章（1879）	许钤身、盛宣怀、薛福成、刘含芳、张荫桓	26	张荫桓（1896）	伍廷芳
8	吴元炳（1880）	沈秉成、刘瑞芬	27	许景澄（1898）	杨兆鋆、陈宝琛、梁诚

❶《贵州巡抚王毓藻片》(光绪二十四年八月十九日到),《军机处录副》03-5370-066;《随手登记档》,光绪二十四年八月十九日条。

续表

	保举人（时间）	被保举人		保举人	被保举人
9	冯誉骥（1880）	刘传桢、张富年	28	王文韶（1898）	傅云龙、**孙宝琦**
10	李鸿章（1880）	马建忠	29	廖寿丰（1898）	袁昶、黄绍箕、**张亨嘉**、寿富
11	曾纪泽（1881）	邵友濂、陈远济、刘翰清	30	奎俊（1898）	志钧、刘庆汾
12	吴廷芬（1884）	黎兆棠、**崔国因**	31	荣禄（1898）	**裕庚、蔡钧、黄遵宪、李盛铎**
13	左宗棠（1884）	刘麒祥	32	张之洞（1898）	陈宝琛、**黄遵宪**、傅云龙、**钱恂**、郑孝胥
14	邓承修（1884）	**黄遵宪**	33	陈宝箴（1898）	**杨枢**
15	李鸿章（1887）	洪钧、李文田、**崔国因、李兴锐**	34	谭继洵（1898）	宋育仁、洪超
16	洪钧（1889）	**汪凤藻**	35	胡聘之（1898）	**许珏**、郑孝胥
17	张荫桓（1890）	**李经方、徐寿朋**	36	刘坤一（1898）	钱德培、阮祖棠、罗嘉杰、陶森甲、沈敦和、张佩绪
18	沈秉成（1891）	**杨兆鋆**、徐建寅、莫绳孙	37	张汝梅（1898）	**桂春**、尚其亨
19	李鸿章（1892）	志锐、**汪凤藻、徐寿朋、杨兆鋆**	38	王毓藻（1898）	严修

说明：黑体标识者，此后成功获上谕任命为驻外公使（含未到任者）。

细究庚子之前的38次使才保举，我们又可以甲午（1894）为界，将其分作两个阶段。在前一阶段，共保使才60人次，除去被重复保举的使才，实保50人。其中直隶总督、北洋大臣李鸿章保举4次，计14人；两江总督、南洋大臣（沈葆桢、沈秉成、刘坤一)保举4次，计13人；总理衙门保举2次，计11人；现任及卸任驻外公使（郭嵩焘、曾纪泽、洪钧、张荫桓）保举4次，计12人；总理衙门大臣以本职（吴廷芬、邓承修）单衔保举2次，计3人；其他各省督抚（丁宝桢、吴元炳、冯誉骥）保举3次，计6人；军机大臣（左宗棠）以个人名义保举1次，计1人。除上递奏摺外，在光绪元年（1875），李鸿章还通过信函形式向总理衙门保举容闳，容闳因此被任命为出使美、日、秘国副使。❶这段时间内所保举的使才主要为通晓机械、军工、开矿、留心时务、办理交涉的洋务人才。在所有获得保举的50人中，共有21人此后成功获得驻外公使或副使的差使。❷南北洋大臣与总理衙门所保举的使才数量较多，这其中，又以李鸿章保举最为积极。在他所保14人中，有8人成功获得驻外公使或副使之差。❸

甲午之后的18次使才保举，多集中于1898年戊戌变法当年，是督抚响应光绪帝上谕的举措。参与保举的大臣，分为总理衙门大臣、卸任驻外公使、督抚三类，共保举使才43人次，除去重复保举者，实际保举38人。其中，15人在此后成功获得驻外公使的任命。❹这一时段，再无人能发挥李鸿章此前的作用。从被保举人员情况来看，除原有的洋务人才之外，驻外参赞、翻译官因为懂外语、通交涉，逐渐成为保举的主要对象。

---

❶ 《总署奏请派员出使美日秘国保护华工摺》（光绪元年十一月十四日），《清季外交史料》第1册，第77—78页。
❷ 包括已任命的未到任者。此21人为蔡钧、陈兰彬、崔国因、何如璋、洪钧、黄遵宪、黎庶昌、李凤苞、李经方、李兴锐、刘瑞芬、刘锡鸿、汪凤藻、徐寿朋、许景澄、许钤身、薛福成、杨兆鋆、张斯桂、张荫桓、郑藻如。
❸ 此8人为薛福成、张荫桓、洪钧、崔国因、李兴锐、汪凤藻、徐寿朋、杨兆鋆。
❹ 此15人为蔡钧、桂春、黄遵宪、曾广钧、李盛铎、梁诚、罗丰禄、钱恂、孙宝琦、伍廷芳、许珏、杨枢、杨兆鋆、裕庚、张亨嘉。

二　保举之后各方权力的影响

清朝开始向海外派遣常驻使节之后，各省督抚、京中官员、驻外公使参与保举使才数十次、共百余人，多数驻外公使皆从保举名单中选取。然我们要问的是，公使任命是否完全取决于保举？面对总理衙门汇总的保举清单，谁来决定每一次的具体任命？此外，少数公使原在名单之外，他们又是如何脱颖而出的？

要解答这些疑问，须首先弄清使臣任命过程中的权力运作。

上文已述，光绪初年形成的公使选任程序是：首先主要由督抚、京中官员在平时保举使才，奉旨后存记；然后，在须任命新公使时，由总理衙门开单、上摺；最后，皇帝根据军机处、总理衙门意见，从清单中圈出合适人选，完成任命。这一过程共显示以下几方的权力：第一，督抚（主要是南北洋大臣）、朝中大臣、总理衙门、驻外公使的保举推荐之权；第二，总理衙门、军机处在开单上摺时的奏对、建议之权；第三，皇帝的决定权。

在光绪帝未亲政前，军机大臣襄赞机要，代批奏摺，故用人权实为军机处在慈禧太后的授意下代为行使。因为当时主要的军机大臣皆兼任总理衙门大臣，故在一定程度上亦可看作总理衙门在代行使臣任免之权。在甲午之前，大部分公使皆从使才名单中选取，只有六人例外，即郭嵩焘、曾纪泽、崇厚、徐承祖、陈钦铭、龚照瑗。其中，郭嵩焘、崇厚为专使性质，情形特殊，地位与身份稍重；❶曾、徐、陈的任用，显示出军机处、总理衙门对使臣任命的

---

❶ 参见本书第一章第四节之相关内容。

主导权；龚的任命，则有可能出自光绪帝的权威。以下对这几位公使的情况略作分析，借以观察公使选任过程中的权力运作及外务部成立之前公使选任的全貌。

（一）军机处和总理衙门的作用

首任驻英公使郭嵩焘在任时，有意推荐曾国藩之子曾纪泽继任公使，他于光绪三年底（1878年初）致函李鸿章言及此事，望李出面保举，李复函说：曾纪泽"其才原可出使，又不急于自售，且体弱累重，不甚相宜。微独执事不必荐以自代，弟亦未便径以上陈，听之廷推公论而已"。❶所谓"廷推"，本为明代荐举官员的方式，至清代已废，❷这里指军机处、总理衙门推举驻外公使。在复函郭嵩焘之后不久，李鸿章致函军机大臣与总理衙门大臣沈桂芬推荐曾纪泽，函称："筠仙谓，曾劼刚能称是选。劼刚略通英文语，机警健拔，洵属使才，惟体气稍弱，似于西北未宜，卓裁以为何如？"❸筠仙，郭嵩焘。李鸿章对郭嵩焘称，他二人皆不宜专摺保举曾纪泽，他选择事后私下向沈桂芬进行个别推荐。曾纪泽在此后不久继任驻英公使，这一方面证实李鸿章举荐的分量，同时也说明军机、总署在"廷推"驻外公使中的决定性作用。

徐承祖之例亦可证明这一点。光绪十年（1884）八月，驻日公使黎庶昌丁忧，总理衙门奏请选派新使赴日并开列使才清单备

---

❶《复郭筠仙星使》（光绪四年正月二十六日），顾廷龙、戴逸主编：《李鸿章全集》第32册，第233页。

❷《明史》卷71《选举制》："内阁大学士、吏部尚书，由廷推或奉特旨。侍郎以下及祭酒，吏部会同三品以上廷推"，"在外官，惟督、抚廷推，九卿共之，吏部主之。"（张廷玉等撰：《明史》第6册，第1716页）

❸《复沈经笙中堂》（光绪四年二月十二日），顾廷龙、戴逸主编：《李鸿章全集》第32册，第245页。

选。然而，新使臣并未从清单中产生，而是另选前驻美随员、候选知府徐承祖接任。文廷式事后称言："徐承祖文理不通，倩人代作一条陈，阎敬铭遂为耸动；以之出使日本，恐为敌人所笑。"❶徐在同级别官员中并无特殊背景，他的任命与他频繁上递条陈有关。此时阎敬铭以军机大臣兼任总理衙门大臣，文廷式所言当大致不差。

而陈钦铭的任命则更多显出总理衙门的作用。陈钦铭，字少希，福建侯官县人，曾任总理衙门总办章京，后外任江苏常镇通海道，擢江苏按察使。光绪十五年（1889）三月，驻英公使刘瑞芬、驻美公使张荫桓任满在即，总理衙门奏请简放新使臣。当天，光绪帝从清单中圈出崔国因任驻美公使，而另下特旨，命陈钦铭为驻英公使。广东按察使王之春有意竞争此差，在陈的任命发布之后，李鸿章致函王之春称："芝田中丞英、法遗缺，前闻辇下议论，属望长才，深为忻盼。昨已简派陈少希廉访，似因系总署旧人。"❷芝田，刘瑞芬。王之春对驻英公使这一差使有所运作，故京城有相关传言。据李分析，陈钦铭得此任命，是因为他为总理衙门旧人。此次任命，多半出自总理衙门的主张。

陈钦铭后来因病未能成行，军机处推举薛福成代之。李鸿章在另一封给王之春的信中，道出其中由来，信中称："少希廉访以疾辞差，都中议论颇推执事，惟各处保荐使才单内无名。枢府之意，

---

❶ 汪叔子编：《文廷式集》下册，第713页。该条笔记原载《文芸阁先生全集·志林》，文廷式称："此册杂记之事，字字从实；或偶有传闻之过，则不敢必。若有一毫私恩私怨于其间，则幽有鬼责，明有三光，所断断不敢出也。"（汪叔子编：《文廷式集》下册，第709页）

❷ 《复署广东藩台王》（光绪十五年三月初二日），顾廷龙、戴逸主编：《李鸿章全集》第34册，第517页。

注重叔耘,因曾被丁文诚特荐,适值在京,遂蒙简命。"❶"枢府",军机处。王有意出任驻英公使,但与薛福成相比,王在此之前无人保举,保单无名;薛则经丁宝桢(谥"文诚")、郭嵩焘、李鸿章三次保举,故被军机处看好,替代陈钦铭出使。李另外向王之春解释称,"惜鄙人在外,不能越俎推毂耳"。李鸿章在此明言军机处的作用及自己的局限。

(二)李鸿章的作用

关于公使选任,无论当时的人还是今天的学者,多强调李鸿章作用。这种印象不无道理,然亦有其偏颇之处。从上节历届保举之详情可知,许多在今人看来属于淮系或北洋系的驻外使臣,例如郑藻如、刘瑞芬、龚照瑗、伍廷芳,尽管与李鸿章有紧密关系,却并非由李鸿章所保。

李鸿章对公使选任发挥重要作用,主要体现在使才保举这一环节。由于驻外公使的工作较为专门和特殊,在很长时期内,他们的主要使命局限于保护华工、购买船舰机械。当时的教育体制无法提供此类专才,作为洋务总汇之区的北洋,自然成为军机处、总理衙门所依赖的使才渊薮,李鸿章的作用亦由此凸显。其举荐效用最为显著的时段是在光绪十三年(1887)。当时,驻日、驻俄公使任满,李鸿章保举洪钧、李文田、崔国因、李兴锐为使才。总理衙门在奏请遣使时,除照例附呈"中外臣工保举使才员名清单"之外,竟另外呈递"李鸿章续保使才员名清单",此一摺两单模式一改此前公使任命时"一摺一单"的惯例。不仅如此,在圈定使臣时,前一清

---

❶《复广东臬台王》(光绪十五年四月二十日),顾廷龙、戴逸主编:《李鸿章全集》第34册,第539页。

单完全被抛开,当届的驻俄公使洪钧、驻日公使李兴锐皆出自李鸿章举荐！❶李兴锐在得到任命后,因病请辞,总署大臣曾纪泽属意黎庶昌,就此专门致函李鸿章,请其出面推荐。在李照允后,黎方获任该职。❷连总署大臣亦须借重李鸿章的举荐,足见此时李对于公使选任所起的作用。

尽管如此,李鸿章的保举效用仍须通过军机、总署的肯定来实现。光绪十六年(1890),其子李经方经张荫桓保举使才,李鸿章在致李经方信中称:"若德、俄系阁学、京卿之缺,未知可循李丹崖前例,或改臬司,亦可相称。但恐伊等意中有人耳。凡事不必强求,听其自然为妥。"❸意思是说,驻俄、德公使有身份限制,但这种限制并非绝对。若军机、总署有意任用李经方,他们可仿李凤苞先例,或者奏请升李经方之职,以便对其进行破格任用；不过若军机、总署无意,或另有其他人选,李也无法插手。此后,志锐、汪凤藻的事例逐渐显示出李鸿章保举的有限性。

光绪十八年(1892),当驻日、驻美公使即将任满时,李鸿章保举志锐、汪凤藻、徐寿朋、杨兆鋆备选。在给李经方的信中,李鸿章分析说:"志伯愚求保出使甚切,晌届更换各使之期,本日已密荐伯愚、芝房、进斋及杨兆鋆四人用备采择。伯愚、芝房内有奥援,似可入选。徐、杨或将为东使替人耶？莱山病足甚剧,恐难复

---

❶ 《随手登记档》,光绪十三年五月初三日条。
❷ 《致张中堂》(光绪十三年八月十九日),顾廷龙、戴逸主编：《李鸿章全集》第34册,第255页。李鸿章在给军机大臣张之万信中称："适日本新使请病,(崔国因)颇望承乏,而曾劼侯意主黎莼斋,专弁驰函,属为道地。就公事而论,莼斋自是熟手,且系文正旧客,劼侯意如此恳挚,不得不姑为电闻,既经采择上陈,遂令惠人有向隅之叹。"莼斋,黎庶昌；惠人,崔国因。
❸ 《致李经方》(光绪十六年六月初二日午),顾廷龙、戴逸主编：《李鸿章全集》第35册,第84页。

出。总署则徐、洪、张参议,张与徐、洪不协,固同而不和耳。"❶伯愚,志锐;芝房,汪凤藻;进斋,徐寿朋。徐、洪、张,分指总理衙门大臣徐用仪、洪钧、张荫桓;莱山是军机大臣、总理衙门大臣孙毓汶。李鸿章称,志锐、汪凤藻内有奥援,即指总理衙门有人对他们进行力荐。其中,汪此前曾由洪钧保举,所谓奥援,即指洪钧;志锐的奥援可能为张荫桓。上述四人尽管皆由李鸿章保举,然而谁能最终入选,还须取决于徐、洪、张三位总署大臣的权力角逐。被李鸿章看好的志锐即因总署大臣的内部纷争而落败。

  李鸿章在公使选任过程中,主要发挥举荐的作用。当朝中无合适人物时,他所举荐的使才多被选择;然当总理衙门或军机处另有人选,或涉及权力纷争时,李鸿章的局限就显示出来。他自己曾解释说,对于公使选任,"能荐人而不能与之者也",可谓中的。❷

(三)光绪帝的作用

  光绪十五年(1889)二月,在清朝举行归政大典之后,光绪帝正式亲理国事,一般事件事后报告慈禧太后,重大人事任命则事前请示。❸此后两三年间,原有的使臣任用制度一直沿袭,即督抚保举,军机处、总理衙门奏对推荐,光绪帝按照建议例行圈定即可。但至光绪十八年后,上述模式出现改变,光绪帝一度试图张扬自己在公使选任过程中的主动权。

  光绪十八年十月(1892年12月),即将卸任的驻英公使薛福

---

❶《致李经方》(光绪十六年六月初二日午),顾廷龙、戴逸主编:《李鸿章全集》第35册,第362页。
❷《复皖抚沈》(光绪十九年五月初七日),顾廷龙、戴逸主编:《李鸿章全集》第35册,第523页。
❸ 茅海建:《戊戌变法史事考》,第29页。

成分别给总理衙门和李鸿章发电，商量继任人选。当时，李鸿章与总理衙门准备推举胡燏棻接任。❶当英国外交部向李鸿章表示，希望由旗人出任驻英公使时，被李鸿章以"非外人所能干预"顶回。❷随后，薛福成向英方介绍胡燏棻的基本情况，称其"极明干"，英国方面表示"甚慰"。❸

因薛主持滇缅界务谈判，总理衙门迟至次年四月，才正式准备上奏，替换驻英公使。同时致电薛福成，令他再次将公使人选告知英方。二十九日（6月13日），总理衙门上奏，请派新的驻英公使，同摺所附清单开列历年保举使才共十一人，胡燏棻不在其间。❹但由于总理衙门已属意于胡，且已将人选提前告知英方，故在奏对时，只坚持荐胡一人。清例，一般官员任命，须拟定正、陪两人，引见后听上谕定夺。对于驻英公使这一要差，总理衙门抛开使才清单，坚持胡燏棻一人，导致光绪帝震怒，严厉诘问总理衙门大臣。随后，光绪帝决定自行改换人选。❺同日，他还发下电旨，严责李

---

❶ 李鸿章曾致函胡燏棻称言："叔耘副宪差期届满，中外论者咸以此席推重长才。英使地望甚高，例用三品京堂以上，各关道品秩均不相称，两司中尤难其人。以台端通敏之才，闳远之度，实于此任相宜，且积资望，为三年后海疆开府之选，共盼此行得遂。"《复广西臬台胡》（光绪十八年九月初三日），顾廷龙、戴逸主编：《李鸿章全集》第35册，第426页。

❷ 此处据李鸿章后来回忆。《寄译署》（光绪十九年四月十三日申刻），顾廷龙、戴逸主编：《李鸿章全集》第23册，第369页。

❸ 薛福成电报原文未见，此处据李鸿章致张荫桓电报转述。《寄户部侍郎张》（光绪十八年十一月二十二日申刻），顾廷龙、戴逸主编：《李鸿章全集》第23册，第324页。

❹ 《总理衙门摺》（光绪十九年四月二十九日），《宫中档朱批奏摺》04-01-12-0559-002；《总理衙门呈中外保举使才员名清单》，《军机处录副》03-5301-001。十一人分别为区谔良、徐建寅、张斯栒、潘骏德、盛宣怀、刘含芳、李文田、徐寿朋、杨兆鋆、莫绳孙、志锐。

❺ 此处细节据李鸿章日后所述。《复钦差出使英法义比国大臣薛》（光绪十九年八月二十七日），顾廷龙、戴逸主编：《李鸿章全集》第35册，第556页。

鸿章，警告他此后在更换出使大臣时，不得将保荐人选提前泄露。❶

此时，光绪帝开始自行考虑新的公使人选。隔日，军机处奉命发下电旨，命四川布政使龚照瑗迅速来京。❷同时，电告薛福成通知英方，拟派龚照瑗为继任公使。❸龚照瑗，字仰蘧，安徽合肥人，监生，曾随李鸿章在江苏、天津等地办机器局、洋务局，经多次洋务保奖，累迁至四川布政使，此时年近六旬。❹龚出自淮系，与李鸿章关系非比一般。人们多认为，龚照瑗出使，是出于李鸿章的保举。但从上述过程可以看出，李在四月二十九日遭到光绪帝斥责，哪敢在此时保举部属？❺任命龚照瑗，很可能出自光绪帝的独断。❻

总理衙门从使才清单之外推荐使臣，属违反成规；不过，公使人选由总署（外交部）提名且提前通知所驻国，这些亦属国际惯例。光绪帝的过激反应，是对其中权力运作的不满。不久之后，安徽巡抚沈秉成向李鸿章推荐杨兆鋆，希望李出面保举杨为使才。李鸿章复函沈秉成称言："见如美、英两新使，俱出自朝廷特简，枢、

---

❶ 电旨称"嗣后办理交涉事件总须格外慎密。每遇更换各国出使大臣未经奉旨之先，该大臣不得将保荐之人先行漏言，懔遵勿忽。"《译署来电》（光绪十九年四月二十九日申刻到），顾廷龙、戴逸主编：《李鸿章全集》第23册，第373页。

❷ 《奉旨着传知龚照瑗迅速来京陛见事》（光绪十九年五月初二日），《电报档》1-01-12-019-0003，中国第一历史档案馆藏。当年四月只有二十九天。

❸ 《收出使英国大臣薛福成电》（光绪十九年五月初三日），《电报档》2-02-12-019-0283。

❹ 秦国经主编：《清代官员履历档案全编》第5册，第145—146页。

❺ 龚照瑗的任命发布后，李鸿章致函薛福成称："仰蘧此次奉使，本以资望见推。六十之年，巡抚在望，忽作海外之役，且须五（三）稔之期，律以常情，自应不甚踊跃，然竟为此引退，则断非所宜。"他认为，龚照瑗获任，对其个人的仕途而言并不划算，然若从大局考虑，也不宜有所推辞。《复钦差出使英法义比国大臣薛》（光绪十九年八月二十七日），顾廷龙、戴逸主编：《李鸿章全集》第35册，第556页。

❻ 《近代名人小传》称，龚照瑗本答应给李莲英以巨额，但后未兑现，故李向慈禧太后进言，使龚接受驻英公使这一苦差。可备一说。见费行简：《近代名人小传》，台北：文海出版社，1967年，第170页。

译且难参赞其间。子舆氏所云'能荐人而不能与之者也'。"❶ "枢、译且难参赞其间",是说军机处、总理衙门也无法插手,"朝廷"即光绪帝的作用在此凸显出来。

三 各国使差的内在特点

上节已论及使臣选任过程中,各省督抚、军机处、总理衙门及皇帝在不同时期的影响和作用。本节将深入讨论,还有何种因素对使臣选任有较大的影响。

清朝选派驻外公使,根据所驻国不同,从一开始即有其十分明确的、各自不同的目标和因应:选派出使英国大臣,是为了结"马嘉理案",同时亦因英国势力在全球最盛,是当时清朝最主要的交涉对象;选派出使美国、西班牙、秘鲁大臣,是为了保护美洲华工;选派出使日本大臣,是为了因应日本的崛起,联络邦交、搜集情报,同时保护中国商民;设立出使德国大臣,是为了约束、管理留学生,联络购买军械事宜,而其直接原因,则是安置与郭嵩焘势同水火的驻英副使刘锡鸿。这些目标也使得上述各项使差有着各不相同的内在特点。

(一)驻英公使

郭嵩焘曾任广东巡抚,光绪元年出任福建按察使,职位较崇。当他被任命为出使英国大臣之时,总理衙门和李鸿章都将此行性质比作之前的崇厚赴法。与崇厚一样,郭的地位可向外表明清朝对

---

❶ 《复皖抚沈》(光绪十九年五月初七日),顾廷龙、戴逸主编:《李鸿章全集》第35册,第523页。

"马嘉理案"的重视。然而，郭嵩焘随后被明确为常驻公使，创立了由高官任驻英使臣的先例。于是清朝对驻英公使的身份形成一条不成文的官规，即候选使臣必须资望较崇，职衔较高。

总理衙门和各省督抚在光绪元年（1875）起开始保举使才，至光绪三年，已保举十九人次。被保举者多出身异途，地位最高的官员不过翰林院编修、候选知府，其余则多为候补、候选知县、知州、同知，远不能与郭嵩焘匹敌。当光绪四年考虑替换郭嵩焘时，只能从使才保单之外，选取地位较崇、承袭侯爵的曾纪泽。在光绪十一年曾纪泽任满之时，使才清单中职位最高者，为此前吴元炳所保、当时任江西布政使的刘瑞芬。此后，驻英公使须由布政使、按察使以上官员担任的标准，更加确定。刘瑞芬任满后，总理衙门选择江苏按察使陈钦铭继任，后军机处改荐湖南按察使薛福成，都是首先出于这一考虑。光绪十八年（1892），李鸿章在给王之春信中称："叔耘差满请代，荐贤首及台端。英使地望本崇，外官必历两司，始称此选。"❶又在给胡燏棻信中称："英使地望甚高，例用三品京堂以上，各关道品秩均不相称，两司中尤难其人。以台端通敏之才，闳远之度，实于此任相宜。"❷这两段话都是在讲上述官规。

如前章所述，此次驻英公使换选一事，造成光绪帝对李鸿章及军机处、总理衙门的不信任，但若仅从规则上而言，军机处、总理衙门和李鸿章选择胡燏棻，自有其根据所在。之后光绪帝改任龚照瑗，也是首重其四川布政使的地位。

除地位限制外，驻英公使在回国后亦形成了一定的升迁规则。郭嵩焘以总理衙门大臣、兵部侍郎身份赴英，满负毁谤归国，他此

---

❶ 《复湖北藩司王》(光绪十八年八月初七日)，顾廷龙、戴逸主编：《李鸿章全集》第35册，第413页。

❷ 同上书，第426页。

后的遭遇可看作特例。他的后任曾纪泽在回国后任总理衙门大臣，刘瑞芬则擢升广东巡抚。因此，驻英公使亦成为布政使、按察使升任封疆大吏的途径之一。李鸿章曾称，驻英公使一职，"积资望为三年后海疆开府之选"，即明说藩、臬一旦授驻英公使，在三年回国后可望升任沿海各省巡抚。❶

尽管驻英公使有擢升巡抚或进入总理衙门的资格，但这一政治酬庸并非对所有人都具吸引力。前文已述，在龚照瑗获得驻英任命后，李鸿章致函薛福成："仰蒙此次奉使，本以资级见推。六十之年，巡抚在望，忽作海外之役，且须五（三）稔之期，律以常情，自应不甚踊跃，然竟为此引退，则断非所宜。"❷ 对于年事已高，且有望通过资历升任巡抚的龚照瑗而言，驻英公使实在算不上什么好差使。故龚在受命北上后，告病拖延。李鸿章所称"断非所宜"即针对此举而言。

清朝对驻英公使的"身份取向"，在甲午战争之后发生变化。此中关键事件，是光绪二十二年（1896）九月，访俄归来的李鸿章力陈使臣须精通外语一事。日后孙宝琦在回顾这一史实时称言："大学士李鸿章历聘欧美，深鉴于使臣不通彼邦语言与文字，不但交涉诸形隔膜，即寻常酬酢，亦为减色。回京力言于朝，而伍廷芳、罗丰禄同时奉派出使。"❸ 罗丰禄随李鸿章出外访问，其出色的翻译能力曾获外人赞誉。❹ 李鸿章在回国后，专摺保举罗丰禄为使

---

❶ 《复湖北藩司王》（光绪十八年八月初七日），顾廷龙、戴逸主编：《李鸿章全集》第35册，第426页。
❷ 《复钦差出使英法义比国大臣薛》（光绪十九年八月二十七日），顾廷龙、戴逸主编：《李鸿章全集》第35册，第556页。
❸ 《出使大臣孙宝琦片》（光绪三十一年三月二十日朱批），《军机处录副》03-5438-109。
❹ 蔡尔康、林乐知编译，张英宇、张玄浩校：《历聘欧美记》，长沙：湖南人民出版社，1982年，第158—159页。

才，张荫桓同时保举通晓英文的伍廷芳。恰在此时，龚照瑗所荐使才、身为道员的黄遵宪亦奉旨来京召对。总理衙门和光绪帝希望分别任命黄遵宪、罗丰禄、伍廷芳担任驻英、驻德、驻美公使。❶可以说，到了此时，清朝任命驻英公使，更多的是从职业技能和外语水平上进行衡量，此前所坚持的身份取向，逐渐被这种专业取向所替代。这也是仅为记名道的张德彝能继罗丰禄之后谋得驻英公使的制度依据。

与此同时，清朝在甲午战后专设驻法公使一职，不再由驻英公使兼任。光绪帝本打算任用张之洞所推荐的道员刘麒祥，结果遭刘推辞。此时，清朝深感使才缺乏，仓促间遂任命驻法使馆参赞、实际代办使事的庆常为公使。❷光绪二十一年四月（1895年5月），光绪帝给庆常发下电寄上谕，说明这一任命的实际考虑："庆常在差年久，熟悉法国情形，是以派充驻法专使，正当感激图报，将交际难办之事竭力妥办，能与外部商量，使在华公使不生要挟，方为不负委任。该员其专心奉职，毋许固辞。"❸因此，驻法公使自专设之日起，就未带有身份限制，而强调使臣的交涉经验和外语水平。驻外公使的甄选对象，也由原来国内的藩、臬、道、府，扩大为驻外使馆的参赞。

（二）驻俄国、德国公使

光绪四年（1878），清朝委派署盛京将军、吏部左侍郎崇厚为

---

❶ 吴天任编著：《清黄公度先生遵宪年谱》，台北：台湾商务印书馆，1985年，第105—108页。《汪大燮致汪康年》（光绪二十二年十一月二十三日），上海图书馆编：《汪康年师友书札》第1册，第752—753页。
❷ 《随手登记档》，光绪二十一年八月十八日条。
❸ 《发出使法国大臣庆常谕》（光绪二十一年八月二十二日），《电报档》1-01-12-021-0523。

出使俄国大臣，其主要目的是赴俄商谈中俄边境及修约事宜，因此崇厚此行有特使的意味。崇厚在次年签约后，与总理衙门上奏，派随带参赞、总理衙门章京邵友濂署理公使。不久，为交涉伊犁事件，清朝命驻英公使曾纪泽兼任驻俄。曾纪泽的后任刘瑞芬亦兼驻俄。光绪十三年，刘瑞芬卸任后，因俄国地位重要，且总理衙门奏请专设出使俄国大臣，兼驻德国、奥匈帝国与荷兰。其中，以驻扎俄德两国为主。

而驻德公使的设置目的如前文所述，即避免驻英正、副使臣的争端并监督出洋学生。首任公使刘锡鸿回国后，清朝派记名海关道李凤苞署理该职。光绪十三年，驻德公使改由驻俄公使兼任。此时，国内正面临一个重大的风气转移。

光绪十三年（1887），李鸿章在给前留美学生监督区谔良的信中称，此前遣使出国，人皆视为畏途，"近则翰林参赞，曹郎游历，推而更广，皆向来所无。窃喜风气日开，则人才辈出。然前则悬利禄以为招，后则设资格以相限，保举则严，经费则节，视为常法。"❶ 当时，希望出使者接踵而至，清朝只好对使臣资格进行限制。在当年李鸿章保举的使才中，内阁学士洪钧最终获任驻俄德公使。此后，对驻俄德公使进行身份限定，逐渐成为朝中共识。光绪十九年（1893）五月，李鸿章致信沈秉成称言："德俄使者现改常驻俄都，尤须资位稍崇，乃堪充选。李丹崖原是出洋监督，正值刘云生被劾，亟须撤换之际，会逢其适，本与循例派往者不同。近十年来，情势迥殊，此事恐难再见矣。"❷ 正因为如此，继洪钧之后，

---

❶《复工部区》（光绪十三年七月十四日），顾廷龙、戴逸主编：《李鸿章全集》第34册，第243页
❷《复皖抚沈》（光绪十九年五月初七日），顾廷龙、戴逸主编：《李鸿章全集》第35册，第523页。

身为翰林院侍读的许景澄能连任两届驻俄德公使。不过，与驻英公使相同，这种身份限定，在光绪二十二年（1896）之后，亦因世风变化而不复存在。

光绪二十二年李鸿章与俄国签订密约。因职司重要，清朝委任交涉经验较丰富的驻美公使杨儒调任驻俄公使一职，而驻德公使一职则在甲午战争后亦渐显重要，于是由许景澄奏请专设。人们认为，这一位置会循庆常的先例，由驻德参赞赓音泰出任。❶但李鸿章访俄回京后，力陈外语对使职的重要，光绪帝遂属意罗丰禄充任该职，后因总理衙门大臣揣度英国意思，认为英不愿接受黄遵宪，于是奏请黄、罗互调，结果德方认为此举对其不恭，遂加以严词拒绝。❷在此情形下，李鸿章建议派许景澄离俄赴德，暂任驻德公使。

次年，李鸿章推荐江苏常镇通海道、总理衙门前总办章京吕海寰出使德国，获光绪帝批准。❸吕海寰，字镜宇，山东莱州人，同治六年顺天乡试举人，捐纳兵部主事，后考取总理衙门章京，长期担任总办。光绪二十年（1894）外任常镇通海道，赴任途中曾拜会李鸿章，与李谈论时政。吕在总理衙门任职多年，又经外放海关道，且一度代理苏松太道，与北京的驻外公使及江苏外国领事多有交往，有着较丰富的交涉经验和外部知识。吕在总办章京任内，因办事干练而深得奕劻等人信赖，❹且他所在的职缺——常镇通海道，也正是总理衙门可大致掌控，用于保奖、酬庸章京的职位。总理衙

---

❶ 《汪大燮致汪康年、汪诒年》（光绪二十一年八月十九日），上海图书馆编：《汪康年师友书札》第1册，第709页。

❷ 吴天任编著：《清黄公度先生遵宪年谱》，台北：台湾商务印书馆，1985年，第105—108页。《汪大燮致汪康年》（光绪二十二年十一月二十三日），上海图书馆编：《汪康年师友书札》第1册，第752—753页。

❸ 李文杰整理：《吕海寰资料两种》，《近代史资料》总123号，第156页。

❹ 同上书，第139—143页。

门支持吕海寰赴德,亦有为其他章京腾缺的考虑。❶ 所以他的成功获任,除李鸿章的保举外,与总理衙门其他大臣也有关系。吕为举人出身,本职仅为道台。吕海寰的先例也说明,驻德公使自专设起更多的是考虑使臣的专业能力,而非身份的荣显。

(三)驻日公使

清朝设立驻日公使,用意在于搜集情报、联络邦交、保护商民。与清朝驻欧洲各国使臣相比,该差使对身份的要求较低,最先两任公使何如璋、许景澄(因丁忧未任)皆为翰林院编修,从光绪七年起,连续两任驻日公使黎庶昌、徐承祖本职皆为知府,奉旨以道员补用。故李经方获任该差使之后,李鸿章致信称"使倭向系道员,似不足异"。❷

驻日公使一职对身份虽不甚看重,却也另外形成一种规则,即公使多风雅好文。李鸿章曾向李经方传授出使日本之机宜,称言:"日本朝廷虽轻汉学,而在下尚多好诗古文词,其中或亦有可资应酬耶?"❸光绪二十一年(1895)闰五月,光绪帝要求张之洞保举驻日公使人选,张请其幕僚、此前曾任驻日领事的郑孝胥进行推荐。郑荐黎庶昌,理由是:"其临事虽稍方板,颇为持重。方其初至,日人颇轻视之;后国中从黎游者甚多,政府亦转加敬。今彼族治汉学者尚多奉黎为师,黎亦能曲意援接。日人轻浮,极喜标榜,

---

❶ 吕获驻德公使一职后,恭亲王奕䜣即推荐总理衙门章京长恒继任常镇通海道。陈义杰整理:《翁同龢日记》第6册,第3011页;《张元济致汪康年》(光绪二十三年六月初六日),上海图书馆编:《汪康年师友书札》第2册,第1697页。
❷ 《致李经方》(光绪十六年七月二十九日),顾廷龙、戴逸主编:《李鸿章全集》第35册,第107页。
❸ 《致李经方》(光绪十六年八月初十日),同上书,第111页。

若黎再往，必可暫安。"❶ 在时人看来，风雅好文似为担任驻日公使的一大考量因素。不过，这一标准似乎偏离了设置的初衷。

（四）驻美公使

驻美公使（出使美国、西班牙、秘鲁）的主要职责在于保护美洲华工。华工绝大部分来自广东，出于与华工进行正常沟通的需要，该使差多从使才清单中挑选粤籍人士担任，而使才的地位、品级并非考量的主要因素，一般本职在道员以上即可。历任使臣陈兰彬、郑藻如、张荫桓都是广东籍。在张荫桓即将任满时，李鸿章密保使才四人，其中翰林院侍读学士李文田为粤籍。李本意推荐他任驻美公使，但李文田因嫌华工案件繁难，有所趋避，清朝只好改任保单中安徽籍的崔国因。❷ 事后，李鸿章说："此缺向用粤人，今忽破例，亦粤人自致之也。"❸ 不过，非粤籍的崔国因、杨儒出任驻美公使，的确只是特例。驻美公使由广东人担任这一规则，在光绪二十二年（1896）伍廷芳上任，直至清朝覆亡，一直得以贯彻。

四 庚子之前使臣的群体分析

上文论述外务部成立之前驻外公使的产生方式及其任用的特点。本节搜集、整理及开列该时段内驻外公使的基本资料，以明其地域分布、任期、任差年龄，并对驻外公使在政治体制中的地位略作分析。为论述观览便利，先将庚子前驻外公使的基本资料列表如下：

---

❶ 劳祖德整理：《郑孝胥日记》第1册，第501页。
❷ 《复钦差出使日本国大臣黎》（光绪十五年三月二十三日），顾廷龙、戴逸主编：《李鸿章全集》第34册，第525页。
❸ 《复钦差出使美日秘国大臣张》（光绪十五年八月十三日），同上书，第597页。

表5-2 庚子前驻外公使资料一览表

	姓名	籍贯	生年	任差年岁	任任时间	任期	本职与头衔
						驻英公使	
1	郭嵩焘	湖南湘阴	1818	57	1875—1878	3年	福建按察使开缺以侍郎候补
2	曾纪泽	湖南湘乡	1839	39	1878—1885	7年	一等毅勇侯、候补四品京堂
3	刘瑞芬	安徽贵池	1827	58	1885—1889	4年	江西布政使开缺以三品京堂候补赏一品顶戴
4	薛福成	江苏无锡	1838	51	1889—1893	4年	湖南按察使开缺以三品京堂候补赏一品顶戴
5	龚照瑗	安徽合肥	1836	57	1893—1896	3年	四川布政使以三品京堂候补赏侍郎衔
6	罗丰禄	福建闽县	1850	46	1896—1901	5年	二品顶戴记名海关道赏四品卿衔
						驻美公使	
7	陈兰彬	广东吴川	1816	59	1875—1881	6年	四品衔郎中以三四品京堂候补
8	郑藻如	广东中山	1826	55	1881—1885	4年	直隶津海关道赏三品卿衔
9	张荫桓	广东南海	1837	48	1885—1889	4年	三品卿衔直隶大顺广道
10	崔国因	安徽太平	1843	46	1889—1893	4年	翰林院侍讲赏二品顶戴
11	杨儒	正红旗汉军	1842	51	1893—1896	3年	安徽宁池太广道开缺以四品京堂候补
12	伍廷芳	广东新会	1842	54	1896—1902	6年	二品候补道赏四品卿衔
						驻法公使	
13	庆常	镶黄旗汉军			1895—1899	4年	工部郎中开缺赏以五品京堂候补

续表

	姓名	籍贯	生年	任差年岁	任任时间	任期	本职与头衔
						驻法公使	
14	裕庚	正白旗汉军	1839	60	1899—1902	3年	太仆寺少卿，总署大臣
						驻德公使	
15	刘锡鸿	广东番禺	1823	54	1877—1878	1年	驻英副使赏加二品顶戴授光禄寺少卿
16	李凤苞	江苏崇明	1834	44	1878—1884	6年	候选道员三品卿衔以海关道记名（先署）
17	许景澄	浙江嘉兴	1845	39	1884—1887	3年	二品顶戴升用翰林院侍讲
18	吕海寰	山东掖县	1842	54	1896—1901	5年	江苏常镇通海道开缺以四品京堂候补
						驻俄公使	
19	崇厚	镶黄旗满洲	1826	52	1878—1879	1年	署盛京将军，吏部左侍郎赏内大臣衔
20	邵友濂	浙江余姚	1840	39	1879—1880	1年	总署章京，二品衔道员（署）
21	洪钧	江苏吴县	1840	47	1887—1890	3年	内阁学士兼礼部侍郎衔
22	许景澄	浙江嘉兴	1845	45	1890—1896	6年	候补翰林院侍读
23	杨儒	正红旗汉军	1842	54	1896—1902	5年	二品衔都察院左副都御史
						驻日本公使	
24	何如璋	广东大埔	1838	38	1876—1880	4年	翰林院编修以侍讲升用加三品衔

续表

	姓名	籍贯	生年	任差年岁	任任时间	任期	本职与头衔
					驻日本公使		
25	黎庶昌	贵州遵义	1837	43	1880—1884	4年	二品顶戴记名道
26	徐承祖	江苏六合	1842	42	1884—1888	4年	道员
27	黎庶昌	贵州遵义	1837	50	1887—1891	4年	记名道
28	李经方	安徽合肥	1855	35	1890—1892	2年	江苏候补道
29	汪凤藻	江苏元和	1851	41	1892—1894	2年	记名知府翰林院编修赏二品顶戴（先署）
30	裕庚	正白旗汉军	1839	56	1895—1898	3年	广东惠潮嘉道开缺以四品京堂候补
31	李盛铎	江西德化	1858	40	1898—1901	3年	御史赏三品卿衔以四品京堂候补
					驻韩国公使		
32	徐寿朋	直隶清苑	1836	62	1898—1901	3年	安徽按察使开缺以三品京堂候补

资料来源：公使名单、在任时间据《清代职官年表》第4册，《清季中外使领年表》，另据《清实录》校正相关数据。公使的籍贯、生年、卒年，据江庆柏编：《清代人物生卒年表》，上海：上海书店出版社，2002年；秦国经主编：《清代官员履历档案全编》；蒋英豪著：《黄遵宪师友记》。

说明："在任时间"起自任命上谕下达之日，迄于商差之时；已接受任命但未成功就任者未计入表格；身兼多国使差的公使，归类以其主要驻在国为准。

从地域分布来看，在庚子前28位驻外公使中，福建、贵州、江西、山东、直隶各1人，湖南2人，浙江2人，安徽4人，八旗4人，江苏5人，广东最多，为6人。这与总理衙门章京之中八旗、江浙籍人员比例最高的情形稍有差异。广东籍人员借助驻美公使的特定需求，在整个驻外使臣中占据最大份额；较多的安徽籍公使则显示出淮系大员在使臣任命中的影响。

根据现有资料，可略知上述公使中多数人的出生年，上表中所列庚子前所派32人次的驻外公使，只有庆常生年不详，其余任差年龄最小者为李经方（35岁），最大者为徐寿朋（62岁），31人次任差的平均年龄为48.9岁，高于总理衙门章京的37.7岁，低于总理衙门大臣的52.9岁。他们的任期多为一届，即三年，仅曾纪泽、李凤苞、许景澄、伍廷芳、罗丰禄达到两届。❶

最值得注意的，是各驻外使臣的本职与头衔。根据表中显示内容，驻外公使任差时的身份，按照是否带有实缺可分为两种。任有实缺者，一般是外省道台，位高者包括六部侍郎、外省布政使。因其本职地位重要，故他们在接受驻外公使的任命后，须按例开缺，将原有职务让给他人。而未带实缺者（多为驻日公使，地位较低），一般是候补道、候补知府，接受任命后无须也无从开缺。

由于驻外公使属三年一任的差使，不带品级，而公使接受任命后照例开去原职，这就出现了公使的身份、等级与晋升的问题。为应对、解决这一难题，清朝在原有的体制内寻找变通之途。其具体做法是，根据公使原有本职高低，命其以三、四、五品京堂候补。此后，根据公使的在外劳绩，授予其通政使司、太常寺、太仆寺、

---

❶ 陈兰彬任期为6年，是因为迟至第三年上任；杨儒任期5年，实则当时已有新公使桂春的任命，因义和团事件而未能成行。

大理寺一类的京堂实缺,这些职缺甚至被称作"冗官",无须官员到任办事,只是提供一种带有品级的职名,使得官员有机会遵循品级高低向上晋升。这与此前总理衙门对资深章京的政策是类似的。这也是职业外交官制度建立之前,从旧制度中可寻的外交官晋升的最合理方式。

我们不妨结合杨儒任驻美公使期间,以及许景澄任驻俄德公使期间的实例,对上述现象进行说明。两公使在外的差、职履历略如下表所示:

表5-3 杨儒、许景澄驻外差、职对照表

杨儒驻美差、职对照（1893-1896）			许景澄驻俄德差、职对照（1890-1895）		
差	职		差	职	
	品级	职位		品级	职位
出使美日秘国大臣	正三品	左副都御史（1896）	出使俄德奥荷大臣	正二品	工部左侍郎（1895）
	正三品	宗人府府丞（1895）		从二品	内阁学士（1893）
	正三品	太常寺卿（1895）		从三品	光禄寺卿（1892）
	从三品	太仆寺卿（1895）		正四品	通政司副使（1891）
	正四品	通政使司副使（1895）		正四品	太仆寺少卿（1891）
	正四品	太常寺少卿（1893）		从四品	翰林院候补侍读（1890）
	正四品	安徽徽宁池太广道（1893）			

资料来源:《清国史馆传包》702003183-1号、702001553-2号。

杨儒此后调任驻俄公使,本职继续迁为工部侍郎、户部侍郎;许景澄在任满回国后,以工部侍郎身份,任总理衙门大臣。前章已述,总理衙门大臣主要从大学士、部院尚书、侍郎中选任,许景澄以侍郎入总署,完全合乎制度。由此我们看到了一种特殊现象:公使在外任差,其"本职"却在国内;公使所有的工作,与国内"本职"毫无关联。可见，正是寺卿、府丞一批被维新人士斥为"冗官"的职缺，给了驻外公使迁转之阶，在助其升迁的同时，也无意间促成少数驻外公使与总理衙门大臣的衔接，使得外交官在传统制度下也有可能实现某种程度的职业化。

五 升迁与去向

驻外公使开缺以京堂候补、迁转，这是解决公使的身份、等级与晋升的特殊方式，其最主要的目的，是让担任使差的官员能有晋升之阶而并非实现外交官的职业化。因此，驻外公使卸任后的去向较为多样，大致有以下几种。

（一）担任总理衙门大臣

由卸任公使担任总署大臣者，计有陈兰彬、曾纪泽、张荫桓、洪钧、许景澄、裕庚（驻日任内）六人。

陈兰彬本为正五品的刑部郎中，在出使期间，其本职由郎中、太常寺卿、宗人府丞累迁至左副都御史，地位与总理衙门大臣相称。回国之后，逢总理衙门大臣毛昶熙病故退出，因此能顺利进入总署。此后，出使英、俄公使曾纪泽因熟悉对俄交涉，受慈禧太后信任，故在回国后进入总理衙门。张荫桓出使前曾任总理衙门大臣，在美期间，办事较为出力，李鸿章称"樵野复还译署，自为使车之勤"，故张再入总署，与其出色的办事能力有关。❶驻俄公使洪

---

❶ 《复钦差出使英法义比国大臣三品京堂薛》（光绪十六年五月初六日），顾廷龙、戴逸主编：《李鸿章全集》第35册，第72页。本节关于公使去向的资料来源，若出自《清代职官年表》《清史列传》等常见工具书，则不再一一注明。

钧因在俄期间，著有《中俄交界图》，被认为留心边事，是难得的交涉人才。驻俄德公使许景澄在卸任时，正值甲午战后对俄交涉的敏感时期，因此在回国后被任命为总理衙门大臣。驻日公使裕庚回国后担任总理衙门大臣，则与戊戌政变后总理衙门出现的重大变故有关。

由卸任公使出任总署大臣，本无一定规则。光绪十九年（1893），当驻英公使薛福成即将任满之际，李鸿章致函称："文卿遽尔徂谢，译堂或须添人，较论才望，无以易尧，但冀旌节早旋耳。"❶ 文卿，即总理衙门大臣洪钧。李鸿章的意思是，洪钧病故后，总理衙门须填补一位大臣，才能、资望相称的薛福成是最合适的人选。由此可见，卸任公使出任总署大臣，与该公使的资望、地位、才能及总理衙门自身的人事情况有关，并无规律可循。但一个显见的趋势是，随着时间推移、交涉繁难程度的递增，总理衙门对外交专才的需求也在增加，卸任公使担任总署大臣的几率也在逐渐提高。

（二）回原部门任职

部分公使本职为候补道、候补知府，或任职于翰林院，在赴任之后，无须开去本职；加之在外并无特别功勋，升迁亦较慢，因此在卸任公使之后，仍回原部门迁转。这些公使包括何如璋、崔国因、刘锡鸿、黎庶昌、李经方。

驻日公使何如璋在出使前为翰林院编修，赏以侍讲升用，回国

---

❶《复钦差出使英法义比国大臣薛》（光绪十九年八月二十七日），顾廷龙、戴逸主编：《李鸿章全集》第35册，第556页。"无以易尧"，典出《汉书》，言汉高祖拜赵尧为御史大夫事："既行久之，高祖持御史大夫印弄之，曰：'谁可以为御史大夫者？'孰视尧曰：'无以易尧。'遂拜尧为御史大夫。"（班固：《汉书》第7册，第2097页）

后仍在词臣上迁转,任詹事府少詹事。中法战争期间,被慈禧太后任命为福建船政大臣。❶驻美公使崔国因出使前为翰林院侍讲,在外碌碌无为,与同僚关系较差,回国后仍回翰林院,在翰詹大考中成绩落后,被命以中允降补。❷首任驻德公使由驻英副使、光禄寺少卿刘锡鸿担任,他在差满回国后仍任光禄寺职务。❸驻日公使黎庶昌曾两次出使日本,第一次出使因丁忧回国,第二次以记名道驻日,回国后任实缺四川川东道。驻日公使李经方出使前为江苏候补道,因丁忧而回国守制,后以候补道身份随李鸿章办理洋务。❹

(三)升任巡抚

上文已述,在甲午之前,清朝中枢对驻英公使的身份及其卸任后的去向,有着一定之规,经常让一省布政使、按察使担任该使差,而以一省巡抚作为期满后的政治酬庸。但在实际政治中,因个体差异较大,仅刘瑞芬遵循了这一升迁路径。刘在出使前为江西布政使,任差时先开缺以三品京堂候补,后升太常寺卿、大理寺卿,卸任回国前,依循品级升为广东巡抚。❺

(四)辞职、革职

在庚子之前的驻外公使中,有多人其后结局黯淡。驻英公使郭嵩焘在辞职回国后遭同僚同乡抨击冷遇,乞休回籍。驻美公使郑藻如在任时患重病,随即卸任回国。驻日公使汪凤藻在甲午战争爆发

---

❶ 钱仪吉等辑:《清朝碑传全集》第 5 册,第 4161—4162 页。
❷ 《奕劻等奏摺》(光绪二十年四月初九日),《军机处档摺件》131851。
❸ 钱仪吉等辑:《清朝碑传全集》第 5 册,第 4157—4161 页。
❹ 钱仲联主编:《广清碑传集》,苏州大学出版社,1999 年,第 1154 页。
❺ 钱仪吉等辑:《清朝碑传全集》第 3 册,第 2345—2347 页。

后撤旗回国。❶ 出使俄国大臣崇厚因擅自与俄国订立《里瓦几亚条约》，被革职严惩。驻日公使徐承祖、驻德公使李凤苞皆因涉及经济问题而被查办。❷

（五）任内或卸任不久病故

在庚子前任命的公使中，有薛福成、龚照瑗、罗丰禄、杨儒、裕庚五人于任内或卸任后不久病故。驻英公使薛福成、龚照瑗皆为差满卸任后旋即病故。龚的后任罗丰禄在任内患病，不久病故。驻俄公使杨儒卒于任内，在任期间，曾与俄国交涉俄占东三省之事，因忧惧而病故。驻法公使裕庚则在卸任后不久即因病去世。❸

此外，驻法公使庆常，在卸任后滞留法国未归。

建立于光绪元年（1875）的清朝常驻使节制度，是西力持续冲击的结果。在一个相对固定的财政体系中，清朝能决心设立一批用度不菲的驻外使职，正说明其面临一系列亟须应对的难题。在当时政治制度中，京中翰林、部院司官这些产生于科举又耻谈洋务的官员，并非因应这些难题的合适人选。总理衙门由此奏请将使才保举之权授予以各省督抚为主的内外大臣，尤其是南北洋大臣，既是为了广选人才，也是希望他们分谤、担责。督抚保举、总理衙门开单、军机处奏对、皇帝圈定的使臣选任模式自此建立。

在这一模式中，督抚保举有着最为基础的作用。这其中，又以

---

❶ 秦国经主编：《清代官员履历档案全编》第6册，第24—25页。
❷ 赵尔巽撰：《清史稿》第41册，第12476—12477、12484页。《清实录》第55册，第532—533页。
❸ 赵尔巽撰：《清史稿》第41册，第12480—12481、12488—12489页；贾熟村：《晚清著名外交官罗丰禄》，《怀化学院学报》2008年第4期，第56—59页。

总督之首、洋务总汇之区的直隶总督、北洋大臣李鸿章的作用最为突出。李鸿章保举使才所发挥的效用，在光绪十五年（1889）前后达到顶峰，当时，李的保单几乎可等同最后的使臣任命单。尽管如此，督抚保举的效果仍依赖与军机处及总理衙门的沟通程度，通过后两者的肯定来发挥作用。

使才保举是公使选任的第一步，为选任提供了可供采择的合理范围。大员们保举使才，多以派系作为考量因素，保举之后的角逐，则与当时各方权势有关。随着国内政局的变动，使才选任过程中的权势也有所游移。在前期，圈定使才之权基本由总理衙门代行；在光绪帝亲政后，曾试图减少对北洋、军机和总署的依赖，广泛向南洋及其他督抚征求使才，保举活动也一度热烈。然而，随着戊戌政变的发生，使才保举也在肃杀的政治氛围中趋于消沉。

由于清朝派驻各国公使所因应的问题不同，故使臣的身份和地位各不相同。光绪十年之后，随着国内风气逐渐开放，官员们争相运作使差，清朝遂形成驻各国公使的身份限定，这一限定是一些不成文的规则：驻英公使非布政使、按察使不任，驻俄驻德公使非阁学京卿不任。此外，驻日公使偏用风雅好文之臣，驻美公使偏用粤籍官员。随着甲午战争后清朝对使臣语言、职业能力的看重，驻英、俄、德等国公使的身份限定不再被提及。

庚子前多数公使的任期，为一届三年，任满回国。受限于语言及知识结构，公使们很难在任期内成为外交专才，这些我们从留存至今的大量出使日记可窥见一二。公使们的日记，多为报章新闻的摘抄，且其关注点及主要内容十数年如一日。❶ 为解决驻外公使的

---

❶ 曾任总理衙门章京的唐文治曾评论出使日记称："出洋日记近人所著，首推郭嵩焘之《使西纪程》、薛福成之《四国日记》。第郭书简略，未经完备；薛书则多系绅绎报章，无关宏谊。"（唐文治：《英轺日记》，北京：民族出版社，2010年，凡例第1页）

身份、等级与晋升问题，当时普遍的做法，是让公使开去本缺以京堂候补，然后循着品级迁转，这是在传统制度之下处理外交官升迁的特殊方式，其最主要的目的，是让公使能有晋升阶梯，而非着力解决外交官的职业化培养问题。也就是说，公使选任方式是在当时制度框架内临时派生以应急需的，并无长远考虑。在上述背景中，公使们很难将使职作为自己的事业，相对而言，他们更加看重仕途的经营，应公使之差，通常是为了争取一个迁转机会。因此，在总理衙门时期，回国出任总署大臣的卸任公使，并不多见。驻外公使与总理衙门之间，缺乏可靠的衔接；外交官的职业成长，也缺乏稳固的制度保障。

　　从本章各节的论述中可以看出，庚子之前，驻外公使因驻在国不同，其身份限制各异，或强调本职须具备一定级别，或强调使臣籍贯；成功上任的公使，从候补道、候补知府、翰林词臣，到海关道、按察使、布政使不等。在诸多限制和标准中，全不见通晓外语、公法知识这些内容。从某种意义上而言，驻外公使之差，与国内其他外派差事，例如学政并无太大差别：他们同样是携带一批自行招募的随从人员，同样是任满回京另就职务，同样是通过外派差使获取收益，不同的是，他们的衙署，由国内移至国外。驻外经历对于某些公使而言，不过是仕宦生涯中的轻轻一笔，他们借此为自己及随从挣来升迁捷径。常驻使节无疑属于外交官，不过，庚子之前清朝的驻外公使，其任前与任后的职务，很可能与外交完全无关。

第6章

驻外外交人员（上）

在近代外交体制中，驻外外交使团在首长全权大使或公使之下，还有一些人被归入外交官群体，拥有外交人员身份（diplomatic status），他们有过较好的职业训练，可以循级在外交官的序列之内寻求升迁，将所学以及长期积累的经验，运用于外交实践中。专门负责本国在外商务利益及国民事务的领事官，原本另有统系。❶ 20世纪之后，外交官与领事官的相互流动与合作加强，差别逐渐淡化，领事部门亦被逐渐纳入外交系统，成为职业外交官群体的组成部分。公使之下的外交人员，是公使的助手，亦是他们最重要的后备人选。

按照今天通行的法令，驻外外交、领事人员分为不同衔级与职务。驻外使馆馆长之下，有参赞（参事）、秘书、随员的设置；领事官分总领事、副总领事、领事、副领事几级。对照总理衙门制定的出使薪俸章程可发现，这几类外交人员初设于晚清时期。❷

---

❶ 张世安编著：《各国外交行政》，上海：大东书局，1931年，第174—196页。
❷ 依据《中华人民共和国驻外外交人员法》，中华人民共和国外交官职务分为：特命全权大使、代表、副代表、公使、公使衔参赞、参赞、一等秘书、二等秘书、三等秘书、随员；与它们对应的衔级有：大使衔、公使衔、参赞衔、一等秘书衔、二等秘书衔、三等秘书衔、随员衔。该法全文见法律出版社法规中心编：《中华人民共和国行政法大全》，北京：法律出版社，2011年，第106—107页。

本章的主旨，在于搜集晚清驻外外交人员的履历，分析他们的教育背景、来源、去向、招募方式，探究上述因素对近代外交行政造成的影响，讨论早期驻外外交官群体演进的趋向。在对不同职位的外交人员进行探讨之前，首先略述他们的共同点。

晚清驻外使团成员，即公使及其下属，都属于差使。特点在于临时性，不带品级，因此，办差的官员只能依据本职进行升迁。差使对于官员的意义在于，办差可获得保奖，促成本职升迁，或提供额外的经济收益。总理衙门章京如此，驻外外交人员同样如此。

从任用方式上看，驻外外交人员最重要的特点有两个：首先，使团成员由驻外公使自行选择奏调、任用、罢黜，他们只需将结果知照总理衙门。其次，使团成员并无出身的限定。❶

"差使"的设计和劳绩保奖，完全来源于传统制度，没有任何西方外交制度的痕迹。对于驻外人员的任用方式，当时各大国通行的做法，是由本国外交部通过外交官考试，统一派遣调度。❷清朝令使臣自行组建使团的做法，与此大相径庭，其形式同样源自于传统。驻外公使之差，犹如学政一类外差；照例，此类差使，由官员自行招募随从下属，组成幕僚团队。

此外，历史经验也对该制度的制定有所启示，总理衙门在后来解释说：

---

❶《总理衙门拟出使章程十二条清单》（光绪二年九月十二日），《军机处录副》03-9444-030。

❷ 例如，在1815年英国建立外交人事制度之前，驻外使节自行遴选属员，且国家对他们不付给薪俸。此后，驻外外交人员的选派改由外务大臣决定。1856年之后，则增加考试程序，作为外交人员的初步遴选方式。参见〔英〕哈罗德·尼科松（Harold Nicolson）著，眺伟、倪征燠译：《外交学》，北京：世界知识出版社，1957年，第143—144页。

伏查出使绝域，事体与内地不同，所带随员，自须该使臣所素习，此乃可收指臂之效，是以历届皆准由出使大臣自行奏调，略仿汉制，得自辟僚属之意，以专责成。❶

汉人出使绝域，给后世留下深刻记忆者，有张骞、苏武及班超数人。其中，班超之事最能体现使节与僚属关系的重要，也最能说明自辟僚属的优势。❷ 总理衙门"略仿汉制"，就是针对这些过往史实而言。

遣使驻外的政策，源自西方和日本经验的示范，公使及驻外外交人员也是清朝依据西例而创设。然而，清朝的驻外制度，却更多显现出传统政治制度的特色，由此也造成晚清外交中迥异于西方国家的系列效果。

一 参赞（上）

参赞（Counselor）是一种外交官职务，也是职业外交官的一种衔级，次于公使（衔），高于秘书（衔）与随员（衔），由后两者循级升迁而至。在19世纪的国际关系中，公使为很多国家派驻他国

---

❶ 《总理衙门议覆御史赵增荣奏请慎选使臣》（光绪十四年），刘锡鸿等：《驻德使馆档案钞》下册，台北：学生书局，1966年，第730页。

❷ 汉明帝时，班超受命出使鄯善，到达该国不久，鄯善王对使团的热情顿减，班超打听得知匈奴使节正在鄯善。于是率所属三十六人斩杀匈奴使节，成功结好鄯善。回京后，明帝再次派班超出使，并欲增其兵士随从，班超说："愿将本所从三十余人足矣。"（范晔撰：《后汉书》第6册，北京：中华书局，1965年，第1573页）有研究者认为，总理衙门后来希望收回各使团公使以下的人事权，但事实上，公使自行招募使团成员的做法，完全出于总理衙门的设计；且总理衙门也一直无意收回该权力。其原因后文详述。

使馆的馆长，参赞则是仅次于公使的外交官，主要负责协助公使工作，并在公使缺席时，代办使事。不仅如此，参赞也是公使、大使的后备力量。汉语驻外参赞一词的形成以及清人对它的认识，有过曲折经历。

在鸦片战争之后，英、法、美等国在与清朝官方发生文书往来时，一般自行将文书译成中文后递送。为自抬身份，公使之下的外交官经常将自己的职务翻译成"副使"，❶也有人冠以颇具新意的"使外郎"之名。❷大使、公使并无副职，副使之名仅存于清朝与朝贡国的交往模式中。美、法等国外交官自称"副使""使外郎"，是他们比附中国制度的创造。

在西方人无法为"Counselor"找到合适汉译名词的同时，清人也不知如何称呼公使的下属外交官。当英、法、美外交官自署"副使"之时，清朝官员在照会中照用这一称呼。咸丰十年（1860）七月，载垣等人在与英国公使所派的威妥玛、巴夏礼（Harry Smith Parkes）谈判之时，使用清朝体制中的"参赞大臣"名号称呼对方。中方在与法国签订《北京条约》时，首先写一"据单"，称中法双方"各带本国参赞及翻译大员，在北京礼部会晤"。❸此后，无论总

---

❶ 例如，道光二十七年（1847），美国公使义华业（Alexander Hill Everett）病故，外交官伯驾（Peter Parker）任 chargé d'affaires（代办），他在给清方文件中自称"亚美理驾合众国钦命暂摄驻中国公使事务副使伯驾"；咸丰九年（1859），美国公使馆秘书兼翻译（secretary of legation and interpreter）卫三畏（Williams Samuel Wells）在与天津道交涉时，自称"大亚美理驾合众国钦命驻札中华副使兼管翻译事务"。见《美国副使卫致天津道照会》（咸丰九年六月初三日），《外交档案》01-02-016-04-006。

❷ 咸丰五年（1855），法国公使馆随员哥士耆（Kleczkowski）在与长芦盐政交涉时，署"佛兰西副使"头衔，行文则自称"本使外郎"。见《长芦盐政文谦单》（咸丰四年九月二十二日），"中研院"近代史研究所编：《道光咸丰两朝筹办夷务始末补遗》，台北："中研院"近代史研究所，1982年，第354页。

❸ 《载垣、穆荫给英使额尔金照会》（咸丰十年七月）、《法兰西据单》（咸丰十年九月十二日立），贾桢等修：《筹办夷务始末（咸丰朝）》第7册，第2304、2507页。

理衙门还是英法官员，都习惯用中文的"参赞"或"参赞官"称呼仅次于公使的外交官。❶

需要指出的是，清朝体制中，参赞大臣设于边疆地区，由皇帝简任，在战时协同将军办事，受其节制，但他们有自己的辖区，并有独立上奏之权。❷ 其职务的本意，是在保证效率的同时，使正副职之间互相制约。因此，参赞、帮办或者副使在清朝的政治语言中是可以通用的。❸ 这种含混的用法也暗示，清朝最先是将近代外交体制中的"Counselor"一职，看作协助公使、但同时保持较大独立性的外交官职位。只是在正式向海外派遣正副使之后，参赞才真正成为公使的下属。

（一）人数、等级与职守

参赞人数，各使团情况不一。郭嵩焘出使英国时，奏带参赞二名；何如璋出使日本时，奏带参赞一名；陈兰彬驻美使团的参赞多至四人。与此后使团中随员、学生、翻译官人数日益增多相比，各使团参赞人数稳定在二至四人之间。光绪十四年底（1889年初），驻俄德公使洪钧上奏，建议对外交制度进行改革。奏摺称，遣使驻扎外国，岁糜巨款，故请求总理衙门对出使人数"斟酌繁简、明定

---

❶ 不过京城之外的清朝官员对这一称呼似并不统一，如咸丰十一年二月，普鲁士公使艾林波（Graf Eulenburg）派员赴天津交涉，三口通商大臣崇厚在给奕䜣的信函中称，艾林波所派之员为该国的"帮办"。见《奕䜣等摺》（咸丰十一年二月十三日），贾桢等修：《筹办夷务始末（咸丰朝）》第8册，第2766页。
❷ 乾隆二十四年十月初十日上谕："参赞大臣乃协同将军办事之人。将军思虑所未及，参赞即应指陈。若不见听，即应参奏。"见《清实录》第16册，北京：中华书局，1986年，683—684页。
❸ 正因为如此，在美国参赞、署理公使卫三畏以"大美钦命参赞统理全权事务大臣"的名义照会总理衙门时，总理衙门仍以"副使"呼之。见《总理衙门照会》（同治十二年十二月二十五日），《外交档案》01-27-002-01-019。

限制"。总理衙门随后将各使团参赞限定为二员，如兼摄他国，设有使馆，则可酌情增添参赞、翻译、随员、供事各一员。❶ 驻美公使因兼任驻秘鲁、西班牙公使，须派参赞代办交涉，故参赞人数稍多。驻英、驻法、驻德、驻俄公使团前后兼任情况较为复杂，后全部单独派遣使臣，各国参赞维持在二人的规模。驻日使团的参赞也为二人。截至1901年外务部成立，共有参赞约九十位。

驻外参赞只有小部分出身科举，在国内为现任或候补官员。根据其本职的高低，又分头等、二等、三等名目。其中，头等参赞较为少见，仅邵友濂在光绪四年（1878）赴俄任差时，有过这一头衔。当时，邵的本职为工部员外郎（从五品），兼总理衙门章京。❷

参赞职责主要为协助公使办理交涉，具体而言，可以分为以下几种。

1. 代办使事。清朝驻俄、德公使洪钧荐举属下参赞时，曾说："出洋使臣向有参赞，设遇使臣因公他往，而所驻之国值有庆会典礼暨交涉事件，即由参赞代行代办。"❸ 清朝在派遣驻外公使时，出于节约经费的考虑，多让一位公使兼领数国。其所兼国家，有的据地理位置而定，如驻英国公使一度兼任驻法国、驻意大利、驻比利时公使；有的则据交涉性质而定，如驻美公使因其主要任务是保护华工，而华工问题在美国及南美的西班牙殖民地最为严重，故驻美公使长期兼任驻西班牙、驻秘鲁公使。这些国家之间相距较远，公使不可能常年巡视，因而只能驻扎于主要国家，而派遣小型外交使团驻在其他几国使馆。这些小型的外交使团以参赞领衔，代办公使

---

❶ 吴琴整理：《洪钧使欧奏稿》，《近代史资料》总68号，第16页；《总理衙门摺》（光绪十四年十二月十五日），《军机处录副》03-9379-009。
❷ 秦国经主编：《清朝官员履历档案全编》第4册，第139页。
❸ 吴琴整理：《洪钧使欧奏稿》，《近代史资料》总68号，第2页。

事务，另派翻译官、随员、供事协助办事。

2. 办理文牍、协助交涉。与总理衙门章京一样，驻外使团的文牍不经胥吏处理，而是交由参赞办理。使馆寄给国内的信函、奏摺，使馆与所驻国政府的照会文书，都由参赞起草完成。驻美公使伍廷芳在上任前曾邀梁启超赴美，充使馆参赞，梁启超致函康有为称，伍廷芳给他交代的主要任务是"在使馆代笔墨之劳"。❶ 此外，由于公使地位较崇，在处理一般事务时，不便事事出面，例如与各地领事馆、驻他国参赞进行往来沟通，与所驻国政府的低级官员进行联络，都由参赞出面进行。除此之外，参赞还须协助公使处理使馆的各类重大事务，协助公使完成交涉事宜。❷ 其角色类似国内督抚及道府州县所雇的首席幕僚。不同的是，参赞属于制度内的差使，有着稳定的薪金与升任公使的机会。

3. 包办涉外事务（外籍参赞）。在清朝驻外参赞中，有一类人在任期、职责和发挥的作用上与普通参赞迥异，这类人即使馆所雇的洋员。由于清朝缺乏合格的外语人才，在遣使初期，公使所奏带的翻译官无法草拟措辞严谨的外交文书，也无法在交涉时准确口译，故各使馆皆聘有外国翻译。这些翻译官一般为所驻国公民，同

---

❶ 丁文江、赵丰田编：《梁启超年谱长编》，上海人民出版社，1983年，第56页。
❷ 我们也可从驻外使团早期的保奖奏摺中看出参赞的主要职事。例如光绪七年（1881）陈兰彬摺称："委署驻日参赞兵部候补主事朱和钧，该员随臣出洋，于光绪四年六月到差，派驻金山总领事，署内嗣因拟设夏威仁国商董，派该员前往体察情形，近又委赴日国接署参赞事务，该员不惮勤劳，事无贻误，实属异常出力。"见《陈兰彬摺》（光绪七年十月十五日军机处交），《总理各国事务衙门清档》第256册，北京大学图书馆藏，以下简称《总理衙门清档（北大）》；又如，光绪十三年（1886）刘瑞芬摺称："驻英二等参赞官分省补用知府李经方，该员奉调出洋后请假会试，于光绪十二年八月十八日抵英国伦敦，派令驻英办理紧要交涉事件，接待英国官绅及各国往来宾客。"见《收出使大臣刘瑞芬册报》（光绪十三年二月二十三日），《总理衙门清档（北大）》第50册。

时有一定的汉语功底,能保证汉洋文字互译时,不致产生偏差。在某些使馆中,由于外籍翻译官长期负责文书及会谈口译,其为人亦较为可靠,故后来被提升为参赞。这里先以驻英使馆参赞马格里为例。

马格里(Macartney Halliday),本为英国军医,第二次鸦片战争期间,随英军来华。战后因得李鸿章信任,受聘在江苏督办兵工厂。郭嵩焘出使英国时,带其随行并任命为三等翻译官,后逐渐升为参赞。关于马格里在外所办的事务,第三任公使刘瑞芬曾在保奖摺中称:"英文二等参赞官、二品顶戴总领事、佩衔二等第三双龙宝星马格里,该员系英国使署旧用之员,经本大臣留用,派令总办英文文案,兼办俄署法文紧要函牍,随同本大臣往来英俄两国兼驻。"❶马格里在使馆任职近三十年。1906年,驻英公使汪大燮在给汪康年的信中称:"英馆数十年来之使者,大率专靠洋员马格里一人","又闻人言马去春病时,使馆有公事,尚须派人就马枕边请其口述之,而后能行文,故尤恐闹笑话。后值考政大臣到英,兄请客,其请帖尚寄至苏格兰马家改正,而后能出"。❷由上述两段引文可知,清朝驻英使馆的英文文件几乎都是马格里一人在操办。

驻德使馆参赞金楷理的作用与此类似。金楷理(Carl Traugott Kreyer),原籍德国,后入美国籍,曾在上海江南制造局任四品翻译,光绪五年经李凤苞奏调赴德,任翻译官,后升参赞。金楷理在驻德使馆任职长达三十五年,使馆公事多赖其办理。❸

---

❶ 《收出使大臣刘瑞芬册报》(光绪十三年二月二十三日),《总理衙门清档(北大)》第50册。
❷ 《汪大燮致汪康年》(光绪三十二年九月初九日),上海图书馆编:《汪康年师友书札》第1册,第883—884页。
❸ 《李凤苞片》(光绪九年六月二十三日朱批),《军机处录副》03-5180-079;《许景澄片》(光绪十二年十一月初二日朱批),《军机处录副》03-5215-007;刘锡鸿等:《驻德使馆档案钞》,第341-342、964页。

除外籍参赞外，驻外使馆聘请的外籍顾问也发挥着类似的作用。汪大燮道及驻美使馆情形时说："兄在美时，见梁使公事不敢自己动手，小事则容揆为之，大事必请教福士达。"梁使即驻美公使梁诚；容揆，驻美使馆翻译官，后升任参赞；福士达（John Watson Foster），美国前任国务卿，长期受聘于清朝驻美使馆，担任顾问。福士达非使馆参赞，但与使馆外籍参赞承担的职责大体相同。由此可以看出，外籍参赞发挥的作用远大于本国参赞，驻西班牙随员黄中慧就曾说："各使馆办事皆专恃洋员。"❶

（二）来源与招募

前章在论及总理衙门章京的保奖制度时，曾引清人陈康祺之言，大意是，晚清官场壅滞，补缺困难，导致一些便于迁擢的美差，被人追逐，这些美差概括起来称作"帝师、王佐、鬼使、神差"。其中"鬼使"，即驻外人员。❷ 出使章程规定："出使各国大臣所带参赞、领事、翻译等员，应由该大臣酌定人数，开列姓名等项知照臣衙门查核，各该员亦随同出使大臣以三年为期，年满奏奖。"❸ 对于不带品级、缺少名分的驻外差事，保奖制度只是起一种激励和补偿的作用；但在晚清特殊环境中一经提出，就变成一条诱人趋利"奔竞"之途，对外交人员的来源及使领事务的开展，产生了负面影响。

总理衙门虽将公使自行选调参赞一事，解释为仿照汉使出使西

---

❶《黄中慧致汪康年》（光绪二十三年十二月二十八日），上海图书馆编：《汪康年师友书札》第3册，第2269页。
❷ 陈康祺：《郎潜纪闻二笔》，第485页。
❸《总理衙门拟出使章程十二条清单》（光绪二年九月十二日），《军机处录副》03-9444-030。《清实录》对该章程内容有摘录，但并不完整。

域自辟僚属的做法，但事实上的主要原因在于，清朝对于遣使驻外缺乏全盘及长久的规划，未能储备足够的外交人才以备选任，只能将招募下属之事交给公使去做。正因为公使在参赞选用一事上具有绝对权力，且制度并无限制驻外人员出身的条款，参赞的招募，就显示出较多的私人特性。随着官场壅滞的加剧，越来越多的人希望打通与驻外公使的私人关系，进入使团，争取外派三年差满后，获得好的保奖。

故驻外参赞的招募，与公使本人的关系网息息相关，常体现公使本人的意愿、偏好。公使在考虑参赞人选时，有时会将才能、学行作为首要因素，有的则更愿意调用自己的部下、亲属、朋友。还有一些参赞人选，是来自公使的保举人或前上司的推荐。极少数参赞，是由驻外系统中低一级的随员、翻译官所升任。此外，总理衙门与海军衙门章京，也曾被当作参赞的后备人选。下文依据现有的史料，对上述招募类型稍作展开。

1. 以才能招募。 参赞在使团中地位仅次于公使，作用重大，在一些兼驻国，更负责代办公使事务，因此，公使在选用参赞时，尽管有着各式请托的干扰，然一般保证至少有一位才能学行较优的参赞协助办事。例如，光绪二十二年（1896）驻美公使伍廷芳赴任时，邀请梁启超任二等参赞，梁启超在致康有为信函中说："其觅超也，则实其不得已，盖彼中人无一通文义者也。"❶ 参赞待遇优厚，差满可得到保奖，这样的职位，公使自然不愿意轻易授人，但也不能在使团中遍插亲属故旧，而导致无一人能办事。所以梁启超称伍廷芳延揽自己进入使团，是出于"不得已"。

能力较强、经验丰富的参赞在外交官群体中并不多见，优秀的

---

❶ 丁文江、赵丰田编：《梁启超年谱长编》，第56页。

参赞有时会被公使争相延揽。例如黎庶昌随同郭嵩焘出使，任驻法参赞，被曾纪泽评价为"历襄使职，和平接物，黾勉从公，办事三年毫无贻误，实属办理洋务不可多得之才"，驻美公使陈兰彬在见识过黎庶昌的才能后，与曾纪泽商量，调黎入其使团，任驻西班牙参赞并代办公使事务。❶ 再如驻美参赞蔡锡勇，本为同文馆英文学生，经陈兰彬奏调，任驻美使馆翻译官，郭嵩焘曾对陈延揽蔡锡勇表示羡慕。蔡赴美之后不久，因能力出众，迅速由翻译官升任参赞。❷ 又如黄遵宪喜欢研究时政，何如璋久闻其名。何后来出任驻日公使，即商请调黄任驻日参赞。❸

2. 任用亲属、同乡、部属。据总理衙门称，公使自行奏调下属，可收"量才器使"的效果。而公使最为熟知、最能衡其才能的，当然是亲属、同乡这一类私人关系紧密的人群。同时，因使团人员在差满后可以获得保奖，无异仕途上升的别途与捷径，故公使也更愿意将这种机会留给自己人。这样，公使的亲属、同乡人群就成为驻外参赞的重要来源。首任驻美公使陈兰彬在赴美时，将一个参赞名额留给侄子陈嵩良。❹ 曾纪泽在任用私人上，最为明显。他任用妹夫陈远济担任驻英参赞、内兄刘麒祥担任驻法参赞，奏调其父曾国藩的幕僚刘翰清担任驻法国、俄国参赞，下属杨书霖担任驻俄参赞。❺

---

❶《参赞期满销差拣员充补疏》（光绪五年十一月二十七日），喻岳衡校点：《曾纪泽集》第16—17页。

❷ 秦国经主编：《清代官员履历档案全编》第5册，第714—715页；《郭嵩焘日记》第3册，长沙：湖南人民出版社，1981年，第56页。

❸ 吴天任编著：《清黄公度先生遵宪年谱》，第25—26页。

❹ 秦国经主编：《清代官员履历档案全编》第4册，第162页。

❺ 陈远济，曾国藩湖南同乡好友、进士同年陈源兖之子，曾纪泽的妹夫，光绪四年由曾纪泽奏调任参赞；光绪七年，随曾赴俄、法办事。刘麒祥，湖南湘乡人，其父刘蓉为湘军将领，刘蓉长女嫁曾纪泽；刘翰清，光绪四年经曾纪泽奏调，任三等参赞官；后任驻法、俄二等参赞官。（喻岳衡校点：《曾纪泽集》，第14、17、71页）

黎庶昌则调上司郭嵩焘之侄郭庆藩任驻日参赞。❶

更多的参赞可确定与任用他们的公使有着同乡关系,例如奏调参赞张自牧与驻英公使郭嵩焘同为湖南湘阴人;❷驻美参赞汪洪霆❸、驻秘鲁参赞吴湆❹为公使崔国因的同乡;驻德参赞汪凤藻与公使洪钧为苏州府同乡,且皆出自翰林院;❺驻英参赞林怡游与公使罗丰禄为闽县同乡,且同在福建船政学堂学习;❻驻日参赞王同愈与公使汪凤藻同为江苏元和人,且都曾任翰林院编修;❼驻日参赞黎经诰、欧阳述与公使李盛铎为江西九江同乡;❽驻日参赞吕增祥为公使李经方的安徽同乡,且长期在李鸿章处任差❾。

公使亲属、同乡、部属,构成驻外参赞最重要的组成部分。

3. 高级官员的推荐。 驻外任差是官场"利薮",各处"递条子"、托关系向公使推荐参赞的现象,司空见惯。清朝各驻外使团

---

❶ 郭庆藩,系湖南湘阴人,由廪生保举训导,加捐同知,后因军功保举知府,分发浙江,光绪七年经出使黎庶昌奏调,赴日本充参赞官,八年十一月丁忧回籍。(秦国经主编:《清代官员履历档案全编》第5册,第225—226页)

❷ 张自牧,湖南湘阴人,光绪二年,以贵州候补道经郭嵩焘奏调为驻英二等参赞官。后因被王文韶弹劾,未能成行。见《湖南巡抚王文韶摺》(光绪二年十月二十九日),《军机处录副》03-5115-081。

❸ 汪洪霆,安徽休宁人,以监生报捐巡检,指分湖北。光绪十年五月,经许景澄奏调出洋,派充驻德随员。十五年五月,经出使美日秘国大臣崔国因奏调,赴美任参赞官。崔国因籍贯安徽太平,为休宁邻县。

❹ 安庆市地方志编纂委员会编:《安庆市志》,北京:方志出版社,1997年,第1834页。

❺ 秦国经主编:《清代官员履历档案全编》第6册,第24页。洪钧为江苏吴县人,元和、吴县同属苏州府。

❻ 秦国经主编:《清代官员履历档案全编》第7册,第85—86页。林怡游在此前有过出洋经历,并曾由许景澄奏充驻德参赞。

❼ 劳祖德整理:《郑孝胥日记》第1册,第392页。

❽ 秦国经主编:《清代官员履历档案全编》第7册,第247页;第6册,第771页。黎经诰与李同为德化(今九江市)人。欧阳述的原籍彭泽县与德化县同属九江府。

❾ 吕增祥,安徽滁州人,光绪六年报效北洋水师,八年援护朝鲜出力,保以知县留于直隶,在李鸿章处任差,光绪十六年经李经方奏调出洋,派充参赞官。见《直隶总督裕禄摺》(光绪二十六年正月二十一日朱批),《军机处录副》03-5386-091。

建立之初，行事谨慎、顾全声名的官员对驻外任差避而远之，即便如此，据陈兰彬称，他的使团中，"出使随员，大氐有人推举"。❶在光绪十年（1884）之后，随着国内风气的转移，出洋非但不再被视为畏途，反而被看作仕途上升的捷径。此后，每逢任命新的驻外公使，多有人寻找各色关系向公使请托，请求随带出国。这些关系中，无法推脱的，主要是军机大臣、总理衙门大臣、公使的保举人及上司所推荐的人员，他们曾合力促成公使上任，故由他们所递的条子，也最难推辞。

光绪十五年（1889），在驻美公使崔国因赴任前夕，李鸿章给驻俄公使洪钧写信称："惠人此行，荐条仍多至不可收拾。曩惟枢译堂官荐人，今且遍于译署司官矣。"❷惠人即崔国因；枢译堂官即军机大臣、总理衙门大臣；译署司官，即总理衙门章京。据此可知，总理衙门大臣、总理衙门章京、军机大臣都在积极运作，向公使推荐参赞、随员。伍廷芳被任命为驻美公使之后，第一天就收到各处请托"条子"三百余张，梁启超称"彼处条子数百，非王爷交来，即政府勒令"，明说军机处（政府）、王爷（奕䜣、奕劻、礼亲王世铎）向伍廷芳推销私人。❸

在驻外参赞中，有多位是因托高官举荐，而得到这一差使。例如：驻德参赞徐建寅曾在曾国藩、李鸿章手下经办机器事宜，后由李凤苞奏调赴德，这其中应离不开李鸿章的推荐。❹郑藻如奏调徐

---

❶《收出使大臣陈兰彬函》（光绪七年七月二十四日），《总理衙门清档（北大）》第 255 册。
❷《复钦差德俄奥和国大臣洪》（光绪十五年五月十七日），顾廷龙、戴逸主编：《李鸿章全集》第 34 册，第 551 页。
❸ 丁文江、赵丰田编：《梁启超年谱长编》，第 56 页。
❹ 秦国经主编：《清代官员履历档案全编》第 5 册，第 599 页。

寿朋任驻美参赞、许景澄奏调朱宗祥任驻德参赞，情况与此类似。❶ 驻美参赞许珏，"经朝邑相国之荐，许为淹博之才"，即由军机大臣、总理衙门大臣阎敬铭推荐，经张荫桓奏带赴美。❷ 驻英参赞李经方由刘瑞芬奏带赴英，而刘曾长期追随李经方之父李鸿章办理洋务，李经方西行一事，早由李鸿章安排妥当。❸ 驻英参赞潘志俊为江西巡抚潘霨之子，由刘瑞芬奏带赴英，刘在出使之前任江西布政使，是潘霨的下属。驻俄参赞莫绳孙为驻日公使黎庶昌的外甥，经李鸿章、曾国荃推荐，由刘瑞芬奏调赴俄。❹ 驻美参赞瑞沅，由张荫桓奏调赴美，瑞沅之父黑龙江将军恭镗是张荫桓的好友。❺ 驻美参赞延庆，由杨儒奏调赴美，延庆为安徽布政使德寿之子，而杨儒出使前为安徽徽宁池太广道。❻ 驻俄参赞罗臻禄为罗丰禄之兄，早年在福州船政学堂学习，并曾赴英深造，罗丰禄长期在李鸿章手下办差，罗臻禄任参赞，可能利用了这一层关系。驻德参赞钱德培此前在李鸿章手下办理军务，后被刘锡鸿奏带赴德，李凤苞继任公使后，钱由供事升任随员、参赞。❼ 驻英参赞王锡庚本为总理衙门供事，曾由崇厚奏带，任出使俄国随员，此后王任驻英随员，并被提升为

---

❶ 秦国经主编：《清代官员履历档案全编》第5册，第643—644页；《许景澄单》（光绪十三年八月十九日），《军机处录副》03-5229-032。
❷ 任青、马忠文整理：《张荫桓日记》，第135页。
❸ 李鸿章致曾纪泽信中称："方儿于泰西文语粗通，究未办过交涉，经芝田奏请，报罢后应令西行，借增历练。"见《复曾劼刚袭侯》（光绪十二年五月十二日），顾廷龙、戴逸主编：《李鸿章全集》第34册，第31页。
❹ 莫绳孙父莫友芝，为黎庶昌内兄。（《莫绳孙年谱简编》，载张剑编：《莫友芝年谱长编》，北京：中华书局，2008年，第553页）
❺ 瑞沅，字仲兰，正黄旗满洲人，光绪十一年由张荫桓奏调赴美任参赞。其父恭镗，字振夔，曾任西安将军、黑龙江将军，与张荫桓有交谊，曾借给张巨款。（任青、马忠文整理：《张荫桓日记》，第412页）
❻ 秦国经主编：《清代官员履历档案全编》第7册，第38—39页。
❼ 《李凤苞片》（光绪十年），《军机处档摺件》120788。

第6章 驻外外交人员（上） 287

驻英参赞、驻法参赞。这些应得益于他在总理衙门的关系或推荐。❶

4. 由翻译官升任参赞。在晚清的驻外参赞中，有一部分人是由翻译官升迁而来。清朝在遣使驻外的初期，对公使的外语水平没有要求；而公使奏调参赞、随员，考虑的是私人关系及他们的办事能力，也并不注意他们的外语水准。由于公使、参赞、随员几乎完全不通外语，故日常文书草拟、宾客酬应、对外交涉，只能借重翻译官，翻译官的地位就得以凸显。这样一来，翻译官的职司就自然扩展到本属于参赞的部分，他们因此能顺理成章地升任参赞。例如驻美参赞蔡锡勇，英文水平高、文字能力也较强，到美国后，先派充翻译官，不久就升任参赞。❷

还有一些翻译官，外语水平及交涉能力并非特别出色，但因为在外时间较长，经过几次保奖之后，他们的本职早已超过一般的翻译官，因此只能升其地位，使其差使与本职相匹。例如同文馆学生张德彝，先后经郭嵩焘、崇厚、曾纪泽奏派，任驻英、驻俄使馆翻译官，经过数次保奖，到光绪十三年（1887），他已经成为候选知府。因职位较崇，洪钧再次奏调他出洋时，只能给予参赞头衔。后来，张德彝进一步借助保奖，升为二品衔存记道，更是只能授予高一级的参赞头衔。❸

---

❶《龚照瑗呈送光绪二十年四月至十二月法使署报销清册由》，《总理衙门清档（北大）》第121册；《薛福成摺》（光绪十八年六月十四日奏），《宫中档朱批奏摺》04-01-12-0555-025；《庆常片》（光绪二十三年六月初十日朱批），《军机处档摺件》139989。

❷ 郭嵩焘在出使之前，曾在日记中称赞蔡锡勇："俪秋荐平甫之子曰黄泳清，在英国学馆多年，然询其笔墨，固远不逮蔡锡勇也。"见《郭嵩焘日记》第3册，第56页；《收军机处交出陈兰彬抄摺》（光绪七年十月十五日），《总理衙门清档（北大）》第256册。

❸《出使大臣洪钧单》（光绪十三年六月十三日），《军机处录副》03-5224-54；《出使大臣罗丰禄片》（光绪二十七年九月初二日朱批），《军机处档摺件》144161。

在外务部成立之前，出身翻译而升任参赞的人还有以下几位。

驻英参赞凤仪，本为同文馆英文学生，与张德彝情况相似，以户部候补员外郎于光绪二年（1876）经郭嵩焘奏调，任驻英使馆翻译官。曾纪泽在任时，驻俄参赞刘翰清因病销差，已升户部郎中的凤仪奉命接任参赞。❶ 驻英参赞曾广铨，为曾纪泽之子，长期随其父在欧洲，语言能力较强。光绪十八年底，以兵部候补员外郎身份经龚照瑗奏调出洋，充当参赞。❷ 曾广铨并非以翻译升任参赞，但龚照瑗奏调他任参赞一职，很大程度上是考虑了其外语水平。驻日参赞刘庆汾，于光绪七年赴日，任使馆东文学生，后充翻译官，保奖候补知府，光绪二十年由汪凤藻奏充使馆参赞兼翻译官。❸ 驻英国、比利时参赞刘玉麟，早年曾留学美国，光绪二十年后，历派纽约领事署翻译官、新加坡领事署翻译官。光绪二十三年，因随张荫桓出洋游历，保奖候补道，光绪二十五年再经罗丰禄派充驻英三等参赞，随后升任驻比利时二等参赞。❹

驻法参赞陈季同，原为福建船政学堂学生，光绪三年随李凤苞出洋，办理肄业监督文案事务，后奏调赴德，任法文翻译官，光绪十年升二等参赞。❺ 驻法参赞联湧，本为同文馆法文学生，经龚照瑗奏调赴法，任翻译官，保奖候选知府，随后升任参赞。❻ 驻法参赞刘式训，本为同文馆法文学生，光绪二十年出洋后，经出使大臣

---

❶ 喻岳衡校点：《曾纪泽集》，第14、64、76页。
❷ 秦国经主编：《清代官员履历档案全编》第8册，第277页。
❸ 秦国经主编：《清代官员履历档案全编》第6册，第438—439页。
❹ 秦国经主编：《清代官员履历档案全编》第8册，第549—550页。
❺ 《李凤苞片》（光绪七年十月十五日朱批），《军机处录副》03-9657-028；《李凤苞片》（光绪十年六月初十日朱批），《军机处档摺件》128152。
❻ 《出使大臣庆常摺》（光绪二十三年三月二十八日），《军机处档摺件》139988；《总理衙门呈复核庆常咨送光绪二十四年法馆收支经费清单》（光绪二十五年八月二十六日），《军机处录副》03-136-110。

先后派往法国、德国、俄国，由四等翻译官逐渐升任参赞。❶

驻俄、法参赞庆常，本为同文馆法文学生，于光绪三年经总理衙门奏派赴德，充法文翻译官，后由崇厚调任驻俄，曾纪泽使俄后，兼办俄法两国紧要公务，由此开始以翻译办理参赞事务。光绪十四年（1888），由洪钧奏派充驻俄二等参赞，并代办公使事务。❷驻俄参赞联芳，本为同文馆法文学生，于光绪四年（1878）经总理衙门奏派赴法，期满保奖候选知府，随后由曾纪泽派赴俄国署理参赞。❸驻俄参赞陆徵祥，本为上海广方言馆学生，在馆学习法文、俄文，光绪十七年经许景澄奏调赴俄，充翻译官。后曾出任海牙保和会议事员，经驻俄公使杨儒、胡惟德升为参赞。❹

驻德参赞廕音泰，本为同文馆德文学生，光绪三年（1877）经总理衙门奏派赴德学习语言，后任翻译官，经李凤苞、许景澄留任。经保奖，本职升至盐运使衔候选知府，为与此匹配，许景澄奏升其为三等参赞。光绪二十三年（1897），廕音泰保至布政使衔道员，许景澄进一步奏升其为二等参赞。❺驻西班牙参赞应祖锡，曾入江南制造局广方言馆学习外语，协助傅兰雅翻译《佐治刍言》，后由杨儒奏调，任西班牙使馆随员，由随员升任参赞。❻驻日参赞杨枢，本为同文馆英文学生，光绪四年经总理衙门奏派赴日，光绪

---

❶ 秦国经主编：《清代官员履历档案全编》第8册，第330页。
❷ 喻岳衡校点：《曾纪泽集》，第79页；《出使大臣薛福成片》（光绪十九年），《宫中档朱批奏摺》04-01-12-0559-147。
❸ 中国第一历史档案馆编：《清外务部部分主要官员履历》，《历史档案》1986年第4期，第43页。
❹ 秦国经主编：《清代官员履历档案全编》第8册，第89—90页；《出使大臣许景澄片》（光绪十九年九月），《宫中档朱批奏摺》04-01-12-0560-141。
❺ 《出使大臣许景澄片》（光绪二十二年正月二十日），《宫中档朱批奏摺》04-01-12-0572-107；《许景澄咨总理衙门》（光绪二十二年），刘锡鸿：《驻德使馆档案钞》，第964页；《许景澄片》（光绪二十三年二月十二日朱批），《军机处档摺件》137278。
❻ 《暂署两江总督端方等摺》（光绪三十年十一月初一日朱批），《军机处录副》03-5431-017。

十年经徐承祖奏调为使署翻译兼参赞。❶

在上述由翻译官升任参赞的人员中,以习法文者最多。这是因为,相对而言驻外使馆中法文应用较广,但法文人才却奇缺。一旦出现能力稍强的法文翻译,往往被公使倚重。这与英文翻译官相对较多,故在任用时颇有选择余地的情形有所不同。

5. 由总理衙门章京、海军衙门章京派任参赞。光绪十六年(1890)二月,詹事府詹事志锐上摺称,总理衙门、海军衙门办理紧要洋务,需要大批精通洋务的人才,两部门章京应借机出洋学习。因此建议在此后派遣公使时,从总理衙门章京、海军衙门章京中遴选人员,由公使随带,以便学习考察。总理衙门随后复奏,决定"嗣后西洋出使大臣,准由海军衙门酌派章京二员,随同前往","总理衙门章京二员,无庸指定满汉员数",亦一同前往。❷从此,驻英、法、俄、德、美大臣在出使时,按规定皆须奏带四名章京。不过,虽规章如此,但截至光绪二十七年(1901)总理衙门改组为外务部,总理衙门、海军衙门仅派出章京七人随同出洋,他们分别是总理衙门章京邵友濂、舒文、贵铭、升允,海军衙门章京春顺、广厚、彦恺。其中,邵友濂在光绪四年(1878)由崇厚奏调赴俄,舒文在光绪十年(1884)由许景澄奏带赴法,他们担任参赞,与志锐的建议无关。

其他五人,贵铭本为礼部候补郎中,光绪十五年(1889)传补总理衙门章京,十九年经杨儒派充驻秘鲁参赞,三年期满后回国。❸

---

❶《出使大臣徐承祖摺》(光绪十一年五月二十六日),《军机处录副》03-5834-032。
❷《总理衙门摺》(光绪十六年四月十五日),《军机处录副》03-9379-017。
❸《出使大臣杨儒摺》(光绪十九年十月二十八日),《军机处档摺件》130165;《驻美使馆发通行咨札》(光绪二十二年五月二十九日)、《驻美使馆发总署各大臣等咨、参赞总领事等札》(光绪二十二年八月二十四日),《中美关系史料(光绪朝)》第2册,第2162、2195页。

升允本为吏部候补员外郎、总理衙门章京,光绪十七年随许景澄出洋到差,任驻俄二等参赞,三年期满后回国。❶春顺本为神机营文案处委员、海军衙门章京,由许景澄奏调出洋,任参赞。❷广厚本为上驷院笔帖式、海军衙门章京,光绪十七年经许景澄随带出洋,任驻德参赞。❸彦恺本为刑部员外郎、海军衙门章京,经龚照瑗奏带充任参赞,随后丁忧回籍。❹

在上述五位章京中,有三位是由许景澄奏调,许在此前还曾奏调舒文赴法任差。这或许与许景澄长期在外所形成的眼光有关。

由外交、国防部门向驻外使馆派遣参赞及武官,是当时国际上通行的做法,总理衙门章京出任参赞、随员,海军衙门章京出任驻外武官,在工作时不仅有熟悉业务的便利,也可借此得到专业上的历练和提升。但该计划的实施并不理想,主要有两方面的原因。

从总理衙门章京、海军衙门章京方面考虑,两署都有优厚的保奖制度,以总理衙门为例,章京两年保奖一次,每次有半数人员可以入选,且条件优于其他各式保奖;而驻外使馆三年期满才能保奖一次,在条件上,也颇有限制。对于一般章京而言,出洋任差不但饱受跋涉之苦,还会错过优厚的保奖机会,故他们没有外出的动力。

从两署之外的官场考虑,出洋任差在仕途拥挤的时代被视为上升捷径,无数人都在处心积虑找关系、通关节,请托出洋。由于总理衙门章京、海军衙门章京出洋任差会挤占这些出洋的名额,因此

---

❶ 秦国经主编:《清代官员履历档案全编》第6册,第614—615页。
❷ 同上书,第332—333页。
❸ 《出使大臣许景澄单》(光绪十九年十二月十八日),《军机处档摺件》130806。
❹ 《出使大臣龚照瑗片》(光绪二十年十二月二十五日朱批),《军机处录副》03-5318-081。

易受到抵制。李经方被任命为驻日公使后，李鸿章写信向他亲授机宜，指导用人之法，称言："海署会奏新章，尚须派随员，恐难推辞，少一个好一个。前任熟手，亦不能不酌留一二，挤来挤去，殊费踌躇。"❶ 李鸿章是在告诉李经方，章程的规定不可不执行，但奏带两署章京，尽量越少越好。

关于外籍参赞的招募，上节已述，此处不再重复。参赞选任，除利用上述关系与形式之外，还有其他一些方式。例如驻美参赞叶源溎，本为光禄寺典簿，由曾国藩奏请，随同陈兰彬、容闳赴美办理出洋肄业局，驻美公使馆建立之后，升任参赞；❷ 驻美参赞吴嘉善，本为翰林院编修，赴美任差，系自我推荐。❸

以上所述参赞与公使关系，以及影响选任的因素，并不意味着这些关系或因素是促成选任的唯一和决定因素，但可以肯定，它们对于选任发挥着重要影响。

（三）保奖与升迁

与晚清外交体制中其他官员一样，驻外参赞同样为差而非职。实质意义的升迁，必须通过本职的上升来体现。因此，差与职的关系、差对职的促进，就成为人们在选择任差时主要考量的因素。通过办差得到保奖，促进本职升迁，是驻外参赞越洋过海、奔走异域

---

❶ 《李鸿章致李经方》（光绪十六年七月二十九日），顾廷龙、戴逸主编：《李鸿章全集》第35册，第107页。
❷ 《挑选幼童及驻洋应办事宜清单》（同治十一年正月二十二日），宝鋆等修：《筹办夷务始末（同治朝）》第9册，第3428页；《收出使美秘国大臣陈兰彬文一件》（光绪七年二月初三日），《总理衙门清档（北大）》，第251册。
❸ 陈兰彬在给李鸿章函中称："兰彬出使随员，大氐有人推举，惟子登系毛遂自荐。"子登，吴嘉善字。见《陈兰彬致李鸿章》（光绪七年），《总理衙门清档（北大）》第255册。

的主要动因。保奖不仅影响着参赞的来源，也决定着参赞日后的上升。

在第一批驻外公使接受任命的同时，总理衙门也制定了指导出使的章程十二条，对于保奖，章程称：

> 出使各国大臣所带参赞、领事、翻译等员，应由该大臣酌定人数，开列姓名等项知照臣衙门查核，各该员亦随同出使大臣以三年为期，年满奏奖。如有堪留用者，应由接办大臣酌留，倘不能得力，亦即随时撤回。❶

这里只规定对驻外人员进行保奖，但未规定保奖的具体内容。上文已述，清朝的差使附有劳绩保奖，获保者可以得到升阶升衔，打破一般的铨选规则对官员身份和地位的限制，便利他们的上升。驻外使团的保奖，与总理衙门一样，同样归入"异常劳绩"之内，类似于"大保案"。

清朝遣使初期，多数士人认为国家派驻公使，发端于为"马嘉理案"致歉一事，属于辱国的行为。去父母之邦，替夷狄办事，绝不是光彩的差使，因此对公使、参赞多有辱骂、谴责，对出洋任差避而远之。由于进入驻外使团并无出身的限制，且用人权取决于公使本人，在出洋任差的人员中，少有出身正途、拥有实缺的官员，尤其是正途出身的京官。随着官场拥挤情形的加剧以及国内风气的日渐开放，出洋之差也逐渐成为众人设法营求的对象。

光绪七年（1881）六月，为了防止京官借出洋混取保奖，吏部

---

❶《总理衙门拟出使章程十二条清单》（光绪二年九月十二日），《军机处录副》03-9444-030。

制订了严格的保奖章程,规定"凡出使外洋随带各员请奖,仍照'异常劳绩'办理,如有保请京堂及京职'无论题选咨留'班次,均一律议驳";同时,吏部向总理衙门发出咨文限制出洋保奖,咨文称:"定章,各衙门汉司员如在外省出力保奏无论何项劳绩,不准保举留补京职,若出使人员准保京职,与章程两歧。"[1] 由此,驻外使团成员的保奖受到了实质性的限制:首先,京官若出洋任差,将无法继续在京任职,而必须改就外职;其次,适用于军机章京、总理衙门章京的保奖名目,例如保升京堂、保举"无论题选咨留"班次,不许用在使团成员的保案中。这对于有出洋动机的京官而言,无疑是一个巨大的打击,因为一旦由京职改为外职,只能一次性发往各省任候选、候补州、县,且很有可能是边远省份。尽管改为外职将使京官的经济境遇大大改善,但在还未达到一定级别时即外放任职,就只能出任州县一级的小官,很可能从此远离京城,被人遗忘,仕途上再难有上升的机会,对此,尚有着更大抱负的京官是不愿意接受的。

总理衙门意识到,上述规定无疑会极大影响驻外参赞、随员的来源,于是上摺对章程进行纠偏,奏摺称:"若凡京职人员一经出使,便非改就外官不可,势必至视出使为畏途,遴选人才,更为不易。且臣衙门同文馆学生多系京职,其于外国语言文字非练习精通,不足以膺随带出洋之选,倘差满回华,尽改外任,是学业有成者,概令舍而之他,既非储材待用之意,并恐后起之人不足以继之,于使事尤多窒碍。"总理衙门想出的变通建议是,此后出洋人员保奖,每三员准酌保京职一员,若使团人员满十员,则准酌保京

---

[1] 该段咨文转引自总理衙门奏摺的抄录。《总理衙门摺》(光绪七年十二月初五日),《军机处档摺件》119865。

职三员。对于吏部所定驻外人员不得保举"无论题选咨留"班次、不得保举京堂的规则，总理衙门未予更改。❶

虽说吏部为京官的保奖留出了三分之一的名额，但是按照设计，这些名额多给予同文馆人员，一般京官若想获得"异常劳绩"保奖，不如舍此而另寻他途。这就决定了晚清驻外使团的成员结构：多异途人员、多外职官员；少正途人员、少京职官员。同时，也就影响了京官任差的积极性和使才的培养。这里仅以王咏霓为例。

王咏霓，字子裳，浙江黄岩人，光绪六年（1880）进士，签分刑部学习。由于有心了解各国形势，王于光绪十年（1884）随许景澄出洋，任驻德使馆随员。光绪十三年，王在即将差满之时，以水土不服为由，呈请提前回刑部当差，❷此后借回国之机赴欧美各国游历。王咏霓到美后，向驻美公使张荫桓道出提前辞差的缘由，张在日记中称："子裳以部曹随使，照章只保直隶州，非其志也；届期如不请叙，又以为规避。部章綦严，乃于未满差以前请假回华。"❸本来，王咏霓可继续在外任差，然而一旦期满保奖，就必须外任直隶州知州，下半生的去向和事业也随之限定，此前在外任差和游历的经验或许就毫无用处。因此，他只能提前回国，依然去担任候补主事；而他此前在外数年的"劳绩"，不得不完全丢弃。

像王咏霓这样在外任差只求增广见闻、了解世界形势的人毕竟是少数，从常理而言，一般人谁愿意远涉重洋，花费数年时间在外任差而不求回报？在请托成风、外官末吏将出洋作为登进捷径的情

---

❶《总理衙门摺》（光绪七年十二月初五日），《军机处档摺件》119865。
❷《出使大臣许景澄片》（光绪十三年四月二十八日），《宫中档朱批奏摺》04-01-12-0538-105。
❸ 任青、马忠文整理：《张荫桓日记》，第 152 页。

形下，又有多少公使愿意腾出参随的空额，留给那些不求保奖的京官？

这种情况也非一成不变。首先，虽然吏部对驻外人员保奖京职有所限制，但并非完全排斥京职；另外，与国内同级官员相比，驻外使馆参赞、领事、随员有着丰厚的月薪（虽然到后来未能足额发放）；加之官场日渐壅滞，京官通过出洋来增广见闻，可以为其赢得熟悉洋务的声名，从而给仕途发展带来机会。正因为如此，随着时间推移，一些京官也格外属意参赞、随员这些差使，甚至有翰林院编修、检讨加入营求之列。

最早以编修身份任参赞的官员是汪凤藻。汪凤藻，字芝房，江苏元和人，先后在上海广方言馆、京师同文馆学习英文十余年，后于光绪九年（1883）中进士，殿试二甲，朝考一等，改翰林院庶吉士，散馆一等授编修。光绪十三年由其同乡、驻俄德公使洪钧奏调出洋，充驻德参赞，差满后保奖记名以知府用。❶ 由于此前洪钧密保汪凤藻堪任出使大臣，同时托李鸿章保举，汪凤藻在此次差满后，又经李经方奏调赴日，任参赞。后洪钧回国任总理衙门大臣，最终促成汪凤藻出任驻日公使。

由于有了汪凤藻的先例，后来的一些翰林院编修起而仿效。光绪十八年（1892），清朝任命杨儒为驻美公使，翰林院编修曾广钧试图随行，任使馆参赞，于是求李鸿章向杨儒请托。李鸿章复函称，其幕僚修张孝谦已与杨儒有约，出任使馆参赞。张同时也是曾广钧的同年，且同为翰林院编修。李称，总不能让杨儒在一使馆任用两位编修。如果曾仅是希望通过出洋领取厚薪来还债，尽可另想

---

❶ 秦国经主编：《清朝官员履历档案全编》第6册，第24页。

办法。他还劝曾广钧说:"以编修充出洋参赞,并非得意之事。"❶ 不过,张孝谦也并未能成功赴美。不久,张请李鸿章向新任驻英公使龚照瑗推荐自己,李向张明言,龚照瑗处"参赞已有人满之患,恐难位置",并劝慰张孝谦说,"出洋原是练习外事之一途,使主者相需甚殷,自不应蹈名士虚愊之陋,若泛泛者,意本不属,不宜枉己相从"。❷ 李的意思是,翰林院地望甚高,词臣本享有清名,不要为了一时的出路而过度营求出洋差使。

张孝谦未能随龚照瑗出任参赞,张的同僚、翰林院检讨宋育仁却成功获得这一差使。宋育仁,四川富顺人,光绪十二年(1886)进士,朝考一等,改翰林院庶吉士,散馆后授检讨,曾充广西乡试副主考。清朝任命龚照瑗为驻英公使后,宋育仁成功求到参赞一差,于光绪二十年抵英。然而,次年六月,宋即以水土不服为由,辞差回国,并进呈其在外所著的记载西方各国文化制度的《采风记》。❸ 宋在外仅一年有余,辞差理由可能与此前王咏霓类似,即担心一旦获得保奖,就必须改任外职,因此未等差满即提前回国。

以上翰林院编修、检讨营求出洋任差,其动机较为多样:部分可能是求取厚薪,部分是受官场拥塞之苦,希望借此历练,熟悉洋务,以图更多的机会。这些心理大概能代表出洋京官的普遍心态。

(四)参赞的出路

从后续发展来看,在外交制度改革之前,晚清驻外参赞的出路

---

❶ 《复翰林院曾广钧》(光绪十九年正月初四日),顾廷龙、戴逸主编:《李鸿章全集》第35册,第478—479页。
❷ 《复翰林院张》(光绪十九年九月二十五日),顾廷龙、戴逸主编:《李鸿章全集》第35册,第567页。
❸ 《出使大臣龚照瑗片》(光绪二十一年十二月初十日朱批),《军机处录副》03-5333-057;秦国经主编:《清朝官员履历档案全编》第6册,第590页。

大概有以下几类。

1. 升任公使。这类参赞一般有着多次出洋任差的经历，或是出身同文馆，长期在外担任翻译官，因此都能积累较多的外部知识和交涉经验。升任公使的参赞包括以下几位：黎庶昌（驻英、德、美参赞，后任驻日公使）、徐寿朋（驻美国、秘鲁参赞，后任驻韩国公使）、庆常（由翻译官升任参赞，后升驻法公使）、张德彝（由翻译官升任参赞，后任驻英公使）、李经方（驻英参赞，后任驻日公使）、汪凤藻（驻德参赞，后任驻日公使）。

2. 担任督抚幕僚。由于参赞在国外协助公使处理交涉，与国内官员相比，他们熟知外情，因此在回国后，有一些能被网罗进南北洋大臣或沿海沿江督抚的幕僚之中，协助他们办理洋务。在这群人中间，做得较为出色的有蔡锡勇、徐建寅、徐寿朋数人。蔡锡勇出身同文馆，因精通英文，在使美差满回国后，先后入两广总督张树声、张之洞幕，后一直随张之洞在湖北办理洋务，曾署理汉黄德道。驻德参赞徐建寅回国后，曾先后在两江总督曾国荃、湖广总督张之洞处办理军械制造事宜。驻美国、秘鲁参赞徐寿朋差满回国后，进入李鸿章幕中办事，后经保举使才，被光绪帝任命为驻朝鲜公使。

3. 任道府州县官员。根据吏部奏定的保奖章程，驻外人员一般保举外官。而据清朝官规，保举只能循级而上，不能越等保举。一般而言，本职为六部主事的京官，若改外官，则可保直隶州知州、知县；本职为员外郎、郎中者，可保至知府、道台；本职为外官者，则可根据保举逐级上升。因此，绝大多数的参赞回国后，都以候补、候选或实缺道、府、州、县作为归宿。

此外，海军、总理衙门章京若出洋任差，回国后仍回原衙门。

驻外参赞的去向有一个明显的特点，即多半在外任差时间较短,留任外交界的比例亦较小。这一方面由于参赞在驻外使团中地位较高,担任这一差使,上升空间不大;更重要的,则是因为驻外使馆有着独特的人事制度。

前文已述,清朝驻外人员由公使自行招募、奏带,公使具有安排人事的全权,其所奏带的参赞、随员、翻译、学生、供事,相当于一个庞大的幕僚团队,因此,驻外使团带有强烈的个人特色。由于出洋任差可获劳绩保奖,公使一般会将部分位置留给自己的亲属、同乡、故旧,其他人则往往依靠请托而来。这就造成历届使臣在出使的时候,往往奏带过多亲属、亲信及能力欠缺的人员。即便是作为公使助手的参赞,也多半难以胜任其职,这种招募方式在后来饱受批评。光绪十四年(1888),御史赵增荣上奏建议慎选驻外使臣及其随带人员。总理衙门随后在议覆奏摺中肯定了现行招募方式的合理性,称出使绝域,事体与内地不同,准公使自行奏调,是仿汉代遗制,"此中具有权宜,其偶带一二亲属,远涉重溟,借资臂助,既由出使大臣量才器使,但使不至专徇私情,贻误公事,自亦例所不禁"。❶总理衙门不愿依照当时国际通例,统一任命驻外人员。在这种情况下,驻外使团可谓"一朝天子一朝臣",历届使臣出使,自然会将参赞这一重要位置留给自己人,前任参赞只能差满回国,留差续任的可能性很小。于是,参赞难以久任,经验无法延续、传递,这一差使只能沦为使臣部属混取保举的手段。

正因为如此,驻外使馆自参赞以下,少有得力官员。曾任驻西班牙随员的黄中慧在给汪康年信中透露:"敝同寅不下五十人,而稍能留心时务者,不及十人。日署同寅七人,购阅《时务报》者只

---

❶ 《总理衙门奏片》(光绪十四年十二月二十四日),《中美关系史料(光绪朝)》第2册,第1298页。

慧一人，寿虽例寄一册不阅也。人人皆以三年转瞬，名利兼收，纵使留心使事，亦属无用。甚有不知拿破仑是何物，亚细亚在何国者。推其故，皆由钻营请托为保举而来。"❶ 由于清朝驻美公使兼任驻西班牙公使，西班牙使馆参赞、随员、翻译，皆由驻美公使奏带、安排。黄所言"敝同寅"，即驻美使团，含西班牙、秘鲁及各处领事馆成员；"日署"即黄所在的西班牙使馆。"寿"即驻西班牙参赞寿廷。如上文所述，由于参赞不得力，各使馆办事最终落得"专恃洋员"的地步。

参赞是驻外使馆外交官中仅次于公使的席位，负有沟通上下、辅助公使的重要职责，本应通晓国际事务、娴于交涉。在清朝，包括参赞在内的驻外使团人员由公使自行聘任。由于出洋差使保奖优厚，且并无身份及外语能力的要求，因此成为公使及高级官员安插亲友、部属的绝好机会；同时，因为保奖章程对京官有较大限制，京官对此多有顾虑，这也影响到参赞的来源和整体质量，导致驻外使馆只能长期依赖洋员办事。

清朝驻外使馆参赞的招募方式决定了多数参赞随三年一任的公使共同进退，差满回国接受保奖。相对于随员、供事等而言，参赞因地位较高，保奖内容较为优厚，多能回国任候补道府州县官员，获取在国内三年无法得到的收益。不过，若从外交官职业化的角度来考量，参赞的上述去向却不利于外交人才的养成。

---

❶ 《黄中慧致汪康年》（光绪二十三年十二月二十八日），上海图书馆编：《汪康年师友书札》第3册，第2269—2270页。

附　参赞题名考（上）

（一）驻英参赞

1. 黎庶昌　字莼斋，贵州遵义人。光绪二年，以候补直隶州知州经郭嵩焘奏调，于当年十月至次年十月任驻英参赞。三年十月至四年七月，任驻德参赞。四年七月至十二月，再任驻英参赞。四年十二月至五年，任驻法参赞。六年三月至七年五月，任驻西班牙参赞、代理使事。光绪七年后，曾任驻日公使、四川川东道。

2. 伍廷芳　号秩庸，广东新会人。以留英学生经郭嵩焘奏调，于光绪三年任驻英参赞。同年，丁忧回乡。后三次出任驻美公使，并担任外务部侍郎、中华民国外交总长等职。

3. 陈远济　字松生，湖南茶陵州人。以候选郎中经曾纪泽奏调，于光绪四年九月至十年，任驻英参赞。十年六月，在任病故。远济父陈源充出身翰林，是曾国藩同乡至交，曾任安徽池州知府，同治三年在太平天国攻城时殉难。

4. 刘翰清　号开生，江苏武进人，曾国藩幕僚。同治十一年正月，以候补知府身份派办出洋沪局事务（即总理幼童出洋肄业沪局事宜）。光绪四年，以候补知州经曾纪泽奏调，于当年至次年任驻英参赞。光绪五年至六年，任驻法参赞。六年至七年，署理驻俄参赞。八年，在任病故。

5. 李荆门　江苏甘泉人。光绪二年，经郭嵩焘奏调，于当年至光绪七年任驻英随员。七年十二月奏派三等参赞。八年至十二年，任驻英兼驻俄参赞。三届期满后回国。此后派充广东洋务处差使。光绪二十四年卒。

6. 凤仪　正黄旗蒙古人。光绪二年，以同文馆英文学生经郭嵩焘奏调，任驻英翻译官。七年，由曾纪泽升为驻英参赞、翻译官。十二年，因病回国。二十八年，经张德彝派为驻新加坡总领事。

7. 潘志俊 光绪十二年，以候选知府经刘瑞芬奏调出洋，任驻英三等参赞。十五年四月，期满回华。

8. 李经方 字伯行，安徽合肥人。李昭庆子，过继昭庆兄鸿章。经刘瑞芬奏调赴英，于光绪十三年八月以候补知府任驻英二等参赞。十六年，差满保举候补道。后任驻日本公使。

9. 黄遵宪 字公度，广东嘉应州人，光绪二年举人。次年，经何如璋奏调，任驻日本参赞。光绪八年至十一年，任驻旧金山总领事。十六年三月，经薛福成奏调，任驻英参赞。十七年正月，任驻新加坡总领事。二十年，回国后经张之洞奏调，办理涉外事务。曾被任命为驻德公使、驻日本公使，未成行。

10. 许珏 江苏无锡人，举人。由军机大臣、总理衙门大臣阎敬铭推荐，于光绪十一年经张荫桓奏调赴美。十六年三月，经薛福成派为驻英参赞。二十年九月，经驻美公使杨儒派为驻美参赞。次年，因病销差回国。二十八年，任驻意大利公使。

11. 宋育仁 四川富顺人。光绪十二年进士，选庶吉士，散馆授检讨。光绪二十年，经龚照瑗奏调，任驻英参赞。次年六月，因水土不服呈请回国，并进呈《采风记》。后在四川总督鹿传霖处协办商务。二十七年，任湖北试用道。

12. 曾广铨 湖南湘乡人，曾纪鸿子，过继曾纪泽。蒙祖、父之荫，赏主事、升员外郎。光绪二十年，以兵部员外郎经龚照瑗奏调，任驻英参赞。二十二年，丁忧回籍。后曾随李鸿章游历各国，并参与《辛丑条约》谈判。三十年十一月，任驻韩国公使。次年底，回京在外务部丞参上行走。三十二年，补授福建兴泉永道。当年九月，奉旨以三品京堂候补，充驻德公使，未上任。后任云南迤西道、贵州粮储道、云南粮储道等职。

13. 彦恺 正黄旗满洲人，海军衙门游历章京、刑部员外郎。经龚照瑗奏带，任驻英参赞。光绪二十年四月到差，当年丁忧回籍。

14. 王锡庚 总理衙门供事，曾由崇厚奏带，任出使俄国随员。先后经薛福成、龚照瑗奏调，任随员，并被龚提升为驻英参赞。光绪二十三年六月，经庆常奏调，任驻法参赞。

15. 张德彝 原名德明，同文馆英文学生。光绪二年，经郭嵩焘奏调，任驻英、驻俄翻译官。十三年至十六年，经洪钧奏调，任驻俄参赞。二十三年至二十六年，经罗丰禄奏调，任驻英参赞。二十七年，任驻英公使。

16. 罗忠尧 福建闽县人，罗丰禄侄。福建船政学堂学生，早年赴欧留学。光绪十七年，经驻日公使李经方奏调，任驻神户西文翻译官。二十三年，经罗丰禄奏调，任驻英参赞。二十五年四月，署理新加坡总领事。回国后发往江苏办理洋务。

17. 曾兆锟 经罗丰禄奏调，任驻英参赞。后由梁诚调充驻纽约领事。

18. 刘玉麟 字葆森，广东香山县人。同治十二年，作为幼童留美。光绪十二年，充纽约领事署翻译官。二十年，经龚照瑗奏调，任驻新加坡领事署翻译官、署理总领事。二十五年，经罗丰禄奏派，任驻英参赞。二十七年，任驻比利时参赞。三十年，任驻南非洲总领事。宣统二年，授外务部右丞。同年，任驻英公使。

（二）驻俄参赞

19. 邵友濂 字筱村，浙江余姚人。同治元年举人。曾任江苏苏松太道、台湾巡抚。十三年，充总理衙门章京。光绪四年十一月，任驻俄头等参赞。次年，署理出使俄国大臣。光绪七年回国，仍在总理衙门任差。

20. 蒋斯彤 镶蓝旗汉军人，监生。原为河南候补同知，经崇厚奏调，于光绪四年十二月任驻俄参赞。六年，因病回国。

21. 联芳 镶白旗汉军人。同治三年，入京师同文馆习法文。因成绩优异，保至即选郎中，派任同文馆法文副教习。光绪四年正月，经总理衙门奏派，任驻法翻译官。七年底，署理驻俄参赞。十二年七月，回国。后一直在李鸿章处办差，曾随李出使欧美。二十四年十一月，经总理衙门调京差遣。二十七年六月，任外务部右侍郎。

22. 李荆门 见《参赞题名考（上）》第5条。

23. 杨书霖 曾于同治九、十年间在两江总督衙门当差。光绪八年七月，以候选知县经曾纪泽奏调赴俄，任三等参赞。九年至十二年在任。

24. 莫绳孙 贵州独山人，黎庶昌外甥。光绪十二年，经李鸿章、曾国荃推荐，以江苏候补知府由刘瑞芬奏调，任驻俄参赞。十四年，任驻法参赞。回国后，任两江营务处差使。二十年，被两江总督刘坤一参奏革职。

25. 张德彝 见《参赞题名录考（上）》第15条。

26. 庆常 字霭堂，镶红旗汉军人。京师同文馆法文学生。光绪三年，经总理衙门奏派，赴德充法文翻译官。光绪四年十二月，任驻法翻译官。曾纪泽使俄后，命庆常兼驻俄、法两国。十年正月，署理驻法参赞。十一年六月，驻法使馆重建后，由许景澄奏调赴法。十四年，经洪钧奏派为驻俄参赞、代理使事。十七年，由薛福成奏调，改充驻法参赞、代理使事。光绪二十一年，任驻法公使。二十七年，卸任。

27. 罗臻禄 福建闽县人，福州船政学堂学生。光绪十七年正月，经许景澄奏调，以候选中书任驻俄参赞。光绪二十年差满后，保举分省候补知府。回国后，从事矿务事业。

28. 升允 多罗特氏，字吉甫，镶黄旗蒙古人，光绪八年举人。十三年，以吏部候补主事充补总理衙门章京。十七年至二十年，经许景澄奏调，任驻俄参赞。后任陕西督粮道。官至闽浙总督、陕甘总督。

29. 胡惟德 字馨吾，浙江吴兴人，上海广方言馆学生。光绪十五年，经薛福成奏带出洋，以候补内阁中书任驻英随员。十八年，期满回国。又经杨儒奏调，任驻美随员。二十年九月，升任参赞。二十三年，任驻俄参赞。二十七年，代理驻俄公使，次年实授。后任外务部右丞、驻日公使、外务部侍郎、外务部副大臣、中华民国外交次长、总长等职。

30. 何彦升 江苏江阴人，廪贡生。由户部郎中经杨儒奏调出洋，于光绪十九年十月至次年十月，任驻美参赞。二十年十月至二十一年，任驻古巴总领事。二十三年随杨儒赴俄，任驻俄参赞。二十五年，差满回国。何彦升之父何栻，道光朝进士，为曾国藩、李鸿章故交。

（三）驻法参赞

31. 黎庶昌　见《参赞题名考（上）》第1条。

32. 刘翰清　见《参赞题名考（上）》第4条。

33. 刘麒祥　监生，曾投湘军帮办营务，随左宗棠镇压回民并克复新疆，熟悉新疆舆地。光绪六年二月，经曾纪泽奏调，以参赞衔随员赴俄。七年二月，任驻法参赞。九年五月，差满后保举候补道。回国后，曾随曾国荃、左宗棠办理洋务、军务。

34. 陈季同　福建船政学堂学生。光绪三年，随李凤苞出洋，办理肄业监督文案事务。四年十月，任驻德随员，并办理法文翻译。六年三月，改充翻译官。十年，改派驻法参赞。十一年六月后，任驻德参赞、驻法参赞。十七年七月，因擅借巨款，遭薛福成参劾，革职。

35. 庆常　见《参赞题名考（上）》第26条。

36. 联湧　同文馆法文学生，曾为总理衙门翻译官。光绪二十年，经龚照瑗奏调，任驻法三等参赞。二十五年，在驻法使馆命案中丧生。

37. 王锡庚　见《参赞题名考（上）》第14条。

38. 凤凌　正红旗蒙古人。光绪二十年，以海军衙门游历章京、兵部即补主事经龚照瑗奏带，任驻英使馆随员。二十五年，经裕庚奏调，任驻法参赞。二十八年差满后，保举候补道员。次年签分湖北。

39. 余祐蕃　湖南平江人。经驻日公使裕庚奏调，以湖北试用县丞任使馆文案，后充驻神户兼大阪正领事。光绪二十五年至二十八年，随裕庚赴法，任参赞。三十二年，由李盛铎奏调，任驻比利时参赞衔随员。宣统元年八月，任驻意大利参赞。次年回国。入民国后，任驻巴东领事、驻挪威使馆代办等职。

（四）驻德参赞

40. 黎庶昌　见《参赞题名考（上）》第1条。

41. 徐建寅　江苏无锡人。曾在曾国藩、丁宝桢幕中办理军务、洋务，襄办上海机器局事兼译外洋书籍，捐纳郎中。光绪五年，经李凤苞奏调，任驻德参赞。七年八月，送中俄约本回国。十五年，经薛福成委办津沪出使各国文报局差使。后在南北洋大臣处任差。

42. 钱德培 字琴斋，顺天大兴县人，原籍浙江山阴。以俊秀投效李鸿章军营，报捐县丞。由刘锡鸿、李凤苞奏调，于光绪三年至九年任驻德随员，办理船政出洋肄业生事务。十年二月升参赞，兼办出使荷兰、奥匈帝国、意大利交涉事务。十六年七月，经黎庶昌奏调，任驻日本参赞。回国后，任江苏候补道。

43. 朱宗祥 浙江秀水县人，同治九年举人。光绪六年大挑一等，以知县掣签甘肃。守候咨取期间，入直隶总督李鸿章幕，办理河工等差。十年五月至十三年，经驻德公使许景澄奏调，任驻德参赞。因在德期间稽查、督率北洋舰船，在外任差期满后，保举候补直隶州知州。回国后，发往甘肃办理洋务。

44. 舒文 总理衙门章京。光绪十一年九月，经许景澄奏调，任驻德参赞。十四年，回国，仍任总理衙门章京。

45. 陈季同 见《参赞题名考（上）》第34条。

46. 汪凤藻 江苏元和人。早年入上海广方言馆学习英文，后入京师同文馆充教习。光绪九年，中进士，选庶吉士，散馆后授编修。十三年五月，经洪钧奏调，任驻德参赞。十六年，经李经方奏调，任驻日参赞，次年署理公使。十八年至二十年，任驻日本公使。甲午战争爆发后回国，后任南洋公学总办等差。

47. 春顺 镶蓝旗满洲人，伊犁将军金顺胞弟，曾赴西北军营效力。光绪十七年正月，以海军衙门章京随许景澄赴德，任参赞并考察外洋军事。差满回国，保举交军机处存记，赴吉林任差。后任江西巡盐道。

48. 林怡游 福建闽县人，福建船政学堂学生。光绪十三年六月至十五年二月，任驻秘鲁参赞，代办使事。十七年正月至二十一年三月，经许景澄奏调，任驻德参赞。二十二年，随李鸿章出使欧美。当年十月，经罗丰禄奏调，任驻英参赞，因病未行。后以道员在四川办理洋务。

49. **潘鸿** 字仪甫，浙江仁和人。同治九年举人，曾任内阁中书，升侍读。光绪十三年，经驻德公使许景澄派为三等参赞。十七年至十九年，再次经许景澄奏调，任驻德参赞。

50. **赓音泰** 京师同文馆德文学生。光绪三年，经奏调任驻德翻译官。二十一年七月，升任驻德参赞。

51. **陶式鋆** 浙江会稽人，监生。光绪二十三年，经吕海寰奏调，以兵部候补主事任驻德参赞。次年，押送德国所造快船回国，保举为候补知府。

52. **陆恩长** 光绪七年十一月至十三年十一月，任驻美使馆随员。二十五年九月至二十六年，经吕海寰奏调，任驻德参赞。二十六年，差满回国。

53. **陆长葆** 吕海寰任内派为驻德使馆随员。光绪二十七年，升三等参赞。

（五）驻比利时、意大利参赞

54. **林桂芳** 光绪二十三年，经罗丰禄奏调，任驻英使馆随员。二十五年四月至二十八年，任驻比利时参赞、驻意大利参赞。光绪二十八年底，销差回国。

（六）驻日本参赞

55. **王丰镐** 江苏上海人，同文馆英文学生。光绪十六年二月，经薛福成奏调，任驻英法使馆学生，升翻译官。二十一年，回国。二十七年十月，经蔡钧奏调，以候选道任驻日参赞、署理横滨总领事。不久，销差回国应乡试，中举人。后任浙江试用道员。

56. **黄遵宪** 见《参赞题名考（上）》第9条。

57. **郭庆藩** 湖南湘阴人，郭嵩焘侄、郭崑焘子，因军功保举浙江知府。光绪七年，经黎庶昌奏调，任驻日参赞。八年十一月，丁忧回籍。

58. **陈明远** 浙江海盐人。经徐承祖奏调，于光绪十年至十三年，任驻日参赞。后又经黎庶昌奏调续任。

59. 杨枢 字星垣，正红旗汉军广州驻防。广东同文馆英文学生，后入京师同文馆。光绪四年至七年，经总理衙门奏派，任驻日使馆翻译。十年，经徐承祖奏调，任驻日使馆翻译兼参赞。差满后，保举以候补道员分发广东。光绪二十四年九月至二十五年六月，任总理衙门章京。二十九年，任驻日公使。后曾任外务部参议、驻比利时公使。

60. 钱德培 见《参赞题名考（上）》第42条。

61. 吕增祥 安徽滁州人。经李经方奏调，于光绪十六年至十九年任驻日参赞。

62. 王同愈 江苏元和人。光绪十九年底，经汪凤藻奏调，以翰林院编修任驻日参赞。甲午战争爆发后，与汪凤藻撤旗回国。后任湖北学政、江西提学使。

63. 张绍祖 光绪二十一年至二十四年，经裕庚奏调，以浙江试用同知任驻日参赞。

64. 黎经诰 光绪二十年举人。二十四年八月，经李盛铎奏调，任驻日参赞，后捐纳知府。二十七年出洋差满，保举候补道。

65. 欧阳述 江西彭泽人，光绪二十年举人。二十四年八月，经李盛铎奏调，任驻日参赞。二十五年四月，任神户领事。二十六年四月，任横滨总领事；八月，回任参赞。二十七年十月，差满回国，任安徽候补道。

（七）驻韩国参赞

66. 周润章 光绪二十四年九月，经徐寿朋奏调，任驻韩国三等参赞。二十七年期满后，保举候补知县。

67. 许台身 浙江仁和人。以荫生报捐县丞，累保至知县。光绪十四年后，任云南多处知县、同知。二十二年，会同法员办理勘界及开办思茅海关事务。二十四年八月，经徐寿朋奏调，任驻韩二等参赞。二十六年正月，代理出使韩国大臣。次年六月，实授。三十一年，卸任回国。

（八）驻美参赞

68. 蔡锡勇　福建龙溪人。广州同文馆英文学生，后入京师同文馆。经陈兰彬奏调，于光绪四年六月赴美，任使馆翻译兼办参赞事宜。回国后，又经驻美公使郑藻如奏调，任驻西班牙参赞。因两广总督张树声奏留，未成行。此后在张之洞幕府办理洋务。

69. 叶源濬　江苏江宁人。同治十一年，与陈兰彬、容闳带领幼童赴美，以候选光禄寺典簿任幼童肄业局汉文教习。光绪六年前后，在任病故。

70. 陈嵩良　广东吴川人，陈兰彬胞侄。捐纳郎中分刑部行走。光绪四年至七年，经陈兰彬奏调，任驻美参赞。差满后，保举分省知府。

71. 容增祥　字元甫，广东新会人。同治十一年与陈兰彬、容闳带领幼童留美，以候选内阁中书任中文教习。光绪四年驻美使馆建立后，任使馆参赞，兼管出洋肄业局事务。五年三月，丁忧回国。

72. 曾耀南　广东茂名人。光绪三年进士。四年，经陈兰彬奏调，以刑部候补主事任驻美使馆随员，后升参赞。回国后任刑部主事。

73. 蔡国桢　光绪七年至十一年，以江苏候补县丞任驻美参赞，差满后保举候补知县。光绪十二年回国，经两广总督张之洞奏调，在广东办理洋务，后任广州同知。

74. 徐寿朋　直隶清苑人，以廪贡生捐至候选道员，长期在李鸿章幕府办差。光绪七年，经驻美公使郑藻如奏调，任驻美参赞。十年至十二年，任驻秘鲁参赞。十五年九月，销差回国，保举候补道。后历任江苏候补道、安徽布政使、驻韩国公使、外务部左侍郎等职。

75. 梁廷赞　广东德庆州人，由附贡生报捐主事，签分户部，后改捐知县，指分广西。光绪十一年十月，由张荫桓奏调赴美。十一年至十三年一月，任驻美参赞。十三年三月至十五年，任旧金山领事。在美加捐同知，差满后保举广西候补知府。

76. 彭光誉　福建崇安人，以监生捐纳刑部郎中。曾在吉林将军处办理边防事务。光绪九年，经李鸿章奏调，赴朝鲜办理通商。又由驻美公使张荫桓、崔国因奏调，于光绪十二年十一月至十九年正月，任驻美参赞，累保至候补道员。回国后发往北洋差遣。

77. **瑞洹**　字仲兰，正黄旗满洲人。光绪十一年，以候选知府经张荫桓奏调赴美，任参赞。瑞洹父恭镗，曾任总理衙门章京、西安将军、黑龙江将军，与张荫桓有交谊。

78. **汪洪霆**　安徽休宁人，监生，报捐湖北直隶州州同。光绪十年，经许景澄奏调，任驻德随员。差满后，保举候补知州。又经驻美公使崔国因奏调，于十五年九月，任驻美参赞，差满后保举湖北候补知府。回国后，在张之洞、端方幕中办差。

79. **许珏**　见《参赞题名考（上）》第10条。

80. **胡惟德**　见《参赞题名考（上）》第29条。

81. **饶凤起**　光绪十五年，经崔国因奏调，以盐大使衔任驻美使馆随员。二十年至二十二年五月，任驻西班牙参赞。此后任驻美参赞，差满后回国。

82. **广英**　本为候选主事，经杨儒奏调，于光绪十九年至二十三年，任驻美使馆参赞。

83. **沈桐**　广东番禺人，以举人报捐内阁中书。光绪二十一年，中进士。二十三年三月，经伍廷芳奏调，任驻美使馆二等参赞，曾代办驻美公使事务。二十八年，差满后保举候补知府。

84. **张荫棠**　广东新会人，以举人捐纳内阁中书。光绪二十三年，经伍廷芳奏调，任驻美使馆三等参赞，兼充驻旧金山总领事官。次年闰三月，调任驻西班牙二等参赞，代办公使事务。二十六年六月回国，保举候补道。三十年，经唐绍仪奏派，充西藏议约参赞。三十二年四月，奉旨以候补五品京堂赴西藏查办事件。十月，升驻藏帮办大臣。三十四年六月，补授外务部右参议、署理外务部右丞。宣统元年正月，迁外务部左丞。同年六月，补授出使美国、墨西哥、秘鲁、古巴国大臣。

85. **庄海观**　光绪二十五年，经伍廷芳奏调赴美，任驻美使馆三等参赞。

86. 周自齐 山东单县人。早年为广东同文馆学生，调京师同文馆充英文副教习。光绪二十年，中式顺天乡试副贡。二十一年，充日本商约翻译官。次年，经驻美公使伍廷芳奏调，任驻美使馆随员。二十三年九月，充驻美使馆参赞。二十六年，任驻纽约正领事官。二十七年，保举候补知府。二十八年，任驻古巴总领事官、代办使事。二十九年三月，调补驻旧金山总领事官，旋调充驻美使馆二等参赞。两届期满后，保举候补道员。三十年五月，代办驻美公使事务。三十四年五月回国后，任外务部参议。

（九）驻西班牙参赞（代办公使事务）

87. 吴嘉善 字子登，江西南丰人，咸丰二年进士，选翰林院庶吉士，散馆后授编修。曾在广州同文馆任汉文教习。陈兰彬被任命为驻美公使后，吴自荐为使团成员，于光绪四年至五年，任驻西班牙参赞。后赴美，任出洋肄业局总办。

88. 黎庶昌 见《参赞题名考（上）》第1条。

89. 朱和钧 本为兵部候补主事，由陈兰彬奏调，于光绪四年任驻旧金山总领事。光绪七年至十一年，任驻西班牙参赞，代办使事。两届差满，保举候补知府。回国后任台湾台南知府。

90. 蔡钧 字和甫，原籍江西上犹。光绪七年，随驻美公使郑藻如出洋，于光绪八年三月至十年二月，署理驻西班牙参赞。后回国在南洋大臣处办理洋务，曾任江苏苏松太道。二十七年，任驻日本公使。

91. 延龄 字希九，正黄旗满洲人。本为礼部郎中、候选知府。由张荫桓奏调，于光绪十二年四月至十五年，任驻西班牙参赞。

92. 杨慕璿 以江苏候补知府经崔国因奏调赴美，任驻西班牙参赞、代办使事。光绪十九年，差满回国，保举候补道。

93. 延庆 镶黄旗汉军人，本为内务府候补员外郎。经驻美公使杨儒奏调，于光绪十九年十月任驻西班牙使馆参赞。

94. 饶凤起 见《参赞题名考（上）》第81条。

95. 应祖锡 本为江苏试用直隶州州同，经杨儒奏调，于光绪十九年任驻西班牙使馆随员。二十二年，任驻西班牙参赞。

96. 寿廷 字金甫，镶黄旗蒙古人，举人。由理藩院候补员外郎随驻美公使伍廷芳出洋，于光绪二十三年至二十四年，任驻西班牙参赞。此后任驻旧金山正领事。三年差满后回国，参与庚子议约。后以候补知府身份在四川、察哈尔等处办理新政事宜。

97. 张荫棠 见《参赞题名考（上）》第84条。

98. 王树善 江苏上海人，光绪十五年附贡生。十八年，报捐刑部主事。经伍廷芳奏调，于光绪二十三年三月，任驻旧金山领事署随员。二十六年三月差满，调充驻西班牙参赞，代办使事。二十七年五月，升员外郎。差满后保举候补道员。二十九年，回国。

（十）驻秘鲁参赞

99. 徐寿朋 见《参赞题名考（上）》第74条。

100. 刘亮沅 字湘浦，广东香山人。光绪四年，以户部候补主事经陈兰彬奏调，任驻美使馆随员，后任驻古巴总领事。先后经郑藻如、张荫桓两届公使奏留任差。光绪十二年后，任驻秘鲁使馆参赞。

101. 吴濬 安徽怀宁人，崔国因弟子。光绪十二年进士，以主事签分户部学习。十五年，由崔国因奏调赴美，任驻美使馆参赞，当年派为驻秘鲁使馆参赞，代办使事。回国后任候补道。

102. 贵镛 字韵生，正黄旗满洲人，举人。光绪十五年十月，以礼部候补郎中传补总理衙门章京。十九年三月，由驻美公使杨儒奏调，任驻秘鲁使馆参赞。三年差满后回国，升礼部郎中。

103. 谢希傅 江苏人，本为分省试用县丞，光绪十九年由杨儒奏调，任驻西班牙使馆随员。二十二年，署理驻秘鲁参赞，后实任。次年差满回国。

104. 李经叙 安徽合肥人，李鸿章侄。光绪二十三年，经伍廷芳奏调，任驻秘使署参赞。二十七年，保举候补道。三十三年，任驻墨西哥二等参赞兼总领事官。宣统元年五月，在任病故。

二　领事官（上）

在近代欧洲，领事（Consul）的出现早于常驻外交使团。一国设置领事，目的在于维护在外的商业利益，保护本国贸易与旅外国民。因此，一国领事制度的发展，与该国海外商业、贸易的发达程度息息相关。领事系统与外交使团渊源有别，职责也不尽相同，在部分国家，领事官系统与外交官系统互相独立，各有选拔机制，人员间无法互相迁转；[1]而在另一些国家，领事官和外交官则并无特别大的区隔，领事官可与外交官相互转任。[2]清朝外交制度从19世纪后期的西方嫁接而来，使团与领事之间职责混一，领事官从一开始就隶属于驻外使团，与参赞、随员、翻译官一样，都是由公使自行招募。

（一）领事的设置与职守

在中国近代史上，人们对领事的认识要早于对驻外使团的认识。1833年之前，最主要的中西关系——中英关系，主要体现为经贸往来。英国对华贸易由东印度公司垄断，两国之间的经贸，通过该公司"大班"与中国官定的行商来进行。1833年，东印度公司垄断对华贸易的局面被打破，英国随即派遣律劳卑（William John

---

[1] 以英国领事系统为例，英国近代的领事按地区划分为三类：近东事务、远东事务、一般事务。其中，日本、中国、泰国属于远东事务。各地区因为历史不同，领事官的编制与任用方法也不相同，与外交官差异更大。各国领事制度参见张世安编著：《各国外交行政》，第174—196页。
[2] 日本1893年制定了统一的外交官领事官考试规则，两类官员考试内容相同。外交官与领事可相互转任，法国情况与此类似。

Napier）为首席驻华商务监督（Chief Superintendent of Trade），赴广东管理对华贸易。律劳卑来华后，中方继续以仅具商务身份的大班看待并约束他，导致双方矛盾不断。律劳卑的继任者义律（Charles Elliot），行事较为灵活。为符合清朝继续将其看作"大班"的心理，也为暗示其身份已异于从前，他在1837年4月给两广总督的"禀帖"中，自称为"领事"。❶

鸦片战争之后，中英签订《南京条约》，以"领事、管事等官"对译英文"Superintendents or Consular Officers"。❷可见，与汉字"领事"对应的英文名词是"商务监督"；后来被译作"领事"的Consular Officers，则对应汉字"管事"。《南京条约》的该条款后来通过最惠国待遇，被各国援引。自此，各国在开放口岸设置"Cousular Offices"（后固定翻译为"领事官"）便有了条约依据。汉语"领事"的出现及词义的演进，提示中国人已将领事看作是西人保护商业、管理侨民的职官。

中国向外派遣领事，则迟至三十年以后。

---

❶ 吴义雄：《权力与体制：义律与1834—1839年的中英关系》，《历史研究》2007年第1期，第72页。

❷ 该条款中文本为"自今以后，大皇帝恩准英国人民带同所属家眷，寄居大清沿海之广州、福州、厦门、宁波、上海等五处港口，贸易通商无碍；且大英国君主派设领事、管事等官住该五处城邑，专理商贾事宜，与各该地方官公文往来；令英人按照下条开叙之列，清楚交纳货税、钞饷等费。"英文本为"His Majesty the Emperor of China agrees that British Subjects, with their families and establishments, shall be allowed to reside, for the purpose of carrying on their Mercantile pursuits, without molestation or restraint at the Cities and Towns of Canton, Amoy, Foochow-fu, Ningpo, and Shanghai, and Her Majesty the Queen of Great Britain, etc., will appoint Superintendents or Consular Officers, to reside at each of the above-named Cities or Towns, to be the medium of communication between the Chinese Authorities and the said Merchants, and to see that the just Duties and other Dues of the Chinese Government is hereafter provided for, are duly discharged by Her Britannic Majesty's Subjects."（陈帼培主编：《中外旧约章大全》第1分卷上，北京：中国海关出版社，2004年，第70页）

自明朝中后期开始,就有大量中国人流寓海外,尤其是东南亚一带,他们在异国经商务工,谋取生计。不过,因传统中国政府的目光聚焦于内陆(较长时间中,仅局限于中原地区),缺少经营海洋、开拓海外土地的动力和兴趣,也缺乏保护侨民的意识。从18世纪末期开始,随着拉美独立运动的开展、英属殖民地奴隶制的废除以及美国黑奴的解放,资本主义世界市场急缺大量廉价劳动力,在此背景之下,中国沿海省份生计无着的农民大规模出洋务工。然而,劳工输出的途径未能规范化,海外华人也无法获得应有的合理保护。

同治六年(1867),因中英修约之期临近,总理衙门上奏建议让沿海各省督抚各抒己见。江苏布政使丁日昌通过李鸿章上递条陈,其中一则专论设领的必要与步骤。丁日昌称,中国闽粤等地赴东南亚、美洲经商务工者多达数十万,可仿外国领事例,派遣"市舶司"赴华人所到之国,管理当地华人。不过他的出发点不在于保护华人利益,而在于使华人"乐于效命","不忍为外国之用"。[1]前文表1-3已述,同治十三年(1874),在侵台事件完结之后,李鸿章建议迅速向日本和西洋各国派遣常驻使节,并在日本的华人聚集地设立"理事官"。奏摺称:"该国横滨、长崎、箱馆各处,中国商民约近万人;既经立约,不可置之度外。俟公使到彼,应再酌设总理事官分驻口岸,自理讼赋,以维国体。"[2]所谓"理事官",即领事官。其设立依据为《中日修好条规》第八条的规定:"(中日)两国在指定各口,彼此均可设理事官,约束己国商民,凡交涉、财产词讼案件,皆归办理,各按己国律例核办。"双方通过派遣领事,

---

[1] 宝鋆等修:《筹办夷务始末(同治朝)》第6册,第2266—2267页。
[2] 《李鸿章又奏购买铁甲船情形及应派使臣领事驻日本摺》(同治十三年十一月初四日),宝鋆等修:《筹办夷务始末(同治朝)》第10册,第4002页。

对己方侨民实行属人管理。❶

光绪元年，清朝对外派出常驻公使。在总理衙门制定的出使章程中，领事与参赞、随员一样，成为使团成员及公使下属，经出使大臣遴选、任用，任期三年。光绪二年（1876），郭嵩焘在赴任途中联合总理衙门上奏，在华人聚集的新加坡设立领事，任命在新的粤籍商人胡璇泽为领事官，负责"保护民商"和"弹压稽查"。驻新加坡领事成为中国设置的首位领事官。❷

受制于固定化的财政体制及有限的出使经费，同时也因缺乏足够的护侨决心，清朝在外领事馆的数量一直较少。从光绪二年到光绪二十七年（1901）外务部成立之前，清朝共设立领事馆近二十处。其中，属驻英公使管辖的有新加坡、槟榔屿；属驻美公使管辖的有菲律宾（小吕宋）、檀香山、旧金山、纽约、古巴、马丹萨（Matanzas）、嘉里约（Callao）；属于驻日公使管辖的有横滨（兼筑地）、神户（兼大阪）、长崎、箱馆（兼新潟、夷港）；属驻俄公使管辖的有海参崴商务委员，后改为领事。

此外，甲午战争之后，清朝于光绪二十二年（1896）向朝鲜派出总领事官，归总理衙门直接管辖。❸首任总领事由候选知府唐绍仪担任。光绪二十四年，清朝向朝鲜派出常驻公使，次年，清朝驻

---

❶ 王铁崖编：《中外旧约章汇编》第1册，第318页。
❷ 《出使大臣郭嵩焘片》（光绪三年七月初一日），《清代中国与东南亚各国关系档案史料汇编·新加坡卷》，第3页。
❸ 驻韩总领事札文由总理衙门下发，札文称："朝鲜与中国地方临近，商民贸易，事体繁多，亟应遴选专员前往订议通商章程税则，以资遵守。查委办朝鲜商务总董、候选知府唐绍仪公正明练，熟悉情形，堪充中国驻扎朝鲜总领事之任，应即派为总领事官前往朝鲜，查照袁道世凯驻韩向章，妥筹办法，与朝鲜外部会议一切，仍禀由本衙门核定。除咨北洋大臣外，相应札行该员遵照办理，并刊具木质关防一颗，发交祗领，仍将收到日期呈明本衙门可也。"《总理衙门札驻韩总领事》（光绪二十二年十月二十一日），《外交档案》01-25-049-01-003。

朝鲜领事改为驻汉城领事，增设驻仁川领事、甑南浦副领事、釜山领事。❶

清朝在外设领的目的从一开始就非常明确，即管理和保护海外侨民。在日本未废除领事裁判权之前，驻日理事官还有兼管当地华人诉讼事件的权力。现存军机处档案中有一道总理衙门代清帝所拟、颁给驻韩国总领事马廷亮的敕谕，这一谕令对领事官职司有着清晰陈述，敕谕称：

> 皇帝敕谕驻扎韩国总领事官马廷亮：中国与韩境密迩，侨寓商民，人数甚众，稽查保护，责任宜专。所有华商在韩贸易，并内地人民侨寓各埠者，宜随时与各领事妥为照料，毋任失所。遇有交涉事件，应一并秉承外务部暨出使日本大臣，悉心筹画，以臻妥善。尔其殚竭智虑，敬谨将事，用副委任，特谕。❷

此时，中韩宗藩关系早已终结。据敕谕，驻韩总领事的职责为稽查、保护、照料侨居韩国及在韩贸易的中国人，清朝仍有属人管理的思想。根据出使章程，领事为出使大臣属员，因此，清朝驻韩国总领事须受驻日公使的节制和指导。该敕谕所阐述的领事职守及其与出使大臣的关系，也可推广至清朝驻其他各处领事。

（二）领事的来源与任用

与同时代其他国家不同，清朝并无独立的领事官系统，驻外使

---

❶ 《出使大臣徐寿朋摺》（光绪二十五年十月），《外交档案》01-25-051-02-026。
❷ 《呈录拟驻扎韩国总领事官马廷亮敕谕单》（未注时间），《军机处录副》03-9991-016。光绪三十一年日本"统监"朝鲜，清朝撤回出使朝鲜大臣，次年设立驻韩总领事，隶属驻日使团。该敕谕当作于此时。

团从一开始就肩负着领事职能,领事官属于驻外使团的组成人员,由公使遴选、奏调。细言之,领事官的任用分为两个步骤:首先,驻外公使在获得任命后,开单奏调随行使团人员,其具体安排,则根据所调官员的本职高低而定;其次,在抵达所驻国之后,由公使从使团人员中选择合适人选,札派辖区的领事馆任职,故领事的来源与参赞并无二致。

领事事务性质特殊,领事官须直接面对海外华侨,并经常独立地与所在地官员进行交涉,因此,他们的选任应满足两点要求。第一,由于绝大多数海外经商、务工人员来自福建、广东,语言较为特殊,为交流便利,领事官须任用使团中闽粤两地的人员;第二,领事官经常要独立地与所在国政府就侨民利益进行交涉,因此,须有相当过硬的交涉水平及外语能力。这是当时任用领事的理想状况,具体到实际中,远不能达到这些标准。

驻外外交人员在三年期满后,可照例得到"异常劳绩"保奖,从而获取仕途上升便利,领事官也不例外,因此是希望借此登进的官员所竭力营求的对象。考虑到晚清驻外领事官总体数量较多,本节选取新加坡、古巴两处较重要的领事馆,对其中人事嬗替进行说明,借此观察庚子前领事官选任的大致情况。

1. 新加坡(总)领事。新加坡领事是清朝在外设立的首个领事,由当地粤籍华商胡璇泽担任,胡在此前已由俄国人委任为俄国驻新领事,同治六年(1867),丁日昌在建议设立"市舶司"的条陈中曾称"新加坡十数万华人,皆听胡姓号令指挥",可见其声名早已播扬于外。❶ 郭嵩焘在赴英途中路经新加坡,见胡璇泽"(为)其地人民所推服",且得知"数年前广属人民与各属互斗,亦经胡

---

❶ 宝鋆等修:《筹办夷务始末(同治朝)》第6册,第2266—2267页。

璇泽解散，英国官商皆倚信之"，因此，力主新加坡领事"非胡璇泽无可充承者"。胡璇泽后于光绪六年（1880）病故于任内。❶

其后，曾纪泽委派领事馆随员苏湉清署理领事。苏湉清本职为盐提举衔布政司经历（从六品），早在光绪四年由郭嵩焘奏调出洋，就任驻新加坡随员。❷因新加坡华人众多，领事事务繁忙，权责较重，苏湉清署任一年之后，曾纪泽奏派驻英使馆翻译官左秉隆充任新加坡领事。左秉隆籍隶广州驻防汉军，是广东与京师同文馆学生。左秉隆的籍贯和语言能力促使曾纪泽将其作为新加坡领事的合适人选。❸

左秉隆历经曾纪泽、刘瑞芬、薛福成三届驻英公使。光绪十七年，薛福成奏请将新加坡领事升级为总领事，另在南洋槟榔屿等地设立副领事，遇事则由驻新总领事"察度"禀商于驻英公使；另在英属香港设立领事，保护当地华人。他上奏调左秉隆任香港领事，而将驻英参赞黄遵宪任命为驻新加坡总领事。❹黄此前曾任驻日参赞、驻旧金山总领事，由总理衙门章京袁昶向薛福成举荐。❺罗丰禄担任驻英公使后，升总领馆翻译官刘玉麟署理总领事。刘籍贯广东香山，同治十二年（1873）以幼童留美学习，曾派充驻纽约领事

---

❶《出使大臣郭嵩焘片》（光绪三年七月初一日）、《出使大臣曾纪泽片》（光绪六年七月二十四日），《清代中国与东南亚各国关系档案史料汇编·新加坡卷》，第3、12—13页。
❷ 喻岳衡校点：《曾纪泽集》，第19页。
❸《曾纪泽日记》光绪四年九月二十一日条："芝房与左君子兴，皆馆中通英文生之佼佼者，年富而劭学，兼营而并骛，亦既能曲证旁通，启牖后进矣。纪泽使于欧罗巴洲，求才于馆，以匡助余，子兴忻然就道，芝房方欲以词章博科第，则姑辞不行。"（刘志惠点校：《曾纪泽日记》中册，第794页）芝房，汪凤藻字；子兴，左秉隆字。左秉隆任命过程见《出使大臣曾纪泽摺》（光绪七年二月二十六日），《清代中国与东南亚各国关系档案史料汇编·新加坡卷》，第13—14页。
❹《出使大臣薛福成摺》（光绪十七年正月二十五日），《宫中档朱批奏摺》04-01-01-0977-002。
❺ 吴天任编著：《清黄公度先生遵宪年谱》，第58页。

馆和驻英使馆翻译官。❶

光绪二十五年（1899），刘玉麟丁忧回籍，罗丰禄任命其侄罗忠尧接署总领事。罗忠尧籍贯福建闽县，早年曾在福建船政学堂学习，后赴欧洲留学，回国后由李经方奏调赴日，任神户理事府西文翻译官。罗丰禄受命为驻英公使后，奏调罗忠尧任使馆参赞，不久改派其充任新加坡总领事。❷

上述驻新加坡领事的人事嬗替，直观列表如下：

表6–1　驻新加坡领事表（1877—1901）

领事官（在任时间）	领事官的来源	选用方式
胡璇泽（1877—1880 任）	当地华商	郭嵩焘赴英期间途经新加坡时选中
苏湘清（1880—1881 署）	新加坡领事馆随员	郭嵩焘奏调，关系不详
左秉隆（1881—1891 任）	驻英使馆翻译官	同文馆英文学生，曾纪泽奏调任翻译官
黄遵宪（1891—1894 任）	驻英使馆参赞	总署章京袁昶向薛福成推荐任参赞，随后调总领事
张振勋（1894—1897 署）	槟榔屿副领事	槟榔屿华商，由黄遵宪向薛福成推荐任槟城副领事
刘玉麟（1897—1899 署）	新加坡领馆翻译官	留美幼童，英文突出，驻英公使龚照瑗奏调
罗忠尧（1899—1902 任）	驻英使馆参赞	公使罗丰禄侄，留欧学生，由罗丰禄奏调

2. 古巴总领事。 18 世纪后期开始，随着拉美独立运动及废奴运动高涨，奴隶贸易逐渐中止，黑奴得以解放。1846 年之后，大

---

❶《出使大臣罗丰禄片》（光绪二十七年九月初二日朱批），《军机处档摺件》144161。
❷ 秦国经主编：《清代官员履历档案全编》第 7 册，第 614 页；《出使大臣罗丰禄片》（光绪二十六年三月二十五日朱批），《清代中国与东南亚各国关系档案史料汇编·新加坡卷》，第 130 页。

量生计无着的华人（主要来自广东）流往美洲务工，他们填补了黑奴解放后留下的劳动力空缺。华工们在签订具有欺骗性质的合同之后，经香港、澳门等地前赴西班牙、葡萄牙在拉美的殖民地或前殖民地古巴、巴西等地。华工入境之后，被卖入种植园，丧失人身自由，每天超时超负荷工作，备受殴打虐待甚至重刑，境遇悲惨不堪。据英国领事的统计，截至1873年，共有12万华工进入古巴，但仅有4万人尚存于世。同年，清朝派广东籍刑部主事陈兰彬前往调查华工受虐情形，陈回国后，详细条陈华工的遭遇。❶

光绪元年（1875），清朝命陈兰彬为驻美公使，兼驻秘鲁、西班牙，负责保护所辖地区的华工。在总理衙门与西班牙签订条约之后，陈兰彬于光绪四年（1878）正式赴任。抵美后，陈兰彬随即派使团随员刘亮沅为古巴总领事、刘宗骏为总领馆随员、谭乾初为英文翻译、廷铎为法文翻译、杨荣忠为学习随员，驻夏湾拿（La Habana，今译哈瓦那）；另派陈善言为马丹萨（Matanzas，今译马坦萨斯）领事官。他们在次年抵达古巴，随后开设领事馆，保护古巴华工。❷在首批调派古巴的六位成员中，刘亮沅、陈善言、谭乾初先后担任总领事一职，直到光绪十九年（1893）。

刘亮沅，广东香山举人，捐纳户部主事；陈善言，广东新会监生，早年在港英政府中担任书吏，后进入报界。❸据陈兰彬称，陈善言赴美后，最先派办使署翻译事务，因此他应通晓英文；谭乾初，广东顺德人，通英文。刘亮沅、陈善言、谭乾初都为粤籍，相对于很多后任的古巴领事而言，选派他们应该是较为适

---

❶《总理衙门摺》（同治十三年十二月二十二日），《军机处档摺件》18574。
❷ 谭乾初：《古巴杂记》，光绪十三年刻本，第11—12页。马坦萨斯为古巴重要港口，在哈瓦那以东100公里处。
❸ 梁碧莹：《陈兰彬与晚清外交》，广州：广东人民出版社，2011年，第318页。

宜的。

光绪二十年（1894），驻美公使杨儒派何彦升任古巴总领事一职。何彦升，江苏江阴县廪贡生，户部郎中。杨儒奏带何彦升的原因不详，但可资参考的是，何彦升之父何栻为曾国藩、李鸿章故交，曾任江西吉安知府。何彦升任总领事不久，即被调回华盛顿任驻美参赞。古巴总领事一职，改由余思诒接任。余思诒，江苏武进人，以监生捐纳主事，签分工部行走。光绪十一年（1885）经驻英公使刘瑞芬奏带赴英，曾任使馆随员，并为李鸿章留北洋效力。❶余思诒随杨儒赴美，可能是李鸿章的推荐。余思诒非粤籍，不通西班牙语，不过还算对交涉稍有经验。他的后任黎荣曜的选用则完全失去章法。

黎荣曜，广东新会人，以候选同知由崔国因奏带赴美，后任驻旧金山总领事，杨儒任内派充驻古巴总领事。光绪二十三年（1897），新任公使伍廷芳赴美，黎荣曜出巨资行贿，留任古巴总领事一职。❷黎后调任驻小吕宋（菲律宾）领事，古巴总领事由伍廷芳奏带的驻美随员张荫桐接任。张荫桐本籍广东南海，光绪二十三年以候选县丞由伍廷芳奏带赴美。他很可能是由伍廷芳的保举人张荫桓所推荐。❸

上述驻古巴领事的人事嬗替，直观列表如下：

---

❶ 刘瑞芬：《航海琐记序》，载余思诒：《楼船日记》，上海：商务印书馆，光绪三十年刊本，第1页。
❷ 《出使大臣崔国因片》（光绪十七年五月二十日朱批），《军机处录副》03-5279-062；《黄中慧致汪康年》（光绪二十四年五月十二日），上海图书馆编：《汪康年师友书札》第3册，第2272-2273页。
❸ 《出使大臣伍廷芳片》（光绪二十三年三月初十日朱批），《军机处档摺件》137958；《户部咨文》（光绪二十九年九月），《外交档案》02-12-002-02-035。

表6-2　驻古巴总领事表（1879—1901）

领事官（在任时间）	领事官的来源	选用方式
刘亮沅（1879—1886任）	户部候补主事	陈兰彬奏调
陈善言（1886—1889任）	前港英政府吏员、香港报界人士、马丹萨领事官	前任公使陈兰彬奏调
谭乾初（1889—1893任）	前古巴领馆翻译官	前任公使陈兰彬奏调
何彦升（1894任）	江苏廪贡生	可能由李鸿章向杨儒推荐
余思诒（1894—1896任）	前驻英随员、北洋洋务委员	可能由李鸿章向杨儒推荐
黎荣曜（1896—1899任）	前驻旧金山总领事	前任公使崔国因奏调
张荫桐（1899—1900任）	候选县丞	可能为公使伍廷芳之保举人张荫桓推荐

从上述两处领事的任用事实，结合他处领事任用规则，我们可以归纳出几个特点。首先，晚清领事官无论从各自本职还是从原任差使上而言，位置都不算高。就本职而言，他们中最高者为员外郎、候选候补道、知府，这些人一般可任总领事；而更多的领事官，本职仅为候选、候补中书、主事、通判、县丞、同知甚至县教谕。第二，领事在国内的本职几乎全部为候补、候选官员，而少有担任实缺者。在晚清捐纳、保举泛滥的大背景下，若得不到大员派差、保举或者"异常劳绩"保奖，中下级的候选、候补官员很难补上实缺，他们的头衔经常只有荣誉上的意义，而没有太多的实际功能。这也正好解释领事官请托出洋的动机所在。第三，与驻外参赞相比，英、美使团所属领事官中，通晓外语者相对较多。新加坡领事左秉隆、刘玉麟、罗忠尧，古巴领事陈善言、谭乾初通英语。而在历任驻日本神户领事中，几乎无人通晓日语（后节详述）。总体而言，在驻外领事官系统之内，差满留任、升迁的几率高于参赞，这大概因为领事事务对交涉经验的要求较为迫切。

就任用规则而言，公使任用亲属、旧部情况普遍，甚至完全不守规则。这里仅举洪遐昌一例。洪来自安徽祁门，由附贡生报捐通判，先由同乡刘瑞芬奏带赴英，任使馆医官，办理医药事宜。按惯例，医官、武弁虽是使团成员，但职有专司，并不插手交涉事宜，也不被看作外交人员，自然也不会以随员、领事、参赞升用。然而，刘瑞芬却自行升洪遐昌任随员。三年差满后，逢李经方赴日，洪遐昌借助关系进入使团，被任命为驻神户兼大阪正理事官，前后三年。❶

就领事官的去向而言，显得较为多样。与出洋任差的其他人员一样，领事们最关心的问题，是如何在国内壅滞的官场上谋得有效升迁途径。因此，久于领事之差，既非其职责所在，更非其愿望。他们在回国后，多能借助保奖获得一定程度的升迁。如候选知府能分发省份任用，候补主事能改外任候补直隶州知州。如果他们先前所依赖的关系网足够有效，也能被网罗进沿海沿江督抚的幕府中办理洋务。只有少数的领事能在差满之后继续留在外交界工作。上述领事官中，新加坡总领事左秉隆曾两次担任该职，前后时间达十三年；黄遵宪、刘玉麟、张荫棠在外交界有长期历练。但更多的领事，在回国后都顺利转业，继续经营传统的仕途。

（三）领事事务的效果

关于晚清领事官在外从事的领事工作，此前已有学者关注和研究。❷本节具体阐释领事选任与领事效果之间的关系。

---

❶ 《收出使大臣刘瑞芬册报》（光绪十三年二月二十三日），《总理衙门清档（北大）》第50册；秦国经主编：《清朝官员履历档案全编》第5册，第604页。
❷ 参见颜清湟著，栗明鲜、贺跃夫译：《出国华工与清朝官员——晚清时期中国对海外华人的保护（1851—1911）》。

领事为驻外使团成员,由公使自行奏调与任命,公使对领事事务的认识,自然影响领事的设立与选用。郑藻如任驻美公使时,华盛顿州安吉利斯港(Port Angeles,当时译作"飘节")官员致函给郑,称该地区有华人二万五千人,劝他考虑设立领事,郑藻如予以拒绝。多年后,崔国因任驻美公使,他在翻阅档案时读到相关文件,在日记中议论说:

> 因查设一领事,每年需经费银一万数千两;不节,则需二万。飘节不过华人入美之境,设之无益。且近来美国于此地查华人私越入境,其例渐严,当时之不允,盖有先见矣。❶

在这位公使看来,设领耗费钱财,既然外人能有效管理中国侨民,就没有必要设立领事。光绪十六年(1890)二月,崔国因在上任半年之后,听说美国政府任用曾在上海经商的赫尔德(Augustine Heard Ⅱ)为驻朝鲜总领事,他查阅文献,在日记中记载:"因查领事之设,所以护商。护商者当谙商务,犹治民者当知民事也。"❷他似乎认为自己明白了领事的职守所在,却不知华人在美多从事苦力,领事之责,重在维护华工的权益。基于扭曲的认识,崔国因对领事设置与领事经费也产生自己的独特理解,他通过观察认识到,"外国领事之费,即取之于商民,盖以国为民设官,民自为官筹费","中国不愿设领事者,以设一官即增一费,国帑支绌,不可铺张,意甚是也"。❸

崔国因的看法,当然不能说明总理衙门和所有驻外公使的意

---

❶ 崔国因:《出使美日秘日记》,合肥:黄山书社,1988年,第47页。
❷ 同上书,第87页。
❸ 同上书,第162页。

见，但类似意见却能影响公使辖区领事事务的开展。

总理衙门奏定的出使章程仅规定使团人员的薪俸数量，并未规定办公费用，因此领事官在为侨民发放护照的同时，会征收所谓"照费"，以此充办公之用。光绪二十三年（1897）五月，驻西班牙使馆随员黄中慧在给汪康年信中透露驻古巴领事工作的细节，称言：

> 古巴危险，较日都尤甚，不问而知。该处华侨数万，为领事者宜如何保护，乃有自美来者述及该处总领事名黎荣曜者，向以钻营得意，久据优缺，此次以六千金贿赂使者，张盘星、周自齐二人经手，在纽约黎满纸烟店中取款，人证凿确，故仍留优差。而黎荣曜并不要薪俸，不要经费，每季报销之时，具一伪领，造一伪册，送交美署而已。其款皆出于华商，凡由古巴至纽约者，私收护照费至四十五元之多。周自齐尝亲笔致友人书云："我只愿回国时做一财翁（将款存在洋行，并不怕查抄），功名本非所愿。"若辈皆如此存心，故狼狈为奸，上辱国体，下害侨民，毫无顾忌，一至于此。黎荣曜去年经手赈捐，侵吞二万金之多。纽约中华公所遍贴长红（此广东语，即所谓无名揭帖者也），有目共睹，而使者佯为不知，亦不过问。今古巴被困，黎又借故捐敛，名曰放振，使者且称其能云。此事关系甚大，数十万身家性命皆在其掌握之中，故亟为足下言之，为民请命，我辈之责也。❶

---

❶《黄中慧致汪康年》（光绪二十四年五月十二日），上海图书馆编：《汪康年师友书札》第3册，第2272—2273页。

上节曾提及，黎荣曜由崔国因奏带出洋，曾任驻秘鲁参赞，杨儒任内派为驻古巴总领事。周自齐时为驻纽约领事，张盘星可能是张荫桐。黄中慧所讲述的，是黎荣曜利用领事官身份收取高额护照费谋取暴利以及侵吞赈捐款项之事。本来，领事每年须将所收护照费和办公经费开列清单，交使馆报销，黎荣曜声明不要薪俸和经费，是因为他私自提高护照费，能获取远高于薪俸的钱财。

正因为清朝决策者和部分驻外公使抱有崔国因那样的思想，高额照费、牌费、赈捐才变得合情合理，名目众多的规费才会成为领事官公开追逐的财源，领事官也变成部分使团成员争求的美差，其利益之厚甚至让他们不再看重三年一次的劳绩保奖。这也就是周自齐宣称愿做财翁、不求功名的来由。黄中慧另在议论他驻西班牙使馆的同僚之时，曾捎带批评总领事任用之弊，称言："敝同寅不下五十人，而稍能留心时务者，不及十人。甚有不知拿破伦是何物，亚细亚在何国者。推其故，皆由钻营请托为保举而来，甚有专为图利出重贿而得总领事者。"❶

按照出使章程规定，参赞、领事与公使一样，出洋任差以三年为期，期满后，如果得不到新公使的留任，则须交卸回国，同时得到劳绩保奖。三年一度的保奖，是大多数使团人员出国的主要动因。在这种动力促成之下，使团人员多想着尽早混满三年，归国销差，对于参赞、领事差使并无留恋（除非有诱人的经济利益）。由此，领事们普遍缺少敬业精神。光绪二十三年（1897），国子监司业黄思永上奏，抨击领事官擅离职守的现象，奏摺称：

---

❶《黄中慧致汪康年》（光绪二十三年十二月二十八日），上海图书馆编：《汪康年师友书札》第3册，第2269页。

出使各国大臣所带随员、参赞之分稍尊，而领事之责任綦重，以期所驻之处有华洋交涉事件，排难解纷，随时相机而理，息事于无形也，充斯任者，职守攸关，宜如何尽心竭力周旋，其间不得擅自离去。乃闻近来各国随员每届三年期满，与开保合例，不待接任，有人即纷束整装回华，虽重大应理之公事，亦置之不顾，使臣莫可如何，殊属不成事体。❶

黄思永之子黄中慧此时正在西班牙使馆任差，奏摺中所述细节，可能是由黄中慧提供，故较为可靠。使团人员三年差满后归国，是出使章程的规定，领事们的做法可称有据；然不等新任前来交接即擅行回国，导致领事事务无人主持，却不能算作称职。

由于大部分的领事官并不通所在地官方语言，甚至连适合的翻译官也没有（例如古巴领事馆长期只有英文翻译而无西班牙文翻译），因此，他们实际上很难与所驻地的官方进行有效交涉。加之清朝为节省出使经费，限定出洋人数，领事官往往须负责较大区域的领事事务，难免分身乏术。在此情形之下，为维持工作的开展，领事官经常从华商或洋商圈子里选出"商董"，作为自己的代理人来管理华工。这种情况在领事馆之外的港口城市非常普遍。在另一些地区，公使干脆委托外国领事兼任中国领事，代办领事事务。杨儒札派的古巴总领事余思诒在赴任后曾记古巴各口的领事工作，称"各埠历选体面华洋商董充代理人，就近经理华民词讼等事，洋官视代理领事，是以土客甚为相宜"。❷

正因清朝的领事制度存在种种弊端，在筹设菲律宾领事时，黄

---

❶ 刘锡鸿等：《驻德使馆档案钞》第2册，第1029—1032页。
❷ 余思诒：《古巴节略》，光绪十七年上海著易堂刊本，第1—2页。

中慧曾感叹说:"窃谓如添领事,莫若请他国代理,既省经费,且商民被其实惠。"❶根据他的观察,外国人代理中国领事,反而能尽心办事,履行保护侨民的职责。在给驻美公使伍廷芳的条陈中,黄中慧详细阐明此意,他说:

> 今之所谓参领者,平日家居意气颇有可观,一与洋人交涉,则如鼠如子。或一语不发,惟洋员翻译之言是听、唯唯画诺而已。或偶发一言,偶出一策,则恶劣不堪,以致外人渺视,任意讥诮阻驳,虽应准者亦因而不准,合公法者亦谓不合。今若派洋员为领事,则合例与否,自有定论,而地方官与之办事,各国领事与之联络,先无欺渺之心,自可得应有之利。❷

在这里,黄中慧仅提及参赞、领事欠缺交涉能力,对于领事官行贿谋差、伍廷芳任用亲属担任领事这些细节,他自然不好当面直言。

当然,晚清驻外领事也并非全都不擅办事,在上文列举的各地领事中,有个别管理或保护侨民称职者。梁启超后来在游历美国时,有同乡告知其该地区华人情形,称言:"旧金山华人,惟前此左庚氏任领事时,最为安谧。人无敢挟刃寻仇者,无敢聚众滋事者,无敢游手闲行者,各秘密结社皆敛迹屏息,夜户无惊,民孜孜务就职业。盖左氏授意彼市警吏,严缉之而重罚之也。及左氏去

---

❶《黄中慧致汪康年》(光绪二十三年八月十三日),上海图书馆编:《汪康年师友书札》第3册,第2263页。
❷《江宁黄中慧上驻美伍公使条陈小吕宋领事用人行政机宜电稿并注》(光绪二十四年七月二十日到),上海图书馆编:《汪康年师友书札》第3册,第2277页。

后,而故态依然。此实专制安而自由危,专制利而自由害之明证也。"❶ 左庚出身于同文馆,由崔国因派为旧金山总领事。他联合美国官方用高压手段管治华人,先不论其手段优劣,至少其效果尚为不少华人所认同。

清朝的领事官隶属驻外使团,其选用、任命权操之于公使,领事制度、领事事务受制于驻外使馆制度。领事官从参赞、随员、翻译官中选任,同为驻外使团成员,他们的来源多有相似之处:或为自家亲属朋僚,或为大员子弟故旧。他们出洋任差的动机并无差异,不过为获得三年一届的保奖,替自己在拥挤的仕途上获取一点上升之便。因为三年差满即可保奖,领事们甚至不等新任交接,期满就走,完全不顾手头尚待处理的重要事务。对他们而言,攒足年限回国补缺才是正事。在经济上,清朝并未给领事官们划拨相应的办公经费,领事们可名正言顺地收取海外华人的各式费用,使得领事官成为有利可图的肥差,公使乐于安排僚属前往,领事也乐于逐利。

三 翻译官

清朝传统文献和政治体制中,所谓"翻译",是指满汉互译,翻译官即从事满汉互译的低级官员。例如,清朝中枢机构军机处,设有内翻书房,其中翻译官40人,从事国家重要文书的满汉互译。❷ 对于满汉文与其他语文之间的互译,清朝另设一类名为"通

---

❶ 梁启超:《新大陆游记节录》,《饮冰室合集》第7册,北京:中华书局,1989年,第122页。

❷ 昆冈等修:《钦定大清会典》,《续修四库全书》第794册,第48页。

事"的人员来专司。例如，朝鲜与清朝有着模范式的宗藩关系，清礼部所辖、负责接待朝鲜使臣的会同四译馆设有"朝鲜通事"8人，"掌译朝鲜之语"。这些通事部分从内务府佐领下择人选习，部分由礼部从凤凰城无品级通事内调取，引见补用。❶ 这大概是清朝体制内地位最高的通事。除京城正式设置的"朝鲜通事"外，在广州、宁波、上海等通商口岸从事中外文互译的人员也被称作"通事"。❷ 若仅仅从字面上看，翻译、通事二词并无感情色彩，但若从它们的源头和工作性质来看，这两个词语或两类人群，从一开始就有着等级高下之别：翻译意味着两种语言的对等，翻译工作关系国家重要文书的传递；而通事则意味着语言之间的高低等级，通事工作则显含卑贱意味。从清朝官修外交档案——三朝《筹办夷务始末》来看，在咸丰十一年（1861）第二次鸦片战争结束之前，清朝官方将外国翻译官一律称作"通事"；在此之后，则改称翻译官。清朝内部负责中外文互译的翻译官，则产生得更晚。

（一）名称由来与设置

第二次鸦片战争之后，留京办抚的恭亲王奕䜣奏请从八旗中选择资质聪慧的少年数人，在京学习外国语言。不久，总理衙门设立同文馆，具体落实上述计划。在馆学生须定期接受考核，成绩优异者，仿此前俄罗斯文馆之例，授给七、八、九品官作为出路。此时，总理衙门并未提及翻译官或通事名目。

同治二年正月（1863年3月），江苏巡抚李鸿章专摺上奏，请

---

❶ 昆冈等修：《钦定大清会典》，《续修四库全书》第794册，第378页。
❷ 参见邹振环：《清代前期外语教学与译员培养的制度性问题——兼与俄国、日本比较》，陈尚胜主编：《中国传统对外关系的思想、制度与政策》，济南：山东大学出版社，2007年，第201—227页。

求仿照京师同文馆之例，在上海、广东两处，设立"外国语言文字学馆"。李鸿章在奏摺中称："各国在沪均设立翻译官一二员，遇中外大臣会商之事，皆凭外国翻译官传述，亦难保无偏袒捏架情弊。中国能通洋语者，仅恃通事。凡关局军营交涉事务，无非雇觅通事往来传话，而其人遂为洋务之大害。"他认为，各口岸通事或来自"商伙子弟"，或由外国义学培养，不是"佻达游闲"，就是"染洋泾习气"，心术卑鄙，追逐声色货利，对外国语言仅习"货名价目""俚浅文理"，交涉传译，远不能得体。因此，他奏请从上海附近选择"资禀颖悟""根器端静"的少年入学馆学习，等到三五年学成之后，"凡通商督抚衙门及海关监督应添设翻译官承办洋务，即于学馆中遴选承充"，这样，关税、军需等洋务即可核实，无赖通事也就自然敛迹。❶

这应是清朝官方首次提及外文"翻译官"这一名目。李鸿章设想中的"翻译官"，系仿照各国驻上海领事馆的翻译官而设。他们在来源、教育、品行等各方面与此前的通事有着严格区别。李鸿章方案很快得到批准，并被推广至广东。广州将军瑞麟、两广总督毛鸿宾按照上谕，在广州设立同文馆，并拟定详细章程："（广东）同文馆肄业生以三年为期，能将西洋语言文字翻译成书者，分别派充将军、督抚、监督各衙门翻译官，准其一体乡试。"❷可见，广州官方亦采用翻译官这一名称。

尽管如此，清朝对外文翻译官的称呼并未迅速推广。例如，同治五年（1866），总理衙门奏请派斌椿等人随赫德赴欧游历，使团中有同文馆学生凤仪、德明、彦慧，他们的名目是"七八九品

---

❶《请设外国语言文字学馆摺》（同治二年正月二十二日），顾廷龙、戴逸主编：《李鸿章全集》第1册，第208页。该摺由李鸿章的幕僚冯桂芬起草。

❷ 宝鋆等修：《筹办夷务始末（同治朝）》第3册，第1167—1169页。

官";次年,总理衙门奏请派章京志刚、孙家榖同蒲安臣出使欧美,随带通晓外语的同文馆学生数人,作为"通事"。❶一直到光绪二年(1876)清朝正式向外派遣公使之前,官方文书所称的中外文"翻译官",多指外国在华使馆、领馆的翻译人员。

光绪二年八月十三日,总理衙门拟定出使人员薪俸章程,详细开列驻外使团的组成人员及其薪俸标准。使团人员包括翻译官分为头、二、三等,另外还设有领事处翻译官。其中,头等翻译官月薪银400两,与二等参赞官相同;二等翻译官、领事处翻译官300两,与三等参赞官相同;三等翻译官200两,与随员、医官相同。❷章程使用"翻译官"而非"通事",可见总理衙门已用平等眼光看待中外交涉及语言互译;名称的改换及薪俸的标准同时也证明了翻译人员地位的上升。

(二)训练、来源与任用

1. 同文馆。由翻译官一名的沿革可知,该名称最先是授给上海广方言馆、广东同文馆优秀学生的,最后才推及驻外使馆。京师同文馆及上海、广东两处同文馆负责外语教育和语言学生的培养,也成为驻外使馆翻译官的主要训练和来源之所。

从同文馆走出来的驻外翻译官,根据其语言训练的程度,可分为两类。一类翻译官只在国内同文馆学习语言,而后直接被派往驻外使馆任差。因课程设置、教育方式的局限,同文馆训练出来的合格翻译寥寥无几。❸甲午战争之后,总理衙门上奏,建议变通翻译

---

❶ 宝鋆等修:《筹办夷务始末(同治朝)》第4册,第1621—1622页;第6册,第2168页。
❷ 《总理衙门摺》(光绪二年八月十三日),《军机处录副》03-6595-015。清单见《申报》1879年1月2日,第4-5版。
❸ 参见第四章第一节相关内容。

人才的培养方式,改走国内国外教育结合的路径,让可堪造就的学生在外学习,奏折称:

> 近来交涉日繁,需材益众,臣衙门同文馆延请各国教习,俾该学生学习语言文字。嗣因开馆以来,学有成就者,尚不乏人,第恐限于见闻,未能曲尽其妙。臣等公同斟酌,拟于英法俄德四使馆各拨学生四名,分往学习语言文字算法,以三年为期,责成出使大臣妥为稽核,往来资装肄业之费,由各该出使大臣在出使经费内划给,即在使馆寄寓,以节旅费,设或不堪造就,随即咨回。如三年学有明效,出使大臣加具考语,咨送回京,再由臣等面加考试。果能精进,又不染外洋习气,应如同文馆三年大考之例,奏请奖叙。至东文学堂已奏饬出使大臣裕庚就地设立,英美文字相同,无庸分派,合并陈明。❶

随后,总理衙门从同文馆学生中,选出16名,派往欧洲四国学习语言。该政策此后得到延续。❷ 这就形成了出自同文馆的第二类翻译官。他们外语功底较好,又在国外学习数年,翻译水准超过国内同学。不过,这批学生到庚子后方学成。这一时段多数的翻译官,仍由肄业于同文馆的国内学生充当。他们任驻外翻译官的情形如下:

---

❶《总理衙门片》(光绪二十一年十二月二十四日),《军机处录副》03-7209-062。该奏折建议当即得到批准。
❷ 这16人为英文馆学生丁永焜、陈贻范、王汝淮、朱敬彝,法文馆学生世敏、伊里布、双弗、汇谦,俄文馆学生邵恒浚、桂芳、陈嘉驹、李鸿谟,德文馆学生杨晟、冶格、黄允中、金大敏。(朱有瓛:《中国近代学制史料》第1辑上,第144页)

表6-3 同文馆系统出身的驻外翻译官

语种	姓名	学校、任差使馆（任差时间）	姓名	学校、任差使馆（任差时间）
英文	张德彝	京，驻英（1876—1880）	周自齐	粤，京，驻美（1896—1897）
	凤仪	京，驻英（1876—1886）	杨书雯	京，驻英使馆，驻新领馆翻译（1895—）
	左秉隆	粤，京，驻英（1878—1881）	莫镇藩	粤，驻美（1885）
	那三	粤，京，驻英使馆、驻新领馆（1890—1893）	杨枢	粤，京，驻日（1878—1881；1884—1887）
	王丰镐	京，驻英（1890—1895）	朱贵申	沪，驻俄，德（1894—）
	蔡锡勇	粤，京，驻英（1878—1881）	元章	粤，驻古巴领馆（1897—）
	陈贻范	粤，京，驻英（1899—1905）	左秉隆	粤，京，驻英（1878—1882）
	黄履和	京，驻西班牙使馆（1897）	李光亨	粤，京，驻美檀香山领馆（1897）
	瞿昂来	沪，驻英（1892—1895）	沈铎	京，驻日（1881—1890）
	于德潘	京，驻英（1895—）	郑汝骥	京，驻日（1887—1892）
	徐广坤	沪，京，驻日使馆、神户领馆（1884—1890）		
法文	郭家骥	京，驻法（1892—）	刘镜人	沪，京，驻法、俄（1894—）
	福连	京，驻俄（1879—1880）	刘式训	沪，京，驻法、德，俄（1894—1899）
	黄致尧	沪，京，驻俄，驻西班牙（1887—）	双弗	京，留法，驻法（1896—）
	汇谦	京，留法，驻法（1896）	庆常	京，驻德、俄（1877—1884）
	联芳	京，驻俄、法（1878—1886）	世增	京，驻法、俄（1890—1902）

续表

语种	姓名	学校，任差使馆（任差时间）	姓名	学校，任差使馆（任差时间）
法文	刘式训	京，驻法驻俄（1894— ）	廷铎	京，驻古巴领事馆，西班牙使馆（1878— ）
法文	陆徵祥	沪，京，驻俄（1891— ）	吴宗濂	沪，京，驻俄（1885－1902）
法文	联兴	京，驻法，驻俄（1878－1888）	阎海明	京，驻德，驻俄（约1889）
法文	联勇	京，留法，驻法（1894－1899）		
德文	恩光	京，驻德（1886－1890）	荫昌	京，驻德（1877－1883）
德文	廕昌泰	京，驻德（1877－1895）	洽格	京，留德（1896— ）
德文	李德顺	京，驻德（1891－1903）	张永惺	沪，驻德（1888— ）
德文	杨晟	粤，京，驻德（1896）		
俄文	巴克塔讷	京，驻俄（1891— ）	桂荣	京，驻俄（1878－1884）
俄文	廕善	京，驻俄（1879）	庆全	京，驻俄（1881— ）
俄文	塔克什讷	京，驻俄（1879— ）		

资料来源：朱有瓛：《中国近代学制史料》第1辑上，第279－302页；秦国经主编：《清代官员履历档案全编》；《外交档案》；《军机处录副》。

2. 国内军事学堂。这类翻译官主要源自福建船政学堂。同治五年（1866），闽浙总督左宗棠上奏，建议在闽设厂制造新式轮船，左宗棠同时与船政大臣沈葆桢开始培植人才，他们成立船政学堂，名为"求是堂艺局"，从本地子弟及香港的英国学校中挑选优秀学生入局学习。求是堂艺局分为前后两学堂：前学堂注重法国学问，侧重讲授制造；后学堂注重英国学问，侧重传授驾驶。两处教习都是外国人，上课讲授使用英法两种语言，学生在经过一段时间学习后，都具备一定的外语能力。为了让船政学生的学业精进，左宗棠、沈葆桢建议，派遣学堂部分优秀学生赴英法学习制造、驾驶。此后，船政学堂在光绪三年（1877）、七年、十二年、二十三年先后派出四批学生赴欧留学，这些学生部分成为清朝驻当地使馆的翻译官。❶

出身于福建船政学堂的翻译官有以下 6 位：福建侯官人陈季同，船政学堂第一届学生，随第一批学生赴欧，协助出洋肄业局监督李凤苞办理文书事务，并进入法国学校学习交涉律例。后专充翻译官，并升驻法参赞，光绪十七年（1891）因擅借巨款，遭薛福成参劾而革职。❷福建闽县人罗丰禄，船政学堂第一届学生。后任驻德翻译与随员。回国后，入李鸿章幕，派在北洋水师营务处办事。曾随李鸿章赴日本议约，参与游历欧美，经李保举使才，任驻英公使。❸福建福州人陈恩焘，船政学堂第五届学生。赴欧留学，回国

---

❶ 朱有瓛：《中国近代学制史料》第 1 辑上，第 353—355、405、416—417、425、436—441 页。

❷ 《出使大臣李凤苞片》（光绪七年十月十五日朱批），《军机处录副》03-9657-028；《出使大臣李凤苞片》（光绪十年六月初十日朱批），《军机处档摺件》128158；《出使大臣薛福成片》（光绪十七年五月十二日），《军机处录副》03-5281-020。

❸ 秦国经主编：《清代官员履历档案全编》第 6 册，第 216—217 页。

后加入北洋海军。经驻英公使罗丰禄调英差遣，任使馆翻译官。❶福建闽县人罗忠尧，船政学堂第七届学生。赴欧学习轮船驾驶，经驻日公使李经方奏调，派充神户翻译官。后经罗丰禄奏调，派充驻英参赞、驻新加坡领事。❷罗之彦，船政学堂第十届学生，曾任驻英使馆翻译官。❸郑诚，船政学堂第一届学生，曾任驻美翻译官。❹

除福建船政学堂之外，还有的翻译官来自国内其他军事学堂，例如天津水师学堂学生林文彧，曾任驻英翻译官。❺

福建船政学堂采用西方语言教学，加之部分学生有出洋学习的经历，相对于同文馆学生而言，他们的外语能力是较为过硬的。虽然他们的专业多为物理、机械、驾驶这些与外交无关的内容，但在外语人才、交涉人才奇缺的背景之下，本非他们强项的语言能力得以突显，他们也就成为驻外使馆翻译官的来源之一。如果从他们与公使的私人关系而言，我们仍可见公使任用亲属、故旧、部属的痕迹。

3. **国内外国人学堂**。除北京、上海、广州同文馆及清朝官办军事学堂之外，通商口岸外国人所办学堂也是清朝驻外使馆翻译官的来源之一。至少有3位驻外翻译官来自国内外国人学堂：马建忠、李维格、施肇基。江苏丹徒人马建忠，早年在上海教会学校徐汇公学（Collège Saint Ignace）读书，曾入李鸿章幕府，光绪三年

---

❶《出使大臣罗丰禄片》（光绪二十三年五月二十五日朱批），《军机处档摺件》139581；《收出使大臣罗丰禄摺》（光绪二十八年二月），《外交档案》02-12-009-02-016。

❷ 秦国经主编：《清代官员履历档案全编》第7册，第614页；《出使大臣罗丰禄片》（光绪二十六年三月二十五日朱批），《清代中国与东南亚各国关系档案史料汇编·新加坡卷》，第130页。

❸《收出使大臣罗丰禄摺》（光绪二十八年二月），《外交档案》02-12-009-02-016。

❹《军机处交出郑藻如抄摺》（光绪十一年年五月初十日），《总理衙门清档（北大）》，第266册。

❺《收出使大臣罗丰禄摺》（光绪二十八年二月），《外交档案》02-12-009-02-016。

(1877），肄业局监督李凤苞带领船政学生赴欧留学，马建忠以随员同行，赴法后入巴黎政治学院学习。不久，经郭嵩焘派充驻法使馆翻译官。江苏吴县人李维格，上海格致书院学生，后赴英留学。驻美公使崔国因在任时，派李维格充驻纽约领事馆翻译官、驻美公使馆翻译官，又经李经方奏调为驻日翻译官，回国后入湖广总督张之洞幕。❶浙江余杭人施肇基，早年入上海圣约翰书院学习，光绪十九年（1893），经驻美公使杨儒派充翻译学生。在美期间，入康奈尔大学。❷回国后入湖广总督张之洞幕，曾任湖北留美学生总监督、邮传部右参议兼京汉铁路局总办、外务部左丞、右丞、驻美公使等职。

4.留美幼童。 驻外翻译官的另一个来源是留美幼童。同治十年（1871），根据容闳的条陈，丁日昌、李鸿章、曾国藩建议，自次年起，分4次派遣幼童前往美国学习，期限15年，以图学成归国后有裨于国家自强。该计划在此后得以顺利实施，陈兰彬、容闳分任出洋肄业正副委员，具体经办幼童留美事务。后来，由于驻美公使陈兰彬、副使容闳及出洋肄业局委员吴嘉善之间矛盾重重，加之国内舆论认为幼童沾染洋习，不习中学，要求终止留学事业。光绪七年（1881），清朝撤回在美学习的幼童。

幼童们在美期间，以工程、军事、矿务为主要学习内容，因为他们年龄小、接受能力强，外语能力一般较为突出。因此，他们成为一些公使网罗的对象，留美幼童也就成为驻外使馆英文翻译官的来源之一。

出身留美幼童的驻外翻译官包括以下10位：广东香山人欧阳庚，耶鲁大学学生，在张荫桓任内入旧金山总领事署，历任翻译

---

❶ 崔国因：《出使美日秘日记》，第166页；《中美关系史料（光绪朝）》第2册，第1416页。
❷ 《出使大臣杨儒摺》（光绪十九年十月二十八日），《军机处档摺件》130165。

官、驻旧金山总领事、驻巴拿马总领事。❶ 广东香山人钟文耀，耶鲁大学学生，光绪十九年（1893）由驻美公使杨儒奏调为翻译官，后充驻菲律宾总领事。❷ 广东香山人陆永泉，充纽约领事馆翻译。❸ 广东番禺人黄仲良，曾任驻旧金山总领事署翻译官，后回国充粤汉铁路、津浦铁路总办。❹ 江苏上海人钱文魁，留美回国后在上海制造局充翻译官，后经薛福成奏调出洋，任驻英使馆翻译官。❺ 广东新宁人容揆，耶鲁大学学生，容闳侄，经崔国因派充使署翻译官，后升任参赞。❻ 广东南海人苏锐钊，经杨儒派为驻美使馆翻译官，后升任驻旧金山总领事。❼ 广东香山人刘玉麟，经张荫桓奏带，历充纽约领事署翻译官、新加坡领事署翻译官、署理总领事、驻英国参赞、驻比利时参赞、驻南非洲总领事，并回国任外务部右丞、驻英国公使。❽ 广东番禺人黄仲良，曾任旧金山总领事署翻译官。江苏吴县人张祥和，曾任驻西班牙使馆翻译官。❾ 浙江慈溪人王凤喈，曾任驻英使馆翻译官。❿

---

❶ 欧阳焕棠：《清代和民国时期的外交官欧阳兆庭》，政协广东省中山市委员会文史委员会编：《中山文史》第 31 辑，1994 年，编者刊，第 83 页。
❷ 秦国经主编：《清代官员履历档案全编》第 8 册，第 333—334 页。
❸ 《寄华盛顿徐署使》（光绪十三年五月初六日戌刻），顾廷龙、戴逸主编：《李鸿章全集》第 22 册，第 210 页；《使美奏稿·酌派人员分驻各署奏稿》（光绪二十九年三月二十日），罗香林：《梁诚的出使美国》，台北：文海出版社，第 193 页。
❹ 《出使大臣杨儒摺》（光绪十九年十月二十八日），《军机处档摺件》130165。
❺ 《出使大臣薛福成片》（光绪十八年十一月十二日朱批），《军机处录副》03-7198-072。
❻ 崔国因：《出使美日秘日记》，第 166 页。
❼ 《驻美公使杨儒摺》（光绪十九年十月二十八日），《军机处档摺件》130165；《驻美公使张荫棠单》（宣统三年四月初三日收），中国第一历史档案馆编：《清代中国与东南亚各国关系档案史料汇编·菲律宾卷》，第 426 页。
❽ 秦国经主编：《清代官员履历档案全编》第 8 册，第 549—550 页。
❾ 《出使大臣杨儒摺》（光绪十九年十月二十八日），《军机处档摺件》130165。
❿ 《出使大臣薛福成片》（光绪十六年五月初十日），《宫中档朱批奏摺》04-01-16-0229-040。

幼童们在美国接受了较为完整的西式教育，他们的语言能力更为可靠。光绪三十二年（1906），汪大燮在上任时途经美国，了解到驻美使馆的一些情况，他在给汪康年的信中称：

> 通西文之人，兄所见闻，一容揆、一梁崧生、一刘葆森，此三人兄能信，其心无他，余多不可知也。陈安生在此，向亦用消极主意，细察之，则实才学皆不敷用。故有不办没有错，办便不免有错之说。然其在英久，于人名一切尚略知之，如此者已不多得，而久有乞假回国一转之意。❶

汪大燮这里列举的，是他平日所知国内外精通外语的人才。容揆、梁敦彦（字崧生）、刘玉麟（字葆森），皆为留美幼童。陈贻范（字安生）是同文馆中英文成绩较为上乘的学生，但在汪大燮看来，其语言及交涉才能不如容揆、刘玉麟。由此可见，留美幼童出身的翻译官数量不多，但能力突出，在外交中发挥的作用最为实在。

5. 驻日使馆东文学堂。与驻他国的翻译官相比，驻日使馆的翻译官最为特殊。光绪二年（1876），清朝正式向日本派驻公使。当时，国内并无合适的日文翻译官。总理衙门误以为日本在明治维新开始之后改用英语，因此，首任公使何如璋赴日，仅随带少量英文翻译官。不料抵日之后，发现情况与想象中迥异。何如璋只能临时雇用通事，作为交涉时翻译之用。何如璋任满后，黎庶昌赴日接任，两人商量，在使馆开设学堂，招收学生练习日语，以备将来翻译之用，并请求总理衙门帮助招募日文学生。然而，京师同文馆并

---

❶《汪大燮致汪康年》(光绪三十二年十月二十三日到)，上海图书馆编：《汪康年师友书札》第1册，第881—882页。

未开设日文学堂,总理衙门无法提供合适的人选,故而历任公使在赴日时,皆须自带学生,派在使馆日文学堂学习,再充当日文翻译官。这样,驻日翻译官就形成了两个系统:一为英文,这些人的来源、训练、派遣与驻他国的翻译官无异;二为日文翻译官,由驻日使馆单独培养,自成一系。❶

在黎庶昌的主持下,驻日使馆于光绪八年(1882)正式开办东文学堂。学生的日语学习,以三年为期,学有所成,则发给薪水,派往各口岸充任翻译官。到光绪十四年(1888),东文学堂已培养杨锦庭、刘庆汾、罗庚龄、陶大均、卢永铭5位翻译官。此后为节省经费,黎庶昌奏请裁撤该馆,并将剩下的唐家祯等3名学生遣散回国。李经方任驻日公使后,不得不临时任用"略通东语商人"暂行代理翻译,又建议重开使馆东文学堂,延请专门的日文教习前来讲授,并派随员监督学业。遗憾的是,受限于学习时间及教学环境,使馆学堂培养的日文翻译官规模小,能力十分有限。

甲午战争之后,总理衙门日益意识到中日交涉的重要性,曾计划在同文馆开设东文学堂。然同文馆缺乏合格的教习和相应的语言环境,遂不得不将驻日使馆东文学堂作为培养日语翻译的主要场所,以备总理衙门及驻日翻译官之选。❷

那么,驻日使馆东文学堂的教学效果如何呢?光绪二十四年(1898),据公使裕庚报告,学堂设在公使馆之内,优秀的日籍教员不愿前往教授,学生"饱食而嬉"。根据成例,学生在三年学习期满后,可得劳绩保奖,可直接分配到使馆或各口岸充任翻译官,因此,他们缺乏学习动力,平时将公使的督责、学堂的章程视作具

---

❶ 《出使大臣黎庶昌摺》(光绪十四年十月初一日),《军机处录副》03-5241-073。
❷ 《出使大臣李经方摺》(光绪十八年二月十一日),《军机处录副》03-7198-019;《总理衙门摺》(光绪二十一年六月二十日),《军机处录副》03-7209-045。

文，以致成材甚少，在充任翻译官之后，"一经传语，动辄贻笑，翻译东文，错谬多端"。为改变这种状况，裕庚与日方商定，将翻译学生直接送往专门学校，学习内容亦不再局限于语言一类。自此，日文翻译改由日本专门学校进行培养。❶

直到20世纪初，清朝驻日使馆的日文翻译官一直处于紧缺状态，使馆东文学堂时开时停，肄业学生不过20位左右，除刘庆汾、陶大均、唐家祯几人语言程度稍好之外，其他人无法承担交涉翻译的任务。遇有交涉事件时，驻日使领馆只能聘用略通日语的华商居间传译。在这种情况下，很难想象能有效地展开对日外交。

6. 洋员翻译官。由于自身体制难以培养众多合格的翻译官，驻外公使转而招募外籍人士，让他们担当日常书面和口头的传译。这些外籍人士多有在中国工作的经历，中文水平较高，能适应中外文互译的工作内容。

首任驻英公使郭嵩焘上任时，聘英国人马格里担任翻译官。前文已述，马格里本为英国军医，第二次鸦片战争期间来华。后在李鸿章处督办兵工厂。马格里在驻英使馆担任翻译官时，协助历届公使承担交涉事务，升任使馆参赞。与此同时，驻英副使刘锡鸿改任驻德公使之后，奏带博朗（H. O. Brown）任翻译官。博朗此前在华任琼海关税务司，赴德不久即呈请告退，新任公使李凤苞改聘金楷理接任。金楷理此后在驻德使馆服务30余年。❷ 在驻俄使馆，崇厚于光绪四年（1878）聘任俄国人、京师同文馆俄文教习夏干担任使馆翻译，此后夏干历经曾纪泽、许景澄、洪钧三任公

---

❶《出使大臣裕庚摺》（光绪二十四年七月初三日），《军机处录副》03-9448-040。
❷《出使大臣李凤苞片》（光绪六年十二月二十七日朱批），《军机处录副》03-5154-144；〔日〕高田时雄：《金楷理传略》，日本京都大学人文科学研究所编：《日本东方学》第1辑，北京：中华书局，2007年，第260—276页。

使，一直在清朝驻俄使馆服务。在驻美使馆，陈兰彬亦聘请柏立（D. W. Bartlett）为使馆翻译官，历经陈兰彬、郑藻如、张荫桓、崔国因数任公使，服务十多年后因病离差。

除上述几位洋员翻译官之外，清朝驻外使馆聘用的洋员还有德理安（驻秘鲁使馆）、杜嘉尔（驻秘鲁使馆）、傅烈秘（驻旧金山总领事馆）、马治（驻西班牙使馆）、科敦（驻西班牙使馆）、雷洛施（驻法使馆）、溪理察（驻古巴领事馆）、禧在明（驻英使馆）、墨敦奴（驻纽约领事馆）、溪拉乌（驻美使馆）。这些洋员翻译官一般精通中文和所驻国语言，熟悉中国和本国形势，并无派系背景，故能不受三年差满的限制而被多任公使聘用，成为各驻外公使在交涉时依赖的重要对象。❶

以上所列，是清朝驻外翻译官产生的主要途径。除此之外，翻译官还有一些别的来源。例如，有的翻译官此前并未在同文馆或国内学习外语，而是以学生身份随同公使出国，在国外学习语言的同时，兼充使馆翻译官。例如曾纪泽奏带赴英的王世绶、许景澄奏带赴俄德的李家鏊、罗丰禄奏带赴英的严璩。还有个别翻译官是因为与公使有着特殊关系才得以任用，例如驻法翻译官馨龄，由其父裕庚奏带赴法。

从上述分析可以看出，国内同文馆培养的学生是驻外翻译官最主要的来源，然其外语水准多不能满足交涉需要。留美幼童、留欧学生语言能力相对较强。而当本国的翻译官无法胜任翻译职司时，驻外公使多选择依赖洋员翻译官。甲午战争之后，总理衙门认识到

---

❶ 驻美国、西班牙、秘鲁使馆系统的洋员翻译官，可参见历年驻美公使发给总理衙门的员名清册。"中研院"近代史研究所编印：《中美关系史料（光绪朝）》第2册，第1008—1010、1115—1118、1414—1416页；第3册，第1547—1550、1660—1662、1729—1732页。

这一现实，改革翻译官培养模式，将同文馆教育及海外留学结合起来，使得此后有可能逐渐生出一批语言能力较强、胜任交涉的翻译官群体。

（三）任期、保奖与去向

在清朝驻外使馆中，翻译官的训练、职能最为专门，因此，他们与参赞、领事、随员这类的"兼差"不同，翻译属于他们的"专职"。

总理衙门参照俄罗斯文馆旧例，为同文馆学生设计了较好的出路和升阶：学生每三年考试一次，优秀者授给七、八、九品官；七品官此后再经考试，若能名列一等，则可授给主事，签分六部，"遇缺即补"。❶上海广方言馆的学生，学习三年之后，亦须进行翻译考试，合格者送通商督抚衙门考验，并咨明学政，作为附生。广东同文馆学生同样参加翻译考试，合格者派充将军、督抚、海关监督各衙门翻译官，并准参加乡试，亦可将府经历、县丞作为升阶。❷由此可见，体制赋予了翻译学生以特殊的地位，可以作为一种出身，其地位大致等同于生员，获出身者可进一步经由乡试、会试，进入清朝政治的"正途"。翻译学生还可作为一种职位，有着相应的品级和明确的升途，其地位低于在京的六部主事（正六品），在各省低于府经历、县丞（正八品）。

尽管如此，从上文驻外使馆翻译官的产生过程可以看出，清朝仍将翻译官与参赞、领事、随员同等看待，也就是说，仍将其作为一种"差使"：翻译官仅是针对其工作内容而言，它本身并无品级，

---

❶ 宝鋆等修：《筹办夷务始末（同治朝）》第1册，第345页。
❷ 朱有瓛：《中国近代学制史料》第1辑上，第217、260页。

若要在制度中实现上升，仍需借重官员的本职。

翻译官与参赞、领事一样，由公使奏带，以三年为期，差满奏奖，随同回国；如堪留用，则由新任大臣奏留。由于有着语言能力这一独特的优势，其能力稍强者，一般都能得到两任以上公使的留任和重用。翻译官也愿意久任这一差使，借助三年一度的"异常劳绩"，获得优厚保奖，借以实现本职的升迁。

若从驻外人员各自承担的工作和所得薪俸上来看，使团内部有高低之分，翻译官地位略低于参赞，而高于随员。在参赞空出时，翻译官可依次序补。这样，晚清外交体制就有可能造就一批久于其任的翻译官，他们经由同文馆或其他途径进入外交界，因语言优势而多次留任，逐渐熟悉外交事务，由翻译官逐渐升任参赞乃至公使，甚至成为总理衙门、外务部大臣。

这里选取最早一批翻译官为例对清朝驻外使馆翻译官的职业生涯进行说明。光绪二年（1876），郭嵩焘奏带翻译官二人赴任，即兵部候补员外郎德明（张德彝）、户部候补员外郎凤仪。次年，总理衙门又派候补郎中、总理衙门法文副教习联芳赴法任翻译官。德明、凤仪、联芳三人皆出自同文馆，因历次考试或出洋任差，由学生逐级升至六部员外郎、郎中。张德彝此后任驻俄使馆和总理衙门翻译官、驻英参赞，其本职由最初的候补员外郎渐升为二品衔道员，光绪二十七年（1901）经奕劻保举，接替罗丰禄任驻英公使。❶凤仪在郭嵩焘、曾纪泽、刘瑞芬几届公使任内，历充翻译官、参赞、驻新加坡领事官，其人庸碌，虽有历届出洋保奖，其本职在二十多

---

❶《出使大臣洪钧单》（光绪十三年六月十三日），《军机处录副》03-5224-054；《出使大臣罗丰禄片》（光绪二十七年九月初二日朱批），《军机处档摺件》144161。

年间仅由候补员外郎升为候选知府。❶联芳则历任驻法使馆翻译官、驻俄参赞,保奖升为候选知府。并协助李鸿章在北洋办理洋务,后经总理衙门调京差委。外务部成立后,顺利补授该部右侍郎。❷

首批驻俄使馆翻译官塔克什讷、庆常的情形与此类似。塔克什讷为同文馆俄文学生,经崇厚奏调赴俄任翻译官,此后历经曾纪泽、刘瑞芬、洪钧奏请,留俄充当翻译官,本职逐渐升至四品衔即补郎中,光绪十八年(1892)经总理衙门派充为该衙门俄文正翻译官。❸庆常为同文馆法文学生,历任驻德、驻俄翻译官,充驻俄参赞、代理使事,又经薛福成奏调,改充驻法参赞、代理使事。其本职由最初的候补主事上升为郎中。甲午战争之后,驻法公使改为专差,光绪帝任命庆常为驻法公使。❹

在三年一次的劳绩保奖下,语言能力稍强的翻译官多能久在其位,他们得到保奖的机会也相对多一些。晚清翻译官的去向大致可分为三类:第一种即长期在驻外使馆服务,由翻译官升任参赞甚至公使;第二种是在外服务一段时间后,回国被南北洋大臣或其他督抚延揽入幕,协助办理洋务;第三种是语言能力较弱的翻译官,任差一至两届即回国,一般也能借助保奖,换取一定的升阶升衔。

驻外翻译官仍属于"差使",制度并未给翻译官久于其任或职

---

❶ 喻岳衡校点:《曾纪泽集》,第14、64、95页;《申报》1886年7月13日,第11版;《外交档案》02-12-010-01-054。
❷ 中国第一历史档案馆编:《清外务部部分主要官员履历》,《历史档案》1986年第4期,第43页。
❸《总理衙门单》(光绪六年),《军机处录副》03-6603-072;吴琴整理:《洪钧使欧奏稿》,《近代史资料》总68号,第14页。
❹ 喻岳衡校点:《曾纪泽集》第79页,《出使大臣崇厚片》(光绪五年二月二十三日朱批),《军机处录副》03-5136-94;《出使大臣许景澄片》(光绪十二年十二月十八日),《宫中档朱批奏摺》04-01-12-0536-048。

业化创造足够的条件。尽管如此，外交实践中对翻译、对于交涉经验的依赖，却在事实上制造出翻译官专任、久任的成例，并走出一条由翻译学生、驻外翻译官，以至于参赞、领事、公使的迁擢、发展的路径。

四 随员、供事与学生

在清末驻外使馆制度改革之前，使馆成员除了公使、参赞、领事这三种重要的外交官之外，还包括随员、供事、学生。按照今天的分类，仅随员具备外交官身份，但在当时，这三类人群的边界较为模糊，所从事的工作也无明显的区分，本节将三者放在一起，对其职守、来源、升迁作一概述。

（一）设置与职守

在西方外交体制中，随员（attaché）属于外交使团成员。该词一般有两种含义：一是对使团某类外交官的称呼，这类外交官地位在三等秘书之下；二是本国外交部门以外的机构所派出的、在使馆中从事特殊工作的人员，例如商务随员、驻外武官等都属此类。在中国外交史上，后者出现较晚，且有专称，这里仅讨论前一种随员。

随员在西方外交史上有自己的演进历史。早期，英国有一些家产殷实的贵族子弟，将外交官看作一种理想的职业，他们通过各种途径，成为驻外大使、公使的非正式随同人员（attaché），不享有外交官的名誉，也不领取薪俸，但随时陪同大使、公使参与各种交涉活动，借资历练，遇有合适机会时，正式充任外交官。1880年，在

英国颁布外交官任用令之后，随员成为正式的外交官官衔，由政府任命，二年期满后，可酌情升任为三等秘书。❶

清朝驻外使馆制度多仿自西方尤其是英国，在英国随员制度变化之时，中文随员的概念也在变动之中。早期清朝档案中所见"随员"，泛指公使的随从，这些人实际有可能具备参赞或其他身份。例如，1858年签订的《中英天津条约》第四款规定："大英钦差并各随员等，皆可任便往来"，其中"随员"系由英文"Suite"对译而来。❷ 同治六年（1867），总理衙门奏派志刚、孙家穀、蒲安臣出使欧美，并令该使团随带同文馆学生多位"作为随员"。❸ 这里的随员，仍是"随从"之意。同治九年（1870）崇厚赴法之时，奏调助手、翻译多人同行，作为"随带各员"，这与此前的随员之意，大致相同。

将随员独立出来，作为一个不同于参赞、领事的特定外交人员群体，是清朝决定派遣驻外使团之后的事情。光绪二年（1876）八月，总理衙门制定的驻外使团薪俸清单列出驻外使团的组成人员：出使大臣、领事官、参赞官、"钦差大臣处随员"、医官、武弁、供事、学生。其中，三等翻译官、医官、随员的月薪都是银二百两。武弁、供事、学生则仅百两。❹ 从报酬上看，随员地位低于参赞、领事、翻译，高于供事、武弁、学生。不过，总理衙门并未规定

---

❶ 张世安编著：《各国外交行政》，第136—137页。
❷ 该句在英文本条约中表达为："It is further agreed, that no obstacle or difficulty shall be made to the free movements of Her Majesty's Representative, and that he, and the persons of his suite, may come and go, and travel at their pleasure."中英文对照本参见陈帼培主编：《中外旧约章大全》第1分卷上，第297页。
❸ 宝鋆等修：《筹办夷务始末（同治朝）》第6册，第2169页。
❹ 《总理衙门摺》（光绪二年八月十三日），《军机处录副》03-6595-015。清单见《申报》1879年1月2日，第4—5版。

随员的职守。郭嵩焘上摺奏调使团人员时，他在日记中称："具摺请训，并保举出洋随员。参赞二人：张自牧、黎庶昌；翻译二人：德明、凤仪；文案四人：汪树堂、张斯枸、李荆门、罗世琨。"❶郭将"随员"一词理解为随带人员之意，他并未完全弄清总理衙门设计的目的和各项使团人员的职责。总理衙门随后将郭摺提及的"文案"一项更改为"随员"。❷这一改动，明确了随员作为一个不同于参赞、领事、翻译的群体地位，也赋予了随员处理文案的职责。

在驻外使团陆续派出之后，随员的职守、地位逐渐明晰。陈兰彬在光绪七年（1881）任满后，上摺保奖属员，称随员陈模"往还美日各国，无役不从，办理往来文牍，并照料一切事宜，俱极详慎周妥"；随员徐承祖、严士琦、容闳"派驻美国使署，缮办文牍，并照料一切事宜，俱臻妥协"；随员刘观成、陈为焜"派驻金山总领事署内，随同陈树棠办理事件，均悉心襄赞，并无贻误"；随员刘宗骏"派驻古巴，随同刘亮沅办事，从公奋勉，事无贻误"；学习随员金延绪，"派驻金山，随同陈树棠缮写文牍，照料一切事宜，均无贻误"。❸因此，随员的功能在于办理文牍，协助公使、参赞、领事开展工作。同时，随员办事也不再限于"钦差大臣处"，而是广泛分布到各使馆和领事馆。

供事是清朝驻外使团特有的人员，概念单一，职责明确，仅限于缮抄文书。他们是清朝吏员的一种，广泛存在于内阁、詹事府、军机处、总理衙门，并没有严格的出身限制，故其准入门槛及实际地位较低。他们与六部书吏不同的是，并不插手日常政务。

---

❶《郭嵩焘日记》第3册，第60页。
❷《总理衙门摺》（光绪二年九月十七日），《清代中国与东南亚各国关系档案史料汇编·新加坡卷》，第1—2页。
❸《军机处交陈兰彬抄摺》（光绪七年十月十五日），《总理衙门清档（北大）》第256册。

同治六年（1867）的蒲安臣使团中就曾设有供事。当时总理衙门除选派六位同文馆学生"作为随员"，另派本衙门供事亢廷镛、王抡秀、严士琦、庄椿龄四人随行。❶光绪二年（1876），郭嵩焘出使英国时，随带供事黄宗宪、周长清、龚绍勤。❷陈兰彬赴美上任时，奏带供事严士琦、金延绪。他们的职责都限于抄写文件。

学生是驻外使团中又一类成员。这里的学生，与清朝府州县学生、出洋游学生的概念不同，他们承担部分使馆工作，领取薪水，大致相当于"实习生"。清朝驻外使团设置学生的做法，可追溯至斌椿游历。同治五年（1866），斌椿带领同文馆学生凤仪、德明（张德彝）、彦慧三人随同赫德赴欧，以便"增广见闻，有裨学业"。次年蒲安臣使团出访时，总理衙门又奏派同文馆学生多人同行。光绪二年订立的出使章程将学生单列为一类，但学生与随员之间，无清晰的界限。

到曾纪泽出任驻英公使后，严格按照章程开列的出使人员类别奏调随从。其中，先后奏调学生四人，分别为"画图学生"杨自新、学生谢先任、王世绥、曹恩浩。他们的日常工作可通过日后的保奖奏摺来说明。曾纪泽在光绪八年（1882）上摺保奖谢先任、王世绥二人时，称他们"在洋数年，艺业精进"，此前中国在英制造的蚊子船、碰快船，均先派他们偕同英国海军部官员勘验，他们平日留心英国工厂"炉火制造之务"，积累较多的经验，考核颇为精当。此外，王世绥到差后，还学习英语，遇到紧要差委之时，能常与英法两国官员交接应酬。曹恩浩到差后，曾纪泽派其"学习画图，缮写文牍"。❸在刘瑞芬的保奖摺中，还曾提到使馆学生承担翻

---

❶ 宝鋆等修：《筹办夷务始末（同治朝）》第6册，第2169页。
❷《总理衙门摺》（光绪四年七月十八日），《军机处录副》03-6599-009。
❸ 喻岳衡校点：《曾纪泽集》，第63、71、96页。

译信函、缮写文牍、校对电报、管理印信、抄写档案等各类工作。❶可以看出，学生的职守并无一定，除学习语言和学习使馆专办的业务外，也承担供事、随员所从事的各类工作。

由于出使经费有限，领取薪俸的使团人员被限制在一定的数量之内。除公使奏带的学生之外，使馆中还出现一些"自备资斧"的学生。他们虽系自费出洋，但在使馆中与奏带学生并无差异，且差满后也可得到劳绩保奖。❷

（二）本职与来源

总理衙门奏定的出使章程和出使薪俸章程，未对使团成员的出身和本职进行限定，清朝体制内参赞之衔较崇，驻外使馆的参赞亦被预设为高级官员，员额限制在两位之内，本职多为司道一级（正六至正四品）。本职在此之下者，只能派充为随员。考虑到驻英使馆是清朝最重要的驻外使馆，设置时间早，员额多，本节利用该使馆历届成员的履历，对清朝驻外使馆随员、供事、学生的来源和去向进行说明。

在庚子之前，清朝驻英使馆共有六任公使，他们分别是郭嵩焘、曾纪泽、刘瑞芬、薛福成、龚照瑗、罗丰禄。他们随带出洋的随员，出身差别不大，其中以未获或仅有初级功名者居多，一般通过捐纳入仕。历届驻英使团中，现可确认出洋时五十一名随员的身份，他们中间，最高为候补知府（从四品），最低为无职务监生。这些随员本职的级别从正四品到从八品不等，以七八品官居多；随

---

❶ 《总理衙门清档（北大）》第50册。
❷ 例如，在刘瑞芬使英、使俄期间，学生杨自超、方楙勋、李家鏊系自备资斧随往任差。见《总理衙门清档（北大）》，第50册。

第6章 驻外外交人员（上） **353**

员以外官居多，京官较少；绝大部分随员在国内未获实缺，都只是候选、候补或试用官。

驻外使馆的学生按其功能可大致分为两类，即翻译学生和一般学生，前者多来自同文馆，后者则不拘来源，一般都拥有生员的资格。同文馆学生在出国前已有过较长时期的外语学习，具备一定的语言能力，可在驻外使馆辅助办理普通文牍事宜，另一方面，他们也借助使馆的条件，增加阅历，提高外语听说和写作水平。

从薪俸上看，学生低于供事，然供事在国内被纳入"吏"一类，作为"准随员"的学生，其地位实际高于供事。驻外使馆的供事，部分来自总理衙门，另外一些则由公使自行奏调。出使章程对随员、供事、学生的身份没有限定，公使在奏调上述人员时，无须考虑出身和本职，这使得随员、供事、学生这些人群相较于参赞而言，更显杂芜，充斥有更多朝中大员安插的子弟、门生、故旧或公使自己的私人，办事能力也就更难保证。文廷式曾叙述驻美公使杨儒所奏带人员的素质："杨儒奉使美利坚，奏调参赞随员二十五员，其中有三四人不识字者，又多庸劣之辈，其贻笑外洋可必也。"❶

光绪二十三年（1897），驻西班牙随员黄中慧在给公使伍廷芳条陈中曾说："今之使署及领事衙门，动辄派随员、供事、学生，自三五人至十余人不等，其实无所事事，甚有并不能抄写而为随员者，不过坐耗国帑，以待保案而已。"❷可见，公使奏调随员、供事、学生时，对他们的能力考查较少，随员、供事、学生也多沦为钻营者混保举、求升迁的差使。

---

❶ 文廷式：《知过轩谭屑》，《近代中国》第18辑，第449—450页。
❷ 《江宁黄中慧上驻美伍公使条陈小吕宋领事用人行政机宜电稿并注》（光绪二十四年七月二十日到），上海图书馆编：《汪康年师友书札》第3册，第2277页。

（三）升迁与去向

鉴于出使薪俸章程实际上为使馆人员划分了等级，在使馆人员因病回国、病故或调离之时，其差使往往由下一级人员接任。在实际操作中，驻外人员形成了某种程度的升迁规则，学生可派为随员，随员可升为参赞，甚至作为吏员的供事也能升任随员。

以驻英使馆为例，郭嵩焘使团中，供事黄宗宪后升任随员；曾纪泽使团中，供事李炳琳后升任随员；刘瑞芬使团中，供事董瀛后升随员。在随员中，经郭嵩焘奏带的李荆门后由曾纪泽留任，并在第二届任期内升任参赞；刘瑞芬奏带的驻英随员余思诒回国后，复经杨儒奏调为古巴总领事，并经伍廷芳札派旧金山总领事官；由龚照瑗奏调的驻英随员、海军衙门章京凤凌后又经裕庚奏调任驻法参赞；经罗丰禄奏调的随员林桂芳后升任参赞。然而，这些人在升为参赞或领事后，其外交生涯多半就此终结，没有更进一步的发展。❶

驻外使馆学生的去向可分为两部分，一部分是一般学生，他们在任差一段时间之后，多能被公使提升为随员。由于他们多是经请托而来的"关系户"，自身并不具备不可替代的专业技能，当新使臣到任后，他们多半跟随卸任公使回国，外交生涯也就宣告结束。

与一般学生相对的是翻译学生，他们多为同文馆学生，也有的是在国外学习期间被公使相中，延揽进入使团。他们具备外语交流这种在短期内无法被其他人替代的技能，故在新任公使上任后，经常得以留任；或者即便回国，也会被此后的公使再度奏调出洋。正因为如此，他们可以获得较长时间的历练，并借此积攒资历，在提升本职的同时，他们在驻外使馆中的地位，相应地从学生升为翻译

---

❶ 他们的任职经历，可参见本章"参赞题名考（上）"及第十章"参赞题名考（下）"。

官、随员，或进一步升为参赞，甚至能最终出任驻外公使。

以驻英使馆的语言学生为例。刘瑞芬在光绪十二年（1886）奏调吴宗濂出洋任使馆法文学生，吴系江苏嘉定县附生，先后在上海广方言馆、京师同文馆肄业，到英后不久，因驻法使馆缺少语言人才，吴被派充驻法翻译官，后一直在驻英、驻法使馆任差并升任参赞，经驻法公使孙宝琦保举使才，历任外务部左参议、署外务部右丞，最终出任驻意大利公使。❶ 同文馆翻译王丰镐经薛福成奏带，充驻英法学生，不久升英文翻译官，后经蔡钧奏调赴日，派充参赞并署理横滨总领事。❷

还有几位学生此后担任公使。薛福成奏调的同文馆学生胡惟德在出洋后，升随员。又经杨儒奏调任驻美使馆随员、参赞，并随杨儒赴俄，任驻俄参赞、公使。龚照瑗奏调的翻译学生刘式训与胡惟德有类似的经历，他由同文馆英文学生奏升翻译官、参赞，最终出任驻法公使。与刘式训一同出洋的刘镜人，由同文馆学生经龚照瑗奏调，升翻译官，此后在东北及驻外使馆任差，并出任驻荷兰公使。❸

为节省出使经费，光绪十四年（1888），驻俄公使洪钧奏请限制公使随带人员的数额。总理衙门将各使馆随员限制在二到三人，供事限制在二人。使团人员三年差满即可获得保奖，他们多满足于差满后尽快回国，兑现保奖，将任差的劳绩转化为本职升迁，以获取实际好处；而新任使臣奏带人员较多，迫切需要前任使团腾出有限的位置，以便安插新人。因此，每届使团中，除一二关系户或办事干练、经验丰富的人员外，使团的随员、供事、学生很少能获后

---

❶ 秦国经主编：《清代官员履历档案全编》第8册，第291页。
❷ 秦国经主编：《清代官员履历档案全编》第7册，第733页。
❸ 同上书，第13页。

任使臣的留任，在外交界服务的时间非常有限，加之参赞、翻译、领事这些差使各自都设有一、二、三等级，随员、供事、学生在外上升的空间并不大。一般而言，学生经常能升任随员，但若非翻译学生，则此后晋升的空间会非常小。供事若有机会上升为随员，即不太可能继续向上升任参赞。多半随员也仅止于升至三等参赞而已。

在随员、供事、学生这三类驻外人员中，只有翻译学生因具备职业优势，可能长久地任职于外交界，沿着学生、随员、翻译官、参赞的途径上升，甚至最终出任驻外公使。不过，如此幸运的翻译学生，在整个外交人员群体中比例非常小。

（四）其他驻外人员

总理衙门设有武弁，他们与供事一样，都属于总理衙门吏员，能得到两年一次的劳绩保奖。主要任务包括递送文书、护送官员。总理衙门在制定出使薪俸章程时，也开列有驻外武弁名目，其职责与总理衙门武弁相同，即从事听差、传递事宜。不过，由于使馆事务繁多，国外情形复杂，驻外武弁的功能也相应比国内多一些。例如，驻美公使陈兰彬任满之后，在所上保奖摺中详细开列使团武弁的工作，称守备衔武举杨名泰"派驻金山，随同陈树棠办事，诸务勤慎，每遇轮船由华抵埠，稽查诱拐等弊，尤无疏懈"。❶ 驻英公使刘瑞芬在保奖摺中详述驻英使馆武弁的劳绩，称武弁杨凤台"派令护卫使署房屋，约束各役，照管一切物什器具"；武弁马立功"派令护卫使署房屋，接应往来官绅人客，兼理一切杂物"。❷ 可见，武

---

❶《军机处交出陈兰彬抄摺》（光绪七年十月十五日交），《总理衙门清档（北大）》第256册。
❷《收出使大臣刘瑞芬文一件》（光绪十三年二月二十三日），《总理衙门清档（北大）》第50册。

弁也承担保护使馆、约束差役、协同领事保护侨民、稽查罪犯的职能。

武弁由公使挑选和奏带，且职守简单，没有任何技术性可言，地位低下，其遴选并无一定的标准，各使馆武弁以公使私人或经由大员请托进入使团者居多，经常充斥有品行不端之人。曾纪泽在驻英期间，曾专摺参劾出使馆武弁郭斌、罗云瀚。据曾纪泽称，郭斌为湖南低级武员，曾违规办理缉私案件，后由郭嵩焘奏带赴英。曾纪泽接任公使后，郭、罗二人"冀望三年期满之保奖，再三恳求照旧当差"。在英期间，郭经常出外"嬉游"，以致差满回国前夕，负债"八九百金"，请求使馆参赞加给薪俸，遭到拒绝后，试图在外国报刊登文诋毁郭嵩焘、曾纪泽，罗云瀚对此加以附和。曾纪泽于是奏请将他们的保案撤销，并永不叙用。❶

武弁职守简单，不具备任何技术性，他们几乎全在三年期满后回国销差。其人数最先并不固定，公使出洋，一般奏带武弁二到三人。到光绪十四年（1888），总理衙门应驻俄公使洪钧的奏请，将武弁员额定为每馆一人，后来干脆裁撤。

武弁本属清朝武员的设置，其名目、职守都具有清朝体制的特点，与同时期各国的驻外武官有着本质区别。不过，驻外使馆在实践中，逐渐意识到向外派驻武官的必要，以致有试图将武弁作为准驻外武官的建策。光绪二十四年（1898），驻韩国公使徐寿朋上奏称："使署事务繁重，每有奔走传宣之役，非随员所屑为，而又非仆役所能为者，实非差弁不可。拟请嗣后使署仍准用寻常差弁一名，其由武备水师学堂调取之学生，应照各国使署通例，派充武随员，令其考求兵制，如所往治国并无兵制可考，自应无庸调派，以

---

❶ 喻岳衡校点：《曾纪泽集》，第20—21页。

节糜费。"❶ 由此可见，驻外公使已注意到各国派遣"武随员"这一通例，遗憾的是，总理衙门似并未意识到派遣武随员的重要性和必要性，也未对此进行制度上的规范。

在驻外使馆中，还有医官名目，他们负责使馆人员的医疗服务。鉴于使馆中除翻译官之外的工作人员，都无语言、交涉的专门技能，面对外交事务，能力上可谓"一律平等"，在一些时候，能干的医官也会被派承担外交事务。例如驻英公使刘瑞芬奏调的医官洪遐昌，本从事使馆"医药事宜"，后派充随员，差满回国又经驻日公使李经方奏调，任驻神户兼大阪正理事官。❷ 不过这种情况毕竟属于个别，多数医官，都在三年差满后回国，不会参与交涉事务，也不会转任随员和参赞。

晚清外交实践对外交人员职业化的需要表现得十分迫切：得力、富有经验的参赞、领事，一般会突破任期的局限，被下任公使留任；外语能力稍出众的翻译官，更会被驻各国公使争相延揽。从理论上来说，外交这一近代以来出现的专门领域，不能在传统经史中寻求技能，也无则例、会典可资依托，它需要经验的积累、知识的传授、语言的训练。遗憾的是，尽管外交官职业化的需要已经开始凸显，但在实际运作中却缺乏制度的保障。其中问题的关键在于，驻外使团的各类外交人员，均被打上"差使"的烙印，三年一任，又无自带品级，不具备系统内部升迁的机制，纵有贤员干吏希望在外交上有所建树，其地位也无法被传统官僚体系所接纳，其前途，更无法借传统制度来保障。在此情形之下，驻外使团中的多数

---

❶ 王会厘辑：《皇朝职官志》卷11，"出使外洋各国大臣"，第43—44页。
❷ 《收出使大臣刘瑞芬册报》（光绪十三年二月二十三日收），《总理衙门清档（北大）》第50册；秦国经主编：《清代官员履历档案全编》第5册，第604页。

人只能像私人幕僚那样，与公使共同进退，期满后回国经营道府州县一类的职官。

他们中间，只有翻译官因专业、职司在于传译、交涉，改而经营其他领域的难度大，收益小；同时，又因具备语言技能而难以被人替代，故在外久任的情形最为常见。其他出使人员本无专业技能，在晚清官场壅滞、缺乏向上流动推力的背景下，千方百计谋求海外任差，其个人动力多是希望借此获得"异常劳绩"的保奖，谋得体制内的官缺或升迁。一旦获得差满保奖的最低要求，则匆匆收拾行装返回国内。在这种动机之下，自然无法形成和培养像模像样的职业精神，平日的交涉经验、可资吸取的教训，也随着他们的离开而流失。因此，驻外使团虽经一批一批向外派出，但中枢及外交官们对于海外侨民、海外风物、海外制度及各国外交官，却依旧隔膜。

下编

外务部时期(1901—1911)

第 7 章

外务部设置与外交改革

甲午战争之后，中国面临的国际环境骤然复杂。清政府对日战败以及战后的外交失矩，刺激了列强对在华利权的争夺。原本较为单纯的中国问题，逐渐演变成足以引发巨大纷争的国际问题。[1]英德法俄各国势力，介入对华巨额借款、铁路修筑、矿产开采等诸多利源之中。1897 年底，德国借口教案强占胶州湾，更是开启武力强取租借地、划分势力范围的先例。在此背景之下，学习西法、自强图存的呼声高涨。光绪二十四年（1898），光绪帝下诏变法，施行新政。然改革措施与方向，引起朝野的巨大争议，更因其中事涉最高权力斗争，导致政变发生，变法夭折。之后，朝中仇视改革、排斥西法的保守派逐渐占据主导，又因各国公使强烈反对废帝立储，大犯保守派之忌，保守派遂纵容、利用义和团排外，酿成 1900 年庚子国变。此后八国联军入侵，慈禧太后与光绪帝西逃，奕劻、李鸿章奉命与列强议和。内容之一，就是列强强令清方改革外交制度。

光绪二十七年三月（1901 年 4 月），在议和过程中，列强驻华领衔公使葛罗干（B. J. De Cologan）照会中方议和大臣奕劻、李

---

[1]〔英〕菲利浦·约瑟夫著，胡滨译：《列强对华外交（1894—1900）——对华政治经济关系的研究》，北京：商务印书馆，1960 年，第 414—420 页。

鸿章，称"总理各国事务衙门"之名，"殊厌听闻"，应代以"外务部"；之前总理衙门大臣人数庞杂、分任太滥，新设立的外务部，应有所限制，设置总理大臣一人，会办大臣二人（一为军机大臣、一为尚书），侍郎二人（其中有一熟悉泰西语言文字之人）。外务部品秩，应驾于六部之上。外务部总理大臣、尚书、侍郎，皆设置专官；章京开去部院本职，专门办理外务。❶照会核心内容后被写入《辛丑条约》第十二条，并以条约附件形式落实。自此，清朝外务部的设置与外交的重大改制，通过不平等条约的特殊方式得以实施。❷

事实上，在甲午之前，国内就已多次出现外交改革的呼声，朝中有识之士强调外交专才的重要性，提出具体的培养方式。甲午后的改革建策，以检讨外交的措置失当作为出发点，建议进行外交体制改革。辛丑年的外交改革，则体现出内部的改革动因在外力助推下产生的效果。本节将梳理晚清时期外交改革的思想，区分内外力量所起作用，以明辛丑年（1901）及其后外交改革的缘起、实践及其效果。

一　改革之议

在当时和其后，人们一般认为，总理衙门改组为外务部，是迫

---

❶《全权大臣庆亲王等咨·照钞日国葛使照会》（光绪二十七年三月），国家档案局明清档案馆编：《义和团档案史料》下册，北京：中华书局，1959年，第1125页。

❷《辛丑各国和约》第十二款载明："西历本年七月二十四日，即中历六月初九日，降旨将总理各国事务衙门，按照诸国酌定，改为外务部，班列六部之前。此上谕内已简派外务部各王大臣矣（附件十八）。"附件十八即本章第二节所引六月初九日上谕。（王铁崖主编：《中外旧约章汇编》第1册，第1008、1023页）

于列强的压力。川岛真依据英国、日本外交档案,考论上述葛罗干照会各条意见的来源,他认为,日本驻华公使小村寿太郎、美国署理公使柔克义(William Woodville Rockhill)对照会中外务部的改革意见贡献最大。❶

近代中国诸多改革,往往借助外力来推动,外务部成立与外交改革也不例外。然其中同时也掺杂强烈的内部动因,并落实为具体的主张。辛丑之后十年,清朝的外交制度一直处于持续革新之中,并逐渐形成民初外交的基本格局。这一过程也说明,清朝对外交改革有强烈自觉和持续推动,改革实有主动的一面。

在列强提出《和议大纲》之后,奕劻致函行在军机大臣荣禄,交换相互看法。对于《和议大纲》第十二条,奕劻称:"译署鼎新,彼如不言,中国亦宜自加整顿。"❷改革外交制度的内在诉求,至少可追溯至此前二十年。

早在光绪六年(1880),清朝内部就陆续有人反思当时的外交体制,提出改革建议。主要内容集中于外交官的职位设置、人员选任与内部迁转这些问题上。当时詹事府少詹事黄体芳即上奏阐述改革外交制度的必要性:

> 请变总理衙门之法。各国商务有日增无日减,总理衙门岂能如原议裁撤?则当定为额缺,仿章京分股例,一国以一大臣主之,小国附于大国,其缺或以沿海督抚内升,或以驻各国使臣暨该署领班司员迁擢,责任既专,情形较熟,庶不致一署十

---

❶〔日〕川岛真著,薛轶群译:《晚清外务的形成——外务部的成立过程》,《中山大学学报(社会科学版)》2011年第1期,第87—92页。
❷《奕劻致荣禄》(光绪二十六年十二月初四日),杜春和等编:《荣禄存札》,济南:齐鲁书社,1986年,第9页。

堂、颟顸推卸矣。

他建议，总理衙门章京设立专门职缺，且不宜再用考试京官的办法进行选拔；总理衙门大臣也应设定额缺，派令大臣各管一股。这样，官员们明确权责，熟悉业务，不至于对交涉事务茫然无措，遇事推卸。❶

此时由于边疆危机的加重，国内民教冲突增多，清朝统治者强烈感受到各种外来压力，渴求外交与军事专才。光绪六年前后，针对紧张的新疆局势，翰林院编修廖寿丰上摺，词锋尖锐地说："今日新疆，所恃仅一左宗棠，闻其精神，已逊于前。设有不测，其谁继之？"他提出对策："留意边才，并慎选总理衙门章京。"❷黄体芳也有类似主张，他认为，负责办理交涉事务的总理衙门，其官员应该"洞悉夷情，晓畅边务，斯足称职"，为达到这一目标，他建议"各国宜立一司，酌定额缺，或取榜下进士，如分部学习例，发交南北洋差遣，三年期满，拔优序补"。❸

驻俄国、德国公使洪钧曾亲自经手出使人员的选调和任用，并得以在日常交涉中观察、检验其效果。他于光绪十四年（1888）以奏摺形式，提出改革驻外人员选用方式，由总理衙门章京担任驻外参赞、随员，原因在于，总理衙门是"洋务总汇之区"，章京先期阅历，裨益良多。他列举欧洲各国通行的事例："西国之领事、参、随即为外部之总办、司员，而他日使才亦由兹而选，事归一气，用

---

❶ 黄体芳：《请变法储才疏》（光绪六年），俞天舒编：《黄体芳集》，上海社会科学院出版社，2004年，第17页。
❷ 《翰林院编修廖寿丰敬陈管见摺》（光绪六年），王云五主持：《道咸同光四朝奏议》第9册，第3951—3952页。
❸ 俞天舒编：《黄体芳集》，第17页。

不两途。"❶ 总理衙门随后议覆该奏摺，对此意见予以肯定，随后即照此实施。具体做法是，于已经考取及已经传补之章京内，择其才识通达者，随时酌量选派出洋，襄办使馆交涉事宜。❷

比洪钧更进一步的是御史杨晨的建策。光绪十五年七月（1889年8月），杨晨上摺，力陈出使一事关系紧要，建议改变以往参赞的任命之法，改为"由总理各国事务衙门分别繁简，核定人数，取该衙门章京及外省熟悉洋务、曾经保举之道府直牧进单候派"。杨晨建议将总理衙门章京与外省洋务人才作为驻外参赞的来源，并将筛选参赞的权力留给总理衙门，确认权则交由皇帝。但实际上，总理衙门章京有两年一届的保奖，由此即可得晋升之阶，而不必舍近求远，选择出使三年以获取升迁之途；另一方面，保奖章程对驻外参赞、随员保奖京职有着严格限制：章京若出洋充当参赞，很可能在期满之后无法再回总理衙门，而只能出京任候补府州县职。因此，总理衙门官员并不认可杨晨这一表面上有利其权力扩张的建议，且总理衙门选派参赞，无形中夺去了公使自行奏调随从的权力，故此举也未得到驻外公使的响应。❸

光绪十五年，御史何福堃提出为总理衙门设立缺额的建议。他认为，总理衙门"为慎固邦交、讲信修睦之地"，同时该衙门"交涉事件日繁"，"视昔年创始之时，情形业已殊别"，因此，请求将总理衙门章京设为专任缺额，根据现有章京的本职授予他们实缺。在选任方式上，停止原有的从部院司员中考取章京的做法，改为每

---

❶《出使大臣洪钧摺》（光绪十四年九月初七日发），《军机处录副》03-9657-049。
❷《总理衙门摺》（光绪十四年十二月十五日），《军机处录副》3-9379-009。
❸ 总理衙门在议覆奏摺中称："使臣远涉绝域，所带参赞必须相知有素，临事商榷，方能舍短取长，资其相助。若非平时相识，强令派往，其贤者或意见不免凿枘；不肖者甚至遇事辄思挟制，恐于公事无益。"《总理衙门摺》（光绪十五年八月二十五日），《宫中档朱批奏摺》04-01-12-0546-094。

届会试朝考后,将奉旨录用为部院司员的新进士,一体签分六部与总理衙门,学习三年后,奏留补用。如果人数不足,还可在同文馆学生中选取。另外,何福堃建议,将总理衙门章京的额缺设为题缺,不用咨选。❶因题缺更多看重正途出身,故此举的用意,在于降低出身之外的诸多因素,例如保奖、捐纳在选任过程中的作用。该摺递上后,光绪帝曾留中一日,似对摺中建议有所考虑,但新设额缺在清代制度中属于突破常规的大事,涉及官员铨选、经费筹措等诸多重要因素,因此他未便对此直接回应。❷何福堃的奏摺,有总理衙门章京幕后促成的痕迹,其建议新设职缺,对于尚为候补司官的章京而言,是一条新开辟的仕途。

相对一般清朝官员而言,身处外交一线的官员对总理衙门须专任这一点,认识更为透彻。光绪十六年(1890),长期担任驻外英文翻译官的张德彝在回国后,向奕劻上一条陈,共十二条具体意见,核心意思是,总理衙门所管事务繁难、紧要,堂司官员应担专责,不宜采兼任形式,而应改差为缺。具体做法是:首先,设立尚书、侍郎职位,减少堂官数量。他认为,总理衙门大臣数量过多,品位不齐,遇事多不敢言,实际是一二人在做主,因此,可干脆仅设总理王一人,满汉尚书各一人,左右侍郎各一人;其次,也为章京设立专缺,每股数人,发给俸禄、津贴;最后,仍设总办、帮办章京总揽政务。

关于人员来源,张德彝认为,总理衙门"事务既繁,更与别衙门诸多不同",官员需要"步步练习"。因此,可用专途招收司官,"先招考举、贡、生员满汉人之年不及三十岁者二三十员,陆续分

---

❶《御史何福堃摺》(光绪十五年二月二十五日),《军机处录副》03-5246-107。
❷《随手登记档》,光绪十五年二月二十五日条。关于何福堃奏摺的处理结果,该档册记载:"见面带上,未发下;次日见面带下,归籖。"

传。初到衙门者候补，遇有缺出，先补八品官，满员补满缺，汉员补汉缺，八品官补主事，主事补员外郎，员外郎补郎中"。同时，总理衙门堂官应从司官和驻外公使中提拔。措施是，"各洋务省分之督、抚、藩、臬以及司、道之系由本衙门司官升出者，若改归内用，即可补以本署之协理；本署之司官升道员在外者，声名有为，办事精明，亦可转升本衙门侍郎；出使大臣既赏有职衔，如在外三年，办事得体，精明干练，尤可升用本衙门侍郎也"。张德彝认为，总理衙门若外放洋务省分官员，则能一直在外交和洋务领域历练，他们经验丰富，颇具专业知识与技能，由他们担任总理衙门大臣，自然再合适不过。他还建议，由总理衙门本职为郎中的章京，担任驻外公使；从本职为员外郎、主事的章京及八品官中，选调驻外参赞、随员。❶ 这与此前洪钧的建议是相似的。

同一时期，长期与西方各国外交部打交道的驻英法公使薛福成，在日记中对现行体制之弊提出深刻批评，赞同外交官职业化这一西方国家通行的做法。在光绪十八年闰六月（1892年7月）日记中，他以长篇评述中西间外交部制度的差异及其效果，他注意到，"英法诸国外部尚书，虽不时换人，而其下办事之侍郎、总办等，则皆数十年在此署中，往往终身不换"，英国、法国、比利时副外长，在部办事都已超过二十年。另外还有许多高级外交官，"或自使馆随员、参赞升入外部，或自外部出为公使，又由公使为侍郎、尚书"，数量众多。他总结说："盖职业专，则志一而不杂；经画久，则才练而益精。所以西人办理交涉，措注周详，鲜有败事，阅历使然也。"而反观中国，自文祥之后，总理衙门大臣几乎无人

---

❶ 《张德彝上庆邸十二条》（光绪十六年八月），张德彝：《醒目清心录》第13册，第143—147页。

"萃毕生之全力,以经理交涉事务",以至"一闻《海图志》《瀛环志略》两书之名,尚有色然以惊者",另有像李鸿藻、阎敬铭之类的清流大臣,自诩不知洋务,把终年不到总理衙门办事视作高明。司官章京,则用考试小楷之卷的方式选拔,有的人在署十年,不通洋务;能干者,也不过是循例了结日常公事。少数能办公事又能精通洋务的司官,从章京升至帮办、总办,十年间可保奖海关道。超期未升,就会被人取笑。在署十年积累的公事经验,随外任而流失。薛福成接下来质问:"如是而欲洋务人才之练习,其可得乎?如是而欲办理洋务之不至于歧误,其可得乎?"他开出的对策是:"中国欲图自强,必自精研洋务始;欲精研洋务,必自整顿总理衙门始;欲整顿总理衙门,必自堂司各官久于其任始。"❶

在对比中西做法的差异后,薛福成认为,中国交涉、洋务不精,原因在于主持外交的总理衙门官员不能久于其任。他在分析外交人才不能专任的原因时,详细叙述了总理衙门章京的遭遇:能力最优秀、经验最丰富的章京,循章京、帮办、总办的路径上升,随后外放海关道,然后升按察使、布政使或升京堂,不再回总理衙门办事,职业化的道路由此阻塞。薛福成清楚地知道,必须整顿总理衙门现行制度,方能实现外交官的职业化,使官员"精研洋务",从而促成中国"自强"。但他没有说的是,这一切问题的根源,仍在于总理衙门官员为差使而非实缺。正因为章京是差使,只能依附本职而存在,所以无论总办、帮办还是一般章京,多只能做到正五品的郎中;再要迁转,也多只能外放知府、道员,最终不得不离开总署。

薛福成在出使英法等国三年差满之后,本有希望担任总理衙门大臣,或许可对外交改革发挥推动的作用,可惜他在回国途中染

---

❶ 蔡少卿整理:《薛福成日记》下册,第732—733页。

病，随即病故，他记录于日记中的意见自然无人采纳。

甲午战争之后，因国家处于险恶的国际环境之中，少有相应的人才及对策，有识之士进而感叹现行体制之下外交专才的缺乏并检讨总理衙门制度的缺陷。光绪二十二年底，山东道监察御史宋伯鲁上摺，建议为总理衙门设立专门缺额，更其名为"外部"。奏摺称，"学必专精，而后可以应变；器必素选，乃不穷于临时"，在强邻四逼、事变纷如的时代，如果要固邦交、尊国体，只有选用"体用兼赅、周知四国"的人才。然而现状却是"皇华之使载途，专对之材无几，一遇瓜代，猥庸杂进，龌龊市井之流，因得滥竽其间，贻讥邻封"。

宋伯鲁分析，其根本原因在于"材不预选，事非夙谙，以致种种棘手"。总理衙门专办互市、和约、聘问、交邻等事务，但"办事章京则取阁部之中书、主事"，这些官员传补入署后，同时在总理衙门及原机构当差，以致"志纷事废"。加之总理衙门两年保奖一次，花样特优，导致章京"徒縻好爵"。因此，他建议，专设总理衙门满汉尚书各一缺，满汉侍郎各一缺，满汉郎中、员外郎各二缺，满汉主事各四缺。尚书、侍郎可暂从六部堂官中升调；司官自郎中以下，可照六部之例，按序题升，京察时酌保数员，也就是废除原有的与差使相关的保奖制度。同时，选用部中优秀的郎中担任驻外参赞；参赞年满无过，则循序升任驻小国公使、驻大国公使；此后，可补授本部侍郎、尚书，而无须再从其他部门堂官中调升。这样就形成了一个完备的外交官培养、任用的程序，官员们可从此致力于专门之学，"用志不纷，实事求是"。宋伯鲁还建议，将总理衙门更名后的"外部"位列工部之后。❶

---

❶《山东道监察御史宋伯鲁摺》（光绪二十二年十一月二十日），《军机处录副》03-9444-014。

宋摺中各种设计已相当完备,不但提出外交人员必须专任的建议,针对外交官职业化的障碍——总理衙门堂司职位无法衔接的问题,该摺还提出了由郎中外放驻外参赞、公使,而后回任外部侍郎、尚书这一完美的解决方案。宋伯鲁奏摺重在解决外交专才培养的问题,其出发点可能也包含增加缺额、为拥挤的京官群体开辟一条新出路的想法。

由于奏摺所论的改革步骤过大,一时难以付诸实施,因此,宋伯鲁在递摺的同时,另附片建议各部司员在传补军机章京、总理衙门章京后,停办本署差事,以免牵掣精力,同时也避免阻碍本部同事的升迁。❶对于这些改革建议,光绪帝未明确表态,只是将宋伯鲁摺片交送慈禧太后,随后不了了之。❷

戊戌变法期间,无上奏权的中下级京官受权向光绪帝上递条陈,阐述改革意见。在这些条陈中,有一些也论及总理衙门设置专缺、外交官职业化的问题。光绪二十四年七月二十八日(1898年9月13日),刑部郎中沈瑞琳上递条陈,提出与宋伯鲁相近的建议:将总理衙门更名为外部,定设专官。奏摺称,总理衙门"所充行走之大臣,往往以各部尚书侍郎兼之,而各股之章京,又皆以各部司员充之,以一人而任数事,一日之中,恒苦应接不暇",年富力强者尚且无法应付周全,更不用说那些年事已高者。沈瑞琳认为,该机构"虽有衙门,迄无专官;名为总理,实则兼理",其管辖事务,"不独繁于六部,而实兼综乎六部",对于这一事务繁重、职司紧要

---

❶ 《山东道监察御史宋伯鲁片》(光绪二十二年十一月二十日),《军机处录副》03-9444-015。

❷ 《军机处摺》(光绪二十二年十一月二十日),《军机处录副》03-5731-143。《随手登记档》对宋伯鲁摺片记载为:"随事递上,二十五日发下"。(《随手登记档》,光绪二十二年十一月二十日条)

的部门,"欲定其名,非改立专部不可;欲重其责,非特设专官不可;欲任其事,非分置各司不可"。沈建议,援各国外部之名,仿六部旧制,请简放管理王大臣、满汉尚书侍郎各专缺,以重责成;司官则分郎中、员外郎、主事三项补用。另外,仿照各部笔帖式之例,设七八品翻译官。官员皆作为专任,不兼理其他部门事务。关于外部的机构设置,沈建议,应按照执掌事务的主次,设立首领司办理交涉,其他各司办理招商、电报、制造、矿务等事项。至于驻外外交人员,沈瑞琳建议,各公使从将来新成立的外部(总理衙门改组)一等记名人员及保举使才清单中选择,驻外参赞则从外部司员中遴选奏派。❶

翰林院编修宝熙在随后所上奏摺中,也提出在总理衙门设立专门缺额的建议。❷他们的建议主要着眼于外交专事专任,明确其中的权与责。然而,由于在此期间,光绪帝收到的改革条陈太多,沈瑞琳、宝熙的意见并未被认真考虑。

如果将以上历次外交改革的建议加以缕析,可总结其中两个要点。

第一,设立专职。前章已述,无论是总理衙门堂、司官员,还是驻外公使及其下属,皆为差使,具有临时性。从制度规则来看,差使不能独立存在,须依附于官员的本职;且差并无品级,亦不存在升迁,差只有劳绩保奖,促成本职上升时,方能显示其意义。前文诸多史料表明,就官员的个人动机而言,获保奖、广升途,是总理衙门章京和驻外人员营求各自差使最主要的出发点。由此带来的后果是,人人皆以入总理衙门和驻外使团办差为权宜之计。他们的

---

❶ 《刑部郎中沈瑞琳摺》(光绪二十四年七月二十八日),《戊戌变法档案史料》,第179—181页。

❷ 《翰林院编修宝熙摺》(光绪二十四年八月初一日),《戊戌变法档案史料》,第127页。

做法或可给个人带来仕途发展的机会,却无法为亟需经验和专业知识、专门技能的外交领域培养和存留合适的人才。因此,要解决这一问题,必须将差纳入官的系统中,评定品级,给予专门的升迁之途,从制度源头消除此中人员厚此薄彼之弊。

此外,总理衙门大臣、章京作为兼任的差使,与官员本职形成冲突,使得他们在时间和精力分配上,无法专致。专职的设立,可为外交人员心无旁骛地投入外交事务提供一种保障。

第二,内外互用。即总理衙门官员与驻外公使、参赞可互相调用、迁转。这一建议隐含一预设原则,即外交官须实现本领域的专门化。薛福成所谓"职业专,则志一而不杂;经画久,则才练而益精",将改革理由说得最为透彻。官员在总理衙门与驻外使团间相互转任,不仅有助于解决外交官的培养问题,也形成一种外交界内部独立的上升规则和秩序。

与这两则"实"的改变相伴随的,是总理衙门"名"的更动。宋伯鲁、沈瑞琳都提出,将总理衙门更名为"外部",专管一类事务,与六部并立,设立尚书、侍郎,及郎中、员外郎、主事等职。

尽管庚子前清朝内部外交改革之声有着各不相同的背景与促动的痕迹,但对于制度弊病的批评无疑是理性和切中要害的,各项建策,也确与当时各国通行的做法相通。

二 外务部的成立与制度改革

由上文论述可知,在《辛丑条约》签订之前,国内官员与驻外公使已意识到清朝外交体制的弊端,并提出有效对策。相对于诸多的上奏者而言,总理衙门官员因主持外交,对制度弊病当有更为深刻的体认。然而，在当时的政治体制中，即便对原制度进行微调，新设临时性的总理衙门，也属百年罕有的举措；更不用说变更已实行千年之久的六部体制，新设一亘古未闻的"外部"。如果推行改革，必然牵涉多方面因素：就吏部铨选而言，在进士朝考后，会新增一个去处，但与六部不同的是，该部门强调职业化，身份一旦确定，就不能轻易变更，因而影响官员上升的空间，这无疑会对科举制度和广大士人产生冲击；就总汇财政的户部而言，该部新增堂司官员，须照他部之例发给俸禄，这笔开支对清朝"原额主义"❶的财政体系，又是一个挑战。此外，原由亲王、军机领衔，由六部堂官兼司的总理衙门若改组成专管部门，在中外教案、会审、路矿、觐见礼仪等诸多问题上如何同与之平行的六部进行权责划分及协调，也是棘手的问题。因此，总理衙门改革看似简单，在当时制度下却可谓牵一发而动全身。若无足够的决心，实难下手操作。故改革建议虽已成熟，但改革举措最终还是要通过外力压迫的特殊形式，才得以完成。❷

（一）外务部章程的制定

因朝中保守派纵容，义和团运动在京津地区迅速发展。光绪二十六年（1900）夏，清朝向列强宣战，团民及清军不敌入侵联军，导致北京沦陷，慈禧太后、光绪帝出逃。随后，奕劻、李鸿章受命与各国议和。在议和过程中，列强向清方提交《议和节略》，

---

❶ 〔日〕岩井茂树著，付勇译：《中国近代财政史研究》，北京：社会科学文献出版社，2011年，第262页。
❷ 关于外务部成立的经过，可参见川岛真：《外務の形成——外務部の成立過程》，岡本隆司、川島真編：《中国近代外交の胎動》，東京大学出版会，2009年，第181—202页。川岛真侧重探讨庚子事变之后外务部制度设计的具体经过，本书则重在讨论总理衙门改组为外务部的制度意义。

开列议和条件，共12款，其中最后一款声明："总理各国事务衙门必须革故更新，暨诸国钦差大臣觐见中国皇帝礼节，亦应一体更改。其如何变通之处，由诸大国酌定，中国照允施行。"❶

在此之后，各国公使就总理衙门"革故更新"一事，进行多次讨论，美国公使柔克义、日本公使小村寿太郎在其中表现得最为活跃。他们将总理衙门成立40年而不能有效办事之责，归于大臣分任太滥，主张依据各国成法进行改革。内容包括，任命宗支王公一人为总理大臣，独担交涉之责；另设两员会办，一人为军机大臣，一人至少为尚书，各国公使可与他们直接交涉；设侍郎两人，其中须有一人通西方语言文字。各职均专设额缺。至于总理衙门章京，也应开去各衙门兼职，专心办事。对于"总理各国事务衙门"之名，各国公使认为"殊厌听闻"，要求改作"外务部"。❷ 光绪二十七年三月二十六日（1901年5月14日），奕劻、李鸿章将此意奏明慈禧太后。四月初八日（5月25日），上谕命政务处大臣会同吏部，就奕劻、李鸿章摺中所言外务部各项事宜讨论议覆。

在讨论外务部章程之时，西安行在的军机大臣鹿传霖与北京总理衙门之间出现分歧。鹿传霖希望西安主导章程设计，限制这一机构的缺额，遭到总理衙门的激烈反对。最终，在京的总理衙门官员掌握了起草章程主动权。❸ 五月初七日（6月22日），在京的总理

---

❶ 《寄西安行在军机处》（光绪二十六年十一月初二日辰刻发），顾廷龙、戴逸主编：《李鸿章全集》第27册，第471页。
❷ 《照钞日国葛使照会》（光绪二十七年三月二十六日），国家档案局明清档案馆编：《义和团档案史料》下册，第1124—1125页。
❸ 《总署总办收行在总理衙门章京刘宇泰等函》（光绪二十七年五月十四日），"中研院"近代史研究所编印：《中美关系史料（光绪朝）》第5册，台北："中研院"近代史研究所，1990年，第2894—2895页。

衙门章京完成外务部章程九条的起草，其中包括"议奏事宜"四条、"本部事宜"五条。❶议奏事宜四条分别为：

第一，分司办事。总理衙门章京改为外务部司员，改变原有的分股原则，设四司办事。这四司为通惠司、安平司、和会司、绥靖司。保留总办、司务厅、清档房。❷

第二，专设司官缺额。四司各设满郎中二员、员外郎二员、主事一员；汉郎中二员，员外郎二员，主事二员；司务厅设满、汉员外郎、主事各一员，均作为题缺，不用咨选。此外，酌设卿缺。原总理衙门章京本为兼差，由六部司员充任者，职位最高为五品，遇有本职升迁，多须离署（升京堂）或离京（外放知府、道员）。而卿则一般为三、四、五品，可在司官、堂官的鸿沟上架起桥梁，既便于司官在本部升迁，同时也能让他们久于其任。这一"卿缺"，在章程中冠名为"同文馆四品卿、五品少卿"，须从总办内简任。

第三，通过考试选拔司员。这一方式仍仿总理衙门旧例，即从内阁、六部正途出身的司员中，招考外务部司员，考取后引见记名，挨次传补；满员考试则不计出身。

第四，制定司员升迁规则。改变章京两年保奖一次的旧例，改为与六部京察一律，三年保一等七员。记名一等人员，以沿江沿海

---

❶ 《总署章京酌拟外务部章程》（光绪二十七年五月），"中研院"近代史研究所编印：《中美关系史料（光绪朝）》第4册，台北："中研院"近代史研究所，1989年，第2882—2885页。

❷ 其中，通惠司管理关税、商务、租界、行船、华洋借款、财币、电线、机器制造、邮政，以及本部经费、出使大臣支销经费；安平司管理传教、游历、保护、偿恤、禁令、警巡、词讼、招工、学校、出洋学生；和会司管理各国使臣觐见、更换领事、请赏宝星、遣派使臣、公会公断、建置工程、各使会晤、本署堂司升调、各项保奖、一切杂务；绥靖司管理海防、边防、疆界图籍、铁路、矿务、军火、船政、聘用洋将。

道府用；曾以关道记名者，仍记名专以海关道员用。遇有四五品京堂缺出时，记名一等人员与各部一体保送。司员如经出使大臣调充参赞，应暂行开缺，三年期满时，仍准出使大臣保奖，除准保本部升阶外，还可保沿海沿江各省知府、直隶州知州。

本部事宜五条分别为：

第一，为本部堂、司、厅各处铸印；第二，仍仿六部派差之例，设总办、帮办、掌印、主稿各差，作为总核之员；第三，发给司员高薪：总办照驻外二等参赞月薪五成，帮办照三等参赞月薪四成给发，其他司员照随员月薪三成给发；第四，外务部设翻译官数员，量才递升，优给薪水，并仍照章三年保奖一次；第五，供事、武弁等吏员，仍照章保奖。

以这一章程草案作为底本，在京的奕劻等人，经过与西安政务处大臣荣禄、鹿传霖等多次函商，最后订立外务部正式章程12条，详细规范外务部司员额缺、俸廉发放等事项，这些规范包括：

第一，分设和会、考工、榷算、庶务四司，管理内容与原拟通惠、安平、和会、绥靖四司大致相同。❶

第二，每司设郎中、员外郎、主事各二员，作为题缺，不用咨选，且不分满汉，另每司设额外司员6人。额内额外总数共48人，与总理衙门章京数量一致。

第三，设立卿缺，但不用此前所拟"同文馆四品卿、五品少卿"之名，而新创所谓"左右丞、左右参议"之名。其中，左右丞各一员，正三品；左右参议各一员，正四品，丞、参议仍承担总办职掌。左右丞缺出时，以左右参议开列备选，左右参议缺出，则先用郎中，次以员外郎升补。左右丞、左右参议均备出使大臣之选，

---

❶ 其中，榷算司与通惠司所辖事务类似，考工司与绥靖司类似，庶务司与安平司类似。

且在该部侍郎缺出时，先以左右丞开列升补。设立三四品丞、参议后，停止司员保送京堂的旧例。

第四，外务部郎中、员外郎、主事可备参赞、领事、随员之选。丞、参议奉命出使时，不开去本职；郎中以下奏调出洋，则开去本缺，三年期满，准由出使大臣保奖，准保该部升阶（不能保至参议）。如果保外省缺，郎中可保道员，员外郎可保知府，主事准保直隶州知州，均分发沿江沿海各省补用。

第五，外务部堂司官员优给养廉银：总理王公每年12000两，会办大臣10000两，侍郎8000两，左右丞5000两，左右参议4000两，郎中3600两，员外郎3000两，主事2400两，额外主事600两。这些经费，在三成船钞及各关罚款项下开支，如数量不够，再从出使经费项下拨补。

第六，将原有章京分别去留，本职原为实缺人员，可先补外务部司员。

第七，沿用总理衙门旧例，通过考试选拔司员，每次录取20人，依次传补。

第八，左右丞、左右参议充总办章京职掌；各司掌印则充帮总办职掌；同文馆设提调一员，从帮掌印中拣员充任，帮提调二员，由七品翻译官充任。

第九，设司务厅司务二员，以翻译官拣补，三年期满后，准其作为额外主事序补。

第十，成立俄、德、法、英、日本五处，每处设七品、八品、九品翻译官各一缺，由同文馆学生及各省学堂高等生拣补，在该部主事缺出时，历五缺后准其升补。

十一，外务部司员不再保奖海关道。

十二，供事等仍照总理衙门旧章保奖。❶

与草案区别较大的是，正式章程明确设置左右丞、左右参议职位，且规定丞参备驻外公使之选，司员备驻外参赞、领事、随员之选。此外，草案规定每司设立满汉郎中、员外郎、主事的人数，正式章程改为不分满汉，总人数仍与总理衙门48员的章京总数相当。

与六部体制及此前总理衙门相比，新成立的外务部有着诸多独特之处。

上文已述，清朝六部司员的职位，根据民族分为满缺、汉缺等多种，又根据缺额性质分为题缺、选缺两种。题选缺额适用的人群不同，补缺程序繁琐，且与劳绩保奖关系紧密。而外务部章程规定，该部缺额全为题缺，不分满汉，本部堂官而非吏部在司员晋升过程中握有主动权，司员也无须处心积虑通过劳绩保奖获取升迁"花样"。与六部缺额的补缺、晋升重出身、重资历、重保奖相比，外务部表现出一种"专业取向"。

外务部章程中明确设立左右丞、左右参议，这在清朝政治制度史上是一项破天荒的举措。清例，六部司员在官至郎中（正五品）后，大致有三种上升途径：外放知府、道员；保送京堂；考选御史。这三种途径皆须司员离开原有机构，其兼任差使亦相应停止。总理衙门为使经验丰富、能力较强的章京留署办事，解决章京不能久于其任的问题，特意请求仿军机处之例，将资深章京（一般为总办）保送四、五品京堂，继续在署办事。然而，从总理衙门40年的成例来看，章京即使能升任京堂，仍以离署者居多，最终升至三品京堂、进而成为总理衙门大臣者，人数极少。其中原因一为制度

---

❶《外务部章程》（光绪二十七年六月二十七日），《中美关系史料（光绪朝）》第4册，第2954—2956页。

上无明文规定，更重要的因素在于，章京由六部司员借助京堂擢升堂官，不但属独辟蹊径，且迁擢过速，挑战成规，易招致同僚的侧目与激烈反对。总办章京离署，使得他们在总理衙门所获的办事经验与专业知识流失，无法有效传承，对于办理交涉事务的总理衙门而言，是一种巨大损失。

从这个角度而言，丞参的设置就显出其特殊意义。按照章程设计，外务部设正三品的左右丞各一员，正四品的左右参议各一员，充原有的总办职掌，丞、参议取代了原有的三四五品京堂地位。丞、参议之名，是仿照原有京堂中的某些名目。清代所设三四五品京堂中，有宗人府丞（正三品）、顺天府府丞（正四品）、奉天府府丞（正四品）之名，有通政使司参议（正五品）之名。外务部左右丞、左右参议，很可能取自上述名目。不过，与三四五品京堂不同的是，六部司员保送京堂，必须离开本部；但外务部丞参职位就设置在本部，获该职位者，得京堂之实，却无须离署。

外务部章程不但规定郎中、员外郎可升任左右参议，进而升任左右丞，还规定侍郎缺出，由左右丞开列题升。这样一来，横亘在总理衙门堂司两级官员中的障碍就此扫除，理论上，能力、业绩突出的司员，可从此循参议、丞的路径上升，直至升任本部主管堂官，进而从制度上保证了外交官职业化的可能。

根据章程，丞参除了在制度层面上沟通堂司两级官员之外，还可以出任驻外公使。与此对应的是，外务部司员可外任驻外参赞、领事、随员。西方国家外交部成员与驻外使馆人员互用这一通行做法，此前曾由国内及驻外官员多次建议，但囿于保奖规则，"内外互用"既未形成风气，也无明文规范。此时被明确写进外务部章程，形成一项行之有据的制度，也是对外交官职业化的一个推动。

在总理衙门时期，该机构大臣、章京因属兼差，并无规定的俸禄，其收入来源主要有三部分：一是他们的本职收入，这部分收入较少，一般六部司员年俸仅为80两以下；二是因他们的本职带来的附加收入，例如印结银两、冰敬、炭敬、节敬等，这些收入高于俸禄，一般在100两以上；三是与总理衙门兼差挂钩的收入：各海关道、督抚（特别是南北洋大臣）因与总理衙门有密切的业务往来，每年会给总理衙门堂官、司官送礼，章京一般可分得一百至数百两不等。❶ 以上收入相加，每年最多不过五六百两，但外务部为司员开出极高的养廉银：司员每年银2400两至3600两不等，参议5000两，左右丞更高至6000两，连额外主事也有600两！（后并未完全依照实施。）这与六部司员的待遇有霄壤之别。更多的人愿意跻身于外务部司员行列。

与总理衙门相比，外务部更重视翻译官的作用。总理衙门原设英、法、德、俄正副翻译官各一人，后增加日文翻译，因为缺乏合格的翻译人才，翻译官一直未能满额。外务部正式成立俄、德、法、英、日五处，设立七品、八品、九品翻译官，规定从同文馆学生及各省学堂高等生中拣补，扩大了翻译官的来源。另规定翻译官可升本部主事（尽管名额较少），也使得他们能长久地在外务部服务，并扩大外务部司员中精通外国语言者的比例。

相比于六部，外务部因继承总理衙门而有一个极显著的特点，即该部运作并不依靠胥吏，而是由司员直接理事，这一特点是总理

---

❶ 总理衙门章京缪祐孙透露，他在衙门每年可分银一百六十七两左右。见《缪祐孙致缪荃孙》（光绪十七年），顾廷龙校：《艺风堂友朋书札》上册，第252页。而另一章京郑孝胥在光绪二十四年据同僚告知，每年"可于岁暮分总署数百金"。见劳祖德整理：《郑孝胥日记》第2册，第701页。

衙门章京办稿的延续。戊戌变法期间，前任驻秘鲁使馆参赞谢希傅曾上一条陈，请求裁撤京、外各衙门书吏："胥吏蠹国妨民，流弊滋甚。我朝诸儒指陈治道，前如顾炎武、黄宗羲，近如鲁一同、冯桂芬，皆痛言其害至深。夫胥吏不能裁撤，由于例案过于纷纭。"❶总理衙门为防止该部机密泄露，从一开始就仿军机处之例，规定章京办稿，不假手胥吏。因此，谢希傅认为，军机处、总理衙门"立法最善"，请求饬下各部院仿照办理。他的建议并未得到回应，但总理衙门的改组，却使得外务部成为中央各部中最先革除胥吏弊端的机构。此后，这一制度推广到新成立的其他部门，而延续至久的胥吏之弊也开始逐渐消除。

（二）官员的初选

就在奕劻、荣禄等人往复函商外务部章程之时，清朝于光绪二十七年六月初九日（1901年7月24日）发下上谕，宣布外务部成立，同时任命外务部堂官，上谕称：

> 从来设官分职，惟在因时制宜。现当重定和约之时，首以邦交为重，一切讲信修睦，尤赖得人而理。从前设立总理各国事务衙门办理交涉，虽历有年，惟所派王大臣等多系兼差，恐未能殚心职守，自应特设员缺，以专责成。总理各国事务衙门着改为外务部，班列六部之前，简派和硕庆亲王奕劻总理外务部事务，体仁阁大学士王文韶着授为会办外务部大臣，工部尚书瞿鸿禨着调补外务部尚书，授为会办大臣；

---

❶《前驻秘鲁参赞指分直隶候补知县谢希傅摺》（光绪二十四年八月初三日），《军机处录副》03-9453-047。

第7章 外务部设置与外交改革 **383**

太仆寺卿徐寿朋、候补三四品京堂联芳，着补授外务部左右侍郎。❶

上谕完全落实了各国公使照会中的相关要求：为外务部堂官专设额缺，派宗支亲王管部，派军机大臣、尚书为会办，派精通西方语言者（联芳）任该部侍郎。

外务部堂官之下的人事安排，则根据章程操作。

总理衙门章京在起草章程的过程中，曾收到鹿传霖裁减部员名额的建议，但在前者的坚持之下，最后仍照48员来设定外务部司员人数。如果再加上丞参4人，则外务部总人数多于额定的章京数。这样，总理衙门章京无须经过甄别淘汰，即可顺利进入外务部。

光绪二十七年十一月十三日（12月23日），上谕任命外务部丞参4人：左丞瑞良、右丞顾肇新、左参议陈名侃、右参议绍昌。❷其中，瑞良、顾肇新此前任总理衙门总办章京，陈名侃任帮办章京，绍昌本为法国股章京，在议和期间，派充总办留京事务，故在外务部成立后，得到右参议的职位。另一名总办舒文因在议和期间出力，升任内阁侍读学士离署，未能获得丞参之职。十八日，外务部挑选出部分能力较强、本职较高的总理衙门章京，担任该部额内司员。至此，外务部完成改制，形成了完备的组织结构。从当年底外务部丞参、司员的来源，可清晰看出外务部与总理衙门的前后关系。

---

❶ 中国第一历史档案馆编：《光绪宣统两朝上谕档》第27册，第124页。
❷ 同上书，第232页。

表7-1 外务部丞参与额内司员（1901年底）

职官		姓名	籍贯	出身	原任职差
左丞		瑞良	正黄旗满洲		户部郎中、总办章京
右丞		顾肇新	江苏吴县	举人	刑部郎中、总办章京
左参议		陈名侃	江阴江阴		户部员外郎、帮办章京
右参议		绍昌	正白旗满洲		内阁掌印传读、法国股章京
和会司	郎中	朴寿（本司掌印）	满洲镶黄旗	举人	吏部郎中、英国股章京
	郎中	徐承煜（本司主稿）	正蓝旗汉军	拔贡	礼部郎中、俄国股章京
	员外郎	汪大燮（庶务司主稿）	浙江钱塘	举人	户部候补郎中、俄国股章京
	员外郎	保恒	镶黄旗汉军		兵部候补员外郎、当年奏调章京
	主事	陈懋鼎	福建闽县	进士	兵部候补主事、司务厅章京
	主事	绍儒	镶蓝旗满洲	进士	内阁中书、法国股章京
考工司	郎中	关以镛（榷算司主稿）	广东开平	进士	刑部郎中、英国股章京
	郎中	傅嘉年（本司主稿）	福建安	举人	工部郎中、法国股章京
	员外郎	恒文	正白旗满洲		礼部候补员外郎、美国股章京
	员外郎	雷补同（本司掌印）	江苏华亭	举人	户部候补主事、英国股章京

续表

职官	姓名	籍贯	出身	原任职差
\multicolumn{5}{c}{额内司员}				
考工司 主事	存格	正红旗满洲	举人	内阁中书、美国股章京
考工司 主事	李清芬	直隶宁津	举人	刑部候补主事、俄国股章京
榷算司 郎中	童德章（本司掌印）	四川江北厅	生员	兵部郎中、总办章京
榷算司 郎中	松年（司务厅掌印）	正蓝旗满洲	拔贡	户部郎中、帮办章京
榷算司 员外郎	陈浏	江苏江浦	进士	刑部员外郎、法国股章京
榷算司 员外郎	王清穆	江苏崇明	进士	户部候补员外郎、俄国股章京
榷算司 主事	唐文治	江苏太仓	进士	户部候补主事、俄国股章京
榷算司 主事	凌万铭	四川宜宾	举人	内阁中书、法国股
庶务司 郎中	周儒臣（本司掌印）	安徽宿州	拔贡	刑部郎中、俄国股章京
庶务司 郎中	何兆熊	四川南充	进士	礼部郎中、帮办章京
庶务司 员外郎	存善	镶红旗满洲	附贡	户部员外郎、法国股章京
庶务司 员外郎	朱有基	浙江萧山	举人	户部郎中、英国股章京
庶务司 主事	邹嘉来	江苏吴会	进士	礼部候补主事、司务厅章京
庶务司 主事	章士荃	江苏娄县	进士	吏部主事

资料来源：名单据《外务部摺》（光绪二十七年十一月十八日），《军机处档摺件》145526、147283。司员履历参见第三章"总理衙门章京履名表"。

三　外务部制度的完善

（一）司员选任方式的变化

总理衙门通过考试论题的方式选拔章京。外务部成立之后，仍袭用原有方式，从六部与内阁中考选司员。司员在录取记名之后依次传补，可沿主事、员外郎、郎中、参议与丞的完整路径，循级上升，在实现个人向上流动的同时，也能促成官员的职业化。然而，外务部的司员考试却从未进行过。

光绪二十二年（1896），总理衙门进行了自成立以来规模最大的一次章京考试，共有79人获得记名。在外务部成立之后，这些章京陆续传补，充任司员。对于首重"楷法"的章京考试在选拔外交人才过程中的实际效用，总理衙门与外务部官员是有所反思的。光绪二十八年（1902），因京师大学堂设立"仕学馆"，对新进士进行职业培训，外务部曾借此表露出停用论题考试、改从仕学馆人员中选官的设想。❶

光绪三十一年八月初四日（1905年9月2日），清朝发布上谕，规定自次年起，停止乡试、会试，此前举贡生员一律酌量给予出

---

❶ 外务部在议覆侍讲连甲开办洋务馆培养人才一摺时，表述过类似意见，该议覆摺称言："窃维人才固由培植而出，亦经历练而成，外务部为交涉总汇之区，从前洋务并无专门之学，所有司员皆由各衙门保送考试，不过就近取才，现既特设仕学馆，有学习洋务人员，则以三年之课程比于一日之考试，尤为可据。拟请俟此项人员毕业后，由管学大臣察其志趣端正、才识明敏者出具考语保送带领引见，请旨改发外务部额外行走，果能得力，酌量序补，日后此项人员倘可敷用，即可将保送考试之例议停。"见《政务处、外务部摺》（光绪二十八年九月二十日），《军机处档摺件》149944。

路。❶以科举考试，尤其是以会试结果区分士人出身的标准，开始瓦解。此前，总理衙门在考试章京时，限制投考人身份，对作为该机构主要力量的汉章京，限制尤其严格，规定只能由拔贡、举人、进士出身的司员来充任。在当时人看来，正途出身的士人"有耻且格"，与捐纳人员相比，他们品行端正、行事谨饬。此时，科举既废，原有的身份限制顿失依据。另一方面，在外交实践中，主持外务部的官员早已意识到外语的重要性，改革原有的考试之法已势在必行。光绪三十二年初，尚书瞿鸿禨与侍郎唐绍仪开始筹划改革司员考试之法。❷他们上奏建议停止本部司员考试，改用堂官奏调的选官方式。奏摺称言：

> 窃惟庶政得人而理，而邦交所系，尤贵选夫通才。用人必广其途，而时势已殊，更难拘以成格。从前总理各国事务衙门所用满汉各章京，均由内阁六部等衙门咨送考取，按次传补。迨改设外务部，奏定章程，司员保送考试，仍照总理旧章办理。惟现在时事日艰，臣部承办一切外交事宜，倍加繁剧，而中外风气日见开通。凡讲求交涉、究心时务者，随在不乏其人，若仍按照从前办法，仅由京员内保送，凭考试以定去取，似未足以广搜罗而核名实。臣等公同商酌，拟请嗣后遇臣部司

---

❶ 中国第一历史档案馆编：《光绪宣统两朝上谕档》第31册，第114—115页。这一过程被称为"废科举"，然严格而言，清朝此时只是废乡试、会试而已，之后仍在沿用举贡考试这一科举形式，只不过不再占据主导地位。

❷ 光绪三十二年初，驻英公使汪大燮在给汪康年信中称："庆邸以为不通洋文之人无用，而不知徒通洋文之人更无用。故外部考试一事，兄甚悬悬，不知瞿师能否与少川合筹一改良策否也？"（瞿师即外务部尚书瞿鸿禨，少川为右侍郎唐绍仪。可见，汪大燮当时已听闻考试选拔办法即将改变的风声。）见《汪大燮致汪康年》（光绪三十二年二月初七日），上海图书馆编：《汪康年师友书札》第1册，第842页。

员需人,毋庸照向章咨取考试,即由臣等悉心采访,无论京、外现任、候补、候选各官及各学堂卒业、出洋留学卒业各学生,择其品端学优,事理通达,或娴习各国语言文字,或研究中外政法条约者,随时咨调到部,分派各司额外行走,试看一年,如果才堪造就,再行奏留酌定归何项班次候补。如有实不副名,未能得力之员,仍即咨回,以昭慎重。❶

外务部司员的选拔标准发生重大改变,选拔范围大幅拓宽,选取方式也更为灵活。当然,这种灵活性也增加了选用过程中的人为因素。

(二)译学馆的设置

成立于同治元年(1862)、附属于总理衙门的京师同文馆旨在培养语言人才,下设英、法、俄、德等语言馆以及教授近代科技的天文算学馆。根据总理衙门颁布的课程表,该馆学生以是否学习外语分为两种,其中外语学生须完成八年课程,主要包括一门外语的读、写、译。同文馆虽定有学习时限,但并无完善的学生结业、毕业程序,多数学生也得不到合适的出身。不过,清朝驻外使馆亟需外语人才,同文馆学生多有出洋任翻译官、随员、参赞者。

从制度上看,清朝并未给同文馆学生专设一途,辟一上升路径,以便使其专于本任。同文馆学生出洋任差,多是希望借助劳绩保奖,换取本缺(多为各省中低层官衔)的上升,部分同文馆学生即使能在出洋后回国担任总理衙门翻译官,其上升前景与空间也无制度规范。

---

❶《外务部摺》(光绪三十二年二月二十一日),《军机处录副》03-5456-043。

上述情形在外务部成立之后有所改变。外务部设立俄、德、法、英、日本五处，每处有七品、八品、九品翻译官各一缺，由同文馆学生及各省学堂高等生拣补。翻译官可补本部主事，摆脱"舌人"的形象，在政治体制中，有了正式的位置，它不仅被定位成"职缺"，而且具备了有章可循的上升路径。同文馆的学生也就成为外务部司员的候选人群。

戊戌变法期间，有人上奏检讨、批评同文馆开办以来的办学效果，建议将其归入大学堂。❶管学大臣孙家鼐允在大学堂走上正轨后商量办理。❷在外务部成立后，同文馆改隶外务部。不久，京师大学堂重新开学，上谕令同文馆归入大学堂，由管学大臣张百熙管理。❸

同文馆经费由总理衙门保证从海关三成船钞项下支取，学生膏火银优厚，开销巨大。在归入大学堂之后，张百熙因感经费支绌，无法维持原有标准，同时又对同文馆的教学效果极为不满，因此在光绪二十八年十一月（1902年12月）上奏，改革同文馆，从而催生出译学馆这一新机构。

张百熙奏摺建议停发学生膏火银，严格区分同文馆学生与大学堂其他学生，不向前者授予进士、举人、生员的出身，但发给他们专门文凭，准其毕业后专备外务部及出使大臣、南北洋大臣、各省

---

❶《军机处录副》03-9459-016，上奏人不详。《京师大学堂档案选编》将该摺片时间定为光绪二十七年，有误。从摺片内容看，该摺片应上于光绪二十四年京师大学堂奉旨设立后不久，而非光绪二十七年上谕中所说大学堂"切实举办"后不久；另外，该摺片称同文馆"创设垂三十年"，如果摺片上于光绪二十七年，则可称"垂四十年"。我认为，该摺片可能是刑部郎中沈瑞琳所上，沈在光绪二十四年七月二十八日递上条陈，建议总理衙门改制，成立"外部"，该摺片亦有"外部"之称，与正摺正好呼应，很可能是同一天所上的附片。该奏片未被发下议奏。

❷《总理衙门摺》（光绪二十四年八月二十八日），《军机处录副》03-5617-020。

❸ 中国第一历史档案馆编：《光绪宣统两朝上谕档》第27册，第249、251页。

督抚咨取译员之用,并许充任各省学堂外国语言教习、洋务局译书局译员。❶这些内容得到外务部的肯定,外务部回复称:"嗣后臣部及各国出使大臣、南北洋大臣、各省督抚咨取译员并各处学堂延订教习,即以此项学生为上选。"因馆内学生及教习的任务、去向发生了较大变化,外务部建议更改同文馆之名,❷最终于光绪二十九年十一月(1903年12月),京师大学堂新设译学馆替代同文馆。

新的译学馆章程开宗明义说明该馆学制:"设译学馆,令学外国语文者入焉,以译外国之语文、并通中国之文义为宗旨。以办交涉、教译学之员均足供用,并能编纂文典,自读西书为成效。"❸学生在馆,须在英、法、俄、德、日五种语言中择一学习,同时学习普通学、专门学。❹学生入馆后,以五年为期,前两年学习外语及普通学,之后兼习交涉、理财、教育。期满后,经毕业考试合格,根据成绩,分列等级,给予出身,备外务部、驻外公使、南北洋大臣、各省督抚咨调。从当年开始,译学馆连续五年进行招生,分别以甲乙丙丁戊编号,共录取700多人入馆学习,其中300余人顺利毕业,成为外务部奏调司员的选择之一。❺

译学馆分设于京师大学堂内部,相对同文馆而言,具备完备的

---

❶《管学大臣张百熙摺》(光绪二十八年十一月十九日),北京大学、中国第一历史档案馆编:《京师大学堂档案选编》,北京大学出版社,2001年,第184—185页;《随手登记档》同日条。

❷《外务部摺稿》(光绪二十八年十月二十八日),北京大学、中国第一历史档案馆编:《京师大学堂档案选编》,第186—187页。

❸《奏定译学馆章程》(光绪二十九年十一月),北京大学校史研究室编:《北京大学史料》第1卷,北京大学出版社,1993年,第169页。

❹ 所谓普通学,包括九类:人伦道德、中国文学、历史、地理、算学、博物、物理及化学、图画、体操;专门学分为三类:交涉学、理财学、教育学。

❺ 章梫:《京师译学馆同学录叙》(宣统三年),北京大学校史研究室编:《北京大学史料》第1卷,第177页。

培养规章、严格的考核和毕业程序。部分学生进入外务部或驻外使馆服务，成为清季外交官的来源之一。

（三）储才馆设置与外交官职业培训

在光绪三十二年（1906）之前，外务部司员、总理衙门章京皆来自内阁与部院。因存在出身限制，传补入署的司员，其素质相对较高，能胜任文字工作；然因源自科举，于专业技能较为欠缺。外交是一门独立学问，须得专门教育与训练。外务部成立后，主持其事者逐渐意识到开办外交学堂、对官员进行职业培训的必要。

早在光绪二十八年三月（1902年4月），掌河南道监察御史黄曾源就专门上摺，主张外务部新进人员应送专门机构"同文院"进行培训，逐步培养、储备外交人才。❶ 具体学习内容，黄曾源提出两条意见，一、外务部专讲交涉，因此学习内容"宜以律学为务"，其他关于声光化电，算学格致，皆可不必涉猎，以免费时费力；二、国际公事通行法文，因此语文学习应重视法文。学生可在英、俄、法、德、日五种语言中专学一门，另选学一门，通两门即可，课程每天一至四小时。外务部司员培训确为当务之急，但黄曾源的想法和设计过于粗糙，不便操作，该摺也未交外务部议覆。

同年八月，翰林院侍讲连甲上奏，请上谕饬令外务部重视培植使才，以联邦交，奏摺称言："办理洋务人员未尝读书，亦未游历，于泰西语言风俗性情政治亦未深谙，一遇交涉事件，毫无把握。"他请求在京师设立"洋务馆"，取京官四品以下、八品以上及在京候选人员为"洋务学生"，入馆学习。❷ 外务部回绝了该项建议，理

---

❶ 《掌河南道监察御史黄曾源摺》（光绪二十八年三月二十三日），《军机处录副》03-5415-032。

❷ 《侍讲连甲摺》（光绪二十八年八月二十八日），《军机处档摺件》149151。

由是，京师大学堂已设仕学馆，开设外国文、交涉学、法律等课程，形式赅备，是研究实学、讲求内治外交的理想处所，故不必另设特科。❶此时，外务部尚希望仕学馆能担起培养专业外交人才的重任。❷但实际上，仕学馆学员原本各有职位，本就不一定希望进入外交界发展，加之该馆不久就并入以培训新进士为宗旨的进士馆，传授内容庞杂，根本不合外务部之用。外务部只能另寻他途，自行设馆，对有条件进入本部的人员，进行职前培训。这就是外务部在光绪三十二年设立的储才馆。

在储才馆设计、创建过程中发挥重要作用的是前总理衙门章京张元济。他在戊戌政变后罢官，南下上海，供职于南洋公学、商务印书馆等处。光绪三十二年，他由学部奏调赴京，分任纂校。张元济深孚人望，颇受奕劻及瞿鸿禨器重，随即被奏调任外务部候补员外郎。❸入外务部后，张元济在部内高层支持下改革当时的外交制度，对"随时奏调"这一选官方式进行具体而细节的规范，成立外交官的调用、培训及储备机构——储才馆，作为合理选官的制度保障。

前文已述，外务部停止司员考试之后，代之以奏调的选拔方

---

❶《政务处、外务部摺》(光绪二十八年九月二十日)，《军机处档摺件》149944。

❷ 光绪二十八年正月，京师大学堂重开之后，管学大臣张百熙在大学设预备、速成两科。预备科分政ศ、艺科两门；速成科分仕学馆、师范馆两门。预备科学生来源主要是各省中学堂卒业生；速成科中仕学馆学生主要来自八至五品京官及候选外官；师范馆学生则从举、贡、生、监中考选。见《张百熙奏筹京师大学堂情形疏》(光绪二十八年正月初六日)，北京大学校史研究室编：《北京大学史料》第1卷，第52—53页。

❸《外务部片》(光绪三十二年三月二十一日)，《军机处录副》03-5457-138。张元济在光绪二十二年考取总理衙门章京第一名，随即传补入署。戊戌变法期间，曾与康有为同一天受光绪帝召见，政变后被革职，永不叙用。此时外务部依照新章，奏调张元济入京任职，获批准。

式,奏调对象是"娴习各国语言文字,或研究中外政法条约"的中级官员。张元济认为,外务部司员皆凭考试选取,胜任汉文案牍,也能研究中外政法条约,因此最缺少的,是讲求外语之人。他建议,如果从现任官中选调司员,"应先就兼习各国语言文字,曾经出洋或曾在各省办理洋务者,择尤调取";如果从卒业学生中选调司员,"亦宜先尽曾经留学欧美各国及日本者,而专在本国学堂肄业者次之"。这就确定了外务部司员选任的大原则,即首重外语。❶

除对原规则进行修正外,张元济另拟数条选官原则。

第一,"专任用"。首先,让新调人员与旧有人员一体酌量序补,使真正人才不至对任职外务部有所观望。其次,各国公使馆的参赞、领事、随员、翻译,本规定由外务部司员充当,但此前幅度过小,此后各国公使馆所有的参赞、领事、随员、翻译,专用外务部所调人员。再次,各省交涉繁多,大多设局办理,应待外务部人员足用之后,准各省将军、督抚随时奏调。

第二,"严考察"。对调任到署的官员,严格甄别。无论官阶大小,一旦进入外务部,就当严格遵守规章,否则即予撤退。

第三,"优廪饩"。本来,外务部司员所得薪俸非常优厚,但新调入部者因没有实缺,只能拿少量津贴,相对于各省学堂、洋务局对留洋学生开出的优厚待遇,外务部相形见绌。因此,应对新调到署人员优给薪水。

为落实以上各条,张元济在奏摺中提出,在外务部设立储才馆,每年拨银四万两,供其运作。"凡有调用人员,及凡与有关涉之事,均由该馆经办"。让该馆承担起外交官储备、调用、任命、

---

❶ 张元济:《代外务部拟办理储才馆事宜奏摺》(1906年6月13日),《张元济全集》第5卷,第128页。

黜陟的工作。❶

张元济还草拟了详细的储才馆章程，对其运作进行规范。根据章程，储才馆"为储备外交人材而设，由本部堂官直辖"。馆设提调一人，从本部司员中选派，总理馆务；帮提调一员；此外，设文案、支应、庶务多人，从本部司员中派充。

章程以六条章程规范外交官任用资格：

1. 就各国使馆、各省洋务局人员调取曾经留学欧美毕业，或精通外国文字，熟谙交涉，年力富强者到部行走。其声名平常，并无政绩表见者，不得与选。

2. 就现在欧美、日本留学毕业学生调取肄习政治、法律、商务、理财者，到部行走。其愿留续学者，改给官费。其未经毕业者，不得与选。

以上两项应请即电各省将军、督抚、各国出使大臣，查明造册送部。如本部有案可查，应先就近查核，以免迟延。

3. 就现在欧美留学外省官费生或私费生之肄习政治、法律、商务、理财者，酌量挑选，改由本部给发学费，作为本部官费外国留学生。

4. 就各省著名学堂之普通毕业者，调部考验，择其优异者，由本部给发学费，派往外国留学，作为本部官费外国留学生。

以上两项应俟所调人员到部，改派提调后，将应习之科目、相当之学校、需用之经费逐项拟定，再行选补考派。但现

---

❶ 张元济所草拟的奏摺见《张元济全集》第5卷，第128页；正式上递的奏摺见《外务部摺》（光绪三十二年闰四月二十二日），《军机处录副》03-5459-159。

在可先电各省将军、督抚、各国出使大臣查明造册报部。如本部有案可查，亦可就近查核，以免周折。

5. 提调应留意采访。如见有可备外交之选者，可随时呈报堂官存记，以备调取。

6. 选派外国留学生应由提调主政，呈请堂官核准。

储才馆章程突出对留学生的青睐，规定从留学毕业生中选取语言能力强，在政治、法律、商务、财政专业肄业者，调入外务部。对于有潜力的留学生，改由外务部发给官费，在外学习，作为将来外交官的后备人才。上述人员被调到部后，除了特别优秀的不用入储才馆肄业（但仍须在馆行走），其他人都须进馆学习。期满后，由提调出具考语，根据成绩和表现决定是否奏调留部。

奏调入馆的外交人才称"学习员"，其学习课程分为讲习课、调查课、翻译课、评议课、撰拟课、编辑课。❶学习员每日学习时间为五小时，请假每月不超过三天。❷

从上述储才馆设计来看，该馆职能集司员的资格甄核与外交职业培训于一体。此前，总理衙门和外务部司员在传补入署后，先进司务厅、清档房任差，负责电报传译、公文收发、档案编修，主要目的在于借此熟悉各种文书及公务的处理流程，也含有职前培训的

---

❶ 讲习课，讲员至讲堂演讲，学习员到堂听受，专以研习外交学术为主。调查课，以关涉各国的外交案件为主，外务部有交涉事件时，则调查其该部亟需者，平时则调查其所应预备者。翻译课，学习员须翻译各国报纸、书籍中与外交有关的内容，与中国情势有关的内容，及外务部的外文案牍。评议课，对于奉旨交外务部议奏的事件及外务部交涉的要案，学习员须集会评议，详细讨论其利弊，条举各项得失。撰拟课，凡交由学习员讨论的事件及堂官交办的事件，学习员须分别拟稿，然后交提调呈堂，以供采择。编辑课，学习员须编辑中外条约、疆界图，并重外务部已修好的档案，以方便查阅。对还未修好及逐日收发的文件，须随时进行纂辑。

❷《张元济全集》第5卷，第129—132页。

性质。储才馆的课程远远超过上述内容，在内容上更具针对性。

遗憾的是，因外务部派系争斗，张元济与唐绍仪在部务的运作上产生龃龉。张不久就离开外务部，储才馆权力受限，并未完全依章程内容运作。❶

（四）丞参厅的建立与各股事务扩大

按章程的设计，丞与参议行总理衙门总办章京之职；和会、考工、榷算、庶务四司，取代总理衙门分股办事之制；另设英、法、德、日、俄五股，储备翻译官；再添设储才馆，负责选调、培训该部司员。

外务部后期改革，伴随清末预备立宪而展开。在预备立宪过程中，上谕特意提及外务部"职在考查外事，作养使才"，❷ 前总理衙门总办章京、外务部左丞陈名侃亦上摺，请命驻外公使注意考察各国政情，提交出使报告。❸ 外务部在随后拟定详细出使报告章程和出使改定章程。为了与这些举措配套，外务部还对内部设置进行小的调整。

光绪三十二年九月（1906年11月），为预备立宪，清朝进行官制改革，改变六部制度，按当时需要和新的政府职能重新设置中央各部。❹ 各部皆仿外务部之例，设左右丞、左右参议，总司各司事务。为有效发挥丞参职能，各部一律新设承政厅、参议厅，分别由

---

❶ 邹嘉来《仪若日记》光绪三十二年十二月日记称："储才馆调员，张菊生与唐侍郎议不合，假归，由陈徵宇代办，先调十员，拟明年三月到馆。"（邹嘉来《仪若日记》光绪三十二年十二月条，日本东洋文库图书部藏）
❷ 中国第一历史档案馆编：《光绪宣统两朝上谕档》第34册，第230页。
❸《都察院副都御史陈名侃摺》（宣统元年二月十一日），《军机处录副》03-7472-004。
❹ 调整之后的中央设十一部，分别为外务部、吏部、民政部、度支部、礼部、学部、陆军部、法部、农工商部、邮传部、理藩部。

左右丞、左右参议主管,其下可分科,并添设参事协助办事。❶由于外务部丞参的运作已较为成熟,故丞参厅仅具形式,除丞参四人之外,并未设官。

两年后,清朝颁布《宪法大纲》。同时宣布,九年后开设议院。在九年筹备期内,逐年落实立宪事项。内容之一,即完善中央各部改革,使之与宪政相适应。❷班列各部首位的外务部率先行动,于宣统元年闰二月(1909年4月)提出补充改革方案,设置"秘书股",并充实丞参厅,扩大各股职司,展开常年的外交调查与研究。其具体方案称:

> 报告、任用二端,皆视为现时筹备之方,而实以臣部为会归之地,现设四司,缺少事繁,日不暇给,亟应遴选通才相助,为理用宏兼综条贯之规,借收集思广益之效。查京师事务较繁之部,丞参以下设参事等官,复考求东西各国外部之制,以事分司,又以地分股,非重规而叠矩,实揆时以制宜。拟于臣部丞参厅立秘书、英、法、德、俄、日本等股,酌派股长、股员,专司调查所、研究等事,由臣等随时督察,择其通贯中西,熟悉公法条约者奏设实官,量加擢用,庶几各使领报告,

---

❶ 《庆亲王奕劻等奏厘定中央各衙门官制缮单进呈摺(附清单二)》(光绪三十二年九月十六日),故宫博物院明清档案部编:《清末筹备立宪档案史料》上册,北京:中华书局,1979年,第462—468页。参事最早似设立于学部。据光绪三十二年闰四月学部拟定官制摺,该部除设丞参外,另设参事官四员,秩正五品,视郎中,佐左右参议核审事务。见《学部奏酌拟学部官制并归并国子监事宜改定额缺摺》(光绪三十二年闰四月),商务印书馆编译所:《大清新法令》第2卷,北京:商务印书馆,2011年,第63页。

❷ 中国第一历史档案馆编:《光绪宣统两朝上谕档》第34册,第230页。

可总其成，而培植使才之意，亦寓其中矣。❶

自此，外务部原有各股，不再拘泥于外语名称的含义，而是有了汇总公使报告、调查研究外交事务等职司。

同年七月二十四日（1909年9月8日），在左参议周自齐的建议下，外务部设立机要股。机要股又称新闻处，接待外国新闻记者，资助出版英文《北京日报》（The Peking Daily News）。❷

九月十五日（10月28日），外务部进一步奏请添设丞参厅额缺，将按事分司、按国分股的改革方案正式确定下来。依照其他各部成案，设丞参厅参事四缺，员外郎二缺，主事四缺，均归外务部酌补酌升，并可与其他各司官员互相迁调。❸按照此前预备立宪的设计，参事为正五品，与郎中相同。参事承尚书、侍郎之命，佐丞、参议审议拟稿，并可助理各司事务。❹

外务部建立起丞参厅总司外交，并借丞参制度保障部内人员的职业化与终身化；由四司分办各事，通过五股搜集外交信息、研究外交问题；建立起与驻外使馆之间经常性的信息交换与沟通渠道。另外，借助储才馆储备、培养外交官；经由奏调方式，从京师大学堂译学馆、驻外使馆各处选拔外交人才。可以说，到此时为止，外

---

❶《外务部摺》（宣统元年闰二月二十八日），《宫中档朱批奏摺》04-01-30-0110-023。据外务部司员吴成章在民初的记载，德国、俄国两股在此次改革中合并成德俄股。不过我未能找到相应的文件。（吴成章：《外交部沿革纪略》，第17页）

❷《随手登记档》，宣统元年七月二十四日条；《外务部摺片存底》（宣统年）；《军机处档摺件》180145。颜惠庆著，吴建雍、李宝臣、叶凤美译：《颜惠庆自传》，北京：商务印书馆，2003年，第68、71—72页；曹汝霖：《曹汝霖一生之回忆》，北京：中国大百科全书出版社，2009年，第63页。

❸《外务部摺》（宣统元年九月十五日），《军机处档摺件》181257。

❹《庆亲王奕劻等奏厘定中央各衙门官制缮单进呈摺（附清单二）》（光绪三十二年九月十六日），《清末筹备立宪档案史料》上册，第467页。

务部的各项制度与西方外交部已大体一致。较为明显的不同，只是外交官考试制度尚未建立。

四　1907年驻外使馆的改革

　　驻外使馆与外务部是清季外交的执行机构，也是外交改革的主要对象。

　　总理衙门时期外交改革的主张之一，即实现外交官内外互用，以制度保障外交官的职业化与有序上升。庚子后的外务部改制，主要对该部门组织结构、官员选任、晋升等诸多问题进行设计，并无太多内容涉及驻外使馆的改革，驻外人员的培养、选任与驻外机构的运作，依旧如故。作为外交体制组成部分的驻外使领馆，与当时日益革新的外务部及整个体制远不能适应。于是，改革驻外使领制度的呼声逐渐高涨。

（一）庚子之后驻外使馆改革的建议

　　光绪二十八年三月（1902年4月），掌河南道监察御史黄曾源上摺，建议谕令外务部急储外交人才。他通过庚子年间的事例，说明公法的效力以及利用外交手段的必要性：

> 　　前岁联军入城，其势足以为所欲为，而使馆地界，必待恩允而展拓；纵匪各员，必候朝旨而定罪；廷雍被戕，以其仇教在奉旨保教之后，坐以抗遵谕旨之罪，而全权大臣不能争，即我之国权，未为尽失。今和议既成，以势则强弱攸分，以理则所谓天不变道亦不变者。诚宜正言庄论，俾之心悦意解，然后

可以相安；不然，予取予求，欲其不我瑕疵也难矣。

黄曾源注意到，尽管中国战败，列强却并未对其任意宰割。他们拓展使馆地界、惩罚排外的官员，都有公法与法律作为依据。由此，他看到中外相安的方式，即妥善利用公法，"正言庄论"，而绝非对列强予取予求，否则，只会自贬身价，徒增外人轻视。他还看到储备外交人才的紧迫性，建议将出洋历练作为培养使才的重要内容。外务部应行使驻外参赞、随员派遣之权，使其与公使相互查考，"有统无属，各立权限"。同时，让外交官内外互用，圆融不隔。具体做法是："凡外务部额外行走人员，学习期满，则派出使随员；随员差满，坐补本部额缺；补缺三年，即充出使参赞，参赞任满升丞参，而出使大臣、本部侍郎胥由此选，其出洋不得在一国，欲其多一番见识，即增一番阅历，司员内外互用，当无不知办理交涉之人矣。"❶ 黄曾源详述的外交官"内外互用"之法，是一条符合当时通例且设计完整的外交官职业化的路径。他的建议尽管未能交外务部议覆，却反映了庚子之后清朝官员对外交官培养的一般看法。与此同时，清朝最富实权的总督袁世凯、刘坤一、张之洞也在思考外交改革之策。

当庚子年慈禧太后以国家名义向列强宣战时，南方各省督抚拒绝执行，并自行与列强达成和平协议，使其所守之土免于战事蔓延。他们与中枢经历的是另一种不同形式的外交，感受到的是另一种不同的结局。战争之前，他们曾长期参与驻外使臣的保举，参与参赞、随员的推荐，对制度特点、弊病有更切身的感知；战争之

---

❶《掌河南道监察御史黄曾源摺》（光绪二十八年三月二十三日），《军机处录副》03-5415-032。廷雍，正红旗满洲人，觉罗，主张扶植义和团，在直隶总督裕禄兵败被杀后，以布政使护理总督，后被联军处死。

后，他们开始反思，以图改弦更张，有所作为。光绪二十八年三月初八日（1902年4月15日），直隶总督袁世凯、两江总督刘坤一、两广总督张之洞联衔上奏，检讨驻外使馆的现行体制，建议变通外交官的任用方式。奏摺称言：

  窃维天下大势，几同战国。交邻之道，关系绝重，因应之当否，而事机之得失、国势之安危判焉。故环球列邦，竞长争雄，莫不于交涉人员倍加之意。其未用也，皆储之有素；其将用也，必择之綦精；其既用也，又委之甚专而任之甚久。凡居外部、膺出使各员，既设为额缺，复互相调用。其居外部者，大半曾经出使，其任出使者，率多选自外部，二者交资，轮替出入，职地虽异，事寄则同。终其身周历乎交涉之途，于本国之局势及外邦之情形，无不烂熟胸臆。而其人又率皆兼习各国语言文字，彼此联络，情志易通。遇事见几，多占先着。利则阴为规取，害则预为防维。故外部与出使两途，各国均视之极重，从无以茫昧扞格者厕其间也。

  中国今日创巨痛深，积弱已甚，列强环伺，事变难知，措注之机，讵堪偶误？权力虽难并竟，公理尚未全泯。亟宜慎选办理交涉人员，妥订章程，使其出入中外，互资阅历，事以经练而日习，材以造就而渐多，冀可得人分任，应付咸宜，潜消陵侮之萌，预杜侵削之患，时务大政，莫要于此。拟请嗣后外务部司员各缺，由出使各国大臣在所属参赞、随、译各员中，精拣久在外洋者，出具切实考语，保送外务部考察充补；如虑不敷，暂准由沿江沿海各督抚精拣曾经出洋之员，或游学或学生确有考究者，一体保送外务部酌量选用。额缺之外，可作为候补。其使馆参、随各员缺，由外务部精选品端学优、能通洋文之司员前往充补；如虑不敷，暂准由翰林、部属、府厅州县通洋文愿出洋者，呈由外务部考察，一体选派。额缺之外，亦可作为候补。概不准以洋务隔膜之人滥与其选。五年以后，人才日多，外无滥竽之参随，内无隔膜之司官，则专以使馆、外务部人员互相调补而已足矣。

至使馆参、随等员，尤宜改作实缺，久于其任。除由外务部调用及有事故遣退外，概不准出使大臣随意携带，并无故调换；有时使臣受代，所属各员仍各照旧供职。仿照各国遣使通例，立限给假休息，派员代理，缺俸仍旧，假满复充。三载考绩，按书记、翻译、随员、领事、参赞等缺，择取卓异，依次递升；出使大臣有缺，亦可于参赞中遴员请简。务使人人久于所事，情壹志专，得以考究所驻之国风土人情，及一切政治利弊与其意向动静，随时刺探，详报外务部，庶外务部与使员呼吸相通，气脉贯注，虽隔万里，如聚一堂，自可内外协谋，算无遗策。而出洋各员更事既多，历时既久，不但胜任愉快，且可应变适机，其无形之维持与随时之补救，裨益尤非浅鲜。❶

袁世凯、刘坤一、张之洞是当时清朝权势最煊赫、参与外交事务最多，同时也是最具政治眼光的三位总督。他们联衔递上外交改革的奏摺之后，光绪帝朱批"所陈甚是，着外务部查照办理"。❷

三大总督的核心意思，仍是主张驻外外交官应设缺额，应久于其任，外务部与出使人员应互相调用。他们提出了两条大的改革意

---

❶《变通外部及出使人员章程摺》（光绪二十八年三月初八日），《刘坤一遗集》第3册，北京：中华书局，1959年，第1335—1337页。多处标点与原文不同，为笔者所改。

❷《随手登记档》，光绪二十八年三月二十九日条。

见:第一,驻外使馆的参赞、随员等职位由外务部选派,终结此前由驻外公使随意奏调使馆属员的做法,且须派"品端学优、能通洋文"的本部司员担任;第二,驻外使馆参赞、随员,一律设置为专门缺额,建立行之有常的考绩制度,使他们能在外交官体系内循阶依次升迁。

该摺的处理意见是交部"查照办理",落实起来充满弹性,故外务部对奏摺中具体建议避而未行。这里存在的疑问是,由外务部掌握参赞、随员任命之权,外交官内外互用,这些是国际通行之例,不但对外交发展有利,也对外务部有利,为何得不到外务部的回应?外务部又为何不主动提出类似条陈?

关于这一问题,黄曾源在前引奏摺中分析说,"我之使臣以为不便于己也,则以一事权为辞;而总署但求无事,亦不复苛以章程。于是出使参随多系外省闲员,假图保举,而外务部与使署已形隔阂"。他将其中缘由归结为驻外公使图一己之利,总理衙门无为而治,对此不愿革新。然事实上原因未必如此。

前章已述,中法战争之后,随着国内风气的日渐开放及官场的日形拥挤,越来越多的人麇集钻营驻外参赞、随员这些保奖优厚、门槛较低的差使。公使之下的使团成员比照汉代出使绝域者"自辟僚属"的方式进行选任,每当新公使的任命公布之时,请托的"条子"便充塞门庭。这些条子的主要来源之一,就是总理衙门的堂司两级官员。❶在人事任命及业务来往上,总理衙门对驻外公使虽无上司之名,但有统属之实。故总理衙门官员递给驻外公使的"条子",也就最难推辞。公使奏调参赞、随员,半是替人作嫁;使团

---

❶ 《复钦差德俄奥和国大臣洪》(光绪十五年五月十七日),顾廷龙、戴逸主编:《李鸿章全集》第34册,第551页。

成员任用与否，常也由不得公使本人。❶故就此而言，总理衙门及后来的外务部官员，都是这种特殊人事制度的受益者。

对于总理衙门、外务部司官而言，他们考取章京，是为了得到劳绩保奖，便利仕途升迁。总理衙门两年一届的劳绩保奖，可保"无论题选咨留"等众多花样，可保记名海关道，甚至可保送四五品京堂；而驻外使馆参赞、随员，三年才能保奖一次，又限制保举京职，更无法保举记名海关道一类的优缺。外务部取消了司员保奖，但他们俸廉优厚、出路较多，仍比驻外人员获得更多优遇。因此，总理衙门章京及外务部司员，都缺乏出国任差的动力。此外，相对外务部繁多的日常事务而言，其设置的4名丞参、24名额内及24名额外司员的员额，并不宽裕，每人皆承担较多的日常政务，特别是担任主稿、掌印的司员，更是无法分身。因此，总理衙门及外务部虽有司员外任参赞、随员的制度规定，然在实际中，正如张元济后来所说，"惟每馆或仅派一人，或未派往"。❷

外务部已清晰地意识到改革的必要，也明白改革的方向。当改而不改，因为其中牵涉既存的利益，也因为部内员额有限，能用之人太少。

驻外制度实质性改革，开始于光绪三十二年（1906）。促成改革的，主要是前总理衙门章京及当时的驻外公使这些距离制度最近的中层官员。上文已述，张元济在光绪三十二年经外务部奏调任

---

❶ 光绪二十三年，新任驻美公使伍廷芳邀梁启超赴美任参赞，梁启超在给友人信中称："伍秩庸苦相邀，以二等参赞相待，顷已应之，颇欲要挟之，令多带同志一二人，惟彼自言初放日即有条子三百余，恐不能容也。惟彼来苦相邀一不送条子之人，亦难得矣。"（丁文江、赵丰田编：《梁启超年谱长编》，第54—55页）可见，没有"条子"而能被公使奏调成为使团成员，是非常少见的。

❷《外务部摺》（光绪三十二年闰四月二十二日），《军机处录副》03-5459-159；《代外务部拟办理储才馆事宜奏摺》（1906年6月13日），《张元济全集》第5卷，第128页。

职，设计改革。张受奕劻和瞿鸿禨信任，替外务部草拟了详细的储才馆章程及改革奏议，大幅调整外交官选任方式，规范其培养程序。他在奏折中提出驻外人员选用的基本原则，称："各国使署参赞、领事、随员、翻译，向章可由臣部司员充当，惟每馆或仅派一人，或未派往，嗣后各国使署所有参赞、领事、随员、翻译，应专用臣部所调人员充补。"❶在张元济的主张下，外务部开始考虑收回驻外人员的任命权，压缩公使的人事自主性，同时贯彻此前多次提及的内外互用的用人原则。

（二）驻外公使的主张

张元济的改革方案，引发驻外公使的共鸣，得到驻英公使汪大燮、驻法公使刘式训的全力支持，他们设计出具体可行的实施方案。

汪大燮是总理衙门章京出身，曾担任总理衙门大臣张荫桓幕僚，后历任驻日留学生监督、外务部左参议、驻英公使的职务，是当时少有的专任于外交界、同时有过内外互用经历的外交官。就任公使之后，汪频繁参加外事活动，借此考察西方各国外交行为与外交制度。和三十年前略通英文的公使曾纪泽不同的是，汪在频繁的对外交流中，更强烈意识到公使精通外语、避免交往隔膜的必要。❷在日常办公与交涉中，汪大燮注意观察参赞与翻译人员的语

---

❶《外务部折》（光绪三十二年闰四月二十二日），《军机处录副》03-5459-159；《代外务部拟办理储才馆事宜奏折》（1906年6月13日），《张元济全集》第5卷，第128页。

❷ 曾纪泽主张驻外使节不必通外语，他认为"通洋文、洋语、洋学，与办洋务系截然两事。办洋务以熟于条约，熟于公事为要，不必侵占翻译之职"。（刘志惠点校：《曾纪泽日记》中册，第775—776页）曾的主张，提出于科举时代，有其特殊的背景。在当时情况下，士人只有通过科考获得出身，才能正大地迈入仕途。这一过程，已耗费士人大量时间与精力，错过了外语学习的最好年龄。

言能力。他惊异地发现，无论是留美幼童唐绍仪，还是同文馆的一流翻译官周自齐、陈贻范，其英语能力均无法胜任交涉所需。这让他大受刺激。❶ 与此同时，汪从使馆人员及外国同行那里得知其前任罗丰禄、张德彝的种种劣迹和无所作为，他亦深切体会到，使臣如果仅限于通晓外语，则情况可能更坏。❷ 一段时间的观察研究后，汪清晰地看到本国外交制度与西方的差距，多次表达外务部及驻外使馆亟须改革这一意见，他对张元济调入外务部主持改革，寄予厚望。❸

为呼应张的设想，汪大燮草拟详细的改革奏摺。❹ 该摺题为"密陈外人对待中国情形并请广储人材"。❺ 据他日后写给汪康年的信函，我们可以推测其摺中的改革主张：重视培养和储备使才，且将此作为一项长期努力的目标。培养外交人才，应参照以下标准：第一，对外语必须非常精通，而不能停留在同文馆学生那样的程度上。为凸显外语能力在外交官素质中的地位，不通英文的他甚至在奏摺中自行请求辞去驻英公使。第二，他提出，外交官须接受规

---

❶《汪大燮致汪康年》（光绪三十二年九月初九日），上海图书馆编：《汪康年师友书札》第1册，第883—885页。

❷ 汪大燮对罗、张在任期间的作为很不满，称"此间使馆从前名声之坏，实不忍闻"。见《汪大燮致汪康年》（光绪三十二年二月初七日），上海图书馆编：《汪康年师友书札》第1册，第842—843页。

❸ 汪大燮在听说张元济奏调外务部办事后，致函汪康年询问细节："菊生到京，闻外务部奏调留部，自必有所建白，能无阻力否？各使馆改良，外交方有起色。事急矣，谁欤成此大功者？"见《汪大燮致汪康年》（光绪三十二年五月初七日），上海图书馆编：《汪康年师友书札》第1册，第847页。

❹ 汪大燮在给汪康年信中称："菊生入京，闻有条陈外部改良事，能行否？已行否？外部不改良，使馆不改良，则外交终无起色。兄有条陈使馆改良摺，虽空论，然大意已包含在内。此事蓄意已久，初因政未毕，继有西班牙之行，故月初始发，到后如何情形，望探视。"见《汪大燮致汪康年》（光绪三十二年五月二十日），上海图书馆编：《汪康年师友书札》第1册，第853—854页。

❺《随手登记档》，光绪三十二年七月十六日条。

范的使职教育,明白使臣职责、交涉方式、国际公法等诸多内容。第三,使才必须"体面",应具备相应品格、气质,外交界应斥退"恶劣""鄙陋"之人。他强调,精通外语是使才必要素质,然绝非最重要的素质。❶

就在汪大燮密摺上陈后不久,驻法公使刘式训也呈递了外交改革的奏摺。刘为江苏南汇人,由上海广方言馆送京师同文馆学习法文,光绪二十年(1894)经龚照瑗咨调,任驻德使馆法文学生,后升任驻德、驻俄翻译官、参赞。光绪三十一年(1905),经驻法公使孙宝琦保举,以使才存记,随后出任驻法国兼西班牙、葡萄牙公使。

奏摺首先论述西方驻外使节任用通例,称言"窃维办理外交,以使臣为耳目,职任綦重,泰西外交官名为'谛伯',罗马译言机变,别为专途,终身不改。其头二等驻使悉系参、随出身,循资递升,造官途之极级,出则代表一国,入为外部尚书侍郎,其养之有素用之特专,而推崇之亦备极优隆,故能雍容坛坫,为国增光而收效宏远"。紧接着,刘式训比对中国情形称言:"中国与东西洋通使垂三十年,而未设外交专途,向择通达时务者保荐使才,临时开单请简。故使臣之初莅任也,人地生疏,于例行事宜仅免陨越,迨历练稍久,声气略通,官绅寅寮联络甫行浃洽,而瓜期已届,受代以去,新任又复如是。虽无失败之迹,而暗中之受亏已觉不少。"中国缺乏外交官养成机制,新使臣临时选任,皆不熟业务;等到甫熟业务,则须离开岗位。为革此弊端,刘式训建议,"嗣后出使大臣专以外务部侍郎、丞、参及各馆之资深参赞开单请旨简放",且其

---

❶ 《汪大燮致汪康年》(光绪三十二年九月初九日),上海图书馆编:《汪康年师友书札》第1册,第870、883—885页。

任期不拘泥于三年。不称职者随时撤换，胜任者则在回国述职后，继续留任。刘希望使臣由此可"久于其任，有所展布"，"临事可收熟手之效"。

刘式训在奏摺中尤其注重作为公使后备人员、使馆主力的参赞、随员的培养，将他们称作"使臣之指臂"，"他日使才之所由出"。他详细介绍法国制度，指出其公使、参赞、领事、随员、翻译，"皆系经制之官，设有定额，循资择尤保升"。部中重要职务，必须由曾任公使、参赞、领事者充当。因此，"其历练久、任用专，外部与出使人员互相表里，互相迁转，故人人适于用而事无隔膜"。反观中国，各馆参随多由使臣自行奏调，"既非专门，难遽得力；三年造就，甫有可观而差满回华，即分驰他就"。由此导致数十年过去，而外交人才寥寥无几。因外交设置专官，牵涉面太广，刘式训建议，"先行变通办理，以为广储使才地步"。具体的操作步骤是，由外务部在中学毕业的世家子弟中，挑选习谙外语而志趣高尚者，录充"外交生"，安排在外务部各司学习公事。学习期满，保奖以外务部司员候补，不得保升其他部门、其他官阶。使臣奉命出洋，专调外交生作为随员。各等参赞，只能遴调外务部候补郎中、员外郎、主事，使其在洋历练，兼习西文与普通公法。刘式训希望由此做到外交官"出为使馆人员，入供外部差遣。既有专途，斯有专员，数年以后可无乏才之虑"。对于现有的参赞、随员，如果他们不能学习西文、公法，则在届满之后，保举外官，使其不与外交专途专员冲突。❶

刘式训的奏摺提出了外交官职业化的可行步骤：对于公使之下的外交官，由外务部招考外交生，在部学习公事，在外任使馆随

---

❶《申报》1906年9月10日，第2版。

员，学习期满，补外务部候补主事。此后，参赞专门从外务部司员中选派，不再由公使任意奏调。对于驻外公使，变革以往保举记名、届期开单候选的方式，改为专用外务部侍郎、丞参或驻外使馆的资深参赞。

除涉及公使、参赞、随员的培养和选任之外，刘式训还附片建议各使馆应设置武官。清朝驻外使馆仿总理衙门，也有武弁员额，但武弁地位低下，主要负责传送文件等杂役。驻朝公使徐寿朋曾经提出，使馆差弁如从武备水师学堂的学生中调取，则可派充武随员，令其考求所驻国兵制。这是首次提出设置驻外武官的建议，然并未被认真执行。❶刘式训在国外时间较长，对驻外武官制度有较全面认识，他在摺片中称言："欧美各大国使馆皆设武随员，由兵部拣派附列出使人员，得享外交官优异权利，借以考查军备，默察变迁。遇有大操，即派令随营阅历，以收知己知彼之效。窃思练兵处创练新军，厘定全国划一兵制，在在均资考求，以臻美善。"为此，他建议"宜由练兵处酌筹经费，拣派副将以下，通晓西文之员分驻各馆充当武随员，以一员兼英法，以一员兼俄德，而美日各置一员，平时讲求军政，就地调查，遇有大操，派令赴阅，以资历练而示联络"。❷

（三）外务部对改革意见的议覆

刘式训所上摺片，上谕命外务部议奏。❸外务部当时正在筹设储才馆，推动本部改革。在参考汪大燮、刘式训两人意见之后，于当年十二月十二日（1907年1月25日）上奏，提出了新的改革方

---

❶ 王会厘：《皇朝职官志》卷11，"出使外洋各国大臣"。
❷ 《申报》1906年9月10日，第2—3版。
❸ 《军机处交片》（光绪三十二年八月），《外交档案》02-12-023-02-044。

案。奏摺首段阐明改革的核心思想："外交为重要之图，使才尤当务之急，非出入中外，无以资阅历；非设立员缺，无以励人才。诚有如该大臣原奏所云，不得不酌量变通。"

对于刘式训提出改变驻外公使选任方式的建议，外务部回复称："遣派使臣，必欲其得主国之尊崇，受同僚之敬慕，而后可以增光坛坫，折冲樽俎，各国头等公使代表本国君主，秩同外部尚书；二等公使代表政府，秩同外部侍郎。拟请嗣后简派各国二等公使，定为二品实官，届时由臣部将历充外国参赞随员多年及通晓外国语言文字之合格人员，开单请简，三年一任。任满回国后，候旨简用。如办理交涉得力，不妨接充联任，恳恩晋秩增俸，俾终身于外交一途，以尽其才。"同时，"出使大臣办理交涉得力者，三年任满，亦准给假回国，假满回任，俾得久于其职，驾轻就熟"。

关于参赞、领事、随员的培养和任用，外务部回复："参领各员，欲除任意调用之弊，非由部内外调用不可。然部中缺少，各馆人多，势难调剂适合。拟于各使馆设立参赞、领事、书记、通译等各员缺，皆由臣部奏补派往各馆。"首先甄别现任各馆人员，"将各馆通晓外国语言文字及政治、法律、商务、理财等科研究有得人员，详阅员名履历，出具切实考语送部，由臣等复查无异，再行奏补各缺"。对于此后的人员任用，外务部称："以后使馆参领等各缺，应由臣部及储才馆中合格人员调充，其所遗部中各缺，即由各馆中调部人员补授，各馆人员均不得由出使大臣任意调用。"由于外务部已设置储才馆，选派留学生及译学馆学生入馆学习，因此外务部对刘式训提出的招考世家子弟作为外交生的建议，未予采纳。

由于公使、参赞、随员等驻外外交官由差使改为官缺，因此，附着于差的劳绩保奖也就同时停止。外务部奏摺称："各馆人员均不得由出使大臣任意调用，三年保奖旧例亦一律停止。"

除此之外，外务部为驻外使馆的公使、领事、参赞、书记官、通译官（翻译官）设置品级、员额，并规定薪俸。派驻各使馆人员必须"熟习公事及谙晓所驻国之通用语言文字"，如果员额不足，则由外务部谙练公事的司员前往试署，待该馆遴选合格之员，再将外务部人员抽换。对于刘式训提出的派出驻外武官的建议，则交陆军部奏定派遣。❶

上述书记官即使馆随员，通译官即翻译官。商务委员负责稽查外国商务及金银市价，将这些信息随时禀报外务部和农工商部。除此之外，各使馆医官由外务部咨取医学堂卒业生酌量派往，或由出使大臣自行选调带往，供事则由出使大臣向外务部咨取派往。医官、供事不列入外交官序列，仍属于差使，准在三年期满后酌保外官，但不能保外务部及使馆官职。到次年四月，外务部又奏请将驻外使馆的供事改为书记生，定为秩八品的缺额，并进一步完善了外交官品级与员额的设定。❷

历经光绪三十二年改革，清朝驻外使馆外交官制度趋向完善与成熟。驻外使馆外交官终于摆脱了清朝体制中差使依附于职缺的宿命。在使馆中任职者，再不能指望三年任满后，回国获"异常劳绩"保奖而快速升迁。而有心在外交界效力者，则有了在外交领域久于其任与循阶上升的途径，外交官逐渐实现了内外互用。在使馆的人员任命上，外务部取得了参赞、随员、领事的任用权力，驻外公使上任之时，不必担心"条子"满天飞的情形，将出使作为仕途捷径的风气也失去制度依托。

不过，外交制度中一些重要问题仍未得到解决。例如，对于清

---

❶ 《外务部奏议覆出使法国大臣刘奏请变通出使章程摺并清单》（光绪三十二年十二月十二日），商务印书馆编译所：《大清新法令》第2卷，第256—261页。
❷ 《外务部片》（光绪三十三年四月初二日），《军机处录副》03-5095-011。

朝外交官在外的职责，人们只是有着模糊概念；关于外交官培养，外务部虽设有储才馆，但该馆章程为张元济一手设计，该馆尚未开办，张即离京，实际事务由陈懋鼎负责，章程中的细节实难以一一落实，无法像当初预设的那样，为外务部和驻外使馆培养足够的外交人才。而京师大学堂译学馆虽然重视外语训练，但管学者对该馆的培养目标、方案、学生出路都缺乏长久考虑，因此仅办五届而终止，进入外务部成为翻译官、外交官的人数非常有限。在这种情况之下，外语能力优秀、同时又能精通业务的外交官难以接续。

于是，外交界改革的呼声再次响起。

（四）出使章程的改定与制度完善

光绪三十二年的外交制度改革，与前总理衙门章京张元济、汪大燮关系密切；此后再次呼吁外交改革的陈名侃，同样出身总理衙门章京。

光绪三十四年九月二十九日（1908年10月23日），为应对九年后即将到来的宪政，清朝颁布上谕，要求各在京机构就所管事宜拟定未来九年的应有办法，在半年内开列奏明。上谕特意提及外务部"职在考查外事，作养使才"，要求该部将职司事宜拟定细则后，交宪政编查馆会同复核，请旨遵行，"以专责成而杜迁延"。❶

上谕颁布之后，都察院副都御史陈名侃于次年二月（1909年3月）上奏，条陈外交改革事宜。陈字梦陶，江苏江阴人，光绪十年（1884）起即担任总理衙门章京，后升总办。庚子时留守北京，外务部成立后任左参议、右丞、左丞，因受排挤而改任宗人府丞，不久升都察院副都御史。当时，清朝为筹备立宪，先后两次派团出

---

❶ 中国第一历史档案馆编：《光绪宣统两朝上谕档》第34册，第230页。

洋，考察宪政。由此，陈名侃深感驻外公使失于职守，对外事缺乏深入研究。他结合在总理衙门和外务部的任职经历与体会，建议深入外交改革，制定明确章程，划定公使职守，严格选拔外交官。❶闰二月二十八日（4月18日），外务部出奏本部九年筹备事宜，对驻外使馆制度再次进行变革，其宗旨称：

> 臣部掌邦交，盱衡国际，窃维外交、内治，其政策固隐相维系，其情势有未易强同。查东西立宪各邦，凡外交人才，恒别储为专门之选，外交条件不轻付诸议院之中，诚以事属权宜，既未便相绳以成例，事关秘密，更未可尽喻于国民，故内政可以循序图功，而外交必须因时适变。苟为胶柱而鼓瑟，将如治茧而纷丝。至若改正条约，收回治外法权诸大端，主权所系，即宪政所关，尤应殚思竭虑，设法图维，但其事既非一蹴可几，其效亦难克期而待，惟有恪遵谕旨，先从考查外事，作养使才入手，以期协和中外，日起有功。❷

从奏摺所阐释的宗旨来看，外务部官员的认知较此前有很大的提高。面对克期施行宪政的形势，外务部将修改不平等条约、收回治外法权作为重要的努力目标，且认识到要达到上述目标，只有循序渐进，从考察外事和培养使才入手。针对上谕和陈名侃奏摺中提及的改革建议，外务部拟定了更为细致和可行的章程。具体言之，章程内容可分为两条：

---

❶《都察院副都御史陈名侃摺》（宣统元年二月十一日），《军机处录副》03-7472-004。陈摺递上后，上谕"着外务部知道。"（中国第一历史档案馆编：《光绪宣统两朝上谕档》第35册，第60页）

❷《外务部摺》（宣统元年闰二月二十八日），《宫中档朱批奏摺》04-01-30-0110-023。

第一，探访情报，定期提交出使报告。

本来，探访情报、保护侨民是清朝向海外遣使的两大主因，总理衙门曾规定，公使须以日记形式记录在外见闻，回国后上交备查。❶ 由于公使只是兼差，他们任差之前多在与外交无关的领域，故公使日记缺乏一种职业眼光，往往眩惑于海外奇闻，而不能对所驻国的制度、风俗进行深入探究和记录，一部部的出使日记在后来就成为大同小异的"述奇"之作，总理衙门对出使日记便不再重视，上交出使日记的定章逐渐成为具文。❷

光绪二十四年三月，前总理衙门总办章京袁昶曾建议公使提交出使日记，应"申明定章，以肃使规"，虽然得到军机处肯定，但实际并未执行。❸ 陈名侃认为，公使在外，"访问外情，尤为紧要关键"。他注意到"外使之驻扎吾国者，举凡吾国情形，莫不随时随事探察报告，故其政府遇有与我交涉事件，易于因应"，因此他主张由使臣将所驻国"一切内政外交、物产、人情、风俗兴替转移之故，分别门类，详细查察，按月限期摘要报部"，使国内主政者，对世界大势不至于产生隔膜，留心时事的士人，也可借此学习。❹

外务部在奏摺中，对出使报告章程进行了更详细的设计。奏摺

---

❶ 光绪三年十一月初一日，总理衙门曾上奏，请饬令公使定期提交出使日记。奏片全文见《申报》1879年1月3日，第5版。另在《随手登记档》光绪三年十一月初一日条有存目。参见本书"导言"第三节。

❷ 曾任总理衙门章京、外务部司员的唐文治曾评论出使日记，称："出洋日记，近人所著，首推郭嵩焘之《使西纪程》、薛福成之《四国日记》，第郭书简略，未经完备；薛书则多系绅绎报章，无关宏谊。"（唐文治：《英轺日记》，凡例第1页）此评论切中要领，当时多数的公使日记，除了记录他们眼中的奇事，就是抄录报章内容。

❸ 袁昶：《议覆寄谕事件条陈一卷》，上海图书馆藏，第22—23页；《军机处摺》（光绪二十四年七月二十九日），《军机处录副》03-5616-040。

❹ 陈名侃与袁昶是总理衙门同事，二人又有姻亲关系。因此，袁昶十年前的建议很可能启发了陈名侃。

先引古意，论述使臣职责"原于交邻之中，寓有觇国之意"。❶关于出使报告的编写和提交，外务部拟定章程五章十四条，令公使定期报告所驻国政情，具体包括关乎该国国内的事件、关乎该国与中国关系的事件、关乎该国与他国关系的事件。出使报告具体分作外交、政治、军务、商务、学务五类，分别由公使、领事及商务委员、海陆军随员、留学监督完成，按季汇报，其中关于军事、商务、学界报告，除提交外务部之外，还咨送相关各部，均随时编辑刊布，择要进呈。❷至此，外交官随时探访情报、定期提交报告的职守有了制度规范。

第二，培养通译生。

与其旧日同事汪大燮、张元济的想法类似，陈名侃对驻外使臣提出了四个标准：中学完备、心术端正、兼通一二外国语言文字、熟悉各国普通法律者。他认为，如果使才不能满足这些条件，则在任命时毋庸开单备选。如果能办理交涉，但不熟悉外国语言文字，则不宜于外交而宜于内应。针对陈名侃所提建议，外务部给出了更加具体可行的方案。外务部不再像此前改革那样，规定从何处奏调合格人才，而是力图用可行的方式培养外交人才，增设驻外使馆的"通译生"，从"通译生"中逐渐培养合格的外交人才。

奏摺称言："参赞以下试署各员，或由臣部奏请，或由出使大臣商明臣部调用，暂为人地相需起见，衔缺或不相当。夫破格所以待材能，循资亦以深阅历，考东西各国外交官制，试用既严，而调转升迁又往往使终其身。于外交之事，惟其历练既深，故能因应悉

---

❶ 《外务部摺》（宣统元年闰二月二十八日），《宫中档朱批奏摺》04-01-30-0110-023。
❷ 商务印书馆编译所：《大清新法令》第6卷，北京：商务印书馆，2011年，第12—17页。该书所收《出使报告章程》产生时间为宣统元年五月，实际应为宣统元年闰二月二十八日。见《随手登记档》该日条。

当。"这里检讨此前改革方案中奏调之法,不过是权宜之计,并不能行之久远。为解决这一问题,源源不断地产生使才,只有让"出使各员皆得如东西各国之调转升迁,不离所学,俾扬历中外,周知时务"。他们将注意力集中到驻外使馆的初级人员——"通译生"身上。奏摺称,此前的使馆学生"视同微细,遂乏取材",现在设立通译生,"亦为储养使才之基础",外务部拟请令各驻外公使"于此项通译生加意栽植,使皆明习公法,深晓方言,以为序补交涉各员之预备"。

清朝驻外使团的组成人员,自始就包括学生一类。他们与参赞、随员一样,多为公使或朝中大员的亲属、故旧。其出使动机,不过为三年期满,获得劳绩保奖。光绪三十二年(1906)外务部改变出使章程之后,驻外使馆明确参赞、通译官数额,不再设置使馆学生。光绪三十四年十月,为应对改革后出现的新情况,驻英公使李经方添设使馆"通译生"两名。在给外务部咨文中,李经方称,由于使馆不再设置学生,其他各员人手有限,遇到在馆人员升调或回国的情况时,公事就缺人经手。因此,拟在使馆设立通译生,让他们在署学习处理外交文牍及交涉事宜,暂代出缺之员。❶外务部顺水推舟,将通译生的设置制度化,同时规定通译生由外务部派遣,并为此拟定专门培养的章程。其规则称:"各馆通译生,应由出使大臣严定课程,令以一半功夫入学堂肄业,习法政文学,一半学习办公,三年期满,送部考验合格,奏请以三等通译官候补。"与京师同文馆译学馆学生相比,驻外使馆通译生在外语学习上有更好的环境,且有实际历练公事的机会;与一般留学生相比,使馆通

---

❶《出使英国大臣李经方文》(光绪三十四年十月初一日收),《外交档案》02-12-014-01-025。

译生的训练更具针对性，因此，设立通译生成为培养外交官的一条更可行的路径。

表7-2 驻外外交官品级与薪俸（1907年后）

品级	驻外职官	月薪（两库平银）	同品级外务部职官
一品	头等出使大臣	1400	尚书
二品	二等出使大臣	1000	侍郎
三品	三等出使大臣	800	左右丞
	头等参赞	500	
四品	总领事	500	左右参议
	二等参赞	400	
五品	头等通译官、领事	400	丞参厅参事 各司郎中 各司员外郎
	商务委员		
	三等参赞官、二等通译官、副领事、一等书记官	300	
六品	二等书记官	240	各司主事
七品	三等书记官	200	七品小京官
八品	书记生		

资料来源：商务印书馆编译所：《外务部奏议覆出使法国大臣刘奏请变通出使章程摺并清单》（光绪三十二年十二月十二日），《大清新法令》第2卷，第256—261页。

对于晚清外务部的成立，人们习惯用"加深了中国半殖民地化的程度"这一类话语进行评价，若从列强改组总理衙门的主观要求和外务部成立经过来看，这种判断大致不差；但若从外务部对晚清政治制度特别是对职业外交官的养成所发挥的客观作用和影响而言，上述判断则过于片面。

外务部对职业外交官养成的影响，主要通过下述制度设计来体现。

首先，外务部延续总理衙门制度，摈斥胥吏而使用司员办事，这使得外务部避开了六部成例，成为首先任用官员而非胥吏办理日常事务的中央事务机构。

其次，外务部为官员设立专职，进入外务部的总理衙门章京皆得以开去原缺，专办外务部事务。同时，相应废止了与章京差使关联的保奖制度，该制度的存在导致总理衙门章京皆以保奖升迁本职作为入署办事的动机；即便部分章京有意久任交涉之事，两年一届的保奖也会促使其本职不断升迁，以至于他们办理外交的经历，最终多以外任道府各缺而告终。外务部专职的设立、保奖制度的废除，改变了总理衙门章京之差依附于内阁、六部职缺的窘境，同时也改变了京官为求本职上升而争相投考章京、又在任差数年之后努力寻求外任的局面。

第三，外务部设立三四品的左右丞与左右参议之职，规定郎中、员外郎可升任左右参议，并可进一步升任左右丞，左右丞则可提升本部侍郎。这种制度设计打破了横亘在总理衙门、六部的堂司两级官员之间的障碍，为外务部司员久于其任提供了一项制度性的保障。能力出众的官员，有机会经主事、员外郎、郎中的阶梯一步步成长，逐级迁至丞参，甚至进一步升任外务部侍郎。这是一条外交职业化的道路，对于职业外交官的养成，意义重大。

设置于各国的驻外使馆，是清朝外交机构的另一重要系统，因人事、业务的特殊关系，其改革伴随外务部改革而逐渐深入，是整个外交制度革新中必不可少的一环。驻外使馆制度的改革，大体围绕以下两方面展开。

首先是内外互用制度的确立。规定使馆参赞、领事等人员，应由外务部及储才馆中合格人员调充。而部中各缺，亦由驻外使馆中调部人员补授，这使得外交官有理想的实践和历练经历，不再有内外的隔膜。其次是驻外人员改差为缺。驻外外交官打破过去三年一任的局限，有久任机会，不再像此前一样，将驻外工作当成临时差使；改差为缺，也避免新使臣不熟业务，一旦熟悉业务，即抽身离任的尴尬局面。伴随差的身份消失的，还有所谓劳绩保奖。参赞、书记官、通译官，不再是为换取些微升阶去凑足保奖年岁的工具，制度保障有利于他们将各自工作当毕生事业来经营。附丽于差的劳绩保奖一旦消失，公使奏调下属的权力也就不再诱人。驻外人员任用权收归外务部，也有利于外交官内外调用、圆融互通。最后，定期上交详尽、针对性强的出使报告，使得使职进一步明确，外务部政策制定也能有的放矢；通译生培养方案，相较于留学生、译学馆，是一条更为可靠的造就职业外交官的新途。

晚清外交改革，从制度设计上看，全面且深入。除个别问题如外交官选拔，仍缺乏具体、理性的方案之外，相较于当时世界各国的通行制度而言，已臻于完善。下文将通过外交官来源、嬗替的具体事例，考察以上制度设计的实施及其效果。

第 8 章

外务部官员

辛丑（1901）之后，总理衙门改组为外务部，设置堂司官员，改差使为实缺。到光绪三十二年（1906），伴随清朝丙午官制改革，外务部将原考试章京之法改为奏调，随后实施内外互用，以储才馆选任、储备外交人才等诸多举措。以上两步骤的变革，逐渐改变外务部组成人员的结构，由此而影响到该部门日常运作与功能发挥。本章希望经由诸多具体数据及事例的分析，探讨清季十年间外务部官员的培养、选用、来源与去向等系列问题，思考外务部组成人员结构变动及其可能的影响。

一 外务部大臣

总理衙门时期，该部门主管官员人数不定，少则三位，最多时达十一人。尽管他们的本职各有等差，但其所兼总理衙门大臣差使却无区别。这一结构的最大弊端是权力不明、责任不清，习于因循而缺乏主动。清朝中央六部同样存在这一问题：六部设满汉尚书各一，侍郎各二，另有不定时派出的管部大学士，主官多达六七位。这一结构设计，便利主管官员以及满汉之间互相牵制，无法挑战皇权，运作效能却也由此牺牲。戊戌变法时期,总理衙门章京张元济注意到,"以数人共一事,意见不同,必至无一人办事而后止",为此他上递一条陈,建议各部"只设堂官一人,为之副者一人,受堂官节制"。❶

总理衙门改组之时,列强要求,更改其名称为外务部,设总理大臣一人;会办大臣二人,其中一为军机大臣、一为尚书;侍郎二人,侍郎中须有一人熟悉泰西语言文字。❷照会核心内容后被写入《辛丑条约》第十二款,并以附件的形式落实。❸

外务部改制,仍然是在原有权力结构下进行的设计和调整,尽管其首长地位高于六部,且人数较之前总理衙门与六部而言有所减少,然集体负责的旧制并未完全改变。光绪三十二年官制改革期间,清朝重新设立中央各部,其改制《通则清单》前两条称:"各部尚书一人,总理本部所属主管事务,担负责任,为全部之长官","各部左侍郎一人、右侍郎一人,赞助尚书整理部务,兼监督本部厅司各员"。❹这与宪政国家责任内阁的设计已大体相同。然外务部上层人事结构因受制于《辛丑条约》的规定,在此次改革中反一仍旧制,未作任何改变。❺也就是说,外务部仍实行集体负责的制度。

在1911年清朝建立责任内阁之前,外务部堂官的设置一直遵循《辛丑条约》的细则规定。其中,总理大臣始终由奕劻担任。会

---

❶《总理各国事务衙门章京张元济摺》(光绪二十四年七月二十日),《张元济全集》第5册,第113页。
❷《全权大臣庆亲王等咨·照钞日国葛使照会》(光绪二十七年三月),国家档案局明清档案馆编:《义和团档案史料》下册,第1125页。
❸ 王铁崖主编:《中外旧约章汇编》第1册,第1008、1023页。
❹《庆亲王奕劻等奏厘定中央各衙门官制缮单进呈摺(附清单二)》(光绪三十二年九月十六日),《清末筹备立宪档案史料》上册,第466页。
❺《裁定奕劻等核拟中央各衙门官制谕》(光绪三十二年九月二十日),《清末筹备立宪档案史料》上册,第471页。尽管改革方案建议由各部尚书总理部务,侍郎只起赞助作用,但是上谕对此并未回应。各部奏议,似仍须"全堂画诺"。

办大臣先后有王文韶、那桐二人。会办大臣兼尚书则先后由瞿鸿禨、吕海寰、袁世凯、梁敦彦、邹嘉来担任。王文韶为军机大臣，那桐由户部尚书改任，二人在此之前都曾做过总理衙门大臣。担任尚书的几人中，瞿鸿禨是外务部改制时为迎合列强条件，由军机大臣、工部尚书改任，袁世凯则是填补瞿鸿禨走后所留下的空缺。前后嬗替，与高层政治斗争牵连颇深。❶ 其他外务部尚书，如吕海寰、梁敦彦、邹嘉来，或为前驻外公使，或由本部参议、丞、侍郎循级升迁而至。

这一时期担任外务部侍郎者十二人，其中，那桐为前总理衙门大臣，由户部右侍郎署理外务部左侍郎。吕海寰为卸任驻德公使，并未实就侍郎之任。徐寿朋、联芳两人，是外务部改制时根据列强所提条件而简任的。其他人或由左、右丞循级升任，或由驻外公使回国后担任，是外交制度改革的结果，体现外交官职业化的大趋势。❷

二 丞与参议

外务部丞参的设立，在因品级等差而生出的堂、司两级官员间的鸿沟之上，搭建了桥梁，司员在部门可内循级升迁，因此也有了借以久任的途径。科举选官之下，出现了职业官员的养成模式。此

---

❶ 光绪三十三年（1907）官制改革后，瞿鸿禨等筹谋排斥奕劻、袁世凯等人，后被袁授意的御史恽毓鼎参劾而遭到罢免。此后，吕海寰一度任外务部会办大臣兼尚书，然吕长期在沪谈判商约，在京背景较浅。不久即改由瞿的对手袁世凯任会办大臣兼尚书一职。
❷ 这十二人为徐寿朋、吕海寰、那桐、联芳、顾肇新、胡惟德、伍廷芳、唐绍仪、汪大燮、梁敦彦、邹嘉来、曹汝霖。

后，新成立的中央各部，纷纷仿效外务部制度，设立丞参职位，便于本部司官向上迁转。

根据外务部章程的设计，左右丞、左右参议承担总理衙门总办章京的职掌。左右丞缺出时，将左右参议开单，奏请简放；左右参议缺出，则由堂官保送本部郎中、员外郎，在引见后请旨录用。总理衙门帮办章京，原本协助总办章京办事，并备总办之选，由各司掌印承担帮办章京的执掌，也就是将他们作为左右参议的候选人。外务部掌印司官因此成为晋升丞参的阶梯。

为说明外务部丞参在本部门官员迁转过程中的"阶梯"作用，展示丞参的来源与去向，下表将相关信息归类开列（见下页）：

将外务部丞参任职前的经历稍作分析，我们可以发现，丞参来源主要有以下几种。

第一类是总理衙门章京。根据章程，外务部丞参源自总理衙门总办章京。改制之初的四位丞参除绍昌外，陈名侃、瑞良、顾肇新皆为总办章京。在光绪三十二年（1906）外务部人事制度改革之前，司员皆由原总理衙门章京甄别、传补而来。他们在进入外务部之后，依照资历、政绩逐步升迁，部分人循级升任丞参。绍昌、汪大燮、雷补同、邹嘉来、陈懋鼎、曾述棨都属于这一类官员。他们都参加过总理衙门章京考试，出身科举正途，原本有着六部或内阁的本职。他们虽知识结构偏旧，谈不上专业训练，却也熟读圣贤之书，为人、办事进退有据；同时文章小楷出色，能胜任文字工作。他们的升迁，也正是得益于这些优点。留日出身的曹汝霖在忆及其外务部生涯时，曾说起邹嘉来："紫东先生是苏州人，与我为同乡，同唐蔚老一同考入总理衙门为章京，后蔚老调到商部，紫老一直在外务部，故熟于外部条约档案，人称他为外务部的活字典。我初入外部，研究条约档案，每请教他，他总从实答复。人亦诚恳和善，

表8-1 外务部丞参的来源、任职与去向

姓名	籍贯	出身	此前的主要职、差	职务（时间）	此后主要任职
陈名侃	江苏江阴	举人	总理衙门总办章京	左参（1901） 右丞（1903） 左丞（1905）	宗人府丞、左副都御史
绍昌	正白旗满洲	进士	记名总理衙门章京、总办留京事务、内阁掌印侍读	右参（1901） 左参（1903）	内阁学士、刑部侍郎、法部侍郎、法部大臣、司法大臣
汪大燮	浙江钱塘	举人	总理衙门章京、留日学生监督	左参（1903） 右参（1905） 左丞（1906）	外务部右侍郎、邮传部侍郎、驻日公使、中华民国外交总长
雷补同	江苏华亭	举人	总理衙门章京、外务部员外郎、郎中	右参（1903） 左参（1905） 右丞（1907）	驻奥公使
邹嘉来	江苏吴县	进士	总理衙门章京、外务部主事、员外郎、郎中	署左参（1905） 右参（1905） 署右参（1905） 左丞（1906）	外务部侍郎、会办大臣、尚书
朱宝奎	江苏阳湖	留美幼童	道员	右参（1906） 右丞（1906）	邮传部左侍郎

续表

姓名	籍贯	出身	此前的主要职、差	职务（时间）	此后主要任职
杨枢	正红旗汉军	广州同文馆学生	驻日参赞、总理衙门章京、驻日公使	右参（1906） 左参（1907） 左丞（1909）	驻比利时公使
高而谦	福建长乐	福州船政学堂学生	二品道员江苏补用	右参（1907） 左丞（1909）	云南布政使、中华民国驻意公使、外交次长
梁如浩	广东香山	留美幼童	山海关道、津海关道、苏松太道	右参（1908） 左丞（1908）	邮传部副大臣、中华民国外交总长
张荫棠	广东新会	举人	驻美参赞、旧金山总领事、驻西班牙参赞、驻藏帮办大臣	右参（1908） 署右丞（1908） 署左丞（1909） 左丞（1909）	驻美公使
周自齐	山东单县	广州同文馆学生	驻美参赞、驻纽约等处领事、外务部丞参上行走	署右参（1908） 署左参（1909） 署右丞（1909） 署左丞（1909）	度支部副大臣、山东都督、中华民国交通总长、陆军总长、财政总长、农商总长
曹汝霖	江苏上海	留日学生	商部主事、外务部员外郎	右参（1908） 左参（1909） 右丞（1909）	外务部侍郎、中华民国外交次长、交通总长

426

续表

姓名	籍贯	出身	此间的主要职、差	职务（时间）	此后主要任职
曾述棨	河南固始	进士	外务部主事、员外郎、丞参上行走	署右丞（1909）右参（1909）署右丞（1909）左参（1909）左丞（1912）	中华民国甘肃政厅甘肃政使
陈懋鼎	福建闽县	进士	外务部员外郎、郎中	右丞（1909）左丞（1911）	中华民国外交部参事、金陵关监督
颜惠庆	江苏上海	留美学生	驻美参赞、外务部郎中	右参（1911）	中华民国外交次长、驻德公使、外交总长、内阁总理
瑞良	正黄旗满洲	监生	总理衙门总办章京	左丞（1901）	河南布政使
顾肇新	江苏吴县	举人	总理衙门总办章京	右丞（1901）	外务部侍郎、商部侍郎、农工商部侍郎
伍廷芳	广东新会	留英学生	驻美公使、会办商务大臣、鸿胪寺卿	右丞（1903）	外务部侍郎、商部侍郎、刑部侍郎、中华民国南京临时政府司法总长
梁敦彦	广东顺德	留美幼童	汉黄德道、津海关道、驻美公使（未到任）	右丞（1907）	外务部侍郎、尚书兼会办大臣、中华民国交通总长
刘玉麟	广东香山	留美幼童	驻美、驻新加坡翻译官、驻英、驻比利时参赞、驻南非总领事	署右丞（1910）右丞（1910）	驻英公使、中华民国驻英公使

续表

姓名	籍贯	出身	此前的主要职、差	职务（时间）	此后主要任职
施肇基	浙江钱塘	留美学生	邮传部右参,哈尔滨江关道,署吉林交涉使	右丞（1910）左丞（1911）	驻美公使,中华民国驻美公使,驻英公使,外交总长,驻英大使
胡惟德	浙江吴兴	上海广方言馆学生	驻英随员,驻美参赞,驻俄参赞,驻俄公使,驻日公使	署右丞（1907）	驻日公使,外务部侍郎,外务部副大臣,中华民国驻法公使,外交总长
吴宗濂	江苏嘉定	上海广言馆、京师同文馆学生	驻法翻译官,参赞,驻西班牙,奥匈帝国代办,外务部丞参上行走	署左参（1908）署右丞（1909）	驻意公使,中华民国吉林交涉员

资料来源：陈名侃，汪大燮资料来自钱仪吉等辑：《清朝碑传全集》第 4 册，第 3998—3999、3889—3890 页；绍昌、杨枢资料来自秦国经主编：《清代官员履历档案全编》第 6 册，第 551、591 页；瑞良资料来自《清代官员履历档案全编》第 7 册，第 313、319 页；高而谦、张荫棠、刘玉麟资料来自《清代官员履历档案全编》第 8 册，第 139—140、291—292、549—550 页；梁如浩、周自齐、曹汝霖、吴宗濂资料来自《历史档案》1992 年第 1 期，第 61—62、47 页；邹嘉来、伍廷芳：《历史档案》1986 年第 4 期，《军机处录副》，40—43 页；曾述棨资料来自《军机处档摺件》170039；陈懋鼎资料来自顾廷龙主编：《清代朱卷集成》第 68 册，《军机处录副》03—5448—107，03—5483—135；胡惟德资料来自《军机处录副》701008214；施肇基资料来自《清国史馆传稿》《施肇基早年回忆录》；颜惠庆资料来自《颜惠庆自传》03—5483—135；顾肇新资料来自胡思敬：《国闻备乘》，北京：中华书局，2007 年，第 93 页。丞参任早年转资料来自钱实甫主编：《清代职官年表》第 4 册，第 3066—3085 页。

每日早到晚散,从事公事。各司拟稿,都经他核阅后呈堂,不厌不倦,惟科举出身,不通外文。"❶ 做事诚恳和善、熟悉条约档案、擅长草拟和修改文牍,不通外语,这些正是章京出身的丞参所共有的特点。

第二类是同文馆学生。他们因外语成绩相对出色,皆有派在驻外使馆任差的经历,后根据外务部内外互用的原则,由驻外公使、游学生监督卸职,进而内任丞参。杨枢、周自齐、胡惟德、吴宗濂属于这一类型。这一批官员有一定的外语能力,因驻外经历较长,他们的外交经验丰富。这是他们最大的优点。

第三类是留学生。他们在国外受过良好的高等教育,精通一门或几门外国语言,部分人熟悉西方外交或法律制度。他们任职丞参之前,都有过接触涉外事务的经历,或在驻外使馆,或在外务部任职,或曾担任通商口岸海关道。刘玉麟、伍廷芳、朱宝奎、梁如浩、梁敦彦、高而谦、施肇基、曹汝霖、颜惠庆都属于这一类官员。其中,曹汝霖、颜惠庆是庚子之后学成归国的留学生,他们回国后不久,正好赶上科举停废、重用留学生的大潮,因而得以重用,由外务部司员升任丞参。

若进一步细究上述留学生丞参的履历,还可发现一大现象。即他们中有多位,如刘玉麟、朱宝奎、梁如浩、梁敦彦,皆来自"留美幼童"群体。他们于1872年至1875年间被陆续派往美国,在1884年留学计划中止后回国,或进入地方大员幕府办理洋务,或致力于专业技术领域,也有少数进入清朝外交系统,担任驻外翻译官、领事官等职务。尽管这批留洋学生通晓外语,熟悉外洋形势,

---

❶ 曹汝霖:《曹汝霖一生之回忆》,第52页。邹嘉来,号紫东;唐蔚老即唐文治,号蔚芝。曹汝霖所记稍有误,邹嘉来考章京是在光绪十六年,唐文治则在光绪二十二年。

也能对外部世界保持一种开放心态,然在科举选官尚占据主导地位的时代,他们很难获体制的认可而得到正式缺额,因此也难以"出头"。不过,科举一旦废除,外务部的选官藩篱一旦打破,体制即显示出对当年留美幼童的青睐。丞参中出现多位留美幼童,这绝非主政者有意的安排,然可以肯定的是,他们的出身、教育及由此具备的群体特点,是他们获得任命的重要理由。在早期留学生丞参中,除留美幼童之外,还有出身福州船政学堂、派赴法国留学的高而谦。

在众多丞参中,只有一人无法归入上述人群,即张荫棠。张本是海军衙门章京,曾任驻美参赞、驻旧金山领事等,并参与中英藏印议约,因能力突出而补授外务部右参议,升左丞。

若从大的范围总结晚清外务部丞参的来源,可将其归结为两类,第一类是总理衙门章京,第二为留学生或驻外外交官。以1905年科举停废、1906年外务部任官制度变革为界,丞参来源显示出不同的群体特征:前者在1906年之前占据多数,后者则在此后占据主导。前者以文章、道德、明练彰显于世,后者则以洋务、外语、出洋经验作为群体特征。

从去向看,丞参后任职务主要有两个走向。第一个走向,是在外交部门上升,沿参议、丞、侍郎的路径上升,例如汪大燮、曹汝霖、顾肇新、伍廷芳、梁敦彦、邹嘉来、颜惠庆皆由丞参之位,迁至外务部侍郎或民国外交次长,甚至进一步升至外务部尚书、外交总长;或者在任外放为驻外公使,例如雷补同、张荫棠、刘玉麟、施肇基、胡惟德、吴宗濂、杨枢,皆由丞参本职出任驻外公使。从上述情况来看,丞参职位的设置,确实在内外互用、外交官职业化方面发挥了显著作用。

丞参第二个走向,是在外务部之外迁转,一般升任其他中央部门副长官,例如陈名侃由左丞调任宗人府丞,后升任左副都御史;绍昌后改内阁学士,迁刑部、法部侍郎、大臣;朱宝奎、梁如浩升邮传部左侍郎,周自齐升度支部副大臣。此外,瑞良外放河南布政使,后迁江西巡抚;高而谦在外任云南布政使。从他们的事例中可以看出,外务部司员或各省道台,可借外务部丞参的历练与资历,循级任部、省级官员。外务部丞参职位,也起到中层京官进身阶梯的作用。

在众多外务部丞参中,出身正途、经总理衙门章京考选而发迹者,一般办事能力较强,操守相对较优,然外语能力较为欠缺,入民国后,在政治上多认同清朝。由留学生、驻外外交官而升任丞参的官员,有着开阔的眼界、良好的外语能力和职业素养,多数成为活跃在清末民初政治舞台上的职业外交官。

此外值得一提的是,外务部时期的人事改革,多由章京出身的丞参或部员所主张和主导。无论是力主驻外公使须先精通外语的汪大燮,还是为外交官选任制定具体规范的张元济,皆为总理衙门章京,他们从亲身经历中,看到自身群体的局限与不足。对于外交界后进者,他们并未以杂途目之,也并未加以压抑,而是肯定他们的素质,对他们的发展进行引导与奖掖。正是在他们的努力下,外交官群体的新陈代谢才得以逐步完成。

总体而言,作为一项制度上的创新,丞参制度为外交官久任提供了一项制度保障,有利于外交官职业化的实现,一些能力较强的总理衙门章京、外务部司员以及驻外公使、总领事、游学生监督得以借此阶梯,在外交界逐级上升。外交官的知识与经验赖此得以传递和延续,并超越政权鼎革的局限,贡献给民初的中国外交。

三　司员的来源

总理衙门通过论题考试的办法选官，这一方式被外务部袭用。也就是说，外务部不直接接受新科进士朝考、分部，而是从内阁、六部选官。他们中的汉员，都已经历过科举，且多半具有进士出身。

然而，外务部司员考试从未进行过。

光绪二十二年（1896），总理衙门曾进行过大规模的章京考选，共录取记名79位满汉章京。他们从当年开始，陆续传补进入总理衙门与外务部。在光绪三十二年（1906）停止考试、改用奏调之法以前，绝大多数外务部司员都是从那一次考试记名的章京中传补任用。

光绪三十二年外务部的选官改革，只是改变了原有选任的大原则，即改考试为奏调，却并未解决官员的来源问题。当时外务部奏摺建议，"悉心采访"合适人选，咨调到部，实习一年后决定去留，不拘京官、外官、候补、候选、国内学堂学生、留学生等身份限制。❶ 在科举停止之后，官员的养成、选拔成为清朝各部面临的普遍问题。本节对全体外务部司员的履历进行归类、整理、分析，探析这一群体的来源及其结构变化，揭示外务部成立尤其是科举废除之后，外务部官员的养成方式。

现有履历资料显示，外务部司员大致有以下几种渊源。

（一）章京考选

外务部成立时，一批总理衙门章京直接转为外务部司员。此

---

❶《外务部摺》（光绪三十二年二月二十一日），《军机处录副》03-5456-043。

后，经由 1896 年考取记名的总理衙门章京陆续传补进入外务部，成为外务部官员的重要来源。从 1901 年到 1906 年停用考试为止，由总理衙门章京转为外务部司员或经考试而依次序补者约 68 人，他们的基本情况如下：❶

表8-2 来自总理衙门章京的外务部司员

姓名	籍贯	出身	姓名	籍贯	出身	姓名	籍贯	出身
陈本仁	云南昆明	进士	存格	正红旗满洲		汪大燮	浙江钱塘	举人
范迪襄	浙江会稽	进士	恒林	镶白旗满洲		王清穆	江苏崇明	进士
何藻翔	广东顺德	进士	恩荣	镶黄旗满洲	生员	吴锜	江西宜黄	进士
江庆瑞	安徽桐城	进士	灵壁	正蓝旗满洲	举人	曾述棨	河南固始	进士
李审之	江苏静海	进士	全龄	正黄旗满洲	生员	张元济	浙江海盐	进士
刘铎	湖南善化	进士	文溥	正蓝旗蒙古	进士	朱应构	江苏上元	进士
饶宝书	广东兴宁	进士	徐承煜	正蓝旗汉军	拔贡	阿克敦	正红旗满洲	翻译生员
童德璋	四川江北	举人	早全	镶红旗满洲	监生	长晖	正白旗满洲	
王履咸	浙江萧山	进士	陈浏	江苏江浦	拔贡	存善	镶红旗满洲	附贡生
吴品珩	浙江东阳	进士	傅嘉年	福建建安	进士	恒文	正白旗满洲	
许枋	湖北蕲县	举人	何兆熊	四川南充	进士	奎佑	正黄旗满洲	生员
张鸿	江苏常熟	进士	雷补同	江苏华亭	拔贡	朴寿	镶黄旗满洲	
周儒臣	安徽宿州	拔贡	李寅龄	山东荣成	进士	士魁	镶白旗汉军	进士
邹嘉来	江苏吴县	进士	刘奉璋	江苏宝应	进士	象厚	正蓝旗满洲	监生
长福	正红旗满洲		沈曾植	浙江嘉兴	进士	玉庆	正黄旗蒙古	荫生

❶ 光绪二十二年考取记名的总理衙门章京名单见《总署章京排单》，翁万戈辑：《翁同龢文献丛编之三·内政·宫廷》，台北：艺文印书馆，2001 年，第 709—711 页。外务部历年司员名单，据光绪二十七年至宣统三年的《缙绅全书》《爵秩全览》《职官录》整理而成。在这些资料中，《职官录》由内阁印铸局编印，属官方印刷品，准确性高；其他资料多由北京琉璃厂地区私营书店刊刻，准确性稍差，须多版本对照，在必要时辅之以档案资料。参见冯立昇主编，清华大学图书馆、科技史暨古文献研究所编：《清代缙绅录集成》，郑州：大象出版社，2008 年，第 69—74 册。以下不再——标注。

第 8 章 外务部官员

续表

姓名	籍贯	出身	姓名	籍贯	出身	姓名	籍贯	出身
钟械	正红旗满洲	生员	王昌年	山东长山	举人	恩丰	镶黄旗满洲	进士
陈懋鼎	福建闽县	进士	王荣先	湖北枣阳	进士	吉绅	镶红旗满洲	进士
关以镛	广东开平	举人	吴荫培	安徽歙县	举人	联昌	正蓝旗蒙古	举人
霍翔	安徽庐江	举人	翟化鹏	山东平阴	拔贡	谦豫	正白旗满洲	生员
李清芬	直隶宁津	拔贡	章士荃	江苏娄县	进士	松年	正蓝旗满洲	生员
凌万铭	四川宜宾	举人	朱有基	浙江萧山	举人	绪儒	镶红旗满洲	进士
渠本翘	山西祁县	进士	保恒	镶黄旗汉军		豫敬	镶蓝旗满洲	监生
唐文治	江苏太仓	进士	崇钰	镶黄旗满洲				

资料来源：冯立昇主编，清华大学图书馆、科技史暨古文献研究所编：《清代缙绅录集成》第69—83册；秦国经主编：《清代官员履历档案全编》。

通过章京考试选任的司员，严格遵循最初的章程规定，即汉章京限定进士、举人、拔贡出身。这一类外务部司员多无出国经历，传补入署后，从司务厅、清档房做起，通过处理文牍，熟悉办理流程及外交事务。一般来说，尽管外语非其所长，但他们文字能力较强，能熟练处理本部事务，日常行事也常有儒家道德的约束。

总理衙门章京传补外务部司员，止于1906年。当时，通过1896年考试的章京传补完毕，外务部上奏，改变司员选任办法，从驻外人员、留学生、各省洋务官员中奏调司员。外务部官员的组成与结构迅速改变。

（二）驻外使馆

外务部改制后，屡次重申内外调用的原则，即外务部丞参、司员任驻外公使、参赞、随员。在外务部停止考试之法，而改行奏调的选官方式之后，驻外人员成为外务部选调的对象之一。他们在回

国后,一般先入外务部储才馆学习,而后才进入部内正式任职。来自驻外人员的外务部司员至少有以下15位:❶

表8-3 来自驻外使馆的外务部司员

姓名	籍贯	经历	姓名	籍贯	经历	姓名	籍贯	经历
继善	正白旗汉军	驻墨、日领事	李国瑜	湖南善化	美领馆随员	继先	正白旗满洲	驻美翻译官
荣溶	正白旗汉军	驻德随员	沈艾孙	浙江海盐	驻古巴随员	赵沅年	江苏阳湖	驻新领署学生
严璩	福建侯官	驻英随员	吴葆诚	江苏松江	驻英随员	施绍常	浙江归安	驻俄参赞
恩绶	正黄旗满洲	驻英学生	萧永熙	四川华阳	驻日随员	王承传	安徽桐城	驻德参赞
恒晋	镶白旗满洲	驻俄委员	徐善庆	江苏上海	驻葡翻译	李国成	安徽合肥	驻美随员

资料来源:《清代缙绅录集成》第83—95册、《清代官员履历档案全编》。

出自驻外群体的外务部司员,有国外任职的经历和交涉经验,熟悉所驻国情况,部分人外语能力较强。相对而言,在外务部司员中,职业水准较高。

(三)同文馆与译学馆

外务部章程规定,在部内设立俄、德、法、英、日本五处,每处设七品、八品、九品翻译官各一缺,由同文馆学生及各省学堂高等生拣补,遇有外务部主事缺出,历五缺后准升补。也就是说,同文馆毕业的翻译官在一定条件下可补主事缺额。1906年外务部废考

---

❶ 曾在同文馆肄业的驻外人员归入下一类中。

试、行奏调之后，更多先前同文馆的毕业生因外语能力较强，而被奏调进外务部任职。

同文馆后于1903年12月改为京师大学堂译学馆，培养交涉、译学人才，学生可在英、法、俄、德、日五种语言中选择一种，作为主修方向。❶学满五年后，根据成绩分列等级，给予出身，供外务部、驻外公使、南北洋大臣、各省督抚调用。❷从1903年至1907年，译学馆招收甲、乙、丙、丁、戊五届学生，其中也有部分调入外务部任职。❸

然而，译学馆章程虽规定学生毕业后可备外务部调用，但并未说明调用的标准与程序。因甲级学生人数少，毕业后尚可分配到外务部、学部、农工商部任职。从乙级开始，由于毕业人数太多，只能改用掣签的方式决定任用，实际并无合理的依据。❹在入职身份上，因译学馆毕业生皆授举人，故不能比照进士以主事分部，而只能授给七品小京官（入学时已有主事本职者除外），级别较低。外务部主事、七品小京官中，来自同文馆、译学馆的毕业生共有以下45位：

---

❶《奏定译学馆章程》（光绪二十九年十一月），北京大学校史研究室编：《北京大学史料》第1卷，第169页。

❷ 译学馆学生在完成五年学业之后，须经学部考试，毕业者与大学堂学生一律给予举人出身。考试中获得最优等者（80分以上）内以主事任用，外以直隶州知州分发通商口岸；优等者（70分以上）内以内阁中书用，外则以知县分发通商口岸省份；中等者（60分以上）则内以七品小京官用，外以通判用。参见蔡鸿：《京师译学馆始末》，中国人民政治协商会议全国委员会文史资料委员会编：《文史资料选辑》第140辑，北京：中国文史出版社，2000年，第198页。

❸ 章梫：《京师译学馆同学录叙》（宣统三年），北京大学校史研究室编：《北京大学史料》第1卷，第177页。

❹ 张心澂：《译学馆回忆录》，中国人民政治协商会议全国委员会文史资料委员会编：《文史资料选辑》第140辑，第189页。

表8-4 来自同文馆与译学馆的外务部司员

同文馆					
联治	镶白旗汉军	英文学生	郭家骥	顺天宛平	法文学生
贵和		法文学生	全森	镶白旗汉军	英文学生
于德瀓	山东海阳	英文学生	李殿璋	正蓝旗汉军	英文学生
程遵尧	安徽潜山	德文学生	管尚平	江苏吴县	俄文学生
恩祜	正白旗蒙古	德文学生	杨书雯	湖南长沙	英文学生
程经世	安徽潜山	德文学生	恩厚	正白旗蒙古	英文学生
傅仰贤	福建建安	俄文学生	范绪良	江苏上元	俄文学生
文惠	镶红旗满洲	法文学生	陈贻范	江苏吴县	英文学生
周传经	江苏嘉定	法文学生			
译学馆					
蔡世溶	福建闽县	甲级法文	张天元	镶蓝旗汉军	乙级英文
陆绍治	广西临桂	甲级法文	田树藩	山东乐陵	丙级英文
杨毓琮	安徽泗州	甲级法文	李琛	江苏无锡	丁级德文
曹允臧	福建长乐	乙级德文	张泽嘉	江苏吴县	丁级俄文
张大宾	四川开县	乙级法文	陈锡璋	直隶天津	丁级英文
李棠书	河南商城	丙级	黄时俊	江苏宜兴	甲级英文
胡襄	江西新建	丙级英文	权世恩	顺天良乡	甲级俄文
申寿慈	顺天大兴	丁级英文	郑庆豫	福建长乐	甲级
曹岳觐	江苏吴县	丁级英文	何清华	湖南郴州	乙级德文
张蘅	安徽六安	丁级英文	杨曾翱	江苏无锡	乙级法文
陈禹谟	福建侯官	甲级	雷孝敏	广东台山	丙级英文
路瀓	顺天武清	甲级法文	刘毓琪	直隶天津	丁级英文
张沛霖	直隶深州	甲级法文	徐乃谦	浙江绍兴	丁级法文
李庭兰	河南安阳	乙级法文	朱宝琨	江苏宜兴	丁级英文

资料来源:《清代缙绅录集成》第83—95册;《清代官员履历档案全编》;陈初辑:《京师译学馆校友录》,台北:文海出版社,1984年。

现存京师大学堂档案中,保存有上述学员的毕业成绩单。从成绩单开列成绩来看,入选外务部的译学馆学员,绝大多数都不能算同期学生中的优等生。其中更有多位,总成绩较高,然因外国文不合格而影响了最后的分等。❶ 同文馆及其改组而成的译学馆,本是官方开设的培养外语人才的学校。然其课程设计、学员考核都不能算合理,办学效果也较差。由此而进入外务部任职的学员,其整体素质在本部官员中也不算优等。

(四)留学生

清朝以科举正途作为取士的主要途径,熟读儒家经典、以科举而致荣显,是多数读书人的选择。鸦片战争之后,中西交流逐渐频繁。最先,有部分人通过教会出国留学;后来,清朝曾通过政府行为小规模地推动留学。这些学生在外有计划地学习语言、机器、制造、军事等专门技能,回国后被安排在相应的学堂或机构工作。但因科举的正途地位一直未变,且官派留学规模较小,甲午之前的留学教育对传统选官制度并未造成冲击。

在中日甲午战争、特别是庚子事变之后,官派或自费出国留学的人数骤增。1901年,湖广总督张之洞奏定奖励游学生规程,比照国内的正途,授给领有文凭的留日学生以相应的出身。1904年,为

---

❶ 译学馆学生的毕业成绩,分为最优等、优等、中等三类。甲级学生,路濬、权世恩、杨毓璟、郑庆豫、陈禹谟、陆绍治、张沛霖、蔡世溶、黄时俊皆为中等。其中,路濬、杨毓璟、郑庆豫皆因外国文主课成绩不及格,由优等降至中等。乙级学生中,张天元列优等,何清华、曹允臧、李庭兰、张大宾列中等,其中,何清华因外国文主课成绩不及格,由优等降至中等。丙级李棠书成绩列优等,雷孝敏、田树藩、胡襄列中等,其中,田树藩因外国文主课成绩不及格,由优等降至中等。(《京师译学馆甲级毕业生清单》《译学馆乙级学生毕业等第清单》《译学馆丙级学生毕业分数单》,北京大学校史研究室编:《北京大学史料》第1卷,第422—427页)

了将任差北洋的留学生纳入到官僚系统之中，袁世凯上奏，建议将留学生咨送学部考验，而后授予出身与职位。不久，科举停废，传统选官制度发生重大改变，加之毕业归国的留学生日益增多，学部奏定了标准的考验游学生章程，考查学生所学专业及中外两种语文，然后根据考试成绩，分别授予进士、举人出身。❶ 1908年1月，宪政编查馆、学部进一步细化、完善留学生录用章程，规定留学生经由学部出身考试之后，还需廷试经义论说、科学论说，进行授职考试。根据两次考试的成绩排名，授予翰林院庶吉士、编修、检讨、各部主事、内阁中书、七品小京官、知县等职务。❷ 这其中，许多留学生被分配到外务部任职。

经由留学生考试而选拔的官员，因有在外学习的经历，故一般视野开阔，其中不乏学有所成的、具备一技之长的人才。由于此时出国游学、特别是赴日留学已成潮流，学生群体良莠不齐，且清朝所定的考试规则十分宽松，因此也有大量平庸之辈混迹其中。❸ 除经由廷试选拔之外，还有一些留学生直接被奏调进储才馆或外务部任职。留学生出身的外务部司员约79位，他们被选用的情况如下：

❶ 刘真主编，王焕琛编著：《近代中国教育史料丛刊·留学教育》第1册，台北："国立"编译馆，1980年，第773—776页。
❷ 《谨拟游学毕业生廷试录用章程缮具清单恭呈御览》（光绪三十三年十二月二十日），商务印书馆编译所：《大清新法令》第2卷，第395—397页。
❸ 曾参加过留学毕业生廷试的颜惠庆在回忆考试经历时称："尽管殿试非常庄重，是正规的专门策问贡士的考试，实际上，只要字体工整，策文没有大错，浅通论述的题目，便不难过关。"（颜惠庆著：《颜惠庆自传》，第87页）

表8-5 来自留学生的外务部司员

1908年廷试游学生之前进入外务部的司员					
嵇镜	江苏无锡	留日	曾宗鉴	福建闽侯	留英
富士英	浙江海盐	留日	稽岑孙	江苏常熟	留美
戢翼翚	湖北房县	留日	孙昌煊	江苏崇明	留英
熊垓	江西高安	留日	刁作谦	广东兴宁	留英
祝惺元	顺天大兴	留日	傅廷桢	湖北沔阳	留日
唐国安	广东香山	留美	胡振平	江苏无锡	留英
辜汤生	福建同安	留英	王鸿年	浙江永嘉	留日
曹汝霖	江苏上海	留日	章宗元	浙江乌程	留美
郭经	广东潮州	留日	施唔本	镶蓝旗满洲	留日
沈其昌	浙江绍兴	留日	王邦藩	浙江萧山	留日
1909年廷试游学生后分发外务部的司员					
张煜全	广东南海	留美	黎渊	贵州遵义	留日
金庆章	江苏上海	留日	陈海超	福建侯官	留日
林志钧	福建闽县	留日	赵宪曾	直隶南宫	留日
马德润	湖北枣阳	留德			
1910年廷试游学生后分发外务部的司员					
陈箓	福建闽县	留法	吴成章	安徽定远	留日
董玉墀	湖北监利	留日	孙荫兰	直隶	留日
黄豫鼎	正黄旗满洲	留日	廖治	四川华阳	留日
吴经铨	湖北建始	留日	魏宸祖	湖北江夏	留比
庄璟珂	福建闽县	留日	熊懋儒	江苏	留日
周祚章	四川泸县	留日	柯鸿烈	四川	留日
颜惠庆	江苏上海	留美	吴天宠	广东海康	留日
蹇先渠	贵州遵义	留日	区谦	广西	留日
王庚西	直隶	留日			

续表

1911年廷试游学生后分发外务部的司员					
余绍宋	浙江	留日	李廷斌	直隶	留日
孔绍尧	江西	留日	刘镜清	江苏	留日
周秉钧	湖北	留日	方忠源	安徽	留日
卢柱生	广东	留日	胡熏	江西	留日
陈彦彬	江苏	留日	岳秀华	河南	留日
沈鸿	江苏	留日	周泽春	湖北随州	留德
姚润仁	湖南	留日	汪汝梅	江西	留日
欧阳景东	湖北	留日	陈襄廷	安徽	留日
周英	贵州	留日	陈英	湖南	留日
酆更	湖南	留日	龙灵	四川	留日
张淑皋	广东	留日	高赞鼎	福建	留日
张德宪	湖北	留日	杨耀卿	湖北	留日
郁华	浙江	留日	黄宗麟	江苏	留日
陈模	四川	留日	周衡	江苏	留日
钟宝华	广东	留日	童显汉	四川	留日
陈履洁	湖北	留日	薛良	四川	留日
其他					
易乃观	湖北汉阳	留日	许同莘	江苏无锡	留日
伍璜	江苏江宁	留英			

资料来源:《清代缙绅录集成》第83—95册；刘真主编，王焕琛编著:《近代中国教育史料丛刊·留学教育》第2册。

上面的名单清晰显示，后科举时代，留学背景取代科举出身，成为外务部官员主要的授职依据。这种趋势随着时间推移逐渐强化。其中，留日学生以压倒多数的优势，成为留学生司员的最主要来源。再进一步考究留日学生的专业，会发现绝大多数皆来自所谓

"法律科"。❶此科目本需要长期训练，但对于庚子事件尤其是日俄战争之后留日的学生而言，讲求的是速成、速效。而游学生廷试仍只求楷法标准与文句通顺，缺乏严格的考核程序，导致留学生出身的外务部官员良莠不齐，不尽合乎对外交涉的种种要求。

（五）举贡考试

所谓"举贡考试"，是科举制度的遗留物。清朝在停止会试、乡试后，为了给旧学之士留一条出路，另在十年三科之内，仍旧举行各省的优贡考试，未进入新学堂的旧学生员都可应考。生员经考试录取后，再入京参加考试。除生员之外，此前已考中举人、五贡者，在此三科之内也可一律考试。然后据成绩授予低级京官、知县等官职。这就是科举停废之后的"举贡考试"。

举贡考试的做法是，在三年一届的考试之前，由各省督抚、学政保送举贡若干名，比照会试录取名额，加两三倍送京考试。京城考试分两场：第一场考试经义、史论；第二场考试专门学。之后，根据考生成绩排定名次，酌情授予各部学习主事、内阁中书、候补知县等职。❷可见，举贡考试与原有的会试功能相同，为部分旧士人提供了一条授官的路径。应举贡考试者成为外务部官员的来源之一。在清亡之前，举贡考试于1907年、1910年共进行过两次。经举贡考试而取中的外务部司员有22人：

---

❶ 以宣统三年廷试之后授给外务部司员职位的32位游学生为例，其中除周泽春留德不计，张淑皋留日习"政治经济科"之外，其他30位全为留日学生，且专业皆为"法律科"。参见《学部考取东西洋游学毕业生名单》，《申报》1910年9月8日，第2张第2版。
❷ 《北洋大臣直隶总督袁世凯等摺》（光绪三十一年八月初二日），《军机处录副》03-7214-097。该摺由6位将军督抚联衔呈递，除袁世凯外，另5人为盛京将军赵尔巽、湖广总督张之洞、署两江总督周馥、署两广总督岑春煊、湖南巡抚端方。该摺在八月初四日得到批复。

表8-6 来自举贡考试的外务部司员

姓名	籍贯	姓名	籍贯
韩葆谦	河南柘城	黄葆奇	福建永福
沈元弼	浙江钱塘	王鸿昇	山东博山
沈聪训	浙江会稽	师善	镶蓝旗满洲
王惟桢	山西猗氏	吴台	福建莆田
国雄	镶红旗满洲	韩镇鼎	正白旗汉军
志钰	镶白旗汉军	刘树鑫	直隶南皮
马绸章	浙江会稽	彭书年	贵州普定
王钟麟	湖北当阳	师善	镶蓝旗满洲
唐瀚波	福建闽县	王楚乔	湖北罗田
张孔瑛	江苏娄县	刘登瀛	江西
刘荫第	山东沂水	张培鼎	湖南长沙

资料来源：中国第一历史档案馆编：《光绪宣统两朝上谕档》第33册，第130—131页；第36册，第149—157页。

严格来说，举贡考试仍属科举范畴，不过，在废科举之前，科考的形式与内容已经发生重大改变，时务、新学（政治学、交涉、农学等）成为考试的侧重点。上述22人出身旧式贡生或举人，但对于时务和新学均有所留心和钻研，有个别人例如1910年取中的湖北人王楚乔，早在多年前中举之后，就赴日本留学。❶ 这与通过旧式科举而入仕的总理衙门章京已有很大的不同。

参加举贡考试的士人，根据其成绩，分别授中央各部学习主事、内阁中书、七品小京官等职。分发、授职，仍沿用掣签，也就是随机抽签的传统方式。这与外务部拟定章程中按外语水平、专业

---

❶ 王楚乔早在光绪二十三年（1897）考取拔贡，二十八年乡试中举，三十一年以公费赴日本留学，在宏文学院学习。后依据新政策，回国参加举贡考试。王楚乔履历参见余彦文编著：《鄂东著作人物荟萃》，武汉：湖北科学技术出版社，1990年，第498页。

知识奏调司员的选任标准是不符的。相对而言，通过举贡考试签分入部的司员，其外语能力、新学功底、交涉经验要逊色很多。

除上述几个主要来源之外，尚有几位司员另有来历：司务厅司务宗鹤年，曾协助处理过南昌教案，后担任湖广总督署文案；额外员外郎张肇棻曾任江苏知县；额外主事章钰来自两江总督署文案；关庆麟曾任邮传部主事。这些人进入外务部的途径各异，其共同点，是入部之前，都有过相关交涉经验或具备较高外语能力。入部之后，多数只能担任额外主事，而非握有实权的实缺主事。❶为表达直观，综合外务部司员的各类来源，制作表格如下：

表8–7　外务部司员的来源比例

途径	章京考选	驻外使馆	同文馆与译学馆	留学生	举贡考试	其他	合计
人数	68	15	45	79	22	4	233
比例	29.18%	6.44%	19.31%	33.91%	9.44%	1.72%	100%

由此可知，在外务部司员中，来自总理衙门章京及留学生两类的人数最多。在外务部选官制度改革之前，几乎全部司员都是经由总理衙门章京考选的程序入部。此后，随着考试的停止和时间的推移，原总理衙门章京逐渐升迁、外放或退出外务部，后起的官员，多为外语能力较强的同文馆与译学馆学生或留学生。不过，单纯的人员数量及其所占比重，只能说明外务部官员的结构，无法显示各类人群在外务部权力运作中的作用与分量。为简单考察部中权力的实情，下表将1911年底外务部实缺官员的组成情况分列如下：

---

❶ 宗鹤年经历见《申报》1903年6月26日，第1版；《申报》1907年8月29日，第11版；张肇棻经历见《申报》1905年2月11日，第2版；章钰经历见《申报》1905年3月7日，第10版；关庆麟经历见《申报》1908年6月6日，第5版。

表8-8 1911年底外务部实缺官员的来源

机构	姓名	职官	来源	姓名	职官	来源
首长	梁敦彦	外务大臣	留美学生	胡惟德	副大臣	同文馆学生
丞	周自齐	署左丞	同文馆英文学生	曾述棨	右丞	前总理衙门章京
参议	陈懋鼎	左参议	前总理衙门章京	颜惠庆	右参议	留美学生
丞参厅	程镫尧	参事	同文馆德文学生	郭家骥	参事	同文馆法文学生
	奎佑	员外郎	前总理衙门章京	崇钰	员外郎	前总理衙门章京
	富士英	主事	留日学生	熊垓	主事	留英学生
	王鸿年	主事	留日学生	曾宗鉴	主事	前总理衙门章京
和会司	绪儒	郎中	前总理衙门章京	吴荫培	郎中	前总理衙门章京
	施绍常	员外郎	驻俄参赞	何燫翔	员外郎	前总理衙门章京
	吴祺减	主事	驻英随员	吉绅	主事	前总理衙门章京
考工司	长福	郎中	前总理衙门章京	陈篆	郎中	前总理衙门章京
	恩丰	员外郎	前总理衙门章京	唐国安	员外郎	留美学生
	范迪襄	主事	前总理衙门章京	饶宝书	主事	前总理衙门章京
榷算司	存格	郎中	前总理衙门章京	谦豫	郎中	前总理衙门章京
	霍化鹏	员外郎	前总理衙门章京	李贵龄	员外郎	前总理衙门章京
	卓全	主事	前总理衙门章京	张鸿	主事	前总理衙门章京
庶务司	倍文	郎中	前总理衙门章京	全龄	郎中	前总理衙门章京
	朱应钓	员外郎	前总理衙门章京	荣潘	员外郎	驻德随员
	孙昌煊	主事	留英学生			
司务厅	林志钧	主事	留日学生	宗鹤年	主事	督沅幕僚

资料来源：内阁印铸局编：《职官表（宣统三年冬季）》，内阁印铸局，1911年，"外务部衙门"条。

当时清朝已建立"责任内阁",外务大臣由内阁总理袁世凯所荐亲信梁敦彦担任。表格中最引人注目的是司一级官员的背景,从中我们可清晰看出,尽管总理衙门章京在选官改革之后比重逐渐减少,但直到清朝覆亡,他们一直是外务部实缺官员的主体,掌握着外务部的权力,主导着外务部的日常运作。留学生、同文馆与译学馆学生、驻外人员,尽管在绝对数量上占据较大份额,然多属于额外、候补官,其人数与其权力、作用尚有一定的差距。而举贡考试后的分部司员,完全无法得到外务部的实缺,他们的声音更加微弱。

四 司员的去向

在一个成熟的外交体制中,外交官在外交部、驻外使馆之间互用,多能终身在该领域任职,实现高度专业化。晚清最后十年,已初步显示出上述趋势。然受原有制度的约束,外务部官员的去向仍带有诸多旧制度的痕迹。大体言之,外务部司员的去向分为以下几类。

第一,外放道府。外放道府的外务部司员分为因保奖外放、经由京察记名外放两类。在传统制度中,六部司员外任是一种常态。外务部建立了自己独特的迁转路径,让司员能走一条终身职业化的道路,但因外交部门缺额有限,升途较为狭窄,而在任官员多抱持重仕途发展的传统观念,因此乐于接受以道府外放。

外放道府的外务部司员多为原总理衙门章京。他们中间有部分人在外务部成立之前就已获得过"异常劳绩"保奖,因此,外务部章程中规定的司员"除京察仍照例办理外,所有保奖关道截取保送

及部员应得例差概应停止",并不溯及过往,故而对他们并不适用。童德璋、沈曾植等人皆依靠此前的保奖而获得外放。❶

此外,还有司员通过京察获得外放。按照清朝制度,京察三年一次,每届京察一等人员由吏部带领引见,若能成功获圈出而再引见、再圈出,则以各省道府记名简放。❷外务部京察按照比例,限定每届一等人员为四名。❸又据惯例,京察一等人员由各司掌印、主稿获得。由于司员中资历较深者皆自总理衙门章京出身,他们多担任各司掌印主稿之差,故多有人经由这一途径而外放为道府或俸满截取道府。以首批任命的掌印、主稿九人为例,其中和会司掌印朴寿后外任山西归绥道,和会司主稿徐承焜外任河南开封遗缺知府,考工司主稿傅嘉年外任湖北安襄郧荆道,榷算司主稿关以镛外任云南迤西道,庶务司掌印周儒臣外任湖南岳州府知府。❹

第二,外任海关道。外务部章程本宣称停止保奖海关道,但后来发现司员人数过多,原来设计的依京察大典外放或循阶升迁的出路太过狭窄。张元济曾在条陈中描述过这一现象称:"本部司员现计五十余人,以后新到署者必阅四、五十年方能得一记名道府。升途过隘,策励为难。前列者以积久而疲,新进者以难进而懈。甚非

---

❶ 童德璋本为总理衙门总办章京,此前经由总理衙门保奖,已记名海关道,外务部成立后,先任榷算司郎中兼掌印,不久即外放安徽徽宁池太广道。沈曾植在光绪二十二年(1896)曾由总理衙门保奖"作为历俸期满并俟截取知府得缺后,在任以道员补用",当年俸满截取引见,奉旨记名以繁缺知府用,但随后因丁忧离职。外务部成立后,他奉调进入该部,任职不久即外放为江西广信府知府。(秦国经主编:《清代官员履历档案全编》第6册,第666—667页)

❷ 崇彝:《道咸以来朝野杂记》,第41页。

❸ 《商部片》(光绪三十一年九月二十七日),《军机处录副》03-5447-102。商部为清末新设的中央机构,其各项制度皆模仿外务部。该片专言商部京察人数一事亦应遵循外务部旧例,称言:"外务部每届京察,系按照数定,保送一等四员作为定额。"

❹ 朴寿、关以镛履历见秦国经主编:《清代官员履历档案全编》第7册,第252、285页;徐承焜、周儒臣履历见同书第8册,第629—630页、第570—571页。

第8章 外务部官员 447

所以用人之道也。"❶ 为了激励司员，给他们安排更好的出路，外务部在光绪三十四年三月（1908年4月）建议仿军机章京新规，允许外务部司员保送海关道。奏摺称：

> 近来交涉事务较前尤繁，各司员职守既专，阅历已久，其当差得力、资劳较深之员，应予以内外迁转之途，俾可收表里相资之益。查上年军机处奏定变通章程内开："帮领班章京自到差补额之日起，八年期满，有盐粮关道缺出，开列进单"等语。臣部事关重要，各该员昕夕从公，与军机处章京劳绩相等。将来升转之阶，亦必期职任相宜，藉可觇其绩效。

做法是，"实缺郎中、员外郎之掌印、主稿各员，在部当差已满八年者，如能得力，请以海关道开列进单"。❷ 随后，外务部将司员八人列为记名海关道，分别是和会司郎中吴品珩，考工司郎中陈浏，庶务司郎中李清芬、恒文，榷算司郎中陈懋鼎，考工司郎中保恒，庶务司员外郎刘奉璋，榷算司员外郎曾述棨。❸ 对照上节内容可以看出，记名海关道一般由原总理衙门章京获得。

　　第三，本部升迁。前章已述，外务部设置丞参职位，司员在本部升迁，有着制度的保障。在外务部历史上，部分能力较强的司员走了这一条职业化的路径。他们中有些人得以由郎中升左右参议，还有的人最终位至本部侍郎、尚书。这些人包括顾肇新、瑞

---

❶ 张元济：《条陈外务部事宜稿》（1906年6月12日），《张元济全集》第5卷，第125页。
❷ 《外务部变通本部司员外用摺》（光绪三十四年三月初一日），商务印书馆编译所：《大清新法令》第2卷，第268页。
❸ 《外务部摺》（光绪三十四年三月十一日），《军机处录副》03-5500-072。

良、绍昌、陈名侃、曹汝霖、陈懋鼎、雷补同、汪大燮、曾述棨、邹嘉来。

此外，在晚清政治改革中，除中央官制之外，地方官制也有大的变动。各省除新设管理教育的提学使，自宣统二年（1910）开始，有交涉的省份先后设立交涉使，处理该省对外交涉事宜。交涉使为正三品，位列布政使之后，提学使之前。交涉使的选任有两种途径：第一是外务部从所属各员及各省曾办洋务之道员中，进行拣选预保记名；第二是各省督抚自行推荐，替交涉得力人员出具考语，咨送外务部备选。各省的对外事宜由交涉使处理，另交督抚随时咨送外务部；若遇紧急事件，则同时呈报督抚与外务部。因此，交涉使亦可部分看作外务部的属员。出任交涉使的外务部司员有李清芬（广东）、汪嘉棠（江苏）、吴锜（福建）。❶

第四，任驻外职务。根据外务部章程，左右丞、参议可备出使大臣之选；郎中、员外郎、主事可备参赞、领事、随员之选，郎中以下奏调出洋，则开去原缺，等期满回国，仍作为外务部应补人员。因此，赴驻外使馆任职，也是外务部司员的去向之一。在光绪三十二年（1906）之前，外务部司员赴外洋任职者数量非常少，"每馆或仅派一人，或未派往"。❷ 其中主要原因有二，一是因驻外使团人事之权操诸公使之手；二则因与驻外使馆成员相比，总理衙门章京、外务部司员的出路相对好一些，无必要借出洋而赢取资历。光绪三十二年之后，驻外使馆成员的选任之权转至外务部，开始有较多的司员赴外任职。这些司员，多为留学生或同文馆语言学生出身。

---

❶《外务部呈拟各省交涉使章程单》（宣统二年六月十三日），《军机处录副》03-9445-005。
❷ 张元济：《代外务部拟办理储才馆事宜奏摺》（1906年6月13日），《张元济全集》第5卷，第128页。

总理衙门章京及经由举贡考试选拔的外务部司员,则较少出洋。这主要是出于对外交涉的需要,也是晚清外交官职业化的必然趋势。

第五,在法律界发展。法学、政治学是清末留学生追逐的热门,留学生在回国考试后,被授予最多的为法政科进士、举人。外务部留学生司员,也多具备法学、政治学的学科背景。由于外务部职位和升途有限,民国初年的改革又裁撤掉大量员额;同时,在清末民初的政治大变革中,司法从行政中独立出来,从中央到地方奇缺大量合格的法律人才,在这种背景下,一些留学生出身的外务部司员改投法律界。例如傅廷桢(湖北沔阳人,留日学生)入民国后曾任河南省高等法院首席检察官;马德润(湖北枣阳人,德国柏林大学法学博士)后任民国京师地方审判厅厅长、修订法律馆总裁等职;沈其昌(浙江人,日本明治大学法科)入民国后曾任直隶高等审判厅厅长;周祚章(四川人,日本法政大学毕业生)后任河南高等检察长等职;陈海超(福建侯官人,日本早稻田大学毕业)后任东省特别区域高等审判厅庭长;董玉墀(湖北监利人,日本宏文书院法科毕业)后任山东省高等法院首席检察官;庄璟珂(福建闽侯人,日本早稻田大学法科)后任浙江高等审判厅厅长。❶

第六,被辞退。在任内被辞退的外务部司员主要分两种情况:第一,在分发外务部学习期满后,因不合格被辞退;第二,在清亡后,外务部改组成外交部,未被聘用的人员随即失去职务。在被辞退的外务部官员之中,以出身于举贡考试的官员比例最高。与原总理衙门章京相比,他们缺少任职资历,缺乏对业务的熟练;与留学生、同文馆学生及驻外使馆官员相比,他们的外语能力、在外任职

---

❶ 外务部司员中法政学生的情况参见程燎原:《清末法政人的世界》,北京:法律出版社,2003年。

经历及新知识皆属欠缺，在入民国后几乎全部遭到辞退。❶

大体而言，在外务部十年历史中，前期以原总理衙门章京为主体，他们文字能力较强，熟悉公文起草及本部旧例。因外务部丞参乃至堂官也多由总理衙门堂、司官员出身，故章京群体在外务部一直较为强势，除了多数经传统方式外放道府，留在外务部的原总理衙门章京多能升至丞参或外任公使，他们中的部分人，例如张元济、汪大燮、邹嘉来对外务部改革与运作，都发挥过很大的作用。尽管他们的弱点在于不通外语，但他们无一例外都认识到外语在外交领域的基础性作用，在制定改革方案和选任官员时，着意选拔外语能力强、业务水平高的外交官，使得外交官群体的结构在清朝最后几年发生重大改变。在外务部停止考试之法、改用奏调方式选拔司员之后，总理衙门章京仍手握实权，然其总人数已开始逐年减少。

来自同文馆、译学馆、驻外使馆的人员，经由公费或自费留学的学生，构成外务部后期官员的主体。这得益于长期以来外交界职业化的内在呼声，同时也是废除科举之后选官制度变革的必然结果。以奏调选任司员的方式，增加了选拔过程中的主观因素，有损选拔的公平性，然而由于主政者强调外国语言及外交经验，一大批并非正途出身，但却有交涉长才的人员得以进入外务部。此后，外务部司员主要以同文馆学生、驻外使馆成员及留学生居多。他们思想开明，多数熟悉外语，行走于外务部所设计的职业外交的路径上，长久在此任职。一批相对成熟的职业外交官群体，借此逐渐成

---

❶ 从现有资料来看，由考试举贡出身的二十位外务部官员中，只有唐瀚波（后任驻新加坡总领事）、吴台（后任驻仁川领事）在入民国后仍供职外交界。唐瀚波为福建闽县人，吴台为福建莆田人，他们留任外交部，或与清末民初外交界福建人较多有关。吴台就曾受后任民国外交次长的闽县人陈箓的提携。

长了起来。

民国初年,外交总长、前清驻俄公使陆徵祥大幅度进行人事改革。到1913年,形成了相对稳定的外交人事系统。从外交部履历册中,我们可清晰看到中华民国外交部与前清外务部、驻外使馆的继承关系。

表8-9　1913年6月中华民国外交总长、次长、参事、司长、科长来源

部门	姓名(职官)	出身/主要经历	姓名(职官)	出身/主要经历
总长次长	陆徵祥	同文馆/驻俄	刘式训	同文馆/驻法
参事	陈懋鼎	进士/章京	唐再复	同文馆/驻法
	吴尔昌	同文馆/驻葡	戴陈霖	同文馆/驻法
	顾维钧	留美	张煜全	留美/驻日
总务厅	胡振平(统计科长)	留英/候补主事	孙昌煊(文书科长)	国内学堂/候补主事
	程遵尧(文书科长)	同文馆/参事	李殿璋(庶务科长)	同文馆/驻奥
	吴台(会计科长)	举贡考试/候补主事		
外政司	陈箓(司长)	留法/郎中	长福(国界科长)	留日/驻日
	林志钧(词讼科长)	留日学生/主事	曾宗鉴(条约科长)	留英/主事
	施履本(禁令科长)	留日/候补主事		
交际司	陈恩厚(司长)	留英/参事	崇钰(勋章科长)	生员/章京
	王廷璋(礼仪科长)	留比/法股	武璸(接待科长)	留英/候补郎中

续表

部门	姓名（职官）	出身/主要经历	姓名（职官）	出身/主要经历
通商司	周传经（司长）	同文馆/驻奥	朱应枸（商约科长）	进士/章京
	关霁（商务科长）	国内学堂/驻美、中华民国南京临时政府外交部	陈海超（权算科长）	留日/候补主事
	张肇荣（实业科长）	举人/候补员外郎	沈成鹄（保惠科长）	留英/驻英
庶政司	施绍常（司长）	举人/驻俄、荷	傅仰贤（护照科长）	同文馆/候补员外郎
	吴佩洸（法律科长）	国内学堂/中华民国南京临时政府外交部	赵沉年（教务科长）	驻新、小京官
	谢永炘（出纳科长）	举人/驻奥		

资料来源：外交部文书科编：《外交部职官履历册》（1913年6月），北京外交部印。

说明："主要经历"一栏中，章京为前清总理衙门职务，郎中、员外郎、主事、参事、小京官、司务、股员，皆指前清外务部职务；驻外机构皆为前清驻外使领馆。

第 9 章

驻外公使（下）

驻外公使的选任，在辛丑之后出现了新的特点。照此前制度，公使仍须遵循大员保举记名、皇帝圈定的任命程序。然而，从李鸿章去世之后，再无督抚能在使才保举中有类似李鸿章的影响；另一方面，大规模向西方国家购买机器炮舰一类的工作，已非南北洋大臣与驻外公使的主要任务，公使职责回归其本原，地方督抚在公使选任过程中的作用大为减弱。

这一时期，除了保举人的不同，公使来源也有所变化。在总理衙门改组为外务部之时，新设左右丞、左右参议之职，取代原总办章京之差。除发挥迁转之阶的作用外，左右丞与左右参议还有担任驻外公使的资格。根据外务部章程，在驻外公使缺出时，外务部左右丞、左右参议，与督抚保举的使才一并开单进呈皇帝，"均备出使大臣之选"。❶

一　庚子后的保举与选任

在庚子事变之后，清朝使才保举制度并未终止，然保举人与保

---

❶《奕劻李鸿章单》（光绪二十七年六月二十七日），《宫中档朱批奏摺》04-01-30-0004-041。

举对象已发生变化。这一时期的使才保举包括以下几次：

1. 光绪二十八年底（1903年初），卸任驻德公使、办理商约大臣吕海寰保举使才二人：内阁侍读学士、前总理衙门总办章京刘宇泰，前广东雷琼道杨文骏。吕称刘宇泰"由拔贡、小京官签分户部行走，考取总理衙门章京，派充总办，于理财筹饷诸务，素称谙习，且遇交涉事件，无不洞中窾要，悉协机宜"；杨文骏"曾为前云贵总督岑毓英、前大学士直隶总督李鸿章所识拔，由实缺州县荐升道员，遇事勇敢有为，不避嫌怨，才大心细，肆应裕如，于时事极意讲求，于交涉尤多历练"，此二人"均可膺使臣之任"。❶

2. 此前在光绪二十七年五月，驻俄公使杨儒对其下属驻俄参赞胡惟德进行保举，然未用"使才"之名。胡惟德不久继杨儒升任驻俄公使。

3. 驻韩国公使徐寿朋对驻韩参赞许台身进行保举，亦未用"使才"之名。许台身继徐寿朋升任驻韩国公使。❷

4. 光绪二十九年，署湖广总督、湖北巡抚端方保举候补道梁敦彦为使才，梁随后以"卓负使才"，交军机处、外务部存记。❸ 光绪三十一年，梁敦彦被任命为驻美公使，后因留署外务部右丞，未能成行。

5. 光绪三十一年（1905），驻美公使梁诚保举使才三人：直隶补用道朱宝奎、广东补用道周自齐、拟保省补用道候补知府钟文耀。奏摺称朱宝奎"前经大学士李鸿章选派出洋肄业，考求西学，确有心得，近二十年随同前工部左侍郎盛宣怀等办理轮船、电报、

---

❶《商约大臣吕海寰片》（光绪二十八年十二月二十五日到），《军机处档摺件》152994。
❷ 杨儒、徐寿朋保举摺未见，保举记录见《清实录》第58册，北京：中华书局，1987年，第378、382页。
❸《随手登记档》，光绪二十九年闰五月十一日条；《清实录》第58册，第826页。

铁路、商约等事，均能条达理举，措置裕如，为人积实不浮，和平有节，专对肆应，实所擅长"；周自齐"熟谙交涉，究心经世，于中西政学颇能融会贯通，历经前使臣伍廷芳奏充驻美、驻古参赞，代办使事，调任纽约古巴等埠领事，因应咸宜，不随不激，保卫侨寄，善政得民"；钟文耀"早岁肄业美国卯路大学，研求泰西政俗，洞见本源，历随前任使臣驻洋十余年，荐充驻日参赞代办使事，调小吕宋总领事"，称此三人可备任使。❶

6. 光绪三十一年，出使法国、西班牙大臣孙宝琦保举使才五人：候补四品京堂李经方、候选道严复、尽先即选道吴宗濂、分省补用知府刘式训、候选知府陆徵祥。奏摺称李经方"器识闳通，才猷卓越"，"久历外交，闻见广远，通晓英日文字，办理交涉，深中窾要，顾全大局"；严复"学贯中西，蔚然一时之望，论说译著，颇极精微"；吴宗濂"心地和平，才识稳练，在洋资格最深，熟于中外交涉之源流得失，平日任事实心，不辞劳瘁"；刘式训"志行纯谨，学识兼优，历任欧洲各馆及京师云南省当差，于各国约章公法研求有素，理解透彻，办理交涉，不激不随"；陆徵祥"才优识练，办事慎密，久在俄馆，与俄人交涉，不□牢笼，为彼族所忌，前随杨儒赴保和会与各员往来讨论，颇有声誉"。❷ 孙请求将上述五人交军机处以使才存记，遇出使大臣缺出时，请旨简放。其中，刘式训在当年接替孙宝琦任出使法国大臣；陆徵祥在当年十月被任命为出使荷兰大臣；李经方在光绪三十三年（1907）被任命为出使英国大臣；吴宗濂在宣统元年（1909）署理外务部右丞任内被任命为出使法国大臣。

---

❶《梁诚奏敬举人才用备任使由》(光绪三十一年七月)，《外交档案》02-12-022-02-016。
❷《出使大臣孙宝琦片》(光绪三十一年三月二十日到)，《军机处录副》03-5438-109。

7. 光绪三十二年（1906），驻英公使汪大燮保举使才二人：二品衔直隶补用道刘玉麟、三品衔补用道候选知府陈贻范。称刘玉麟"由赴美学生历充纽约领署、驻美使署翻译、随员、新加坡总领事、驻英参赞、驻比代办，现充南斐洲总领事，先后供职参领十五六年，年强才裕，为守兼优"；陈贻范"前经总理衙门派赴英国学习法律，毕业后留于使署，由翻译荐至参赞，在英十年，精明强干，办事实心"。❶ 二人中，刘玉麟在宣统二年（1910）外务部右丞任内被任命为出使英国大臣。

8. 光绪三十三年，驻荷兰公使陆徵祥保举使才五人：吉林特用知府刘镜人、分省补用道张庆桐、保升知府李家鏊、江苏补用道吴尔昌、候选知府陈贻范。陆徵祥称，刘镜人"深通法文，昔在东三省办理交涉，久著直声，近充驻俄使馆参赞，遇事能窥纲要，不甘媚外"；张庆桐"研贯俄文，洞明时局，于政治之学夙所究心，其立品亦复正大"；李家鏊"攻习俄文距今已二十余年，迭充驻俄使馆翻译，嗣充海参崴商务委员亦足九年，廉洁不阿，久为俄官华商所推敬"；吴尔昌"潜心法文既久且精，曾充驻扎朝鲜领事官，又在江南办理交涉，成效迭著，实才不外露而有定力者，近驻葡萄牙国代理使事，尤增阅历"；陈贻范"素精英文，加以留学赞使于英国者九年，现充驻英使馆参赞，识见闳大，所言能达其所学"。❷ 这五人中，刘镜人在宣统三年（1911）被任命为出使荷兰大臣。

9. 光绪三十三年，两江总督端方保举使才二人：内阁学士兼礼

---

❶ 《出使英国大臣汪大燮片》（光绪三十二年十二月十五日奏、光绪三十三年三月初一日到），《军机处录副》03-5478-007。
❷ 《出使大臣陆徵祥摺》（光绪三十三年二月二十一日奏、四月十二日到），《军机处录副》03-5479-100。

部侍郎衔吴郁生、候选道温秉忠。❶

10. 宣统元年,外务部保举使才一人:驻韩总领事马廷亮。❷

11. 宣统元年,驻意大利公使钱恂保举使才三人:驻意大利二等参赞、法部员外郎施绍常,直隶补用道夏偕复,直隶补用道沈瑞麟。钱恂称,施绍常"论阅历则驻俄三年,驻和驻义二年,又曾预第二次和会;论学则外事以阅历而周知,而中国法律中国经史又夙有根柢",此人"无希冀幸进之心,无过激愤世之论,而通晓法国语言",为使事中不可多得之才;夏偕复"历充驻日本随员、驻纽约领事,励志立品,克继家声,既多读古书,又兼读西书,其所习西文,非徒语言而已,融旧道德于新学识之中,颇有忠信笃敬气象";沈瑞麟"历充驻比随员驻德参赞,代办使事,志虑清纯,才华翔洽,平日读书励行,夙负乡誉,在洋又研究西文,留心时事,于各国国际政策尤能洞明大要,窥见隐微"。❸ 三人中,沈瑞麟在宣统二年(1910)外务部参议任内出任驻奥匈帝国公使。

12. 宣统元年,驻荷兰公使陆徵祥保举使才一人:新加坡总领事官左秉隆。陆徵祥称,左秉隆自光绪四年(1878)随曾纪泽出洋,历充驻英翻译、新加坡领事官等职。请将其以使才记名简放,或破格擢用。❹

根据上述材料,将外务部成立之后,历次使才保举与公使选任的情况作一汇总,可列表如下:

---

❶ 原摺未找到,此据《外务部使才单》(光绪三十三年),《军机处录副》03-5496-062。
❷ 原摺未找到,此据《外务部使才单》(宣统二年八月十四日),《军机处录副》03-7442-133。
❸ 《出使义国大臣钱恂摺、片》(宣统元年九月十二日),《军机处档摺件》182045、182046。
❹ 《出使大臣陆徵祥片》(宣统元年九月二十五日到),《军机处档摺件》181512。

表9-1 外务部成立后的使才保举与公使选任

	保举人（保举时间）	被保举人
1	驻德公使吕海寰（1903）	刘宇泰、杨文骏
2	驻俄公使杨儒（1901）	**胡惟德**
3	驻韩国公使徐寿朋（1901）	**许台身**
4	署湖广总督、湖北巡抚端方（1903）	**梁敦彦**
5	驻美公使梁诚（1905）	朱宝奎、周自齐、钟文耀
6	驻法公使孙宝琦（1905）	**李经方**、严复、**吴宗濂**、**刘式训**、**陆徵祥**
7	驻英公使汪大燮（1906）	**刘玉麟**、陈贻范
8	驻荷兰公使陆徵祥（1907）	**刘镜人**、张庆桐、李家鏊、吴尔昌、陈贻范
9	两江总督端方（1907）	吴郁生、温秉忠
10	外务部（1909）	马廷亮
11	驻意大利公使钱恂（1909）	施绍常、夏偕复、**沈瑞麟**
12	驻荷兰公使陆徵祥（1909）	左秉隆

说明：被保举人中黑体标识者，此后成功获任驻外公使。

上述保举一共12次，共保举27人。参与保举的官员主要是在任或卸任的驻外公使，保举对象则为他们熟知的参赞、领事、随员。在所保27人中间，杨儒保举的胡惟德，徐寿朋保举的许台身，端方保举的梁敦彦，孙宝琦保举的刘式训、陆徵祥、李经方、吴宗濂，汪大燮保举的刘玉麟，陆徵祥保举的刘镜人以及钱恂保举的沈瑞麟共十人在此后被任命为驻外公使。其中，胡惟德、许台身系参赞接任公使；吴宗濂、刘玉麟、沈瑞麟皆以外务部丞参身份担任公使，其获任命并非全托保举之力。可见，这一时期的使才保举，其力度、效果较之前已有很大不同。

二 保举之外的人为因素

庚子之后的使才保举，以驻外公使为主体，其效力已远不如此前的南北洋大臣。在这种格局之下，军机处与外务部的作用更加凸显。外务部成立之后，长期主管总理衙门的庆亲王奕劻被任命为总理大臣，在光绪二十九年（1903）荣禄死后，奕劻更进一步入军机处行走，成为中枢最具实权的官员，在公使任命一事上，也握有重要的发言权。庚子之后多位公使即由其推荐。

光绪二十七年九月（1901年10月），驻英公使罗丰禄因患鼻痈，急电李鸿章转告外务部奏请任命新使臣。❶几天后，京中就开始传言张德彝将赴英接任。❷张德彝以同文馆英文学生多次任驻外随员、翻译官、参赞，当时随那桐访日后刚回到北京。而慈禧太后与光绪帝在从西安回京的途中，接到外务部摺单，并未宣布任命。当奕劻奉命抵达开封行在后，中枢立即发下张的任用上谕。❸张并不在使才保单之中，据上述细节推断，其任命应出自奕劻的面保。而据莫理循（George Morrison）从京中得知的消息，张之所以能谋得此差，是因为他向奕劻行贿二万五千两白银。❹奕劻个人地位和

---

❶《伦敦罗使来电》（光绪二十七年九月初六日到），顾廷龙、戴逸主编：《李鸿章全集》第28册，第442页。
❷《赫德致金登干》（1901年10月20日），《中国海关密档》第7册，第258页。
❸《随手登记档》，光绪二十七年九月二十四日条；《庆亲王奕劻电》（光绪二十七年九月二十八日），《电报档》2-02-12-027-0658；《随手登记档》，光绪二十七年十月初四日条。
❹《莫理循致濮兰德》（1902年1月25日），〔澳〕骆惠敏编：《清末民初政情内幕：〈泰晤士报〉驻北京记者、袁世凯政治顾问乔·厄·莫里循通信集》上册，上海：知识出版社，1986年，第213页。以下简称《清末民初政情内幕》。

因素在公使选任过程中的突出，加剧了外交界"政以贿成"的风气。

同一年，清朝驻美、驻俄公使皆须替换新人。莫理循透露，曾广铨、萨荫图、张翼等人大力运作，曾、张为此不惜花费大量钱财；而驻美公使伍廷芳为求得留任，也大肆向奕劻行贿。❶次年，清朝在意大利、奥匈帝国、比利时设立专任公使。任命之前，仍由外务部上呈历届保举清单、外务部丞参清单备选。结果，此前由沈秉成、李鸿章、许景澄所保举的杨兆鋆获任驻比利时公使，由胡聘之保举的许珏获任驻意大利公使。据莫理循得到的消息，新设的三国公使职位，皆须向奕劻花钱购买。❷

若仅凭莫里循书信论断，难免有孤证之嫌，然我们若对照此后的多项证据，无疑能证实上述消息非空穴来风，亦能更多地证明奕劻的作用和影响。关于贿买使职的案例，最出格的当属周荣曜。周地位较低，本为广东监生，粤海关库书。光绪三十一年（1905）八月，周以普通书吏骤赏以三品京堂候补，出任驻比利时公使。署两广总督岑春煊随即上奏，严劾周侵吞帑银；后岑赴京奏对，向慈禧太后面劾奕劻纳贿卖官，并将周荣曜案当作典型事例。❸当时熊希龄代岑春煊起草一道奏摺，称言外务部成立之后，历任出使英国、奥匈帝国、意大利、比利时使臣吴德章、张德彝、许珏、周荣曜、黄诰、杨枢、杨晟在外声名恶劣，品行不端，但外务部却置若罔闻，原因就在于外务部"受贿徇情"。❹

---

❶《莫理循致濮兰德》（1902年1月25日），《清末民初政情内幕》上册，第213—214、217页。

❷《莫理循致姬乐尔函》（1902年7月7日），《清末民初政情内幕》上册，第241页。

❸《署理两广总督岑春煊摺》（光绪三十一年八月二十日），《军机处录副》03-6430-039；岑春煊：《乐斋漫笔》，北京：中华书局，2007年，第27页。

❹《代拟枢臣辜恩外交失败据实纠参摺》（1907年），周秋光编：《熊希龄集》第1册，长沙：湖南人民出版社，1996年，第334—335页。

光绪三十三年（1907），驻日公使杨枢即将任满，新任使臣的职位遭来各方觊觎。驻荷兰公使钱恂试图用出资贿买的方式帮助纽约总领事夏偕复竞争该职。钱恂在给汪康年信中称言："庚子以后，所见各出使，无一人不以贿得者，恂在此中久，故知之确。"钱称庚子之后的公使"无一人不以贿得者"，此语过于绝对，例如汪大燮任驻英公使、雷补同任驻奥公使，皆因政治斗争所致，与贿买无关。❶不过，贿买现象在外交界之普遍，是可以肯定的。正因为如此，钱恂大胆为贿买公使一事张目，信中接着说："既是一定办法，则欲得，固非此不可矣。日本一席，于中国商界、学界关系太巨。而七年来，均识字不满五百之人充此一席，中国吃亏太甚。故张季直辈均发奇论，以为'非买不可，何妨我辈姑买'？此枉尺直寻之说也。恂极赞成此说，而自己却不愿做此下流事，故拟为棣三谋之。"❷棣三，夏偕复，时任驻纽约总领事。钱恂所说七年来"识字不满五百之人"的驻日公使，是指蔡钧、杨枢二人。张季直，即张謇，前清流领袖翁同龢门生。钱恂则长期为清流领袖张之洞的幕僚。连张、钱二人也不讳言贿买公使一事，亦可见庚子之后使臣任命的章法实已大乱。

贿买出使大臣的事例，到宣统年依旧存在。宣统元年（1909）三月，前驻日公使杨枢被任命为出使比利时大臣。钱恂在给汪康年

---

❶ 汪大燮从外务部职位上外任驻英公使，系出邹嘉来的排挤。见《汪大燮致汪康年》（光绪三十一年十二月二十九日），上海图书馆编：《汪康年师友书札》第1册，第833—834页。雷补同后来出任驻奥公使，则是出于袁世凯改革外务部的安排。参见曹汝霖：《曹汝霖一生之回忆》，第63页。
❷《钱恂致汪康年》（光绪三十三年十月初三日），上海图书馆编：《汪康年师友书札》第3册，第3026—3027页。

信中称："杨枢使比，知贿门之未闭。"❶这似乎亦可坐实熊希龄所说外务部主管官员出卖使职的细节。

在清朝后期的使臣任命过程中，总理外务部大臣奕劻几乎起着决定性作用。这种凸显个人因素的使臣选任制度，为外交界贿买风气提供了土壤。

除上述各方权力因素之外，驻外公使人选有时也受所驻国政府的影响。光绪二十七年（1901）中俄交涉期间，驻俄公使杨儒病重，无法继续工作，中枢有意派驻德公使吕海寰前往接替，命奕劻、李鸿章向俄方询问意见，对方称，交涉事可由参赞代办。❷故驻俄公使后由驻俄参赞胡惟德接任。不过，一般而言，所驻国政府对清朝所派使节，都会礼貌地予以接纳。因此，本书对影响公使选任的外部因素，不作过多展开。

三　庚子后使臣群体分析

上文论述外务部时期驻外公使的保举及奕劻的作用。本节搜集、整理及开列该时段驻外公使的基本资料，以明其主要来历、任期、任差年龄，并通过众多个案累积分析的方式，对驻外公使在政治体制中的地位略作分析。为观览和论述便利，先将这一时期驻外公使的基本资料列表如下：

---

❶《钱恂致汪康年》（宣统元年五月十五日），上海图书馆编：《汪康年师友书札》第3册，第3020页。
❷《清实录》第58册，第337页；《奕劻、李鸿章电枢垣》（光绪二十七年二月二十五日），中国社科院近代史研究所编：《杨儒庚辛存稿》，北京：中国社会科学出版社，1979年，第287页。

表9-2 庚子后驻外公使资料一览表

	姓名	籍贯	生年	任差年龄	任任时间	任期	本职与头衔
					驻英公使		
1	张德彝	镶黄旗汉军	1847	54	1901—1905	4年	记名道员赏三品京卿衔
2	汪大燮	浙江钱塘	1859	46	1905—1907	2年	外务部左参议差
3	李经方	安徽合肥	1855	52	1907—1910	3年	候补四品京堂
4	刘玉麟	广东香山	1862	48	1910—1912	2年	外务部右丞
					驻美公使		
5	梁诚	广东番禺	1864	38	1902—1907	5年	道员赏三品卿衔
6	伍廷芳	广东新会	1842	65	1907—1909	2年	前刑部左侍郎
7	张荫棠	广东南海	1866	43	1909—1911	2年	外务部右丞
					驻法公使		
8	孙宝琦	浙江杭州	1867	35	1902—1905	3年	候补四品京堂赏三品卿衔
9	刘式训	江苏南汇	1868	37	1905—1911	6年	分省补用知府以四五品京堂候补
					驻德公使		
10	荫昌	正白旗满洲	1859	42	1901—1906	5年	侍郎衔正白旗汉军副都统
11	杨晟	正红旗汉军	1867	38	1905—1906	1年	驻奥公使改
12	孙宝琦	浙江杭州	1867	40	1907—1908	1年	署顺天府府尹
13	荫昌	正白旗满洲	1859	49	1908—1909	1年	陆军部右侍郎
14	梁诚	广东番禺	1864	46	1910—1912	2年	内阁侍读学士
					驻俄公使		
15	胡惟德	浙江吴兴	1863	39	1902—1907	5年	道员赏三品卿衔

续表

	姓名	籍贯	生年	任差年龄	任任时间	任期	本职与头衔
					驻俄公使		
16	萨荫图	镶黄旗蒙古	1870	37	1907—1911	4年	哈尔滨道
17	陆徵祥	江苏上海	1871	40	1911—1912	1年	驻荷兰公使改
					驻日本公使		
18	蔡钧	江西上犹	1850	51	1901—1903	2年	前江苏松太道以四品京堂候补
19	杨枢	正红旗汉军	1844	59	1903—1907	4年	广东候补道以四品京堂候补
20	李家驹	正黄旗汉军	1871	36	1907—1908	1年	学部右丞
21	胡惟德	浙江吴兴	1863	45	1908—1910	2年	外务部右丞
22	汪大燮	浙江钱塘	1859	51	1910—1911	1年	邮传部左侍郎
					驻韩国公使		
23	许台身	浙江仁和	1847	54	1901—1904	3年	云南候补知府擢道员加四品京卿衔
24	曾广铨	湖南湘乡	1871	33	1904—1905	1年	候补五品京堂
					驻奥匈帝国公使		
25	吴德章	福建闽侯	1854	48	1902—1904	2年	江苏候补道赏四品京卿衔
26	杨晟	正红旗汉军	1867	36	1903—1905	2年	山东候补道赏四品京卿衔
27	李经迈	安徽合肥	1877	28	1905—1907	2年	候补三四品京堂
28	雷补同	江苏华亭	1860	47	1907—1910	3年	外务部右丞
29	沈瑞麟	浙江归安	1874	36	1910—1912	2年	外务部参议上行走

续表

	姓名	籍贯	生年	任差年龄	任任时间	任期	本职与头衔
					驻荷兰公使		
30	陆徵祥	江苏上海	1871	34	1905—1907	2年	分省补用知府赏四品卿衔
31	钱恂	浙江吴兴	1853	54	1907—1908	1年	分省补用知府
32	陆徵祥	江苏上海	1871	37	1908—1911	3年	保和会专使钦差
33	刘镜人	江苏宝山	1866	45	1911—		吉林滨江道
					驻比利时公使		
34	杨兆鋆	浙江吴兴	1854	48	1902—1906	4年	江苏候补道赏四品卿衔
35	李盛铎	江西德化	1858	47	1905—1909	4年	顺天府府丞赏三品卿衔
36	杨枢	正红旗汉军	1844	65	1909—1910	1年	外务部左参议
37	李国杰	安徽合肥	1881	29	1910—1912	2年	农工商部左丞
					驻意大利公使		
38	许珏	江苏无锡	1843	59	1902—1905	3年	候选道赏四品卿衔
39	黄诰	正黄旗汉军	1865	40	1905—1908	3年	江苏候补府丞赏四品卿衔
40	钱恂	浙江吴兴	1853	55	1908—1909	1年	驻荷兰公使改
41	吴宗濂	江苏上海	1856	53	1909—1912	3年	署外务部右丞

资料来源：公使名单、在任时间据钱实甫编：《清代职官年表》第4册，中国第一历史档案馆、福建师范大学历史系编：《清季中外使领年表》，另据《清实录》《宣统政纪》校正相关数据。公使的籍贯、生年、卒年，据江庆柏编：《清代人物生卒年表》，将英豪著：《黄遵宪师友记》，秦国经主编：《清代官员履历档案全编》。说明："在任时间"起自任命上谕下达之日，迄于离差之时；已接受任命但未成功就任者未计入表格，归类以其主要驻驻国为准。

466

上述公使41任，除去重复任差者，共31人。从地域来看，除来自江西的李盛铎与来自福建的吴德章之外，其余公使来自5个方向，一为浙江，二为江苏，三为广东，四为安徽，五为旗籍。人数最多的浙籍公使来自杭州、湖州两地。苏籍公使出自上海周边，多在上海广方言馆接受教育。粤籍公使分为两类，一为汉人，多任驻美公使；另一类为广州驻防汉军旗人，如杨枢、杨晟、黄浩，后者出自广州同文馆。徽籍公使来自李鸿章家族。旗籍公使若除去广州驻防3人，其他多出自京师同文馆。

在庚子之后的公使群体中，任差年龄最小者为驻奥公使李经迈（28岁），最长者为驻比利时公使杨枢（69岁），41人次任差的平均年龄为44.9岁，小于庚子前的48.9岁。与此前相比，公使们最大的特点是多位来自外务部丞参，且有着数次任职的经历，不再像之前那样，三年任满即与外交界脱离关系。

光绪三十二年（1906）外务部议覆刘式训的改革奏摺，建议驻外外交官改差为缺，同时废除三年劳绩保奖。这一举措，使得驻外公使不再将使职作为差遣，也不再依赖使职之外的职务而上升。此后所任命的公使，大量出现外务部丞参头衔；此前公使在差满后，本职会随之提升，而此后公使差满后，则多维持原有职务。也就是说，公使变成一种独立职务，不再是职官系统的附庸，也不再是赢取资历、在政界寻求升迁的工具。相应地，公使在卸任后，就能大多留任于外交界。丞参若出任驻外公使，在卸任之后依旧回到本部，成绩突出者可升任侍郎、尚书。这一时期任用的诸多公使，如汪大燮、胡惟德、陆徵祥、刘式训、吴宗濂、沈瑞麟、刘玉麟、刘镜人、施肇基，皆久历交涉。他们借助改革创造的外交官职业化的环境，超越朝代更迭形成的裂痕，继续活跃于中华民国外交的舞台。

四 公使成长的个案：以汪大燮为例

上文从制度史视角，对外务部改革及驻外公使群体变动作了详细分析。本节将以清末民初外交家汪大燮作为实例，考证其生平，叙说其经历，重点讲述外交制度变革之下汪大燮的职业成长。

汪大燮由科举出身，从总理衙门章京转变为外务部司员，而后借助外务部丞参制度上升，经内外互用，成为较为出色的驻外公使，最后担任中华民国外交总长。可以说，他的经历，带有清末民初制度变革的全部重要信息。下文就结合汪大燮个人历史，简单展示这一制度的运作、变革及其意义。❶

（一）生平及早年发迹

汪大燮，原名尧俞，字伯唐，浙江钱塘人，祖籍安徽黟县，咸丰九年（1859）十月二十七日生。光绪十五年（1889），汪大燮中式浙江乡试举人，此时他已30岁。次年赴京应会试不第，于是和其他一些同乡士人一样前往广州，在书局、书院谋求差事，顺便准备下一科的会试。❷然而，他在广州谋事并不顺利，生存压力骤增，他自称是"衣食迫而功名之念生，谋为多而酬应之事起，虽心所甚

---

❶ 除书中标明的其他资料出处外，汪大燮生平史实主要参考王式通：《故国务总理汪公墓志铭》，《清朝碑传全集》第4册，第3888—3889页；邵章：《前国务总理杭县汪公行状》，刘家平、苏晓君主编：《中华历史人物别传集》第75册，2003年，北京：线装书局，第695—697页。

❷《汪大燮致汪康年》（光绪十六年五月初八日），上海图书馆编：《汪康年师友书札》第1册，第627页。

苦，而势所不能已"。❶

科举的失意、前途的暗淡，让汪大燮逐渐生出捐纳入仕的想法。按照清朝制度，举人只有经过会试、殿试及朝考，获得进士出身，方能授给翰林、内阁中书、六部主事或知县。会试不顺，虽也可捐纳为内阁中书、六部主事，然在补缺时仅能归入异途，在将来仕进的过程中，丧失许多只对正途士人开放的机会，这也正是杨宜治、吕海寰曾面临过的窘境。因此，汪康年极力劝他打消捐纳之念。可是，不经捐纳，寄希望于会试一途，只能作三年一次的等待。汪大燮已过而立之年，又连续两次会试不第，他对汪康年说，当今世道，无论是否正途、是否做官，恐怕都要终身忧患，差别不大。做事成败在于自己的努力，声名毁誉绝非自己所能操纵，因此能求心安就行。❷

光绪十九年（1893），汪大燮捐纳内阁中书，并从广州赴京任职。他平日留心时务之学，对边疆史地、外国政治、京中动向尤为关心。然此时最紧迫的任务，仍是仕途的发展。他因改用捐纳方式做内阁中书，升迁时被划进"异途"。此时最好的出路，仍是参加会试，取中进士，这样便能再入"正途"，与其他京官们均等竞争。然令人沮丧的是，光绪二十年（1894）恩科会试，汪大燮再次落榜。困顿潦倒，维持艰难。于是，汪请其兄弟托关系，在广东、湖北或江苏为他谋一差使，条件是每月能得"廿余金"即银二十两，"庶几糊口"就行。同时，他也作了另外的谋生准备，即"苦学西语"。其重要原因在于，如果能得到翻译报章的活计，"即可终身于其间"，生计也就不用太操心。在现实经历面前，他甚至得出"依

---

❶ 《汪大燮致汪康年》（约光绪十八年七月廿四日），上海图书馆编：《汪康年师友书札》第 1 册，第 631 页。

❷ 同上书，第 633 页。

显宦不如依富家，依富家不如依商贾"的感慨。❶

除谋求南方大省洋务差使之外，其他仕途、生计方面一切合适的机会，汪大燮也都希望尝试。当时，他努力打听和营求的任差机会，主要有三个，一是考取军机章京，二是考取总理衙门章京，三是驻外使馆随员。这三个差使，正是前章所谓"帝师、王佐、鬼使、神差"一类官场的"荣选"，任差者借助"异常劳绩保奖"给予的"无论题选咨留"一类花样，可突破出身限制，在补缺、升迁时排列在前，运气好时甚至可扶摇直上。汪大燮打听到，光绪二十二年（1896）是清朝驻外公使换届之年，于是写信给在武昌张之洞幕中的汪康年，托他向张之洞进言，推荐自己任驻外随员。汪大燮在信中解释说："近来事惟此或尚可稍稍得钱，余无可冀幸也。"❷除托张之洞关系之外，汪大燮还找到直隶总督王文韶。当时京中流传刘麒祥即将任驻法公使，汪于是托与刘有交谊的王文韶为他谋随员之差，刘已答应，不幸的是，刘到京后不愿赴任，汪的计划也随之落空。❸驻外差使难谋，汪只能关注军机与总署之差，他打听到军机章京可能十年后才会再次考选，因此只能尝试光绪二十二年进行的总理衙门章京考试。

汪大燮本有南行或出国的准备，考总理衙门章京不过是备选项之一。他在给汪康年信中说："驿（译）署将考，去留难决，大约在今明岁间，非望富贵，但望饭碗长耳。"这里明言他考选章京的现实考虑。❹在出洋一事失败后，他主要寄希望于总理衙门及玉牒

---

❶《汪大燮致汪康年》（光绪二十一年四月十三日），上海图书馆编：《汪康年师友书札》第1册，第693—694页。
❷《汪大燮致汪康年》（光绪二十一年七月廿四日），同上书，第706页。
❸《汪大燮致汪康年》（光绪二十一年八月十九日），同上书，第709—710页。
❹《汪大燮致汪康年》（光绪二十一年八月初一日），同上书，第707—708页。

馆考差。

在《马关条约》签订之后,热心时务的京官同好们在北京组织强学会,翻译西书,宣扬维新思想。汪大燮在其中任事,为译书作笔述,也借此增广见闻、开阔视野。年底,张荫桓托同乡戴鸿慈延聘汪大燮赴其家,为其两子教读,汪提出学习外语的要求。张荫桓答应延请外国学生每天到家,讨论外国语文。于是汪入张荫桓幕中,在教读其子的同时,也为张起草文稿、参谋政事。❶

光绪二十二年八月,汪大燮以内阁中书身份参加总理衙门章京考试,考题由翁同龢拟定,为策问一道:"中俄英法陆路边界设防险要",考察司员们对时局中紧迫问题的看法,与乡会试专重四书题的立意大不相同。考卷由翁同龢、张荫桓二人共同评阅。❷汪大燮顺利取中,名列汉章京第八,被引见记名后等待传补。此时,汪"别路既无可走,株守译署而已",他已无外出想法,随后将家眷安置在京,因日常费用甚巨,他感慨"只得得过且过,发财既不可得,即不必这山望见那山高矣"。❸在内阁期间,汪大燮还谋得会典馆详校的差使,随后保升内阁候补侍读。光绪二十四年(1898)十月,汪以内阁候补侍读身份,传补进署,任总理衙门章京。❹

由于此前跟随张荫桓已久,加之平日留心时政,汪大燮在入署后,熟悉办事流程,通达事理,所拟稿件词能达意,恰如其分。入

---

❶《汪大燮致汪康年》(光绪二十一年八月初一日),上海图书馆编:《汪康年师友书札》第1册,第720—723页。
❷ 陈义杰整理:《翁同龢日记》第5册,第2939页。
❸《汪大燮致汪康年》(光绪二十二年十一月廿三日),上海图书馆编:《汪康年师友书札》第1册,第752—755页。
❹《总理衙门片》(光绪二十四年十月),《军机处录副》03-5366-139。

署两月后,即被总办章京倚重,有意升为俄国股章京。❶此后为总理衙门大臣许景澄、徐用仪所看重,各股重要稿件也经常让他草拟。汪大燮一方面乐于任事,另一方面也意识到他的举动会遭同事之忌,然因拟稿内容经常十分重要,他也顾不得别人的白眼。❷不过,这却深埋下数年后汪与外务部同事纠纷的种子。

戊戌政变后,京中政治空气肃杀。保守派抬头,纵容义和团排外,酿成庚子国变。清朝与列强开战,随后八国联军入侵北京,而与此同时,俄国亦出动远东军力,借口自卫,强占东北三省。驻俄公使杨儒受命,与俄国谈判交收东三省一事。俄国提出苛刻的条约,要求东三省、蒙古、新疆所有铁路矿产利益为俄国占有,东三省警察须中俄会商数额,中国须随时撤换不合俄国之意的官吏。这些苛刻条款引发国内督抚及英日等国不满,杨儒奉命商改条约。然而,俄国只将此前约稿略作调整,即无理要求清方定期签约,否则将以武力长期占据东北。清朝于是电令杨儒自行定计,朝廷对此不能遥断!

当时,李鸿章倾向签约,但张之洞、刘坤一等强烈反对,杨儒未奉明确电令,不敢决断。❸汪大燮随慈禧太后及光绪帝在西安行在,眼看俄国最后通牒即将到期,他起草一奏摺,交给已任命的驻俄公使桂春,以其名义上递。奏摺详陈"各国均势利害,万不能于和约之外别订专约,致启各国效尤之渐"。❹汪摺的意见随后得到采

---

❶ 《汪大燮致汪康年》(光绪二十五年四月初七日),上海图书馆编:《汪康年师友书札》第1册,第803—806页。

❷ 同上书,第752-755页。

❸ 交涉过程可参见杨绍震:《庚子年中俄在东三省之冲突及其结束》,中华文化复兴运动委员会主编:《中国近代现代史论集》第15编,台北:台湾商务印书馆,1986年,第583—635页。

❹ 邵章:《前国务总理伯唐汪公行状》,闵尔昌纂录:《碑传集补》卷末,北京:燕京大学国学研究所,1931年,第26页。

纳，清朝电令杨儒拒约。由此，汪大燮的声名渐为朝中所知。

（二）丞参的阶梯与外交官成长

  光绪二十七年（1901），清朝将总理衙门改组为外务部，以丞参取代原总办章京，另从总理衙门得力章京中挑出24位，任各司郎中、员外郎、主事。汪大燮被任命为从五品和会司员外郎，兼任庶务司主稿差使，相当于帮办章京。次年，奕劻之子载振奉命赴英，庆祝英王爱德华七世登基，特意奏带汪大燮随行，任特使团参赞。光绪二十八年秋回国两个月后，汪大燮突然接到上谕，任命他为游学日本学生总监督，上谕称："外务部奏请派日本游学生总监督一摺，四品衔外务部员外郎汪大燮着赏给五品卿衔，派充游学日本学生总监督，所有游学各生均着归该员管辖。务即认真经理，督饬切实讲求，以端趋向而宏造就。"❶

  这一任命显得极为突兀。当时赴日留学的学生日渐增多，派人前往约束管理也在情理之中，清朝此前曾在北美及欧洲地区设立过类似差使。然在汪接受任命之前，似未有过协商。他不愿就任，希望辞去差使。这时，左参议顾肇新出面对汪说，他留在部里，恐怕没有太好的前景，最好不过下届京察得到优等，而后外放知府而已，还不如离开本部，出洋任差更划算。后来，汪得知自己遭来同僚侧目。因外务部丞参职位极为有限，且当时丞参向上流动极慢，缺出机会较少。顾肇新的表侄、庶务司主事邹嘉来对汪大燮、沈曾植尤为忌惮，认为是其上升丞参的阻碍，在这种情况之下，汪决定赴日，去做留学生监督。❷

---

❶ 中国第一历史档案馆编：《光绪宣统两朝上谕档》第28册，第265页。
❷ 《汪大燮致汪康年》（光绪三十一年十二月廿九日），上海图书馆编：《汪康年师友书札》第1册，第830—836页。

没想到，这样的任命，反倒成全了汪大燮的上升。汪本为从五品的员外郎，赴日前赏五品卿衔，光绪二十九年（1903）七月，他被任命为正四品外务部左参议。❶赴日之差，反成了登进丞参的阶梯。

在外务部内外互用政策的指导下，汪大燮于光绪三十一年（1905）八月被任命为驻英公使。根据外务部章程，丞参外任公使，无须开去本职。为与驻英公使身份相称，汪大燮很快转为正三品外务部右丞。汪在英期间，一反前任公使足不出户、保守自持的做法，他经常外出参加各国公使活动，借以了解各国外交动向与外交手段。有此前长期积累的外部知识与交涉经验，汪在英国的观察和体悟更加深刻。他力主进行外交改革，主张公使须以精通外语为任职前提，外务部储才馆应储备藏书报刊，便于研究法律及各国政治外交情事，他还试图收回威海卫租借地，并在禁烟、改用金币、建设海军方面多有建言。载泽等人赴英考察西洋宪政之时，汪大燮详细为之引导，联合使臣上奏建议立宪，宣布地方自治，并定集会言论出版之律，获得国内舆论认可。

光绪三十二年（1906）九月，在国内大规模改革官制，调整人事之时，在驻英公使任内的汪大燮，进一步迁外务部右侍郎。据他自己推测，之所以能在部门调整、人事纷争纠缠不清的时候获得侍郎之任，是因为慈禧太后看好他"不新不旧"的身份，可在新班子中起到调停作用。❷但无论如何，汪的外交阅历、经验及屡次得体、中肯的改革建议，肯定是他获得升迁的重要因素。而这一迁擢，当然与丞参的阶梯作用密不可分。

---

❶ 中国第一历史档案馆编：《光绪宣统两朝上谕档》第29册，第221页。
❷ 《汪大燮致汪康年》（光绪三十二年十一月十六日），上海图书馆编：《汪康年师友书札》第1册，第894—895页。

此时，汪大燮已正式跻身外务部堂官序列，顺利完成堂司两级之间的衔接。之后，他又奉命出使英国、考察宪政，并任仓场侍郎、邮传部左侍郎等职。到宣统二年（1910），外任驻日本公使。他见清朝统治内外交困，岌岌可危，回国建议摄政王载沣带宣统帝赴英美留学，由庆亲王当国，广招人才，寻求变革，为挽救清室作最后尝试。然他的建议遭到摄政王拒绝。❶ 于是他返回驻日公使之任，不再寄希望于王室。辛亥革命发生，他对随之而来的国体更迭坦然接受。

入民国后，他曾先后担任教育总长、平政院院长、外交总长、署理国务总理、外交委员会委员长。他不问总统、内阁是谁，首先考虑的，是保全国家利益。1917年他在外交总长任内，以外交家的眼光，力主对德宣战，试图利用协约国地位挽回利权，并最终获得成功。

可以说，经由多年外交官的实际训练，汪在考虑政治外交问题时，将具体的国家利益放在首要位置。也就是说，他已逐渐从传统的士大夫，变为一名职业外交官。这与他昔日在总理衙门的同僚、作为逊清遗老的邹嘉来、沈曾植已大不一样。

从汪大燮在清末的经历，我们可以清晰看出制度变革在其中的痕迹。汪以举人捐纳内阁中书，为寻求仕途上升，选择考试总理衙门章京。平日对时务的关注和思考，对外部知识的汲取，特别是在张荫桓幕中的经历，造就了他对内外问题的洞察力以及干练的吏才，这些，助他在总理衙门章京任内很快脱颖而出，并在随后外务部改制中，由总理衙门章京成功转为外务部司员。外务部设立丞参职，突破六部堂司官员隔绝的体制。这本是为安置总办章京所设职

---

❶ 唐文治：《茹经先生自订年谱正续编》，第65页。

位，机会极少，然这两种岗位，无意中也可成全部分外交官的职业化。在人事纠纷中盘旋的汪大燮，被觊觎丞参之位的同僚排挤，由员外郎升格半级，成为"正五品卿"的留学生监督，他安然出洋赴任，因表现良好及人事嬗替而升任左参议。

左参议任内的汪大燮仍摆脱不掉同僚的排挤。借丞参与公使互换这一外交官职业化规则，汪大燮被外任驻英公使。为与其地位相称，他也随之从左参议一职擢升为右丞。在外期间他的适时敢为、努力做事被新旧人士同时认可，在更多的人因官制改革、人事纠纷而受累之时，他却被选中，依照规则升外务部右侍郎，从而完成司员到丞参、公使，最后到外务部堂官的转变，成为第一位实践了内外互用、由司官丞参擢堂官这两项职业化设计的外交官；也由忠于一朝一姓的士大夫，转身为效忠国家的近代外交官。

汪大燮与他身边的同事通过科举正途获得入仕资格，成为体制内的内阁或六部京官，因任差于总理衙门而接触外交。他们的成长与制度因革存在密切互动，这主要体现在两个方面：第一，总理衙门出于保密及效率的考虑，仿照军机处制度，摈斥胥吏，通过司官直接办事，避免了六部中胥吏把持政务的弊病，在无意间促成总理衙门章京直接办理部务，使他们有可能成为外交专才，这种制度后来也被外务部袭用。另一方面，外务部改章京差使为实职，各带品秩，又设立丞参制度，衔接堂司官员，改变总理衙门章京上升须借助本职，堂司官员品秩悬殊、无法直升的弊端，使得外交官员有可能在制度框架内久于其任，成为一方专才。外务部与驻外使馆的诸多制度转变，如丞参制度、内外互用原则，其本意或出于外力胁迫，或为圆融人事调配，或出于人员纠纷，但制度本身一经确立，就有了自身的逻辑，有可能排除上述因素的干扰，按自身结构具备的功能发挥作用，成全外交官的职业化。

第10章

驻外外交人员（下）

伴随总理衙门改组为外务部，国内制度发生剧变，驻外外交人员群体在晚清最后十年也出现结构性的变动。随着外务部内外互用原则的扩展，部内司员外任参赞、随员的情况逐渐增多；外务部司员自身结构的变动，相应改变了驻外人员的人事格局。

对于庚子之后驻外人员的结构变动，本章重点选取参赞群体作为说明对象，该群体既是驻外公使最重要的助手，亦是公使的后备人员，同时也可与同级驻外领事互换。他们的特点，最能显示出驻外人员的群体特征。

一 参赞（下）

与驻外参赞及其他驻外人员相关的政策调整，在晚清有四次。

第一次是在光绪十四年（1888），在驻俄公使洪钧的建议下，总理衙门修改驻外人员选用规则，规定此后驻外公使可在总理衙门章京中，择才识通达者，酌情选派参赞、随员。❶

---

❶《驻俄德公使洪钧摺》（光绪十四年九月初七日），《军机处录副》03-9657-049；《总理衙门摺》（光绪十四年十二月十五日），《军机处录副》03-9379-009。

第二次是在光绪二十七年（1901）外务部改制之时，外务部章程称："左右丞、参议备出使之选，"郎中、员外郎、主事，可备参赞、领事、随员之选"。❶

第三次是在光绪三十二年（1906），由前总理衙门章京张元济起草的储才馆章程，调整外交官选任方式："各国使署参赞、领事、随员、翻译，向章可由臣部司员充当，惟每馆或仅派一人，或未派往。嗣后各国使署所有参赞、领事、随员、翻译，应专用臣部所调人员充补。"❷

第四次政策调整是在光绪三十二年底。外务部在议覆驻法公使刘式训改革奏议时，将张元济建议扩而充之，首先确立一条总原则，"参、领各员，欲除任意调用之弊，非由部内外调用不可"，即由外务部司员担任参赞、领事。具体措施是"于各使馆设立参赞、领事、书记、通译等各员缺"，皆由外务部奏补派往各馆。考虑到部中人数有限，且驻外各馆"需熟手经理"，难以尽行更换，只能暂时采取变通之策："咨行各出使大臣，将各馆通晓外国语言文字及政治、法律、商务、理财等科研究有得人员，详开员名履历，出具切实考语送部"，在外务部覆查无异后，再行奏补。"其不合格而实在得力者，虽准保送，只能试署。其余暂准酌保外官，给资回国"。在暂行政策施行一段时间之后，以后使馆参领等各缺，皆由外务部及储才馆中合格人员调充，由此而遗之部中各缺，即由驻外使馆调部人员补授。"各馆人员均不得由出使大臣任意调用，三年

---

❶《外务部章程》（光绪二十七年六月二十七日），《中美关系史料（光绪朝）》第4册，第2954—2956页。

❷《外务部摺》（光绪三十二年闰四月二十二日），《军机处录副》03-5459-159；《代外务部拟办理储才馆事宜奏摺》（1906年6月13日），《张元济全集》第5卷，第128页。

保奖旧例亦一律停止。"❶

上述各次政策调整的大方向，都是实行外务部与出使人员互相迁调这一原则。不过前两次仅将此作为可选之项，后两次改革则以此作为必行之策。第四次的改革最为得力和彻底，其中值得注意之处有四点：第一，参赞、领事等驻外人员，设立正式缺额，出使工作不再是临时的差使，而是须全力投入的职务；第二，与废差设缺伴随而来的是，附着于差使的劳绩保奖，一律停止，因此，出洋任差也不再是官场登进的捷径；第三，外务部不但规定出使人员从外务部及储才馆合格人员中调任，同时也规定，部中相应遗缺由出使人员填充，彻底实行内外的互用；第四，驻外人员任用之权，由驻外公使转移到外务部手中，公使不再方便安插私人，外交界之外的人员，不方便、也无必要继续营求出使之差。公使、参赞、领事等驻外使职，逐渐剔除附着于其身的官场习染，回归到职业的本身。

（一）参赞的来源

在明了这一大的背景之后，我们有必要通过具体例证，观察庚子以后特别是1907年外交改革对出使人员结构的影响，考察改革的实际施行及其效果，以及制度沿革的内在理路。又，由于本节论述涉及人数众多，文中未能一一标明引文的出处，而另附节作"参赞题名考（下）"以补充。

从现有档案资料中，可寻出庚子之后驻外参赞累计98任，除去一人担任两处或多处参赞的事例，共计83人。由于资料所限，其中难免有所遗漏，不过这83人应为驻外参赞中的绝大多数，足

---

❶《外务部奏议覆出使法国大臣刘奏请变通出使章程摺并清单》（光绪三十二年十二月十二日），商务印书馆编译所：《大清新法令》第2卷，第257页。

以代表、说明该群体的主要特点。

与庚子前情况类似的是，参赞来源也有依才能招募、任用故旧、高级官员推荐、翻译官升任、总理衙门章京充任这些途径，然比例有所改变，方式也更加多样化。根据参赞先前的来源，我们可大致将其任差方式分作以下几类：

首先，按照内外互用原则，部分外务部司员被委以驻外参赞。这些人包括驻英参赞崇钰、陈懋鼎，驻比利时、西班牙参赞文溥，驻法参赞谦豫，驻俄参赞吴锜，驻墨西哥参赞沈艾孙、继善，驻秘鲁参赞长晖，驻奥参赞周传经，9人计10任次。其中，沈艾孙、继善曾任驻外使馆随员，在储才馆学习后任外务部候补司员；周传经则是京师同文馆法文学生，由外务部司务外任参赞。其余8人，全都是经由总理衙门章京考试选拔的司员。从任差时间上看，沈艾孙、周传经二人分别于宣统二年（1910）、光绪三十三年（1907）担任参赞，其他人的任期都在驻外使馆改革之前。改革最终确定的内外互用原则，并未来得及施用于参赞一级。

其次，庚子后驻外参赞群体中，有很多是出身于广东同文馆、上海广方言馆、京师同文馆的语言学生，由驻外使馆学生、翻译官逐级升至驻外参赞。这其中包括驻英参赞陈贻范，驻法参赞刘式训、唐在复、吴宗濂，驻西班牙、葡萄牙参赞戴陈霖，驻西班牙参赞黄致尧、谭培森，驻俄国参赞陆徵祥、世增、刘镜人、郑延禧，驻俄国、荷兰参赞王广圻、驻荷兰参赞张庆桐，驻日本参赞马廷亮，驻美参赞周自齐，驻比利时、葡萄牙参赞吴尔昌，16人计19任。他们早年在同文馆接受外语教育，部分人直接派充驻外使馆翻译官，也有部分人是因同文馆的教育质量不太理想，被派在国外学习后，再从翻译官做起。语言特长使他们在使馆中的地位不可替代，能长期在外任职，因此专于外交一途者也就最多。

除同文馆系统出身的学生，还有部分人也是通过语言特长进入外交界，担任驻外参赞，他们主要是不同时期的留学生。这一类型的参赞包括驻英参赞许士熊，驻法参赞林同实、严璩，驻西班牙参赞钟文耀，驻美参赞容揆、颜惠庆，驻墨西哥参赞吴仲贤，驻德参赞冯祥光，驻日本参赞吴振麟、田吴炤、刘崇杰、张煜全。这里特别值得注意的是，钟文耀、容揆、吴仲贤，是早年留美幼童。与外务部丞参中的几位留美幼童一样，他们人数虽不多，但皆为此阶段成长较快，也较为耀眼的外交官。

此外，还有部分翻译官出身的驻外参赞通过其他途径接受语言教育。驻日本参赞卢永铭由驻日使馆设立的东文学堂自行培养，由翻译官成长至参赞。另一位驻日本参赞胡德望，则是驻法使馆培养的法语学生。而驻德参赞王承傅、驻美参赞钟文邦，皆是在国内武备学堂接受的外语教育，而后成为翻译官、驻外参赞。

第三类参赞，是由低级的出使人员逐级升迁而来。他们多数是驻外随员、领事官，也有少数供事，在办事能力、人际关系多种因素的促成之下，长久地在外任差，循级升任驻外参赞。这些包括驻日本、英国参赞张元节（前驻日本随员），驻法参赞凤凌（前驻英随员），驻西班牙参赞王树善（前驻美领事馆随员），驻法国、意大利、比利时参赞余祐蕃（前驻日本供事、领事），驻德、驻美参赞吴寿全（前驻法随员），驻秘鲁参赞陈始昌（前驻嘉里约领事），廖恩焘（前驻古巴领事署学生、马丹萨领事），驻秘鲁参赞黎熺（前驻嘉里约领事官），驻俄国参赞厉玉麒（前驻美学生、驻俄随员），驻德参赞乔毓渠（前驻德随员），驻日参赞吴广霈（前驻美随员），驻秘鲁参赞黎荣曜（前驻美领事官）。

第四类参赞，来自国内的候补道、府官员。他们一般没有实缺，在督抚幕僚协助办理洋务事宜，借助办事能力与人际网络谋得驻外差使。这些人包括驻英、驻美参赞桂埴、驻德参赞那晋、驻俄参赞钱恂、驻秘鲁参赞谭骏谋、驻奥参赞汪钟霖、驻美参赞贺师贞。

除教育、出身较为明确的上述人群以外，还有一大批参赞或自身身份或与公使关系较为特殊，在分析群体特征时，可将其单列。他们包括：驻美参赞张权（湖广总督张之洞子），驻墨西哥参赞梁询（驻美参赞梁诚胞弟），驻秘鲁、驻墨西哥参赞李经叙（大学士李鸿章侄），驻德国、驻比利时参赞沈瑞麟（驻比利时公使杨兆鋆荐主、安徽巡抚沈秉成子），驻日本参赞铨林（四川总督奎俊子），驻奥参赞李国栋（驻奥公使李经迈侄）、驻德参赞胡惟贤（驻日公使胡惟德弟），驻德国、驻比利时参赞梁居实（驻德公使杨晟老师），驻美参赞张荫棠（浙江提督张其光侄、驻美公使伍廷芳同乡）。此外，还有多位参赞是公使的同乡。

这里需说明的是，以上人为分类，是为论述的方便。上述人物的身份特点，不乏重合之处。他们的任职，很可能是多种因素所促成。

（二）参赞的去向

这一时期，驻外参赞的后续发展，因其各异的背景、来源而各不相同。总体言之，外务部司员外任驻外参赞者，卸任后皆回外务部任原职，依据新制度在本部升迁或外任道府。出自同文馆、以外语见长的驻外参赞，因特长仅限于语言，且自始即与总理衙门、外务部渊源甚深，此后或升驻外公使（例如刘式训、唐在复、吴宗濂、戴陈霖、陆徵祥、刘镜人、王广圻皆属此例），或回外务部供职，几乎全部留在外交界。他们外交官的身份不因清朝覆亡、民国建立乃至此后国民政府统一全国而有所改变。可以说，他们是出自晚清的数量最大的一批职业外交官。

在国外接受教育的留学生，也有着外语特长这一优势。源自留学生的驻外参赞，也多半留任于外交界，他们中间，不乏像容揆这样，终其一生服务于驻外使馆的外交官。除各自的外语特长，他们多掌握法学、政治学等专长，知识结构上能弥补同文馆学生的不足，因此虽属外交界的新进，但上升颇为迅速，地位也较为稳固。

从低级出使人员拾阶而上的参赞群体，虽然多无外语专长，但一般在外交涉经验较为丰富，在外交界长期经营，与各方关系盘根错节。部分人在任满后回国寻求劳绩保奖、外放道府官员，例如回国较早的驻法参赞凤凌、驻西班牙参赞王树善，即是如此。而更多的人，在科举已停、选官制度暂时失序的清末民初，依然选择任职于驻外使馆。

由国内候补道府身份奏调的驻外参赞，在入民国之后，已难从外交官名录中寻获其去向，可以大致推测的是，他们中多数人在卸任后悄然退出外交界。

那些自身身份特殊或与公使关系特殊的参赞群体，其卸任后去向分两类。出自高官子弟、公使故旧的参赞中，有沈瑞麟、张荫棠、章祖申、胡惟贤在此后继续其外交生涯；更多的人，则在卸任回国后，通过关系、借助保奖升迁或外任。这种情况以外交改革之前居多，在参赞改差为缺、同时废除相应的劳绩保奖之后，驻外任职已不再是众人竭力谋求的登进阶梯。

（三）群体分析

在庚子之后参赞群体中，参赞的籍贯特点较为突出。在以上所述83位驻外参赞中，除了汪度、黎熺、贺师贞、刘保慈、卢永铭5人籍贯不详之外，其他人78人籍贯分布如下：广东18人，浙江

17人，江苏16人，旗籍9人，福建7人，安徽5人，江西2人，湖北、湖南、山东、直隶各1人。这其中，旗籍人员比例与外务部司员、同文馆学生中的旗籍比例大致吻合。山东籍参赞周自齐早年在广东同文馆接受教育，与广东有一定渊源。安徽籍参赞有李经叙、李国栋，系出自李鸿章家族。

除去上述人员，我们可发现，驻外参赞的分布呈现高度集中性，即多来自广东、浙江、江苏、福建。广东籍参赞部分源自广东同文馆，其他则多以粤籍身份出使美洲。江、浙籍参赞则来自以江浙籍学生为主体的上海广方言馆；外务部、驻外公使中江浙人士较多，他们援引同乡故旧，也影响到参赞的人员结构。

驻外参赞群体籍贯"扎堆"的现象，与总理衙门、外务部、驻外公使籍贯特点大体一致，构成此后中国外交官基本的地域格局。

（四）外交改革与参赞任用

在考察庚子后参赞群体变化时，我们须特别关注1907年驻外使馆改革这一节点。在此之前，驻外人员由公使自行奏带，请托之风一如既往。有人打听到驻美公使换人，梁诚有望就任，即托津海关道唐绍仪说项，在驻美使团谋差：

> 窃不自量度，谬欲得一先生大人之奖借，随使出洋，既藉保官阶，兼资历练，特以所居既卑，无由自达。去年冬间阅本省报纸，有梁震东翁出使美日秘之信，阁下与梁震翁相知最深，倘蒙不惜齿牙，定邀俯允，此时即拟电达台端，务恳推情荐引，嗣以月内未见明文放差，又当在今年三、四月以故迟疑中心，今者放差之期伊迩，如得梁震翁出使确信，或知己中有出使别国者，统祈鼎力吹嘘，俾免樗栎散材，终于沦弃，他日

得有寸进，皆阁下今日之所赐也。❶

此人跑关系十分露骨，直言要利用唐绍仪与梁诚或其他人的私人关系谋差，可见使团正常选人之难。在此之后，驻外参赞改差为缺，不再由公使任意调用，而改由外务部统一派出。这是外交制度的重大变革，是落实外交官内外互用及职业化的制度准备。那么，其效果如何呢？

从以上驻外参赞履历中，可找出外交改革之后经外务部任命的参赞计44位，这其中，有部分是此前外交界旧人。张元节、黎熺、黎荣曜、吴寿全、余祐蕃、王广圻、梁居实、吴尔昌，之前曾任驻外随员、领事、参赞；黄致尧、戴陈霖、王广圻、周传经皆为同文馆学生，长期担任驻外翻译官。沈艾孙、继善来自外务部，且经储才馆培训。颜惠庆、田吴炤、张煜全、吴振麟、许士熊、章祖申则是新近毕业的留学生。此外一些人，仍兼有此前公使幕僚的特征。例如，驻美参赞贺师贞，此前曾协助张荫棠在印度会议印藏通商约章，在张任驻美公使之后，贺被外务部派任参赞。可见，外交改革之后参赞的任命，仍须照顾或征求公使的意见。

外交改革之后，外务部掌握驻外参赞的选任，外交使团作为公使幕僚团队的属性削弱。从实际执行上来看，驻外人员中请托说情的现象大为减少。因劳绩保奖的废除，希望借此经营仕途的官员也逐渐离开，留下一批交涉经验较多、语言能力突出，或有一定专业知识与素养的留学生。

---

❶《佚名致唐绍仪函》（光绪二十九年正月初八日），上海图书馆编：《上海图书馆藏唐绍仪中文档案》第2册，上海人民出版社，2019年，第720—722页。

改革的结果有利于外交官的职业化，然并不能保证迅速建立一支素质较高、能力过硬的职业外交官团队。在上述多位参赞中，有名声极劣的黎荣曜、吴寿全等人。前章已述，黎荣曜在崔国因任内即在美担任领事，曾为留任花费重金，侵吞华侨巨额捐款，私收护照费用，恶声在外。❶吴寿全曾任驻美、驻德参赞。据留欧学生称，吴寿全向杨晟行贿，谋得驻德参赞。在德期间，奉承杨晟吃喝嫖赌，自行冒销巨款，吸食鸦片，名声极坏。❷在清末最后几年，驻外公使政以贿成的风气下，黎、吴二人的情况，并不是个别现象。此时的情况是制度建设已有所跟进，产生职业外交官的土壤条件已经具备，然外交官团队尚待细致甄别，素质也亟待提高。

附　参赞题名考（下）

（一）驻英参赞

1. 陈懋鼎　福建闽县人，光绪十六年进士。二十二年，考取总理衙门章京。二十八年，以外务部主事经张德彝奏调，任驻英二等参赞。三十一年差满后回国。

2. 陈贻范　江苏吴县人，上海广方言馆、京师同文馆英文学生。光绪二十二年，赴英学习法律。二十五年，经罗丰禄调，任翻译官。三十一年，升参赞。三十二年，任驻西班牙参赞。三十三年，经汪大燮委派代办公使。宣统三年三月回国，在外务部参议上行走。

3. 崇钰　镶黄旗满洲人。光绪二十二年，由内阁中书考取总理衙门

---

❶《黄中慧致汪康年》（光绪二十四年五月十二日），上海图书馆编：《汪康年师友书札》第3册，第2272—2273页。
❷《申报》1907年4月25日，第20版。

章京。三十一年，经汪大燮奏调，由外务部主事派充使馆参赞。三十三年底，申请回部任差。后任外务部员外郎、外交部科长。

4. 周鸿遇 安徽宣城人，监生，先后捐纳县丞、道员。光绪二十八年，经张德彝奏调，任驻英参赞，三年期满后回国，以道员分发浙江试用。

5. 王克均 浙江监生，捐纳县丞。光绪三十三年十月，赴英任三等参赞，宣统元年，回国养病。此后任新义州总领事。

6. 桂埴 广东南海人，增贡生，北洋官报局总编纂、北洋大学教员、江宁学务公所课长。光绪三十三年底，派充驻美三等参赞。宣统元年十二月，调驻英三等参赞。入民国后，任驻菲律宾总领事等职。

7. 张元节 浙江湖州人，拔贡生。光绪三十年，由杨枢奏调任驻日使馆随员。宣统元年，升驻日参赞。宣统三年，调驻英参赞。入民国后曾任驻法使馆二等秘书、驻日使馆代办等职。

（二）驻法参赞

8. 文溥 正蓝旗蒙古人，光绪二十年进士。二十二年，考取总理衙门章京。二十八年，经孙宝琦奏调，充驻西班牙参赞，代办公使事务。三十年，经孙宝琦奏调，任驻法参赞。三十一年，回国销差。后任外务部榷算司主事、员外郎、郎中。宣统三年，补授浙江宁绍台道。

9. 吴宗濂 江苏嘉定人，上海广方言馆、京师同文馆法文学生。光绪十一年，充驻英使馆法文学生，后充驻法、驻英翻译官。二十八年，经孙宝琦奏调，任驻法参赞。二十九年，代办驻西班牙公使事务。三十三年，代理驻奥公使。三十四年回国，署外务部左参议、右丞。宣统元年，补授驻意大利公使。

10. 谦豫 正白旗满洲人。光绪二十二年，以礼部候补主事考取总理衙门章京。三十一年十二月，经刘式训奏调，任驻法三等参赞。三十三年因驻外使馆改革，销差回国。宣统元年后，任外务部榷算司员外郎。

11. 刘式训 江苏南汇人，同文馆法文学生。先后任驻法、驻俄翻译官。光绪二十八年，经孙宝琦奏调，任驻法参赞。三十一年，补授出使法国兼使西班牙、葡萄牙大臣。

12. 唐在复 江苏上海人，京师同文馆法文学生。由同文馆派往法国学习政治。光绪三十一年毕业后，经孙宝琦派充驻法随员。刘式训接任驻法公使后，唐升任二等参赞。入民国后，曾任驻荷兰公使等职。

13. 严璩 福建闽侯人，北洋水师学堂学生。经罗丰禄奏调任驻英随员。光绪二十七年，由孙宝琦调充驻法翻译官。三十一年，升任驻法参赞。

14. 林桐实 福建闽侯人。随孙宝琦出洋，自备资斧赴法学习。光绪三十一年，任驻法随员。后升三等参赞。

（三）驻西班牙参赞

15. 文溥 见《参赞题名考（下）》第8条。

16. 陈贻范 见《参赞题名考（下）》第2条。

17. 钟文耀 广东香山人。同治十年，以留美幼童赴美，在耶鲁大学学习，光绪七年回国。十九年，经杨儒奏调，任驻美使署翻译官。二十九年三月，由梁诚调充驻西班牙使署二等参赞、代办使事。十一月，调充菲律宾总领事官。三十一年三月，经北洋大臣袁世凯电调回国，任北洋洋务参赞。后办理轮船招商总局事宜、沪宁铁路事宜。

18. 戴陈霖 浙江海盐人，上海广方言馆、京师同文馆法文学生。光绪二十五年，由同文馆派赴法国巴黎政治学院学习。光绪三十一年毕业后，经孙宝琦派充驻法随员。刘式训接任公使后，戴升为驻西班牙参赞。入民国后，任外交部参事、驻葡萄牙公使、驻西班牙公使等职。

19. 黄致尧 江苏宝山人，上海广方言馆、京师同文馆学生。曾任驻西班牙参赞、代办使事。

20. 谭培森 广东顺德人。本为驻古巴领事馆翻译官，后任驻西班牙翻译、驻墨西哥二等通译官。宣统三年，任驻西班牙参赞、代办使事。

（四）驻葡萄牙参赞

21. 吴尔昌 浙江乌程人。光绪五年，考入上海广方言馆学习法文。捐纳、保奖为候补知府。光绪二十七年，经许台身奏调，充驻韩使馆法文翻译官，先后任驻仁川领事、驻韩国参赞。三十二年，经刘式训奏调，任驻葡萄牙参赞，代办使事。宣统元年，因病回国。宣统三年，任驻比利时参赞。

22. 戴陈霖 见《参赞题名考（下）》第18条。

（五）驻俄参赞

23. 钱恂 浙江吴兴人。早年经薛福成奏调，任驻英随员。光绪二十八年，经胡惟德奏调，任驻俄参赞。后任驻荷兰、意大利公使。

24. 吴锜 江西宜黄人，光绪十六年进士。二十二年，考取总理衙门章京。二十七年九月，经胡惟德奏调，任驻俄使馆参赞。三十一年，差满回国。历任外务部考工司员外郎、和会司郎中、署理福建交涉使等职。

25. 施绍常 浙江归安人，光绪二十三年举人。捐纳主事，签分刑部。二十八年，任驻俄使馆随员。三十年，升参赞。差满回国后保举法部员外郎。三十三年，经保和会专使大臣陆徵祥奏调，充保和会参赞。又经外务部奏调，充驻荷使馆参赞。三十四年五月，由外务部奏派，充驻意大利使馆参赞。次年充驻德使馆参赞、代办使事。宣统三年，回国任外务部和会司员外郎。入民国后，先后任黑龙江滨江道尹兼外交部吉林哈尔滨交涉员、外交部政务司长等职。

26. 厉玉麒 浙江定海人。由附贡生报捐县丞，于光绪十九年经杨儒奏调，历任驻金山领事署学生、学习随员，驻俄使馆随员。二十六年九月，充驻俄参赞。二十八年，差满回国，以道员发往江苏。

27. 陆徵祥 江苏上海人，上海广方言馆法文学生，兼习俄文。光绪十七年，经许景澄奏调，任驻俄、驻德翻译官，后升驻俄参赞。三十一年十月，充出使荷兰大臣，兼办保和公会事宜。入民国后，任外交总长。

28. 世增 正白旗汉军人，京师同文馆法文学生。光绪十五年经薛福成奏调出洋，先后任驻法、驻俄翻译官。光绪二十八年，升驻俄参赞。三十年六月差满回国后，任浙江洋务局差使。后任外务部丞参上行走、山东兖沂曹济道、云南按察使。

29. 刘镜人　江苏宝山人，上海广方言馆、京师同文馆法文学生。光绪三十二年，经胡惟德奏调，任驻俄参赞。三十四年八月，经东三省总督徐世昌调往差委。宣统三年，任驻荷兰公使。入民国后，任驻俄公使。

30. 章祖申　浙江吴兴人。光绪三十年进士，选翰林院庶吉士，入京师大学堂进士馆学习，并派赴日本留学。三十一年十二月，经胡惟德奏调赴俄，任参赞。宣统三年，任驻荷兰参赞，曾代办公使事务。入民国后，曾任驻比利时公使、代办使事，外交次长，驻瑞典、挪威公使等职。

31. 郑延禧　浙江吴兴人，同文馆法文学生。光绪二十八年，经胡惟德奏调，任驻俄使馆学生。后任驻俄参赞。入民国后，曾任驻俄参赞、代办使事，驻列宁格勒总领事等职。

32. 王广圻　江苏南汇人。上海广方言馆学生，曾留学美国。先后任驻荷兰使馆随员、署理书记官、署理参赞。宣统二年，实授参赞。三年，任驻俄参赞。入民国后，先后任驻比利时、荷兰等国公使。

（六）驻德参赞

33. 乔毓渠　江苏丹徒人，光绪十五年举人。二十七年，经吕海寰奏调，任驻德使馆随员。二十九年三月，升参赞。差满后回国，保举候补直隶州知州。

34. 那晋　镶黄旗满洲人，荫生，捐纳直隶试用道员。曾由王文韶、李鸿章等札委，会办北洋武备学堂、德州转运局事务及京畿善后事宜。光绪二十八年，经荫昌电调赴德，任参赞。次年回国。

35. 梁居实　广东梅州人，光绪十五年举人。二十九年，经杨枢奏调，任驻日使馆随员。三十一年，代理驻长崎领事。三十二年，经其门生杨晟奏调，升任驻德国参赞。宣统元年，调驻比利时参赞。三年，病故。

36. 沈瑞麟　浙江归安人，沈秉成次子。捐纳员外郎、郎中。光绪二十八年，经杨兆鋆奏调，充驻比利时参赞。三十一年，差满保奖候补道。三十三年，经外务部派充驻德参赞。三十四年八月，代办驻德使事。宣统元年回国后，派在外务部参议上行走。二年七月，补授出使奥匈帝国大臣。

37. 施绍常 见《参赞题名考（下）》第25条。

38. 冯祥光 广东番禺人，举人，留德学生。归国后任闽浙总督文案、两江总督府文案、考察宪政大臣参赞。后任驻德参赞。入民国后，曾任驻墨西哥代办等职。

39. 吴寿全 广东顺德人，本为方略馆汉誊录官。光绪二十二年，经庆常奏调，任驻法使馆随员。二十八年前后，调任驻美参赞，回国后充驻沪商约随员。三十一年，经杨晟奏调，任驻德参赞。次年底，代办驻德公使事务。三十三年，任驻美参赞。宣统元年，代办驻古巴公使馆事务，并兼任驻古巴总领事。

40. 王承傅 安徽桐城人，北洋武备学堂学生。曾任武备学堂副教习、翻译官，后任驻德、驻法使馆随员，升驻德参赞。

41. 胡惟贤 浙江吴兴人，上海中西书院学生。历任江西知县、驻奉天铁路提调、东三省总督秘书官、邮传部司员。宣统二年，派为驻德参赞。

（七）驻日本参赞

42. 铨林 正白旗满洲人。父奎俊历任江苏巡抚、陕西巡抚、四川总督。光绪二十七年，以安徽候补道经蔡钧奏调，任驻日二等参赞。后任驻横滨总领事。

43. 蔡薰 直隶大兴人，原籍江西，由监生报捐县丞。光绪二十四年，经李盛铎电调，署理驻长崎、神户等处正领事。二十七年，署理参赞。二十九年回国后，以知府留江苏候补。

44. 吴广霈 安徽泾县人，由监生报捐县丞。光绪七年，经郑藻如奏调出洋，任驻美使馆、驻秘鲁使馆随员，差满回国。光绪二十七年，经蔡钧奏调，任驻日参赞。差满后保举候补道，回国后发往江苏。曾任驻汉城总领事。

45. 王克敏　浙江仁和人。光绪二十三年举人，先任内阁中书，后加捐郎中，签分户部行走。二十九年七月，经杨枢奏调，任驻日随员、学务随员、商部随员，三十二年，任使馆参赞、留日学生副总监督。差满保奖候补道分发洋务省份。回国后，派充直隶洋务学务文案，洋务局坐办等差。宣统二年，署理直隶交涉使。

46. 马廷亮　广州同文馆、京师同文馆英文学生。曾任总理衙门翻译官，并在山东办理洋务。光绪三十年，经杨枢奏调，任驻日二等参赞，后任驻韩国总领事。

47. 汪度　光绪三十年，以候选州同经杨枢奏调，任驻日参赞。

48. 卢永铭　驻日使馆东文学堂培养的首批日本语翻译官，长期担任使馆翻译。光绪三十一年后，署理驻日参赞。

49. 张煜全　广东南海人，毕业于美国耶鲁大学。光绪三十一年，任出洋考察宪政大臣随员。回国后，任山东、陕西、河南、直隶各省视学。三十三年，充李家驹使团驻日参赞。次年，任留日学生副监督。后回国，入外务部储才馆学习，期满后以主事候补。入民国后，历任外交部江苏特派交涉员、外交部参事等职。

50. 吴振麟　浙江嘉兴人，日本帝国大学法科毕业。回国后任商部主事、考察宪政大臣随员。光绪三十四年，以农工商部候补主事任胡惟德使团驻日参赞。宣统三年，代办使事。入民国后，曾任驻秘鲁代办等职。

51. 田吴炤　湖北江陵人，两湖书院肄业生。光绪二十五年，赴日本游学。回国后中式举人，先后在湖广总督处、江苏巡抚等处办理学务。三十一年，任考察政治大臣随员，在外考察教育事宜。三十四年五月，经外务部与学部会商，任驻日参赞兼游学生监督。宣统二年底回国。

52. 张元节　见《参赞题名考（下）》第7条。

53. 许士熊　江苏金匮人，南洋公学师范班学生，曾留学英国伦敦大学。光绪三十一年，任出洋考察宪政大臣随员。宣统二年，任驻日参赞，次年兼留学生监督。入民国后，历任教育部秘书、审计处审计员、政事堂参议、国务院参议等职。

54. 胡德望 江苏奉贤人。光绪二十八年，由驻法公使孙宝琦派为驻法使馆学生。次年，派充驻西班牙使馆学生，后任驻奥二等通译官。宣统二年，调任驻日参赞。

55. 刘崇杰 福建闽侯人，早稻田大学毕业生。曾任学部咨议官、福建法政学堂监督、驻日使馆通译官。宣统三年，署理驻日参赞。入民国后，任外交部秘书、参事等职。

（八）驻韩国参赞

56. 钱明训 浙江嘉善人，光绪二十三年举人。捐纳同知，后因拿获匪首出力，保举候补知府。光绪二十七年，经许台身奏调，任驻韩国参赞。三十二年，回国。宣统二年，任直隶津海关道。

57. 吴尔昌 见《参赞题名考（下）》第21条。

58. 徐士培 浙江海盐人。光绪十七年举人，捐纳内阁中书，后捐升分省试用知府。光绪二十七年九月，经许台身奏调，任驻韩国三等参赞。三十年十月差满后，保奖分省道员，回国后以道员分发河南。

（九）驻美参赞

59. 孙士颐 浙江钱塘人。光绪二十九年，经梁诚奏调，先后任驻美参赞、驻秘鲁参赞代办使事。三十二年，调任驻旧金山总领事。宣统二年至三年，任驻菲律宾总领事。入民国后，任驻古巴总领事。

60. 张权 直隶南皮人。光绪二十四年进士，签分户部学习。二十九年，由梁诚奏调，任驻美参赞。回国后，升任礼部郎中。

61. 吴寿全 见《参赞题名考（下）》第39条。

62. 周自齐 见《参赞题名考（上）》第86条。

63. 颜惠庆 江苏上海人，美国弗吉尼亚大学毕业生。光绪三十二年，参加游学毕业生考试，获译科进士。三十三年十一月，经外务部派为驻美参赞。宣统元年回国，任职外务部机要股。次年，参加游学生廷试，授翰林院检讨，升外务部右参议。入民国后，曾任外交总长、国务总理等职。

64. 桂埴 见《参赞题名考（下）》第6条。

65. 贺师贞 光绪三十二年，以浙江候补巡检随驻藏帮办大臣张荫棠入藏，后随同前往印度，议定商约。宣统元年，在张荫桓驻美公使任内，充驻美参赞。入民国后，任教育部秘书。

66. 钟文邦 广东香山人。通英文，曾充北洋官医局总办。宣统元年，任驻美使馆通译官，后升参赞。

67. 容揆 广东新会人。同治十二年赴美留学，毕业于耶鲁大学。光绪二十三年，任驻美使馆翻译官。三十二年，升任参赞。此后一直在驻美使馆办事。

68. 梁联芳 广东顺德人。光绪十六年进士，任内阁中书。宣统二年，以广西补用知府任驻美参赞。入民国后，任驻纽约领事。

（十）驻墨西哥参赞

69. 梁询 广东新会人，梁诚胞弟。光绪二十八年，任菲律宾总领事。三十年，以浙江补用知府任驻墨西哥参赞兼总领事。

70. 李经叙 见《参赞题名考（上）》第104条。

71. 继善 正白旗汉军人。光绪二十八年至三十一年，经张德彝奏调，以内务府候补笔帖式任驻英使馆随员。三十三年七月，入外务部储才馆学习，期满以主事奏留。宣统元年，任驻墨西哥使馆参赞、总领事、代办使事。此后任外务部司务厅司务、驻菲律宾总领事、驻日本横滨总领事等职。

72. 沈艾孙 浙江海盐人，附贡生。光绪二十八年，经梁诚奏调，任驻古巴使馆兼总领事署随员。三十三年六月，经外务部奏调，入储才馆学习。期满以郎中留部。宣统元年前后，补外务部庶务司郎中。二年，由外务部派充驻墨西哥使馆参赞、代办使事兼总领事官，次年撤差。入民国后，曾任驻仰光领事。

73. 吴仲贤 广东四会人。曾作为幼童赴美留学，在耶鲁大学学习。

回国后,历任驻仁川领事馆翻译、元山坐探委员、驻神户兼大阪正领事、驻横滨总领事。宣统三年,改任驻墨西哥参赞、代办使事兼总领事。入民国后,曾任外交部湖北特派交涉员、江汉关监督等职。

(十一)驻秘鲁参赞

74. 李经叙 见《参赞题名考(上)》第104条。

75. 长晖 正白旗满洲人。光绪十六年,以工部候补员外郎充补总理衙门章京。外务部成立后,任候补郎中。二十九年,经梁诚奏调,任驻秘鲁使馆参赞。三十二年,差满回国。

76. 陈始昌 广东江门人。本为嘉里约领事官,光绪三十二年,署驻秘鲁参赞,旋实授。三十四年初卸任。

77. 黎熺 光绪十八年至十九年,曾任驻嘉里约领事官。光绪三十三年十一月,任驻秘鲁参赞、代办使事。

78. 谭骏谋 广东香山人,举人。历充北洋洋务局、京奉铁路局差。宣统元年后,任驻秘鲁分馆二等参赞、代办使事。

(十二)驻古巴参赞

79. 廖恩焘 广东惠阳人,早年为古巴领事署学生。曾充任当地中西学堂教习,后署理马丹萨领事。光绪二十九年,任驻古巴使馆二等参赞、代办使事兼总领事官。

80. 黎荣曜 广东新会人。由崔国因奏带赴美,先后任驻旧金山总领事、驻古巴总领事、驻菲律宾领事。光绪三十三年十一月至宣统二年,任驻古巴分馆二等参赞、代办使事兼总领事官。

81. 吴寿全 见《参赞题名考(下)》第39条。

(十三)驻奥匈帝国参赞

82. 刘保慈 本为户部主事,光绪二十八年,经吴德章奏调,赴奥任使馆参赞。途中染病,次年销差回国。

83. **吴龙图** 福建闽侯人。光绪二十八年，经吴德章奏调赴奥，任使馆三等参赞。三十年，销差回国。

84. **李国栋** 安徽合肥人，光绪二十八年举人。三十一年，经其叔李经迈奏调，任驻奥使馆随员。三十三年，升驻奥使馆参赞。三十四年，差满回国。

85. **周传经** 江苏嘉定人，京师同文馆法文学生，外务部司务厅司务。光绪三十三年八月，派任驻奥参赞，宣统二年回国。入民国后，任外交部佥事、通商司司长等职。

86. **汪钟霖** 江苏吴县人，光绪十九年举人。曾捐纳内阁中书，在江西洋务局任总办差。宣统二年，派任驻奥使馆参赞。

（十四）驻意大利参赞

87. **施绍常** 见《参赞题名考（下）》第25条。
88. **余祐蕃** 见《参赞题名考（上）》第39条。
89. **林桂芳** 见《参赞题名考（上）》第54条。

（十五）驻荷兰参赞

90. **张庆桐** 江苏上海人，京师同文馆俄文学生。光绪二十五年，经总理衙门派遣，赴俄国学习语言，后任驻俄使馆学生。三十一年，经陆徵祥奏调，任驻荷兰使馆参赞，曾协助陆徵祥办理保和会事宜。三十三年，经外部调入储才馆学习。入民国后，曾任外交部佥事、特派黑龙江交涉员、阿勒泰办事长官。

91. **施绍常** 见《参赞题名考（下）》第25条。
92. **王广圻** 见《参赞题名考（下）》第32条。
93. **章祖申** 见《参赞题名考（下）》第30条。

（十六）驻比利时参赞

94. **沈瑞麟** 见《参赞题名考（下）》第36条。

95. 余祐蕃　见《参赞题名考（上）》第39条。
96. 林桂芳　见《参赞题名考（上）》第54条。
97. 梁居实　见《参赞题名考（下）》第35条。
98. 吴尔昌　见《参赞题名考（下）》第21条。

二　领事官（下）

外务部改制之后，清朝外交人事有较大调整。在光绪三十二年底驻外使馆改革中，使团成员的任命权收归外务部，领事官改差为职，不再施行原有的与差使关联的劳绩保奖。本节希望探讨的问题是，在这期间，清朝领事官来源是否也有大的变化？改革对领事事务的效果是否产生影响？为了对以上两个问题进行考察，本节仍选取上文所论新加坡、古巴两处较重要领事馆，对其人事嬗替进行说明。❶

（一）驻新加坡总领事

辛丑之后原新加坡总领事罗忠尧差满回国，总领事短时间由新加坡华侨领袖吴世奇署理。驻英公使张德彝就任后，调其京师同文馆同学、老友凤仪担任新加坡总领事。凤仪曾在郭嵩焘、曾纪泽、刘瑞芬驻英任内，充翻译官、参赞等差，较为平庸。此时年事已高，张德彝调其充任此差，可能是出于对老友的照顾。凤仪之后的驻新总领事，是领馆随员孙士鼎。孙为浙江钱塘人，以监生捐纳入仕，经其同乡、驻英公使汪大燮调充驻新加坡总领事馆随员。❷ 孙

---

❶ 驻新加坡领事在光绪十七年（1891）已改作总领事。驻古巴领事馆在光绪二十八年（1902）改作公使馆，由驻美公使兼任公使，驻古巴参赞兼任领事，代办公使事务。
❷《浙江巡抚增韫咨外务部文》（光绪三十四年七月），《外交档案》02-12-014-01-011。

不通粤闽语言，与华侨沟通有一定障碍，然他在任期间，似能一反前任习气，履行领事的使命。❶

孙士鼎任满后，驻外人员任用权已归外务部。外务部奏保前驻新加坡领事、当时赴欧考查宪政回国的左秉隆担任该职。❷左是广东同文馆、京师同文馆高材生，早年被曾纪泽看好而揽入使团中，在光绪七年（1881）至十七年间曾任新加坡领事。左秉隆三年任满之后，外务部奏调旧金山总领事官苏锐钊接任驻新总领事，奏摺称，苏锐钊"随使欧美多年，通晓英国语文，才具稳练，堪以派署新加坡总领事官"。❸苏为留美幼童，后历任驻美、俄翻译官、参赞，驻旧金山总领事。总体而言，外务部对左、苏总领事的任用，较此前公使凭关系及个人意志的奏调而言，要合理很多。

表10-1 驻新加坡总领事表（1901—1911）

领事官（在任时间）	领事官的来源	选用方式
吴世奇（1902署）	新加坡华侨	暂时署理
凤仪（1902—1906任）	京师同文馆学生	张德彝奏调
孙士鼎（1906—1907任）	监生捐纳入仕	汪大燮奏调
左秉隆（1907—1910任）	同文馆学生、前新加坡领事	外务部奏派
苏锐钊（1910—1911任）	留美幼童、驻旧金山总领事	外务部奏派

（二）驻古巴总领事

古巴总领事馆在庚子后的特点之一，也是多用旧人。在张荫桐

---

❶《沈艾孙致汪康年》（光绪三十三年二月二十三日），上海图书馆编：《汪康年师友书札》第1册，第1121—1122页。

❷《左秉隆履历》（光绪三十三年），《清代中国与东南亚各国关系档案史料汇编·新加坡卷》，第417—418页。

❸《外务部摺》（宣统二年六月），《外交档案》02-12-014-03-018。

任满之后，伍廷芳调广东籍关以钧接任。关本是广东嘉应州训导，由伍廷芳奏带出洋。❶此后清朝在新立国的古巴设立公使馆，设参赞兼总领事一人，代办公使事务，周自齐获任首位驻古巴参赞兼总领事。周是广东同文馆、京师同文馆英文学生，成绩优异，经伍廷芳奏调出洋，充驻美随员，后升参赞。❷周不久由新任公使梁诚调任旧金山总领事，古巴参赞兼总领事由廖恩焘接任。廖原籍广东惠阳，早年是古巴领事署学生，曾充任当地中西学堂教习，后署理驻古巴马丹萨领事，熟悉古巴华人情形。❸之后担任领事者，先后有黎荣曜、吴寿全。黎、吴二人事迹，上文已述，他们皆担任过驻外领事、参赞，贿买差使，名声极差。这段时间古巴总领事的人选，以具备经验的外交界旧人为主，显示公使不能随意安插私人。然与选者品行低劣，又说明制度变革之后，裁汰劣员、提高团队整体素质的必要。

表10-2　驻古巴总领事表（1901—1911）

领事官（在任时间）	领事官的来源	选用方式
关以钧（1900—1903任）	使署随员	伍廷芳奏带
周自齐（1903任）	同文馆学生、驻美参赞	伍廷芳奏带翻译官、参赞
廖恩焘（1903—1907任）	原驻美随员、领事、参赞	梁诚奏派
黎荣曜（1907—1910任）	前驻旧金山总领事	前任公使崔国因奏调，外务部奏派
吴寿全（1910—1911任）	原驻美领事	外务部奏派

❶《军机处交出使大臣梁诚摺》（光绪三十三年六月十三日收），《外交档案》02-12-003-04-028。关以钧或许与广东籍总理衙门章京关以镛有着某种关联。

❷ 中国第一历史档案馆编：《清外务部部分重要官员履历单》，《历史档案》1992年第1期，第62页。

❸《驻美使馆收驻古巴总领事谭乾初禀》（光绪十六年三月二十四日到），《中美关系史料（光绪朝）》第2册，第1433页。

从以上众多叙述中，可提炼出一些值得注意的内容。

首先，光绪三十二年驻外使馆的制度改革，成为领事官选用的一个分水岭。此前任用的领事官，私人属性较强，一般由当届公使奏带、任用，且多属首次出国任差。他们的任期不长，一般随公使的卸任而离开，回国谋得劳绩保奖，退出外交界经营自己的仕途。

随着外交改革的逐步展开，尤其是领事官任用权的转移以及改差为职，这一群体发生着显著变化。领事官越来越多地从经验较多的他处领事中调任，或由同品级的驻外参赞充当，或由驻外翻译官升任。他们在外的任期，不似此前那样局限，而是有长期化的趋势。

尽管领事官的选用，已较多注重在外经验、外语能力，任用规则也渐趋合理，然与驻外参赞一样，领事事务的执行，仍须落实于具体的领事官，其效果也是因人而异。

在这一时段，获得评价最高的领事官为新加坡总领事孙士鼎。孙字铭仲，浙江钱塘人，光绪三十一年（1905）经驻英公使汪大燮派为新加坡领事署随员，随后升总领事。当时，驻美使馆随员沈艾孙在差满后游历各地，目睹孙士鼎护侨的事实，他在给汪康年信中称："星坡华商颇多暮气，幸有孙领事铭仲及陆君星源（领馆随员）在彼热心公事，扶持大局，并一二报界学界中人赞成之，故赖以大局不坠。而孙领于华工拐骗苛待等事，尤为留意，遇事争以公理，故在华民一面爱戴殊深，视为向来未有之遇。不独星坡一隅，此外七府华侨（荷属亦然）共具此情。"[1] 孙士鼎在任时，除大力调查、设法阻止贩卖华工的贸易之外，还积极交涉，促成英方废除虐政，

---

[1] 《沈艾孙致汪康年》（光绪三十三年二月二十三日），上海图书馆编：《汪康年师友书札》第1册，第1121—1122页。

不再对登岸华工进行裸体检查。在新加坡华人教育、禁烟方面，孙士鼎也多有贡献。同一时期，陈宝琛游历南洋，途径新加坡，留诗一首极力褒扬孙士鼎，诗云："百万宾萌保惠难，只身跨海捍狂澜。卅年不是孙铭仲，群岛谁知有汉官？"❶ "宾萌"亦作"宾氓"，这里指远离故国的游民；"卅年"是实指，起于光绪三年（1877）新加坡设领。诗的后两句在称赞孙士鼎的同时，斥责贬抑了此前所有的新加坡领事。

署理新加坡领事的刘玉麟对于领事事务也较为上心，在南非领事任内，他的上司汪大燮称他在外"争苛例甚得手，不可谓非有能力"。刘玉麟籍贯广东香山，本为留美幼童，由驻外翻译官升任参赞、领事，与在外华人及所在地政府，都能进行有效沟通。汪大燮在评价刘玉麟时曾说："译人中操守可信无几，刘其一也。"❷

从道理上言，通粤闽语言、通外语，应为领事官的基本技能，但满足这些条件的领事官，不一定能称其职。反而是浙江人孙士鼎，能运用有效的交涉手段，致力于保护侨民的本职工作。孙、刘二人，皆是改革前上任的领事官，孙士鼎的任差，借助人际关系的地方尤重，不过他的表现，却明显比改革后黎荣曜、吴寿全等人好很多。

外交改革创造了良好的制度环境，不过改革后领事官仍在前一阶段基础之上进行选任，他们总体素质较低，故领事事务并没有出现立竿见影的改善。良好的制度变革，也无法在一时之间展示其优势。

---

❶ 陈宝琛：《息力杂诗》，《沧趣楼诗文》上册，上海古籍出版社，2006 年，第 84 页。
❷ 《汪大燮致汪康年》（光绪三十三年十二月二十四日），上海图书馆编：《汪康年师友书札》第 1 册，第 915 页。

三 通译官

翻译官是晚清出使人员中较特殊的设置。在通行外交官制度中，驻外使馆参赞、秘书、随员以通晓所驻国语言、熟悉国际公法为任职前提，外交官序列中也没有翻译官的设置。但清朝驻外使馆制度建立之时，没有上述观念，他们将翻译官单列一类，作为特殊职业群体，与使馆其他人员工作内容不相重合。曾纪泽曾指出："通洋文、洋语、洋学，与办洋务系截然两事"，翻译专管语言，而使才则以熟于条约、熟于公事为要，"不必侵占翻译之职"。[1] 这类看法在遣使初期有一定的代表性。作为专才的翻译官，当时主要来自同文馆系统与国内新式学堂。

到外务部成立之后，外交界有识之士越来越强烈地意识到，外国语言应该是外交官的基本素质，外交场合，凭借他人中间传译，联络应酬，大有阻碍。不过，培养合格的出使人员，周期较长，原有体制一时间无法提供足够多语言、专业皆合要求的外交官。因而外务部在对驻外使馆进行改革时，仍为各馆专设翻译人员，只是更名为"通译官"。

在庚子之前驻外使馆的翻译官中，语言能力稍强者，皆被留任；少数具备交涉专长者，例如陆徵祥、胡惟德、刘式训，更是由翻译而升参赞，最后擢任驻外公使。翻译官在上升、离任后，新人陆续补充，这一群体开始逐渐缓慢地代谢。

为了对外务部成立尤其是1907年之后驻外使馆翻译官群体进

---

[1] 刘志惠点校：《曾纪泽日记》中册，第775—776页。

行大致了解,并观察驻外人员改由外务部统一调用后的实施效果,本节特选取1911年底全体驻外通译官37位,对其身份、背景作一初步的考察分析。

从籍贯上看,37位通译官主要来自广东与江苏、浙江、福建,具体分布是广东11人,江苏4人,浙江5人,福建5人,旗人4人,安徽3人,湖北、山东各1人,另有3人籍贯不明。在广东籍通译官中,有7人来自香山县。❶

1911年底的驻外通译官,仍有同文馆、国内学堂、留学生等不同来源,然其比例较此前有较大变化。

首先是6位同文馆学生,包括驻法使馆吴克倬(安徽盱眙人,沪馆法文)、驻海参崴商廨瑞安(镶蓝旗汉军,京馆俄文)、驻美国使馆刘田海(广东番禺人,京馆英文)、驻檀香山领事馆李光亨(汉军旗人,粤馆英文)、驻西班牙使馆黄履和(浙江余杭人,京馆英文)❷、驻爪哇总领事官贵和(京馆法文,留学法国政治学院)。❸

其次是来自留学生的通译官。1911年底,可确定毕业于国外学堂的通译官有8人:驻英使馆林文庆(福建长汀人,英国爱丁堡大学医学硕士)❹、驻澳洲总领馆谢德怡(留英学生)❺、驻日本使馆张

---

❶ 安徽3人为李经涛、曹谦、吴克倬,福建5人为林文庆、李世中、林轼垣、林骃、郭左淇,广东11人为陈秉焜、刘田海、张淑皋、陆国祺、陈华岳、卢炳田、欧阳琛、欧阳祺、唐虞年、王万年、郑启昌,旗人4人为贵和、瑞安、李光亨、李家骏,湖北1人为杨彦洁,江苏4人为沈达、沈崇勋、项致中、赵诒涛,山东1人为王福疆,浙江5人为刘锡昌、侯良登、夏廷献、黄履和、贾炳荣。名单据内阁印铸局编:《职官录(宣统三年冬)》,"外务部衙门"。

❷ 吴克倬、刘田海、李光亨、黄履和背景见朱有瓛:《中国近代学制史料》第1辑上,第280、299、281、286页。瑞安此前曾任总理衙门翻译官,其资料可参见第四章第三节。

❸ 《驻法公使刘式训咨外务部文》(光绪三十二年十月),《外交档案》02-12-023-02-048。

❹ 严春宝:《大学校长林文庆》福州:福建教育出版社,2010年,第303~314页。

❺ 《外务部摺》(宣统二年七月),《外交档案》02-12-014-03-023。

淑皋(广东嘉应人,日本早稻田大学专政科)、驻神户领事馆杨彦洁(湖北江夏人,日本明治大学法科)❶、驻古巴使馆侯良登(浙江定海人,留美幼童)、驻旧金山领事馆欧阳祺(广东香山人,哥伦比亚大学硕士)❷、驻巴拿马总领事馆欧阳琛(广东香山人,美国弗吉利亚大学)❸、驻意大利赵诒琦(江苏新阳人,法国农科实习学校肄业)❹。

第三是来自国内新式学堂的学生,这些至少包括以下5人:驻新加坡总领馆曹谦(安徽歙县人,上海中西书院)❺、驻温哥华林轼垣(福建侯官人,天津水师学堂)❻、驻法使馆李世中(福建侯官人,福州船政学堂学生)❼、驻俄使馆林骃(福建闽县人,福州船政学堂学生)❽、驻奥刘锡昌(浙江德清人,江南储材学堂学生)❾。

以上可确定来源的通译官19人,约为1911年底驻外通译官总数的一半。从他们的资料中,可得一些大致的推论。首先,同文馆系统的驻外通译官已大为减少。其原因一在于同文馆改为译学馆之后,教育目标、教学手段比此前虽有进步,但很多毕业学生仍然无法胜任交涉翻译,驻外公使及外务部也不愿从中调人。另一原因在于,此时经由留学教育和其他途径而养成的语言人才,显示出比同文馆

---

❶ 程燎原:《清末法政人的世界》,第363、366页。
❷ 田原天南:《清末民初中国官绅人名录》,第714页。
❸ 《欧阳琛致驻美公使禀帖》(宣统二年二月),《外交档案》02-23-003-11-010;田原天南:《清末民初中国官绅人名录》,第682页。
❹ 《驻意大利公使钱恂咨外务部文》(宣统元年六月),《外交档案》02-12-038-01-016;田原天南:《清末民初中国官绅人名录》,第639页。
❺ 《清代中国与东南亚各国关系档案史料汇编·新加坡卷》,第496页。
❻ 田原天南:《清末民初中国官绅人名录》,第244页。
❼ 沈岩:《船政学堂》,北京:科学出版社,2007年,第104页。
❽ 《古巴代办林桐实呈驻美使馆文》(1914年7月),《外交档案》03-12-013-10-008。
❾ 《申报》1897年5月16日,第2版;田原天南:《清末民初中国官绅人名录》,第682页。

学生更强的优势和素质，因此也更易受驻外使馆与外务部的青睐。

无法确定身份背景的通译官，多由驻外公使及外务部在国内外招募，他们部分人是由公使奏带，任使馆学生，在国外学堂接受了教育与训练；其他直接招募为翻译官者，教育背景不外乎国内新式学堂与国外学堂。尽管通译官身份无法全部确定，但可以肯定的是，驻外使馆通译官中，来自留学生及新式学堂的比重较大。

通译官虽然强调专业，但也仍需"关系"的加持。唐国泰在一封信中感谢族叔唐绍仪推荐其子唐虞年任驻美、驻菲律宾通译官：

> 小儿虞年前随梁星使赴美，蒙保举以知府加盐运司衔候选，由部派充小吕宋二等通译官，随领事杨大人前赴供职，已于四月间到差次。兹有洋文函一封，遥奉大人安，禀函外具有土物芒果献上。❶

从去向上看，上述通译官在进入民国之后，绝大多数仍服务于驻外使领馆，担任驻外使领馆秘书、领事，或回国担任外交部职务。与参赞相比，通译官毕竟有外语的优势，又在外历练有素，除自愿退出或表现特差者，皆能顺利留任。

四　书记官

驻外使馆原本有着随员、供事的人员设置。所谓随员，本是低

---

❶《唐国泰致唐绍仪函》（约光绪二十九年），上海图书馆编：《上海图书馆藏唐绍仪中文档案》第2册，第786页。

于参赞的随从人员,地位仅高于司缮抄的书吏——供事。参赞、随员的团队组成,既有督抚及道府州县官员幕僚团队的影子,也吸收有外国驻华使团的结构因素。在1907年改革之后,使团中不再设随员、供事,而改置书记官。书记官之名,源自日本1893年外交改革之后的外交官序列。在日本外交官等级中,公使之下设置一、二、三等书记官。❶

除书记官之外,日本的外交官序列另设有书记生。外务部在改革驻外使馆的组织结构时,也相应设置了书记生。从性质上看,书记生与原有的使馆学生类似,他们受使馆委派,在使馆见习业务。使团中原有的供事群体,则在差满之后归国,消失在驻外人员的序列之中。另外,外务部在宣统元年完善出使章程时,也设有专习语言、公法的通译生,备通译官之选。由于书记生、通译生地位较低,未被列入职官录,在本书论述中,这两种新出现的群体只能付诸阙如。

根据改革后的制度,驻外使馆设置书记生、三等书记官到头等出使大臣,品级由八品、七品逐级升至一品。划定品级,是改差为官的一个必然步骤;然其更重要的意义在于,驻外人员有了独立、不间断的逐级成长、晋升的系统。也就是说,书记生、书记官是外交官群体的基层成员,是领事、参赞乃至公使的后备人选。由此,考察其背景、来源,成为评估晚清外交改革的效果及走向的一项重要指标。由于书记官在1907年后设置,且初期沿用此前随员,变动较少,因此,本书选取改革四年之后,即1911年底清朝驻外使馆书记官群体进行考察,他们大致可反映改革后这一群体的变动情况。

---

❶ 外務省百年編纂委員会編:《外務省の百年》上卷,東京:原書房,1969年,第213页。

从地域来源上看，1911年底驻外书记官仍以江浙粤三省为最多，具体分布是：浙江15人、江苏12人、广东8人、旗人6人、福建4人，安徽、湖南各2人，贵州、河南、湖北、直隶各1人，另有5人籍贯不明。

由于书记官衔级较低，记录有限，无法找全上述58位书记官的完整资料，现只能依靠近30位书记官的资料进行分析，他们约为全体书记官的半数，其特点当具备代表性。

从身份上看，因科举制的停废及此前驻外群体的延续，书记官仍以捐纳异途人员居多；然其中出身正途的举人至少有12位，如驻新加坡总领馆杨鉴莹（江苏常熟人）、驻澳洲总领馆曹允臧（福建长乐人）、驻新加坡总领馆唐瀚波（福建闽县人）、驻仁川领事馆金庆章（江苏上海人）、驻纽约沈元弼（浙江仁和人）、驻日本使馆林鹍翔（浙江归安人）、驻横滨领事馆吴惟允、驻神户领事馆李端棨（贵州贵筑人）、驻韩国杨镇昌（正蓝旗汉军）、驻美谭耀芬（广东新会人）、驻爪哇领事馆程学銮（浙江钱塘人，举人后留学日本）。另有在乡试中列入副榜的附生二人：驻法夏诒霆（江苏江阴人，后留学德国）、驻西班牙汪毅（江苏青浦人）。此外还有至少6名拔贡及附贡生、优贡生。❶ 上述人员多经历初级的科考，在传统制度中接受教育、选拔，最大优点在于文理通畅、办稿明快，其能力也多局限于此。

可确定有留学经历者5人：夏诒霆（江苏江阴人，留德）、驻德使馆许居廉（福建侯官人，留德）、驻旧金山总领馆谭学徐（广

---

❶ 书记官中的拔贡、附贡、优贡有：驻加拿大总领馆周晋墀（湖南东安人，拔贡）、驻俄使馆陈广平（浙江平湖人，附贡生）、驻德孙麒祥（浙江归安人，附贡生）、驻美伍常（广东新宁人，附贡生）、驻荷兰使馆朱诵韩（江苏崇明人，附贡生）、驻比利时使馆高寿恒（优贡生）。参见内阁印铸局编：《职官录（宣统三年冬）》，"外务部衙门"。

东新会人，留日）、驻爪哇程学銮（浙江钱塘人，留日）、驻仁川金庆章（江苏上海人，留日）。

另有5人毕业于同文馆系统：驻法国二等书记官黄金淦（湖南长沙人，京馆法文学生）、驻元山领事馆杨佑（正红旗汉军，粤馆日文学生）、❶驻甄南浦副领事钱广禧（广东番禺人，沪馆英文学生）、❷驻檀香山刘毓瑚（直隶天津人，译学馆乙级学生）、曹允臧（译学馆乙级学生）。❸

关于书记官此前的任职，主要可分作四类，一为外务部七品小京官。七品小京官与驻外书记官品级相同，由他们任书记官，是内外互用政策的落实。不过他们人数少，比例较低，只有4位，即唐瀚波、曹允臧、金庆章、沈元弼。其中，金庆章曾留日学习，曹允臧来自译学馆，唐、沈则为传统士人，通过举贡考试而分发外务部任职。

第二类是驻外使馆学生、随员。1907年驻外使馆改革之前，他们中的绝大多数就已在外任差。驻法夏诒霆，此前担任驻德使馆学生，并在德学习语言。❹驻长崎领事馆梁谦（广东番禺人）、驻美使馆伍常（广东新宁人），早期皆由梁诚奏带赴美，任随员。❺驻意大利使馆书记官文惠（正蓝旗蒙古），此前曾由刘式训奏调，在法国学习外语语言。❻驻荷兰使馆书记官沈承伟（浙江桐乡人）此

---

❶ 朱有瓛：《中国近代学制史料》第1辑上，第286、289页。
❷ 上海文史馆、上海市人民政府参事室文史资料工作委员会等编：《上海地方史资料》（四），上海社会科学院出版社，1986年，第106页。
❸ 北京大学校史研究室编：《北京大学史料》第1卷，第424页。
❹ 程以正：《江阴县志》，上海人民出版社，1992年，第1216页。
❺ 梁碧莹：《梁诚与近代中国》，第46、146—147页。
❻ 《驻法公使刘式训咨外务部文》（光绪三十四年六月），《外交档案》02-12-023-04-006。

前由胡惟德奏调，任学习随员。❶ 上述各员，此前皆在驻外使领馆中担任职差，由学生、随员或翻译官升任、改任书记官。

第三类书记官是从实缺的中低层京官与地方官中奏调而来。例如德使馆书记官许居廉（福建侯官人），本为度支部候补主事，留学德国时派充书记官。❷ 横滨领事馆书记官孙士杰（江苏吴县人）原本为江海关洋务供事。❸ 神户二等书记官李端燊，此前任内阁中书。❹ 巴拿马总领事馆二等书记官章清鉴（浙江会稽人），以监生报捐从九品，在广东办理巡警事务，后被外务部奏派出国。❺ 奥使馆书记官周廷华（浙江归安人），本为四川乐山实缺知县，在同乡公使沈瑞麟任内外任。❻

值得注意的是，在书记官中，"关系户"的情况仍多有存在。例如驻新加坡总领馆书记官杨鉴莹，为驻英公使李经方女婿；❼ 驻长崎领事馆书记官梁谦，是梁诚胞弟，曾由伍廷芳派为驻美使团成员；❽ 驻美使馆书记官袁克暄，为此前外务部尚书袁世凯之侄；驻菲律宾书记官汪大经，是曾任驻英公使、外务部侍郎的汪大燮之堂弟。另有驻美使馆书记官谭耀芬、驻菲律宾总领馆书记官容嘉言，籍贯广东新会，皆随其同乡、驻美公使张荫棠出国任职。在张荫棠就职之时，驻外人员的任用权早已收归外务部，从二人的事例可以

---

❶《胡惟德咨外务部文》（光绪三十二年十月），《外交档案》02-12-006-03-020。
❷ 中国第二历史档案馆整理：《政府公报》第72册（1915年11月），上海书店，1988年，第361—362页。
❸《署总税务司致外务部函》（光绪三十四年六月），《外交档案》02-12-042-03-020。
❹《申报》1904年8月28日，第3版。
❺《巴拿马总领事署二等书记官章清鉴呈驻美使馆文》（宣统二年二月），《外交档案》02-23-003-11-011。
❻《申报》1910年11月7日，第6版。
❼《申报》1907年11月3日，第5版。
❽ 梁碧莹：《梁诚与近代中国》，第46、147页。

看出，改革举措并未全面落实，外务部在任用驻外人员时，仍须与公使协商，或听其推荐。

从1911年底驻外使领馆书记官的来源，我们可大致推断驻外使馆在改革后基层外交官的任用情况。首先，书记官多来自此前驻外使领馆随员、学生及少数翻译官，他们名称虽有变化，然班底大致继承此前，他们随习外交，有过一定的任职经验，但外语仍是他们主要的软肋。

其次，外务部改革后尽管定下本部新进人员须经储才馆培训，出使、部内人员须互相调用两原则，然在实际上，出自外务部的驻外书记官人数稀少，且半为举贡考试分部的小京官，他们熟悉举业，但未必具备外语能力及外交、法律的相关知识。从书记官的任用情况来看，很多书记官直接从地方官、各部司员中调派，之前未见任何训练。其中用人规则，一是看重办事能力，二则可能仍重私人关系。

最后，在1907年改革之后，驻外人员按规定须由外务部统一派任，然在实际运作中，驻外公使仍对使团人事有较大的发言权，他们的同乡或亲属，仍有机会随同出使并担任正式的参赞、书记官等驻外职务。驻外使团的组成名单，很可能是由外务部与驻外公使会商、妥协而产生的。

综观1901年之后驻外参赞、通译官、书记官群体的来源及嬗替，我们可对公使之下的出使人员有一粗略认识，并大致评判1907年驻外使馆改革的实施及其效果。

无论从驻外人员的来源还是群体特点来说，1907年无疑是最具意义的一年。此前一直追溯至外务部成立，驻外人员与庚子前一样，都是公使的幕僚，其任用权操之于公使之手。而在此之后，作为外交官群体的组成部分，驻外参赞、通译官、书记官从理论上成为外务部属员，归外务部派任。外交官经外务部的统一调度，内外互用有了制度依托与可能。外交官的选任与逐级培养，慢慢地形成一套独立的系统。

在外交官改差为职之后，驻外人员摆脱差的身份，成为本领域的专职人员。与此相关的更重要的一个变化是，与差关联的"劳绩保奖"也就此停止，投机者相应减少。驻外人员要么回国经营仕途，一旦留下来专于外交一途，则无法借由保奖谋求外交界之外的升迁。在排斥大量借机钻营官场的人员之后，留下的外交官更易在本系统内发展、上升。

由于驻外人员在此之前由公使奏调，对出身、本职并无特殊要求，经由大员请托、借机钻营的异途人员滥竽其间，普遍缺乏外语交流、交涉的基本功；情况稍好者，不过能做到文笔通畅、办事明快。在改革之后，驻外人员的出身未因科举的停废而有所影响，然而同一时期留学潮产生的语言、法律人才却较多涌入外交领域，改变着出使人员的结构。

另一方面，我们也能看到上述变动的局限所在。驻外制度改革之后，使馆人事理论上由外务部安排，然实际上，也仍需照顾驻外公使的意见。在新公使的团队中，不乏公使"私人"，也不乏各种关系户，公使对使馆的人事，仍具有推荐的权力。驻外人事任命，是驻外公使与外务部会商、妥协的过程。

另外，劳绩保奖虽不再适用于外交界，然对于那些任满回国后不愿在外交界发展的人员而言，保奖在一段时间仍能沿用。经数次改革，外务部确立了内外人员互相调用的原则，然事实上，在公使之下的外交人员中，原是外务部司员的数量非常有限。该政策的规定与实施之间，尚存在一定的差距。此外，驻外使团最大的问题是，改革并未对现任的外交人员进行细致的甄核淘汰，此前的班底得以延续，导致一批品行恶劣、才能平庸者，依然在位。

经过庚子后外务部官员与部分驻外公使的共同努力，在清朝最后几年，一个较为完善的外交官制度逐步建立，由此形成职业外交官养成机制。然此时更多停留在制度建设方面，外交官队伍的新旧更替、合格外交人才的培养，则尚待时日。外交主管机构外务部，仍由旧式官僚主导。作为驻外使馆首长的公使群体，经贿买得位者前后络绎。高层的人事由此也影响到基层出使人员的任用与结构。且因合格的语言、外交学、法学人才仍然奇缺，驻外使馆不得不沿用旧人，这些都影响着改革政策的落实。从这一时期差强人意的外交表现来检视人的因素，也可看出外交官团队尤其是国内外外交主管官员须经严格甄别与淘汰，去粗而存精，方能彰显改革的效果。

结 论

长期以来，晚清外交史与中国近代史一样，无论在当时，或是后人眼中，得到的都是极为负面的评价。进入紧随而来的北洋时期，外交官获得相对的自主性，虽国势衰微、政局动荡，却能利用西式外交的语言和手段，尽量减少国家利益的损失；甚至不失时机地利用条件，修正不平等条约，挽回部分国权。对于晚清外交史的研究，学界集中于事件梳理，那段历史的具体细节、国权丧失的经过，已有大致清晰的认识；在北洋外交史研究领域，随着外交档案的挖掘，以及学者对政治力介入的反思与自觉远离，事件研究得以深入展开，其理解也逐渐深刻与多样。

本书则是希望通过从制度、人员、组织结构的视角来解释上述问题，也就是考察晚清到民国初年，国内外办理外交的人员从何处产生，他们具备怎样的教育背景、工作经历与思维方式，他们的外语程度如何，是否具备一些群体性的特征，清末民初几十年间，这一群体又有着怎样的变化。制度的执行在于人，事件的参与在于人，人的因素在近代外交史中的表现值得关注，他们的素质直接关涉国家外交的走向与每一次交涉的具体成败。有鉴于此，本书尝试利用诸多的个案，用"定量分析"的方式，弄清晚清外交的执行机构——总理衙门、外务部与驻外使馆的人员构成、人才选用、权责分配等诸多制度问题，重建外交人员在传统的淡化专业的科举选官制度到西式外交制度的演变下，逐步发展的全过程，借此从制度视角回答、解释清末民初的外交表现。

一　两类外交人员群体的分与合

　　传统中国有着自己的天下与华夷观，并据儒家经典衍生出处理对外事务的经验，这些不外乎用怀柔羁縻的策略、剿抚参用的手段，以达到华夷之间等差有序、和谐与平衡的秩序。清中期以后，国家受外力接连冲击，遭遇千年未有之变局，不但在政治、军事上，而且在经济、文化上全面接受外来挑战。历经多次冲突与教训，清朝的政治家已清醒地认识到自身面临的外来压力。这些压力主要是来自北方的领土蚕食和来自海上的商业扩张，他们将前者比作肘腋之忧，后者比作肢体之患。于是在第二次鸦片战争后，清朝从形式上接受了近代西方的外交模式，成立总理衙门，以消弭上述隐患。中国近代的外交，从制度到形式、内容、方法，多为西来，是西力东渐的结果。无论是初具近代外交部性质的总理各国事务衙门，还是改组后西式的外务部，或是常驻各国使馆，都是中国传统所无，而拜西方列强之所教。

　　然而，清朝对外人所教制度，并未得其精髓，予以复制。新式的外交机构从一开始，就是从传统的母体中生长，此后逐渐改造、纠正，最后落地生根。

　　表现之一在于，晚清的外交人员群体，始终分为界限分明的两部分。作为中央机构组成部分的总理衙门，是因应第二次鸦片战争之后公使驻京的新形势而建立的部门。受制于有限的财政规模，同时也为了保证办事的高效与慎密，新成立的总理衙门只能仿照军机处模式，以兼差的形式选用官员，并将其官员分为大臣与章京两级。前者从大学士、军机大臣、各部院尚书、侍郎等高层中选任，后者则从内阁中书、各部院郎中、员外郎、主事中考选。他们数量庞大，负责处理日常事务，最大的特点，就是产生于科举选官制度之下，多半出身于科举正途。

由于自幼浸润于儒家经典，聆听圣人训诲，又经由总理衙门经义论题的考试选拔，他们普遍长于读书作文，而拙于西式外交的思维和手段。不过，总理衙门所办事务被划入机密之列，因格外注重保密而接受军机处与内阁模式，即摒弃胥吏，任用章京直接办事。国家外交由此避免类似六部事务操诸胥吏之手的命运，科举出身的章京也得以借此历练，从修撰档案、收发文书开始做起，而后分股办事，起草各式文书，经过数年的历练，交涉经验逐渐从无到有，积少成多，也能成为一方面外交问题的专家。他们中间，产生出一批视野开阔、熟悉成例、办事明练的外交人员。

章京之上的总理衙门大臣，是总理衙门的主管官员。与军机大臣、六部堂官一样，他们对本部门事务负集体责任，有品级之差，而无权责之别。分权带来相互制约，也造成大臣群体的保守与因循。在中央与地方权力缺乏横向切割的框架之下，总理衙门与督抚将军在外交权力上并无上下辖治权。出于平衡关系的考虑，总理衙门大臣之位经常被安排给在外交上毫无思想，业务上也无联系，甚至是敌视洋务的高官。这些都削弱了总理衙门大臣的作用。

作为一个急需专门知识的团体，总理衙门官员更大的问题在于，该机构承续六部与军机处的人事特点，大臣与章京品级相差悬殊，无法借由正常的升迁，由一般的办事司官逐级晋升为本部门的主管堂官。这无疑削弱了章京专注于外交的热情，也减少了在总理衙门主管官员中生成专家的几率。

总理衙门大臣与章京，是传统士大夫的一部分，他们的日常工作、职业生涯，与京中同僚并无异质差别，并非自成体系。他们的举动，受制于晚清的清议。一方面，他们熟读经典，行事自觉受义理名教的约束；另一方面，在洋务这一饱受诟病的领域经营，他们须随时防备来自清流言论的指摘与弹劾。由此使得总理衙门的行事，尚存一定的章法与规范。这一点也正是他们与驻外人员群体主要的不同之一。

晚清驻外公使的派遣与使馆建立，有着内外两层促动因素。在19世纪中期，因国内人口过剩及全球劳工市场短缺，大量华人漂洋过海，外出谋生，备受欺凌。在外国领事与公使的提示和建议之下，清朝逐渐意识到保护侨民的必要性；同时，东邻日本的迅速崛起与蛮横挑衅，极大威胁着国家安全，在屡次讨论之后，清朝向海外派出常驻使团，试图通过这种西式的外交模式因应上述问题。然总理衙门并未储备相应的外交专才，加之清流横议，遣使一事阻力尚存，于是总理衙门采用了以南北洋大臣为主的督抚保举、总理衙门推荐的公使选任方式。一大批对外部有所留心，或在洋务上有一技之长的督抚幕僚、部属、同乡被保举为驻外公使，经军机处、总理衙门斟酌推荐后成功上任。

为便于使团的灵活运作，总理衙门又让公使自行挑选使团人员，并在资格上不予限制，驻外使团成为公使私人属性较强的幕僚团队。由于有借助劳绩保奖升迁的好处，一些异途人员或通过贿买，或借助与公使的特殊关系，或经由朝中大员的请托，而进入驻外使团。他们被任命为驻外参赞、随员，襄助公使办理日常事务；或任命为领事官，独立负责保护一方华侨。然而，他们成长于国内环境，不通外语，也未经历过职业训练，毫无专业能力可言；同时，他们多未经历过科举考试，与儒家的道德信条保持较远的距离；又因远离国内，义理名教、清流言论对他们而言，少有约束作用。按照制度规定，公使在任以三年为一届，任满回国，使团人员亦如是。在此情形之下，清朝驻外使团的外交效果不难想象。公使在外可拥厚资，回国后提升本职，平日缺乏监督，缺乏担当任事的动力，也缺乏足够的办事能力。而那些经由贿买或各种关系进入使团的人员，平时属意的是期满回国，借助劳绩保奖而进身。品质恶劣者，更是向本应由其保护的华侨巧立名目，聚敛财富。

在驻外人员中，翻译官有着其他人员不可取代的语言技能，因而多能在外连续任差，少数人甚至借此升任公使。他们是在外时间最长、接触西方外交最多的一群人，也是最有可能在旧制度下成长为职业外交官的一群人。不过，由于他们主要成长于同文馆这一并不合格的语言学校，其语言及交涉能力经常无法因应外交需要；同时，他们中的多数因出身及教育原因，仍渴望回国进入仕途主流，求得本职升迁。

由此形成了晚清外交人员的两分：一类是总理衙门章京与大臣，大致源出科举正途，熟读儒家经典，依靠科举考试获得入仕资格，受儒家义理熏陶及朝中清流制约；另一类是驻外公使及其下属，他们经由大员保举、请托等方式得以上任，多出自捐纳等异途，有一些善于任事的能员干吏，少几分纲常名教的束缚，加之远在海外，避免了清流掣肘，其在外交涉的效果，因不同的个人而差异较大。

外务部的改制及驻外使馆的改革，其中一项重大内容就是糅合以上两类群体，使外交官得以内外互用，外务部相应品级的官员与驻外公使、参赞、领事互相调任，形成一个独立的职业外交官培养系统。

外务部丞参在此之后加入到驻外公使的候选群体之中。尽管由于主管大臣的原因，外交界弥漫政以贿成的风气，然驻外公使毕竟有了更合理的选择范围。公使之下的参赞、领事人员，除调用部分外务部司员之外，更多的是任用有着丰富经历的旧参赞、领事人员。而先前部分翻译人才的留任，使得这一批专任外交人员得以长期在外交界立足，并借此成长为清末民初第一批职业外交官。

外务部在选人方面，先是沿用经由总理衙门章京考试而选拔的旧人，到1906年后，改用奏调之法。从此进入外务部的新人，在结构上发生重大变化，他们不再是科举正途出身，而更多是从驻外群体、外语人才中调用。不过，直到清朝覆亡为止，外务部实缺官员的主体，仍是此前的总理衙门章京，他们的改革思想，推动着制度的完善以及外交官结构的悄然变化，他们的自律也保证着该部门的运作不至偏离基本道德与规则的约束。

二　外交界的传统与近代因素

总理衙门与驻外使馆自始即带有浓厚的传统官制的色彩。其中，对外交人员群体发展影响最大的，莫过于长时期作为"差使"的属性，以及附属于差使的"劳绩保奖"。

总理衙门本是仿军机处模式建立的临时机构，后因事务渐繁、领域渐广而成常设机构。其中官员皆从他处选任，总理衙门只是其职事之外的差使。借助这种差遣制度，清朝得以在不变动六部架构、不增加官员人数的前提下，应对"洋务"这一新增的繁剧政务。差无法独立存在，总理衙门官员各有本职，所以他们须首先顾及本职事务，这势必分散其精力与时间；差没有自带的品级，官员无法在差的系统内升迁，因此，总理衙门章京的仕进，必须落实于本职品级的上升。不过差属于额外劳绩，有相应的"劳绩保奖"作为酬庸。城下之盟下建立的总理衙门曾饱受国内攻击之声，为鼓励士人加入其中，其劳绩保奖超越军机处，成为中下层京官补缺、上升最有力的助推器。在晚清官场壅滞、京官经济困窘的背景之下，越来越多的正途官员敢于冲破清流藩篱，进入总理衙门任差。事实结果，也正如其所愿。总理衙门章京借助劳绩保奖，或补缺升职，由候补中书、主事而任实缺，然后继续上升，外放道府，仕途上升的同时，经济情况也得以好转。于是，一批又一批的京官满怀希望地进来，获得保奖后，又如愿以偿地出去，身致荣显，风光荣耀。但与此同时，清朝的外交专家却并不因此而增多，交涉局面也并未因此改观。而他们在总理衙门积累的办事经验，也无法由此得以传承。

驻外使馆公使以下所有成员，同样摆脱不开"差"的属性，也同样被赋予劳绩保奖的酬庸。公使、参赞、随员，本皆依靠捐纳、军功而获得道、府、州、县头衔的候补官员，因国内补缺困难，他们请托或行贿进入使团，经营驻外之差。最大的促动力量，便是静待三年差满，得一劳绩保奖，换得在国内本职的提升。驻外之差，不过是其暂时栖身、借以攀爬的工具。在这一背景之下，也就经常出现不待事务料理完毕，先行回国的参赞。他们服从的是给予保奖的三年之限，而非职业本身。一批批参赞、领事、随员出洋任差，三年期满回国，或由此赢得出仕机会，或在原职上官升一级，他们得到了自己想要的结果，但对于国家而言，在外交涉少有进展，出使在外的官员，仍是一批批新的面孔。

外交人员"差使"的属性连带另一个后果：差无品级，因此较难在本系统内合理、依序升迁，他们的上升必须依据本职品级而进行。这一点，驻外人员因多为候补官吏，情况稍好，总理衙门问题最为显著。本职为部院司员的总理衙门章京，级多不过五品，而作为堂官的总理衙门大臣，则多为二品官。品级的悬隔，导致多数人以外放各省海关道、知府为任差的归依，不拘常规、以三四品京堂作为阶梯最终出任总理衙门大臣的章京，寥寥无几。大多数人的经验与智慧，只能随着外放而流失。

三 制度建设下的缓进改革

外务部的改制以及清季一系列的外交改革，绝不仅限于名字的改换，而确为制度上的重大变革。它改差为职，使得本部人员得以专任一职；废除与差结合的劳绩保奖，让借此经营仕途者有所却步。为解决此前总理衙门总办章京的安置问题，它建立了独特的丞与参议制度，赋予其三四品的级别，由此成为本部五品司员与二品侍郎之间衔接的桥梁，无意中为本部司员久任与上升提供了一条独立的路径。我们在后来历史发展过程中看到，一群久经历练、颇具进取思想的官员，由总理衙门章京改任主事，而后遇缺便升，由员外郎、郎中擢参议、丞，甚至最终成为外务部尚书、侍郎等主管官员。

这一改革思路也由此延伸到驻外使馆。驻外使馆的改革，最先是因国内有识之士不满驻外人员的素质，思考改革而逐渐促成。其最初思路是扩大外务部与驻外使馆之间人员的互用，由此形成一个外交官训练、升迁的独立体系，推进职业外交官团队的形成。外务部首先让本部丞参加入驻外公使候选名单，部分丞参得以顺利外任，资历与经验更加完整；公使之下的参赞、领事、随员职位，因劳绩保奖的限制以及士人内心对正途、异途的区隔，而鲜有外务部司员尝试。此后在1906年，由于科举停废，同时得益于一些颇具眼光的官员如张元济、刘式训、汪大燮的主张，驻外使馆改革得以深入进行。

改革的核心内容，除强制规定内外互用的原则之外，还有由外务部收回驻外人员的任用之权，改驻外之差为职，并停止劳绩保奖。外务部收回公使之下驻外人员的任用权，减少了公使任用私人、接受贿买职位的情况，也从制度上为内外互用原则的落实给予了相应的依托。驻外公使、参赞、领事改差为职，并赋予相应品级，则让他们有可能在此领域专意用心，同时可依成绩与能力循序上升。

不过，上述制度尽管从设计上已显得较为完善，然而从实际执行的效果来看，却大有改变和提升的空间。从外务部官员群体来看，其主管官员越来越多来自循级而上的中下层司员，司员群体除原有的总理衙门章京、驻外参赞、新加入的留学生之外，也有经举贡考试形式签分入部的旧举人、拔贡，出自译学馆中并不合格的语言学生。驻外人员的任用权尽管收归外务部，然同时须照顾、协调公使的意见，因此仍有公使私人、部属的掺入。较多的驻外参赞、领事、书记官则来自旧的驻外使馆系统之内，他们虽富有任职经验与资历，然其素质、品格、能力原本就存在很大问题，未经甄别淘汰而继续留用，也由此影响驻外人员的整体素质与外交效果。

四　外交制度的延续

总结外交制度演进留下的遗产以及外交改革的成绩，大致有如下几点。第一，建立起一个大体完善的职业外交官的培养制度，外交官不再附庸于科举制度，也独立于清末改革后较为混乱的文官制度。一批通晓外语或经验丰富的外交官，获得体制内赋予的名分与级别，在本领域成长进步，并依据独立的人事系统，在国内外外交机构任职，依据成绩与表现，依次上升。尽管直到清朝覆亡，该系统内的人员较为杂芜，然相应制度毕竟已经建立，保奖的废除、外务部对驻外人员任用权的收回，使得新制度按照自身结构发挥其功能，相应淘汰、过滤部分不合格或投机人员，外交人事结构由此悄然变化。在合理的西式外交制度已大致建立的情况之下，此时急需进行的事项或者最主要的任务，是对外交官团队进行仔细的甄别裁汰。从这一角度而言，清末外交改革并非一步到位，却已走出最重要的步伐。

第二，在旧有条件的培养以及新制度的促成之下，一批出色有为的外交官迅速成长起来。1907年，汪大燮提出他所认可的合格公使，包括陆徵祥、胡惟德、刘式训、梁诚诸人。其中，陆、胡、刘三人出自同文馆系统，然皆由上海广方言馆所保送，学业在同侪中位居前列。他们从驻外翻译官做起，借助语言优势，长期在外任差，从而打破三年差满回国的制度约束，逐级升任驻外参赞并被保举为使才。一旦条件允许，他们即升至驻外公使，独当一面。如果说，他们的成功有着偶然因素，那么在1907年驻外使馆制度改革之后，更多通晓外语及法律的人才，则可依托制度，长期在外交界锤炼、成长，依成绩而晋升高位。这些人历经清末民初的更迭，为新成立的中华民国留用，成为中国外交界倚赖的台柱。旧的外交制度及其改革后的新制度，并未能将多数人培养成优秀的外交官；然少数的成功者，依据其良好的业务能力，却有可能引领此后中国外交的改革与发展，将其在清末所见所得的经验与教训，化作导引中国外交的智慧。国体革命之下的制度延续，也由此显示出合理性与必要性。

1912年，南北和议告成，清帝逊位。统一后的中华民国政府接收了前清外务部，却沿用南京临时政府"外交部"之名，重新聘用外务部官员，调整外务部的内部结构。名曰新造，实为继承。晚清建立的职业外交官体制，得以继承和完善；在这一体制下成长的职业外交官，亦由此成为民初外交的主角。

征引文献

《电报档》
《宫中档朱批奏摺》
《军机处录副·同治朝·职官类》
《军机处录副·光绪朝·内政类·职官项》
《随手登记档》
（以上中国第一历史档案馆藏）

《军机处档摺件》
孟昭墉辑：《史馆档·食货志·京官俸银》
孟昭墉辑：《史馆档·食货志·外官俸银》
孟昭墉辑：《史馆档·食货志·外官养廉》
《清国史馆传包·顾肇新传》
《清国史馆传包·许庚身传》
《清国史馆传包·周德润传》
《清国史馆传包·杨儒传》
《清国史馆传包·许景澄传》
《清国史馆传稿·恭镗传》
《清国史馆传稿·丰烈传》
王会厘辑：《皇朝职官志·总理各国事务衙门》
王会厘辑：《皇朝职官志·出使外洋各国大臣》

《月摺档》

（以上台北"故宫博物院"图书文献处藏）

01-14-032-06《总理各国事务衙门·辛丑议约·辛丑议约·改外务部》

01-19《总理各国事务衙门·出使设领》出使各国、小吕宋设领、日本使馆杂项、驻法使馆员命案

01-40-001-005《总理各国事务衙门·驻美使馆保存档案·使美档》

01-41《总理各国事务衙门·驻韩使馆保存档案》

02-12《外务部·出使设领》伍廷芳使美、梁诚使美、杨儒使美、胡惟德使俄、萨荫图使俄、载振专使美、罗丰禄使英、张德彝使英、唐绍仪使英、汪大燮、李经方使英、刘玉麟使英、吕海寰、荫昌、杨晟、孙宝琦、梁诚、荫昌使德、裕庚、孙宝琦、刘式训使法、陆徵祥使和、杨兆鋆、李盛铎、杨枢、李国杰使比、吴德章、杨晟、李经迈、雷补同、沈瑞麟使奥、驻义大臣随员报告、许珏、黄诰、钱恂、吴宗濂使义、李盛铎、蔡钧、杨枢、胡惟德使日本、赴日案、驻海参崴、使德、使和、使美案、杂项、出使经费

02-23《外务部·驻美使馆保存档案·使美档》

02-35-001-005《外务部·驻韩使馆保存档案》

（以上台北"中研院"近代史研究所档案馆藏）

《总理各国事务衙门清档》

（以上北京大学图书馆藏）

《申报》1879年、1886年、1894年、1897年、1903年、1904年、1905年、1907年、1908年、1909年、1910年、1911年

《顾豫斋致其兄函》，中国社会科学院近代史研究所藏

《郭嵩焘日记》，长沙：湖南人民出版社，1981年

《国家图书馆藏清代孤本外交档案》，北京：全国图书馆文献缩微复制中心，2003年

《国家图书馆藏清代孤本外交档案续编》,北京:全国图书馆文献缩微复制中心,2005年

《钦命总理各国事务衙门同官录》,光绪年刻本

《清会典事例》,北京:中华书局,1991年

《清季外交史料》,北京:书目文献出版社,1987年

《清实录》第16、33、59册,北京:中华书局,1986、1987年

《十三经注疏》,北京:中华书局,1980年

《同文馆题名录(第六次)》,光绪二十二年刊本

《同文馆题名录(第七次)》,光绪二十四年刊本

《同文馆题名录(第五次)》,光绪十九年刊本

《晚清外交会晤并外务密启档案汇编》,北京:图书馆文献缩微复制中心,2008年

《汪康年师友书札》第1—4册,上海古籍出版社,1986—1988年

《稀见清咸同光三朝档册》,北京:全国图书馆文献缩微复制中心,2005年

《增定同文馆章程》,光绪年铅印本,北京师范大学图书馆藏

《张元济全集》第2、5卷,北京:商务印书馆,2007—2008年

《资治通鉴》第16册,北京:中华书局,1956年

《总署奏底汇订》全3册,北京:全国图书馆文献缩微复制中心,2005年

安庆市地方志编纂委员编:《安庆市志》,北京:方志出版社,1997年

班固撰:《汉书》,北京:中华书局,1962年

宝鋆等修:《筹办夷务始末(同治朝)》,北京:中华书局,2008年

北京大学、中国第一历史档案馆编:《京师大学堂档案选编》,北京大学出版社,2001年

北京大学校史研究室编:《北京大学史料》第1卷,北京大学出版社,1993年

北京市档案馆编:《那桐日记》全2册,北京:新华出版社,2006年

蔡尔康、林乐知编译,张英宇、张玄浩校:《历聘欧美记》,长沙:湖南人民出版社,1982年

蔡璐:《京师译学馆始末》,《文史资料选辑》总第140辑,北京:中国文史出版社,

2000年

蔡少卿整理：《薛福成日记》全2册，长春：吉林文史出版社，2004年
曹汝霖：《曹汝霖一生之回忆》，北京：中国大百科全书出版社，2009年
岑春煊：《乐斋漫笔》，北京：中华书局，2007年
长善：《芝隐室诗存》，同治辛未季秋广州将军节署刻本
陈宝琛：《沧趣楼诗文》上册，上海古籍出版社，2006年
陈康祺：《郎潜纪闻二笔》，北京：中华书局，1984年
陈夔龙：《梦蕉亭杂记》，北京古籍出版社，1985年
陈霞飞主编：《中国海关密档——赫德、金登干函电汇编》，北京：中华书局，1990年—1996年
陈义杰：《翁同龢日记》，北京：中华书局，2006年
陈铮编：《黄遵宪全集》，北京：中华书局，2005年
陈壮游辑：《张荫桓等致翁同龢函》，中国社会科学院近代史研究所近代史资料编辑组编：《近代史资料》总28号，北京：中华书局，1962年
崇彝：《道咸以来朝野杂记》，北京古籍出版社，1982年
邓承修：《语冰阁奏议》，台北：文海出版社，1967年
丁文江、赵丰田编：《梁启超年谱长编》，上海人民出版社，1983年
丁贤俊、喻作凤编：《伍廷芳集》，北京：中华书局，1993年
董俊翰：《董俊翰日记不分卷》（稿本），北京：中国科学院图书馆藏缩微胶卷
董恂：《还我读书室老人手订年谱》，台北：文海出版社，1968年
杜春和等编：《义和团资料丛编：荣禄存札》，济南：齐鲁书社，1986年
法律出版社法规中心编：《中华人民共和国行政法大全》，北京：法律出版社，2011年
法式善：《清秘述闻三种》，北京：中华书局，1982年
范晔撰：《后汉书》，北京：中华书局，1965年
方恭钊：《方勉夫日记不分卷》（稿本），北京：中国科学院图书馆藏缩微胶卷
方濬师：《蕉轩随录》，北京：中华书局，1995年
方濬师：《退一步斋文集》，台北：文海出版社，1968年
费行简：《近代名人小传》，台北：文海出版社，1967年

故宫博物院明清档案部编:《清末筹备立宪档案史料》,北京:中华书局,1979年

顾廷龙、戴逸主编:《李鸿章全集》,合肥:安徽教育出版社,2008年

顾廷龙校:《艺风堂友朋书札》,上海古籍出版社,1980年

顾廷龙主编:《清代朱卷集成》,台北:成文出版社有限公司,1992年

国家档案局明清档案馆编:《戊戌变法档案史料》,北京:中华书局,1958年

国家清史编纂委员会编:《清代缙绅录集成》,郑州:大象出版社,2009年

韩延龙、刘海年、沈厚铎等整理:《沈家本未刻书集纂补编》,北京:中国社会科学出版社,2006年

韩愈著,马其昶校注:《韩昌黎文集校注》,上海古籍出版社,1986年

何刚德:《话梦集·春明梦录·东华琐录》,北京古籍出版社,1995年

胡思敬:《国闻备乘》,北京:中华书局,2007年

黄濬著,李吉奎整理:《花随人圣盦摭忆》,北京:中华书局,2008年

黄遵宪著,钱仲联笺注:《人境庐诗草》下册,上海古籍出版社,1981年

继昌:《行素斋杂记》,上海书店,1984年

贾桢等修:《筹办夷务始末(咸丰朝)》,北京:中华书局,1979年

昆冈等修:《钦定大清会典》,《续修四库全书》(794),上海古籍出版社,1995年

劳祖德整理:《郑孝胥日记》第1、2册,北京:中华书局,1993年

李慈铭:《越缦堂日记》第6、13、18册,扬州:广陵书社,2004年

李棠阶著,穆易点校:《李文清公日记》,长沙:岳麓书社,2010年。

李文杰整理:《吕海寰资料两种》,中国社会科学院近代史研究所近代史资料编辑组编:《近代史资料》总123号,北京:中国社会科学出版社,2011年

李兴盛等主编:《陈浏集》,哈尔滨:黑龙江人民出版社,2001年

梁启超:《饮冰室合集》第7册,北京:中华书局,1989年

梁章钜辑,朱智补:《枢垣记略》,北京:中华书局,1984年

刘光第:《刘光第集》,北京:中华书局,1986年

刘声木:《苌楚斋随笔、续笔、三笔、四笔、五笔》,北京:中华书局,1998年

刘家平、苏晓君主编:《中华历史人物别传集》第75册,北京:线装书局,2003年

刘体智:《异辞录》,北京:中华书局,1988年

刘锡鸿等：《驻德使馆档案钞》，台北：学生书局，1966年

刘志惠点校：《曾纪泽日记》，长沙：岳麓书社，1998年

龙顾山人纂，卞孝萱、姚松点校：《十朝诗乘》，福州：福建人民出版社，2000年

吕海寰：《吕海寰杂抄奏稿》，《北京大学图书馆馆藏稿本丛书》第12册，天津古籍出版社，1987年

罗香林：《梁诚的出使美国》，台北：文海出版社，1979年

骆惠敏编，刘桂梁等译：《清末民初政情内幕：〈泰晤士报〉驻北京记者、袁世凯政治顾问乔·厄·莫里循通信集》上册，上海：知识出版社，1986年

缪荃孙：《艺风老人日记》全8册，北京大学出版社，1986年

祁寯藻、文廷式、吴大澂等：《〈青鹤〉笔记九种》，北京：中华书局，2007年

齐如山：《齐如山回忆录》，沈阳：辽宁教育出版社，2005年

钱实甫编：《清代职官年表》，北京：中华书局，1980年

钱仪吉等辑：《清朝碑传全集》第5册，台北：大化书局，1984年

钱仲联：《黄公度先生年谱》，台北：文海出版社，1973年

秦国经主编：《清代官员履历档案全编》，上海：华东师范大学出版社，1997年

任青、马忠文整理：《张荫桓日记》，上海书店出版社，2004年

商务印书馆编译所：《大清新法令》第2、6卷，北京：商务印书馆，2011年

施肇基：《施肇基早年回忆录》，台北：传记文学出版社，1967年

史晓风整理：《恽毓鼎澄斋日记》，杭州：浙江古籍出版社，2004年

孙宝瑄：《忘山庐日记》，上海古籍出版社，1983年

谭乾初：《古巴杂记》，光绪十三年刻本

唐文治：《茹经先生自订年谱正续编》，台北：文海出版社1986年

唐文治：《英轺日记》，北京：民族出版社，2010年

田原天南编：《清末民初中国官绅人名录》，台北：文海出版社，1996年

托津等纂：《大清会典（嘉庆朝）》，台北：文海出版社，1991年

脱脱等撰：《宋史》，北京：中华书局，1977年

汪大燮主编：《分类编辑不平等条约》，1926年铅印本

汪叔子、张求会编：《陈宝箴集》，北京：中华书局，2003年

汪叔子编:《文廷式集》,北京:中华书局,1993 年

汪诒年纂辑:《汪穰卿先生传记》,北京:中华书局,2007 年

王聘珍:《大戴礼记解诂》,北京:中华书局,1983 年

王清穆:《知耻斋日记》,上海图书馆历史文献研究所编:《历史文献》第 12 辑,上海古籍出版社,2008 年

王铁崖编:《中外旧约章汇编》,北京:生活·读书·新知三联书店,1957 年

王云五主持:《道咸同光四朝奏议》,台北:台湾商务印书馆,1970 年

文廷式:《知过轩谭屑》,陈绛主编:《近代中国》第 18 辑,上海社会科学院出版社,2008 年

文祥:《文文忠公自订年谱》,光绪壬午六月刻本

翁万戈辑:《翁同龢文献丛编之一:变法·新政》,台北:艺文印书馆,1998 年

翁万戈辑:《翁同龢文献丛编之三:内政·宫廷》,台北:艺文印书馆,2001 年

吴丰培等编:《清同光间外交史料拾遗》,北京:全国图书馆文献缩微复制中心,1991 年

吴琴整理:《洪钧使欧奏稿》,中国社会科学院近代史研究所近代史资料编辑组编:《近代史资料》总 68 号,北京:中国社会科学出版社,1988 年

吴天任编:《何翙高先生年谱》,台北:文海出版社,1972 年

锡珍等:《钦定吏部铨选则例》,《续修四库全书》(750),上海古籍出版社,1995 年

夏仁虎:《旧京琐记》,北京古籍出版社,1986 年

徐珂:《清稗类钞》第 11 册,北京:中华书局,1984 年

徐凌霄、徐一士:《凌霄一士随笔》,太原:山西古籍出版社,1997 年

薛福成:《庸盦海外文编》,《续修四库全书》(1562),上海古籍出版社,1995 年

颜惠庆著、吴建雍、李宝臣、叶凤美译:《颜惠庆自传》,北京:商务印书馆,2003 年

颜惠庆著,上海市档案馆译:《颜惠庆日记》,北京:中国档案出版社,1996 年

杨宜治:《愻斋日记》,《北京大学图书馆馆藏稿本丛书》第 17 册,天津古籍出版社,1991 年

叶昌炽:《缘督庐日记》,南京:江苏古籍出版社,2002 年

伊桑阿等纂:《大清会典(康熙朝)》,台北:文海出版社,1993 年

余思诒:《古巴节略》,光绪十七年上海著易堂刊本

余思诒:《楼船日记》,上海:商务印书馆光绪甲辰刊本

余彦文编著:《鄂东著作人物荟萃》,武汉:湖北科学技术出版社,1990年

俞天舒编:《黄体芳集》,上海社会科学院出版社,2004年

喻岳衡点校:《曾纪泽集》,长沙:岳麓书社,2005年

袁英光、胡逢祥整理:《王文韶日记》,北京:中华书局,1989年

苑书义:《张之洞全集》,石家庄:河北人民出版社,1998年

允禄等纂:《大清会典(雍正朝)》,台北:文海出版社,1995年

允裪等编:《大清会典(乾隆朝)》,收入《景印文渊阁四库全书》第619册,台北:台湾商务印书馆,1983年

张德彝:《醒目清心录》第13册,北京:全国图书馆文献缩微中心,2004年

张剑编:《莫友芝年谱长编》,北京:中华书局,2008年

张佩纶:《涧于集》,1918年刻本

张廷玉等撰:《明史》,北京:中华书局,1974年

张心澂:《译学馆回忆录》,《文史资料选辑》总第140辑,北京:中国文史出版社,2000年

张之洞:《劝学篇》,上海书店出版社,2002年

章含之、白吉庵主编:《章士钊全集》第8册,上海:文汇出版社,2000年

赵尔巽等撰:《清史稿》,北京:中华书局,1977年

赵铁寒编:《文芸阁(廷式)先生全集》,台北:文海出版社,1975年

赵云田点校:《乾隆朝内府抄本〈理藩院则例〉》,北京:中国藏学出版社,2006年

政协广东省中山市委员会文史委员会:《中山文史》第31辑,编者刊,1994年

中国第一历史档案馆、福建师范大学历史系编:《清季中外使领年表》,北京:中华书局,1997年

中国第一历史档案馆编:《清外务部部分重要官员履历单》,《历史档案》1992年第1期

中国第一历史档案馆编:《清外务部部分主要官员履历》,《历史档案》1986年第4期

中国第一历史档案馆编:《光绪朝朱批奏摺》,北京:中华书局,1995年

中国第一历史档案馆编:《光绪宣统两朝上谕档》,桂林:广西师范大学出版社,1996年

中国第一历史档案馆编:《清代军机处电报档汇编》,北京:中国人民大学出版社,2005年

中国第一历史档案馆编:《清代中国与东南亚各国关系档案史料汇编——菲律宾卷》,北京:国际文化出版公司,2004年

中国第一历史档案馆编:《清代中国与东南亚各国关系档案史料汇编——新加坡卷》,北京:国际文化出版公司,1998年

中国第一历史档案馆编:《咸丰同治两朝上谕档》,桂林:广西师范大学出版社,1998年

中国第一历史档案馆编:《鸦片战争档案史料》第7册,天津古籍出版社,1992年

中国第一历史档案馆等编:《清代外务部中外关系档案史料丛编——中英关系卷》第1—5册,北京:中华书局,2006—2009年

中国科学院历史研究所第三所编:《刘坤一遗集》,北京:中华书局,1959年

中国科学院近代史研究所史料编辑室、中央档案馆明清档案部编辑组编:《洋务运动》第2册,上海人民出版社,1961年

中国社会科学院近代史研究所、中国第二历史档案馆合编:《中国海关密档》第7册,北京:中华书局,1995年

中国史学会主编、齐思和等编:《中国近代史资料丛刊·第二次鸦片战争》,上海人民出版社,1978年

"中研院"近代史研究所编:《中美关系史料(光绪朝)》,台北:"中研院"近代史研究所,1988—1990年

"中研院"近代史研究所编:《保荐人才、西学、练兵》,台北:"中研院"近代史研究所,1991年

周家楣:《期不负斋全集》政书二,光绪二十一年刻本

周秋光编:《熊希龄集》第1册,长沙:湖南出版社,1986年

朱有瓛:《中国近代学制史料》第1辑上,上海:华东师范大学出版社,1983年

邹嘉来:《遗盦行年录》(稿本),日本东洋文库图书部藏

邹嘉来:《仪若日记》,日本东洋文库图书部藏

〔美〕丁韪良著,沈弘等译:《花甲忆记——一位美国传教士眼中的晚清帝国》,桂林:广西师范大学出版社,2004年

〔美〕何天爵著,鞠方安译:《真正的中国佬》,北京:中华书局,2006年

〔美〕司马富、费正清等编,陈绛译:《赫德与中国早期现代化——赫德日记(1863—1866)》,北京:中国海关出版社,2005年

〔英〕菲利浦·约瑟夫著,胡滨译:《列强对华外交(1894—1900)——对华政治经济关系的研究》,北京:商务印书馆,1960年

〔英〕哈罗德·尼科松著,眺伟、倪征燠译:《外交学》,北京:世界知识出版社,1957年

〔英〕马礼逊夫人编:《马礼逊回忆录》,顾长声译,桂林:广西师范大学出版社,2004年

〔英〕季南著,许步曾译:《英国对华外交》,北京:商务印书馆,1984年

蔡振丰:《晚清外务部之研究》,台湾中兴大学历史学系硕士论文,2005年

陈思齐:《总理衙门设立背景暨其角色之研究》,台湾政治大学外交研究所硕士论文,1985年

陈体强:《中国外交行政》,重庆:商务印书馆,1945年

陈文进:《清代之总理衙门及其经费》,《中国近代经济史研究集刊》1932年第1期

程燎原:《清末法政人的世界》,北京:法律出版社,2003年

程以正:《江阴县志》,上海人民出版社,1992年

戴东阳:《晚清驻外使臣与不平等条约体系》,北京大学博士论文,2000年

邓之诚著,邓珂点校:《骨董琐记全编》,北京出版社,1996年

傅宗懋:《清代军机处组织及执掌之研究》,台北:嘉新水泥公司文化基金会,1967年

高超群:《论清末外务部》,北京大学硕士论文,1995年

江庆柏编:《清代人物生卒年表》,北京:人民文学出版社,2005年

蒋英豪著:《黄遵宪师友记》,上海书店出版社,2002年

金问泗：《编者序言》，《顾维钧外交文牍选存》，上海：Kelly and Walsh Co.，1931年

李庆平：《清末保侨政策与驻外领事之设置》，台湾政治大学外交研究所硕士论文，1972年

李提摩太著，李宪堂、侯林莉译：《亲历晚清四十五年：李提摩太在华回忆录》，天津人民出版社，2005年

李文杰：《总理衙门总办章京研究》，《史林》2010年第5期

李文杰：《总理衙门章京的日常生活与仕宦生涯——〈惩斋日记〉与杨宜治其人》，《"中研院"近代史研究所集刊》第70期（2010年12月）

李文杰：《晚清总理衙门的章京考试——兼论科举制度下外交官的选任》，《近代史研究》2011年第2期

李文杰：《总理衙门的翻译官》，《历史档案》2011年第5期

李文杰：《论总理衙门的保奖制度》，《社会科学战线》2011年第8期

李文杰：《晚清驻外公使的保举与选任》，台湾《清华学报》新43卷第1期（2013年3月）

李文杰：《继承与开新之间——清末民初外务（交）部的人事嬗替与结构变迁》，《社会科学》2014年第6期

李文杰：《从士大夫到外交官的转变：由汪大燮的经历看清末民初外交官转型的一种模式》，台湾《政治大学历史学报》第42期（2014年11月）

李文杰：《晚清驻外参赞研究》，《历史档案》2015年第1期

梁碧莹：《陈兰彬与晚清外交》，广州：广东人民出版社，2011年

梁碧莹：《艰难的外交——晚清中国驻美公使研究》，天津古籍出版社，2004年

梁碧莹：《梁诚与近代中国》，广州：中山大学出版社，2011年

梁元生：《清末的天津道与津海关道》，《"中研院"近代史研究所集刊》第25期（1996年6月）

梁元生著，陈同译：《上海道台研究——转变社会中之联系人物，1843—1890》，上海古籍出版社，2003年

林玉如：《清季总理衙门设置及其政治地位之研究》，台湾成功大学硕士论文，2002年

刘光华：《晚清总理衙门组织及其地位之研究》，台湾政治大学公共行政研究所硕士

论文，1973 年

刘心显：《中国外交机构的沿革》，收入包遵彭、李定一、吴相湘编：《中国近代史论丛》第 1 辑第 5 册，台北：正中书局，1973 年

刘熊祥：《总理各国事务衙门及其海防建设》，收入包遵彭、李定一、吴相湘编：《中国近代史论丛》第 1 辑第 5 册，台北：正中书局，1973 年

刘真主编：《留学教育》第 1 册，台北："国立"编译馆，1980 年

茅海建：《从甲午到戊戌——康有为〈我史〉鉴注》，北京：生活·读书·新知三联书店，2009 年

茅海建：《公使驻京本末》，《近代的尺度：两次鸦片战争军事与外交》，北京：生活·读书·新知三联书店，2011 年

茅海建：《入城与修约：论叶名琛的外交》，《近代的尺度：两次鸦片战争军事与外交》，北京：生活·读书·新知三联书店，2011 年

茅海建：《史料的主观解读与史家的价值判断——复房德邻先生兼答贾小叶先生》，《近代史研究》2007 年第 5 期

茅海建：《戊戌变法期间的保举》，《历史研究》2006 年第 6 期

茅海建：《戊戌变法史事考》，北京：生活·读书·新知三联书店，2005 年

钱实甫：《清代的外交机关》，北京：生活·读书·新知三联书店，1959 年

青山治世：《晚清关于增设驻南洋领事的争论——兼论近代国际法、领事裁判权、不平等条约体制》，收入王建朗、栾景河编：《近代中国、东亚与世界》下卷，北京：社会科学文献出版社，2008 年

丘铸昌：《丘逢甲交往录》，武汉：华中师范大学出版社，2004 年

邱巍：《吴兴钱家：近代学术文化家族的断裂与传承》，杭州：浙江大学出版社，2009 年

任天豪：《清季使臣群体的变迁及其历史意义》，收入王建朗、栾景河编：《近代中国、东亚与世界》下卷，北京：社会科学文献出版社，2008 年

任智勇：《晚清海关监督制度初探》，《历史档案》2004 年第 4 期

任智勇：《晚清海关与财政——以海关监督为中心》，北京大学博士论文，2007 年

任智勇：《晚清海关再研究——以二元体制为中心》，北京：中国人民大学出版社，

2012年

唐启华：《被"废除不平等条约"遮蔽的北洋修约史（1912—1928）》，北京：社会科学文献出版社，2010年

汪叔子：《文廷式手书〈列代宫词〉条幅跋》，苏州大学中文系明清诗文研究室：《明清诗文研究资料集》第2辑，上海古籍出版社，1986年

王立诚：《外交家的诞生：顾维钧与近代中国外交官文化的变迁》，金光耀主编：《顾维钧与中国外交》，上海古籍出版社，2001年

王立诚：《中国近代外交制度史》，兰州：甘肃人民出版社，1991年

王曾才：《中国驻英使馆的建设》，"中华文化复兴运动委员会"主编：《中国近现代史论集》第7编，台北：商务印书馆，1985年

吴成章：《外交部沿革纪略》，北京：外交部印刷处，1914年

吴福环：《清季总理衙门研究》，乌鲁木齐：新疆大学出版社，1995年

吴义雄：《权力与体制：义律与1834—1839年的中英关系》，《历史研究》2007年第1期

许全胜：《沈曾植年谱长编》，北京：中华书局，2007年

严和平：《清季驻外使馆的建立》，台北：东吴大学中国学术著作奖助委员会，1975年

余定邦：《清朝政府在新加坡设置领事的过程及其华侨政策的转变》，《中山大学学报》1988年第2期

张富强：《李鸿章与清末遣使驻外》，《广东社会科学》1991年第2期

张朋园：《理性与傲慢：清季贵州田兴恕教案试释》，《"中研院"近代史研究所集刊》第17期上（1988年6月）

张世安编著：《各国外交行政》，上海：大东书局，1931年

张忠绂：《清廷办理外交之机构与手续》，收入包遵彭、李定一、吴相湘编：《中国近代史论丛》第1辑第5册，台北：正中书局，1973年

周子亚：《我国外交机构沿革考》，收入包遵彭、李定一、吴相湘编：《中国近代史论丛》第1辑第5册，台北：正中书局，1973年

周子亚：《外交政策与外交行政》，重庆：中央政治学校研究部、新政治月刊社，1940年

朱维铮：《重读近代史》，上海文艺出版社，2008年

〔澳〕黄宇和：《两广总督叶名琛》，上海书店出版社，2004年

〔澳〕颜清湟著，粟明鲜、贺跃夫译：《出国华工与清朝官员——晚清时期中国对海外华人的保护（1851—1911）》，北京：中国友谊出版社，1990年

〔日〕川岛真著，田建国译：《中国近代外交的形成》，北京大学出版社，2012年

〔日〕高田时雄：《金楷理传略》，日本京都大学人文科学研究所编：《日本东方学》第1辑，北京：中华书局，2007年

〔日〕箱田惠子：《清朝驻外使馆的设立——以考虑清朝决策派遣驻外使节的过程及其目的为中心》，《台湾师大历史学报》第33期（2005年6月）

〔日〕箱田惠子：《晚清外交人才的培养——以从设立驻外公馆至甲午战争时期为中心》，收入王建朗、栾景河编：《近代中国、东亚与世界》下卷，北京：社会科学文献出版社，2008年

外務省百年史編纂委員会編：《外務省の百年》，東京：原書房，1969年

王宝平：《清代中日学術交流の研究》，東京：汲古書院，2005年

川島真：《中国近代外交の形成》，名古屋大学出版会，2004年

岡本隆司、川島真編：《中国近代外交の胎動》，東京大学出版会，2009年

箱田惠子：《外交官の誕生：近代中国の対外態勢の変容と在外公館》，名古屋大学出版会，2012年

Albrecht-Carrie, Rene. *A Diplomatic History of Europe Since the Congress of Vienna*. New York: Harper and Row, 1973.

Gore-Booth, Lord, ed. *Satow's Guide to Diplomatic Practice*. London: Longman, 1979.

Horowitz, Richard Steven. *Central Power and State Making: The Zongli Yamen and Self-Strengthening in China (1860-1880)*. Ph. D. Dissertation, Harvard University, 1998.

Masataka, Banno. *China and the West, 1858-1861: The Origins of the Tsungli Yamen*. Cambridge, Mass.: Harvard University Press, 1964.

Meng, S. M. *The Tsungli Yamen: Its Organization and Functions*. Cambridge, Mass.: East

Asian Research Center, Harvard University, 1962.

Oppenheim, L. *International Law, a Treatise*. New York: Longmans, Green and Co., 1920–1921.

Rudolph, Jennifer M. *Negotiated Power in Late Imperial China: The Zongli Yamen and the Politics of Reform*. Ithaca, N.Y.: East Asia Program, Cornell University, 2008.

Satow, Ernest. *A Guide to Diplomatic Practice*.Vol. 1. London: Longman, Green and Co., 1922.

Yen, Weiching W. "How China Administrates Her Foreign Affairs." *The American Journal of International Law*. Vol. 3 : 3 (1909).

Hsü, Immanuel C. Y. *China's Entrance into the Family of Nations: the Diplomatic Phase, 1858–1880*. Cambridge, Mass.: Harvard University Press, 1960.

人名索引

A

阿昌阿 149, 190

阿礼国 052

B

宝鋆 087, 100, 109, 110, 114

保恒 149, 166, 203, 385, 434, 448

斌椿 057, 150, 192, 333, 352

C

蔡钧 237, 241, 244—246, 312, 462, 465

蔡世俊 166, 189

蔡嵩年 192

蔡锡勇 284, 288, 299, 310, 336

曹汝霖 423, 424, 426, 429, 430, 440, 449

岑春煊 442, 461

慈禧太后 070, 089, 093, 095, 096, 102, 103, 106, 110, 112, 133, 247, 252, 254, 268, 270, 363, 372, 375, 376, 401, 460, 461, 472, 474

崔国因 233, 234, 245, 246, 249—251, 262, 263, 269, 270, 286, 326, 328

CH

长恒 166, 190, 261

长善 125, 127, 131, 132, 149, 169, 188

陈宝琛 239, 241, 244, 245, 501

陈宝箴 151, 242, 245

陈本仁 201, 433

陈季同 289, 306, 307, 338

陈康祺 152, 282

陈夔龙 019, 110, 126, 133, 158, 165, 166, 168, 200

陈兰彬 060—062, 071, 089, 096, 101, 102, 111, 115, 230, 244, 246, 262, 263, 266, 268, 278, 280, 284, 286, 293, 322, 340, 345, 351, 352, 357

陈浏 145, 146, 200, 386, 433, 448

陈箓 440, 445, 452

陈懋鼎 202, 385, 413, 424, 427, 434, 445, 448, 449, 452, 480, 486

陈名侃 168, 169, 197, 384, 385, 397, 413—416, 424, 425, 431, 449

陈钦 166, 189

陈钦铭 166, 169, 193, 247, 249, 250, 256

陈贻范 211, 212, 335, 336, 342, 407, 437, 457, 459, 480, 486, 488

成林 088, 092, 111, 114, 131, 132, 149, 168, 169, 185, 188

成孚 169, 191

成章 166, 169, 195

崇厚 053, 055, 057, 058, 086, 099, 111,

114, 247, 255, 258, 259, 264, 271, 278, 344, 350

崇宽 168, 169, 198

崇礼 107, 111—113, 115

崇绺 038, 039, 083, 099, 109, 111, 114

D

邓承修 093, 094, 101, 111, 116, 234, 245, 246

丁宝桢 053, 059, 060, 230, 235, 244, 246

丁日昌 074, 117, 160, 316, 319, 340

丁韪良 046, 092, 104, 213

董俊翰 139, 143, 166, 193

董世延 180, 181, 186, 194

董恂 099, 109, 111, 114

端方 442, 455, 457, 459

F

方恭钊 166, 196

方濬师 124, 127, 128, 132, 135, 190

方汝翼 166, 169, 191

方孝杰 200

丰烈 168, 169, 196

冯芳缉 195

冯誉骥 232, 233, 245, 246

凤仪 289, 302, 333, 336, 347, 351, 352, 497, 498

福锟 071, 095, 102, 109, 111, 115

福士达 282

傅嘉年 199, 385, 433, 447

傅云龙 239, 241, 245

G

高而谦 426, 429—431

葛宝华 168, 169, 198

葛罗干 363, 365

恭镗 169, 192, 287, 311

恭镋 171, 192

龚照瑗 238, 244, 247, 250, 254, 256—258, 263, 271, 289, 292, 298, 353

顾维钧 002, 452

顾肇新 107, 128, 129, 139, 172, 198, 384, 385, 423, 424, 427, 430, 448, 473

关以镛 198, 385, 434, 447, 499

官文 055

光绪帝 060, 070, 079, 090, 097, 104, 106, 110, 112, 131, 133, 145, 150, 151, 185, 213, 238—240, 243, 246—249, 252—256, 258, 260, 261, 272, 299, 348, 363, 368, 372, 373, 375, 393, 403, 460, 472

桂春 089, 090, 091, 112, 116, 243, 245, 246, 266, 472

桂良 041, 042, 083, 094, 111, 113

郭嵩焘 062, 111, 114, 205, 230, 244, 246—248, 255, 256, 263, 270, 272, 278, 281, 284, 285, 288, 317, 319, 321, 344, 347, 351—353, 355, 358, 415

H

何福堃 367, 368

何如璋 060, 062, 230, 231, 244, 246, 261, 264, 269, 278, 284, 342
何藻翔 143, 203, 433, 445
何兆熊 196, 386, 433
赫德 010, 057, 090, 099, 104, 129, 130, 132—134, 150
恒祺 083, 099, 111, 114
恒文 202, 385, 433, 445, 448
洪钧 089, 103—105, 111, 116, 234, 236, 237, 245, 246, 250—252, 259, 264, 268, 269, 278, 279, 285, 286, 288, 297, 356, 358, 366, 369, 477
洪绪 166, 191
胡聘之 242, 245, 461
胡惟德 004, 290, 305, 311, 356, 423, 428—430, 445, 455, 459, 463, 465, 467, 502, 522
胡璇泽 317, 319—321
胡燏棻 111, 116, 253, 256
黄诰 461, 466, 467
黄绍箕 240, 245
黄体芳 146, 365, 366
黄中慧 282, 300, 327, 330, 354
黄遵宪 150, 234, 238, 241, 242, 244—246, 258, 265, 284, 303, 308, 320, 321, 325

J

戢翼翚 440
江标 150, 151, 202, 237, 244
江庆瑞 202, 433

金楷理 206, 281, 344
景廉 087, 093, 099, 109, 110, 114
景崶 168, 201
敬信 097, 110, 113, 116, 133, 134

K

康有为 150, 151, 202, 280, 283, 393
孔庆辅 166, 196
奎俊 150, 240, 245, 482, 491

L

雷补同 201, 385, 424, 425, 430, 433, 449, 462, 465
黎庶昌 230, 237, 238, 244, 246, 248, 251, 261, 265, 269, 270, 284, 285, 287, 299, 302, 305, 306, 312, 342, 343, 351
黎兆棠 189, 233, 245
李常华 166, 190
李慈铭 131, 142, 147
李凤苞 060, 230, 244, 246, 251, 259, 264, 266, 271, 287, 289, 338, 340, 344
李国琛 161, 195
李鸿藻 093, 096, 101—103, 106, 107, 109—111, 114, 370
李鸿章 006, 010, 011, 052, 054, 056, 058, 059, 061, 076, 078, 086, 087, 089, 093, 101, 105—108, 110, 116, 119, 126, 184, 228, 229, 231—234, 236, 237, 239, 244—246, 248—262, 268—270, 272, 281, 285—287, 293, 297—299, 316, 323,

332, 333, 340, 363, 376, 454, 460, 461, 463, 467, 472, 484

李家鏊 345, 353, 457, 459

李家驹 465, 492

李经方 105, 108, 110, 235, 243, 245, 246, 251, 261, 265, 266, 269, 270, 280, 287, 293, 299, 303, 325, 343, 417, 456, 459, 464, 509

李经迈 465, 467, 482, 496

李清芬 169, 201, 386, 434, 448, 449

李盛铎 241, 242, 245, 246, 265, 285, 466, 467

李文田 106, 234, 245, 250, 253, 262

李兴锐 234, 245, 246, 250, 251

李毓森 150, 151, 203

李岳瑞 201

李宗羲 057

联芳 290, 304, 336, 347, 348, 384, 423

联元 090, 091, 108, 110, 117

良培 168, 169, 196

梁诚 012, 239, 244, 246, 282, 455, 459, 464, 482, 484, 485, 499, 508, 509, 522

梁敦彦 342, 423, 427, 429, 430, 445, 446, 455, 459

梁启超 150, 280, 283, 286, 330, 405,

梁钦辰 166, 194

梁如浩 426, 429, 431

廖寿丰 240, 245, 366

廖寿恒 071, 102, 105, 107, 109, 110, 116, 131

麟书 095, 111, 115, 123

刘光第 147, 158, 178, 179

刘含芳 232, 244, 253

刘镜人 336, 356, 457, 459, 466, 467, 480, 482, 490

刘坤一 053, 055, 061, 151, 237, 238, 241, 243—246, 401—403, 472

刘庆汾 150, 151, 202, 240, 245, 289, 343, 344

刘瑞芬 232, 244, 246, 249, 250, 256, 257, 259, 263, 270, 280, 281, 287, 320, 347, 348, 352, 353, 355—357, 497

刘式训 004, 289, 336, 337, 356, 406, 408—412, 452, 456, 459, 464, 467, 478, 480, 482, 487, 502, 520, 522

刘锡鸿 062, 231, 244, 246, 255, 259, 264, 269, 270, 344

刘宇泰 197, 455, 459

刘玉麟 289, 304, 320, 321, 324, 325, 341, 342, 427—430, 457, 459, 464, 467, 501

陆徵祥 004, 290, 337, 452, 456—459, 465—467, 480, 482, 489, 496, 502, 522

罗丰禄 239, 244, 246, 257, 258, 260, 263, 266, 271, 285, 287, 320, 321, 338, 347, 353, 407, 460

吕海寰 108, 120, 135, 136, 143, 144, 147, 161, 166, 169, 196, 260, 261, 264, 423, 455, 459, 463, 469

M

马格里 206, 212, 281, 344

马建忠 233, 245, 339, 340

马廷亮 208, 211, 214—216, 225, 318, 458, 459, 480, 492

马新贻 053, 055

毛昶熙 089, 092, 093, 099, 100, 111, 114, 268

毛鸿图 128, 166, 190

缪祐孙 019, 104, 148, 199, 237, 382

莫理循 460, 461

莫绳孙 235, 245, 253, 287, 305

N

那桂 168, 198

那桐 108, 112, 117, 133, 134, 423, 460

P

蒲安臣 vi, 054, 057, 058, 128, 334, 350, 352

朴寿 169, 201, 385, 433, 447

溥兴 108, 112, 117

Q

齐普松武 201

耆英 037

启秀 108, 110, 117

钱恂 241, 245, 246, 458, 459, 462, 466, 482, 489

庆常 258, 260, 263, 266, 271, 290, 299, 305, 306, 336, 348

渠本翘 434

瞿鸿机 383, 388, 393, 406, 423

R

饶宝书 433, 445

荣禄 087, 093, 111, 116, 117, 158, 241, 242, 245, 365, 378, 383, 460

容闳 061, 062, 246, 293, 310, 340, 341, 351

容揆 282, 341, 342, 481, 483, 494

柔克义 365, 376

瑞良 169, 198, 384, 385, 424, 427, 431

瑞麟 055, 333

瑞璋 166, 169, 189

S

萨荫图 209, 216, 225, 461, 465

松椿 169, 193

松年 198, 386, 434

松寿 169, 197

宋伯鲁 371, 372, 374

宋承庠 197

宋育仁 242, 245, 298, 303

苏湘清 320, 321

孙宝琦 239, 240, 245, 246, 257, 456, 459, 464

孙家穀 057, 058, 128, 166, 169, 190, 334, 350

孙毓汶 102—106, 109—111, 116, 129, 130, 181, 182, 252

人名索引 **543**

SH

善联 169, 194

邵友濂 vi, 166, 169, 194, 233, 245, 259, 264, 279, 291, 304

绍昌 168, 169, 199, 384, 385, 424, 425, 431, 449

沈葆桢 055, 059, 061, 074, 228—231, 244, 245, 338

沈秉成 111, 116, 232, 235, 236, 239, 244, 245, 254, 259, 461, 482

沈敦和 243, 245

沈敦兰 166, 189

沈桂芬 076, 087, 092, 093, 096, 099—111, 114, 248

沈铉 166, 193

沈家本 148

沈瑞麟 458, 459, 465, 467, 482, 483, 490, 496, 509

沈曾植 019, 130, 134, 148, 149, 169, 172, 186, 199, 433, 447, 473, 475

升允 169, 198, 291, 292, 305

盛宣怀 151, 231, 232, 244, 253, 455

施绍常 435, 445, 453, 458, 459, 489, 491, 496

施肇基 004, 339, 340, 428—430, 467

舒文 019, 133, 134, 168, 170, 190, 291, 292, 307, 384

双福 166, 171, 195

T

谭嗣同 150

谭廷襄 086, 087, 099, 111, 114, 117

唐国安 440, 445

唐绍仪 317, 388, 397, 407, 423, 484, 485, 505

唐文治 139, 168, 169, 171, 202, 272, 386, 415, 429, 434

唐在复 480, 482, 488

陶大均 209, 216, 226, 343, 344

童德璋 166, 197, 386, 433, 447

W

汪大钧 222, 223

汪大燮 001, 002, 082, 108, 124, 125, 169, 202, 211, 212, 238, 281, 282, 342, 388, 406—408, 410, 413, 416, 423—425, 430, 431, 433, 449, 451, 457, 459, 462, 464, 465, 467—476, 498, 501, 509

汪凤藻 234—237, 245, 246, 251, 252, 265, 270, 285, 289, 297, 299, 307, 320

汪嘉棠 169, 200, 449

汪康年 019, 082, 108, 124, 125, 211, 222, 281, 300, 327, 342, 388, 407, 462, 469, 470, 500

汪鸣銮 110, 116

王广圻 480, 482, 485, 490, 496

王克均 487

王克敏 492

王履咸 433

王清穆 158, 168, 169, 202, 386, 433

王思沂 169, 191

544

王文韶 087, 096, 099, 100, 107, 109, 110, 114, 239, 240, 245, 285, 383, 423, 470

王之春 172, 182, 183, 249, 250, 256

王作孚 190

威妥玛 052, 053, 061, 062, 099, 100, 277

卫三畏 277, 278

魏宸祖 440

魏晋桢 197

文光 169, 194

文惠 166, 191, 437, 508

文硕 168, 169, 189

文祥 041, 042, 047, 083, 094, 099, 100, 109, 111, 113, 128, 130, 135, 369

翁同龢 073, 087, 089, 092, 093, 096—098, 106, 107, 110, 116, 129, 131, 143, 145, 183, 185, 239, 462, 471

倭仁 092, 093, 111, 114, 134, 135

吴德章 461, 465, 467

吴景祺 166, 197

吴品珩 166, 169, 199, 433, 448

吴廷芬 071, 088, 102, 109, 111, 115, 145, 168, 169, 185, 193, 233, 245, 246

吴宗濂 337, 356, 428—430, 456, 459, 466, 467, 480, 482, 487

伍廷芳 211, 222, 239, 244, 246, 250, 257, 258, 262, 263, 266, 280, 283, 286, 302, 323, 324, 330, 354, 355, 405, 423, 427—430, 456, 461, 464, 482, 498, 499, 509

X

锡桐 166, 169, 197

锡珍 071, 095, 102, 111, 115, 177

禧在明 345

夏偕复 458, 459, 462

咸丰帝 038, 039, 041, 042, 051, 083, 141, 205

小村寿太郎 365, 376

谢希傅 313, 383

熊希龄 461, 463, 532

徐承祖 247—249, 261, 265, 271, 291, 351

徐继畬 086, 111, 114

徐建寅 060, 230, 235, 244, 245, 253, 286, 299, 306

徐寿朋 235, 236, 240, 245, 246, 251—253, 265, 266, 287, 299, 310, 313, 358, 384, 410, 423, 455, 459

徐用仪 071, 082, 089, 102—111, 115, 122, 252, 472

许庚身 050, 071, 089, 102, 103, 111, 115, 122

许景澄 060, 082, 089, 108, 110, 116, 215, 230, 239, 244, 246, 260, 261, 264, 266—269, 287, 290—292, 472

许珏 242, 243, 245, 246, 287, 303, 311, 461, 466

许钤身 060, 062, 230—232, 244, 246

许台身 240, 309, 455, 459, 465

许应骙 110, 112, 116, 117

续昌 089, 111, 116

人名索引 **545**

薛福成 059, 060, 095, 100, 104, 105, 230—232, 237, 243, 244, 246, 249, 250, 253—257, 263, 269, 271, 320, 321, 338, 353, 369, 370, 374

薛焕 086, 111, 114

Y

严璩 345, 435, 481, 488

严修 244, 245

阎敬铭 071, 090, 096, 102, 103, 111, 115, 249, 287, 370

颜惠庆 021, 427, 429, 430, 439, 440, 445, 481, 485, 493

杨儒 216, 239, 243, 260, 262—264, 266, 267, 271, 287, 290, 291, 297, 313, 323, 324, 328, 329, 354, 455, 456, 459, 463, 472, 473

杨晟 335, 337, 461, 464, 465, 467, 482, 486

杨枢 150, 151, 169, 202, 242, 245, 246, 290, 309, 336, 426, 429, 430, 461—463, 465—467

杨宜治 130, 168, 172—187, 197, 469

杨兆鋆 235, 236, 239, 244—246, 251, 253, 254, 461, 466, 482

叶名琛 038, 039

叶毓桐 166, 191

奕劻（庆郡王、庆亲王）071, 096, 102, 107, 109, 115, 149, 224, 260, 286, 363, 365, 368, 375, 376, 378, 383, 393, 406, 423, 460, 461, 463, 475

奕䜣（恭亲王）vi, 41, 42, 46, 47, 57, 82, 83, 87, 88, 90, 92—96, 98—100, 102, 103, 106, 109—111, 113, 117, 119, 121—123, 127, 130—132, 141, 145, 146, 149, 182, 183, 185, 218, 261, 278, 286, 332

荫昌 337, 464

俞钟颖 166, 169, 197

裕庚 089, 111, 117, 239, 241, 245, 246, 264, 265, 268, 269, 271, 335, 343, 344

裕禄 087, 096, 111, 116, 401

袁昶 089, 090, 091, 104, 105, 108, 110, 116, 143, 166, 172, 196, 240, 245, 320, 321, 415

袁世凯 401—403, 423, 439, 442, 446, 462, 509

苑棻池 166, 194

Z

载漪 108, 110, 112, 117

载垣 277

曾广钧 237, 244, 246, 297, 298

曾广铨 289, 303, 461, 465

曾国藩 054, 056, 058, 232, 233, 284, 286, 302, 305, 306, 323, 340

曾纪泽 089, 103, 104, 111, 116, 233, 237, 245—248, 251, 256, 257, 259, 263, 266, 268, 284, 287—290, 303, 305, 320, 321, 347, 352, 353, 355, 358, 406,

497, 498, 502

曾述棨 203, 424, 427, 433, 445, 448, 449

张德彝（德明）208, 212—215, 224, 258, 288, 289, 299, 304, 305, 333, 336, 347, 352, 368, 369, 407, 460, 461, 464, 497, 498

张赓飏 194

张亨嘉 240, 245, 246

张謇 462

张佩纶 076, 093, 094, 101, 102, 106, 111, 115, 194

张其濬 166, 192

张权 482, 493

张汝梅 090, 091, 243, 245

张树声 299, 310

张斯桂 230, 244, 246

张荫桓 002, 070, 071, 073, 089, 090, 097, 098, 102—107, 109, 110, 115, 117, 126, 129, 130, 134, 145, 166, 171, 182, 185, 186, 232, 235, 236, 239, 243—246, 249, 251—253, 258, 262, 263, 268, 287, 296, 311, 323, 324, 340, 345, 406, 471, 475

张荫棠 311, 313, 325, 341, 426, 430, 464, 482, 483, 485, 509

张元济 019, 080, 130, 134, 150, 186, 201, 393—397, 405—407, 413, 416, 422, 431, 433, 447, 451, 478, 520

张之洞 i, 146, 237—239, 241, 242, 244, 245, 258, 261, 299, 401—403, 438, 442, 462, 470, 472, 482

赵舒翘 110, 112, 117

郑孝胥 150, 151, 169, 178, 202, 238, 241—243, 245, 261, 382

郑藻如 231, 236, 244, 246, 250, 262, 263, 270, 286, 326, 345

志刚 vi, 057, 058, 128, 169, 189, 334, 350

志钧 127, 240, 245

志锐 127, 236, 245, 251—253, 291

周德润 071, 093, 094, 102, 111, 115, 117

周馥 442

周家楣 071, 088, 096, 099, 101, 102, 111, 114, 130, 132, 168, 169, 185, 191

周暻 203

周荣曜 461

周儒臣 169, 199, 386, 433, 447

周自齐 211, 212, 312, 327, 328, 336, 399, 407, 426, 428, 429, 431, 445, 455, 456, 459, 480, 484, 493, 499

朱宝奎 425, 428, 429, 431, 455, 459

邹嘉来 169, 172, 201, 386, 423—425, 429, 430, 433, 449, 451, 462, 473, 475

左秉隆 320, 321, 324, 325, 336, 458, 459, 498

左庚 330, 331

左宗棠 046, 053, 087, 111, 115, 151, 233, 234, 237, 238, 245, 246, 306, 338, 366

后　记

2000年9月的一天,在我进入大学后的第一节历史课上,年轻的荣新江教授向我们介绍了中国史研究的四把钥匙:职官制度、目录学、年代学、历史地理。他告诉我们,这是老系主任邓广铭先生的教导。十多年过去了,课堂上具体细节已然模糊,但这"四把钥匙"却牢牢地印在了脑海中。

与中国古代史领域不同的是,长期以来,近代史研究是以大事件作为下一级学科的划分标准:从鸦片战争、太平天国讲起,到戊戌变法、义和团、辛亥革命终结。古代史学科内作为通代钥匙的职官制度,在近代史的体系内是缺席的,以至于有诸如"兵部尚书李鸿章"(兵部尚书可作为直隶总督加衔)、"国民政府总统"之类的讹误。在以重要人物和事件为关键词的近代史学界,制度固然应对不了所有的疑问,但若少了制度,许多问题怕也无法得到清楚的解释。制度是一个框架结构,结构造就相应的功能;制度又有边界,边界限制人的能动性;制度还有自己的理路,从而形成独特的演进规律。这本小书,就是一个尝试,讲的是有关外交的职官制度。

在我们的学科内部,近代史因与当下距离太近,长期以来不被视作真学问,或至少是不那么正常的学问。一方面,它时常遭遇社会的过度关注,被精心涂抹妆扮;另一方面,曲谨之士又往往绕而行之。我在北京大学求学和在华东师大工作的十五年间,见证了近代史研究的"正常化"。身边诸多师长的努力,使得近代史慢慢归于平淡,恢复它的史学本真。有幸在自己的学术成长期置身其中,如蒙时雨春风。

初入史学门槛,经常听到血气方刚的同龄学子品评学问,喜欢将学者和学科排列"高下等第"——或巍立云端,或堕入泥壤。史学界的列位前辈大师,俨然高峰兀立。在陈义甚高的评论间,泥壤自不屑贴近,高山却又无法企及。学子身处其间,往往容易迷失原初的判断,无法去看清方向与门径,对学问也只能敬而远之了。2005年8月的一天,导师茅海建吩咐还是硕士一年级的我,陪同来访的政治大学唐启华教授参观遵化东陵。在咸丰帝定陵的长长甬道上,两位老师海阔天空,讲起各自的研究心得,谈到国内与国外、前辈与当世学者的学问。我听到最多的关键词,是档案、史料,是朴实、守拙。在老师那里,我逐渐明白,学问有其高深处,但路径却并不复杂,是材料的、史实的、说明的。读史料集、跑档案馆,从原始材料出发,由点滴解析入手,谨慎前行,持久用功,成为我努力去问学的基本方向。自信心也在细微的操作中,逐渐树立了起来。

我是典型的"八〇后",正是遭遇"读小学时大学不要钱、读大学时小学不要钱"的那群人。我们经历着史无前例的社会剧变,读着历史又见证历史。前辈们说,你们的环境前所未有地好;同辈们却说,我们的压力与日俱增。的确,我们身处的时代,竞争与机会共存、挑战与压力并长。物质条件逐渐充实、学术资源日益开放,然而"激励"太多,人心也随之荡漾不定。单纯地读书作文、长久地安于其位,竟是那般不易。就我个人轨迹来看,从高中、大学本科、硕士、博士,到寻找教职、任教于高校,十多年一路走来,看似一步不曾耽误,实际上却多次遭遇险境,自认颇不轻松。

稍有偏差，人生恐早已被拽向另外的轨道。我心里明白，一路有幸得到诸多前辈师长或明或暗地提携帮助，也幸有同辈友朋的鼓励共勉，才得以维持至今。惟有化作绵绵动力，坚持不怠。

这本小书是在我博士论文的基础上修改而成的，幅度变动很大，增加了一些章节，另一些则进行了重写。这些工作，都是我在华东师范大学思勉人文高等研究院聘期内完成的。那里给年轻学人三年的时间专心研究，对学人干预之少、条件之宽松，在国内研究机构中恐仅此一例。这也是不得不说的。

2015年12月30日于华东师大闵行校区

出版后记

当前，在海内外华人学者当中，一个呼声正在兴起——它在诉说中华文明的光辉历程，它在争辩中国学术文化的独立地位，它在呼喊中国优秀知识传统的复兴与鼎盛，它在日益清晰而明确地向人类表明：我们不但要自立于世界民族之林，把中国建设成为经济大国和科技大国，我们还要群策群力，力争使中国在21世纪变成真正的文明大国、思想大国和学术大国。

在这种令人鼓舞的气氛中，三联书店荣幸地得到海内外关心中国学术文化的朋友们的帮助，编辑出版这套《三联·哈佛燕京学术丛书》，以为华人学者们上述强劲呼求的一种记录、一个回应。

北京大学和中国社会科学院的一些著名专家、教授应本店之邀，组成学术委员会。学术委员会完全独立地运作，负责审定书稿，并指导本店编辑部进行必要的工作。每一本专著书尾，均刊印推荐此书的专家评语。此种学术质量责任制度，将尽可能保证本丛书的学术品格。对于以季羡林教授为首的本丛书学术委员会的辛勤工作和高度责任心，我们深为钦佩并表谢意。

推动中国学术进步，促进国内学术自由，鼓励学界进取探索，是为三联书店之一贯宗旨。希望在中国日益开放、进步、繁盛的氛围中，在海内外学术机构、热心人士、学界先进的支持帮助下，更多地出版学术和文化精品！

生活·读书·新知三联书店
一九九七年五月

三联·哈佛燕京学术丛书
[一至二十辑书目]

第一辑
中国小说源流论 / 石昌渝著
工业组织与经济增长的
理论研究 / 杨宏儒著
罗素与中国 / 冯崇义著
——西方思想在中国的一次经历
《因明正理门论》研究 / 巫寿康著
论可能生活 / 赵汀阳著
法律的文化解释 / 梁治平编
台湾的忧郁 / 黎湘萍著
再登巴比伦塔 / 董小英著
——巴赫金与对话理论

第二辑
现象学及其效应 / 倪梁康著
——胡塞尔与当代德国哲学
海德格尔哲学概论 / 陈嘉映著
清末新知识界的社团与活动 / 桑兵著
天朝的崩溃 / 茅海建著
——鸦片战争再研究
境生象外 / 韩林德著
——华夏审美与艺术特征考察
代价论 / 郑也夫著
——一个社会学的新视角

走出男权传统的樊篱 / 刘慧英著
——文学中男权意识的批判
金元全真道内丹心性学 / 张广保著

第三辑
古代宗教与伦理 / 陈来著
——儒家思想的根源
世袭社会及其解体 / 何怀宏著
——中国历史上的春秋时代
语言与哲学 / 徐友渔 周国平 陈嘉映 尚杰 著
——当代英美与德法传统比较研究
爱默生和中国 / 钱满素著
——对个人主义的反思
门阀士族与永明文学 / 刘跃进著
明清徽商与淮扬社会变迁 / 王振忠著
海德格尔思想与中国天道 / 张祥龙著
——终极视域的开启与交融

第四辑
人文困惑与反思 / 盛宁著
——西方后现代主义思潮批判
社会人类学与中国研究 / 王铭铭著
儒学地域化的近代形态 / 杨念群著
——三大知识群体互动的比较研究

中国史前考古学史研究 ／ 陈星灿著
(1895—1949)

心学之思 ／ 杨国荣著
——王阳明哲学的阐释

绵延之维 ／ 丁 宁著
——走向艺术史哲学

历史哲学的重建 ／ 张西平著
——卢卡奇与当代西方社会思潮

第五辑

京剧·跷和中国的性别关系／黄育馥著
(1902—1937)

奎因哲学研究 ／ 陈 波著
——从逻辑和语言的观点看

选举社会及其终结 ／ 何怀宏著
——秦汉至晚清历史的一种社会学阐释

稷下学研究 ／ 白 奚著
——中国古代的思想自由与百家争鸣

传统与变迁 ／ 周晓虹著
——江浙农民的社会心理及其近代以来的嬗变

神秘主义诗学 ／ 毛 峰著

第六辑

人类的四分之一：马尔萨斯的神话与中国的现实 ／ 李中清　王 丰著
(1700—2000)

古道西风 ／ 林梅村著
——考古新发现所见中西文化交流

汉帝国的建立与刘邦集团 ／ 李开元著
——军功受益阶层研究

走进分析哲学 ／ 王 路著

选择·接受与疏离 ／ 王攸欣著
——王国维接受叔本华 朱光潜接受克罗齐 美学比较研究

为了忘却的集体记忆 ／ 许子东著
——解读50篇"文革"小说

中国文论与西方诗学 ／ 余 虹著

第七辑

正义的两面 ／ 慈继伟著

无调式的辩证想象 ／ 张一兵著
——阿多诺《否定的辩证法》的文本学解读

20世纪上半期中国文学的现代意识 ／ 张新颖著

中古中国与外来文明 ／ 荣新江著

中国清真女寺史 ／ 水镜君　玛利亚·雅绍克著

法国戏剧百年 ／ 宫宝荣著
(1880—1980)

大河移民上访的故事 ／ 应 星著

第八辑

多视角看江南经济史 ／ 李伯重著
(1250—1850)

推敲"自我"：小说在18世纪的英国 ／ 黄梅著

小说香港 ／ 赵稀方著

政治儒学 ／ 蒋 庆著
——当代儒学的转向、特质与发展

在上帝与恺撒之间 ／ 丛日云著
——基督教二元政治观与近代自由主义

从自由主义到后自由主义 ／ 应奇著

第九辑

君子儒与诗教 / 俞志慧著
——先秦儒家文学思想考论
良知学的展开 / 彭国翔著
——王龙溪与中晚明的阳明学
国家与学术的地方互动 / 王东杰著
——四川大学国立化进程（1925—1939）
都市里的村庄 / 蓝宇蕴著
——一个"新村社共同体"的实地研究
"诺斯"与拯救 / 张新樟著
——古代诺斯替主义的神话、哲学与精神修炼

第十辑

祖宗之法 / 邓小南著
——北宋前期政治述略
草原与田园 / 韩茂莉著
——辽金时期西辽河流域农牧业与环境
社会变革与婚姻家庭变动 / 王跃生著
——20世纪30—90年代的冀南农村
禅史钩沉 / 龚隽著
——以问题为中心的思想史论述
"国民作家"的立场 / 董炳月著
——中日现代文学关系研究
中产阶级的孩子们 / 程巍著
——60年代与文化领导权
心智、知识与道德 / 马永翔著
——哈耶克的道德哲学及其基础研究

第十一辑

批判与实践 / 童世骏著
——论哈贝马斯的批判理论

语言·身体·他者 / 杨大春著
——当代法国哲学的三大主题
日本后现代与知识左翼 / 赵京华著
中庸的思想 / 陈赟著
绝域与绝学 / 郭丽萍著
——清代中叶西北史地学研究

第十二辑

现代政治的正当性基础 / 周濂著
罗念庵的生命历程与
思想世界 / 张卫红著
郊庙之外 / 雷闻著
——隋唐国家祭祀与宗教
德礼之间 / 郑开著
——前诸子时期的思想史
从"人文主义"到
"保守主义" / 张源著
——《学衡》中的白璧德
传统社会末期华北的
生态与社会 / 王建革著

第十三辑

自由人的平等政治 / 周保松著
救赎与自救 / 杨天宏著
——中华基督教会边疆服务研究
中国晚明与欧洲文学 / 李奭学著
——明末耶稣会古典型证道故事考诠
茶叶与鸦片：19世纪经济全球化
中的中国 / 仲伟民著
现代国家与民族建构 / 昝涛著
——20世纪前期土耳其民族主义研究

第十四辑

自由与教育 ／ 渠敬东　王　楠著
——洛克与卢梭的教育哲学
列维纳斯与"书"的问题 ／ 刘文瑾著
——他人的面容与"歌中之歌"
治政与事君 ／ 解　扬著
——吕坤《实政录》及其经世思想研究
清代世家与文学传承 ／ 徐雁平著
隐秘的颠覆 ／ 唐文明著
——牟宗三、康德与原始儒家

第十五辑

中国"诗史"传统 ／ 张　晖著
民国北京城：历史与怀旧 ／ 董　玥著
柏拉图的本原学说 ／ 先　刚著
——基于未成文学说和对话录的研究
心理学与社会学之间的
诠释学进路 ／ 徐　冰著
公私辨：历史衍化与
现代诠释 ／ 陈乔见著
秦汉国家祭祀史稿 ／ 田　天著

第十六辑

辩护的政治 ／ 陈肖生著
——罗尔斯的公共辩护思想研究
慎独与诚意 ／ 高海波著
——刘蕺山哲学思想研究
汉藏之间的康定土司 ／ 郑少雄著
——清末民初末代明正土司人生史
中国近代外交官群体的
形成（1861—1911）／ 李文杰著
中国国家治理的制度逻辑 ／ 周雪光著
——一个组织学研究

第十七辑

新儒学义理要诠 ／ 方旭东著
南望：辽前期政治史 ／ 林　鹄著
追寻新共和 ／ 高　波著
——张东荪早期思想与活动研究
（1886—1932）
迈克尔·赫茨菲尔德：学术
传记 ／ 刘　珩著

第十八辑

"山中"的六朝史 ／ 魏　斌著
长安未远：唐代京畿的
乡村社会 ／ 徐　畅著
从灵魂到心理：关于经典精神分析的
社会学研究 ／ 孙飞宇著
此疆尔界："门罗主义"与
近代空间政治 ／ 章永乐著

第十九辑

何处是"中州"？／ 江　湄著
——十到十三世纪的历史与观念变局
波斯与东方：阿契美尼德帝国时期的
中亚 ／ 吴　欣著
观物：邵雍哲学研究 ／ 李　震著
魔化与除魔：皮柯的魔法思想与现代
世界的诞生 ／ 吴功青著
通向现代财政国家的路径：英国、日本
与中国 ／ 和文凯著
汉字革命：中国语文现代性的起源
（1916—1958）／ 钟雨柔著

第二十辑

人为天生：康有为三世说研究／官志翀著

地泉涌动："到民间去"与1920年代中国的文化再造／袁先欣著

幽冥之旅：楚地宗教的考古学研究／来国龙著

从金轮王到天宝君：礼仪实践与唐代政治变迁／吕博著

多开端的世界：笛卡尔与移基问题／雷思温著

本原与给予：列维纳斯、亨利与马里翁的激进现象学研究／朱刚著